톰 홀랜드 Tom Holland

영국 솔즈베리 ⬛⬛⬛⬛⬛⬛⬛⬛⬛⬛ 두 과목 최우등으로 졸업
했고, 이후 옥⬛⬛⬛⬛⬛⬛⬛⬛⬛⬛⬛ 학 박사학위를 받았다. 영
국에서 각광받⬛⬛⬛⬛⬛⬛⬛⬛⬛⬛ 책을 집필했다. 다루는
주제 또한 뱀⬛⬛⬛⬛⬛⬛⬛⬛⬛⬛⬛양하다. 또한 헤로도토스,
호메로스, 베르길리우스 등의 작품을 각색해 BBC 라디오에서 방송하기도 했다.
대표작으로 *The Vampyre: Being the True Pilgrimage of George Gordon, Sixth Lord Byron*(1995), *Attis*(1995), *Deliver Us from Evil*(1997), *The Bone Hunter*(2002), *Millenium: The End of the World and the Forging of Christendom*(2008)과 국내에 번역된 《루비콘*Rubicon: The Triumph and Tragedy of the Roman Republic*》(2003), 《페르시아 전쟁*Persian Fire: The First World Empire and the Battle for the West*》(2006), 《이슬람제국의 탄생*In The Shadow Of The Sword: The Battle for Global Empire and the End of the Ancient World*》(2015) 등이 있다.

《루비콘》으로 세계에서 가장 권위 있는 논픽션 분야 상인 새뮤얼 존슨 상Samuel Johnson Prize 최종 후보에 올랐고, 2004년에는 헤셸-틸먼 상Hessell-Tiltman Prize을 수상하였다. 2006년에 《페르시아 전쟁》으로 영국-그리스 연맹이 수여하는 런치먼 상Runciman Award을 수상했고, 2011년에는 BBC Four의 프로그램으로 화석이 신화에 미치는 영향을 다룬 〈공룡, 신화, 괴물들*Dinosaurs, Myths and Monsters*〉을 제안, 집필했다. 2012년 8월에는 영국 채널 4 방송국의 다큐멘터리 〈이슬람: 공개되지 않은 이야기*Islam: The Untold Story*〉를 제작, 1000여 명이 넘는 영국 무슬림들로부터 빗발치는 항의를 받은 끝에 신변 안전 문제로 재방송이 취소되는 사태를 겪기도 했다.

옮긴이 이순호

전문 번역가. 홍익대학교 영어교육과를 졸업하고 미국 뉴욕 주립대학에서 서양사로 석사학위를 받았다. 《1453 콘스탄티노플 최후의 날》, 《살라미스 해전: 세계의 역사를 바꾼 전쟁》, 《살라딘》, 《미국에 대하여 알아야 할 모든 것, 미국사》, 《인류의 미래사》, 《위대한 바다: 지중해 2만 년의 문명사》, 《발칸의 역사》, 《완전한 승리, 바다의 지배자: 최초의 해상 제국과 민주주의의 탄생》, 《로마제국과 유럽의 탄생: 세계의 중심이 이동한 천 년의 시간》, 《비잔티움: 어느 중세 제국의 경이로운 이야기》, 《현대 중동의 탄생》, 《이슬람 제국의 탄생》 등을 번역했다.

다이너스티

DYNASTY

다이너스티

카이사르 가문의 영광과 몰락

톰 홀랜드 지음 · 이순호 옮김

책과함께

일러두기

1. 이 책은 Tom Holland의 Dynasty(Abacus, 2015)를 완역한 것이다.
2. 각국의 인명과 지명은 외래어 표기법에 따라 표기하였다. 다만 널리 알려져 익숙해진 표현이나 용례를
   적용하기 어려운 경우에 예외를 두었다.

캐시에게,
"허나 영웅에 대한 찬양과 우리 조상이 이룬 공적을
읽을 수 있게 되는 순간…"

* 베르길리우스의 전원시(에클로그) 4편에 나오는 구절-옮긴이

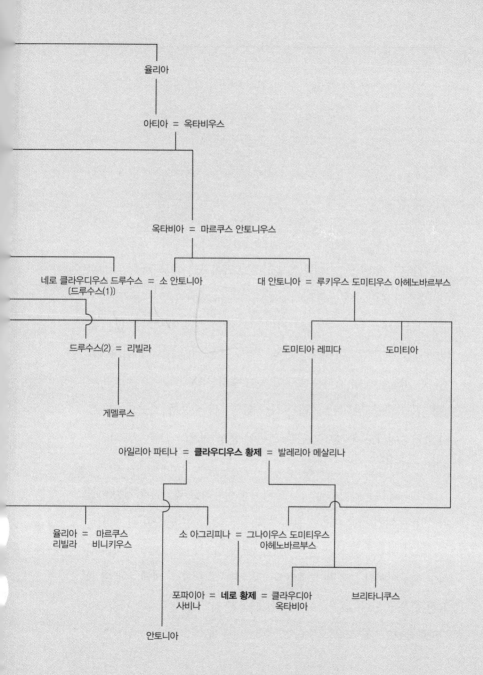

때는 기원후 40년 초. 가이우스 율리우스 카이사르 아우구스투스 게르마니쿠스가 해안가의 높은 단상에 앉아 파도가 해변에 부서지며 공중에 물보라를 일으키는 모습을 물끄러미 쳐다본다. 지난 몇 년간 수많은 로마 배들을 수면 깊숙이 집어삼킨 바다였다. 오죽하면 그 잿빛 물속에는 기이한 괴물이 숨어 있다는 소문이 돌고 수평선 너머에는 콧수염 난 미개한 인간 사냥꾼이 득실거리는 섬이 있다고들 했을까. 불굴의 의지를 가진 영웅이라도 분기시킬 만한 위험이 문명 세계의 끝단에 도사리고 있었던 것이다.

그러나 기실 로마인들의 역사도 서사적 아우라로 휩싸여 있기는 마찬가지였다. 외진 시골 마을을 탈피해 세계를 호령하는 민족이 된, 역사상 유례없는 위업을 달성한 점만 해도 그랬다. 로마는 되풀이하여 시험당하고 되풀이하여 그것을 통쾌하게 극복하는 과정에서, 세계 지배에 필요한 힘을 키웠다. 그리하여 로마가 건국된 지 792년이 지난 지금(로마의 건국 원년은 전통적으로 로물루스가 고대 로마를 세웠다고 알려진 기원전 753년으로 본다―옮긴이)에 와서는 갈리아 북부 해안가에서 바다를 물끄러미 바라보는 인물도, 황제의 지위를 가지고 신에 버금가는 권력을 행사하게 되었다. 황제 곁에도 세계 최강을 자랑하는 로마 군단병들이 투석기와 야포로 무장한 채 계급별로 도열해 있었다. 황제 가이우스가 도열한 군단병들을 한번 쓱 훑어보고 명령을 내린다. 그러기 무섭게 전투 개시를 알리는 나팔 소리가 울려 퍼지더니 다시 정적이 흐른다. 정적 속에서 황제가 목청을 높여 소리친다. "제군이여, 그대들에게 조개껍데기 주울 것을 명하노라. 제군의 투구를 조개껍데기로 가득 채워라."[1] 군단병들은 황제의 명령에 복종해 조개껍데기를 줍는다.

사실 여부를 떠나 사료에는 여하튼 이렇게 적혀 있다. 정말로 그랬을까? 병사들은 진짜 조개껍데기를 주웠을까? 만일 사실이면 조개껍데기를 왜 주웠을까? 지금까지도 악명 높은 황제로 이름을 떨치는 인물의 일대기에서 매우 치욕스러운 일들 중 하나로 꼽히는 부분이 바로 이것이다. 본명인 가이우스보다는 '칼리굴라'라는 별칭으로 더 잘 알려진 그는 고전학자들 못지않게 포르노 작가들에게도 낯익은, 몇 안 되는 고대 인물 중 하나이기도 하다. 호색적 감응을 불러일으키는 낯뜨거운 추문들이 그의 치세를 줄줄이 장식했으니 그럴 만도 했을 것이다. 황궁의 고문서 보관인이자, 여가 시간에는 현존하는 세계 최고最古의 황제 열전을 집필하는 전기 작가로 1인 2역을 수행했던 역사가 가이우스 수에토니우스 트란퀼루스(기원후 69경~122 이후)도 칼리굴라 전기에서 그를 "황제로도 모자라 이제는 괴물이 되려 한다"[2]라고 평했다. 칼리굴라가 죽은 지 거의 100년 뒤에 집필된 수에토니우스의 황제 열전에는, 모골이

송연해지는 칼리굴라의 비행과 범죄 행위가 생생히 나열되어 있다. 누이들과 근친상간을 했고(!), 고대 이탈리아의 여신 베누스(비너스, 아프로디테)를 흉내 낸 옷차림을 했으며(!), 자신의 말^{馬}에게 최고의 관직인 집정관을 수여하려 했다(!)는 등, 그 내용도 가지각색이었다. 그런 기행을 일삼은 인물이었으니 브리튼 남쪽, 갈리아 북부 해안가에서 조개껍데기 주우라는 명령을 내렸다 하여 이상할 것도 없었을 것이다. 수에토니우스도 칼리굴라가 그런 행동을 한 연유를 당연하다는 듯 이렇게 밝혔다. "황제는 심신이 모두 병들어 있었다."[3]

그러나 병든 것은 칼리굴라뿐만이 아니었다. 로마도 병들어 있었다. 칼리굴라의 4대조 종조부인 가이우스 율리우스 카이사르도 칼리굴라가 갈리아 북부 해안가에 로마 군단을 집결해놓고 수평선 너머의 브리튼 섬을 응시하기 거의 한 세기 전, 그와 똑같이 그곳을 바라보았고 실제로도 해협을 건너 그곳에 쳐들어갔다. 그리하여 로마 역사의 어느 위업에 견주어도 모자라지 않을 엄청난 위업을 달성했다. 브리타니아를 두 차례나 침략했을 뿐 아니라, 지금은 프랑스로 알려졌지만 고대 로마인들은 갈리아라고 부른 땅을 정복해 로마에 영구히 병합한 것이다. 이는 카이사르가 개인으로서 거둔 성과가 아니라 거개의 사람들이 죽음만이 자유의 대안이 될 수 있다고 믿은, 공화국의 시민으로서 행한 공적이었다. 그런데 카이사르가 그 대의를 무시한 채 동포 시민들에 대한 자신의 수위권을 주장하자 내란이 일어났고, 그가 갈리아인들을 쳐부수었을 때처럼 그 내란에서 적을 물리치자 이번에는 또 그 자신이 피살되는 것으로 일이 종결되었다. 로마인들은 그 뒤로도 살육을 주고받는 피 튀기는 상쟁을 두 차례나 더 겪은 뒤에야 비로소 예속 상태를 받아들였다. 울며 겨자 먹기로 원수元首 지배를 수용하고 그들 도시와 제국의 자멸을 막은 것인데, 알고 보면 그 치유책이 오히려 병이었다.

로마의 새로운 지도자는 '존엄한 자The Divinely Favoured One'를 뜻하는 '아우구스투스Augustus'로 불렸다. 율리우스 카이사르의 종손인 그는 유혈 참사 끝에 로마와 제국의 지배권을 획득하고 정적마저 제거하자 태연자약하게도 평화의 군왕임을 자처하고 나섰다. 아우구스투스는 냉혹한 것만큼이나 교활하고, 단호한 것만큼이나 참을성도 강해 수십 년의 치세와 천수를 누렸다. 로마의 전통을 무시하지 않고 그것과 조화를 이뤄 통치할 줄 알았던 그의 능력이 성공의 요체였다. 요컨대 그는 독재정을 교묘하게 원수정으로 포장해, 시민들로 하여금 자유를 누리고 산다는 착각을 하게 만들었다. 고혹적이고 흐릿한 교활함의 베일이 폭력으로 점철된 지배를 가려 덮었던 것이다. 하지만 시간이 지나자 그 베일도 낡고 헤져, 아우구스투스가 죽은 기원후 14년 무렵에는 위선으로 가득 찬 기나긴 치세에 쌓이고 쌓인 그의 권력도 일시적 방편이 아니라 자기 후계자에게 물려주기 위한 방책이었음이 드러났다. 그가 후계자로 고른 인물은 어려서부터 황실에서 자란, 귀족 가문 출신 티베리우스였다. 그러나 신임 황제는, 전형적인 명문가 출신인데다 로마의 가장 걸출한 장군으로서 거둔 전력에 이르기까지 여러 자질을 갖췄는데도 아우구스투스의 양자가 되기에는 미흡했고, 로마인들 모두가 그 사실을 알았다.

티베리우스는 평생을 사라져버린 공화국에 집착한 불행한 군주였다. 하지만 23년에 걸친 그의 치세가 끝나고 즉위한 후임 황제 칼리굴라에게서는 티베리우스가 느꼈던 꺼림칙함 같은 것을 전혀 찾아볼 수 없었다. 칼리굴라는 연륜과 경륜에서 묻어나는 덕이 아닌, 아우구스투스의 손자로서 나라를 통치하는 것에 일말의 거리낌도 없었다. 칼리굴라를 잘 알았던 네로 황제 시대의 사상가 세네카마저 그의 죽음에 부쳐 이런 말을 했을 정도다. "조물주께서는 아무래도 한정 없는 악이 한정 없는 권력과 결합되면 어떤 결과가 초래되는지를 보여주기 위해 그를 창조하신 것 같다."⁴ 이 말이 칼리굴라에게만 해당하는 것도 아니었다. 황제 생전에 그에게 비굴하게 아첨했던 세네카의 동료 및 로마인들도 같은 비난을 받아 마땅했다. 때는 어느 것 하나 병들고 타락하고 부패하지 않은 것이 없는, 썩은 시대였던 것이다.

아니, 이는 대다수 사람들의 믿음이었을 뿐이다. 그런 생각에 동의하지 않은 사람들도 있었다. 아우구스투스가 수립한 통치 양식만 해도, 수십 년 동안의 내전을 겪는 과정에서 로마인들이 갈구하던 것들을 제공해주지 못했다면 영속되지 못했을 것이다. 북해에서 사하라 사막, 대서양에서 비옥한 초승달 지대에까지 분포되어 있던 로마의 거대한 속주 체제도 그 덕을 보았다. 역사상 가장 유명한 인물의 강탄이, 그 일이 일어난 아우구스투스 치세보다 무한정으로 큰 중요성을 얻게 된 그 3세기 뒤에 카이사레아 주교를 지낸 에우세비우스(기원후 263~339)도, 아우구스투스 황제의 공적에서 하느님의 인도하시는 손길을 보고 이렇게 단언했다. "예수께서 태어나신 바로 그때, 세계의 많은 지역이 로마의 지배를 받은 것은 단순히 인간 행동의 결과로만 얻어진 것이 아니다." 요컨대 로마가 세계를 지배한 시기에 구세주가 자신의 사명을 시작한 것은 하느님의 작용에 따른 행위가 분명하다는 말이었다. 그렇지 않고 세계가 만일 계속 전쟁 중에 있고, 그리하여 단일 정부의 형태로 통합되지 않았다면 사도들의 전도 여행이 얼마나 힘들었을지를 짐작해봐도 그 점은 분명히 드러난다는 것이었다.[5]

에우세비우스도 세월이 준 통찰력으로 가늠할 수 있었듯, 아우구스투스와 그의 후임 황제들이 이룩한 세계화는 경탄할 만한 위업이었다. 비록 그것을 유지하기 위해 사용한 방법은 무자비했지만, 로마가 무력으로 정복한 영토의 크기는 실로 어마어마했다. 또 "선물을 받는 것은 자유를 파는 것이다"라는 옛말도 있고 로마가 정복지들을 세습하며 보유한 것도 사실이지만, 그 대가로 로마가 지불한 평화도 결코 하찮지는 않았다. 황제들 아래에서 세계 최대의 도시로 호황을 누린 수도 주변 지역들이 됐든, 역사상 최초로 단일 지배자 아래에서 통합된 지중해 유역이 됐든, 아니면 유례가 없을 만큼 전 세계적 파급력을 지닌 제국의 가장 먼 지역들이 됐든, 로마에 의한 평화(팍스 로마나$^{Pax\ Romana}$)의 혜택을 본 사람들은 수백만 명에 달했다. 속주민들로서는 그야말로 감지덕지하며 로마를 고마워할 일이었다. 고대 이집트의 대도시 알렉산드리아의 유대인 철학자 필론도 "황제는 해적을 소탕하고 바다를 해운海運으로 가득 차게 했다"라고, 감격에 겨워 아우구스투스를 칭송하는 글을 썼다. "황제는 모든 도시에 자유를 부여해주었고, 무법천지였던 곳에 질서를 가져다주었으며, 미개인들도 개화시켰다."[6] 티베리우스와 칼리굴라에게도 그와 유사한 찬양의 글이 바쳐졌다. 훗날 악명을 얻게 될 그들의 비행도 세상에는 그다지 영향을 끼치지 못했다. 속주민들로서는 통치의 중심만 확고하면 됐지, 어느 황제가 지배하느냐는 중요할 게 없었던 것이다.

그렇더라도 로마 황제의 모습은 도처에 편재했다. 제국의 가장 먼 곳들도 예외가 아니었다. 왜 아니겠는가. "세상천지에서 티끌 하나도 황제를 벗어날 수 없었다"[7]라고 하니 당연한 일 아니겠는가. 이는 물론 과장된 표현이다. 하지만 황제가 피지배민들에게 불러일으킨 두려움과 경외감 뒤섞인 감정을 나타내기에는 적절한 표현이다. 로마에서 폭력의 독점권을 지닌 사람은 오직 황제뿐이었다. 세금 납부, 반역자의 처단, 죄수를 짐승의 밥으로 던져주거나 십자가에 못 박는 일을 확실히 하기 위해 존재한, 속주의 위협적인 정부 기구와 군단은 황제만이 지휘할 수 있었다. 그렇다고 황제가 전 세계에 보편적으로 미치는 자신의 전권專權에 서린 위엄을 보여주기 위해 손을 일일이 쳐들어 보일 필요는 없었다. 그 무렵 수백만 피지배민들에게 황제의 얼굴은 곧 로마의 얼굴이 되어 있었기 때문이다. 도회지라면 으레 조상, 흉상, 벽화 등 이런저런 형태로 된 황제 상을 갖고 있기 마련이었다. 산간벽지에서도 금전 거래를 하는 사람은 황제의 옆모습에 익숙했다. 아우구스투스 살아생전에는 어떤 생존 시민도 로마 주화에 등장한 예가 없었다. 그런데 그가 세계의 지배권을 얻기 무섭게 제국 전역에서 그의 얼굴이 새겨진 금화, 은화, 동화가 주조되기 시작했다.* 황량한 갈릴리의 거리를 떠돌아다닌 방랑 설교자도 주화를 들어 올리며, "동전에 찍힌 형상과 글은 뉘

---

* 살아 있는 로마인의 초상이 새겨진 첫 번째 주화는 아마도 율리우스 카이사르의 동전이었을 것이다. 그가 암살된 해인 기원전 44년에 그 주화가 주조된 것도 우연만은 아니었을 것이다.

것인고?"라고 묻고는, '가이사^{Caesar}'의 것이라는 말에 한 점 의혹을 갖지 않았을 정도다.[8]

그렇다면 황제의 성격, 업적, 그의 친족 관계 또한 백성들이 집요하게 파고든 매혹적인 이야깃거리가 되는 것도 당연한 일이었으리라. "폐하의 운명은 관객이 모든 것인 극장에 있는 듯 다스리는 것입니다."[9] 고대 로마의 역사가 디오 카시우스(또는 카시우스 디오: 기원후 150경~235)의 글에, 아우구스투스 황제의 특별 조언가였던 가이우스 마이케나스(기원전 70~8)가 그런 말을 했다고 기록되어 있는 것도 그 점을 반증한다. 마이케나스가 실제로 그 말을 했는지는 알 수 없다. 하지만 그 말이 그의 주군 아우구스투스가 행한 연극적 행위와 완벽하게 부합한 것은 사실이다. 수에토니우스의 기록에는 아우구스투스가 실제로 임종시 그의 친구들에게 인생극에서 자기가 한 역할 연기가 괜찮았는지를 물었고 그렇다고 하자, 그렇다면 퇴장하는 자신에게 박수갈채를 보내라는 말을 했다는 내용도 나온다. 위대한 황제도 결국에는 극중의 다른 배우들과 다를 바 없이 빼어난 연기자가 될 수밖에 없었던 것이다. 황제 홀로 무대에 서는 것은 아니었으니 말이다. 같은 맥락에서, 황제의 잠재적 후계자역시 황제와 그의 관계로서는 공적 인물이었다. 황제의 아내, 조카 혹은 손녀도 각기 맡은 역할이 있었다. 그들이 그 역할을 제대로 수행하지 못하면 가혹한 대가를 치러야 했고, 훌륭하게 수행하면 황제와 나란히 주화에 얼굴이 찍힐 수도 있었다. 그 점에서 아우구스투스 가문은, 전례가 없을 만큼 대중의 시선을 집중적으로 받았다. 그 가문의 최고 일족은 심지어 패션과 헤어 스타일까지 제국 전역의 조각가들에 의해 정교하게 재현되어, 시리아에서 에스파냐에 이르는 지역들의 유행을 선도했으니 말이다. 아우구스투스 가문이 이룩한 업적도 거대한 기념물로 세워져 기려졌으며, 가문의 추문 또한 고소한 입소문을 타고 이 항구에서 저 항구로 퍼져 나갔다. 서로 물고 물리는 관계에 있던 프로파간다와 가십도 아우구스투스 황조 때 처음으로 대륙적 범주의 유명세를 탔다.

그렇다면 현란한 대리석에 새겨진 그 모든 과시적 주장들, 시장통과 술집에서 회자된 그 많은 소문들은 황궁에서 실제로 벌어진 일과 어느 정도나 일치할까? 물론 수에토니우스가 황제 열전을 집필할 무렵에는 공식 비문에서 왜곡된 소문에 이르기까지 참고할 자료가 수두룩했다. 그러나 역사가들은 한편으로는 또 예리한 분석가였던 만큼 아우구스투스와 그의 후계자들 일대기를 정리하는 과정에서, 그 황조의 핵심에는 그들 자신의 노력을 헛수고로 만들 수 있는 어두운 일면이 있다는 점도 충분히 간파할 능력이 있었다. 로마가 공화국이던 지난 시절에는 국정을 공개적으로 논하고 로마 지도자들의 연설도 역사가들을 위해 전사轉寫되었다. 그런데 그런 관행들이 아우구스투스 집권 이후로 바뀌었다. "그때부터 정사는 은밀히 진행되고 내용도 공개되지 않았다."[10] 실제로 로마가 공화정이던 시기에는 야심 찬 로마인들이 그들 도시의 운명을 좌우할 진정한 기회를 가질 수 있었던 행사로 정무관과 여타 관직을 뽑는 선거의 해가 매년 돌아왔으나, 아우구스투스 집권 이후에는 선거가 명맥만 유지되었을 뿐, 곁들이 행사에 지나지 않게 되었다. 이는 권력의 조종간이 다른 곳으로 옮겨 간 결과였다. 그에 따라 세계를 통치하는 주체도 위대하고 선한 민회가 아닌 밀실로 바뀌었다. 황제의 귀에 대고 속삭이는 여인의 송사나, 노예가 중간에서 걸러 전해주는 문서가 감동적인 공개 연설보다 정책에 더 큰 영향을 미쳤다. 그것이 황제의 전기 작가들이 직면한 냉혹한 현실이었으나, 그렇다고 뚜렷한 묘책이 있는 것도 아니었다. "주요 사건이 일어났을 때조차 우리는 어둠 속에 있었다."[11] 수에토니우스와 거의 같은 시기에 활동한 다른 역사가가 한 말이다.

그러나 수에토니우스와 동시대인이었음에도 그 역사가는 독재 정권을 파헤친 병리학자로서는 수에토니우스보다 몇 길 위였다. 아니, 그 점에서는 아마도 가장 위대한 역사가였을 푸블리우스 코르넬리우스 타키투스(기원후 56~117)는 로마와 로마 제국의 작동 방식을 정확히 이해했고, 그것을 연구하는 데 천착했다. 화려한 이력의 소유자였던 그는 법정에서 변호도 했고, 속주 통치도 해봤으며, 로마 시민이라면 누구나 선망했을 최고 정무관(집정관)도 역임했다. 그 과정에서 그는 수치스러울 수도 있는 기민한 생존 본능을 발휘했다. 타키투스가 성인이 되었을 때 로마를 지배한 황조는 아우구스투스 시대의 황조가 아니었다. 그 황조는 기원후 68년에 피의 아수라장 속에서 종말을 맞았다. 하지만 새로 들어선 황조도 잠재적으로 전 황조 못지않은 잔혹성을 지니고 있었다. 그런데도 타키투스는 거기에 과감히 맞서기보다는 못 본 척 시선을 돌리는 편을 택했다. 결국 그는 그 스스로도 공모한 부작위범이라는 양심의 가책을 결코 떨쳐버릴 수 없었다. 공직에서 멀어질수록, 어쩔 수 없이 감내해야 하는 정권을 철저히 이해하고 그 진행 과정을 파헤치고자 하는 욕구에 그가 더 강박적으로 매달린 것도 그래서였다. 타키투스는 먼저 자신의 청년기와 성인기에 일어난 사건들을 담은 역사서를 집필했다. 그다음에는 지난날의 아우구스투스 황조로 관심을 돌려, 그의 마지막이자 가장 중요한 작품이기도 한 역사서, 16세기부터는《연대기》로 불리게 된 역사서를 집필했다. 아우구스투스 황조를 다루기는 해도 아우구스투스와 그가 시행한 통치 체제, 다시 말해 운명적인 원수정을 아우구스투스가 아닌 그의 후계자들에게 초점을 맞춰 분석하는, 매우 에두른 방식으로 집필한 역사서였다. 따라서《연대기》의 중심 무대를 차지한 이들은 아우구스투스가 아니라, 티베리우스, 칼리굴라, 칼리굴라의 작은아버지인 클라우디우스, 그리고 끝으로 아우구스투스의 현손이자 그 황조의 마지막 황제인 네로에 이르는 네 황제였다. 네로의 죽음으로 그 황조는 끝이 났다. 따라서 책의 내용도 황조의 일원들이 하나둘씩 치명적 대가를 치른 끝에, 네로가 죽은 기원후 68년에는 결국 생존한 아우구스투스의 자손이 단 한 명도 없게 되는 것으로 구성되어 있다. 그것이 타키투스가《연대기》에서 말하려고 한 이야기의 기준점이었다.

그런데 거기에는 그것 말고도 다른 요소들도 포함되어 있다. 타키투스는《연대기》에서 글을 쓰는 것 자체가 하나의 도전이었음도 말하고자 했다. 《연대기》의 첫 장에도 그 점이 신랄하게 지적되어 있다. "티베리우스와 칼리굴라, 클라우디우스와 네로의 역사는 그들이 살아 있는 동안에는 두려움 때문에 변조되었고, 그들이 죽은 뒤에는 새로운 증오의 영향력 아래에서 쓰였다"[12]라고 밝힌 것이다. 사정이 이러했으니 여간 성실하게 조사하고 노련한 객관성을 유지하지 않고서는 정확한 역사서를 쓰기 힘들었을 것이다. 아닌 게 아니라 그는 황제들의 치세가 기록된 공식 문서를 각고의 노력을 기울여 연구하면서도 그 자료들을 전적으로 믿지 않기 위해 분투했다.* 황제 치하에서 쓰인 것들은 그 말들의 진실성이 없고 뜻도 모호하게 변질될 수밖에 없었기 때문이다. "때는 아첨으로 타락한, 부패한 시대였다."[13] 개인적 경험에서 우러나온 이 말이 주는 씁쓸함만으로도 타키투스가 의심했던 모든 것이 실제로도 거짓인 것으로 결론 난 상황을 충분히 이해할 수 있다. 《연대기》에는 로마인들의 이익을 최우선으로 고려했다고 주장한 황제들 모두가 위선자였던 것으로 나온다. 그들이 로마의 전통에 충실하려 한 것도 거짓이었고, 그들의 언변 좋은 말도 거짓이었다. 요컨대 《연대기》에서 로마의 역사는, 공포의 두려움에 떨고 피로 얼룩지면서도 로마 시민들이 실상을 깨우치지 못한 악몽으로 묘사되어 있다. 다수의 후대인들이 자신들의 자유가 점점 줄어드는 것을 느끼면서도 상황 인식을 제대로 하지 못하는 독재정의 초상으로 그려진 것이다. 그들은, 자유주의 체제가 무너진 폐허에 폭정이 수립되고 국가가 용인해준 범죄가 그럴듯한 슬로건 아래 숨겨질 때만 독재를 기억했다. 이 모두가 독재 권력이 아우구스투스 황조의 외양을 띠고 있어서 벌어진 일이었다.

그렇다면 대중의 마음속에 아우구스투스 황조가 늘 맴돌았다 하여 놀랄 일도 아닐 것이다. 사람들이 생각한 로마는 언제나, 그들 마음속에 떠오를 확률이 가장 높은 초기 황제들의 도시였으니 말이다. 고대의 어

---

* 근래에 에스파냐에서 발견된 티베리우스 황제의 포고령도 타키투스의 서술 방식과 관련하여 매우 흥미로운 시사점을 던져준다. 이 자료로 미루어보면, 그는 포고령의 어법에 정통했을 뿐 아니라, 그것이 진실된 내용이 아니며 그것을 작성한 사람들이 진실로 믿고 싶어 한 내용이라는 점도 분명히 알고 있었다.

느 역사 시기도 기라성 같은 지도자들의 혼란스러운 매력으로 빛난 아우구스투스 황조기에는 필적하지 못했다. 그들이 지닌 섬뜩한 매력은 내분과 살인으로 점철된 군주의 원형이 되었다. 타키투스와 수에토니우스의 책들에서는 판타지 소설이나 텔레비전 드라마에서 튀어나온 듯한 괴물을 어렵지 않게 볼 수 있다. 냉혹한 편집광인 것도 모자라 수영장에서 어린 소년들에게 자기 고환을 핥게 만드는 취미를 가졌던 티베리우스, 로마인들이 하나의 목을 가지고 있었다면 한꺼번에 잘라버릴 수 있었을 것이라며, 그렇게 하지 못한 것을 못내 아쉬워했다는 칼리굴라, 아들을 재위에 앉히려는 수작을 부리다 결국에는 아들에게 살해된 네로의 어머니 아그리피나, 임신한 아내를 발로 차 죽게 만들고, 환관과 결혼을 하며, 잿더미가 된 로마의 중심부에 환락궁을 세운 네로 황제 등이 그런 인물들이었다. 물론 독살과 이국풍의 극단적 타락 행위로 감흥을 돋운 왕들의 배신담을 좋아하는 사람이라면 그런 이야기만으로도 만족할 것이다. 그 시대의 사료에는 살해에 맛 들인 여가장, 근친상간에 빠져든 권력층 커플, 짓밟힌 이류 인생을 살다가 극적으로 생사여탈권까지 쥐는 남자들 등, 요즘 드라마가 즐겨 다루는 온갖 주제가 등장하니 말이다. 로마 초기 황제들의 이름이 여태까지도, 그들과 비견되는 어느 왕조보다 사람들에게 더 익숙해진 것도 그 점을 말해준다. 그들의 명성은 결코 사그라지는 법이 없었다.

하지만 그 시대의 역사가들에게는 그런 점이 오히려 곤혹스러움의 요인일 수 있었다. 독살과 악행담만 해도 그것이 가진 특유의 멜로드라마적 특성이 그들의 심기를 곧잘 불편하게 만들었다. 이야기가 선정적일

수록 신빙성이 떨어질 확률이 높았기 때문이다. 학계에서 보통 아우구스투스 황조를 지칭하는 용어로 사용하는 율리우스-클라우디우스 황조에 제기된 주장의 진실성 여부도, 같은 이유에서 오랫동안 논쟁을 야기했다. 칼리굴라는 수에토니우스와 여타 고대 역사가들이 주장한 것처럼 진정 정신이상자였을까? 엉뚱한 기행이 미친 짓으로 와전된 건 아닐까? 조개껍데기를 주우라는, 일견 정신 나간 듯한 명령의 이면에 혹시 완벽하게 합리적인 이유가 숨어 있지는 않았을까? 적지 않은 역사가들이 이런 의견을 피력했고, 그 못지않게 많은 이론異論이 지난 여러 해 동안 개진되었다. 사료에는 나와 있지 않지만, 군대에서 폭동이 일어나자 칼리굴라가 병사들을 벌주기 위해 일부러 모욕적인 일을 시킨 것은 아닐까? 진주를 찾으려고 그랬던 건 아닐까? 그것도 아니면, 라틴어로 '조개껍데기shell'를 뜻하는 '콘차concha'를 칼리굴라가 그와는 다른 의미, 이를테면 보트의 일종이나 매춘부의 생식기를 가리키는 말로 사용했는데 이를 수에토니우스가 잘못 이해했던 것은 아닐까? 위와 같은 제안들이 쏟아져 나왔다. 하지만 이 모두는 추정일 뿐, 확실한 것은 아무것도 없었다. 조개껍데기 에피소드 주위에는 이렇듯 마치 간밤에 꾼 생생한 꿈처럼 아무리 머리를 싸매도 논리가 서지 않아, 우리가 기울이는 노력을 무위로 만들어버릴 요소가 어른거렸다. 확실히 알 수 없는 것들이 존재한다는 것, 이것이 고대의 역사가 우리에게 안겨주는 좌절감이다.

그렇다고 절망할 필요까지는 없다. 모르는 것을 아는 것도 초기 로마 황제들을 연구하는 학자들에게는 나름의 가치가 있기 때문이다. 물론 칼리굴라가 갈리아 북부 해안가에서 얻으려고 한 것이 무엇이었는가 하는 문제는 영원히 풀리지 않을 수도 있다. 그러나 분명한 사실은, 로마 역사가들도 그것을 굳이 설명할 필요를 느끼지 않았다는 점이다. 그들은 병사들에게 조개껍데기 주우라는 명령을 내린 칼리굴라의 행위를 악질적이고 정신 나간 황제가 할 법한 일로 간단히 치부했다. 신을 모욕하고, 잔혹함에 희열을 느끼고, 온갖 종류의 성적 일탈에 탐닉한 칼리굴라를 둘러싼 일화도 그에게만 해당하는 이야기가 아니었다. 당대의 예법대로 행동하지 않은 황제의 시대에는 으레 소용돌이치게 마련인 소문의 흔한 레퍼토리 중 일부였을 뿐이다. "추한 그림자는 수치심의 심연에 빠져 있도록 내버려두어라."[14] 티베리우스 황제 치세에 교화적인 이야기책을 쓴 어느 도덕주의자가 했다는, 자못 진지해 보이는 이 훈계를 귀담아들은 로마 시민이 몇 안 되었다는 사실로도 그 점을 알 수 있다. 요컨대 대중은 험담이라면 사족을 못 썼다. 게다가 황조를 둘러싼 일화에는 편견과 공포를 주고받은 사람들이 지닌 가장 심한 편견과 공포가 고스란히 담겨 있는 한편, 로마인들의 정신세계도 깊숙이 반영되어 있다. 따라서 아우구스투스 황조에 대한 연구를 그 황조에만 국한시켜 할 것이 아니라, 그것이 로마인들의 초상이기도 하다는 폭넓은 관점으로 검토할 필요가 있다.

같은 맥락에서 율리우스-클라우디우스 황조 전체를 아우르는 역사, 곧 내러티브 역사가 잘 속아 넘어가는 약골 스킬라와 의심 많은 강골 카리브디스 사이에서 균형 감각을 유지하는 가장 확실한 방법이 될 수 있는 것도 그 때문이다(스킬라와 카리브디스는 그리스 신화에 나오는 불멸의 괴물들—옮긴이). 초기 황제들과 관련된 이야기를 전부 믿을 수는 없지만, 그것들 중에는 황제들을 가장 고무시켰을 만한 단서가 상당수 포함되어 있기 때문이다. 따로 떼어놓으면 황당해 보이는 일화도 내러티브가 제공해주는 전후 맥락으로 읽어보면 설득력을 가질 수도 있다는 말이다. 로마의 독재 체제는 우발적이고 오랜 진전 과정을 거쳐 확립되었다. 역사가들이 초대 로마 황제로 간주하는 아우구스투스만 해도 공식적으로는 군주로 임명된 적이 없었다. 그는 선출을 통해 야금야금 부여된 권리와 명성의 힘으로 로마의 통치자가 되었을 뿐이다. 로마에는 계승권을 관리하는 공식 절차도 없었다. 그러다 보니 황제들은 집권할 때마다 할수 있는 것과 없는 것의 한계를 시험해보는 것 외에는 다른 선택의 여지가 없었다. 그 점에서 율리우스-클라우디우스 황조도 기나긴 실험 과정을 관장한 주체에 지나지 않았다. 내가 이 책에서 황조 수립에서 유혈낭자한 종말에 이르기까지 황조의 전 과정을 검토하려고 하는 것도 그래서다. 황제들의 치세를 가장 잘 이해하는 방법은 통치 기간이 아니라 통치를 전후한 맥락을 파악하는 것이기 때문이다.

이는 고대 역사에는 흔한 일이지만, 그 시대를 연구하다 보면 방송마다 가청도가 고르지 않은 구식 카라디오를 들을 때 짜증이 유발되는 것과 같은 상황이 발생하기 때문에도 더더욱 그렇다. 갈리아 북부 해안가에서 칼리굴라가 취한 행동만 해도 그 일화와 관련된 타키투스의 기록만 있으면 문제가 간단히 해결될 텐데, 《연대기》에는 그런 것이 없다. 《연대기》에는 전임 황제인 티베리우스의 죽음과 칼리굴라 치세를 이어줄, 중간 단계에 해당하는 몇 년이 쏙 빠져 있다. 율리우스-클라우디우스 황조의 가장 악명 높은 황제였던 칼리굴라의 치세를 다룬 사료가 그 황조를 다룬 모든 사료를 통틀어 가장 너덜너덜한 것도 우연만은 아닐 것이다. 2000년 동안이나 되풀이하여 연구를 했으면 그 시대의 역사가 오래전에 확립되었을 것 같지만, 여러 가지 면에서 사정은 그렇지가 못하다. 고대 역사 연구가, 이미 아는 내용을 손보는 것뿐 아니라 모르는 것을 인지하는 것도 중요하게 다루는 분야이다 보니 그렇다. 그러므로 독자들도 이 책에서, 칼리굴라가 한때 나폴리 만의 두 곳 사이에 놓았다는 배다리만큼이나 서술의 깊이가 매우 고르지 못한 것을 느끼게 될 것이다. 그 시대의 연구 자료에는 그 정도로 상충되는 내용이 많다. 하지만 달리 생각하면 그런 점이 그 시대 역사의 매력일 수 있다. 율리우스-클라우디우스 황조에 대한 학계의 광범위하고 활력 넘치는 연구가 수십 년에 걸쳐 진행된 덕분에 그 시대에 대한 우리의 이해력은 장족의 발전을 이루었다. 그 점에서 독자들이 이 책을 읽고 로마의 초대 황조 연구의 흥미로움을 조금이나마 느낀다면 소기의 목적은 달성한 셈이 된다. 서구 최초 독재정의 본보기가 2000년이 지난 뒤까지도 교육적이고 매혹적인 요소를 겸비한 역사가 될 수 있다면, 그보다 기쁜 일은 없을 것이다.

"횃불이 어둠을 꿰뚫지 못하고 어렴풋이 비추기만 한다면 그보다 더 맥빠지는 일도 없을 것이다."[15] 세네카가 나폴리 만을 여행했을 때 지름길로 택한 어둠침침하고 먼지로 목이 메는 터널을 지나며 느낀 감상을 죽기 직전인 기원후 65년 글로 옮긴 것이다. "감옥처럼 답답한데다 길기는 또 왜 그리 긴지. 터널의 아득함은 그 무엇과도 비교가 불가능했다." 오랜 궁중 생활을 통해 궁정의 어둠에 정통했을 그가 이런 말을 한 것이다. 세네카는 그 총명함을 못마땅하게 여긴 칼리굴라에 의해 거의 죽을 뻔하다 살아나기도 했고, 클라우디우스 황제의 조카딸과 간통했다는 죄목으로 클라우디우스에 의해 코르시카 섬으로 추방되었으며, 그런 뒤에는 또 아들의 비뚤어진 본능을 바로잡아 줄 사람을 찾던 황후 아그리피나의 눈에 띄어 네로의 가정교사로 임명되었다가, 종국에는 그 제자의 명령으로 혈관을 끊고 자살로 생을 마친 인물이다. 그런 파란만장한 생을 살았던 만큼, 자신이 섬긴 정부의 본질에 환상을 갖고 있었을 리 만무했다. 세네카는 심지어 로마 정부가 세계에 부여해준 평화마저 궁극적으로는 '힘 빠진 잔혹함'[16]보다 하등 숭고할 것 없는 것에 근거하고 있다고 말했다. 새로운 질서에는 처음부터 독재의 요소가 내포되어 있었음을 암시한 것이다.

반면에 세네카는 자신이 혐오한 대상을 숭배하기도 했다. 권력을 경멸하는 한편으로 그것을 즐기기도 했다. 로마의 어둠이 금빛으로 환하게 빛날 만도 했다. 2000년이 지난 지금도 아우구스투스와 그 후계자들을 반추하노라면 폭정과 업적, 사디즘과 매혹, 권력욕과 명예가 뒤섞인 특성, 그 황조 이후에 등장한 다른 어느 황조도 필적하지 못할 찬연함의 특성이 느껴지는 것도 그래서다.

"황제가 곧 국가다."[17]

이 현상이 탄생하게 된 배경의 역사가, 지난 2000년 동안 그래 왔듯 오늘날에도 여전히 매혹적이고, 감탄스러우며, 유익한 이야기가 될 수 있는 것 또한 그 때문이다.

── 현 상태를 유지하고, 보존하고, 지켜라. 지금 우리가 누리는 평화와 우리의 황제를. 그러다 황제가 의무를 다하고, 원컨대 되도록 오래 지속되었으면 하는 생을 마친 뒤에는, 우리가 그의 것이라고 알았던 세계 제국의 짐을 너끈히 질 만한 어깨를 가진 늠름한 후계자들을 세워 그분을 영광스럽게 하라.

— 벨레이우스 파테르쿨루스(기원전 20경~기원후 31경: 로마의 군인, 정치가, 역사가)

── 고대에 이들이 범한 실책은 역사서에 결코 지워지지 않는 오점으로 남을 것이다, 시간이 다할 때까지. 카이사르 가문이 행한 극악무도한 행위는 영원히 비난받을 것이다.

— 클라우디아누스(기원후 370~404경: 로마의 시인)

기원전 44년의 무렵의 로마 세계

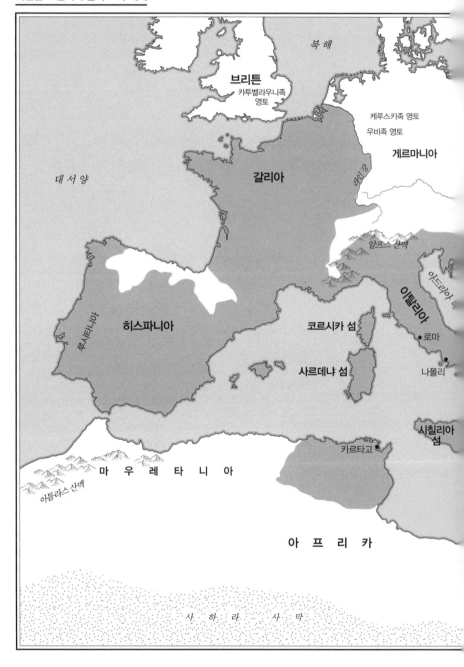

북

0 100 200 300 400 400 마일
0 200 400 600 800 킬로미터

바스타르나이족 영토

카커스 산맥

도나우 강

토미스

흑 해

아르메니아

일리리아

마케도니아

필리피

브룬디시움

그리스

에게 해

악티움

아테네

소아시아

티그리스강

카르하이

유프라테스 강

안티오키아

시리아

크레타 섬

지 중 해

알렉산드리아

유대

예루살렘

이집트

나일 강

홍 해

PART 1

파드로네

chapter 1

늑대의 자식들

초강대국 만들기

로마의 역사는 강간에서 비롯되었다. 제녀祭女였던 왕녀가 강간을 당한 사람이었다. 그 운명적 강간이 일어난 경위에 대해서는 여러 설이 있다. 일부 사료에는 그것이 왕녀의 꿈결에 일어난 일, 다시 말해 왕녀가 눈에 번쩍 띄게 잘생긴 남자에게 그늘진 강둑으로 보쌈을 당했다가 홀로 버려지는 꿈을 꾸는 와중에 벌어진 일로 나와 있고, 또 다른 사료에는 왕녀가 신성한 숲에서 물을 받아 오다 폭풍우가 몰아치는 상황에서 겁탈을 당했다고도 나와 있다. 심지어 어느 사료에는 궁중의 타고 남은 벽난로 재에서 신비한 남근이 솟아오르더니, 왕녀가 아닌 왕녀의 노예 여성을 취했다는 내용도 등장한다. 그러나 강간에 대한 설은 이렇게 분분하지만 그것의 결과가 수태로 이어졌다는 점에서는 모든 사료의 내용이 일치하고, 몇몇 까다로운 관점을 제외하면 강간자가 신이었다는 점에도 역사가들의 견해는 대체로 일치한다.* 한마디로 인간을 죽이는 신, 곧 마르스가 인간의 자궁에 씨를 심었다는 생각이다.

신의 속성을 지닌 두 남아는 이렇게 강간의 결실로 태어났다. 어머니가 당한 치욕의 소생이었던 쌍둥이는 그런 불행으로도 모자라 태어나자마자 부근의 테베레 강에 버려지기까지 했다. 하지만 기적은 그 뒤에도 계속되었다. 쌍둥이가 담긴 바구니가 급류에 휩쓸려 내려가다가 팔라티노라 불린 가파른 구릉 아래에서 멈춘 것만 해도 그랬다. 그다음에는 물기 머금은 열매들이 주렁주렁 달린 그곳의 무화과나무 아래 동굴 입구에서 어미 늑대에게 발견되었다. 어미 늑대도 핏덩이들을 잡아먹지 않고 몸에 묻은 흙을 혀로 핥아주고 젖도 물렸다. 그렇게 늑대가 인간 아기들을 양육하는 기적과도 같은 광경을 또, 그곳을 지나가던 돼지치기가 목격했다. 그리하여 그 돼지치기가 팔라티노 구릉에서 내려와 쌍둥이를 구해주었다. 늑대도 아이들을 빼앗으려 달려들지 않고 슬금슬금 피했다. 두 소년은 이렇게 돼지치기에게 구조도 되고 로물루스와 레무스라는 이름도 얻어 용맹무쌍한 전사로 자라났다. 그로부터 머지않아 로물루스는 팔라티노 구릉 위에 서 있다가 독수리 열두 마리가 주위를

---

* 기원전 인물들인 두 역사가 마르쿠스 옥타비우스와 가이우스 리카니우스 마케르만 강간자를 노예 소녀의 삼촌으로 지목하면서, 그가 '범죄 행위의 결과를 숨기기 위해' 자신이 범한 조카를 죽이고, 그녀가 낳은 쌍둥이들을 돼지치기에게 넘겨주었다고 주장했다(*The origin of the Roman People*: 19.5~7)

선회하는 광경을 목격했다. 구릉 꼭대기에 훗날 그의 이름을 딴 도시가 세워지리라는 신의 확실한 징표였다. 로물루스가 로마 최초의 왕이 될 사람으로 점지된 것이다.

믿거나 말거나 이것이 몇 세기 뒤 로마인들이 그들 도시의 기원과, 그들이 거둔 엄청난 규모의 물질적 업적을 설명하며 들려준 이야기였다. 외국인들도 그 내력을 알고는 충분히 그럴 만하다고 고개를 끄덕였다. 로물루스의 후손과 폭력적으로 접촉했던 사람들에게는 특히 전쟁의 신 마르스를 아버지로 두고 늑대 어미의 젖을 먹고 자랐다는 로물루스의 사연이, 로마의 특성을 확실히 대변해주는 것으로 여겨졌다.[1] 알렉산드로스 대왕 치세에 거의 태양이 떠오르는 곳에 이르기까지 광활한 영토를 정복한 마케도니아인 같은 민족도 로마인들을 여타 종족과는 사뭇 다른 종족으로 알고 있었다. 승패가 뚜렷이 나지 않은, 기원전 200년 양국이 벌인 (2차 마케도니아 전쟁의) 짧은 전초전만으로도 그 점을 납득하기에는 충분했다. 로물루스의 시대로부터 500년이 더 지난 시점이었는데도 로마의 적들은 여전히 로마인들에게 신화에서 태어난 피조물이라는 섬뜩한 특성이 들러붙어 있다고 믿은 것이다. 마케도니아인들은 전투가 끝난 뒤 아군 전사자들을 회수하려다 전장이 도살장으로 변한 모습에 아연실색했다. 로마 병사들의 칼에 팔다리가 잘려 나간 시신들의 피가 땅을 흥건히 적시고 있었던 것이다. 어깨에 아직 팔이 붙어 있는 시신, 머리가 잘려 나간 시신, 튀어나온 내장에서 악취가 진동하는 시신들 모두가 인간이기보다는 짐승에 가까운 폭력성을 나타내는 증거물이었다. 그렇다면 마케도니아인들이 전투 당일에 '자신들이 본 무기의 종류와 자신들이 마주한 로마 병사들의 진형을 보고' 패닉 상태에 빠진 것도 놀랄 일은 아니었다.[2] 계몽된 민족이 늑대인간들에게 두려움을 느끼는 것이야말로 당연한 일이었을 테니까. 지중해 일대의 사람들은 감춰진 늑대의 발톱, 눈 뒤에 가려진 황색 시선 등 로마인들에게 내재한 늑대의 특성을 당연시했다. 마케도니아처럼 결국에는 패망한 어느 왕국의 왕도 나라가 망하기 전, 이웃한 로마인들에 대해 이렇게 절망적으로 외쳤다. "로마의 창건자들이 늑대의 젖을 먹고 자랐다는 것은 로마인 스스로도 인정했다. 로마인들 모두 늑대의 심보를 지녔다. 만성적으로 피에 굶주려 있는 것도 그렇고, 만족을 모르고 탐욕을 부리는 것도 그렇다. 권력과 부에 대한 그들의 욕망은 끝이 없다!"[3]

하지만 물론 로마인들은 그런 사태를 다른 시각으로 바라보았다. 그들은 신들이 자신들에게 세계 지배의 권리를 주었다고 믿었다. 로마의 비범성은 지배에 있다는 것이 그들의 생각이었다. 물론 다른 분야에서는 로마인의 재능을 능가하는 민족이 있을 수 있었다. 청동이나 대리석 제품을 만드는 일, 별자리표를 작성하거나 성생활 안내서를 쓰는 일만 해도 그리스인들을 따라올 민족이 없었다. 시리아인도 무용수로 이름을 날렸고, 칼데아인은 뛰어난 점성술사였으며, 게르만족은 유능한 호위병이었다. 그러나 보편적 제국을 정복하고 유지하는 데 적합한 재능을 지닌 민족은 로마인밖에 없었다. 그것이 논쟁의 여지가 없는 사실이라는 것은 그들이 거둔 업적으로도 알 수 있었다. 피지배민들을 관대하게 대하되, 오만방자한 민족은 가차 없이 처단한 것에서도 로마인들은 타의 추종을 불허했다.

로마인들은 로마 위대성의 뿌리가 그들의 시초에 있다고 보았다. "로마 정세의 토대는 고대 로마의 관습과 고대 로마인들의 자질에 있다"[4]라고 믿은 것이다. 로마는 처음부터 공통의 선을 위해서는 목숨까지도 포함해 모든 것을 기꺼이 희생할 각오가 된 시민들의 자발성을 용맹의 기준으로 삼았다. 로물루스도 물론 그가 구조된 자리에 성벽을 짓고 그 안의 모든 것을 신성하게 만들기 위해 로마 신화의 최고신 유피테르(주피터)에게 바치는 성역, '포메리움pomerium'을 설정한 인물이었던 만큼 로마가 진정으로 신성불가침이 되기 위해서는 더 많은 것들이 필요하다는 점을 알고 있었다. 그의 쌍둥이 형제인 레무스가 자진해 인간 희생물이 된 것도 그래서였다. 그 성역을 뛰어넘다가 삽에 부딪혀 죽었으니 말이다. "그렇게 죽음으로써 그는 새로운 도시의 성벽을 성스럽게 하였다."[5] 이로써 전쟁의 신 마르스 아들의 피가 로마 최초의 흙과 회반죽을 기름지게 만들었다.

레무스는 그렇게 로마의 선을 위해 죽은 최초의 사람이 되었다. 하지만 그가 마지막은 아니었다. 로물루스에 이어 다섯 왕이 차례로 재위에 오른 뒤, 여섯 번째로 타르퀴니우스 수페르부스가 재위에 올랐다. 그러나 그는 별칭인 수페르부스(거만한 사람이라는 뜻 — 옮긴이)를 능가하는 사악한 폭군이었던지라 신하들이 목숨을 건 반란을 일으켰고, 그 결과 로마의 군주제도 기원전 509년 영원히 막을 내렸다. 반란의 주동자였던 타르퀴니우스의 사촌 브루투스는 이참에, "차후로는 두 번 다시 한 사람에게 로마의 지배권이 돌아가지 않게 하겠다"라는 내용의 집단 서약을 로마인들에게 하도록 했고, 이때부터 '왕'이라는 단어는 로마인들의 어휘에서 가장 추잡한 말이 되었다. 로마인들도 그때를 기점으로 백성이 아닌 '시민들cives'로 간주되었다. 로마인들이 마침내 기백을 자유롭게 드러내 보일 수 있게 된 것이다. 과연 "그들은 전보다 더 최대한으로 으스대고 걸으며 역량을 과시하기 시작했다. 왕들이 악인보다는 선인을 더 의심하고 타인의 재능을 두려워하는 속성을 지니고 있음을 알았기 때문이다."⁶ 하지만 도시가 이제는 군주의 그런 시기 어린 시선에서 벗어나게 되었으니만큼 시민들도 명예욕을 감출 필요가 없어졌다. 참된 업적에 대한 기준도 바뀌어, 로마인들이 받는 찬양이 그것을 가리는 기준이 되었다. 따라서 가장 비천한 농부도 동료들에게 비웃음을 사지 않으려면 시민으로서의 의무를 지고 남자임을 입증해 보여야 했다.

'남자vir'의 자질인 '비르투스virtus'야말로 로마인들이 자신들의 최고 강점이라 여기는 힘과 용기의 자랑스러운 융합, 곧 로마의 궁극적 이상이었다. 신들도 그 점에는 동의했다. 타르퀴니우스 수페르부스가 실각한 지 150년이 지난 기원전 362년, 로마 중심부에 불길한 징조가 나타났을 때 일어난 일이 그것을 보여주는 증거였다. 팔라티노 구릉 아래의 포룸으로 알려진 평지(포룸 로마눔)에 거대한 틈이 벌어진 것인데, 로마인들에게 그보다 더 두려운 일은 없었다. 포룸이야말로 시민 생활의 중심이었기 때문이다. 정치인들이 대중에게 연설을 하고, 정무관이 판결을 내리며, 상인들이 물건을 팔고, 화로의 여신인 베스타의 제녀들이 신전에 모셔진 영원의 불을 지키는 등의 의식을 거행한 곳도 포룸이었다. 로마인들 삶에 그토록 중요한 장소에 지하 세계로 가는 문이 열렸으니, 정녕 그것은 신들이 진노했음을 나타내는 징표, 끔찍한 일이 일어나리라는

로마의 중심부

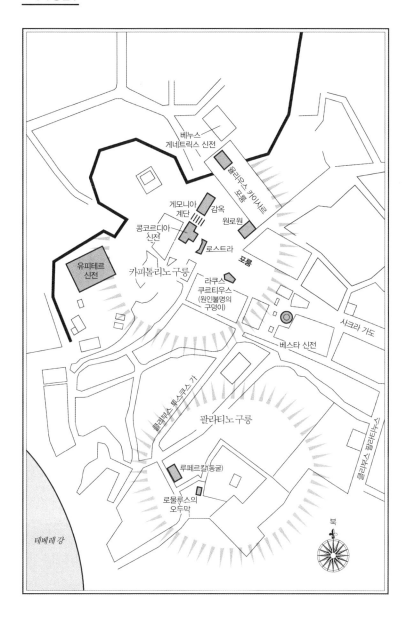

전조임이 분명했다.

실제로도 그 판단은 옳았던 것으로 나타났다. 따라서 당연히 희생이 요구되었다. 그것도 '로마가 지닌 가장 값진 것'[7]을 바치는 희생이어야 했다. 하지만 로마의 가장 값진 소유물이 대체 무엇이란 말인가? 그 곤혹스런 문제는 결국, 마르쿠스 쿠르티우스라는 젊은이가 동포 시민들을 향해 로마인들에게 가장 귀한 것은 사내다움과 담력이라고 말한 뒤 완전 무장한 채 말에 올라타고는 구덩이 쪽으로 곧장 뛰어드는 것으로 해결되었다. 그러자 벌어진 틈도 감쪽같이 메워졌다. 연못 하나와 올리브 나무 한 그루만이 동포 시민들을 살리기 위해 죽은 시민의 기념비가 되어 그곳을 지켜주었을 뿐이다.

로마인들이 공통의 선이라는 이상을 얼마나 소중하게 여겼는지는 그것을 나타내는 단어 '레스 푸블리카res publica'('공적인 일'이라는 뜻 — 옮긴이)가 로마의 정부 형태, 곧 '공화국republic'의 어원이 된 사실로도 알 수 있다. 시민 개개인의 명예욕에 대한 갈구, 그리고, 역경의 도가니 속에서 심신을 단련해 온갖 시련을 늠름하게 이겨내겠다는 결의가, 냉혹한 규율성과도 양립되게 해주는 것이 바로 그 정치체였다. 그러나 공화국의 이웃 나라들에게는 물론 그것이 참화를 불러오는 결과만을 초래했을 뿐이다. 실제로 마케도니아가 로마 군단만이 행할 수 있었던 늑대와도 같은 흉포성을 처음 경험한 기원전 200년 무렵에는, 로마가 이미 서지중해의 안주인이 되어 있었다. 로마 군단은 그 2년 전에도 서지중해의 패권을 놓고 겨루던 세력, 곧 대상大商들의 집결지였던 북아프리카 해안가의 교역 도시 카르타고에 결정타를 날렸다(2차 포에니(포이니) 전쟁에서 벌어진 자마 전투를 말함—옮긴이]. 로마에게 그것은 신기원을 이룩한 승리였다. 1차 포에니 전쟁에서 시작해 오락가락하며 60년 넘게 진행된, 사활을 건 두 도시 간 전쟁에서 대미를 장식한 승리였으니 말이다. 이탈리아 본토가 피로 물들고 전쟁이 로마 성문 앞까지 도달할 정도로 당시의 전황은 급박하게 전개되고 있었다. "그 전쟁이 일으킨 진동으로 천지가 흔들렸다."[8] 상황이 이랬으니 여타 민족이라면 지푸라기라도 잡는 심정으로 화평을 간청했겠지만, 로마인들은 그런 시련을 뚫고 승리함으로써 마치 단련된 쇠처럼, 전투로 강인해진 민족으로 거듭났다. 알렉산드로스 대왕의 후계자들마저 로마 군단에 저항하기는 불가능하다는 결론을 내린 데에는 그럴 만한 이유가 있었던 것이다. 동지중해 유역의 왕들도 하나둘씩 로마 집정관들에게 굴복했다. 자유롭고 체계 잡힌 공화정과 비교하면 군주제는 실로 결점 투성이 정체인 듯했다. 로마에 패한 어느 왕국의 사절단이 로마인에게서 들었다는 엄중한 경고의 말에도 그 점이 드러난다. "우리 로마인은 정신이 감정을 지배합니다. 어떤 운명이 닥쳐도 그 점은 변하지 않아요. 또한 우리는 역경에 지지 않듯이 성공을 해도 교만하지 않습니다."[9]

이 말을 한 장본인 푸블리우스 코르넬리우스 스키피오(기원전 235~183)는 확실히 그 말의 의미를 알 만한 위치에 있었다. 로마 최대의 숙적을 격파하는 감격스런 임무를 수행한 공로로 '아프리카누스'라는 별칭까지 얻은 성공의 전형이었으니 말이다. 그는 카르타고의 식민지 히스파니아(에스파냐)를 획득했고, 카르타고의 뒷마당에서 카르타고인들을 격파해 굴욕적인 항복을 받아내기까지 했다. 몇 년 뒤에는 원로원 명단의 맨 윗자리에 이름이 올라 제1원로가 되는 영광도 차지했다. 로마에서는 모든 것이 계급 제도에 따라 등급이 매겨질 만큼 서열에 대한 강박이 심했다. 따라서 제1원로가 되는 것은 매우 이례적인 영예였다. 시민의 신분도 엄격한 잣대로 결정되어, 로마인 개개인의 위치는 부, 혈통, 업적을 합한 값에 따라 공화국 계급 제도 내에서 정확하게 정해졌다. 사회 최상위층의 서열도 살벌하게 매겨져 있었다. 최상층 시민들은 그들만의 특권 집단인 원로원에 속했다. 원로원 의원이 되려면 부와 사회적 지위뿐 아니라 로마의 운명을 좌우할 만한 요건이 되는, 정무관 역임 기록도 필요했다. '수백 년 동안 단 한 명의 원로원 의원도 회의 내용을 누설한 적이 없었을'[10] 만큼 민감하고 파급력이 큰 사안을 다루다 보니 심의 기준도 엄격할 수밖에 없었다. 그러다 보니 정치인이 원로원에서 정견 발표의 기회를 갖지 못하면 숫제 벙어리로 남아 있는 편이 나았다. 그렇다고 해서 또 누구나 정견 발표의 기회를 가질 수 있었던 것도 아니다. 원로원에서 정견의 첫 발언권은 언제나 가문, 도덕성, 공직 수행의 유무를 따져서 가장 명망 있는 사람에게 주어졌다. 로마인들은 이 자격을 명성의 총체적 수준을 뜻하는 '아욱토리타스auctoritas'('권위'를 뜻하는 영어 단어 'authority'의 어원이 된 말—옮긴이)로 불렀다. 스키피오도 원로원 명단의 제일 앞머리를 차지한 제1원로가 되었으니, 그가 지닌 막대한 권한에 당연히 힘이 실렸다. 그가 카르타고의 정복자로서 '독보적이고 찬란한 영광을 차지했다'[11]는 점에는 모든 사람이 동의했다. 로마 최고의 업적을 이룩한 사람들도 그 점에서는 스키피오에게 필적할 사람이 없음을 인정했다. 따라서 그런 스키피오가 제1원로, 곧 '프린켑스 세나투스Princeps

Senatus'가 되는 것은 백번 지당했다.

하지만 그 수위권에는 위험이 도사리고 있었다. 스키피오가 동료 시민들에게 드리운 그림자만 해도 어차피 원한을 사게 되어 있었다. 로마 공화정 아래에서는 그 무렵까지도 여전히 한 사람이 최고 지배권을 갖지 못한다는 지배 원리가 작동하고 있었다. 정무관의 외양 또한 로마인들에게 군주제의 매력과 위험을 동시에 상기시키는 요소였다. 스키피오가 입은 토가의 자줏빛 테두리도 본래는 왕의 색상이었다. 군중 사이를 뚫어 그에게 길을 터주는 역할을 한 수행원인 '릭토르들'도 과거 한때는 그와 유사하게 타르퀴니우스 수페르부스를 호위하는 역할을 했다. 릭토르가 어깨에 메고 다닌, 막대기 다발에 도끼 머리를 끼운 모양의 '파스케스'도 체형體刑과 극형을 함께 행할 수 있는 권리, 곧 위협적 왕권을 상징했다.* 이렇듯 그 질서가 가진 힘에는 위엄과 위험성이 공존했다. 따라서 아무리 자유 공화국이라 해도 여간 신중하지 않고서는 그 힘을 안전하게 행사하기가 힘들었다. 로마가 군주제가 붕괴한 뒤에 추방된 왕의 권력을 정무관 한 사람이 아닌 두 명의 집정관(콘술)에게 나누어 부여한 것도 그래서였다. 독한 술에 취해 쓰러지듯, 권력에 취해 쓰러지기 전에 집정관의 위광과 그것이 드리운 불후의 광영을 주도면밀하게 먼저 희석시키는 예방 조치를 취한 것이다. 집정관 두 명에게 권력을 분산시켜 서로를 감시하게 만들고 임기를 1년으로 정한 것도 그래서였다. 그런데 스키피오는 그런 제한 없이 무제한의 위광을 누렸다. 공화국 최고의 선

---

* 릭토르들은 극형에 항소할 수 있는 시민의 권리를 나타내는 의미에서 로마 경계 내에서는 파스케스를 휴대하지 않았다.

출직 정무관들도 그 앞에서는 움츠러들 정도였다. 프린켑스를 향한 원로원의 투덜거림은 그렇게 해서 시작되었다.

그러나 알고 보면 공화국에서는 늘 매혹에 깊은 불신이 따라붙었다는 데 문제의 본질이 있었다. 로마인들은 정치인들에게 눈가 주름과 태도의 엄격함을 기대했다. '원로원 의원'이라는 말도 '노인'이라는 라틴어에서 나온 것이었다. 그런데 스키피오의 이력에서는 젊은 시절 확 불타오른 위광만 번쩍거렸다. 스물여섯 살 새파란 나이에 카르타고군과 맞서 싸울 히스파니아 원정군의 지휘관이 되고 그 5년 뒤에는 집정관이 되었으니 말이다. 그뿐만이 아니었다. 스키피오는 하급 정무관을 거친 뒤 산기슭에서 휘적휘적 아직도 업적 쌓기에 구슬땀을 흘리는 여타 원로원 의원들을 저만치 따돌리고 창창한 나이에 프린켑스 세나투스가 되었다. 물론 젊은 나이에 정상에 우뚝 선 사람으로 치자면, 목살이 늘어지기도 전에 정복의 쾌거를 이루어 불후의 업적을 남긴 알렉산드로스 대왕도 있었다. 그러나 그런 예도 적개심으로 가득 찬 원로원 의원들을 설득하기에는 부족했다. 알렉산드로스 대왕은 외국인에, 그것도 왕이었다는 점이 그 이유였다. 게다가 알렉산드로스는 신이 되려는 야망을 지녔던 것으로도 유명했다. 따라서 원로원 의원들로서는 그런 우려스러운 인물이 스스로를 높이려 벌인 행위를 그들의 일원이 모방하려 하자, 좌불안석일 수밖에 없었다. 게다가 전해지기로 스키피오는 그의 어머니가 뱀과 동침하여 생겨난 자식이라 했고, 히스파니아에서 카르타고군을 격파한 것도 신이 적시에 도와준 덕분이라고 했으며, 심야에 포룸을 지나 신전에 갈 때도 개들이 (그의 신성을 알아보고) 짖지 않았다고 했다. 따라서 아무리 프린켑스라고 한들 이런 소문으로만 봐도 그는 지위에 걸맞지 않은 인물이었다.

따라서 그를 내버려두어서는 안 되었다. 아니나 다를까 원로원의 정적들은 기원전 187년 동방 원정을 떠난 스키피오가 귀환하기만을 기다리고 있다가, 돌아온 그를 공금 횡령 혐의로 고발했다. 분개한 스키피오가 장부책을 찢어 그들의 눈앞에 들이대며 자신이 전쟁에서 승리하고 얻은 모든 재보를 로마에 갖다 바친 사실을 상기시켰는데도 그들의 태도는 바뀌지 않았다. 프린켑스는 굴욕을 당하느니 차라리 영지로 은퇴하는 편을 택했다. 그리고 그곳에서 기원전 183년 심신이 망가진 채 숨을 거두었다. 공화국에서의 정치적 삶의 기본 원리가 무엇인지를 이보다 더 적나라하게 보여준 사례는 없었다. 로마에서 "시민 한 사람이 명성을 독차지해서는 안 된다는 원리는 너무도 강력하여, 당사자가 법에 이의를 제기하는 일조차 허용되지 않았다."[12] 스키피오 아프리카누스 같은 위대한 인물도 그 원리와 싸우기는 불가능하다고 보고 체념했을 정도니 말이다.

이리하여 로마인들은 늑대의 자식일지는 몰라도 공화국, 공화국이 제공하는 자유의 미래는 안전해진 듯했다.

거대한 게임

정말로 그랬을까?

그렇지 못했다. 스키피오가 공화국의 법에 굴복했던 것은 사실이다. 하지만 그가 지닌 강력한 카리스마는 여전히 로마 공화정이 초강대국으로 발전하는 노정에 함정이 도사리고 있을 개연성을 시사했다. 스키피오의 정적들은 편협성을 끝까지 고수하는 것에 자부심을 가졌다. 로마의 고대 관습이 최고라고 믿은 것이다. 하지만 그런 보수주의에 한계가 있음이 이미 명백해지고 있었다. 스키피오는 단지 그런 흐름의 선구자였을 뿐이다. 갈수록 복잡다단해진 로마의 외교 공약, 비할 데 없어진 군단의 실력, 무례함을 지적하는 일마저 용납되지 않는 공화국의 변한 정세가 삼박자를 이루어, 세계 지배자의 꿈을 갖도록 지도자급 시민들을 유혹했다. 실제로 스키피오가 죽은 지 100년이 조금 지났을 무렵에는 이미 로마의 새로운 총아가 초창기 세대들로서는 꿈도 꾸지 못했을 막대한 부와 명성을 손에 넣었다. 그 주인공인 그나이우스 폼페이우스 마그누스(기원전 106~48, 대 폼페이우스)는 불법을 자행하고 권력의 확대를 통해 얻은 눈부신 이력을 자랑이라도 하듯 우쭐거렸다. 그는 스물세 살에 이미 신병을 모집해 개인 군대를 보유했고, 그다음엔 일련의 매혹적이고 수지 맞는 군사 활동을 벌였다. 한때 '청년 백정'[13]이라는 별명을 가졌던 인물에게 차곡차곡 이력을 쌓아가는 고루한 행위는 어울리지 않았다. 실제로 그는 원로원에 적을 둔 적이 없었는데도 서른여섯이라는 젊은 나이에 집정관이 됨으로써 세상을 깜짝 놀라게 했다.

이어서 그보다 더 심한 불법 행위가 뒤따랐다. 공화국의 관례는 격식이고 자시고 할 것 없이 짓밟혔다. 기원전 67년 폼페이우스는 해적 토벌대 사령관이 됨으로써 지중해 전역을 아우르는 군사 지휘권을 거머쥐었다. 그 1년 뒤인 기원전 66년에는 금상첨화 격으로 거대한 동방을 지휘하는 전권을 획득하여, 도발을 계속하며 로마의 약을 올리던 그 지역 왕을 격파했다. 그리하여 고대 로마인들이 지금의 터키를 일컫던 지역인 소아시아의 동쪽 지역과 시리아 전역을 획득, '모든 민족의 정복자'[14]로 추앙을 받았다. 그렇게 군사 행동을 마친 폼페이우스는 기원전 62년 마침내 영광 이상의 것을 뒤에 주렁주렁 매달고 로마로 귀환했다. 동방의 왕들을 자신의 예속자로 만들었을 뿐 아니라 돈줄이 되는 왕국들까지 소유하게 된 것이다. 폼페이우스 휘하의 군단도 공화국에 충성을 바치는 대신, 동방의 자산을 수탈할 수 있게 해준 개선장군, 곧 '임페라토르 imperator'에게 충성을 바쳤다. 폼페이우스도 일이 그쯤에 이르자 이제는 거짓으로 겸손 떠는 행위는 집어치우고 알렉산드로스 대왕이라도 된 양 거드름을 피우며 거리를 행진했다.

하지만 누구도 폼페이우스의 탁월성을 부정하지는 못했다. 그에게 가장 적대적이던 보수주의자들도 그 점에서는 마찬가지였다. "그가 비할 바 없는 프린켑스라는 점은 누구나 인정했다."[15] 이렇듯 폼페이우스 때와서는 스키피오 때와 달리, 프린켑스가 되는 데 굳이 원로원의 표를 필요로 하지는 않았다. 아니, 상황은 오히려 그 반대로 삐걱거리는 마차에 묻어온 동방의 향처럼 그의 아욱토리타스는 로마의 하늘에 짙은 연무를 드리우며 신비로운 향내를 내뿜었다. 공화국 특유의 정치적 삶의 리듬조차 장광설을 늘어놓는 폼페이우스의 선거 유세에서는 조롱 거리가 되었다. 동료와 지배권을 공유하는 것 혹은 집정관 임기가 1년인 것도 폼페이우스에게는 있을 수 없는 일이었다. 원로원이 무엇이던가? '세계를 길들이는 자'를 방해하는 존재 아니던가? 이것이 그의 생각이었다.[16]

폼페이우스는 범죄 행위인 줄 알면서도 어쩔 수 없이 승리를 확정했던 것이 아니라, 범죄 행위였기에 기필코 승리를 확정했던 것이다. 따라서 거기에는 극도의 불안정성이 내포되어 있었다. 로마가 한낱 지방이었을 때는 잘 작동되던 법률이 그 무렵에는 로마가 세계의 지배자라는 사실에 맥을 못 추게 된 것이야말로 그런 상황을 보여주는 결정적 증거였다. 폼페이우스의 개선 행렬에 섞여 비굴하게 몸을 굽실거린 포로 왕들도 이제는, 유서 깊은 군주제의 안전장치를 경멸할 각오가 된 시민(폼페이우스)에게 부여된 장물의 호화로움을 보여주는 증거물이 되었다. 로마 시민들에게 자유의 열매로 오랫동안 존중되던 로마의 위대성은 바야흐로 자유가 쇠퇴함으로써 공화국에 위협을 가하는 듯했다.

그러나 폼페이우스는 자신이 막강한 힘을 지녔다고 해서 동포 시민들에게까지 무력을 행사하려 하지는 않았다. 권력과 명예욕이 아무리 강하다 한들 넘지 말아야 할 선 앞에서는 그도 움찔했다. 동료들의 승인 없는 지배는 무가치했다. 군사 독재도 불가능했다. 공화국에서는 원로원과 로마인들이 존중하는 위대성만이 의미 있었기 때문이다. 따라서 폼페이우스도 그 두 가지 모두를 필요로 했다. 하지만 정적들에게는 그것이 역습의 기회가 되었다. 그들은 새로운 프린켑스가 보유한 막강한 힘에 눌려 고발할 엄두는 못 냈지만 협조를 거부할 수는 있었다. 그런 상황이 폼페이우스의 발목을 잡았다. 그는 자신이 제출한 법안이 원로원에서 봉쇄된 채 인준을 거부당하고 자신의 업적이 조롱당하고 무시되는 모습을 충격과 분노 속에서 지켜보았다. 그렇다면 정치는 정상을 되찾았을까? 폼페이우스의 정적들은 물론 그렇게 되기를 바랐다. 교만한 사람치고 콧대가 꺾이지 않은 예가 없다는, 로마 공화정의 변하지 않는 한 가지 요소는 여전히 유효해 보였으니까.

하지만, 아니었다. 폼페이우스의 일부 정적들만 해도 그 위기로 로마에 화가 초래된 상황을 한층 냉혹하고 오만한 시선으로 바라보았다. 동료 시민 한 사람이 동방의 알짜배기 속주를 차지한 것에 질시와 두려움 섞인 쌉쌀한 감정을 가졌다는 점에서는 그들도 여타 원로원 의원들과 다를 바 없었다. 그러나 동시에 그들은 매혹적인 새 시대의 여명이 밝아오고 있다는 점 또한 분명히 인지했다. 집정관도 이제는 로마인이 가질 수 있는 야망의 끝이 아니었다. 그들은 공화국 제도의 부족해진 용량을 넘어, 자신들의 야망을 채우고 싶은 새로운 욕구가 생겨나는 것을 느꼈다. 범세계적 규모를 가진 목표물, '바다, 땅, 별 들의 진행 과정'[17]이 그들의 손에 곧 잡힐 것만 같았다. 그러므로 필요한 것은 손을 뻗어 그것을 잡는 것뿐이었다.

폼페이우스의 정적들이 이렇게 그 위대한 인물의 뒤꿈치를 물어뜯고 있던 기원전 60년, 로마의 가장 강력한 두 경영자가 마침내 대담한 책략을 꾸미기 시작했다. 프린켑스를 시기하기보다는 그와 우열을 다투려는 의지가 더 강했던 마르쿠스 리키니우스 크라수스(기원전 115경~53)와 가이우스 율리우스 카이사르(기원전 100~44)가 그들이었다. 두 사람으로서는 기대치를 한껏 높일 만했다. 크라수스만 해도, 오래도록 거대한 거미줄의 중심에 있는 거미처럼 군림하고 있었으니 말이다. 그러나 검증된 장군인데다 집정관까지 역임했는데도 그의 아욱토리타스에서는 명뿐만 아니라 암도 함께 느껴졌다. 크라수스도 폼페이우스처럼, 로마에서는 전통적 권력의 원천이 이제 더는 가장 확실한 권력의 원천이 아님을 알고 있었다. 게다가 그는 공적 삶의 무대에도 익숙했지만 배후 조종을 진정한 장기로 삼는 인물이었다. 그리고 그 실력으로 여타 로마인들은 꿈도 꾸지 못할 거부가 되었고, 한량없는 기회주의에만 일관성을 보였다. 그것으로도 모자라 그는 산더미 같은 자신의 부를 자라나는 세대 전체를 올가미에 걸려들게 하는 데 사용했다. 그와의 채무 관계에 얽혀들기만 하면 십중팔구 이자를 갚는 일조차 불가능했다. 이런 크라수스와 다르게 정치적 재능이 뛰어난 사람이라면 자력으로 운명을 개척해 두각을 나타낼 필요가 있었다.

율리우스 카이사르가 바로 그런 인물이었다. 유서는 깊으나 정치적 영향력은 감퇴한 가문의 자손인 그는 기원전 60년에 마흔 살이었다. 그런데도 막대한 부채와 낭비벽 심한 멋쟁이로 악명을 떨치고 있었다. 하지만 그의 정치적 재능을 부정하는 사람은 아무도 없었다. 적지 않은 그의 정적들도 그 점은 인정했다. 매력적이면서 무자비하고, 저돌적이면서 결단력 있는 성격으로 영향력이 큰 효과를 만들어낼 줄도 알았다. 따라서 재원과 세평 면에서는 폼페이우스는 물론 크라수스에게도 많이 뒤졌지만, 그 두 사람과 연대할 때 공적 권력에 대한 장악력을 장점으로 내세울 만했다. 게다가 기원전 59년에 카이사르는 두 명의 집정관 중 한 명으로 선출되어 직무 개시를 앞두고 있었다. 그러므로 폼페이우스와 크라수스라는 든든한 두 지원군과, 냉정하고 단호한 자신의 기질을 활용한다면 비록 불법일지라도 동료 집정관쯤은 충분히 무력화할 수 있으리라 보았다. 그리고 그렇게 되면 집정관은 사실상 '율리우스와 카이사르의' 집정관이 되는 것이고,[18] 그런 다음 자신과 두 우군이 법안을 강제로 통과시키면 폼페이우스·크라수스·카이사르, 이 세 사람 모두가 삼두 제휴의 득을 볼 공산이 크다는 것이 그의 계산이었다.

아닌 게 아니라 일은 그렇게 흘러갔다. 로마의 후손들이 불길할 뿐 아니라 치명적이기도 한 정치 발전이었다고 평가한 '삼두정치'는 그렇게 탄생했다. 그들에 따르면 삼두정은 '공화국을 포로로 잡아두고 국가를 상대로 꾸민 음모'[19]였다. 실제로 삼두는 정치적 유력자들이 수세기 동안 분주히 매달렸던 일에는 일절 손을 대지 않았다. 삼두정 체제하에서 로마의 정사는 오로지 정적을 헐뜯거나 속이는 제휴의 방식으로만 수행되었다. 그런데도 '율리우스와 카이사르의 집정관' 제도는 향후 로마 역사를 이끌어가는 치명적 길잡이가 되었다. 카이사르의 졸개들이 상대 집정관에게 똥을 바가지로 퍼붓고 그의 릭토르들에게 뭇매를 가하여 그 불운한 인물을 끝내 집정관직에서 완력으로 끌어낸 일은 너무도 노골적인 불법 행위여서, 보수주의자들에게는 잊으려 해도 잊을 수 없고 용서하려 해도 용서할 수 없는 불법성이 판치게 될 한 해를 예고하는 것처럼 보였다. 카이사르가 무력으로 성사시킨 그 계획이 그 자신뿐 아니라 두 우군에게 득이 되었다는 사실도 비난의 화살이 주로 집정관인 그에게 쏟아지는 것을 막지는 못했다. 이리하여 카이사르의 정적들은 대놓고 그를 파멸시키는 데 전념하게 되었고, 그도 그 못지않게 열정적으로 위대성을 추구하는 데 몰두했다.

그렇다면 카이사르가 집정관으로 있을 때 거대 지역의 속주 총독이라는, 더할 나위 없이 든든한 보험을 들어놓은 행동을 한 것도 이해가 가는 일이다. 기원전 58년 봄, 카이사르는 속주 세 곳을 통치하기 위해 북쪽으로 향했다. 지금의 발칸 반도 지역(일리리쿰), 이탈리아의 북부 변경 지역(갈리아 키살피나), 알프스 산맥 저편의 갈리아 남부(갈리아 트란살피나)가 그곳들이었다. 그는 그 지역들이라면 정적들로부터 안전하리라고 보았다. 로마에서 집정관을 역임하고서 속주의 총독이 되면 법적으로 기소가 면제되었기 때문이다. 게다가 카이사르의 총독 임기는 터무니없게도 5년이었다. 그것으로도 모자라 이럭저럭하는 사이 그가 총독으로 재임한 기간은 그 두 배인 10년으로 늘어났다.

카이사르는 본래 삼두(율리우스 카이사르, 폼페이우스, 크라수스) 중에서 하위 파트너였다. 그런데도 폼페이우스와 크라수스는 양자 동맹을 지렛대로 삼아 신임 갈리아 총독 카이사르를 능가하는 그럴듯한 결과를 만들어내지 못했다. 게다가 카이사르에게는 10년간의 기소 면제도 고작 시작이었을 따름이다. 그는 속주 총독으로 있는 동안 명예 사냥을 할 수 있는, 그 못지않게 귀중한 기회도 얻었다. 로마 지배권의 경계지인 알프스 산맥 너머, '장발의 갈리아'를 뜻하는 '갈리아 코마타Gallia Comata'가 바로 그에게 명예 사냥의 기회를 제공해준 곳이다. 적들을 괴롭혀서 그들로 하여금 울분의 강술을 들이키게 만든, 반라 차림의 털북숭이 야만족 무리가 그곳 황무지에서 거주하고 있었던 것이다. 그들은 하루이틀도 아니고 무려 수세기 동안이나 공화국의 가장 어두운 악몽으로 남아 있었다. 그런데도 카이사르는 갈리아에 도착하자마자 대담하고도 명백한 불법 행위를 통해 그곳을 정복할 계획을 세웠다. 대규모 갈리아 원정에 착수한 것이다. 사료에는 그 원정 과정에서 죽은 사람이 100만 명, 노예가 된 사람도 100만 명 이상이었던 것으로 나온다. 10여 년의 원정 기간 동안 갈리아에는 피와 연기가 그치지 않았다. 그리하여 마침내 카이사르가 갈리아 정복을 마치고 총독 임기를 끝냈을 무렵에는 라인 강에서 대서양에 이르는 지역의 전 부족이 그에게 복속되었다. 세계의 끝자락에 거주하던 야만족으로, 색다르고 이름난 무용을 뽐냈던 게르만족과 브리튼족마저 로마군 전투력의 우수성을 깨닫고 존경을 표할 정도였다. 한편 공화국의 수도에서는 로마의 새로운 영웅이 보여준 헙헙한 관대함과 그가 거둔 경천동지할 업적에 관한 소식에 동포 시민들이 흥분을 감추지 못했다. 기원전 50년 무렵 카이사르는 명성도 높아지고 약탈물로 개인 재산도 두둑해진 것은 물론, 노련한 군단병들까지 거느리게 되어 폼페이우스와 견주어도 꿀리지 않는 아욱토리타스를 보유했다. 반면에 카이사르가 속주 총독 사임할 날만 고대하고 있던 원로원의 정적들은 그 기회를 놓치지 않으려고 단단히 벼르고 있었다.

카이사르도 물론 하찮은 피그미 무리가 갈리아 정복자인 자신을 기소하여 법정에 세울 개연성을 절대 용납할 마음이 없었다. 그는 그런 굴욕을 당하느니 차라리 중간 단계를 거치지 않고 속주 총독에서 두 번째 집정관으로 직행하려는 계획을 세웠다. 하지만 그 목적을 달성하려면 원군이 필요했는데 그가 로마를 비운 사이에 정세가 많이 변했다는 것이 문제였다. 세 다리가 있어야 튼튼한 삼두정치만 해도 기원전 50년 무렵에는 다리 하나를 잃어 절룩거리는 처지였다. 그러기 4년 전, 크라수스는 시리아 속주의 총독이 되었다. 그런데 폼페이우스와 카이사르의 전철을 밟아 무공을 세우려는 욕심에 눈이 먼 나머지, 근동에서 로마의 패권에 도전하며 그 무렵까지도 계속 건방을 떨고 있던 파르티아를 침략했다. 게다가 파르티아 원정에서 승리한다면, 무공뿐 아니라 로마인들 가운데 가장 탐욕스럽다는 그마저도 만족할 만한 엄청난 재보를 얻을 수 있었다. 파르티아는 '진주를 품은 바다'[20] 인도양으로부터 은밀히 회자된 소문에 따르면, 순금으로 된 산이 있다는 페르시아 고지를 거쳐, 붐비는 시장들마다 비단, 향료, 향기로운 술잔 같은 이루 말할 수 없을 만큼 사치품이 널려 있다는 메소포타미아까지 영토가 뻗어나간, 전설에 나 나올 법한 부유한 제국이었다니 말이다.

하지만 아쉽게도 파르티아는 부유하지도 않았고, 게다가 비겁하기까지 했다. 그 나라 사람들은 당당히 두 발로 서서 싸우기보다는 어지럽게 선회와 후퇴를 반복하며 말 위에서 활 쏘는 전법을 구사했다. 크라수스의 침략군은 그런 쩨쩨한 수법을 쓰는 적군 앞에서 둔중하게 비지땀만 흘리며 속수무책으로 당했다. 기원전 53년 크라수스와 로마군 3만 명은 결국 메소포타미아의 국경 도시 카르하이(카레: 지금의 터키 하란) 외곽의 땡볕 내리쬐는 평원에서 적군의 계략에 말려 대패하고 말았다. 로마 군단의 상징물로 각 군단의 군기 위에 부착된 유피테르의 신조神鳥인 은제 독수리들도 적군에게 빼앗겨, 크라수스의 수급首級과 함께 파르티아 궁정의 전승 기념물이 되었다. 무모함이 언제나 승리를 가져오지는 않는다는 것은 이 일로도 여실히 입증되었다.

카르하이 전투의 패배가 로마에 입힌 피해는 처음 느꼈던 것보다 한층 심각했다. 그것은 공화국 전체의 안정을 위협할 정도로 큰 타격이었다. 나라가 위급한 순간에 크라수스가 사라지자, 거대한 게임을 벌이던 로마 정치판 주자들의 무대도 그 폭이 좁아졌다. 카이사르가 거둔 눈부신 업적에 위협을 느낀 보수주의자들뿐 아니라 이제는 살아난 폼페이우스 마그누스마저 로마 고유의 기능과 전통의 구조를 그대로 유지하려는 결의를 다졌다. 그리하여 정쟁이 벌어지자 카이사르와 그의 정적들은 로마에서 유리한 고지를 선점하기 위해 더 필사적으로 서로를 향해 책략을 썼다. 양측 모두 프린켑스의 지원을 얻기 위해서라면 직접 경쟁하는 것도 마다하지 않았다. 위대한 인간의 허영심을 자극한 면도 있지만, 카이사르가 됐든 그의 정적이 됐든 어느 한쪽은 체면이 깎이는 굴욕을 느낄 수밖에 없는 상황이 양측을 그런 극단적 투쟁으로 몰아갔다. 폼페이우스가 직면한 가장 고통스러운 선택의 여지만 해도, 삼두정의 하위 파트너였던 인물에 의해 결정된 것이었으니 말이다. 그리고 그렇다면 막판에는 두 사람의 관계에 금이 가는 것도 필연일 터였다. 실제로 기원전 50년 12월 집정관 중 한 사람(클라우디우스 마르켈루스)이 로마 외곽에 있던 폼페이우스의 별장을 찾아가 그에게 군 지휘권을 부여하고 카이사르에게 맞서 공화국을 수호하라는 임무를 부여하자, 폼페이우스는 '다른 길이 없다면'[21] 그렇게 하겠노라고 답했다. 이 대답만으로도 다른 길은 이미 없어진 셈이었다. 카이사르 또한 속주 총독을 사임하고 법에 따라 군 지휘권을 내놓을지, 아니면 강경하게 맞서 자신의 아욱토리타스를 지키고 전쟁을 선언할지, 양자택일의 선택 앞에서 주저함이 없었다. 스키피오가 지녔던 자제심은 그에게 어울리지 않았다. 기원전 49년 1월 10일, 카이사르는 결국 휘하의 한 개 군단을 거느리고 이탈리아와 자신의 속주를 가르는 경계였던 조그만 강, 루비콘을 건넜다. 주사위는 던져진 것이다. "왕국이 검으로 두 동강 났다. 바다, 땅, 전 세계를 보유한 제국민들의 부도 두 사람(삼두정의 나머지 두 사람 — 옮긴이)에게는 성에 차지 않았다."[22]

영웅이 필요해

그에 따라 이제 로마인들은 자신들에게 처음으로 세계 지배를 가능하게 해준 살해 욕구를 그들 자신에게 폭발시키기에 이르렀다. 군단과 군단이 싸움을 벌였고, '세계는 불구가 되었다.'[23] 카이사르가 루비콘 강을 건넘으로써 촉발된 내전의 회오리바람은 지중해의 한쪽 끝에서 다른 쪽 끝으로 휘몰아치며 4년 넘게 지속되었다. 폼페이우스가 야전에서 패하고 그 이후 추격해 오는 카이사르의 군대를 피해 도망친 이집트에서 피살되어 머리가 잘렸는데도 내전은 끝나지 않았다. 살인은 아프리카에서 히스파니아까지 계속되었다. '머리 없이 건장한 몸통 시신만 해변가에 남은'[24] 폼페이우스도, 외국 땅에 뼈를 묻은 수많은 사람들 중에 가장 유명한 인물이었을 뿐이다. 한때 로마인들을 단일한 목표 아래 묶어주던 전통과 법의 유산도, 보상을 바라는데다 고리타분한 공통의 선보다는 자신들 앞에서 말을 달리는 지휘관에 대한 믿음이 더 큰 병사들에게는 아무 의미가 없었다. 그들은 자국민 포로들을 성벽에서 내던지거나 손을 자르는가 하면, 갓 도륙하여 아직 썩지 않은 동포 병사들의 시신으로 방어벽을 쌓았다. 군단병들은 마치 갈리아인들이 하듯이 모국인의 수급을 창끝에 꿰었다. 하지만 그런 위기 속에서도 시민적 유대는 찾아왔다.

따지고 보면 으르렁대고 물어뜯는 일이 일상사인 사람들에게, 라이벌 이리 떼가 상대를 물고 뜯는 행위는 전혀 놀랄 일이 아니었다. 속주민들도 그들 지배자의 출신에 대해서는 나름의 견해를 가지고 있었다. 요컨대 그들은 늑대에게 양육된 것의 의미를 로물루스의 자손들보다 더 정확히 알고 있었다. 로마인들에게 자긍심의 근거가 되는 이야기들이 피정복자들의 눈에는 다르게 보였다. 로마의 토착 전통은 이런 식으로 적이 만든 이야기들에 의해 점점 훼손되었다. 로물루스가 팔라티노 구릉 꼭대기에서 본 것은 독수리eagle가 아니라 동물의 썩은 고기를 뜯어 먹기 위해 그곳을 지나던 독수리과의 맹금vulture이었다는 것, 최초의 로마인들 또한 '야만인과 방랑족'[25]이었다는 것, 레무스도 로마의 이익을 위해 사심 없이 목숨을 던진 것이 아니라 그의 형에게 살해되었다는 것 등이 그런 이야기들이었다. "그렇다면 로마인들은 어떤 부류의 사람들일까?"[26] 로마인들도 이제는 자신들에게 두려움과 증오심을 가졌던 사람들이 오랫동안 다그친 이 질문에 더는 확답을 줄 수 없었다. 적들의 주장이 맞을 수도 있고, 로물루스가 실제로 동생을 살해했을 수도 있으며, 신들의 진노가 가라앉고 온 세상이 피로 물들 때까지 로마의 창건자가 행한 원죄를 행하는 것이 자신들의 운명일 수도 있다는 생각이 들었기 때문이다. 형제를 살해한 죄는 쉽게 무마될 수 있는 것이 아니었다. 내전으로 고통을 겪은 병사들도 그 점을 알았다. 기원전 45년 봄, 카이사르가 폼페이우스 세력의 마지막 잔당을 진압하기 위해 히스파니아 남부 평원으로 진군하고 있을 때였다. 그의 병사들이 상대편 병사 한 명을 포로로 사로잡았다. 그런데 잡고 보니 그는 친형제를 죽인 병사였다. 이에 격분한 카이사르 병사들은 곤봉으로 그를 때려죽였다. 그 하루 뒤에도 흔히 로마 내란을 종식시킨 결전으로 간주되는 전투(문다 전투)에서, 카이사르는 상대편 군대에 가공할 살육을 자행해 승리를 거둠으로써 동포 시민 3만 명을 전장의 파리 밥이 되게 만들었다.

그렇다고 로마가 입은 피해를 단순히 사상자 수만으로 측정할 수 있었던 것도 아니다. 국가의 핵심 기관 역시 상상을 초월하는 타격을 입었으니 말이다. 그 점이라면 철저하게 건조한 성격을 재능으로 삼았던 카이사르가 누구보다 잘 알았다. 공화국을 '형태도 실체도 없는 이름뿐인 존재'[27]일 뿐이라고 조롱하며, 때에 맞지 않게 경솔한 말을 내뱉은 장본인이었으니 말이다. 그러나 카이사르는 의심의 여지 없이 로마 세계의 지배자가 되기는 했지만 아직은 신중을 기할 필요가 있었다. 자칫하다가는 로마 시민들의 감정을 다치게 할지 몰랐기 때문이다. 로마에는 시대의 폭풍으로 파괴된 잔해에 둘러싸인 채, 물에 빠진 사람이 지푸라기라도 잡듯 과거의 유산이 제공해주는 안정에 매달리는 사람들이 아직 많았다.

히스파니아의 전쟁터에서 로마로 귀환한 카이사르가 그 문제를 돈으로 해결하려 한 것도 그래서였다. 그는 떠들썩한 여흥과 그랑 프로제(대규모 토목 공사)에 대한 기대감을 높여 로마인들의 환심을 사려 했다. 그는 수천, 수만의 시민들이 먹고 마실 수 있도록 공공 축제를 개최했고, 등에 타오르는 횃불이 설치된 코끼리 부대로 하여금 밤새 행렬을 벌이게 했으며, 테베레 강의 물줄기를 바꾸는 도시 계획을 수립했다. 쉽게 매수되지 않는 원로원의 정적들도 통 크게 용서하여 그들의 심기를 달래주고자 했다. 또 정적들을 사면하고 정무관직을 유지할 수 있도록 뒤를 봐주고 군 지휘관에 임명하는 등 그의 철천지원수들이 봐도 의아할 정도의 아부성 선심을 베풀었다. 그뿐만이 아니었다. 자비롭게도 그는 자신의 지지자들이 쓰러뜨려 박살을 내놓았던 폼페이우스의 동상들도 재현하여 다시 세우도록 했다.

그러나 온정주의라고 다 같은 온정주의가 아니듯, 카이사르가 베푼 온정주의에도 수많은 동료들이 그를 잠시 원망, 혐오하게 만드는 것 이상의 의미가 담겨 있었다. 요컨대 그가 베푼 자비는, 그가 스스로를 지배자로 여기고 지배자의 덕목으로 베푼 것이었다는 얘기다. 그런 인물이었던 만큼 자신의 지배권에 대해서도 그는 당연히 사과할 필요를 느끼지 않았다. 많은 업적을 이루고 오랫동안 군대를 지휘해본 사람 특유의 몸에 밴 습성에 예리한 지력까지 갖춘 그는 그 방법만이 실타래처럼 복잡한 위기를 헤쳐 나갈 길이라고 믿었다. 이는 시민 한 사람이 여타 동료 시민들을 종신 지배할 수 없다는 가설이 스며든 공화국의 전통과는 조화를 이루기 어려운 확신이었다. 그러나 카이사르는 자신이 멸시하는 사람들과 통치권을 나눠 갖기 위해 로마의 지배권을 획득한 것이 아니었다. 그가 뻔뻔하고 과격하다는 말까지 들어가며, 새로운 정치체제가 노골적인 독재정으로 보이지 않도록 로마의 정치 지도자들이 도전에 직면할 때면 으레 사용하곤 했던, 과거로 시선을 돌리는 방식을 구사한 것도 그래서였다. 낡아 터진 공화국의 잡동사니 바구니 속에서는 여전히 카이사르의 욕구를 충족시켜줄 만한 선례들이 썩어 문드러지고 있었다. 아닌 게 아니라 국가 위기 시에 시민 한 사람이 로마인들에게 최고 권력을 행사할 수 있다는 규정은 이미 존재했다. 로마인들은 그 최고 권력을 딕타토르(독재관)로 불렀다. 그러므로 카이사르가 그 직책의 먼지를 털어낸 것은 적절한 행위였다. 한 가지 내용만 고치면 그의 요구에 들어맞게 독재관직을 손질할 수도 있었다. 그것은 임기가 6개월로 정해진 낡은 규정을 파기하는 것이었다. 카이사르는 폼페이우스의 세력을 격파하러 히스파니아로 원정을 떠나기 전 이미 10년 임기의 독재관에 지명되었다. 그것으로도 모자라 기원전 44년 2월 초에는 원로원의 명령으로 종신 독재관에 임명되었다.

로마의 고대 덕목이 회복되어 내전의 상처가 아물기를 바랐던 시민들에게는 그 순간이 불길하고 섬뜩하게 느껴졌다. 카이사르의 새로운 직책은 기능적일 수 있었다. 하지만 그 점에 바로 불길함의 요체가 있었다. 그 체제를 유해하게 본 이들이 비단 카이사르가 죽거나 제거되기 전에는 정치적 정점에 도달할 가망이 없던 독재관의 동료뿐만은 아니었다. 로마를 휩쓴 참사의 여파로 아직도 불안과 얼떨떨함에서 헤어나지 못한 모든 사람도 그 점에서는 마찬가지였다. 종신 독재정도 결국은 종신 위기를 암시하는 것이었기 때문이다. "신들이 세계를 지배하도록 점지한 로마인들을 노예로 삼겠다고?" 그것은 안 될 말이었다.[28] 하지만 그것은 또 분명히 가능했다. 로마인들이 신들의 호의를 잃었기 때문이다. 마치 현재와 과거를 이어주는 금실이 툭 끊어진 듯했으니 말이다. 로마에 위대성을 부여해주던 속주들도 돌연 비현실적이고 믿을 수 없는 존재로 보이고 제국의 중심지인 로마의 위상마저 떨어진 것 같았다. 종신 독재정은 이렇게 로물루스가 팔라티노 구릉 꼭대기에 올라간 이래 줄곧 로마인들의 생득권으로 보였던 자신감마저 부정했다.

　모르면 몰라도 카이사르도 모종의 불안감에 시달렸을 것이다. 그가 아무리 공화국과 자신이 나고 자란 전통을 경멸했다 해도 자신의 도시 로마에 달라붙은 경이로움의 후광까지 비웃지는 못했을 테니 말이다. 카이사르가 원로원 청사와 군중으로 혼잡한 포룸 건너편에 갈리아에서 약탈해 온 부를 이용해 날렵한 디자인의 제2포룸을 짓고, 가장 발달한 도시 중심부인 그곳에 유사 이전의 전설적 로마의 기억 속으로 들어가는 관문을 설치한 것도 그래서였다. 찬란한 대리석이 입혀진 건축물의 번쩍이는 광채 속에, 지워지지 않는 시원의 역사가 간직된 신전을 세운 것이다. 공화국이 수립되기 전, 아니 군주제도 수립되기 전, 아니 심지어 로물루스와 레무스조차 탄생하기 전에 트로이의 왕자가 존재했었다는 것이 시원의 기억에 보존된 내용이었다. 게다가 그 왕자 아이네아스는 사랑의 여신 베누스의 아들이기도 했다. 따라서 불사신의 혈통을 가졌으므로 당연히 최고의 운명을 지닌 신들도 대리할 수 있었다. 그것을 입증하듯 10년간의 공방전 끝에 트로이가 그리스군에 함락되고 화염 속에서 사라지자, 아이네아스는 과연 신들의 대리인다운 용맹함을 발휘했다. 베누스의 옛 애인인 노령의 아버지를 들어 올려 어깨에 들쳐 메고 난민들을 규합해 불타는 도시에서 탈출한 것이다. 그리하여 갖은 우여곡절 끝에 그와 트로이의 다른 모험가들은 이탈리아 땅에 도착했고, 그곳에서 아이네아스는 새로운 뿌리를 내렸다. 그런데 이 아이네아스의 자손이 바로 로물루스와 레무스의 어머니라는 것이었다. 따라서 이 족보에 따르면 로마인들도 '아이네아스 사람들Aeneads'(아이네아스의 가족, 친구, 동료 들을 포괄하는 지칭 — 옮긴이)이 되는 것이고,[29] 그렇다면 트로이 왕자의 어머니에게 봉납된 카이사르의 새로운 신전(베누스 게네트릭스 신전) 또한 상처받고 기죽은 그의 동포들이 빛나는 혈통의 소유자라는 위로를 받을 수 있는 장소가 될 만했다.

시원의 기억에는 그 외의 다른 내용도 포함되어 있었다. 카이사르에 따르면 베누스는 로마인의 조상일 뿐 아니라 그의 여성 조상, 곧 게네트릭스genetrix이기도 했다. 따라서 그에게는 이중 조상이었다. 카이사르는 이를 근거로 자신의 가문인 율리우스가*가 베누스의 직계라고 주장했다. 아이네아스 아들의 이름이 율루스Julus인 점도 카이사르 가문 사람들이 베누스의 직계 자손임을 확인해주는 혈통의 증거로 이용되었다. 하지만 다른 사람들은 그와 같은 확신이 없었다. 그 설을 공공연히 논박하지 않은 사람들도 불가지론의 입장을 취했다. "세대의 간격이 그토록 큰데, 그 숱한 세월 동안 무슨 일이 벌어졌는지 감히 누가 말할 수 있겠는가?"[30] 하지만 카이사르는 베누스 게네트릭스 신전을 세움으로써 논쟁의 싹을 제거해버렸다. 로마인들은 선택받은 민족이고 자신은 가장 권위 있는 로마인이라는 것이었다.

카이사르가 '인간 공통의 좁은 한계'[31]를 뛰어넘는 능력의 소유자이며, 아무리 극악무도하다 해도 그가 신과 같은 힘을 보유했다는 점은 가장 냉혹한 그의 적조차 부정하지 못한 자명한 진실이었다. 베누스 게네트릭스 신전도 카이사르 한 사람만이 아니라 신들이 인간과 동침했던, 사라진 옛 시대도 함께 비춰줌으로써 양자의 경계를 섬뜩하도록 흐리게 만들었다. 신전 계단들 가까운 곳에서 일정하게 물을 내뿜는 두 분수 곁에도, 앞 말굽이 마치 인간의 손처럼 생긴 카이사르 말의 청동상이 세워졌다.* 영웅만이 탈 수 있었을 법한 늠름한 자태를 가진 말이었는데, 아니나 다를까 "그 말은 영웅 이외의 사람들이 올라타는 것은 거부했다"[32]라고 한다. 신전 내부에도, 카이사르 이력의 또 다른 서사적 측면을 상기시키는 요소가 그림자들 사이에서 빛을 발하고 있었다. 내전이 한창 진행 중이던 기원전 48년, 카이사르는 실권 없이 명목상으로만 독립을 유지하고 있던 그리스계 마케도니아 왕조의 통치자, 이집트 여왕 클레오파트라를 만났다. 그리고 물론 오는 기회를 결코 마다하지 않던 인물답게 만나자마자 그녀를 임신시켰다. 그런데 그를 호색한으로 실컷 조롱할 기회를 정적들에게 제공한 그 공적도 신전에서는 찬연하게 빛을 발했다. 클레오파트라의 동상이 베누스 신상과 함께 베누스 게네트릭스 신전을 나란히 장식했으니 말이다. 그 동상은 로마인들의 아버지인 아이네아스가 대규모 전쟁이 벌어져 천지가 진동하고 나라들이 쑥대밭이 되는 와중에 여왕들과 동침해도 괜찮은 시대를 살았듯, 카이사르의 동시대인들도 그런 시대에 살고 있음을 보여주기 위해 세워진 것이었다. 다시 말해 카이사르는 독재관인 동시에 그 이상의 존재이기도 하다는 점을 부각하기 위한 전시였다. 공화국을 경멸하려다 보니 그로서는 점점 더 고대를 지향하게 되었던 것이다. 그래야만 고대 서사시의 영웅으로 확립될 수 있었기에.

카이사르가 '종신 독재관'으로 임명되고 나서 며칠 지난 기원전 44년

---

* 본래는 알렉산드로스 대왕의 군마상이었는데, 카이사르가 그리스에서 로마로 가져와 알렉산드로스의 두상을 떼어내고 거기에 자기 두상을 갖다 붙였다.

2월 15일, 마침내 그 자만심을 시험해볼 완벽한 기회가 찾아왔다. 로마에서 2월 15일은 기쁨과 섬뜩함이 함께 느껴지는, 정신적 감화력이 큰 날이었다. 그날은 고대 로마의 여느 축제일과 마찬가지로 아드레날린이 샘솟을 뿐 아니라 무덤에서 일어나 거리를 배회하며 축제를 즐긴다고 알려진 사자들이 출몰하는 날이었기 때문이다. 군중도 일찌감치 조성되어, 떼 지어 포룸을 돌아다니거나, 그 옛날 로물루스와 레무스가 어미 늑대의 젖을 먹고 자랐다는 동굴인 '루페르칼Lupercal' 아래에 있는 팔라티노 구릉 저편에 모여들었다.* 동굴 입구의 신성한 무화과나무 가지들 아래에는 '루페르키Luperci'라 불린, 몸에 기름칠을 한 남자들이 염소 가죽으로 지은 로인클로스(샅바 모양의 하의)로 신체의 주요 부위만 가린 채 거의 전라 바람으로 겨울 바람 속에서 덜덜 떨며 서 있었다. 손에는 염소 가죽 끈을 들고 있었다. 그 아래쪽에서는 군중 속에 섞인 여자들이, 상당수는 상의를 벗은 차림으로 남자들의 벗은 모습에 얼굴을 붉히며 모여들었다. 따라서 그 상황에서는 웬만큼 체력이 강하지 않고서는 로인클로스 바람으로 오래 버티기가 힘들었을 것이다. 때가 2월이었으니 더더욱 그랬을 것이다. 하지만 물론 대다수 남자들은 혈기 왕성한 젊은이들이었다. 그렇다고 모두가 젊지는 않았다. 루페르키들 중 한 명은 나이가 마흔 가까운 사람이었다. 게다가 그는 집정관이었다. 로마의 정무관이 '벌거벗은 몸에 기름칠을 하고 술에 취하기까지 한'[33] 모습, 공화

---

* 고대 로마의 가장 박식한 학자 마르쿠스 테렌티우스 바로(기원전 11~27)는 어미 늑대를 루페르카(Luperca)라 불린 여신과 동일시하며, 라틴어 'lupa pepercit'에 "어미 늑대가 그들(쌍둥이 형제)을 살렸다"라는 뜻이 있다고 그 호칭을 설명했다.

국의 위엄을 중시한 사람이었다면 그야말로 혀를 찰 만한 몰골을 하고 있었던 셈이다. 그러나 집정관 마르쿠스 안토니우스(기원전 83~30)는 그런 점에 별로 개의치 않았다. 그는 본래 고루한 사람 골려주기를 좋아했다. 중년의 나이인데도 미남형의 터프함을 잃지 않고 있던 그는 인생의 즐거움에 큰 가치를 두는 인물이었다. 아니, 그보다 승자를 알아볼 줄 아는 노련한 눈썰미를 지녔다는 편이 맞을 것이다. 안토니우스는 갈리아 원정 때와 내전 중에 카이사르를 탁월하게 보필한 공로로 독재관의 부관까지 지낸 전력이 있었다. 이번에 그가 카이사르를 위해 또 다른 봉사를 하려 한 것도 물론 카이사르가 팔라티노 구릉 저편에 있는 포룸의 금빛 옥좌에 앉아 기다리고 있다는 것을 알았기 때문이다. 따라서 그로서는 지체할 겨를이 없었다. 준비는 모두 되어 있었다. 루페르키가 염소 여러 마리와 개 한 마리를 산 제물로 바치고 그 피로 두 소년의 이마를 문지른 뒤 즉시 닦아냈다. 그러고는 두 소년으로 하여금 큰 소리로 웃게 했다. 그걸로 의식은 끝이었다. 이제부터는 루페르칼리아(축제)를 즐길 차례였다.

로인클로스를 입은 남자들이 루페르칼에서 나와 팔라티노 구릉 주위를 돌았다. 로마의 과거가 지닌 미스터리 속으로 푹 빠져든다는 의미를 지닌 의식이었다. 남자들은 구릉 주위를 빠르게 돌며 반라의 여성들을 염소 가죽 끈으로 때렸다. 피멍이 들 정도로 세게 후려쳤다.[34] 그 행위 역시 '신성한 염소가 이탈리아의 어머니들 속으로 파고들어야 한다'는, 200년 전에 내려진 신탁에 복종하는 행위였다. 그 의식을 행하지 않으면 임신한 여성들조차 사산을 하리라는 경고가 있었다. 루페르칼리아

때 여자들이 자진하여 채찍질을 당한 것도 그래서였다. 신성한 염소가 아닌 뭇 염소가 그들 몸 안으로 들어오게 하느니 차라리 살갗이 찢어지는 편이 낫다고 여긴 것이다. 하지만 알고 보면 루페르칼리아는 신탁보다도 훨씬 오랜 역사를 가지고 있었다. 루페르키가 포룸으로 뛰어들어 가까이 다가간 두 번째 무화과나무만 해도 로마인들이 전통적으로 민회를 열던 장소인 코미티움, 곧 도시의 정치적 중추임을 나타내는 상징이었다. 원로원 청사가 있던 곳도 그곳이었고, 공화정 수립 당시 정치인들이 연설한 대형 연단인 로스트라가 처음 세워진 곳도 그곳이었다. 게다가 코미티움은 기원전 44년 2월 15일 그날에 벌써 까마득히 오랜 역사를 지니고 있었다. 일각에서는 로스트라 곁에 서 있던 무화과나무도, 로물루스와 레무스가 어미 늑대의 젖을 먹고 자랐던 팔라티노 구릉 동굴 입구의 무화과나무를 왕들이 통치하던 시대에 기적을 행하는 사람이 옮겨 심은 것이라는 주장을 펴기도 했다. 이쯤 되면 이야기는 뭐가 뭔지 종잡을 수 없어져 로마인들이 기억하는 과거는 완전한 자가당착에 빠졌다. 루페르키가 염소 가죽 끈을 들고서 한 무화과나무에서 다른 무화과나무로 질주하는 동안, 그 행위와 관련된 모순들도 스릴 넘치게 되살아났다. 그리고 그렇다면 인간과 늑대, 육욕과 초자연적 요소, 카이사르의 독재정으로 불안에 잠식된 로마와 왕들이 출몰하는 유령 도시가 한데 뒤섞인 날, 무슨 일이 벌어질지도 알 수 없었다.

다른 루페르키와 함께 포룸 주위를 돌던 안토니우스가 마침내 코미티움 앞에서 뛰던 걸음을 멈추었다. 그곳도 카이사르의 사람들이 바삐 일한 장소였다. 8년 전 폭동이 일어났을 때 잿더미가 된 원로원 청사 터는 그 무렵까지도 여전히 공사용 비계로 덮여 있었다. 고색창연한 역사를 지닌 것들도 상당수 포함된 다른 건축물들 또한 포장도로를 내기 위한 전 단계로 평평하게 다져져 있었다. 다수의 다른 기념물들과 함께 파괴되었던 로스트라도 다색채로 마무리되어, 멋지게 개조되어 있었다. 카이사르는 그곳에서 안토니우스를 기다렸다. 나라 쇄신에 대한 자신의 의지를 공개적으로 드러내는 상징인 건축물과 번쩍이는 대리석들 사이의 보좌에 올라 루페르칼리아를 주관하는 것이야말로 독재관인 자신에게 어울리는 일로 보였기 때문이다. 하지만 그렇다고 물론 카이사르가 나라를 완전히 새로운 기반 위에 올려놓으려 했던 것은 아니다. 아니, 오히려 그 반대였다. 따라서 그의 관점으로는 그 점에서도 루페르칼리아는 로마의 젊은이들이 늑대처럼 뛰어다니며 로마인들에게 그들 역사의 기원이 공화국보다 훨씬 오래되었음을 상기해주기에 다시없이 적합한 날이었다. 그것의 징표로 카이사르는 고대 로마 왕들의 복식인 자주색 토가와 종아리까지 오는 매혹적인 붉은 가죽 부츠를 착용하고 행사에 임했다. 그리고 지금 코미티움의 로스트라로 다가간 안토니우스는 바로 그렇게 성장한 독재관 앞에서 걸음을 멈추었다. 그러고는 왕의 복식을 완성해주는 데 필요한 모든 것, 군주정의 궁극적 상징인 월계 왕관을 바쳤다.

하지만 그 의식을 반기는 박수갈채는 몇 차례만 산발적으로 터져 나왔다. 박수를 친 사람들을 제외한 나머지 사람들은 무거운 침묵을 지켰다. 이에 카이사르도 잠시 숨을 고르더니 왕관을 밀쳐냈다. 그제서야 포룸에 환호성이 울려 퍼졌다.

안토니우스가 독재관에게 다시 월계 왕관을 올리며 받아달라고 간청했다. 하지만 카이사르는 이번에도 그것을 되물렸다. "그로써 실험은 실패로 끝났다."[35] 자리에서 일어난 카이사르는 유피테르에게 왕관을 바치라고 명령했다. "유피테르 이외의 다른 왕은 있을 수 없을 것이었기 때문이다."[36]

그의 판단은 옳았다. 나라를 이끌어가기 힘들 정도로 정치 질서가 심하게 훼손되고 공화국도 만신창이가 되기는 했지만, 그럼에도 로마인들은 군주제를 결코 용납할 마음이 없었다. "그들은 왕의 직위가 거론되는 것조차 견딜 수 없어 했다."[37] 로마인들에게 남은 말은 이것뿐이었다. 그렇다면 카이사르가 종신 독재관을 주장하고 원로원을 완전히 유명무실한 존재로 만든 것도 사형 집행 명령서에 스스로 서명한 행위와 다를 바 없었다. 아니나 다를까 루페르칼리아 축제가 끝난 지 정확히 한 달 뒤인 3월의 '이데스Ides'(3월 15일)에 회의 참석 차 원로원으로 향하던 카이사르는 단검 세례를 받고 숨을 거두었다. 암살을 공모한 주동자이자 거사의 양심으로 행동한 인물은, 타르퀴니우스를 추방하고 군주제를 종식시킨 인물의 후손인 마르쿠스 브루투스(기원전 85~42)였다. 그를 비롯한 암살자들은 카이사르만 죽으면 공화국을 충분히 지킬 수 있으리라는 열렬한 믿음을 가지고 있었다. 하지만 통찰력 있는 사람들은 그들의 행위에 망연자실했다. 카이사르가 죽어봤자 해결되는 것은 아무것도 없으리라는 사실이 그들을 두렵게 했다. 당대의 어느 정세 분석가가 "카이사르와 같은 출중한 인물도 활로를 찾지 못했는데, 그 누가 활로를 찾을 수 있겠는가?"[38] 하고 통탄한 대로였다. 그런데 카이사르 암살로 초래된 위기가 해법이 되지 못한다면 어찌 될 것인가? 로마가 그대로 주 저앉는다면 어찌 될 것인가? 그것이 문제였다.

게다가 문제는 로마만으로 끝나지 않을지도 몰랐다. 실제로 카이사르 가 암살되고 나서 불안한 몇 날 몇 주가 지나자, 하늘에 우주적 재앙을 예고하는 듯한 징조가 나타났다. 날들이 점점 어두워지더니 멍이 든 것 처럼 보랏빛 감도는 검은 그림자 뒤로 태양이 모습을 감추었다. 안토니 우스를 비롯한 몇몇 사람들은 이를 '카이사르에게 비열한 행동을 한 못 된 자들'[39]을 태양이 질겁하고 외면하여 벌어진 현상으로 해석했다. 반 면에 또 다른 사람들은 그 사태를 한층 더 암울하게 바라보고 모든 시대 에 행해진 인간의 죄악에 대한 징벌, 영원한 밤이 시작된 징조라며 두 려워했다. 그들의 두려움은 불타는 혜성이 7일간이나 연속으로 하늘에 서 관측되자 더욱 커졌다.* 이건 대체 무슨 징조지? 사람들은 이번에도 그 현상에 대해 저마다 분분한 해석을 내놓았다. 성난 조객들 중에는 카 이사르가 죽자마자 포룸에 벌써 그의 제단을 설치한 무리가 있었다. 그 런 판에 불타는 혜성이 하늘을 가로지르는 현상까지 나타나자, 그들은 살해된 독재관의 영혼이 승천하여 '신들의 영靈'의 일원이 될 것'[40]이라 는 확신을 굳혔다. 하지만 다른 사람들은 그런 확신을 갖지 못했다. 어 찌 됐든 혜성은 유해한 존재였기 때문이다. 그런 초자연적 현상의 해석 에 숙달된 예언가들도 그것을 공포스러운 일이 벌어질 전조로 확신했 다. 한 시대가 지나고 세계의 종말이 가까워질 거라는 생각이었다. 심지

---

* 카이사르를 기리는 추도 투기 대회가 치러진 주에 혜성이 나타났다고 언급된 고대 사료는 아홉 건 정도 있다. 그 현상이 만일 사실이라면 파급 효과가 대단했을 것이다.

어 한 예언가는 빠르게 다가오는 공포의 규모를 알려고 하는 것은 인간에게 금지된 일이며, 따라서 그것을 폭로했다가는 목숨을 잃게 될 거라고 경고했는데, 정작 그 자신이 그 말을 한 뒤 그 자리에서 즉사했다.

한편 로마 제국 전역의 군단 주둔지와 도시들에서는 힘 있는 자들이 입에 발린 말을 늘어놓으며 조직적인 전쟁 계획을 착착 세우고 있었다.

그리하여 숭엄한 도시들의 밤하늘에는 이윽고 늑대의 울음소리가 울렸다.

chapter 2

백 투 더 퓨처

인간사에는 때가 있는 법

살해된 카이사르의 영혼이 불타는 혜성이 되어 로마의 하늘을 가로지르기 15년 전 1월의 어느 하순, 신이 될 운명을 지닌 여아가 세상에 태어났다.[1] 신들은 그녀가 모태에 있을 때부터 세심하게 보호했다. 임신은 위험이 많이 따르는 일이었다. 따라서 성공을 보장하려면 초자연적 요소의 감독이 필요했다. 아이는 이렇게 수태된 순간부터 신들의 보호 속에서 자랐다. 그런 다음 마침내 때가 되어 (임산부가 아이를 낳기에 편리한 자세로 알려진) 쭈그려 앉은 어머니에게서 세상 밖으로 나오자, 산파가 그녀를 높이 안아 올려 몸의 피를 닦아주고 첫젖을 물렸다. 신들은 그 무렵까지도 계속 산모 주변에 머물며 해산 과정을 일일이 살폈다. 레바나Levana, 루미나Rumina, 포티나Potina, 세 여신이 단계별로 각자 맡은 역할을 수행했다.*

하지만 그뿐, 세상 밖으로 나온 여아의 생존 여부는 이제 신들의 결정 사항이 아니었다. 어머니가 참아낸 '열 달의 지루한 기다림'[2]이 끝나면 아이에 대한 권리는 아버지에게로 넘어갔다. 로마인은 태어나는 존재가 아니라 만들어지는 존재였다. 따라서 아이가 태어난 첫 주에는 이름도 권리도 주어지지 않았다. 아이는 탯줄을 자르기 전에는 '인간이 아닌 식물에 가까운'[3] 존재였다. 그 일주일의 기간에 여아가 자식으로 인정받을지, 아니면 위험에 노출되어 죽게 될지는 순전히 아버지의 결정에 달린 문제였다. 로마의 아버지들은 이렇게 자식에 대해 세상 어디에도 없는 막강한 권한을 지니고 있었다.** 집정관도 갖지 못한 절대적 권한을 아이의 아버지는 가질 수 있었던 것이다. 아들이라고 다를 게 없어서, 성인으로 자라 결혼하고 최고의 영광과 영예를 얻은 뒤에도 '아버지의 통제'를 받았다. 로마에서는 말 그대로 아버지가 자식에 대한 생사여탈권을 쥐고 있었다. 물론 그렇다고 해서 아버지들이 그 권한을 남용하지는 않았다. 아니, 오히려 그 반대였다. 당대의 어느 철학자가 "서둘러 자식과 의절하려고 하는 아비가 어디 있겠는가?"[4]라고 쓴 글에도 나타나듯, 로마인들은 절대적 권한에 자비, 자제, 헌신이 결합된 양육을 이상적 자녀

---

* 이 중 레바나 여신은 '들어 올림(to lift)'이라는 뜻을 가진 라틴어 'levare'에서 파생된 것으로, 막 태어난 아이를 산파가 안아 올리는 일을 관장했다.

** 로마인들 스스로도 인정했듯이 갈라티아인들이 간발의 차로 그들에 이어 2위를 달렸다.

교육 방식으로 보았다. 원치 않는 아이가 태어났을 때 그 아이를 처분하는 일 역시 완전히 합법이었는데도 남몰래 수행했다. 가난이나 간통 혹은 기형으로 벌어지는 일이었으나, 그렇더라도 불명예는 불명예였기 때문이다.

물론 그 1월에 태어난 아기는 거부되지 않았다. 그리하여 태어난 지 8일 뒤 흥겨운 잔치가 곁들여진 엄숙한 세정식 때 여아는 마침내 리비아 드루실라라는 이름을 얻었다.* 딸에게 이름을 부여한 아버지는 자식을 양육하기에 부족함이 없는 사람이었다. 로마의 어느 누구와 견주어도 뒤질 것 없는 명문가의 마르쿠스 리비우스 드루수스 클라우디아누스였으니 말이다. 그는 당대에 로마의 빈곤층 보호를 위해 앞장선 주요 정치인 아버지로부터 전 이탈리아에 영향력이 미치는 연줄을 물려받았다.[5] 그러므로 내전으로 혼란스러웠던 시대에도 '리비우스 드루수스'라는 이름은 물론 상당히 중요했다. 그렇다고 명문가의 아버지를 두었다는 점만이 젖먹이 리비아가 물려받은 유산의 전부는 아니었다. 로마에서는 가문 사이에서 정쟁이 적의 허를 찌르는 일과 동맹을 구축하는 일이 함께 수반되었고, 따라서 입양도 정략으로 널리 이용되었다. 노련한 정치인 아들에게는 친자보다는 오히려 양자가 전적으로 합당하게 여겨질 정도였는데, 드루수스 클라우디아누스가 바로 그런 경우였다. 그의 성에서도 그런 점이 엿보인다. 그러나 법적으로 리비우스 드루수스의 아들이었다고 해도 그가 본래의 자기 가문에 대한 기억까지 저버리지

---

* 여와 달리 남아는, 로마인들도 잘 몰랐던 아리송한 이유로 9일 만에 이름을 얻었다.

는 않았다. '클라우디아누스'라고 불리는 것에는 그가 양자라는 점 외에 로마의 어느 명문가 자손 못지않게 명망 있고 권세 있는 가문의 자손이라는 의미도 담겨 있었기 때문이다.

이 가문은 공화국 수립 초기로 거슬러올라가는 화려한 공적 기록을 보유하고 있었다. 가문의 시조 아티우스 클라우수스(클라우디우스 사비누스 인레길렌시스)만 해도 타르퀴니우스 수페르부스가 실각한 지 고작 5년 뒤 도시에서 북쪽으로 몇십 킬로미터 거리에 있는 사비니족의 구릉 마을에서 로마로 이주했고, 그로부터 10년도 지나지 않아 집정관이 되었으니 말이다. 클라우디우스가는 그때부터 내리 공화국의 정무관 명부에 이름을 올렸다. 그것으로도 모자라 다섯 명의 독재관까지 배출했다. 그러나 이 가문의 가장 유명한 인물은 강철 의지를 지닌 혁신가 겸 개혁가로 이탈리아의 평원과 계곡을 누비고 다닌 아피우스 클라우디우스 카이쿠스(기원전 340경~273, 카이쿠스는 '장님'이라는 뜻)였다. 이탈리아 반도에 미치는 로마 공화정의 지배력이 아직은 불안정했던 기원전 312년, 그는 로마에서 남쪽으로 이어지는 장대한 도로 건설 계획에 착수했다. 그리하여 연장에 연장을 거듭한 끝에, 이탈리아 동남부의 반도 뒤꿈치에 위치한 주요 항구 도시이며 동방으로 가는 로마의 관문 역할을 했던 브룬디시움(지금의 브린디시)까지 뻗어 나간 아피아 가도(비아 아피아)를 건설하는 공학적 위업을 달성했다. 로마와 동방의 부유한 속주들을 하나로 묶어주는 끈, 외국 관측통들의 견해로는 '로마 제국의 위대성'[6]이 가장 극명하게 드러난 위업을 달성한 것이다. 당연히 클라우디우스 가문이라고 그 견해에 반박할 이유는 없었을 것이다.

누군가의 조상 이름이 세계에서 가장 유명한 도로명이 되는 영예는 로마의 정치적 삶의 진수, 정무관직을 차지하려는 쟁탈전에서도 값진 선전 도구가 되었다. 클라우디우스 가문에 대한 로마인들의 애정은 콘크리트처럼 단단했고 지속력도 길었다. 전시의 영광, 평시의 헤픈 씀씀이가 그 가문을 영원히 빛나게 해주었다. 앞서도 언급했듯이, 클라우디우스 가문의 시조 아티우스 클라우수스는 공화정이 시작된 지 10년이 채 지나기 전 로마로 이주할 때 대규모 예속자 무리도 함께 데리고 왔다. 그렇게 해서 형성된 보호자-예속자 관계가 수백 년을 지나는 동안 세를 불리며 클라우디우스 가문을 유례없는 선거 승리 기계로 만들어주었다. 예속자들이 세대에서 세대를 이어 계속 의무의 망에 걸려들었기 때문이다. 신생 가문에 호의를 베풀든, 로마 전체에 득이 되는 수도교를 건설하든, 클라우디우스가는 남들이 거절하기 힘든 제안을 하는 데 발군의 실력을 선보였다. 그런 일들은 또 그들이 노빌리스^{nobilis}, 곧 명문가가 되게 하는 데도 한몫했다. 그렇게 되자 신분이 낮은 집안 사람들은 클라우디우스 가문과 같은 귀족들이 자신들의 출셋길을 가로막는, 거의 넘을 수 없는 벽이라는 사실을 알면서도 분노를 표출하는 것밖에 달리 할 수 있는 일이 없었다. 귀족이 가진 매력은 이처럼 시기와 분노를 함께 유발했다. "귀족 가문에서 태어난 사람은 잠만 자고 있어도 로마인들이 온갖 영예를 가져다주었다"[7]라고 하니 말이다.

그러나 그것은 과장된 말이었다. 귀족에게는 특혜만 따라온 것이 아니라 심한 압박도 수반되었다. 로마에서는 생득권만으로는 집정관은 말할 것도 없고 원로원 의원도 될 수 없었다. 클라우디우스 가문 사람들도 당연히 선거를 통해 정무관이 되었다. 그러다 보니 클라우디우스 카이쿠스의 이야기를 듣고 자라난 그 가문의 소년들도 기대감이라는 심한 압박감에 시달릴 수밖에 없었다. 소년들만 그랬던 것도 아니다. 소녀들도 조상에 대한 의무를 다하기 위해 혹독한 교육을 받았다. 교육을 받는다고 해서 여자들이 집정관에 입후보하거나, 군대를 지휘하거나, 도로를 건설할 일은 없었다. 여자들에게는 정치적 권리가 없었기 때문이다. 그렇기는 하지만 여자에게도 별도의 포부를 가질 것이 기대되었다. 비르투스(덕)만 하더라도 남자에게만 해당하는 것이 아니었다. 리비아 드루실라도 당연히 아버지 저택의 복도에서 벽에 걸린 조상들의 밀랍 탈, 유리로 된 그들의 눈동자, 텅 비고 불가해한 시선, 마치 살아 있는 듯한 그들의 모습을 바라보며 남자 형제 못지않게 조상들이 남긴 족적에 대해 부담감을 느꼈을 것이다.

실제로 클라우디우스 가문의 역사 기록은 여성들의 행적으로 가득 차 있었다. 베스타 신전의 제녀가 된, 따라서 신성불가침이었던 그 가문의 어느 처녀만 해도 대담무쌍하게 아버지의 전차에 올라타, 전차에서 아버지를 끌어내리려 하는 적으로부터 그를 구했다고 전하며, 그 가문의 또 다른 처녀는 '자신의 고지식함이 가장 오래된 종류'[8]임을 보여줄 방법을 찾다가, 테베레 강에서 한 손으로 배를 끌어올리는 놀라운 방식으로 그 일을 해냈다고 전한다. 하지만 소녀 리비아는 이렇게 덕을 과시하는 것 말고도 성인이 되었을 때 바라는 바가 또 있었다. 그녀가 태어나기 몇십 년 전 로마에서는 귀족 여성의 지위에 미묘한 변화가 일어났다. 결혼과 동시에 남편의 권한 아래에 들어갔던 그들이 점차 파트리아 포테스타스^{patria potestas}, 곧 아버지의 권한 아래에 놓이게 된 것이다. 기혼녀의 일차적 충성 대상이 남편이 아닌 친정의 아버지계로 바뀐 것이다. 클라우디우스가의 여성들은 오랫동안 굳센 자신감을 가문의 생득권으로 보유했던 만큼 당연히 남편의 장식물 역할에 머무는 데 만족할 리가 없었다. 그들은 고분고분 남편 시중이나 드는 부속물이 되기보다는 개별적으로 활동하는 경향을 보였다. 남자 형제들이 공공 무대에서 뽐내고 안달하는 상황이었으니, 여자들도 무대 뒤의 역할 정도는 할 수 있었던 것이다. 실제로 로마에서 사태의 중심에 있었던 이들은 다수의 원로원 의원이 아닌 여자들이었다. 신분이 높은 여성에게 비난을 들으면 전직 집정관일지라도 입을 다물고 있어야 할 정도였다니 말이다.*

리비아가 태어난 뒤 첫 10년 동안에도 이러한 질서의 중요성은 여전히 위력을 발휘하고 있었다. 폼페이우스와 카이사르가 드리운 가공할 그림자도 클라우디우스가 사람들을 위축시키지는 못했다. 위축되기는커녕 그 시대의 기준으로 봐도 지나치다 싶을 정도로 그들은 그 그림자를 철저하게 기회로만 보았다. 그 가문의 수장 아피우스 클라우디우스 풀케르(기원전 97~49)만 해도 무자비한 방법, 파렴치한 방법을 가리지 않고 자기 가문의 이익만 추구했다. 그는 자신에게 존경받을 자격이 있는 존재는 신들뿐이라고 믿었다. 그런 생각으로 동포 시민들에게는 거만하고 탐욕스럽게 굴면서도 신탁과 동물의 내장에만 강박적 집착을 보

---

* 로마의 위대한 웅변가 키케로의 기록에도, 카이사르의 암살자로 유명한 마르쿠스 브루투스의 어머니이자 율리우스 카이사르의 정부였던 세르빌리아 카이피오니스에게 다섯 단어로 된 혹평을 들은 뒤 '이를 악물고 참았다'는 내용이 나온다.

여, 결국 그 두 가지를 자신을 지칭하는 대명사로 만들었다. 내전이 일어나기 직전에도 그는, 개혁은 원로원에 맡겨둔 채 비행을 저질렀다는 혐의를 씌워 동료 의원 다수를 추방했다. 격분한 반대파가 주저 없이 지적했듯, 악명 높은 비행의 본보기로 따지자면 그 자신을 따라올 자가 없었는데도 말이다. 하지만 그의 파렴치함도 그의 동생에 비하면 약과였다. 푸블리우스 클로디우스 풀케르(기원전 93경~52, 본명 푸블리우스 클라우디우스 풀케르)는 오만함에 민중 선동을 결합시켜 획기적 효과를 거두려는 생각으로 로마의 중심부에까지 폭력배를 끌어들였다. 그에게 광적으로 충성하는 준군사 조직을 포룸 일대에 풀어놓고 그들로 하여금 정적들을 협박하게 하는가 하면, 어느 땐가는 폼페이우스의 남성다움을 비방하는 연호까지 외치게 만들었다. 그의 누이들도 클로디우스가 거느린 폭력배가 도시를 휘젓고 다니는 동안, 마치 달뜬 고양이처럼 이 결혼 저 결혼 바삐 옮겨 다니며 가문의 대의를 추구하는 데 한껏 매력을 발산했다. 검은 눈에 총명함을 갖춰 누가 봐도 재색을 겸비한 미인이었던 여형제 중의 맏이 클로디아 메텔리는 특히 자기를 우러러보는 사람들에게 헌신과 외경이 결합된 감정을 불러일으켜, 폼페이우스의 우세함 및 커져가던 카이사르의 힘에 맞서 클라우디우스 가문이 다져놓은 평판— "그들은 상처를 입으면 분개했고, 화나면 공격했으며, 자극하면 전쟁을 벌였다"[9]—과 찰떡궁합을 이루는 효과를 거두었다. 카이사르가 루비콘 강을 건너기 전 나라가 위급한 와중에도 클라우디우스가의 힘이 지닌 협박의 매력은 가실 줄을 몰랐다.

그러나 그에 상응하는 불이익도 따랐다. 때는 벼락출세한 장군들이 나라를 지배하던 시대였다. 따라서 클라우디우스 가문이 조상의 수위권을 지키기 위해 필요했던 횡포에도, 교란을 일으키고 가문에 수치를 불러오는 요소가 함유되어 있었다. 그러다 보니 그들이 싸워 지키려고 한 유산도 부득불 그에 따른 손상을 입을 수밖에 없었다. 그리하여 클라우디우스 가문 사람들이 자신들의 혈통에 대해 가졌던 자긍심은 점차 정적들에 의해 사악한 그 무엇, '선천적으로 타고난 영구불변의 오만'[10]으로 손가락질 받게 되었다. 흠잡을 데 없는 평판을 지녔던 고대의 클라우디우스가 사람들조차 연대기 편자들의 멜로드라마풍 글에서는 강간자에 왕이 되고 싶어 한 인물들로 그려졌다. 그들이 거둔 업적은 극악무도한 범죄 행위로 매도된 반면, 오래전에 잊힌 추문의 주인공들은 새롭게 부각되었다. 아피아 가도를 건설한 클라우디우스 가문의 걸출한 인물이, 카르타고와의 해전을 앞두고 점을 치는 의식을 치를 때 신성한 닭들이 모이를 주워먹지 않자 "먹지 않을 거면 물이나 마셔라"[11]라며 닭들을 바다에 던져버린 그의 손자(푸블리우스 클라우디우스 풀케르)와 대비되어 묘사되는 식이었다. 그렇게 신을 조롱하는 행위를 하자마자 그는 함대를 잃었다. 그다음에는 그의 누이에 대한 이야기가 등장했다. 그 몇 년 뒤 로마 도심에서 가마를 타고 가다가 군중으로 길이 막혀 시간이 지연되자, 남자 형제가 또 다른 함대로 그들을 익사시키지 못한 것을 못내 아쉬워하며 새된 목소리로 짜증을 냈다는 것이다. 때는 푸블리우스 클라우디우스 풀케르와 그의 누이들의 시대였다. 그런 만큼 대중의 상상력 속에서는 그런 오만방자한 인간들이 한층 더 괴기스럽게 나타났을 것이다. 하지만 그 가문이 지닌 용맹성의 한계와 정도에 대해서는 그 누구도 부정할 엄두를 내지 못했다. 이렇게 기세등등했던 그 가문의 역사가 이제는 정적들에 의해 빛과 어둠이 교차하는 역사로 비난받게 된 것이다. 로마인들의 은인이라면 누구나 한번쯤 클라우디우스 가문에 짓밟힌 적이 있었던 것 같았으니 말이다.

클라우디우스 가문 사람들은 물론 이런 반응에 대해 범용보다는 오만이 낫지 않냐고 맞받아쳤을 것이다. 하지만 그런 그들도 기원전 49년 로마에 몰아닥친 내전의 폭풍 속에서는 그들 가문이 전통적으로 지녀온 행동의 자유를 지키기가 불가능하다는 것을 깨달았다. 푸블리우스 클로디우스 풀케르(위의 풀케르와는 동명이인 — 옮긴이)만 해도 카이사르의 루비콘 도하가 있기 3년 전에 이미 정적과 갈등을 빚다가 아피아 가도에서 살해되었다. 아피우스 클라우디우스 풀케르도 폼페이우스 편에 설지 카이사르 편에 설지, 갈팡질팡 고민하다가 신에게 지침을 구한 끝에 결국 내전에 참가하지도 못한 채 죽는 것으로 딜레마에 종지부를 찍었다. 리비아가 태어날 당시에는 카이사르의 일파였던 그녀의 아버지 드루수스 클라우디아누스 역시, 예전 후원자의 과도한 지배력에 남몰래 원한을 키우며 죽어지내다가, 독재관이 숨을 거두자 표변하여 암살 행위를 공개적으로 지지했다. 클라우디우스 가문 사람인 그로서는, 카이사르의 죽음으로 고래의 로마 정치 질서가 진정으로 회복되었다고 믿은 암살자들의 확신이, 자기 가문을 위해 차려놓은 밥상처럼 여겨졌을 것이다. 하지만 시대의 혼란은 멈추지 않았다. 하늘도 어둠침침했고 불타는 혜성도 하늘을 계속 가로질렀다. 따라서 따놓은 당상도 기대할 수 없었다. 클라우디우스 가문도 전력을 경주해야만 로마인들의 일상에서 자신들의 본래 위치를 되찾을 가망이 있었다. 다른 사람은 몰라도 드루수스 클라우디아누스는 로마의 판세를 그렇게 읽었다. 그리고 그에 따라 계획을 세웠다. 딸을 출가시키려고 한 것이다.

리비아도 그 단계에서는 아버지의 계획에 기꺼이 보조를 맞출 태세였다. 나이도 십대 중반이니 혼기도 가까워지고 있었다. 로마에는 이르면 열두 살에 출가하는 귀족 처녀도 많았다. 따라서 결혼 적령기에 이른 딸은 가문의 목적을 위해 썩혀두기에는 아까울 만큼 소중한 자산이었다. 그래도 드루수스 클라우디아누스는 서두르지 않기로 했다. 특별히 점찍어 둔 사람이 있어서였다. 그 무렵 클라우디우스 가문은, 아피아 가도를 건설한 아피우스 클라우디우스로부터 몇 세대가 지난 시점이어서 혈통이 둘로 갈라져 있었다. 드루수스 클라우디아누스가 속해 있고, 리비아 탄생 뒤 첫 10년 동안 로마인들에게 강박적으로 집착해 그들을 섬뜩하게 만든 아피우스의 큰아들, 푸블리우스 클라우디우스 풀케르(앞에 나온 함대 사령관)의 혈통이 그 하나였고, 다른 하나는 큰아들계보다는 다소 부진한 업적을 기록한 둘째 아들 (가이우스) 클라우디우스 네로(2차 포에니 전쟁에 참가한 장수)의 혈통이었다. 둘째 혈통의 마지막 집정관을 지낸 네로만 해도, 스키피오 시절의 로마와 카르타고가 2차 포에니 전쟁을 한창 치르던 기원전 202년에 집정관이 되었다. 그러나 두 혈통의 피가 다시 섞인다면 문제는 달라질 수 있었다. 리비아를 네로계에 출가시키면 클라우디우스 가문의 역량이 통합되어 막강한 힘을 가질 수 있을 터였다. 말하자면 풀케르계와 네로계의 결합으로 가공할 세대가 만들어지는 것이었다. 게다가 때가 때인 만큼 시도해볼 가치도 충분히 있었다.

천만다행으로 네로계에 적절한 신랑감도 있었다. 리비아보다 스무 살 위이고 장래가 촉망되는 티베리우스 클라우디우스 네로(기원전 85~33)가 그 주인공이었다. 티베리우스 네로는 내전 때도 짭짤한 재미를 보았다. 카이사르를 정확히 승자로 찍어 그의 함대를 지휘하고 각종 영예를 차지했고, 카이사르가 독재관이 된 뒤에는 갈리아로 파견되어 그의 대리 임무를 수행했다. 그리고 지금 로마에 돌아와서는 또 리비아와의 혼인까지 제안을 받은 것이다. 티베리우스 네로는 그 제안을 받아들였다. 그의 결정은 전도유망한 장인의 정치도 함께 떠맡겠다는 의미였다. 그리하여 카이사르의 은혜를 입었던 그가 이제는 자기 보호자가 살해되자 냉정하게도, 일관성을 조롱하는 클라우디우스 가문 사람의 특징을 여실히 드러내며 카이사르 암살자들에 대한 포상을 제의했다. 하지만 태도를 표변하여 암살의 옳고 그름을 가린 것도 그에게는 부차적인 일일 뿐이었다. 그보다는 카이사르의 그늘을 마침내 벗어나 로마의 명문가를 복원하기 위한 토대를 놓았다는 점이 더 중요했다. 그렇게 해서 미래도 지난날과 마찬가지로 클라우디우스 가문의 시대로 만들려는 것이었다.

하지만 로마에는 이미 그 희망을 압도하는 사태가 벌어지고 있었다. 드루수스 클라우디아누스 집 하녀들이 리비아의 어머니가 내린 지시에 따라, 로마 신부들의 전통대로 리비아의 땋은 머리를 친친 감아 올려 '탑 모양의 왕관'[12]을 만드느라 그녀 주위에서 부산을 떨고 있을 때, 그 곳 너머 세계에서는 이미 새로운 살해 음모가 꾸며지고 있었다. 그러나 새하얀 토가 차림으로 신부 집에 도착한 신랑은 그 사실을 까맣게 몰랐다. 로마에서는 가장 비천한 사람의 집도 신들의 직접적인 보호를 받았다. 그랬던 만큼 고명한 귀족의 집에까지 위험이 들이닥치리라는 것은 상상할 수도 없는 불길하고 소름 끼치는 일이었다. "계급을 떠나 한 시민의 집보다 신성한 곳이 어디이며, 온갖 종류의 종교적 안전장치보다 든든한 것이 무엇이더냐?"[13]

이 질문에 대해서는 혼례가 있던 날의 신부가 확실한 답이 될 만했다. 리비아의 머리 장식만 해도 여섯 갈래로 땋아 화로의 여신 베스타의 제녀를 방불케 했으니 말이다. 머리에도 유피테르의 여사제가 쓰는 것과 같이, 예비 엄마들이 다산을 위해 채집했다는 사프란의 수술로 그 방면의 전문가가 염색한 사프란 색의 베일을 썼다.[14] 이렇게 신의 재가를 받은 순결과 다산의 결합물인 신부가 있는데, 신랑이 더 바랄 것이 무엇이 있었겠는가? 과연 장인이 주최한 혼례의 피로연이 파할 무렵이 되자, 티베리우스 네로는 마치 포로를 잡아가듯 장모 손에서 리비아를 낚아채 팔라티노 구릉 위에 있는 신혼집으로 데려갔다. 그 옛날 로물루스가 통치할 때 도시의 원 거주민들이 부족에 여자가 부족하자 거기서 가까운 곳에 살던 사비니족의 딸들을 납치해 갔다는, 로마의 초기 역사에 나오는 에피소드를 기억해 신부를 유괴하는 흉내를 낸 것이다. 로마의 신부들이 마요라나와 꽃, 창끝을 이용해 탑 모양의 머리치장을 한 것도 아마 최초의 그 겁탈을 기억하기 위해서였을 것이다. 하지만 비록 (사비니족 딸들의 납치가 원인이 되어) '로마 남녀들의 초기 결합에는 (로마와 사비니족 간의) 전쟁과 갈등이 수반되었지만'[15] 티베리우스 네로의 새 신부는 불길한 징조가 아닌, 농담과 박수갈채의 환영 속에서 그의 집에 들어섰다. 최초의 로마인의 신부가 영웅이 될 민족을 번식시켰듯, 리비아도 클라우디우스 가문의 혈통을 영속시키리라는 기대감이 담긴 환영이었다. 그녀는 저녁에 재에 덮였던 불꽃이 아침이면 되살아나는 그 집 화로의 수호신으로서 그 일을 수행하게 될 터였다. 한 시민의 가옥의 벽이 로마의 성벽처럼 신성불가침이 되는 것이었다. 아니나 다를까 티베리우스 네로가 신부를 안아 올려 문지방을 넘는 순간, 수태의 신 콘세비우스^{Consevius}가 부부에게 아기를 점지했다. 리비아는 기원전 42년 11월 16일에 아들을 낳았다. 그 아이에게도 아버지와 같은 티베리우스 클라우디우스 네로라는 이름이 붙여졌다. 위대한 두 클라우디우스 혈통의 모든 야망이 그 작은 핏덩어리에서 만나 응축되어 있었다.

하지만 이미 때는 늦었다. 리비아가 티베리우스 네로의 원앙금침 속으로 가져다 놓은 희망은 아들이 태어난 순간에 깨지고 있었다. 두 사람이 로마에서 짧은 결혼 생활을 즐기고 있던 그해, 유례없이 끔찍한 공포 통치가 도시를 강타했다. 그와 더불어 리비아의 주요 일족이 벌이던 지위 다툼과, 정무관 및 명예를 얻기 위해 벌인 경쟁으로 운명이 출렁이던 날들도 영원히 종식되었다. 로마 공화정을 풍미한 다수의 명문가 출신들도 카이사르의 독재정 시기에 그랬던 것처럼, 단순히 제거되는 데 그치지 않고 끔찍한 살육을 당했다. 그들에게 가해진 폭력은 의도적이고도 야만적이었다. 독재관의 부하들은 티베리우스 네로와 리비아의 혼례가 성대하게 거행되고 있을 때 이미 상상할 수 있는 가장 잔인한 방식으로 주도권을 쥐려는 계획을 짜고 있었다. 카이사르 암살자들을 처단하기 위해 1년 반 동안 치밀한 전략을 수립해 서방의 속주들과 로마에 대한 지배력을 공고히 다진 것이다. 그리고 기원전 43년 말의 어느 날 밤,

포룸에 드디어 백색 기록판이 등장했다. 리비아의 아들이 태어나기 거의 1년 전 어느 날 밤에 등장한 그 기록판에는, 카이사르에게 반역 행위를 한 자들의 이름뿐 아니라 "명단에 적힌 사람을 죽이면 그 수급을 우리에게 가져오라"[16]라는 말과 함께, 살해자들에게 줄 보상금이 명기되어 있었다. 이 살생부 명단에는 리비아의 아버지도 포함되어 있었다. 하지만 운 좋게도 드루수스 클라우디아누스는 죽은 것으로 알려진 2300명 속에는 포함되지 않았다. 현상금 사냥꾼들을 용케 피해 브루투스가 아직은 자유롭게, 머지않아 전개될 결전에 대비하여 신병 모집하기에 바빴던 동쪽으로 달아난 것이다.

과연 그로부터 오래지 않아 로마 내전이 재개되었다. 기원전 42년 초, 카이사르파는 죽은 독재관의 명성을 공식적으로 신격화하는 일을 개시했다. 그런 다음 숙청된 자들에게서 몰수한 부를 군단에 쏟아부어 병력을 강화한 뒤, 원정철의 끝 무렵 마침내 이탈리아를 넘어 그리스로 진격해 들어갔다. 그들은 마케도니아 도시 필리피의 동쪽 평원에서 암살파와 마주쳤다. 이어 그곳에서는 두 차례 치열한 교전이 벌어졌다. 하지만 혈투 끝에 최종적으로 승리를 거머쥔 쪽은 카이사르파였다. 전투에서 진 브루투스는 스스로 목숨을 끊었다. 그리하여 숙청으로 한 번 타격을 입었던 귀족들은 그 패배로 또다시 치명적 도태를 당하게 되었다. "어떤 전투도 그처럼 많은 저명 인사들의 피를 흘리게 한 적이 없다"[17]라고, 어느 역사가가 통탄하며 기록한 대로였다. 사망자들 중에는 브루투스가 그랬듯이 전투 뒤에 자결한 드루수스 클라우디아누스도 있었다. 몇 주 뒤에는 그 소식이 로마에도 닿았다. 리비아는 드루수스의 손자를 낳던 중에 그 소식을 들었다.

그 와중에 리비아가 로마에서 안전하게 있을 수 있었던 것은 티베리우스 네로의 약삭빠른 기회주의 덕이었다. 바람 부는 방향을 감지한 그는 신격화된 카이사르에게로 충성 대상을 재빨리 다시 바꾸었다. 그리하여 비록 친정아버지는 운이 다하고 그의 재산도 몰수되었지만 리비아만은 그녀의 지위에 득이 되는 상황에서 아들을 낳을 수 있었다. 지난날 로물루스가 초가 오두막을 지었다는 팔라티노 구릉은 그 무렵 로마의 노른자위 땅이 되어 있었다. 로물루스의 오두막도 수리에 수리를 거듭하며 경건하게 보존되어, 루페르칼 동굴 위에 그대로 서 있었다. 그 점만 빼면 팔라티노 구릉의 모든 것은 특권층과 연관되어 있었다. 클라우디우스 가문도 당연히 오래도록 그곳에서 우월한 지위를 누렸다. 클로디아 메텔리가 로마에서 가장 화려한 야회를 개최한 곳도 그곳 팔라티노 구릉이었으며, 푸블리우스 클로디우스 풀케르가 육중한 대저택 두 곳의 벽을 허물어 휘황찬란한 본거지로 만든 곳도 팔라티노 구릉이었다. 그러므로 비록 필리피 전투에서 죽은 동료 귀족들에게 애도는 표했을망정, 티베리우스 네로가 고대광실 같은 저택을 거닐며 자신의 결정이 백번 옳았다는 판단을 내렸을 것은 두말할 여지가 없었다. 팔라티노 구릉 위의 재산을 잃느니 충성 대상을 바꾼 것이 옳았다는 생각을 했을 것이라는 말이다.

그렇기는 해도 티베리우스 네로는 산파의 팔에 자기 아들이 들려 올라간 순간에도 자신의 운명이 바람 앞의 등불임을 알고 있었다. 안심하기에는 숙청의 기억이 너무도 생생했던 것이다. 로마 엘리트들의 자기 확신에 가해진 충격은 쉽사리 가시지 않았다. 로마에서 안전한 곳은 아무 데도 없는 듯했다. 최고급 저택도 다를 바 없었다. 살생부에 오른 최초의 희생자도 집 안의 가장 내밀한 곳인 식당에서 손님들이 그를 에워싸려고 모여드는 가운데 살해되었다. 병사들이 접대 장소가 아수라장이 되어도 개의치 않고 복수의 대상이 있는 곳으로 뛰어들자, 백인대장(켄투리온)이 칼집에서 칼을 뽑아 두려움에 떠는 주인의 목을 베었다. 그런 다음 기세등등한 태도로 괜스레 소란을 피웠다가는 그와 같은 운명을 당할 것이라고 으름장을 놓았다. 그 서슬에 남은 손님들은 머리 없는 시신이 그들 곁에서 서서히 굳어가고 바닥의 침상이 피로 흥건해질 때까지, 밤이 이슥하도록 그곳에 얼어붙은 듯 엎드려 있었다. 훌륭한 저택, 미려한 조각상, 수영장 등 한때는 시민의 위대성을 나타내는 상징이었던 것들이 숙청의 광풍이 몰아치자 그와 정반대로 잠재적 사형 집행 명령서가 되었다. 클라우디우스 가문 사람들조차 심야에 문 두드리는 소리에 화들짝 놀라는 지경이 되었다. 그러다 보니 그들 마음 뒤편에는 언제나 그다음에 벌어질 일—"병사들이 들이닥치고, 자물쇠를 부수며, 엄포를 놓고, 험상궂은 얼굴을 하며, 무기를 번뜩이는 것"[18]—에 대한 불안이 잠재해 있었다.

그렇다면 살생부에 따른 학살을 피하고 필리피 전투에서 간신히 목숨을 건진 뒤 은신처에서 비척거리며 나와, 예전과는 판이해진 로마의 정치 풍토로 복귀한 귀족들도 불가피하게 새로운 지도부와 영속적인 화해를 할 필요를 절감했을 것이다. 이번에도 1차 삼두정 때와 마찬가지로 세 사람이 카이사르의 복수자로서 세계 지배의 면허를 주장했다. 하지만 이번 계약에는 막후 실력자들 사이에서 관행적으로 이루어지던 결탁이 아닌, 좀 더 혁명적인 내용이 담겼다는 점에서 그때와 달랐다. 독재를 공식적으로 허용하여 세 사람 모두가 독재관이 된 것이다. 물론 법률상으로는 여전히 '공화국의 회복'을 삼두정의 목표로 삼았다. 하지만 그 멋들어진 슬로건에 속아 넘어갈 사람은 아무도 없었다. 어렵사리 얻은 수위권을 포기하려고 카이사르파 지도자들이 그 많은 살육을 감행한 것은 아니었다. 필리피 전투 뒤에도 그들에게 계속 저항한 세력은 시칠리아 섬에 해적 정부를 수립한 폼페이우스의 아들 섹스투스 폼페이우스(폼페이우스 마그누스 피우스)뿐이었다. 그것만 빼면 2차 삼두정의 권위는 난공불락이었다. 그렇다고 해서 삼두정의 존속을 장담할 수는 없었다. 누구나 다 아는 사실이듯, 삼두에게는 불화의 습성이 있었기 때문이다. 그에 따라 운명을 다시 굳건한 반석 위에 올려놓아야 하는 로마의 상류층도 삼두 중에 누구를 밀어야 할지 생사가 걸린 결단에 직면했다.

삼두 중 한 사람인 마르쿠스 아이밀리우스 레피두스(기원전 89 또는 88~13)는 생각할 것도 없이 자동 탈락이었다. 쟁쟁한 가문에 마당발 인맥을 가진 것도 그의 범용함을 덮어주지는 못했다. 레피두스는 필리피 전투에 끼지 못하고 이탈리아의 배후를 지키는 한직을 맡을 때부터 이미 주전에서 밀려난 상태였다. 이리하여 로마와 로마 제국은 사실상 성격이 판이한 두 장군 사이에 분할되었다. 레피두스 못지않은 명문가 출신의 귀족인데다 카이사르에 대한 충성도 확고했고, 집정관 시절에는 루페르키와 함께 뛰기도 했던 문제의 마르쿠스 안토니우스가 그중 한 사람이었다. 필리피 전투 때 카이사르파가 승리를 거둘 수 있었던 것도 안토니우스가 지휘관으로서 뛰어난 무용를 발휘한 덕분이었다. 그는 살육이 난무하는 전쟁터에서 입고 있던 외투를 벗어 브루투스의 시신을 덮어주는 아량도 보였다. 안토니우스는 이렇게 기략이 풍부하고 정상배적 기질도 있으며 관대하기도 한, 로마인들이 한결같이 좋아하는 특징을 지니고 있었다. 따라서 비록 삼두의 한 명일망정 그의 옛 동료들에게도 친밀하다는 안도감은 줄 수 있었다.

그 점은 삼두정에서 그와 경쟁을 벌이는 상대와 비교해도 장점이 될 만했다. 카이사르 암살 뒤 로마에서 일어난 가장 놀라운 격변이, 가이우스 옥타비우스 투리누스를 본명으로 태어난 인물이 로마의 패권을 쥔 일이었을 만큼 안토니우스의 상대는 출신 성분이 보잘것없었다. 따라서 손발이 잘려 나간 귀족들에게는 그의 출세가 더더구나 쓰디쓴 치욕으로 느껴질 수밖에 없었다. 정적들은 옥타비우스 조상의 혈통이 변변치 못한 점을 이용해, 그의 증조부 중 한 사람을 '해방노예 출신에 밧줄 제조자'[19]라고, 또 한 사람을 아프리카에서 향수를 만들다 빵 굽는 일로 전직한 사람이라고 빈정댔으며, 그런 얘기가 사실로 굳어지기도 했다.* 게다가 옥타비우스는 팔라티노 구릉이 아니라 로마에서 30여 킬로미터 떨어진 아피아 가도변의 벨리트라이라는 조그만 마을에서 어린 시절을 보냈다.** 이랬던 그가 길지 않은 로마 공화정의 가장 거룩한 전통에 지속

---

* 이렇게 말한 정적은 다름 아닌 안토니우스였다. 하지만 알고 보면 옥타비우스의 집안은 유서도 깊고 부유했다. 정계에서 두각을 나타내는 것만 늦었을 뿐이다. 옥타비우스의 아버지만 해도 그 집안에서 원로원 의원이 된 최초의 인물이었으며, 마케도니아에서 공직 임기를 마친 뒤에는 집정관에 입후보하려다 로마로 돌아오는 도중에 숨을 거두어 뜻을 이루지 못했다.

** 추후에 옥타비우스가 자랐던 육아실은 거기서 잠을 자려는 사람은 어김없이 보이지 않는 힘에 의해 문

적이고 무차별적인 공격을 퍼붓는 것으로 자신의 정치 이력을 채운 것이다. 옥타비우스는 카이사르가 암살된 지 8개월 후 고작 열아홉 살의 나이에 비록 실패로 끝났지만 군사 쿠데타를 일으켰고, 그 열 달 뒤에는 개인 군대를 거느리고 위험천만한 로마로 들어와 스무 살도 되기 전 집정관이 되었으며, 그다음에는 합법적 삼두의 한 명으로서 안토니우스와 함께 열아홉 개 군단의 지휘관이 되어 필리피 전투에서 싸웠다. 로마의 도시 역사에서 이처럼 빠른 시간 안에 이처럼 막강한 권력을 쥔 사례는 일찍이 없었다. 도덕성도 자비에 대한 고려도 그의 앞길을 막지는 못했다. 안토니우스가 필리피의 전장에서 죽은 정적을 애처롭게 바라볼 때도 옥타비우스는 눈물 한 방울 흘리지 않았다. 눈물은커녕 브루투스의 시신에서 머리를 자르게 하여 로마로 가지고 왔다. 그런 다음 명백한 상징적 행위로 카이사르가 죽은 장소인 조상의 발치에 그것을 놓았다.[20]

세 집정관은 "우리를 해하려는 음모를 꾀하고 카이사르를 죽게 만든 자들에 대한 증오는 인정만으로 누그러지지는 않는다"[21]라는 말로 자신들이 행한 살인과 내전을 합리화했다. 세 사람 중에서도 가이우스 옥타비우스는 특히 카이사르를 위한 복수를, 자신의 행동에 대한 특별 면허장으로 인식했다. 그러므로 필리피 전투에 나가기 전 그가 복수의 신 마르스 신전을 로마에 짓겠다고 공공연하게 맹세한 것도, 내전에서의 싸움은 범죄 행위가 아닌 절박한 종교적 의무임을 만천하에 알리는 행위였다. 옥타비우스는 또 카이사르 조카딸의 아들이었을 뿐 아니라, 인재

간으로 내던져지리라는 초자연성을 지니게 되었다.

를 볼 줄 아는 눈은 가졌으되 적출자를 갖지 못했던 카이사르에 의해 죽기 전 그의 상속자 겸 양자로도 낙점되었다. 로마 귀족들이 가문의 혈통을 잇고 동료 귀족을 복잡한 의무의 올가미에 걸려들게 하기 위해 처절한 투쟁을 벌이는 상황에서, 그 전법은 매우 합리적인 것으로 간주되었다. 최고 명문가도 그 일에 뛰어들기는 마찬가지여서, 알고 보면 리비아도 당대의 주요 정치인들 가운데 한 명이던 리비우스 드루수스가 그녀의 아버지를 양자로 삼으면서 갖게 된 이름이었다. 하지만 그 일을 고려한다 하더라도 옥타비우스가 카이사르의 양자가 된 것은 확실히 이례적 신분 상승이었다. 벨리트라이 출신의 열여덟 살 난 얼뜨기가 졸지에 종조부의 재산과 명성을 동시에 얻었으니 말이다. 카이사르의 재산은 그에게 군단을 제공해주었고 그의 이름을 아욱토리타스로 빛나게 해주었다. 십대의 옥타비우스로 하여금 로마의 다른 사회 초년생 젊은이라면 꿈도 꾸지 못했을, 로마의 단독 지배자가 되려는 야망을 불태울 수 있게 해준 것은 그 유산이었다. 로마의 하늘에서 관측된 혜성이 나중에 그의 양아버지 영혼이 하늘로 날아가는 현상인 것으로 확인되자, 그가 물려받은 유산은 더욱 경이롭게 인식되었다. 그리하여 한때는 가이우스 옥타비우스였던 젊은이도 이제는 거의 초인적 광휘를 지닌 호칭을 주장할 수 있게 되었다. 카이사르만이 아니라 카이사르 '디비 필리우스^{Divi Filius}', 곧 '신의 아들' 카이사르임을 주장할 수 있게 된 것이다.

그러나 로마 엘리트들에게는 그 모든 일이 멋지기보다는 불길한 무엇으로 인식되었다. 귀족들 대다수는 젊은 카이사르의 냉정하고 이질적인 모습에 본능적으로 주춤했다. 살육이 난무하는 필리피 전투에서 살아남은 사람들도 안토니우스를 따라 더 나은 선택의 여지를 찾아 도피하는 편을 택했다. 하지만 다른 사람들은 그보다 더 까다로운 선택에 맞닥뜨렸다. 필리피 전투 뒤에 집정관들이 체결한 영토 분할 협정에 따라 안토니우스가 동방을 차지하자, 젊은 카이사르는 서방을 맡아 이탈리아로 돌아왔다. 그렇게 되자 로마에 살고 있던 티베리우스 네로와 같은 귀족들도 불현듯 신의 아들을 지척 간의 이웃으로 두게 되었음을 깨달았다. 게다가 안토니우스까지 멀리 떨어져 있는 상황이었으므로, 젊은 카이사르는 자신의 이익을 위해 벌이는 잔혹 행위를 얼마든지 공적인 일로 탈바꿈시킬 수도 있었다. 그런 상황에서 로마 귀족들 대다수가 숨어지내는 편을 택한 것은 당연한 일이었다. 하지만 그중의 일부는 모반을 꾀하기 시작했다. 그들은 이탈리아에 있던 안토니우스의 첩자들에게도 의향을 타진했다. 그리하여 로마의 상류 사회에는 또 한 번 공화정 회복에 대한 모략의 귀엣말들이 퍼져 나가기 시작했다. 그러던 중 안토니우스의 형제 루키우스가 집정관으로 선출되어 거두절미하고 로마를 독재정에서 구하자는 연설을 하자 젊은 카이사르와 그가 상징하는 모든 것에 대한 증오가 공식적으로 확 불타올랐다. 증오의 불길은 특히 고대의 성벽이 남아 있던 높다란 바위산 아래 강들이 유유히 흐르는 로마 북쪽의 아름답고 유명한 고장 에트루리아와 움브리아 지방에서 가장 거세게 타올랐다. 루키우스 반란군이 구릉 지역들 중 한 곳인 페루시아(지금의 페루자)를 본거지로 삼자, 이탈리아 전역의 남자들이 그곳으로 모여들었다. 그들 대다수가 잃을 것이라고는 목숨밖에 없는 가난한 사람들이었으나, 티베리우스 네로를 포함해 원로원 의원도 일부 있었다.

티베리우스 네로는 아내와 갓 태어난 아들까지 대동한 채 그 필사적 도박에 뛰어들었다. 로마에서는 아내가 남편을 따라다니지 않는 것이 관례였으나, 시대가 정상이 아니니 어쩔 수 없었다. 세상이 뒤집어지다 못해 남자의 특징마저 사라지기 시작했다. 숙청의 회오리바람이 불어 살생부에 오른 사람들이 다락방이나 마구간에 숨어 지내며 아내의 처분에 모든 것을 맡겨야 하는 굴욕적인 처지가 된 것이다. 심지어 이런 이야기까지 있을 정도였다. 바람기로 유명한 한 여인이 현상금 사냥꾼에게 남편을 팔아먹은 것으로도 모자라, 그 일을 한 바로 그날 정부와 결혼했다는 것이다. 하지만 그것은 일부에 국한된 이야기일 뿐, 아내들 대다수는 남편에게 헌신하고 용기 있는 행동도 했다. 레피두스의 병사들에게 매질까지 당하며 남편의 목숨을 애걸한 여성도 있었을 정도다. 그 남편은 나중에 아내를 기리는 추모의 글을 이렇게 묘비에 새겼다. "그대의 몸은 상처투성이가 되었지만, 그대의 용기는 꺾이지 않았습니다."[22] 그보다 더 강하게 남자 같은 기개를 보인 여성들도 있었다. 삼두정의 가렴주구로 로마가 신음하고 있던 기원전 42년 초, 그녀들은 대변인을 앞세우고 포룸으로 향했다. 그런 다음 대변인이 로스트라에 올라, 말살된 전통에 대한 기억을 환기시켰다. 언론의 자유를 말한 것이다. 그 대변인 여성으로 말하면, 적을 물리치는 유창한 언변과 우열을 다툴 수 있는 것은 오로지 그 언변으로 벌어들인 어마어마한 부밖에 없던 당대 최고의 웅변가 퀸투스 호르텐시우스 호르탈루스(기원전 114~50)의 딸, 호르텐시아였다. 팔라티노 구릉의 저택에서 로마 최초로 공작 고기를 식탁에 올리고, 비길 데 없는 포도주 창고도 보유한 로마의 대부호 호르텐시우스 호르탈루스의 딸이 남자들도 하지 못한 말을 입에 올리며 삼두를 규탄하고 나선 것이다. "명예를 차지하고 군대를 지휘하고 나라를 통치하는 일과 무관한 우리 여성들까지 왜 세금을 내야 합니까?"[23] 삼두는 호르텐시아의 이런 문제 제기에 여자들을 포럼에서 몰아내는 구차한 대처로 응수했다. 하지만 추태를 부리다 결국 낯만 깎인 채 감세에 동의했다. 리비아 드루실라도 그 사태를 분명 관심 있게 지켜보았을 것이다. 그 사태를 지켜보면서 시대에 맞는 나름의 교훈을 터득했을 것이다. 로마가 악에 희생되었으니 필요하면 여자라도 나서서 세습 재산을 지켜야 하리리라는 것이 그것이었다.

그러나 물론 리비아도 아직은 남편을 믿었다. 티베리우스 네로 정도면 두 클라우디우스 가문의 피가 섞인 아이에게 걸맞은 탄탄대로를 열어줄 수 있으리라 기대했다. 하지만 그 확신은 오래지 않아 크게 어그러지기 시작했다. 젊은 카이사르에 대한 모반에 가담한 것도 결국 분별 없는 행동이었던 것으로 결론이 났다. 루키우스의 반란이 참화가 이어진 끝에 예견된 잔혹한 방식으로 진압된 것이다. 게다가 루키우스는 안토니우스의 동생이어서 그나마 사면이라도 받았으나, 다른 원로원 의원들은 그런 운도 없었다. 젊은 카이사르가 마치 신격화된 아버지 앞에 피의 제물을 바치듯, 3월의 이데스에 그들의 다수를 공개 처형한 것이다.[24] 그렇다면 티베리우스 네로도 유린된 페루시아에서 가족을 데리고 간신히 도망은 쳤으나 심각한 위험에 처해졌음이 분명했다. 나폴리에 도착해 시도한 또 다른 반란도 진압되자, 그는 처자식을 데리고 다시 시골 지역으로 도주했다. 그 과정에서 어린 티베리우스가 우는 바람에 거의 발각될 위기에 처하는 등 천신만고 끝에 추격하는 병사들을 따돌리고 섹스투스 폼페이우스의 해적 정부가 있는 시칠리아 섬으로 들어갔다. 하지만 섹스투스에게도 푸대접을 받자 영락한 클라우디우스가 사람으로서 울컥하는 심정을 참지 못하고 발끈하여, 다시 마르쿠스 안토니우스가 있는 동쪽으로 향했다. 하지만 안토니우스에게도 거부되기는 마찬가지였다. 그 뒤에는 그리스에서 잠시 도피처를 찾아 머물렀으나 그곳에서도 다시 쫓기는 신세가 되었다. 그 과정에서 숲속으로 탈출하다 불이 나, 리비아는 옷이 타고 머리카락까지 그을리는 고난을 겪었다. 한편 로마에서는 젊은 카이사르가 티베리우스 네로를 공식적으로 추방자 명단에 올리고 팔라티노 구릉에 있던 그의 저택도 몰수했다. 그러니 그쯤에서는 리비아도 이제 클라우디우스 가문의 일원이자 클라우디우스 자손의 어머니로서 참을 만큼 참았다는 생각이 들었을 것이다.

그러던 중 기원전 39년 여름, 삼두와 섹스투스 폼페이우스 간에 협정이 체결되어 티베리우스 네로와 같은 망명자들도 사면을 받았다. 하지만 그 무렵 리비아는 새로운 질서의 냉혹한 현실에 어떤 환상도 품지 않게 되었다. 과연 로마에 돌아와 보니 그녀의 처지는 한심하게 추락해 있었다. 두 번째 아이를 가진 것도 가라앉은 리비아의 기분을 북돋지 못했다. 티베리우스 네로는 리비아가, 그녀와 그녀의 상속자(아들)에게 걸고 있던 소망을 이뤄줄 재목이 못 되었다. 반면에 그녀는 남편을 따라 비참한 도주를 이어가는 과정에서 놀라운 용기를 보여주었다. 하지만 궁극적으로 그것은 남편이 아니라 아버지의 혈통을 위해 낸 용기였다. 아직 스무 살도 채 안 된 명문가 출신에 꽃다운 미모를 가진 리비아는 자신이 남자에게 줄 것이 아직 많다는 것을 알고 있었다.

한편 호르텐시우스 호르탈루스의 저택이었다가 살생부에 올라 카이사르파에게 몰수당한 팔라티노 구릉 위의 으리으리한 저택에서는 그 무렵, 젊은 카이사르가 배우자에게 싫증을 내고 있었다. 그의 아내 스크리보니아는 근엄한 여인, 그녀의 남편이 몰상식하게 즐겨 한 말을 빌리면 '지겹도록 논쟁하기 좋아하는 성격'[25]의 여인이었다. 아닌 게 아니라 스크리보니아에게는, 적까지 수긍할 정도로 리비아에게는 차고 넘쳤던 요염함과 성적 매력이 없었다. 게다가 유력한 귀족 가문 출신이기는 했지만 혈통도 클라우디우스 가문과는 비교가 안 되었다. 그러다 보니 안 그래도 '신의 아들'이라는 지위를 가져봤자 정통 귀족들 눈에는 서민적 혈통만 더 두드러져 보인다는 사실에 열등감을 갖고 있던 젊은 카이사르에게는 로마 최고 명문가와의 혼인이 구미가 당길 수밖에 없었다. 세계의 절반을 지배하게 된 그였지만 벼락출세자라는 비난에는 여전히 민감했던 것이다. 게다가 리비아는 다른 모든 것에 더해 신체적 매력까지 겸비하고 있었다. 그 점만으로도 그의 결심을 굳히기에는 충분했다. 젊은 카이사르가 티베리우스 네로의 임신한 아내에게 접근한 것은 그녀가 추방지에서 돌아온 후 몇 개월밖에 지나지 않은 기원전 39년 가을이었다.

서방질당한 남편도 그 무렵에는 사기가 뚝 떨어져 권위를 내세울 형편이 못 되는데다 기울어진 가운을 회복하는 데 혈안이 되어 있었다. 그러다 보니 그가 오히려 더 리비아를 젊은 카이사르에게 떠맡기려 했다. 반면에 로마인들은 새롭게 불거진 스캔들에 충격과 기쁨이 뒤섞인 복잡한 반응을 보였다. 스크리보니아의 해산달이 가까웠을 때 벌어진 일

이탈리아

북

| 0 | 50 | 100 마일 |
| 0 | 50 | 100 | 150 킬로미터 |

알프스 산맥

●티키눔(파비아)

루비콘 강

라구리아 해

에트루리아

움브리아

●아레티움

아드리아 해

●페루시아

엘바 섬

●볼시니

코르시카 섬

플라나시아 섬

피데나이

네미

로마

술모

오스티아●

벨라트라이

스페룬카

칼파니아

베누시아

안티움

아피아 가도

브룬디시움

나폴리

베네벤툼

삼니움

판다테리아 섬

카프리 섬

사르데냐 섬

티레니아 해

레기움

지중해

시칠리아 섬

이어서 더 그랬다. 결국 옥타비우스는 스크리보니아가 딸 율리아를 낳은 뒤에야 홀가분하게 이혼할 마음을 먹었다. 기원전 39년 가을 리비아와 약혼은 했으나 혼례를 치르기에는 아직 일렀다. 아무리 신의 아들이라지만 다른 남자의 아이를 임신한 여자와 결혼하는 것도 법도에 어긋나는 일이었다. 두 사람은 기원전 38년 1월 14일, 리비아가 (네로 클라우디우스) 드루수스라는 이름의 둘째 아들을 낳은 지 사흘 후에 마침내 결혼식을 올렸다. 티베리우스 네로가 죽은 리비아의 친정아버지를 대신해 전부인을 신랑에게 인도했다. 이로써 리비아의 팔라티노 구릉으로의 복귀는 공식적으로 완결되었다.

리비아가 팔라티노 구릉의 안주인으로 여생을 보낼 운명이었던 것은 확실하다. 새 남편 역시 리비아와의 혼인으로 얻은 것이 무엇인지를 확실히 알고 "그녀를 영원토록 사랑하고, 존중하며, 충실하겠노라"[26]라고 말했다니 말이다.

이리하여 과정이야 어찌 됐든 리비아는 마침내 안전해졌다.

로마의 봄

모든 것을 잃을 각오로 젊은 카이사르가 주관한 시대의 범죄 행위와 혼란에 가담한 이들이 비단 귀족만은 아니었다.

로마 역사에서 가장 피비린내 나는 혈투인 필리피 전투로 나라가 고갈된 지 몇 달 뒤였던 기원전 41년 초, 상처 입은 일군의 건장한 남자들이 아피아 가도를 따라 남쪽으로 향했다. 그들은 꼭대기에 궁극의 맹금

류, 독수리가 부착된 군기를 앞세우고 사화산인 불투레 산 경사면을 따라 올라갔다. 농부들이 그들의 행군 모습을 지켜보다가, 군기 위에서 번쩍이는 은빛 독수리 부리와 발톱을 보고 두려움에 치를 떨었다. 그것의 등장이 불러올 사태를 그들은 너무도 잘 알았다. 실제로 양아버지의 암살자들을 상대로 복수를 끝내고 이탈리아로 돌아온 지금, 젊은 카이사르는 가장 후안무치한 일의 실행을 앞두고 있었다. 전투로 단련된 5만 명가량 되는 제대 군인들 모두가 그에게 보상을 기대하고 있었기 때문이다. 게다가 그들은 바다를 건너 동료 시민들을 살육하고서라도 기필코 얻을 태세였던 전리품, 토지를 원했다.

삼두는 필리피 전투 전에도 이미 이탈리아 16개 도시 주변의 땅을 몰수용으로 확보한 적 있었다. 대규모 토지 몰수의 불가피성을 염두에 두고 취한 조치였다. 필리피 전투 때 암살파나 카이사르파 어느 한편에 속해 싸운 남자들만 해도, 징병 연령대에 속한 전체 시민의 4분의 1에 달했다고 추정되으니 말이다.[27] 따라서 승리한 쪽이 귀국한 이때, 토지 강탈이 특수 명령이 되는 것은 당연했다. 이탈리아에서도 땅이 가장 비옥했던 일부 지역의 지주들도 제대 군인들이 자신들의 소유지에 들이닥치는 것이 얼마나 두려운 일인지 알고 있었다. "모든 지역, 모든 들판에서 야기된 혼란의 아수라장이라니!"[28] 별장, 농기구, 노예도 몰수에서 안전하지 못했고, 면적이 넓을수록 측량사가 '냉혹한 잣대'[29]를 들이대고 땅을 구획하여 전 부대원을 정착시킬 확률이 높았다. 몰수에 저항하면 무자비하게 진압했다. 따라서 빼앗긴 사람은 날아드는 독수리 앞의 비둘기 떼처럼 속수무책으로 당할 수밖에 없었다. 수효는 적지만 소작인으로 머물러 살도록 허락된 사람도 있기는 했다. 하지만 그것은 운이 좋을 때의 이야기고 대다수 사람들은 시대의 악 앞에 굴복하고 빼앗긴 집을 떠났다. "운명이 모든 것을 엉망진창으로 만들었다."[30]

이리하여 숙청 기간 동안에는 귀족층만 공포에 떨게 했던 절도와 폭력의 유령이 이제는 이탈리아 전역을 휩쓸게 되었다. 유령은 풍요로운 저지대에서 가장 횡행했다. 그렇다고 그것이 물 댄 들판으로만 퍼져 나간 것은 아니어서, 그 무렵까지도 여전히 늑대들이 울창한 숲 지대를 배회하고 여름에는 뜨거운 열풍으로 들판이 타들어가는 불투레 산의 메마른 토양도 지역민들을 파멸에서 구해주지는 못했다. 그도 그럴 것이 그곳에는 토지뿐 아니라 이탈리아 지배와 관련된 사람이면 간단히 무시할 수 없는 갖가지 이해관계가 얽혀 있었기 때문이다. 젊은 카이사르의 제대 군인들이 불투레 산을 휘젓고 다니기 250년 전, 그곳 산비탈에는 이미 로마인들의 정착촌이 세워져 있었다. 게다가 그곳 베누시아(지금의 베노사)는 두 협곡 사이의 험한 바위산에 위치한 지형 탓에 로마의 주요 전진 기지 겸 남쪽으로 가는 관문 역할을 했다. 그 무렵만 해도 이탈리아는 아직 지리적 표현에 지나지 않았고, 로마인들 또한 여러 잡다한 민족 가운데 하나에 지나지 않았다. 그 무렵에는 이탈리아의 다른 종족들도 로마인 못지않은 명성을 뽐냈다. 에트루리아족만 해도 한때는 그들 본거지인 에트루리아를 넘어 남쪽의 로마까지 지배력을 확대했고, 점술—독수리의 비행 형태와 닭의 창자 속에 든 내용물을 보고 미래를 예언하는 초자연적 술법—에도 뛰어난 재능을 보였다. 아펜니노 산맥 구릉 지대의 로마인 이웃이던 마르시족 또한 노래로 뱀을 다루는 요술을 부렸다. 삼니움족은 고대의 그들 조상이 거주지를 찾아 헤맬 때 불가사의한 황소의 인도를 받아 나폴리 위쪽의 험준한 요새 지역을 얻었다는 내력을 지니고 있었을 뿐 아니라, 기원전 4세기 때는 50년 넘게 로마 군단의 남진을 막는 강인함도 보였다. 하지만 이윽고 이 종족들을 비롯해 이탈리아의 여타 종족은 세력이 약화되었고, 그리하여 로마가 서서히 반도 전역에 패권을 수립함에 따라 이탈리아인들도 점차 자신들을 공통의 정체성을 지닌 것으로 인식하게 되었다. 베누시아도 삼니움을 지나 아드리아 해 쪽으로 기울어진 탓에 아피아 가도를 지키는 요새 도시라는 본래의 건설 목적을 상실하기 시작했다. '어떤 적군의 침략이라도 막아줄 것처럼 보였던',[31] 로마인들에게 심어준 확신이 쓸모없어져 국경 도시의 역할을 더는 할 수 없게 된 것이다.

그렇다고는 해도 그릇된 사람들의 손에 들어간다면 그 도시는 여전히 위협이 될 수 있었다. 그 점을 일깨우기 위해 굳이 젊은 카이사르에게 고대 역사를 가르칠 필요는 없었다. 가깝게는 기원전 91년에 베누시아 사람들은 이미 마르시족에서 삼니움족에 이르기까지 이탈리아의 여러 민족과 힘을 합해 로마에 맞서는 반란(동맹시 전쟁 — 옮긴이)을 일으켰으니 말이다. 독립국(이탈리아)을 선포하고 황소가 늑대를 짓밟는 형상이 새겨진 화폐를 독자적으로 주조할 정도로 기세를 올린 반란이었다. 그러나 비록 마지막으로 진압되기까지 전쟁 과정이 참혹하고 로마에도 때아닌 공포감을 조성했지만, 그 반란 자체는 증오가 아닌 강요된 헌신에서 비롯되었다. 대다수 이탈리아 종족들의 야망은 로마의 지배력에 한몫 끼는 데 있었지 파괴하는 데 있지 않았기 때문이다. 그 점은 베누시아에서 확연히 드러났다. 그 도시 곳곳에는 욕장, 수도교, 원형극장 같은 값비싼 문화 설비가 즐비하게 세워져 있었다. 이탈리아인들은 군인으로든 상인으로든 그들의 지배자인 로마의 지중해 정복으로 크게 득을 보았던 것이다. 원로원이 이탈리아 반도의 모든 종족에게 시민권을 주는 법안을 승인하기 무섭게 반란의 힘이 꺾인 것도 그래서였다. 그때부터 이탈리아 전역은 로마로 간주되었다.

따라서 필리피 전투에 참가한 제대 군인들이 베누시아에 들어와 지주들을 몰아내고 땅을 바둑판 모양으로 조각내 나눠 가지려 할 무렵에는 그 지주들도 대부분 당시에 형성된 정체성을 지니고 있었다. 50년 전에 일어난 반란의 여파로 베누시아 주민 대다수가 노예가 되어 뿔뿔이 흩어지고 새로운 정착민이 들어와 살고 있었던 것이다. 도시의 주요 학교들도 물론 정착민의 자식들, 베누시아 출신 시인인 호라티우스의 말을 빌리면 '육중한 백인대장의 볼썽사나운 아들들'[32]로 가득 채워졌다. 그런 판에 내전이 터지자 베누시아의 젊은이들은 죄다 징집되어 '휜 낫을 녹여 곧게 만든 검'[33]을 들고 싸웠고, 그들의 태반이 또 외국의 전장에서 목숨을 잃었다. 살아 돌아온 소수의 사람들도 자신들이 살았던 고장보다는 전우와 장군에게 더 애착을 보였다. 카이사르의 측량사들은 그런 베누시아에 들어와 마치 거대한 쟁기 날처럼 토지를 조각내고 있었던 것이다. 따라서 그런 식으로 되풀이하여 약탈을 당한 곳에 그 고장 특유의 관습이 살아남을 리 만무했다. 후대의 어느 작가가 한 말을 빌리면 "그곳의 형편은 언어, 무기, 의복의 차이 등 한때 그들의 특징이었던 요소들마저 완전히 사라질 만큼 열악하게 바뀌었다."[34]

그래도 아직은 그 일을 빼앗김의 형태로 받아들인 일부 이탈리아인들이 있었다. 따라서 파괴의 불폭풍도 마지막으로 한 차례 더 남아 있었다. 기원전 41년 안토니우스의 동생 루키우스가 젊은 카이사르에게 맞서 반란의 기치를 올리고 페루시아의 성벽 뒤에 바리케이드를 쳤을 때, 사람들은 여러 혼란스러운 목적을 가지고 그곳에 모여들었다. 티베리우스 네로처럼 공화국을 회복시키려는 꿈에 고취된 사람들도 있었고, 다수의 또 다른 사람들은 토지를 몰수당해 빈곤층으로 전락한 것에 비분하여 참가했다. 그런가 하면 반란의 불씨가 완전히 사그라져 소생할 가망이 없던 베누시아나 삼니움과 달리, 로마 시대 이전의 그들 도시에서 누렸던 자유로운 삶을 꿈꾸며 반란에 참가한 사람들도 있었다. 북쪽의 비옥한 지역, 특히 에트루리아 주민들이 그러했다. 이렇듯 그곳에서는 반란의 불꽃이 아직 희미하게나마 깜박이고 있었다.

하지만 그것도 오래가지는 못했다. 젊은 카이사르는 자신의 권위에 도전하는 세력을 용납하는 인물이 아니었다. 그와 그의 부관들이 루키우스의 반란을 잔혹하게 진압하는 과정에서 또다시 고색창연하고 이름난 여러 도시가 황폐해졌다. 페루시아와 같은 몇몇 도시는 전소되었고, 젊은 카이사르가 부과한 터무니없는 벌금을 감당하지 못해 사람들이 떠난 도시들도 있었다. 그리하여 빼앗긴 자들의 무리에는 유례없이 많은 난민이 더해졌다. 에트루리아의 검게 탄 들판과 산적이 출몰하는 숲속에서는 생명체보다 유령이 더 활개를 쳤다. 살아남은 사람들이 할 수 있는 것은 기껏 '고대 민족 에트루리아인들의 파괴된 가정'[35]을 애달파 하는 것뿐이었다.

하지만 고통이 있는 곳에는 기회도 있게 마련. 시신으로 뒤덮인 페루시아의 언덕을 가로지르면 시대의 악이 판치는 와중에도 로마의 가장 유용한 특징이 된, 강력한 후원자를 가진 축복 받은 도시가 있었다. 수세기 전 로마에 독립을 잃었던 아레티움(지금의 아레초)에 에트루리아의 귀족 출신이라고 주장하는, 가장 끗발이 센 인물이 살고 있었던 것이다. 로마의 전통 귀족들은 물론 가이우스 마이케나스(기원전 68~8)가 자랑한 그의 혈통을 거의 사악한 수준이라고까지 말하며 경멸했으나, 쇼맨십 기질이 다분했던 마이케나스는 그들의 조롱에 맞장구칠 필요를 느끼지 않았다. 다수의 사람들을 불행하게 만든 혼란이 그에게는 성공의 요인이었으니 그럴 만도 했을 것이다. 마이케나스는 선견지명을 갖춘 데다 안주를 싫어하는 인물이었다. 그런 인물답게 로마의 새로운 질서의 중심에 손쉽게 진입했다. 처음부터 줄을 잘 서 젊은 카이사르를 삼두의 승자가 되도록 밀어줌으로써 크게 득을 본 것이다. 추방자들에게서 강탈한 금품 모두가 삼두정의 전쟁 노력에 투여되지는 않았으니 말이다. 그뿐 아니라 그는 권력의 새로운 원천에 촉각을 곤두세우는 사람이 그것을 이용할 수완과 담력만 있으면 막대한 부를 빨아들일 수 있던 시절에 그의 정적마저 인정할 정도로 그 방면의 귀재였다. "그는 필요하다면 말 그대로 잠 한숨 안 자고도 해야 할 일을 신속히 파악해 해치우는 데 발군의 능력을 발휘했다."[36] 동포 시민들 위에 확고한 지배권을 확립하려는 결의에 차 있던 젊은 카이사르가 필요로 한 조력자가 바로 그런 인물이었다. 심지어 에트루리아가 화염에 싸였을 때조차 아레티움의 해결사가, 카이사르가 경청하는 대상이 된 것도 그래서였다.

한시 바삐 기반을 다질 필요가 있었던 로마의 새 정부로서는 폭력, 절도, 계산된 잔혹함의 사용이 불가피했다. 하지만 마구잡이식 불법 행위로 장기적 미래를 도모할 수 없다는 것은 그의 주군뿐 아니라 마이케나스도 잘 알았다. 그 점에서 마이케나스가 에트루리아 왕들의 후계자인 양 우쭐댄 것도, 아레티움을 값싼 도기나 찍어내는 벽지쯤으로 알고 있던 로마의 전통적인 숨은 실력자들에 대한 의도적 도전이었을 뿐 아니라 이미 한 차례 직격탄을 맞은 계층의 사람들, 다시 말해 이탈리아 지주들의 마음을 안심시킨 행위이기도 했다. 이제 막 제대 군인들을 정착시키는 일을 마친 젊은 카이사르에게는 지지층의 폭을 넓히는 것이 급선무였다. 물론 그가 필리피 전장에서 돌아와 이탈리아인들에게 했던 행동으로 보면 그런 희망을 갖는 것 자체가 어불성설로 보일 수도 있었다. 하지만 그 시대의 격변이 몰고 온 전율, 내전의 흥망에 따른 고통, 신들마저 포기한 듯한 상황에서 누군가는 로마에 한 줄기 희망의 빛을 비춰줄 필요가 있었고, 차제에 정부가 상처 입고 겁먹은 사람들에게 적으나마 평화를 되찾아준다면 많은 것을 용서받을 수도 있을 터였다. 게다가 정부는 욱일승천하는 기세에 있었다.

하지만 대도시, 소도시, 촌락 가릴 것 없이 이탈리아에 사는 대다수 로마인들에게 미래는 여전히 암울해 보이기만 했다. 루키우스에게 승리를 거두기는 했지만 젊은 카이사르의 적도 말끔히 제거되지 못한 상황이었다. 시칠리아 섬에는 섹스투스 폼페이우스가 여전히 굳건히 자리를 잡은 채 죽은 아버지의 적을 도와줄 기미를 도통 보이지 않았다. 도와주기는커녕 마치 해신의 총아인 양 남청색 망토를 차려입고 항로의 목줄 죄는 일로 여가 생활을 즐기고 있었다. 그렇게 되자 가뜩이나 검게 탄 들판과 군대 징발로 죽을 맛이었던 사람들은 더욱 곤궁해졌다. 굶주린 사람들을 먹여 살릴 식량선이 봉쇄당하는 바람에, 기원전 38년 무렵에는 급기야 육지에 기근이 엄습했다. 도로에 부랑자 무리가 날뛰고 슬럼가에 난민이 들끓은 로마에서는 굶주림이 극에 달해 비참함과 격분이 끓어올랐다. 그런 판에 섹스투스 격파에 필요한 군비 마련을 위해 정부가 세금을 신설하려고 하자 격분은 마침내 폭동으로 비화했다. 젊은 카이사르도 거리의 폭도에게 돌멩이 세례를 받다가 간신히 현장을 탈출했다. 나중에 폭동이 진압된 뒤 충돌 과정에서 죽은 사람들의 시신을 테베레 강에 버리려 할 때는 좀도둑들이 달려들어 옷을 벗겨 갔다. 로마인들의 궁핍은 그 정도로 심했다. 가진 것이 없다 보니 시신이라도 발가벗겨야 했던 것이다.

급기야 상황은, 로마의 운이 다했고 로마의 거리들은 맹수들 차지가 될 것이며 어쩌면 도시마저 잿더미로 화할지 모른다는 두려움을 일부 사람들이 공공연하게 받아들이는 지경이 되었다.

사실로 말하면, 죄 없는 레무스의 피로
땅이 흠뻑 적셔진 때부터 로마인들은
가혹한 운명의 괴롭힘을 당하고
형제 살해죄의 저주를 받게 된 것이로다.[37]

이 비통한 논조의 시에서도 절망감이 느껴진다. 영어권에서는 간단히 호라티우스로 알려진 퀸투스 호라티우스 플라쿠스(기원전 65~8)는 온화한 인물이었다. 그런 성품의 소유자가 '타향살이의 모진 고난과 전쟁의 참상'[38]에 빠져든 이탈리아인들을 변호하는 글을 쓰기에 이른 것이다. 베누시아 출신 부유한 경매인의 아들이었던 호라티우스는 필리피 전투 때 암살파 편에서 싸우다가, 암살파가 참패함에 따라 도망자 신세가 되었다. 그가 당시 방패를 내던지고 신의 조화에 모든 것을 맡긴 채 달아난 과정은, 그로부터 몇 년 뒤 전장에서 겪은 학살의 공포를 유쾌한 자기비하로 덮은 글에 생생히 묘사되었다. 하지만 글의 경쾌한 분위기와 달리 현실은 냉혹하여, 로마인들이 로마인들을 살육한 전장에서 질리도록 보았던 장면 때문에 그는 늘 괴로워했다. 필리피 전투 뒤에는 싸움을 속행하는 것에도 흥미를 잃었다. 그러다가 사면령이 내려져 귀향 길이 열리자 그는 그 기회를 부여잡았다. 그런데 베누시아에 돌아와 보니 자기 소유였던 농장이 몰수되어 제대 군인들의 차지가 되어 있었다. 그렇다고 저항할 수도 없었다. 필리피 전투에서 공화국을 위해 싸웠던 사람들 위로는 여전히 추방의 그림자가 어른거리고 있었기 때문이다. 호라티우스는 결국 집 없는 사람들의 대열에 끼어 로마로 향했다. 그리고 그곳에서 남은 가산家産을 긁어모으고 유력자와 선이 닿으면 청탁하는 방식으로 어렵사리 국고의 회계사 자리를 하나 얻었다. 생계는 해결되었다지만 지주였던 인물에게는 비참한 영락이 아닐 수 없었다. 그래도 그는 수리에 밝은 머리와 자기표현에 능한 재주를 섞어, 그 시대의 좌절을 노래하는 시를 썼다. 생존은 위태롭고, 최악의 상황도 아직 오지 않은 듯하고, 이유 불문 자기 땅에서 쫓겨나는 세상이었으니, 승자라고 마음

놓을 형편이 못 된다는 내용의 시였다. "운명의 여신이 미쳐 날뛰며 새로운 격변을 일으키게 해주자. 그래봤자 지금보다야 상황이 더 나빠지겠는가?"[39]

참으로 예리한 문구, 정적들을 죽이고 권력을 빼앗아 일약 이탈리아의 지배자로 등극한, 개천에서 난 용, 젊은 카이사르를 고뇌에 빠져들게할 만한 문구였다. 그렇게 수직 상승을 했으니 나락의 깊이 또한 엄청나리라는 사실을 카이사르는 잘 알았다. 젊은 시절 굶주린 사람들에 의해구석으로 몰린 채 돌멩이와 오물 세례를 받고 갈기갈기 찢길 위기에서간신히 구출되었을 때부터 이미 그는 자신의 이탈리아 지배권이 위태롭다는 사실을 직시했다. 하지만 그로부터 불과 2년 뒤 운명의 여신은 다시금 그를 자신의 총아로 확인해주었다. 기원전 36년 9월, 시칠리아 섬동쪽 앞바다에서 섹스투스 폼페이우스를 함정에 빠뜨려 그의 함대를 격파할 수 있게 해준 것이다. 그리하여 비록 섹스투스는 도망쳤지만 그의힘은 완전히 꺾였고, 섹스투스도 도망친 지 1년도 안 되어 죽음을 당했다. 그사이 젊은 카이사르는 이탈리아에서 지배자가 되고 나서 처음으로 거짓 없이 열렬한 환호를 받았다. "모든 도시가 스물여덟 살 난 그에게 도시의 수호신 자격을 부여해주었다."[40] 따라서 이제는 성난 증오감도 표출되지 않았다. 이탈리아에 오직 고통만 안겨줬던 필리피 전투 때와 달리, 섹스투스 폼페이우스와의 해전은 시민들 모두가 함께 누릴 수있는 승리의 기쁨을 가져다주었기 때문이다. 비옥한 들판을 가진 시칠리아 섬이 결국 카이사르의 지배권을 회복시켜준 셈이었다. 항로 봉쇄도 영원히 끝나 식량선들도 다시 이탈리아 항구들로 들어오기 시작했다. 원로원의 결의에 따라, 해전 장면이 장식된 원주 위에 "그는 오래도록 피폐했던 육지와 바다에 평화를 되찾아주었노라"[41]라는 문구가 발치에 새겨진 황금 조상도 건립되었다.

그리하여 새로운 정부에 대한 열광적 지지가 마침내 사적으로 그 득을 본 사람들뿐 아니라 그것과 관계없는 사람들에게까지 전해지기 시작하는 듯하자, 젊은 카이사르도 그 기회를 재빨리 포착해 자신의 특기인 예의 능란한 수완을 발휘, 추세의 동력을 이어 나갈 계획을 세웠다. 삼두정에 대한 여론 악화를 감지하고, 밝은 미래를 암시하면서 그 스스로 오랫동안 공격했던 모든 요소의 수호자인 양 뻔뻔한 태도를 취하기 시작한 것이다. 그는 세금을 감면했고, 정적을 추방했던 암울한 시대의 기록물도 보란 듯이 불태웠다. 공화정의 전통적인 정무관직에도 허울뿐이었던 힘을 회복시켜 주었다. 오래전 공직을 박탈당했던 레피두스도 정계에서 은퇴시켜 외국으로 추방했다. 그런 한편 삼두정 종식의 개연성도 은근히 내비쳤다.

그렇다고 그 공교한 생각을 행동으로 옮기지는 않았다. 아직은 그 단계로 옮겨 갈 계제가 아니었다. 섹스투스와 레피두스가 정치판에서 사라졌다고는 하지만, 다른 한 주자는 여전히 건재했기 때문이다. 동방을 맡은 안토니우스가 권력의 맛을 잃을 기미를 전혀 보이지 않았던 것이다. 자나 깨나 허세를 좋아하는 인물이었으니 권력의 맛을 잃을 까닭이 없었다. 안토니우스는 젊은 카이사르가 '내전과 전쟁을 치르느라 진이 빠진 상황'[42]에서도 동지중해의 부유한 속주들과 왕국들이 제공해주는 모든 것에 흠뻑 빠져 지냈다. 군단, 부, 아첨 등 그에게는 없는 것이 없었다. 게다가 살아남은 삼두 중 두 사람이 세계를 뚜렷이 양분한 상황에서도 입지가 약해 보이는 쪽은 오히려 나이가 어린 카이사르였다. 그러나 동방의 지배자 안토니우스가 가진 매력에도 약점은 있었다. 또 수많은 사람들이 혼이 난 뒤에야 알게 되었듯, 젊은 카이사르는 약점을 찾는 데는 귀신이었다.

과연 잔혹함에 일가견을 가진 인물에게 인신공격은 고려의 대상조차 되지 못했다. 그리하여 공화국 지지자에 대한 숙청을 단행한 지 10년이 지났을 무렵, 카이사르는 이제 새롭게 정적의 명성에 흠집 낼 방법을 찾기 시작했다. 젊은 카이사르는 '사실과 허구가 적절히 혼합된 이야기가 사람들 사이를 끝없이 파고드는'[43] 소문의 힘을 알고 있었다. 아니나 다를까 로마에서는 이윽고 다채로운 내용으로 더욱 충격적인 악담들이 난무하기 시작했다. 안토니우스의 모든 행동은 가장 나쁜 내용으로 회자되었다. 그의 허세만 해도 로마의 정무관이 아닌 동방의 사치스러운 독재자에게나 어울리는 군주정의 특징으로 변질되어 사람들 입에 오르내렸다. 안토니우스가 동방의 달콤한 유혹에 빠져 황금 요강에 소변을 본다든가, 만찬으로 재산을 날리고 있다는 소문도 나돌았다. 하지만 그중에서도 가장 충격적인 소문은 그가 이집트 여왕의 농간에 넘어갔다는 것이었다. 안토니우스가 죽은 율리우스 카이사르에게 바통을 이어받아 클레오파트라와 동침한 것까지는 좋았으나, 그녀에게 홀딱 빠진 나머지 그녀의 포로, 봉이 되었다는 것이다. 게다가 삼두정의 동료인 젊은 카이사르의 누이로, 흠잡을 데 없이 훌륭한 옥타비아를 부인으로 두고도 그런 파렴치한 행위를 저질렀다고 했다. 그래놓고도 그 일을 부끄러워하기는커녕 아내 옥타비아를 로마로 내쫓는, 젊은 카이사르를 의도적으로 욕보이는 행위까지 했다는 것이다. 하지만 모욕의 진정한 압권은, 발 마사지를 원하는 여왕의 청을 들어줌으로써 로마인의 품격을 떨어뜨린 일이었다. 그 소문을 믿은 사람들에게는 그것이 말할 수 없이 불길한 징조였다. 클레오파트라의 야망이 어디까지 미칠지, 그런 요부에게 사로잡힌 안토니우스가 그녀를 동방의 지배자로 만들어주지는 않을지, 그것으로도 모자라 로마의 지배자가 되도록 도와주는 끔찍한 일이 벌어지지는 않을지, 그 누구도 알 수 없었기 때문이다.

안토니우스에 대한 이미지는 그렇게 교묘하고 악의적 술수로 그가 지녔던 본래의 충성심마저 망각한 인물로 짜 맞춰져 통제 불능으로 퍼져나갔다. 그리고 그의 평판에 흠집이 가는 것과 비례해 그의 경쟁자에 대한 평판은 환히 빛났다. 평판에 가장 치명적 효과를 낸 것이 클레오파트라와는 정반대로 클라우디우스 가문 여상속인으로서 본분을 지킨 리비아의 면모였다. 당연히 그녀의 팔불출 남편도 그 점을 되풀이하여 환기시켰다. 그는 기원전 35년 원로원의 승인을 받아, 아내 리비아는 물론이고 누이 옥타비아의 동상도 세웠다. 클레오파트라는 꿈도 꿀 수 없었던 특권, 다시 말해 두 여인에 대한 모욕을 공식적으로 금하는 제재 법안까지 마련했다. 원로원에서는 리비아의 혈통과 그녀의 위선적인 정숙성에 대한 칭찬이 자자했으므로 그 법안은 일사천리로 통과되었다. 리비아를 자신들과 같은 무리의 일원으로 본 이들이 비단 귀족층만은 아니었다. 다수의 이탈리아인들도 그 점에서는 마찬가지였다. 리비아의 양할아버지인 마르쿠스 리비우스 드루수스야말로 그들이 늘 소중하게 기억하는 인물이었기 때문이다. 이탈리아인들에게 시민권을 부여하는 법안을 통과시키기 위해 애쓰던 기원전 91년 어느 날 밤, 그는 자택에 침입한 자객이 휘두른 구두 직공의 칼을 맞고 숨졌다. 동맹 도시들이 일으킨 반란도 알고 보면 이탈리아인들이 자신들의 투사가 살해당한 것에 분기하여 촉발된 것이었다. 그런데 그로부터 60여 년이 지난 그 무렵까지도 이탈리아인들은 여전히 그를 순교자로 기리고 있었고, 그리하여 리비아도 상속인으로서 그의 명성을 고스란히 물려받았다. 정적을 추방하고 재산을 몰수하고 페루시아를 전소시킨 전력을 가진 젊은 카이사르가 이탈리아인들에게 같은 편이라는 안도감을 심어줄 수 있었던 것도 이런 그녀가 헌신적이고 사랑스럽게 곁을 지켜준 덕분이었다.

따라서 젊은 카이사르로서는 그 안도감을 확고하게 만들기 위해서라도 자신의 이력을 향상시킬 필요가 있었다. 과연 로마의 서쪽 지역에서 권위가 확보되자마자 그는 기다렸다는 듯 지난날 범죄 행위에 사용했던 재능을 법과 질서를 회복하는 데 쏟아붓기 시작했다. 해적을 일망타진하고 이탈리아 구릉 지대의 산적을 일소하는 등, 과거의 테러리스트가 충실한 공복으로 거듭난 것이다. 그의 기회주의마저 냉정한 능력으로 대체되었다. 처음 모험을 시작할 때 그랬던 것처럼 인재를 알아보는 안목도 눈부시게 발휘하여, 혈통이 아닌 능력이 여전히 자신의 총애를 받을 가장 확실한 길이 되게 했다. 그에 따라 벼락출세자도 계속 생겨났다. 원로원 의원들은 여전히 그런 상황에 어리둥절했지만 대다수 시민들은 최악의 상황이 끝난 것 같고 밀물처럼 밀어닥친 혼란의 기세도 꺾인 듯한 안도감을 속물근성이 주는 기쁨보다 한층 가치 있게 받아들였다. 카이사르가 암살된 '3월의 이데스' 이래 줄곧 개최되던 추도 투기 대회(검투사 시합—옮긴이)도 그 무렵에는 벌써 10년째로 접어들고 있었다. 따라서 로마인들에게는 이제 승자가 누구냐가 아니라, 확실한 승자가 있다는 사실이 중요했다. 피로 물들고 힘이 고갈된 로마인들은 전쟁에 신물을 내며 평화가 주어지는 한 지배자가 누군지는 신경도 쓰려 하지 않았다.

"화합은 하찮은 일도 좋게 만들지만, 부족하면 큰일을 그르치게 마련이다."[44] 이 격언을 좋아한 인물도 물론 이 말의 뜻을 정확히 알고 있었을 것이다. 젊은 카이사르가 정계에 입문할 때부터 마이케나스와 더불어 가장 충실한 카이사르 지지자였던 마르쿠스 빕사니우스 아그리파(기원전 63~12)는 지극히 평범한 가문 출신이었다. "그런 아들을 가졌다고 하여 아비의 명예가 높아지는 것은 아니다"[45]와 같은, 자랑 아닌 자랑을 한 사람과는 거리가 먼 인물이었으며 대범하고 무뚝뚝한 성격이었다. 그런 성향의 소유자였던 만큼 그는 자신의 열정을 권력의 부속물이 아닌 실체에 쏟았다. 젊은 카이사르보다 늘 한 발짝 뒤에 서서 지배자가 빛나 보이게 하고 자신은 눈에 띄지 않도록 성실한 부관의 이미지를 유지한 채, 자신을 필요로 하는 사람이 있다는 사실에 만족할 뿐이었다. 이렇게 충실하게 보좌를 하는 동안 그는 주군과는 무언의 비밀까지 공유하는 사이가 되었다. 젊은 카이사르는 지휘관으로서는 젬병이었다. 그러다 보니 그에게는 늘 전투에 무능하다는 세평이 뒤따랐다. 필리피 전투 때는 원정 기간 대부분을 병석에 누워 지내다 적군에게 자신의 천막까지 빼앗기는 곤욕을 치렀고, 섹스투스에게도 두 차례나 완패를 당했다. 아그리파는 이와 대조적으로 전투에 천부적 재능을 지니고 있었다. 페루시아에서 루키우스 반란군을 봉쇄할 수 있었던 것도 발 빠르게 대처한 아그리파의 기동 작전 덕분이었고, 젊은 카이사르의 함대에 투석기로 발사되는 쇠갈고리를 장착해, 섹스투스에게 결정적 승리를 거둘 수 있게 해준 이도 그였다. 그는 또 투박한 농부의 결연함을 지녔으되 혁신에 대한 안목도 높았다. 그것이 바로 로마를 역사상 처음으로 위대한 길로 이끌어간 자질이었다. 아그리파는 스스로도 귀족에게 머리를 조아리는 존재가 아닌, 고대 로마의 덕목을 진정으로 대변하는 인물임을 자처했다. 그런 인물답게, 겸손하지만 공격적으로 로마인들을 위하는 일에 전력투구하고자 했다.

기원전 33년 섹스투스를 정복한 아그리파가 불결하고 어둠침침한 로마의 하수구 안으로 들어간 것도 그래서였다. 야심 찬 귀족들이 지난 몇 세대 동안 정부의 요직을 맡기 전에 거쳐야 할 디딤돌 정도로만 여겼던 아이딜리스(조영관), 곧 공공 건축과 토목 건축을 담당하는 정무관직을 맡은 것이다. 그는 이미 로마의 2인자였다. 그래서 궂은일도 마다하지 않고 구정물에 손 담글 기회를 기꺼이 받아들였다. 아그리파는 하수도를 청소할 대규모 작업반을 꾸려 자신이 직접 중앙 배수로를 따라 노를 저어 가며 새로운 정부에서 얻을 수 있는 이득의 실용성을 눈부시게 홍보했다. 하수도 공사를 하는 한편 수도교 작업 인력도 별도로 꾸려, 노후하여 막힌 시설을 개량하고 '아쿠아 율리아, 곧 새로운 수도교도 건설했다. "그 결과 로마에는 물이 풍부하게 공급되어 도시와 하수도가 강물처럼 흐르게 되었다. 집집마다 수조와 옥내관이 설치되었고 곳곳에 분수도 세워졌다."⁴⁶ 그런 공공사업이야말로 가장 숭고하고 남성적인 로마의 전통이었다. 아그리파는 이렇듯 군사적 승리와 도로 건설을 번 갈아 시행했던 아피우스 클라우디우스의 영웅 시대를 귀감 삼아, 묵은 때를 말끔히 씻고 새로 태어나는 도시, 새 시대의 도래를 예고하는 일을 일제히 수행했다. 그가 못 보고 지나치는 영역은 없었다. 그는 심지어 이발사까지 그 일의 대의에 동참시켜 공휴일에 무료 면도 서비스까지 제공하게 했다. 이것이 바로 아그리파가 신과 같은 지배자를 대신해 거 치적거리는 그루터기 없는 탄탄대로의 미래로 로마인들을 인도한 방식 이었다.

젊은 카이사르를 증오할 이유가 충분했던 사람들, 곧 필리피 전투 때 그에게 맞서 싸웠거나 토지를 빼앗긴 사람들도 그런 사업이 가진 호소 력은 인정했다. 호라티우스도 기원전 36년 섹스투스를 격파한 일을 경 축하여 열린 연회에서 '피리와 수금 연주에 맞춰' 승리의 축배를 기꺼이 들어주었다.⁴⁷ 젊은 카이사르의 조언자들 중 가장 명민하고 중요하게 취 급된 인물, 따라서 누구 못지않게 그 정권의 핵심에 가까웠던 마이케나 스가 그날 밤의 연회를 개최한 주인공이었다. 호라티우스에 따르면, 마 이케나스는 투박한 성향의 아그리파와 달리 유혈보다는 '사이 나쁜 친 구들을 화해시키는'⁴⁸ 일로 조련된, 유연하고 상냥한 기질의 소유자였 다. 호라티우스는 자신의 경험을 통해 그런 평가를 내렸다. 그는 파산하 여 비참해진 상태로 로마에 온 지 얼마 안 되었을 때 그 중요한 인물을 소개받았다. 그런데 소심한 성격 탓에 입이 얼어붙어, 자신의 처지조차 변변히 말하지 못했다. 그런 "그를 아홉 달 뒤 마이케나스가 다시 부르더니 친구 반열에 올려주었다."[49]

그로부터 얼마 지나지 않아, 두 사람은 비록 동등하지는 않더라도 다정하고 친밀한 관계를 맺게 되었다. 인재를 볼 줄 아는 눈썰미와 친구 만드는 수완이 뛰어났던 마이케나스의 요구를 호라티우스가 충족시켜 준 결과였다. 하지만 위세 등등한 막후 실세와의 우정이다 보니 그들의 관계에는 부득불 조건이 따라붙었다. 젊은 카이사르의 일로 마이케나스와 함께 출장을 다니다가 외교적 위험을 알고도 모른 체하여 결과적으로 외교적 난맥상에 빠지게 한다든가, 친구의 비밀을 말해달라는 다른 사람들의 부대낌을 받아도 '침묵의 천재'인 양 행동해야 했던 것이 그런 경우였다.[50] 하지만 그렇다고 타협이 언제나 일방통행식으로 진행되지는 않았다. 호라티우스는 지난날의 자신과 결별하지 않았다. 후원자인 마이케나스에게 애정 어린 찬사를 보내면서도 그의 앞잡이 노릇은 하지 않았다. 호라티우스는 그러기에는 지나치게 독립적이고 자유주의적인 사람이었다. 시가 미치는 파급력이 크고 마이케나스가 봉사하고 있는 정권을 노래하는 찬가에 대한 요구 또한 그 못지않게 큰 시대였는데도 그는 젊은 카이사르를 공식적으로 찬양하는 글도 쓰지 않았다. 동방에서는 안토니우스가 여전히 다수의 군단을 지휘하고 있었으므로 전쟁 위협이 고조되는 상황이어서, 그에게는 불확실성이 너무 커 보였던 것이다. 호라티우스는 이렇게 다수의 다른 사람들과 다를 바 없이 신념 고수의 위험성을 힘들게 터득했다.

마이케나스도 명민하고 통찰력 있는 인물이어서 친구의 그런 마음을 완벽하게 이해했다. 대다수 로마인이 그러했듯이 호라티우스도 무력에 굴복해 억지 충성을 하지 않을 인물임을 알았던 것이다. 그런 그로 하여금 새로운 정부를 지지하게 하려면 다른 로마인들과 마찬가지로 희망을 충족시켜주고 공포를 제거해주고 설득할 필요가 있었다. 그러면 호라티우스는 무엇을 바랐을까? 그가 필리피 전투에서 싸워 얻으려 했던 자유는 이미 사라져 회생할 가망조차 없었다. 따라서 호라티우스의 희망도 그 무렵에는 더욱 한정적이고, 불룩 튀어나온 그의 배만큼이나 현실적으로 변해 있었다. "크지 않아도 좋으니 조그만 땅뙈기, 맑은 물이 흐르는 샘과 정원 딸린 집, 그에 덧붙여 작은 숲 하나면 족하다. 이것이 내가 간구하는 것들이다."[51] 호라티우스도 결국은 땅을 제공한 사람이든 빼앗은 사람이든, 대다수 이탈리아인들과 다르지 않은 꿈을 지니고 있었던 것이다. 내전이 커다란 주기의 정점을 향해 가고 있던 그 무렵, 호라티우스를 비롯한 로마인들이 가장 절실하게 원한 것은 평화였다. 그렇다면 살아 있는 두 지휘관 중 승리할 개연성이 더 높은 쪽이 그 여망을 충족시킬 사람일 터였다.

기원전 32년 젊은 카이사르는 마침내 결전에 나설 각오를 다졌다. 설전은 할 만큼 했으니 이제는 안토니우스와 전장에서 직접 맞붙을 때가 되었다고 판단한 것이다. 그래도 안토니우스를 적으로 상정하지는 않았다. 그렇게 되면 동포 시민에게 맞서 싸우는 꼴이 되어서였다. 그가 분쇄해야 할 로마의 적으로 상정한 인물은 유혹의 파괴적 힘으로 안토니우스와 그 부하들을 사실상 노예와 환관으로 만들어버린 클레오파트라였다. 젊은 카이사르는 그 일을, 빠르게 정부의 기조가 되고 있던 방식, 다시 말해 과거를 그리워하는 향수에 혁신을 융합하는 방식으로 수행했다. 전승에 따르면 고대에는 전쟁을 선포할 때 항상 창 던지기 의식이 수반되었는데, 로물루스가 창을 던지자 그 자리에서 가지가 돋아 나와 나무로 자라났다는 일화가 특히 기억할 만했다. 물론 젊은 카이사르가 그런 진기묘기까지 흉내 낼 수는 없었다. 하지만 그 의식을 되살림으로써 자신을 고대 로마 덕목의 수호자로 부각할 수는 있었다. 그뿐만이 아니었다. 그는 일찍이 없었던 더욱 파격적 형식으로 자신을 규정하는 조치도 취했다. "전 이탈리아인이 자유 의지로 내게 충성을 맹세했고, 그 전쟁의 지휘관이 되어줄 것을 원했노라"[52]라고 주장한 것이다. 물론 이는 얼마간 조작된 주장이었다. 충성의 맹세만 해도 젊은 카이사르의 머리에서 나온 것이었으니, 자유 의지와는 거리가 멀었다. 그런데도 그 전략은 대성공을 거두었다. 원로원의 선전 포고가 나오기 전부터 로마 이외의 도시들과 마을들에 그들의 투사가 되어 싸우겠다는 의지를 강력하게 표명하여, 그들의 지지를 호소한 것이 주효했던 것이다. 그리하여 지난날 로마에 맞서 반란을 일으킬 때는 자유의 대의에 집단으로 충성을 맹세했던 이탈리아인들이 이제 와서는 젊은 카이사르에게 집단으로 충성을 맹세하는 상황이 되었다. 그리고 그 결과로 젊은 카이사르는 이탈리아 전역을 고통과 격변으로 빠져들게 한 필리피 전투에서 돌아온 지 10년도 안 되어 다시금 이탈리아의 투사가 되어 전쟁에 나설 수 있게 되었다. 기원전 31년 봄, 그는 마침내 아드리아 해 건너 안토니우스가 진을 치고 있던 그리스 북부로 향했다. 함대와 군단은 물론이고 그의 상대가 감히 넘볼 수 없는 무기도 함께 지닌 채였다. 젊은 카이사르는 이제 단순히 한 파벌의 지도자가 아니었다. 그는 '원로원과 국민, 가정과 도시의 수호신을 등에 업고 이탈리아인들을 전투로 이끌어가는'[53] 한층 강력한 무엇, 과거와 미래를 상징하는 로마의 얼굴이 되었다.

하지만 이탈리아인들 모두가 그의 뜻을 따르지는 않았다. 일부 도시들만 해도 안토니우스에게 계속 충성을 바쳤다. 군비를 마련하기 위해 징세를 하자 불만이 들끓었다. 심지어 로마에서는 폭동이 일어날 조짐이 보였다. 하지만 전반적으로는 숨죽이고 기다리는 편을 택했다. 그런 가운데 상황이 고비를 맞고 있음을 나타내는 확실한 징후들이 나타나기 시작했다. 에트루리아에 나타나 큰 피해를 입혔다는, 길이가 30미터나 되고 머리가 둘 달린 뱀이 번개를 맞아 재로 변한 일이 특히 주목을 받았다. 여름이 되자 전쟁의 운은 확실히 젊은 카이사르 쪽으로 기우는 듯했다. 안토니우스가 아그리파의 작전에 말려들어 악티움이라 불린 곳 근처에서 봉쇄를 당한 것이다. 9월에는 악티움 해전의 전개 과정을 알려주는 결정적 소식도 들려왔다. 봉쇄를 뚫으려고 한 안토니우스의 필사적 시도가 실패로 끝나, 그와 클레오파트라는 도망쳤지만 함대 대부분이 항복하고 그 일주일 뒤에는 안토니우스의 군단도 항복했다는 소식이었다.

이듬해 봄, 젊은 카이사르는 승리를 완결 지을 각오를 다지며 이집트로 향했다. 그러나 변변한 전투 한 번 없이 일은 싱겁게 끝났다. 안토니우스와 클레오파트라가 차례로 자결했기 때문이다. 클레오파트라의 죽음으로 프톨레마이오스 왕조의 통치도 종식되어, 젊은 카이사르는 이집트까지 개인 재산으로 얻었다. 이와 더불어 세계도 그의 것이 되었다. 3월의 이데스 사건 이래 13년이라는 긴 세월 동안 전쟁과 공포가

야기한 황폐함은 너무도 처참하여 많은 사람들이 로마의 힘이 꺾이고, 그리하여 세상도 끝나리라는 두려움에 떨고 있었다. 그런데 그 분쟁이 마침내 끝난 것이다.

호라티우스마저 '이제는 술을 마실 때'[54]라며 클레오파트라를 격파한 젊은 카이사르의 승리를 축하하는 시를 쓴 것을 볼 때 그도 그 사실에 안도감을 느꼈던 모양이다. 주군이 해외에 나가 있는 몇 달 동안 이탈리아의 질서 유지 책임을 맡은 마이케나스도 친구의 태도 변화를 알고 매우 기뻐했다. 그는 생각이 깊고 자존심 강한 그 친구의 존재감을 잘 알고 있었다. "자족감과 행복이 무엇이던가. (오늘도) '나는 살았다'라고 말할 수 있는 능력이 아니던가"라는 그의 시 구절이 말해주듯, 호라티우스는 시대의 악이라는 폭풍우에 휩쓸리면서도 육지에 용케 다다른 모든 이를 비추는 거울이었다. 하지만 그렇다고 해서 마이케나스라고 해도 친구가 지난날 빼앗겼던 땅을 그에게 되돌려줄 수는 없었다. 그것은 이미 사라지고 없었다. 하지만 새 정부가 안전해졌으니 적으나마 보상은 해줄 수 있었다. 실제로 마이케나스는 악티움 해전의 승리로 안토니우스의 처벌자 명단에 자신이 오르지 않을 것이 확실해진 직후에 로마 북쪽 사비니 구릉 지대의 영지를 호라티우스에게 제공했다. 그것이 위에서 얘기한 호라티우스의 간구에 대한 회답이었음은 두말할 여지가 없다. 호라티우스도 당연히 그 영지를 기쁘게 받아들였다. 곡물이 초현실적으로 풍요롭게 자라는 농장의 들판, 마르스 신의 상징 동물인 늑대에 대한 두려움 없이 아이들이 마음껏 뛰노는 숲 — 이런 것들이야말로 평화롭고 아름다운 것들, 호라티우스가 지난 10년 간 겪은 것들과는 상반되는 요소들이었기 때문이다. 오래전 이탈리아를 떠났던 신들이 마침내 돌아온 것이다.

아니, 호라티우스를 비롯해 그와 비슷한 부류의 대다수 사람들은 이제 스스럼없이 그런 희망을 품었다.

영광의 전리품

로마 시인 오비디우스에 따르면 로물루스는 '이웃의 정복에만 전념한'[55] 인물이었다. 집안싸움 하지 않고 외지인과만 싸웠다는 말인데, 누구나 수긍할 수 있듯이 외지인과의 싸움이 바로 로마인의 할 일이었다. 그러나 전시에도 평시처럼 법을 존중하는 것은 아주 중요했다. 이유 없이 타인을 공격하는 것은 짐승이나 야만인이 할 짓이지 문명인이 할 행동은 아니었기 때문이다. 로마가 한결같이 "우리가 전쟁에 나가는 것은 동맹의 이익을 위할 때나 제국을 지키려 할 때뿐이다"[56]라는 생각을 기조로 삼은 것도 그래서였다. 로물루스가 이웃 도시를 공격한 것도 무례함을 용납하지 않겠다는 단호한 의지의 표현이었다. 그런 만큼 모욕이나 무례함에 대한 복수는 언제나 신속히 이루어졌다. 주제넘게 로마 영토를 습격한 어느 도시의 왕만 해도 로물루스가 매복으로 찾아낸 끝에 손수 처단했다. 그리하여 한 장수가 상대편 장수를 죽인 그 행위는 후대의 귀감이 되기에 적합한 위업이 되었다. 로물루스가 피로 물든 갑주甲冑를 적장에게서 벗겨내 로마로 귀환한 것이야말로 한 전투에서 얻을 수 있는 가장 명예로운 위업이었기에.

그런 전리품이 봉납되기에 합당한 신도 당연히 신들 중의 왕인 유피테르뿐이었다. 로물루스는 자신이 가져온 영광의 전리품을 유피테르의 신목인 참나무에 잠시 걸어두었다가, 로마 최초의 성역에 특별히 그 목적으로 지은 신전에 다시 안치했다. 그러면서 다음과 같이 포고했다. "이곳이 장차 나를 본받아 적장이나 왕을 죽인 사람이 그에게서 빼앗은 갑주, '영광의 전리품'을 안치할 곳이로다."[57]

하지만 길고도 영광스러운 로마 역사에서 그만한 위업을 거둔 인물은 단 두 명밖에 나오지 않았다. 로마 공화정 수립이 1세기로 접어든 무렵, 따라서 기원전 5세기의 인물로 추정되는 기병 장교 아울루스 코르넬리우스 코스수스와, 기원전 3세기의 인물로 스키피오 아프리카누스와 동시대인이었던 (마르쿠스 클라우디우스) 마르켈루스 장군(기원전 268~208)이 그 주인공들이었다. 단일한 전투에서 두 장수가 일대일로 겨루는 것은 이제 사라진 영웅들의 시대에나 속하는 일이 된 듯, 시간이 지나자 '영광의 전리품'이 모셔진 신전도 허물어지기 시작했다. 숭엄함은 여전했지만 빛을 잃은 지는 오래되었던 것이다. 그러나 팔라티노 구릉에서 보면 포룸 맞은편에 위치한, 그 신전이 세워진 가파른 구릉 카피톨리노는 예부터 언제나 신들의 영역이었다. 유피테르의 아버지 사투르누스가 역사가 시작되기 전 황금기에 보좌를 세운 곳도 그곳이었으며, 왕정의 말기 몇십 년 동안 로마 최대의 신전이 세워진 곳도 카피톨리노 구릉이었다. 신전은 기원전 83년 전소되었는데 그 뒤 전보다 더 웅대한 규모로 신속히 재건되었다. 로물루스가 지은 본래의 신전이 빈약했음을 강조라도 하듯, 이 신전 역시 유피테르에게 봉헌되었다. 하지만 3월의 이데스 사건 이후 로마가 10여 년 동안이나 휘청거리는 통에 도시 최고最古의 신전도 '지붕 없이 낡고 방치되어'[58] 금방이라도 쓰러질 것 같았다.

하지만 헐어빠지기는 했을망정 신전의 거미줄과 먼지 구덩이 속에는 왕국을 쓰러뜨릴 잠재력을 가진 무기가 숨겨져 있었다. 부서져가는 벽 속에 '영광의 전리품' 및 돌로 만든 (유피테르의) 번개 화살과 함께 고대의 창이 보관되어 있었던 것이다. 기원전 32년 젊은 카이사르가 클레오파트라에게 선전 포고를 할 때, 유서 깊은 관습에 따라 던진 것이 바로 그 창이었다.[59] 젊은 카이사르에게는 로마를 창건한 시조의 군사적 덕목에 자신을 결부시키기에 그보다 더 적합한 행동은 없었다. 그렇게 함으로써 그는 제2의 로물루스가 되어 출정했다. 그러는 동안 카피톨리노 구릉으로는 인부들이 부지런히 올라갔다. 로마 최고의 신전의 전면적 보수가 시작된 것이다. 보수라기보다는 거의 재건에 가까운 대공사였다. 젊은 카이사르는 후방을 소홀히 할 만큼 어리석은 인물이 아니었다. 도심에서 들리는 망치 소리와 돌 깎는 소리야말로 악티움과 이집트에서 들려오는 소식과 완벽한 협주를 이룰 수 있음을 그는 알고 있었다. 제2의 로물루스가 적장과 일대일 대결을 벌이기보다는 천막 안에서 구토를 하고 있을 개연성이 높은 것도 문제될 게 없었다. 기원전 29년경 안토니우스와 클레오파트라가 죽고, 그리하여 표면상 전 세계가 그의 차지가 된 뒤 동방 원정에서 마침내 돌아와, 로마의 군사적 전통의 원천을 자신에게로 돌리는 이미지 전환을 꾀한 곳은 전장이 아닌 로마였기 때문이다.

하지만 정복자가 되는 것만으로는 부족했다. 로마인들에게 위대성의 가장 확실한 징표로 작용한, 이루 말할 수 없이 찬란한 명예인 아욱토리타스를 지니기 위해서는 승리자처럼 보이고 행동할 필요도 있었다. 실제로 야망 못지않게 배우 기질 또한 다분했던 젊은 카이사르는 오래전부터 그 문제에 매우 예민했다. 필리피 전투 때는 전쟁 포로들에게 경례를 거부당하는 수모를 당했고, 페루시아 전투 때도 포위된 방어군에게 '옥타비아'로 불리는 조롱을 당했으니 말이다.[60] 기원전 38년 그는 결국 더는 못 참겠다는 듯 행동에 나섰다. 섹스투스 폼페이우스에게 특별히 굴욕적인 패배를 당한 뒤, 그가 좋아하는 일이면서 뻔뻔스럽기도 한 호칭 보강의 방식으로 부족한 군사적 역량을 덮어 감추고 재기를 노린 것이다.[61] 이윽고 그의 주화에는 새로운 호칭이 찍혀 나오기 시작했다. 이때부터 그는 주화에 표시된 대로 '개선장군 카이사르'를 뜻하는 '임페라토르 카이사르Imperator Caesar'로 알려진다. 이전에도 물론 전장에서 환호를 받은 장군들은 많았다. 하지만 그렇게 철저하고 노골적으로 환호를 자기 것으로 만들 생각은 누구도 하지 못했다. 신참 임페라토르도 그 점을 의식했는지 섹스투스가 제거되기 무섭게 뻔뻔한 새 호칭에 어울리는 인물이 되기 위해 각고의 노력을 기울였다. 기원전 35년 아드리아 해 너머 발칸 지역으로 들어가, 난폭한 야만족 일리리아인들을 상대로 자신의 역량을 시험하는 행동을 한 것이다. 그리하여 2년간 그곳에서 산발적 원정을 펼친 끝에 제법 괄목할 만한 승리를 연달아 거두었다. 일리리아인들을 여러 방면에서 매복 공격을 하고 포위하고 살육을 행해 10여 년 전에 빼앗긴 독수리 군기의 일부까지 되찾았다. 임페라토르 카이사르 자신도 오른쪽 무릎에 영광의 상처를 입었다. 하지만 이 일리리아 평정도 그 뒤에 이어진 더 영예로운 승리의 맛보기였을 뿐이다. 기원전 29년 여름, 그는 악티움 해전에서 승리를 거두고 이집트의 정복자가 되었다. 그리하여 동방의 식민지에서 개선한 그의 아욱토리타스가 내뿜는 광채로 전 세계가 환히 빛났다. 임페라토르 카이사르는 마침내 그 호칭에 어울리는 인물이 된 것이다.

반면 정복자를 기다리는 이탈리아에서는 모종의 불안도 감지되었다. 이탈리아인들은 내전 뒤에 벌어진 사태를 어제 일처럼 생생히 기억했다. 게다가 필리피 전투 때와 마찬가지로, 악티움 해전 뒤에도 정복자는 토지에 굶주린 수많은 병사들을 이끌고 돌아왔다. 원정에 나서기 전 그가 모집한 신병에 적군의 탈영병까지 합하면 임페라토르 카이사르 휘하의 군단은 거의 60개에 달했다. 그러다 보니 인심이 흉흉해져서 호라티우스조차 내부 정보를 원하는 사람들에게 시달릴 정도였다. '카이사르는 병사들에게 약속한 토지를 무엇으로 주려는 거지?'[62]라는 의문이 모든 사람의 마음을 무겁게 짓눌렀다. 집권 초기 권력을 공고히 다질 때 카이사르가 악랄하게 굴었던 점을 고려하면 그들이 우려한 것도 무리는 아니었다. 하지만 결과적으로 그것은 빗나간 예측이었다. 집권 초기 그에게 나타난 잔인성은 강함이 아닌 허약함에서 나온 행위였다. 게다가 이제는 정복자에게 맞설 적도 없고 동방에서 가져온 재물도 있으니, 그로서도 폭력을 행사해봤자 득 될 것이 없었다. 그에게 가장 확실한 권력의 보루는 아욱토리타스였고, 아욱토리타스의 가장 확실한 보루는 평화를 회복하고 보장해주는 지배자로서 로마인들에게 봉사할 수 있는 그의 능력이었다.

같은 맥락에서 임페라토르 카이사르가 동포 시민들의 시신으로 위대성을 확보한 것도 이제는 강조해봤자 전혀 득 될 게 없었다. 원로원도 이에 부응하듯 그가 동방에서 돌아오기 6개월 전인 기원전 29년 1월 29일에 이미 인상적인 새 호칭을 그에게 공식적으로 승인했다. 그로써 로마의 영광을 구현한 최고의 전범, 제국을 얻게도 하고 하마터면 파괴될 위험에도 처하게 했던 군사적 덕목을 체현한 존재로서 그의 위치는 공식화되었다. 약탈적 귀족들이 권력을 장악한 뒤 유혈 참극을 벌이던 시대도 이와 더불어 막을 내렸다. "능한 사람이 (경쟁자 없이) 혼자 지배하도록 하자"[63]라고 당대의 어느 시인이 읊었듯, 로마에는 이제 한 사람의 통치자만 있게 되었다. 그리고 그 점은 임페라토르 카이사르가 로마로 귀환한 기원전 29년 8월 13일, 상상할 수 있는 가장 공식적인 방법으로 명시되었다. 군대를 뒤따르게 한 채 말 네 필이 끄는 금과 상아로 장식된 전차에 타고는, 오직 로마인만이 알아보았던 그의 군사적 기량을 찬양하는 행진을 벌인 것이다.

다행히 '개선식'으로 불린 그 의식은 고색창연한 역사를 가지고 있었다. 학자들은 그 기원을 로마의 시초에서 찾았다.[64] 로물루스가 패한 적장에게서 '영광의 전리품'을 벗겨낸 뒤, '자줏빛 예복을 입고 월계관을 쓴 채' 그것을 들고 도시로 입성한 것이 개선식의 시작이었다는 말이다.[65] 그 진위 여부는 모르겠지만, 아무튼 로마인들이 오래전부터 개선식을 제국에 이르는 노정의 길잡이로 보았던 것은 사실이다. 스키피오, 폼페이우스, 율리우스 카이사르도 모두 개선식을 거행했다. 그러나 화려한 볼거리가 곁들여진 장려함 면에서는 그 누구도 임페라토르 카이사르의 개선식에는 미치지 못했다. 일리리아, 악티움, 이집트 승리의 개선식이 매일 한 차례씩 꼬박 사흘 동안 거행되었으니 말이다. "환희, 투기 대회, 박수 소리로 도심의 거리들이 떠나갈 듯했다."[66] 임페라토르 카이사르의 개선식은 클레오파트라 왕국의 전설적인 부, 파라오의 땅이 제공해줄 수 있는 가장 진귀한 보물을 군중에게 과시하는 것으로 절정에 달했다. 그렇다고 그의 개선식이 이국적 요소에만 치중되었던 것은 아니다. 임페라토르 카이사르는 개선식이 시작된 첫날 아침, 베스타 여신 제녀들의 인도를 받으며 로마로 들어왔다. 거리를 행진하는 그의 뒤를 공화국의 주요 정무관들이 따랐다. 사흘간 진행된 것으로는 최초였던 그 개선식에서 임페라토르 카이사르는 이렇게 혁신과 보수의 외양을 함께 제시하여 시민들에게 구경 거리와 안도감을 동시에 제공했다. 로마인들 역시 그의 의도대로 그것을 궁극의 개선식으로 인식했다.

그리하여 시끌벅적했던 8월 사흘간의 개선식 행렬이 끝나고 군중도 흩어지고 금빛 전차도 창고로 들어가자, 사람들에게는 이제 기억과 새로운 시작이라는 느낌만 남았다. 로마인들은 개선식 행렬을 구경하는 것은 좋아했지만 군대라면 신물을 냈다. 적지 않은 사람들이 지난 20년 동안 "내 아들은 결단코 군인으로 만들지 않겠다"[67]라고 말한 시인과 같은 생각에 도달했다. 임페라토르 카이사르도 그 사실을 잘 알았다. 따라서 정권의 토대가 군대에 있는 것으로 계속 비춰지는 한, 그가 여론의 지지를 받을 가망은 없었다. 임페라토르 카이사르가 로마의 거리들을 가득 메우며 화려한 개선식 행렬을 벌이는 와중에 군대를 대거 해산하는 조치를 취한 것도 그래서였다.

그에게는 이집트에서 가져온 재보가 있었으니 제대 군인들에게 줄 돈도 넉넉했다. 따라서 토지를 몰수할 필요는 없었다. 몰수는커녕 오히려 거액을 주고 땅을 사들여 제대 군인 수천 명에게 나눠 주었다. 그들의 일부는 이탈리아에 정착하고 또 다른 군인들은 해외 식민지에 정착했다. 그들의 누구도 분란을 일으키지 않았고, 성을 낸 사람도 없었다. 이렇게 그는 로마 역사에서 어느 정치인도 취한 적 없는 매머드급 조치로 성공을 거두는 통치의 위업을 이루었다. 그랬던 만큼 대중에게서 광범위하고 진심에서 우러난 환영을 받았다. 임페라토르 카이사르의 약속은 결국 허울뿐인 말잔치가 아니었던 것이다. 내전으로 빚어진 그 모든 참사가 끝난 후 평화가 정녕 가까이 와 있는 듯했다. "폭력적 전투의 시대가 잦아들고 있었다."[68]

하지만 모든 지역이 다 그렇지는 않았다. 로마인들의 제국은 다수의 반항적 야만족과 국경을 접하고 있었기에 모든 곳이 일거에 전쟁에서 평화로 전환될 수는 없었다. 따라서 일부 지역은 여전히 군단이 주둔할 필요가 있었다. 갈리아와 히스파니아, 시리아와 이집트는 확실히 그랬고, 발칸 지역도 임페라토르 카이사르가 일리리아인들을 상대로 영웅적 군사 행동을 펼쳤음에도 여전히 골칫거리로 남아 있었다. 도나우 강 너머에 잠복해 있던, 얼굴에 수염을 기르고 가슴도 털북숭이인 야만족 무리만 해도 (문명인의 특징인) 도시를 세워 머무르려 하지 않고 독화살로 무장한 채 끝없이 옮겨 다녔다. 기원전 29년 여름, 임페라토르 카이사르가 로마에서 개선식을 거행하는 도중에도 마케도니아 속주 너머 황무지에서는 위기가 고조될 조짐을 보였다. 보통은 도나우 강 어귀의 습한 산림 지대에 숨어 지낸 까닭에 소나무 부족으로도 불렸던 야만족인 바스타르나이족이 남하한 것이다. 게다가 아녀자까지 거느린 대규모 무리여서 그들의 이동은 로마에 확실히 위협이 될 만했다. 그들의 짐마차가 덜커덩거리며 마케도니아로 접근해 오자 속주 총독이 해야 할 일도 분명해졌다. 물론 그들이 로마 땅으로 넘어올 리는 없었다. 하지만 국경 지대까지 접근하는 만용을 처벌하지 않고 내버려둘 수는 없었다. 그러자면 선제 공격이 필요했다.

이것이 총독의 생각이었다. 그런 판단으로 그는 군단을 집합시켜 야만족이 있는 황무지로의 진격을 명령했다. 그 스스로 대열의 선두에 서서 처음으로 로마를 제국으로 만들어준 요인이었던 불굴의 기상을 과시했다. 로물루스도 그런 상황이었다면 아마도 같은 행동을 했을 것이다. 하지만 본국 로마는 발칸 지역에서 전쟁의 불길이 갑작스레 일어나는 것을 못마땅하게 보았다. 로물루스 역할을 해도 좋을 사람은 한 명뿐이었고, 그 사람이 마케도니아 총독은 아니었던 것이다. 임페라토르 카이사르의 신격화된 아버지 율리우스 카이사르는 30년 전 이미 국경 지대 속주의 총독으로 있을 때 갈리아 정복의 첫 단계로 야만족의 이동을 막는 조치를 취했다. 따라서 임페라토르 카이사르로서는 그 뒤에 어떤 일이 벌어졌는지를 세상 사람들이 아는 것이 달갑지 않았다. 그렇다고 총독의 행위를 막을 수도 없었다. 총독은 로마의 귀족으로서 당연히 해야 할 일을 하는 것이었기 때문이다. 임페라토르 카이사르가 피비린내나게 권력을 마구 휘두르던 숙청의 어두운 시대는 가고 없었다. 따라서 이제는 독재자로 군림하고 싶은 마음이 더는 없었다. 그러려면 신격화된 자기 아버지처럼, 원로원 의원들이 휘두른 단검 세례를 받고 비명에 죽을 수도 있는 위험을 무릅써야 했다. 그것이 그를 딜레마에 빠뜨렸다. 그로서는 원로원의 협조를 얻어내는 동시에 원로원의 거대 괴수들이 권력의 참맛을 보지 못하게 막는 해법을 마련해야만 했다.

마케도니아 총독 마르쿠스 리키니우스 크라수스도 거대 괴수로 분류되었다. 게다가 그는 카이사르가 루비콘 강을 건넌 뒤 로마에서 내전이 벌어지기 전 10년 동안 갖은 술수를 써서 정치적 악천후를 만들어낸 억만장자로, 자신과 이름이 같았던 할아버지를 빼닮은 인물이었다. 충성 대상을 재빨리 갈아치워 그 시대의 위험한 급류를 능숙하게 헤쳐 나온 일이나, 결정적 순간에 섹스투스 폼페이우스를 배신하고 안토니우스를 지지하는 쪽으로 방향을 바꾼 일만 해도 그랬다. 그러다 악티움 해전이 벌어지기 직전에는 또 안토니우스를 저버렸다. 이렇게 그는 할아버지 크라수스에게도 영예가 되었을 법한 예리한 정치 감각으로 임페라토르 카이사르와의 협상에서 유리한 고지를 얻어냈다. 그리고 배신에 대한 보상으로 집정관직을 차지했으며, 집정관 임기가 끝난 뒤에는 군단이 자동으로 따라붙는 마케도니아 총독이 되었다. 게다가 그의 할아버지가 카르하이의 모래밭에서 죽고 파르티아에 독수리 군기를 빼앗긴 지 24년이 흘렀는데도 로마인들, 특히 손자인 그의 마음속에는 여전히 패배를 당한 굴욕의 기억이 생생히 남아 있었다. 그런 판에 바스타르나이족이 그의 속주 쪽으로 다가오고 있었으니, 그로서는 실로 굴욕을 만회할 절호의 기회를 얻은 셈이었다. 크라수스는 야만족의 피로 가문의 영광에 난 흠집을 닦아내고자 했다.

야만족은 야만족대로, 적들이 자신들을 향해 전면적으로 진격해 온다는 것을 알고 겁에 질린 반응을 보였다. 바스타르나이족의 왕 델도가 크라수스에게 '로마인들에게 해를 입히지는 않았으니 자신들을 뒤쫓지 말아달라고 요청하는'[69] 사절을 보냈을 정도다. 크라수스의 조사관들도 바스타르나이족 사절들을 정중히 맞아 술을 권하며 친절하고 붙임성 있게 대했다. 그렇게 한 잔 두 잔 술이 들어가고 취기가 오르자 유도 심문으로 야만족이 짐마차와 함께 근처 숲속에 숨어 있다는 사실을 알아냈다. 크라수스는 적의 소재가 밝혀진 즉시 진격 명령을 내렸다. 병사들은 날이 어둑어둑해지고 있었는데도 아랑곳하지 않고 진격하기 시작했다.

숲속 저편에 있던 바스타르나이족 왕도 그쯤에서 사절들이 돌아오지 않으리란 사실을 알아차렸다. 과연 동틀 무렵이 되자 너울거리는 횃불 너머 숲속 끝머리에, 로마군 척후병들이 왔다 갔다 하는 모습이 보였다. 왕이 그 모습을 포착하기 무섭게 단검을 든 전사들, 말 내장으로 만든 시위가 팽팽히 당겨진 활을 든 전사들이 둥글게 세워놓은 짐마차들 속에서 쏟아져 나왔다. 이어 척후병들에게 촉에 독 묻은 화살이 빗발쳤다. 척후병들의 일부는 쓰러지고 또 다른 일부는 숲속으로 자취를 감추었다. 바스타르나이족 전사들이 도망치는 척후병들을 따라 암흑 속으로 돌진했다. 그 순간 덤불이 젖혀지면서 돌연 승리의 함성이 터져 나왔다. 델도 왕과 바스타르나이족 무리는 생각할 틈도 없이 함정에 걸려든 것이다.

이것이 바로 크라수스가 바란 작전의 노림수였다. 매복의 효과는 엄청났다. 몰살당한 바스타르나이족 전사들은 시신이 되어 숲의 거름으로 남겨졌고, 아녀자들도 일망타진되었으며, 그들의 짐마차는 불태워졌다. 피와 불로 쓴 로마 위대성의 메시지도 발칸 전역으로 퍼져 나갔다. 하지만 그 전투의 가장 큰 영예는 크라수스가 얻은 정복자 기록이었다. 바스타르나이족 왕을 죽인 것은 다른 누구의 검도 아닌 크라수스의 검이었기 때문이다. 그와 더불어 델도 왕의 시신에서 벗겨낸 갑주도 지난 수백 년간 로마의 어느 장군도 얻지 못한 전리품이 되었다. 따라서 크라수스의 병사들이 그를 개선장군으로 환호한 데에는 단순히 개선장군만이 아닌, 로마 역사에서 네 번째로 '영광의 전리품'을 얻은 개선장군이기도 하다는 의미가 담겨 있었다.

하지만 임페라토르 카이사르에게 그것은 분통 터지는 소식이었다. 그가 전장에서 승리를 거두고 카피톨리노 구릉 위에 건축물을 세우고 호칭 보강 작업을 벌인 것은 전부 로마인들 마음속에 자신을 개선장군의 본보기로 각인시키기 위해서였다. 그런데 또 다른 개선장군이 야만족 족장에게서 벗겨온 전리품으로 로마에서 개선식을 하고 큰 돈을 들여 자신이 과시적으로 복구해놓은 신전에 그것을 안치하려 하고 있었다. 그로서는 용납할 수 없는 일이었다. 그의 아욱토리타스를 정면으로 위협하는 행위였기 때문이다. 그런 일이 일어나게 해서는 안 되었다. 임페라토르 카이사르가 크라수스의 공훈을 얼마나 당혹스럽게 여겼는지는 그 일이 일어나자 반사적으로 그것을 좌절시키려 한 점으로도 알 수 있다. 가짜 전통의 연막 뒤에 제 욕심 감추는 데 일가견을 가진 인물답게, 이번에도 그는 동일한 계략을 썼다. 카피톨리노 구릉 위의 고대 신전을 복구할 때 주목할 만한 물건이 나왔다는 깜짝 발표를 한 것이다. 작업

인부들이 리넨으로 만든 고대의 갑옷 동부胴部를 발견했다는 내용이었다. '신전의 복구자'인 임페라토르 카이사르도 그것을 '두 눈으로 직접 보았다'[70]고 했다. 또한 갑옷 동부에 새겨진 글자로 보건대, 그것의 임자는 유피테르 신전에 '영광의 전리품'을 바친 세 영웅 중 두 번째였던 기병 장교 아울루스 코르넬리우스 코스수스가 분명하다고 주장했다. 그게 다가 아니었다. 공화국의 연대기와 역사서가 한결같이 주장한 내용과 달리, 코스수스는 기병 장교일 때가 아닌 집정관일 때 그 유명한 전리품을 획득했다는 것이다. 그렇다면 새롭게 밝혀진 사실이, 크라수스는 일개 총독에 지나지 않으므로 유피테르 신전에 '영광의 전리품'을 바칠 자격도 없다는 주장을 개진할 논거가 되었을까?

되지 못했다. 크라수스가 집정관이 아닌 총독으로 바스타르나이족 왕을 죽였다고 해서 그가 단독 지휘관이었다는 사실이 변하지는 않았기 때문이다. 하지만 그런 주장이 제기된 것만으로도 물은 이미 진흙탕이 되어 있었다. 게다가 크라수스는 마케도니아에 앞으로도 1년을 더 머물러야 했고, 그 기간이면 임페라토르 카이사르가 자신에게 해가 될 만한 일을 충분히 무위로 돌려놓을 수 있었다. 물론 카이사르에게도 긴급을 요하는 일이 있었다. 자신의 아욱토리타스를 난공불락으로 만들어놓는 것이 그것이었다. 실제로 그는 기원전 28년 내내 로마인들의 유산 중 가장 숭고하고 최상인 모든 것의 수호자, '로마인들의 법과 권리를 되찾아준 인물'[71]로 자신을 설정하는 데 전념했다. 지난날의 그의 특징이던 테러리스트, 악명 높은 범죄자라는 흔적도 조직적으로 제거했다. 숙청과 내전의 어두운 시대에 제정되었던 모든 위헌적 법령도 폐지했고, 정무관을 선출하는 자유선거도 부활시켰으며, 벼락출세자의 천박함이 고스란히 묻어난 자신의 은제 조상 80점도 녹여 없앴다. 그러면서 '조상의 관례와 모순되는'[72] 영예는 받지 않겠다고 선언했다. 정권 초기만 해도 원로원 의원들의 살해를 승인했던 인물이 이제는 그들의 영예로운 수장으로서 한 자리를 차지하기도 했다. 지난날 스키피오 아프리카누스가 받았던 '프린켑스 세나투스', 곧 '제1원로'라는 숭엄한 칭호를 원로원으로부터 감지덕지하며 받은 것이다.

폐지된 자유를 로마인들에게 되돌려주는 시혜를 베풀었으니 그 정도의 보답은 받아도 무방했을 것이다. 그런데 임페라토르의 겸양은 거기서 그치지 않았다. 기원전 27년 1월 13일, 내전의 불길을 끄고 세계의 지배자가 된 인물이 돌연 원로원에서 화려한 권한을 포기한다는 제스처로, 모든 권력을 내려놓고 지난 4년간 그랬듯이 선출된 집정관의 직책을 갖는 데 만족하겠다는 의사를 피력한 것이다. 그가 나중에 과장된 겸손함으로 직접 한 말을 빌리면, "공화국의 지배권을 나의 권한으로부터 원로원과 로마인들에게로 이양하겠다"[73]라는 것이었다. 이에 대한 원로원의 결정이 또 가관이었다. 임페라토르 카이사르의 말을 듣더니, 주의 깊게 연습한 놀라움을 표하며 그를 공화국의 가장 숭고한 전통을 잇는 영웅으로 칭송한 것이다. 그러고는 간청하다시피 하여 그에게 관을 바쳤다. 20여 년 전 루페르칼리아 축제 때 안토니우스가 염소 가죽 끈을 들고 숨을 헐떡이며 신격화된 율리우스 카이사르에게 바친 왕관이 아니라, 참나무 잎으로 만든 소박한 '시민관civic crown'이었다. 시민관이라는 이름이 말해주듯, 거기에는 시민 의식의 공유된 결속감을 찬양하여 그를 지배자가 아닌 로마인들의 공복으로 보고 수여한다는 의미가 담겨 있었다. 그런 만큼 그것은 '동포 시민을 위협한 적들을 죽이고 전투에서도 결코 양보하지 않으면서'[74] 또 다른 시민의 생명을 구한 로마인만이 받을 수 있는 관이었다. 그렇다면 제국이 내적 파열을 일으키지 않도록 지켜낸 인물보다 그것을 받기에 더 적합한 사람도 없을 터였다. 당연히 임페라토르 카이사르도 자신에게 그런 영광을 부여해준 원로원에 감사를 표하며 주저 없이 그 관을 받았다. 시민관의 수수함이야말로 진정으로 그것을 값어치 있게 해주는 특징이었기에. 임페라토르 카이사르는 모든 사람이 볼 수 있도록 자신의 관저 현관문 위에 그것을 걸어놓게 했다. 그리하여 이제 그것은 '임페라토르 카이사르가 시민들을 구해준'[75] 징표로 그곳에 영원히 걸리게 되었다.

그 어떤 고귀함도 시민관이 상징하는 영광과 겸양에 필적할 수 없었다. 시민관의 번쩍이는 아욱토리타스 앞에서는 모든 정무관직, 모든 혈통, 모든 무공이 빛을 잃었다. 하지만 물론 '한적한 삶에만 관심을 두는 온화한 인물'[76]임을 자처한 임페라토르 카이사르의 진의를 의심한 원로원 의원은 거의 없었다. 그렇다고 원로원의 옛 권한을 회복시켜서 의원들로 하여금 고위직을 향한 경쟁에 나설 수 있게 해주겠다고 한 임페라토르 카이사르의 약속이 거짓인 것도 아니었다. 그랬다가는 신격화된 그의 아버지에게 치명타를 입힌 것과 같은 절망감을 불러와, 그의 정권에 대한 불만이 고조될지도 몰랐다. 임페라토르 카이사르는 원로원의 지지가 필요했다. 따라서 그가 제시한 변화도 진심에서 우러나온 것이었다. 임페라토르 카이사르는 원로원을 내전이 발발하기 이전의 상태,

고위직으로 가는 가장 확실한 통로로 만들어줄 터였다. 자유 경쟁도 허용해주고, 자신이 편애하는 후보에게 정무관직을 배분하는 일 없이 편애하는 후보들을 위해 유세를 하고, 다른 사람처럼 공정하게 한 표를 행사하게 될 것이었다. 고지식한 의원들에게는 실로 원로원의 위상이 광채를 번뜩이며 되살아난 것만 같은 상황이었다.

그러나 공화국의 옛 관직이 아무리 변함없이 빛을 발한다 해도, 그것을 열망하는 사람들이 자기네 세상이 변했다는 사실을 모른 체하기란 쉽지 않았다. 그 점을 상기해주는 요소는 도처에 깔려 있었다. 임페라토르 카이사르의 연설이 있던 날 아침, 원로원 의원들이 청사로 가기 위해 포룸을 가로질러 갈 때도 신전, 조상, 아치 등 신격화된 율리우스와 그의 아들의 영광을 기려 세운 번쩍이는 신축 기념물들을 지나쳐야만 했다. 근래에 완공된 원로원 건물의 지붕에서도 세계를 밟고 서 있는 승리의 여신상이 쳐다보였다. 중대 연설을 하는 임페라토르 카이사르의 뒤에도, 이집트에서 강탈한 전리품들에 둘러싸인 채 기둥 위에 서 있는 또 다른 승리의 여신상이 보였다. 그 모든 것이 지닌 압도적 매력에 일부 의원들의 가슴이 벅차오를 만했다. 그것은 멜로드라마적 과잉에 충성의 과시가 보태지는 순간이었다. 한 의원은 임페라토르 카이사르보다 오래 사느니 차라리 죽고 말겠다고 소리를 지르며 원로원 건물을 뛰쳐나가, 거리의 군중에게도 같은 맹세를 하라고 촉구하기 시작했다. 테베레 강도 그 분위기에 압도된 듯, 강둑이 무너져내리는 바람에 로마의 저지대가 침수되었는데, 그 현상이야말로 '도시 전체를 임페라토르 카이사르의 지배권 아래 두게 하겠다'[77]는 신들의 확실한 신호였다. 그리고 그 정도의 훈위를 가진 지배권이면 프린켑스 세나투스라는 공식 호칭으로는 표현이 불가능했다. 아니, 어느 호칭도 그 수위권을 적절히 표현하지 못했다. 임페라토르 카이사르의 위대성은 하나의 계급이나 지위의 범주를 훌쩍 넘어서는 것이었으니 말이다. 어쩌면 군더더기 없이 로마와 세계의 '제1인자'를 뜻하는 '프린켑스'라는 호칭이 최상일 수도 있었다.

한편 임페라토르 카이사르는 언제나 그랬듯 양다리를 걸쳤다. 그가 공식 권력을 내려놓은 것도 권력 포기와는 거리가 멀었다. 물론 공화국을 파멸로 이끈 예전의 살벌한 투쟁이 더는 전개되지 않았다. 명문가의 귀족도 그들의 조상처럼 이제는 고위직을 차지하기 위해 경쟁을 벌일수 있었다. 하지만 그래봤자 멋지게 꾸며진 동물원을 어슬렁거리는, 우리에 갇힌 호랑이들의 싸움일 뿐이었다. 프린켑스의 연설에 대해 원로원이 보인, 주도면밀하게 연출된 반응이 그 점을 말해주었다. 크라수스가 월동지에서 힘겹게 두 번째 원정철을 보낸 뒤 기지개를 펴고 있던 와중에 취해진 조치에 따라, 그와 같은 부류의 대귀족이 야만족 토벌 원정에 나설 기회도 사라졌다. 프린켑스가 연설을 마치고 자리에 앉자마자 말 잘 듣는 원로원 의원들이 자리에서 일어나, 군 통수권을 반납하지 말라고 그에게 간청한 결과였다. 프린켑스가 이기심 없이 정중하게 그들의 청을 거부하는데도 원로원 의원들은 로마인들에게 자유를 수호해줄 사람이 필요하다는 이유로 간원을 멈추지 않았다. 폼페이우스와 신격화된 그의 아버지가 보유했던 것과 같은 직책을 못 받겠다면, 10년 기한으로 속주들만이라도 통치해달라고 간청했다. 전통에도 위배되지 않고 군주제 냄새도 풍기지 않는 직책이었다. 그래서인지 이번에는 프린켑스도 장고에 들어갔다. 그리고 심사숙고 끝에 원로원 의원들의 말에도 일리가 있다고 보고 마지못해, 의무적으로, 귀족스럽게 그들의 청을 받아들였다.

갈리아와 히스파니아, 시리아와 이집트가 원로원이 프린켑스에게 10년간 보유 권한을 부여한 속주들이었다. 더불어 그에게는 20개 군단이 넘는 병력이 주어졌다. 따라서 이제부터는 로마의 장군이 출정하려면 임페라토르의 '레가투스^{legatus}', 곧 황제의 대리인으로 그 일을 수행해야 했다. 이로써 명문가 사람들도 '영광의 전리품'을 좇는 명예 추구를 할 수 없게 되었다. 마케도니아의 크라수스도 속주의 보유는 허용되었지만 날개 꺾인 독수리가 되었다. 그 상태에서 그가 기원전 27년 여름에 총독 임기를 마치고 로마로 귀환하자 프린켑스는 그의 개선식을 거부할 필요성조차 느끼지 못했다. 그리하여 크라수스도 로마 도심에서 전리품과 사로잡은 포로들을 과시하는 개선 행렬을 벌였다. 그의 무공을 찬양하는 열정도 널리 전파되었다. 호라티우스는 단지 그것을 칭송한 여러 사람 중에 한 명일 뿐이었다.[78] 하지만 '영광의 전리품'에 대한 언급도 없고 유피테르 신전에서의 참배 의식도 없었다. 당연히 짧은 영광의 순간이 지나자 크라수스는 대중의 관심에서 멀어졌다. 그의 원정 시대가 막을 내린 것이다. 후임 마케도니아 총독들은 프린켑스가 직접 임명하지는 않았지만 하나같이 모두 용렬했다. 로마에 우호적인 야만족 왕을 이유 없이 공격하는 객기를 부렸다가 로마로 즉시 소환되어 불법 원정을 행한 죄로 재판에 회부된 총독이 한 명 있기는 했다. 이 재판에는 프린켑스도 기소인 측 증인으로 친히 납시었다. 말할 것도 없이 이 사건 이후로 후임 마케도니아 총독들은 국경 내에서만 머물렀다.

그렇다고 로마인들이 군사 원정에 환호할 기회를 빼앗긴 것은 아니었다. 아니, 오히려 그 반대였다. 프린켑스는 속주 통치의 책무를 아주 무겁게 받아들였다. 그곳에는 정복하고 평정해야 할 곳이 여전히 남아 있었고, 프린켑스 역시 자신이야말로 경천동지할 그 임무의 적임자임을 입증하고 싶어 했다. 야만족에 대한 승리는 그의 군 통수권을 합리화하는 데도 필요했다. 이리하여 국경 지대에서 불붙은 거의 모든 전투는 프린켑스의 책임 아래 진행되었다. 그의 레가투스가 로마 역사에서 유례없는 영토 확장의 용도에 오른 것이다. 로마 군단들은 나일 강 수로를 따라 에티오피아의 영토 깊숙이 들어갔고, 머나먼 아라비아의 모래사막으로 침투해 들어갔으며, 알프스 산맥의 산적들을 복속시켰다. 본국의 로마인들에게는 이제 까마득히 먼 곳의 미개한 종족들까지 로마에 굴복할 날이 멀지 않은 것처럼 보이기 시작했다. 호라티우스가 흥분을 참지 못해, "카이사르는 브리튼족과 대적하기 위해 세계의 끄트머리로 진군하고 계신다"[79]라고 노래할 만도 했다. 하지만 프린켑스는 그곳에 가지 않았다. 그가 염두에 둔 적은 따로 있었고, 그 적은 브리타니아가 아닌 히스파니아에 있었다. 그곳 북부 산악 지대에 200년 동안이나 로마군의 진군을 가로막은 종족이 있었는데 프린켑스가 직접 원정의 지휘권을 잡기로 한 것이다. 원정 초에는 그의 출정을 지지하는 듯한 거룩한 징후가 요란스레 나타나기도 했다. 프린켑스가 탄 가마 옆으로 벼락이 휙 스쳐지나가면서 가까이 있던 노예 한 명을 태워 죽인 것이다. 유피테르 신이 그의 총아를 지켜주고 있다는 신호는 그 뒤에도 계속 나타났다. 원주민의 장기인 게릴라전에 말려들어 진이 빠진 그가 전장에서 으레 하던 습관대로 병석에 눕자, 자만심에 빠진 야만족이 로마군과의 야전에 뛰어들었다가 패한 것이다. 야만족의 잔당은 프린켑스의 영원한 충복 아그리파가 소탕했다. 물론 모든 공은 프린켑스에게 돌아갔다.

그런데 프린켑스로 하여금 일에 빠져들게 하고 그가 히스파니아에서 돌아오자 화관을 꺼내 들고 포도주 단지를 기꺼이 개봉하려 했던 로마인들의 마음속에는 아첨과 불안이 혼재했다. 프린켑스의 건강이 망가졌기 때문이다. 의사들은 그에게 간 농양이라는 진단을 내렸다. 많은 사람들이 최악의 상황을 두려워했다. "카이사르가 세계를 지배하는 한 내전이나 횡사할 일은 없다"[80]라고 한 호라티우스의 말은 진실이었다. 사비니 구릉 지대의 영지에 정착하여 만족스런 삶을 살고 있던 그나 대다수 동포 시민들이나, 평화의 결실을 잃고 싶지 않기는 매한가지였다. 기원전 23년 초에 프린켑스의 병세가 위중해져 목숨이 경각에 달하자 로마 시 전체가 숨을 죽일 만했다. 개중에는 그의 지배에서 벗어나길 바라며 죽음을 축수한 사람도 있었지만, 그렇지 않은 사람이 더 많았다. 세계의 안정이 매달린 그 실낱같은 줄이 위험에 노출된 것이다. 병석의 프린켑스조차 땀에 흠뻑 젖어 몸을 뒤척이며 나름의 결론에 도달했을 정도다. 하지만 거푸 냉수욕을 한 끝에 그는 결국 죽음의 문턱에서 살아나 건강을 회복했다. 더불어 구사일생으로 살아난 위기의 상황을 활용해야겠다는 각오도 다졌다. 그 무렵 프린켑스의 수위권에 대한 대중의 지지도는 그 자신도 느낄 만큼 확연히 높아져 있었다. 그는 그 기회를 놓치지 않기 위해 재빨리 움직였다.

기원전 23년 7월 1일, 프린켑스는 열한 번째 집정관직을 내놓겠다고 발표했다. 그러나 지난 4년 반 동안 그랬듯이 이번 사임도 수위권을 공고히 하기 위해 술수를 덮어 감춘 권한 포기의 제스처였을 뿐이다. 게다가 이제는 그와 원로원 간에 체결된, 본 계약의 특징이던 그림자놀이의 이중성이 세련미를 더해 교묘함의 극치를 이루었다. 새로운 제도의 내용만 놓고 보면 원로원이 상향 이동할 여지가 컸다. 해마다 뽑는 집정관만 해도 둘 중 한 명을 프린켑스가 차지하던 관행이 없어져 숨통이 트였으니, 명망 있는 정무관직을 얻을 기회가 하루아침에 두 배로 늘어난 셈이었다. 그 점만 보면 지난날의 공화국과 공화국의 가장 경쟁적인 전통이 되살아난 것도 같았다. 하지만 거기에는 치러야 할 대가가 있었다. 원로원도 나름의 지켜야 할 계약의 몫이 있었던 것이다. 프린켑스에게 미증유의 막강한 새 권한을 양도하는 것이 그것이었다. 원로원은 프린켑스가 필요할 때면 언제든 의원들을 소환할 권리, 원로원에 법령을 제출할 권리, 공식적으로는 그의 레가투스가 아닌데도 그들 위에 군림할 권리, 이 모든 특권에 동의하고 비준을 했다. 4년 전에는 임페라토르 카이사르가 감히 요구하지 못한 권한들이었는데, 이제는 상황이 변한 것이다. 눈부신 빛과 깊고 어두운 그림자를 함께 지닌 그의 아욱토리타스는 이렇게 해서 전에 없던 근육과 이를 새로 얻었다.

하지만 그 1년 뒤 로마에 기근과 역병이 덮쳐 시민들이 들고일어나 프린켑스를 독재관으로 임명하는 것만이 도시를 재앙에서 구할 길이라고 선언하자, 그는 충격적인 방식으로 이를 거부했다. 무릎을 꿇더니 독재관을 강요할 바에는 차라리 자기를 칼로 찌르라며 입고 있던 옷을 찢어발긴 것이다. 원로원에 올 때마다 토가 밑에 갑옷을 받쳐 입던 시대와 비교하면 격세지감을 느낄 만한 일이었다. 하지만 그의 연극은 계산된 것이었을지언정 분개는 진심이었다. 이제 더는 신격화된 아버지의 전례를 떠올리면서까지 독재관 흉내를 내지 않으려고 안간힘을 쓸 필요가 없어졌기 때문이다. 그 무렵 그가 지닌 위대성은 모든 공식적 지위의 범주를 넘어섰다. 그의 힘도 마치 향기 짙은 향수처럼 로마의 구석구석에 스며들었다. 따라서 그로서는 전통의 거룩함을 손상시키면서까지 굳이 그것을 거스를 이유가 없었다. 지금까지 그가 행했던 일도 알고 보면 전통을 자기 것으로 만들기 위한 것들이었다. 그리하여 사람들도 이제는 그를 공화국의 실행자가 아닌 공화국의 화신으로 보게 되었다. "카이사르는 국가 그 자체였다!"[81]

지난날 가이우스 옥타비우스는 복수하는 신의 아들임을 자처한 열아홉 살 때부터 이미 현실은 보기 나름이라는 사실을 터득했다. 사람들의 눈을 가리는 능력이 그들의 보는 능력 못지않게 중요하다는 사실을 일찌감치 간파한 것이다. 마르쿠스 크라수스는 야만족 왕을 구석에 몰아 자신의 검으로 쓰러뜨린 뒤에야 죽은 할아버지의 치욕을 씻을 수 있었다. 하지만 9월 22일 동방의 속주들로 원정을 떠나는 프린켑스는 검만이 능사가 아님을 알고 있었다. 자신이 지닌 명성의 광휘가 로마인들만큼이나 파르티아인들에게도 위압감을 주어, 검보다 더 확실한 무기가 될 수 있음을 알았던 것이다. 그는 전쟁을 함으로써 크라수스처럼 죽음을 무릅쓰기보다는 파르티아 왕 프라테스 4세와 단도직입적으로 협상하는 쪽을 택했다.

이는 전대미문의 전략이었다. 예전의 임페라토르라면 무력이 아닌 다른 방식으로 야만족과의 분쟁을 해결한다는 것은 생각도 할 수 없었다. 그런 만큼 이 군사적 선례는 찬란한 위광을 지닌 지도자만이 깰 수 있었고, 그 보답도 찬란한 위광을 가진 지도자만이 받을 수 있었다. 프라테스도 궁전의 문 앞에서 호전적이고 예측 불허인 강대국 지도자에게 동등한 대접을 받아서인지 근심을 누그러뜨리고 프린켑스의 화평 제안을 받아들였다. 그리고 호의의 표시로, 프린켑스가 동방에서 기필코 되찾으려 했던 것, 다시 말해 크라수스가 카르하이에서 빼앗긴 독수리 군기도 흔쾌히 내주었다. 발칸 족장에게서 벗겨낸 악취 나는 갑주와는 비교도 안 될 정도로 큰 수확이었다.

3년 만에 로마로 귀환한 프린켑스도 그 점을 분명히 하고자 했다. 그는 수세기 전 로마인이 얻은 최초의 전승 기념물이 놓인 거룩한 카피톨리노 구릉에 조그만 신전을 세우라고 명령했다. 자신이 회수한 군기들을 한동안 그곳에 안치하려는 생각이었고, 따라서 장소가 장소인 만큼 고대 유피테르 신전이 했던 역할을 모방하려는 데 목적이 있었다.[82] 프린켑스가 그의 오랜 습관인 교묘함과 정밀함을 뒤섞어 동포 시민들에게 전달하려 한 메시지가 무엇인지는 분명했다. 적장을 죽이지 않고도 '영광의 전리품'이라는 궁극의 결과를 얻어냈다는 것. 그는 정녕 제2의 로물루스, 로마의 새로운 창건자였다.

로물루스가 도시를 창건하던 날, 팔라티노 구릉에는 독수리 열두 마리가 날아올랐다. 경이롭고 초인적인 힘이 그곳에 미쳤음을 보여주는 증거였다. 로마인들은 그 힘을 '아우구스투스^{augustus}'라고 불렀다. 기원전 27년 원로원이 프린켑스에게 전 세계를 아우르는 속주의 지배권을 간청하다시피 떠맡길 때, 의원들 중 한 명이 프린켑스를 묘사하는 데 가장 적절한 용어로 택한 것이 바로 그 단어였다. 또 다른 의원들은 임페라토르 카이사르에게 새로운 호칭 수집벽이 있는 점에 착안하여 '로물루스'로 부르자고 제안하기도 했다. 그러나 아우구스투스라는 말이 언급된 순간, 모든 의원은 그것이 대체 불가능한 호칭임을 단박에 알아차렸다. 왕이라는 호칭을 보유하는 데 난색을 표했던 프린켑스도 그 제안에는 공감했다. 그리하여 '아우구스투스'가 원로원의 표결을 거쳐 임페라토르 카이사르의 호칭에 정식으로 덧붙여졌다. '로물루스'에 비해 위압감은 덜하고 감동은 무한대로 큰 점이 새 호칭의 특징이었다. "아우구스투스는 로마인들의 선조가 신성한 모든 것을 부르던 통칭, 사제들이 정식으로 봉헌한 신전을 부르던 호칭이었다"라고 하니 말이다.[83]

그런 어마어마한 호칭을 지닌 인물에게는 물론 형식적 지위도 필요하지 않았다. 아우구스투스는 왕, 독재관, 심지어 집정관까지도 무한정으로 초월하는 존재였기 때문이다. 신들은 정녕 로마가 가장 절실히 원할 때 거룩한 손길을 내미는 듯했다. 임페라토르 카이사르 아우구스투스를 주셨으니 말이다.

대부

프린켑스는 언젠가 병이 났을 때 개인 비서관을 두어야겠다고 결심했다. 그리하여 후보자 물색에 나선 그에게 호라티우스가 눈에 띄었다. 재치 있고 품위 있는데다 성격도 신중하여 비서관에 적격으로 보였다. 그런데 호라티우스가 기겁을 했다. 힘겨운 회계사 자리를 간신히 벗어난 판에 다시 다른 사람의 비서로 얽매이고 싶지 않았던 것이다. 그는 기지를 총동원해 그럴싸한 핑계를 만들어냈다. 자기도 프린켑스처럼 건강이 좋지 않아 고생하고 있다며, 유감스럽게도 그의 제의를 받아들일 수 없다고 한 것이다.

　호라티우스는 필리피 전투에서 패한 암살파에 속했다. 따라서 웬만한 배짱 아니고서는 프린켑스의 청을 거부하지 못했을 것이다. 아닌 게 아니라 아우구스투스에게는 젊은 시절에 고착된 폭력과 위협의 분위기가 희미하게나마 아직 남아 있었다. 그러므로 특정 세대의 사람들은 프린켑스가 손을 쳐들어 경례 동작을 할 때도, 삼두의 한 명이었을 때 그가 암살 용의자의 눈을 직접 도려냈다는 둥 그에 관해 떠돌던 소문을 쉽사리 머릿속에 떠올렸다. 하지만 시대는 변했다. 아우구스투스 자신도 그 소문을 진실이 아닌 것으로 만드는 데 꽤나 공을 들였다. 젊은 시절 그가 내보인 잔인성은 소기의 목적을 달성한 지 이미 오래였다. 게다가 이제는 로마의 지배자가 되었으니 잔인하게 굴 필요도 없었다. 그의 권력 사랑에는 자비롭게 보이는 편이 오히려 이로웠다. 그래도 이제는 자신이 두려워할 이유가 없는 일에는 기꺼이 관용을 베풀려고 했다. 클레오파트라의 동상이 그 무렵까지도, 그의 신격화된 아버지가 지은 베누스 게네트릭스에 안치된 채 희미한 금빛으로 어둠을 밝힐 수 있었던 것도 그래서였다. 저돌적이고 세련된 안토니우스의 아들도 옥타비아의 손길 아래서 자라 프린켑스의 조카와 결혼했다. 폼페이우스 편에서 싸웠던 사람들, 필리피 전투 때 군단을 지휘했던 장군들, 율리우스 암살자의 조상을 집 안에 보유하고 있던 사람들에게도 프린켑스는 집정관 선거에 나서라고 권유했다. 그는 안정이 더는 위협받지 않자 피의 복수를 행하는 데에는 관심을 두지 않았다. 비서관직을 거부한 호라티우스에게도 괘씸죄를 적용하지 않고 예전처럼 호의를 계속 베풀었다.

심지어 프린켑스는 자신을 빗댄 농담을 즐길 줄 아는 인물로도 널리 알려져 있었다. 이런 이야기가 전해진다. 자신의 판박이처럼 생긴 젊은이를 보고 그가 물었다. "자네 어머니, 혹시 로마에 계시지 않았는가?" "계시지 않았습니다." 그 젊은이가 말했다. "헌데 내 아버지는 로마에 자주 계셨다네."[84] 이런 유의 일화는 프린켑스의 이미지를 높이는 데도 큰 역할을 했다. 또 교묘하게 응수하는 능력도 이미지 향상에 도움이 되었다. 아우구스투스는 수많은 동포 시민들 못지않게 거친 유머 감각을 갖고 있었다. 난쟁이, 신체장애자, 통풍을 가진 사람들 모두가 그에게 그 유명한 익살을 유발시켰다. 그는 마이케나스도 '칠칠치 못하고 여자처럼 유약한 스타일'[85]을 지녔다고 조롱했으며, 호라티우스는 뚱보라고 놀렸다. 이 모든 말을 그는 농담처럼 들리도록 정감 있게 했다. 그가 호라티우스를 '가장 깨끗한 음경을 가진 자'[86]로 부른 것도 모욕이 아닌 애정의 표시였다. 아우구스투스는 이렇게 감성과 매력을 자유자재로 구사하며 소중한 사람들과 교제를 이어 나갔다. 반면에 그에게는 보수 성향이 강한 촌 동네 특유의 속물근성을 가진 자들을 상기시키는 투박한 면모도 남아 있었다. 뒷골목 권투사들에게 환호를 하든, 낡은 볕 가리개

모자를 즐겨 쓰든, 곱사등이를 보고 폭소를 터트리든, 임페라토르 카이사르 아우구스투스에게서는 시골티가 풍겼다.

그러나 로마 대중들 사이에서는 그의 그런 면모가 해롭게 작용하지 않았다. 오히려 그들은 이런 프린켑스를 소탈한 사람으로 보고 좋아했다. 사생활 정보를 용의주도하게 흘린 방식도 그를 정직하고 검박한 취향을 가진 시민으로 보이게 하는 데 도움이 되었다. 호칭만 놓고 보면 하늘과 땅 사이의 중간 지대에 속하는 인물이, 농부와 다를 바 없이 거친 빵과 유행이 한참 지난 빈티지 포도주로 식사를 한다는 것이 로마인들의 상식이었다. 아무리 신의 아들이라 해도 입맛에까지 신을 들이댔다가는 크게 공분을 살 수 있었다. 아우구스투스도 그 사실을 힘겹게 터득했다. 필리피 전투 뒤 신들마저 세상에 등을 돌린 듯했을 때, 대망을 품은 로마의 군 지휘관들 사이에서는 부재한 신들을 흉내 내는 것이 큰 유행이었다. 전직 집정관이라는 인물이 해신처럼 보이도록 몸에 푸른 색칠을 하고 물고기 꼬리를 단 채 네 발로 기며 퍼덕거리는 짓을 아무렇지도 않게 했을 정도다. 당시 아우구스투스는 리비아를 향한 열정이 한창 솟구치던 때였던지라 특별히 도발적인 가면무도회를 개최했다. 로마가 기아에 허덕이는 와중에 신들의 복장을 한 내빈들과 술잔치를 벌인 것이다. 신랑 자신도 광명과 음악을 주관하는, 영원한 청춘과 황금의 신 아폴로(아폴론)로 변장했다. 저 아래 굶주리는 도시에서는 당연히 그 소식에 분통을 터트렸다. 사람들은 쓸쓸함과 경멸이 교차하는 어조로 소리쳤다. "그래, 카이사르가 아폴로인 것은 확실해. 다만 고문하는 아폴로라는 거지."[87]

보통은 예언과 자기절제의 수호신으로 숭배되는 아폴로 신을 로마인들이 악독함과 결부시킨 데에는 그럴 만한 이유가 있었다. 포룸의 신성한 무화과나무 곁에 서 있던, 술 부대를 어깨에 둘러맨 뚱뚱한 사내의 조상, 마르시아스 상이 그 이유와 관련이 있었다. 반인반수 사티로스였던 마르시아스에 대해서는 두 가지 설이 전한다. 하나는 그리스 쪽 이야기로, 그가 아폴로에게 악기 연주 시합을 제안해 이겼는데도 아폴로에게 속아 승리를 빼앗기자 오만하게 군 죄로 아폴로에게 산 채로 가죽이 벗겨지는 벌을 받았다는 것이다. 다른 하나는 이탈리아 쪽 이야기인데, 그보다는 결말이 좋게 끝난다. 마르시아스가 분노한 아폴로에게서 도망쳐 아펜니노 산맥으로 들어간 뒤 그곳 원주민들에게 점복을 가르쳐주고 뱀 다루는 요술을 부리는 마르시족의 조상이 되었다는 것이다. 그리하여 그는 로마뿐 아니라 이탈리아 전역에서 기려져, 모든 공공 광장에 그의 조상이 세워졌다. 간혹 발목에 족쇄가 채워진 모습도 있었으나, 대체로 구속을 벗어나 당당하게 서 있는 모습이었다. 그가 신의 사슬을 벗겨낸 것이다. 이렇듯 마르시아스는 이탈리아인들에게는 '자유의 상징'이었다.[88]

　아우구스투스도 야망을 제외한 거의 모든 부분에서는 극히 보수적이어서 전통을 존중했고, 그런 숭엄한 기념물을 포룸에서 제거할 생각은 하지 않았다. 그래도 몇 가지 점에서 마르시아스 상은 그의 마음을 어지럽혔다. 필리피 전투 때 '아폴로'를 슬로건으로 내세웠던 그와 달리, 그의 적수가 마르시아스의 상징인 '자유'를 슬로건으로 내건 일만 해도 그랬다. 그뿐만이 아니었다. 마르시아스 숭배자들은 마르시아스가 아폴

아우구스투스 황제 시대의 로마 도심

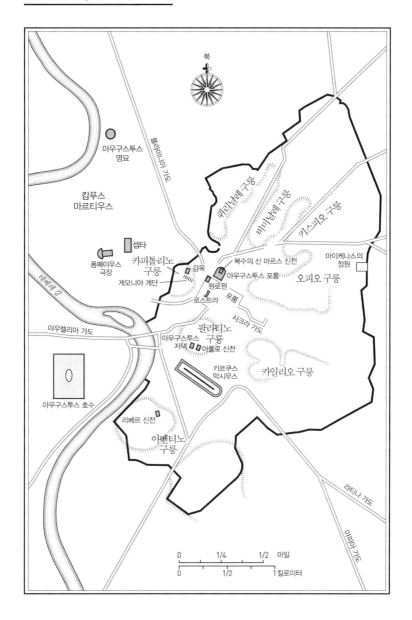

아우구스투스 영묘

캄푸스 마르티우스

셉타

폼페이우스 극장

카피톨리노 구릉

게모니아 계단

감옥

복수의 신 마르스 신전

아우구스투스 포룸

원로원

로스트라

포룸

사크라 가도

마이케나스의 정원

오피오 구릉

카리날레 구릉

비미날레 구릉

키스피오 구릉

아우렐리아 가도

아우구스투스 저택

팔라티노 구릉

아폴로 신전

키르쿠스 막시무스

카일리오 구릉

아우구스투스 호수

리베르 신전

아벤티노 구릉

라티나 가도

아피아 가도

| 0 | 1/4 | 1/2 | 마일 |
| 0 | 1/2 | 1 킬로미터 |

로의 라이벌 신인 리베르Liber에 의해, 마르시아스의 살가죽을 벗긴 아폴로의 마수에서 벗어났다고도 믿었다. '자유'라는 뜻의 호칭이 말해주 듯, 리베르는 인간에게 음주와 성적 방종을 가르친 신인데 안토니우스가 각별히 숭배한 수호신이었다. 그러다 보니 하늘에서도 삼두 사이에 투쟁이 벌어져, 안토니우스는 '담쟁이덩굴 화환을 쓰고 금빛 도는 사프란 색 장의를 걸친' 리베르 신의 모습으로 클레오파트라의 도시 알렉산드리아 거리를 행진했다. 그 옛날 아폴로와 마르시아스의 연주 시합이 벌어진 소아시아를 방문했을 때도 안토니우스는 사티로스 복장을 한취객들에게 환영을 받았다. 안토니우스가 자살하기 전날 밤에도 음악과웃음이 뒤섞인 초자연적 소리가 이집트의 대기를 가득 메우는, 심상치않은 조짐이 나타났다. "그리고 나서 안토니우스는 자신이 언제나 즐겨 비교하고 가장 숭배했던 신에게 버림받았다고, (로마) 병사들은 전했다."[90]

한편 로마에서는 안토니우스를 무찌른 측의 승리가 곧 아폴로의 승리를 뜻했다. 고대의 유피테르 신전이 서 있던, 너덜너덜한 카피톨리노 구릉과는 비교가 안 될 정도로 웅대한 규모로 재개발이 진행된 포룸 맞은편의 팔라티노 구릉에 그것을 말해주는 증거물도 있었다. 기원전 36년섹스투스 폼페이우스가 진압된 직후 팔라티노 구릉에는 번개가 내리쳤다. 이는 신의 말씀임이 분명했다. 하지만 어느 신? 이에 대해 복점관들은 로마의 가장 이름난 아폴로 숭배자인 아우구스투스의 피후원자답게, 직분에 맞는 답을 내놓았다. 이들의 점괘에 따라 팔라티노 구릉에서는공사가 분주하게 시작되었다. 그리하여 10여 년의 공사 끝에 기원전 28

년 10월 마침내 건축물이 완공되었다(아폴로 신의 도움으로 아우구스투스가 악티움 해전에서 승리를 거두고 몇 년 후였다 — 옮긴이). 로마인들이라면 응당 그래야 하듯, 그들은 이번에도 놀라서 입을 다물지 못했다. 팔라티노 구릉의 루페르칼 동굴 위, 로물루스가 나무와 짚으로 엉성하게 지었는데도 말짱하게 보존된 오두막 곁에 가장 발전된 국제적 양식으로 지은 기념물이 웅대하게 서 있었으니 그럴 만도 했을 것이다. 거대한 대리석 완사면에 상앗빛 문이 달리고 네 마리 청동 마상으로 꼭대기가 장식된 '백색의 눈부신 아폴로 신전'[91]이 로마의 스카이라인을 한층 현란하게 만들어주었다. 신전은 팔라티노 구릉 위에 한쪽으로는 포룸을, 그 반대쪽으로는 고대의 리베르 신전을 굽어보도록 우뚝 세워졌다.[92] 리베르 신전이 안토니우스가 악티움 해전에서 패한 해(기원전 31년)에 화재로 불탔다는 사실도, 아우구스투스가 모든 전투에서 승리를 거두고 하늘의 승자를 이롭게 했다는 점을 부각하는 역할을 했다.

하지만 아우구스투스도 지난날 아폴로 신 흉내를 낸 자신의 행위가, 가난하고 굶주린 사람들을 얼마나 쉽게 흥분시켜서 저주의 독설을 퍼붓게 했는지 잊지 않고 있었다. 따라서 고비용을 들여 광명의 신을 숭배할망정 술잔치로 자신의 정체성을 과시하는 짓 따위는 하지 않았다. 게다가 그런 행위는 안토니우스의 분위기를 너무 짙게 풍기기도 했다. 따라서 그러기보다는 안면에 영원히 지워지지 않을 명암을 뚜렷이 새기는 편을 택했다. 그의 조상들이 극도로 통제된 양의성을 띠게 된 것도 그래서였다. 조각가들은 아우구스투스의 특징인 끝없는 교묘함과 모순이 로마인들에게 정확히 전달되도록 그의 조상을 만들었다. 돌출된 귀를 가진 그의 조상에서는 코 위에서 양쪽이 맞닿아 있는 눈썹, 듬성듬성 난 치아, 작은 키를 의식해 플랫폼 힐(통굽)을 착용한 점 등, 철저하게 인간적인 프린켑스의 면모를 어렵지 않게 찾을 수 있었다. 하지만 그런 결점에도 불구하고 그는 미남이었다. 잘생겼다며 발림소리를 하는 사람이 많고 '맑고 날카로운 시선'[93]으로 쳐다보기만 해도 태양에 눈이 부시듯 사람들이 눈을 내리깔다 보니, 아우구스투스도 자신의 외모에 우쭐하는 마음을 가지고 있었다. 결론적으로 비록 돌출된 귀를 가졌을망정 프린켑스의 조상도 아폴로 조상 못지않게 아름다웠다. 젊음과 원숙미, 우울함과 패기, 인간과 신의 중간 지대에 속한 그는 어느 모로 보나 로마의 아우구스투스였다.

실제로 그의 조상에는 공화국의 전성기에 고위직 정치인의 특징이던 성긴 머리숱과 늘어진 목살이 들어설 여지가 없었다. 그렇다면 아우구스투스는 경륜을 나타내기 위해 무엇을 필요로 했을까? 모든 사람이 경외해 마지않는 그의 업적이었다. 그는 주름살 잡힌 수많은 원로원 의원들보다 많은 업적을 이루었으니까. 그러므로 물론 보수주의자들이 즐겨 사용한 추함과 남성다움의 면밀한 결합 따위에도 그는 관심이 없었다. 아우구스투스는 자기홍보를 좋아하는 취향을 억제하기보다는 그것이 드러난 조상을 만들고 싶어 했다. 역사에서 한 인간의 조상이 그렇게 많이 만들어져 유포되고 공개적으로 전시된 적이 없었던 것이야말로 그 점을 말해주는 증거였다. 바야흐로 권력은 외양도 아름다워야 한다는 새로운 정설이 로마인들에게 마케팅되고 있었고, 아우구스투스의 조상을 바라보는 이들에게는 그것이 점차 단순한 조상을 넘어 광대한 영역의 일부, 도시의 구성 요소로 보였다.

반면에 로마는 '제국과 신들의 중심지'[94]라는 사실이 무색할 만큼 오랫동안 세계 수도의 위상에 턱없이 부족한 외양을 띠고 있었다. 수천 개의 작업장과 화덕이 내뿜는 갈색 연기가 도시의 비좁은 판자촌들을 뿌옇게 덮고 있었다. 버팀물로 지탱된 뾰족탑 주택가가 도시 구릉들의 경사면에 서 있는 모습도 위태로워 보였다. 미로처럼 복잡하고 더러운 거리들의 한가운데에서는 우중충한 신전들이 허물어지고 있었다. 알렉산드로스 대왕의 부관들과 그들을 계승한 왕들이 허세가 잔뜩 낀 방식으로 번쩍번쩍 광을 내놓은 동방의 도시들에 비하면, 로마는 어지럽고 추레한 단색 도시일 뿐이었다. 진흙 벽돌과 얼룩투성이 석회 건물들이 얼마나 칙칙했으면 로마를 처음 찾은 동방 왕국들의 사절들은 모멸의 티를 내지 않으려고 갖은 애를 써야 했다. 그러나 그리스인들에게는 우스꽝스러운 후진성의 징표로 보였던 대규모 도시 계획의 부재가 로마인들에게는 전통적으로 자유의 증거로 인식되었다. 로마인들은 채색 대리석, 장려한 거리, 도시 계획을 왕들이 누린 특권으로, 자유 공화국에서는 결코 용인되지 않는 업적 과시용 행위로 보았다. 루비콘 도하가 있기 전의 불안정했던 마지막 10년간 로마에 느닷없이 장대한 기념물들이 우후죽순으로 들어선 현상이 공화국의 파멸을 알리는 불길한 전조로 인식된 것도 그래서였다. 율리우스 카이사르가 자금을 투여해 대리석 신전과 마상이 갖춰진 포룸을 짓자, 폼페이우스도 도시 최초로 지어진 돌극장에 자신의 이름을 올렸다. 두 사람이 경쟁하듯 세운 건축물들이, 도시 여타 지역의 일반적 현상이던 너저분하고 쇠락한 풍경과 대비되어,

잇몸에서 피가 줄줄 나는 입안의 금니들처럼 번쩍번쩍 빛을 발했다. 그
것들은 모두 로마인들의 영광이 아닌 후원자들의 영광을 드높였을 뿐이
다. 로마는 이렇게 무질서하고 뒤죽박죽으로 조성된 방만한 도시였다.
따라서 그런 곳을 세계 제국의 위상에 걸맞은 수도로 만드는 일도 로마
역사에서 전례 없는 재개발 사업이었고, 이는 무한정한 재원, 영원한 아
욱토리타스, 충분한 시간을 가진 아우구스투스 정도 되는 시민만이 행
할 수 있는 방대한 사업일 수밖에 없었다.

물론 도시에 기울인 프린켑스의 아낌없는 관심에 사심이 들어 있지
않을 리 없었다. 사실 그가 행한 일치고 사심이 개입되지 않은 것은 없
었다. 그리고 언제나 그랬듯이 이번 일의 목적도 경쟁자의 싹을 도려내
는 데 있었다. 죽은 사람도 예외가 아니었다. 로마의 카피톨리노 구릉의
측면을 감아 도는 행렬 도로에는 스키피오 아프리카누스의 후손들이 가
문의 위상을 널리 알리기 위해 새로운 방식의 건축적 쇼맨십으로 지은,
장려한 아프리카누스 개선문이 우뚝 서 있었다. 그러자 아우구스투스
도 보란 듯이 그보다 한층 웅대한 아치를 세웠다. 포룸에서 팔라티노 구
릉으로 이어지는 도로 위에 위치한 그 아치는 가장 숭고한 왕가마저 무
색하게 만드는 완벽한 기념물이었다. 또한 외견으로는 옥타비우스가 네
살 때 죽은 자신의 생부에게 봉헌된 것처럼 보였지만, 사실은 더 매혹적
인 혈통을 강력하게 암시했다. 아우구스투스의 인간 조상들이 아닌, 전
차와 말 네 필이 갖춰진 눈부신 아폴로 상이 한 덩어리의 돌에 새겨져
있었던 것이다. 아우구스투스의 혈통과 관련된 웃지 못할 일화 역시 모
호한 듯하지만 확실하게 묘사되어 있었다. 아우구스투스가 태어나기 아

홉 달 전 그의 어머니가 아폴로 신전에서 깜박 잠이 들었을 때 뱀이 찾아와 그녀의 몸에 '뱀 색깔의 얼룩'[95]을 남겨놓았다는 얘기가 소문의 전말인데, 그것을 긍정도 부정도 하지 않고 아리송하게 표현해놓은 것이다. 이런 방식이 바로 아우구스투스가 즐겨 사용한 양의성의 특징이었다. 아폴로를 자기 아버지라고 주장하여 로마인들의 심기를 건드리기보다는 어정쩡하게 만들어놓고 그 주장을 가지고 놀며 꿩도 먹고 알도 먹는 효과를 거두는 식이었다.

그러나 그 결과를 얻기 위한 줄타기에는 부득불 위험이 따랐다. 신들의 일원이면서 동시에 평민이기도 한, 이중적 태도를 취하려면 특별한 재능이 필요했다. 아우구스투스가 사용한 방식은 자신이 지닌 초자연적 인내심 및 자제력에다 현란한 과시를 녹여내는 것이었다. 그는 새로 지은 아폴로 신전으로 지척에 있는 자기 저택만 빛나게 하는 데 그치지 않고, 과거에는 집권층의 전유물이던 것을 로마인들에게 상기시키는 역할도 동시에 하게 만들었다. 팔라티노 구릉 꼭대기에는 도서관, 안마당, 열주 현관과 같은 신전의 부속물들이 위압적으로 세워져 있었다. 그런 배경에 놓고 보면 프린켑스의 저택은 거의 소박하게 보일 정도였다. 물론 그 집의 전 주인 호르텐시우스 호르탈루스는 여성적 특징을 가진 낭비벽으로 평생 악명을 떨쳤지만, 그 유행은 이미 사라진 지 오래였다. 그리고 그 무렵에는 신식 사치품들이 초일류 거부들의 집을 장식하고 있었다. 유행의 선도자 마이케나스만 해도 로마 최초로 온수 수영장을 들이느라 바빴으나, 프린켑스의 저택은 '규모나 스타일, 어느 것 하나 내세울 만한 것들 없이'[96] 고급 저택에서 흔히 볼 수 있는 것들만 갖추고 있었다. 마이케나스가 고대광실 같은 저택의 중심 시설로 설치한, 저 멀리 아펜니노 산맥의 전경이 눈에 들어올 만큼 높이 치솟은 뾰족탑도 아우구스투스의 저택에는 물론 없었다. 아우구스투스는 공화국보다도 부유했다. 그러니 드러내놓고 부를 과시할 필요가 없었던 것이다.

게다가 그런 점에서 아우구스투스는, 그도 익히 알았듯이 로마 대중과도 한마음이었다. "그들은 공공 기념물의 미화에는 호의를 보여도 개인적 사치는 경멸했다."[97] 이런 아우구스투스와 달리, 자수성가한 그의 추종자들은 내전의 약탈물을 게걸스럽게 탐하고 물 쓰듯 돈을 쓰며 지배자의 목적에 이롭지 않은 행동을 했다. 마이케나스만 해도 유행에만 목을 매면서 시대에 역행하는 행동을 했다. 도시의 성문 곁 극빈자들의 공동묘지에 거대한 정원을 조성해놓고서는 흩어져 있던 빈자들의 '백골'[98]을 거름 삼아, 당시 유행하던 궁형 토피어리(조경에 특성을 부여하기 위해 나무를 장식적으로 다듬는 것 — 옮긴이) 정원수들을 가꾸는 식이었다. 새 정부의 공적 측면은 오히려 뚱하고 엄한 인상의 아그리파가 잘 대변했다. 미천한 신분에서 일약 팔라티노 구릉에 있던 안토니우스의 저택과 해외에 있던 그의 영토를 전부 차지하는 신분 상승을 이루었는데도 대중이 좋아하는 투박한 농부 이미지를 계속 보유했으니 말이다. 아그리파는 귀족을 괴롭히는 것도 마다하지 않고 개인적으로 소장한 예술품을 국유화하도록 그들을 압박했다. 그런 비장품들은 대중이 즐겨야 마땅하다는 것이 그의 주장이었다. 귀족들에게 환심을 사고 그들을 안심시키기 위해 많은 노력을 기울이던 프린켑스조차 선뜻 하기 힘든 일을 그가 대신 해준 셈이었다. 그러나 알고 보면 아그리파가 취한 모든 행동과 말은 주군의 인가를 받아 행해진 것이었다. 이익의 냄새를 맡는 데 귀신이었던 프린켑스가 대중을 대하는 상류층의 태도에서 이득의 원천이 될 만한 요소를 찾아낸 것이다. 숭고한 공화국의 전통에 충실한 사람들은 로마의 대중에 대해 두 가지 관점을 갖고 있었다. 그들을 '모든 힘, 모든 임무, 모든 명령을 부여해주는'[99] 존재로 본 것이 하나였고, '도시의 더러운 물'[100]로 간주한 것이 다른 하나였다. 그런데 아우구스투스는 바로 이 상반된 두 관점 사이에서 자신의 지위를 한층 확고히 할 수 있는 기회를 포착했다. 게다가 그는 공화국을 회복시킨 인물이었으니, 위선이 가진 무한한 가능성을 실현하기에도 제격이었다.

실제로 로마에서는 프린켑스를, 피 흘리는 국가를 그의 약손으로 고쳐 건강을 되찾아준 인물로 치켜세우는 분위기가 강했고, 내전의 여파로 어수선하다 보니 그에 대해 왈가왈부하려는 사람도 거의 없었다. 그런 분위기 속에서 원로원 청사에는 '원로원과 로마 인민Senatus Populusque Romanus'의 요청에 따라 만들어졌다는 문구가 새겨지고 아우구스투스의 기본 덕목이 나열된 황금 방패가 내걸렸다. 하지만 그럴싸하게 들리는 것과 달리 그 문구에는, 도시의 엘리트층과 대중 간의 화합만이 아닌 분열도 암시되어 있었다. 로마 시민들이 이상으로 삼을 만큼 소중히 여겼던 공통의 선에 대한 헌신만 해도, 도시가 처음 창건될 때부터 이미 경쟁자의 북소리가 따라 울렸다. 팔라티노 구릉 위에서 독수리 열두 마리가 날아가는 광경을 보았던 로물루스에게는 그와 경쟁하는 쌍둥이 형제가 있었으니 말이다. 로물루스가 그 독수리들을 보고 있을 때, 팔라티노 구릉의 정남쪽에 위치한 아벤티노 구릉에서는 레무스가 하찮은 새

여섯 마리를 바라보고 있었다. 쌍둥이 언덕의 대결은 그때부터 운명으로 고착되었다. 팔라티노 구릉이 독점적 권력의 중심이 된 반면에 아벤티노 구릉은 불우하고 빈곤한 사람들, 곧 플레브스plebs의 본거지가 되었다. 공화국의 가장 큰 자랑거리였던 시민적 유대 뒤에는 이렇듯 계급적 분노의 맥박이 늘 고동치고 있었다. 상류층 사람들로부터 '하층민plebs sordida'으로 무시당한 빈곤층에게도 자신들의 권리를 지키기 위해 싸운, 자랑스러운 전통이 면면히 이어져왔던 것이다. 그들은 자신들의 자유를 되풀이하여 짓밟으려는 시도에 영웅적으로 저항했다.

아벤티노 구릉의 하부 경사면에는 그런 저항을 기리는 고색창연한 기념물도 있었다. 안토니우스가 자신의 신전으로 삼을 생각을 하기 수세기 전인 기원전 494년, 평민층(플레브스)이 부유층의 착취와 빚을 견디다 못해 동맹파업을 일으킨 것을 기념해 세운 리베르 신전이 그것이었다. 파업자들은 로마에서 강 상류로 올라가 테베레 강이 내려다보이는 언덕에 진을 쳤다. 그러고는 집정관 제도에 대한 명백한 역습으로서 자신들의 이익을 대변해줄 '호민관'[101] 두 명을 선출했다. 호민관의 신체는 신성불가침이며 그들의 신체를 훼손하면 사형에 처할 수 있다는 규정도 마련했다. 간담을 서늘하게 하는 그 맹약이 바로 호민관 제도의 시작이었다. 로마의 상류층도 울며 겨자 먹기로 그들의 요구를 받아들였다. 그리하여 몇 세기가 흐른 뒤, 호민관은 공화국에서 아주 강력한 관직 중에 하나가 되었다. 그 기간 내내 호민관에 대한 공격도 신성모독죄로 남아 있었다. 호민관은 그 권위에 도전하는 사람에게 사형 선고를 할 수 있는 권리, 정무관 혹은 동료 호민관이 내린 결정이 부당하다고 생각될 때는

늑대의 자식들. 로마의 창건자 로물루스와 그의 쌍둥이 형제 레무스가 팔라티노 구릉 한쪽의 '루페르칼' 동굴에서 늑대 젖을 빨고 있는 모습의 부조. 그 오른쪽 옆에는 테베레 강의 신 티베리누스가 팔꿈치에 몸을 기댄 채 비스듬히 누워 있다. (Wikipedia)

율리우스 카이사르의 암살자들이 사건 현장에서 도주하는 모습을 상상하여 그린 그림. 장 레옹 제롬의 1859년 작품이다. (ⓒ 미국 월터스 미술관)

리비아 드루실라 조각상. 재색을 겸비하고
문벌 또한 뛰어났던 그녀는 로마 여성으로
는 전례 없는 영예로운 삶을 살았다. (톰
홀랜드)

최고의 보좌관이었던 마르쿠스 빕사니
우스 아그리파의 두상. (ⓒ Marie-Lan
Nguyen/Wikimedia Commons)

'영광의 전리품'(적장의 몸에서 벗겨낸 갑주)을 손에 들고 선 로물루스. 그는 단일한 전투에서 적장을 죽인 소수의 로마 장군들 가운데 첫 번째 인물이었다. 폼페이의 한 상점 밖에서 나온 그림인데, 아우구스투스의 명령으로 복수의 상징 마르스 신전에 세워져 있던 동상을 그린 것이다.

대신관 아우구스투스의 조상. 엄숙하고 경건하게 신들을 섬긴 대신관으로서 아우구스투스를 묘사한 작품. (Wikipedia)

로마의 도처에 세워져 있던 남근상. 로마인의 남근은 성적 능력뿐 아니라 기술도 뛰어나다고 믿어졌다. (Wikipedia)

아우구스투스가 보여주고 싶어 한 대로 묘사된 부조. 맨 왼쪽에 있는, 머리부터 토가를 둘러쓴 인물이 아그리파이고, 그 옆에 있는 여성은 아그리파의 부인 율리아임이 거의 확실하다(리비아일 개연성도 없잖아 있다). 아우구스투스의 양자 겸 손자, 가이우스와 루키우스의 모습도 보인다. (De Agostini/Getty Images/이매진스)

티베리우스와 그의 어머니 리비아의 조상.
(톰 홀랜드)

게르마니아 총독 퀸크틸리우스 바루스와
로마의 3개 군단이 전멸한 토이토부르크
통로 위쪽에 자리한 언덕의 숲. (톰 홀랜드)

로마 기병의 마스크. 전투가 벌어졌던 토이토 부르크 통로에서 발견되었다. (Wikipedia)

비쿠스 산달라리우스(샌들 제조공들의 거리) 교차로에 설치되었던 제단. 가이우스를 사이에 두고 아우구스 투스와 리비아가 양옆에 선 모습의 부조가 새겨져 있다. (De Agostini/Getty Images/이매진스)

뒤에서 바라본 아우구스투스 조상. 아우구스투스는 임종시에도 인생극에서 자신이 맡은 배역의 연기가 훌륭했는지 물어보았을 만큼 노인이 되어서도 체면 유지에 신경을 썼다. (톰 홀랜드)

아그리파 포스투무스의 추방지였던 플라나시아(피아노사) 섬. 이탈리아 서해안에 위치한 작은 섬인데 아우구스투스와 그의 계승자들이 눈 밖에 난 왕실 가족 구성원들을 추방할 때 사용한 여러 섬들 중 하나다. (Wikipedia)

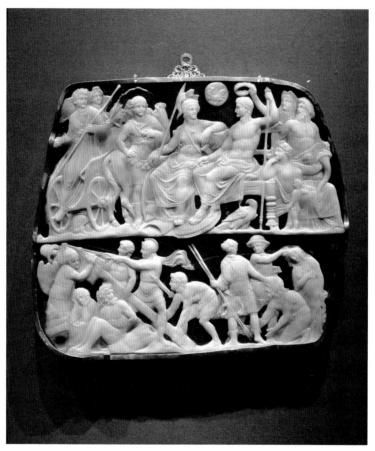

개선장군이 된 아우구스투스 카이사르. 사진 위쪽에는 문명 세계를 상징하는 여성이 참나무 잎으로 만든 관을 그에게 씌워주는 모습이, 아래쪽에는 전리품으로 잡혀온 야만족이 끓어 엎드린 모습이 새겨져 있다. (De Agostini/Getty Images/이매진스)

거부권을 행사할 권리, 원로원을 소집하고 법률을 발의할 권리를 가졌다. 이렇게 전통의 무게뿐 아니라 잠재력까지 큰 특권을 지닌 관직이었으니, 프린켑스가 호민관직에 흥미를 갖지 않았을 리 없다.

아니나 다를까 시간이 흐르자 그는 과연 행동에 나섰다. 집정관직을 사임하는 대신 그에 버금가는 중요한 보상을 얻은 것이다. 기원전 23년 아우구스투스는 원로원으로부터 가장 강력한 다수의 권한, 특히 수위권 강화에 도움이 되는 호민관 특권을 부여받았다. 평민층도 힘겹게 쟁취한 자신들의 특권을 로마 최대의 부호에게 빼앗기는 것에 분개하기는커녕 오히려 그를 자신들의 투사로 보고 그 조치를 승인했다. 사실 명문가의 자손이 호민관이 되려 한 행동이 새삼스러운 일도 아니었다. 그 100년 전에도 스키피오 아프리카누스의 손자들인 티베리우스 그라쿠스와 가이우스 그라쿠스 형제가 호민관을 역임했고, 근래에는 푸블리우스 클로디우스 풀케르가 호민관직을 등에 업고 소란스런 이력을 쌓아갔으니 말이다. 그러나 이 세 사람에 대한 기억에는 계급 전쟁의 기미가 따라붙었다. 원로원 반대파의 선동으로 폭력이 난무해 로마의 거리들이 피로 물든 것이다. 티베리우스 그라쿠스는 의자 다리에 맞아 죽었고 가이우스는 참수되었다. 클로디우스의 경우는 앞에도 나왔듯 아피아 가도에서 정적에게 살해되었는데 그 여파로 최초의 원로원 건물이 파괴되었다. 그런 전례가 있었으니 원로원 의원들 중에도 필시 아우구스투스가 집정관직을 사임하고 호민관의 특권을 갖자 벌벌 떤 사람들이 있었을 것이다.

하지만 그랬다면 그들은 사람을 잘못 본 것이었다. 전지^{全知}의 스핑크스와도 견줄 만했던 완전한 인간 아우구스투스는 선동 정치에는 관심이 없었다. 호민관 특권만 가졌을 뿐 그는 호민관도 아니었다(귀족 신분이어서 호민관 자격이 없었다—옮긴이). 또한 그는 인민의 총아이기는 했으나 평민들뿐 아니라 원로원의 보호자 역도 했다. 평민층이 쉽게 달아올랐던 것만큼이나 부유층 또한 수영장, 예술품, 아름다운 토피어리를 지키기 위해서는 그를 필요로 했기에 그에 대한 의존도가 높았다. 그 점은 아우구스투스가 로마를 비웠을 때 여실히 드러났다. 기원전 23년부터 기원전 19년까지 그가 동지중해 유역으로 원정을 떠난 사이, 도시는 파벌주의와 길거리 싸움으로 몸살을 앓았다. 폭동이 일어나고 살인율이 치솟았다. 집정관이 신변 불안을 느껴 호위병을 추가로 요청할 정도였다. 로마는 프린켑스가 파르티아에 빼앗긴 군기를 되찾아 의기양양하게 돌아온 뒤에야 질서를 회복했다. 이것이 전해주는 교훈은 명백했다. "아우구스투스가 로마를 비우면 사람들이 제멋대로 굴었고, 로마에 있으면 바르게 행동했다."[102]

프린켑스는 원로원의 수호자 겸 평민들의 투사, 아니 그 이상이었다. 로마는 공화국이면서도 너무나 오랫동안 공화국 최악의 적이었다. 권세 있는 자들의 탐욕과 대중의 야만성이 함께, 공화국을 파멸 직전으로 몰아갔다. 신들이 아우구스투스를 로마로 보내 내전의 고통에서 구해주었기에 망정이지, 그렇지 않았다면 도시와 제국은 멸망하고 말았을 것이다. 그렇다면 프린켑스가 해야 할 일이 무엇인지도 자명했다. 바로 공화국을 지키고 보호하는 것이었다. 혁명은 그의 생각에서 저만치 동떨어져 있었다. 원로원과 인민에게 그들의 본류를 깨닫게 하는 것이 그가 신으로부터 부여받은 의무였다. 그리고 그 임무는 고대의 비르투스와 규율의 생득권을 그들에게 되찾아주면 완결될 터였다. 언젠가 아우구스투스는 "전통적인 일 처리 방식을 고수하는 사람이 훌륭하다"[103]라는 말을 했다고 하는데, 과연 그가 행한 모든 것, 변화시킨 모든 것, 최근의 관습과 여러모로 절연하려 했던 모든 것은 새로움이 아닌, 조상 대대로 물려받은 위대성으로 복귀하는 데 초점이 맞춰져 있었다.

　지난날 신들은 로마에 호의와 보호의 은총을 베풀었다. 분향과 희생의 불꽃이 일으킨 연기가 태양을 자욱하게 가리고, 도끼 맞은 흰 소들의 피가 대지를 적시며, 도시 역년이 원시 고대의 축제들을 중심으로 돌아가던 때였다. 하지만 시간이 가면서 그것들은 유야무야 자취를 감추어 제식을 행하는 것도 소홀해졌으며, 그에 따라 신전의 돌들도 더는 말을 하지 않게 되었다. 호라티우스는 황폐함만 더해가는 도시와 함께 허물어져 가는 신전을 바라보며 탄식한 여러 사람들 중 한 사람일 뿐이었다. 그는 이렇게 썼다. "신들의 성소와 성상이 연기에 그을어 꼴이 말이 아니다."[104] 필리피 전투에서 돌아온 뒤 시민이 시민을 죽이는 몸서리치는 기억에 시달리고, 토지 몰수에 따른 가난에 허덕이며, 살아남기 위해 수년간 발버둥치던 호라티우스가 도달한 결론은 다음과 같이 명백했다. "인간에게 무시당한 신들이 이탈리아에 수많은 재앙을 내렸다."[105] 공화국의 병폐를 청산할 임무를 신들로부터 부여받은 아우구스투스도 호라티우스가 내린 진단에 전적으로 공감했다. 그가 '영광의 전리품'이 안치된 팔라티노 구릉의 고대 유피테르 신전을 수리한 것은 병을 고치기 위한 작업의 시작일 뿐이었다. 지붕도 없이 허물어져 가는 신전은 신들에 대한 무례일 뿐 아니라 로마인들의 자긍심을 깎아내리는 모욕, 도시의 얼굴에 난 부스럼이기도 했다. 게다가 아우구스투스는 세계의 부를 손에 쥐고 있었으므로 부스럼 치료약을 살 돈도 충분히 있었다. 그리하여 부식된 것을 본래대로 환원하고, 검어진 것은 희게 만들고, 벽돌 건물은 대리석 건물로 교체하는 전면적 계획이 수립되었다. 팔라티노 구릉의 아폴로 신전에서 시작된 공사는 이윽고 로마 전역으로 확대되었다. 리비아도 귀부인들이 즐겨 찾는 아벤티노 구릉의 신전을 단장하는 일에 나서는 등 동참하고 나섰다. 그동안 프린켑스가 복구에 착수한 신전은 총82곳에 달했다. 채색이나 치장 벽토를 덧대는 작업에 그친 것은 그중의 일부에 지나지 않았고, 나머지 대부분은 세계 최고의 건축가들의 손으로 멋지게 개조될 예정이었다. 그 일에 필요한 석재 공급을 위해 산까지 여러 개 깔아뭉갰다는 우스갯소리가 나돌 정도였다. 그 무렵에는 고색창연함보다는 미려함이 중시되었다. "조상이 지은 고대의 신전도 훌륭하지만, 마음을 끄는 것은 황금빛 신전이로세. 어찌 됐든 신에게도 황금빛 궁전의 장엄함이 어울릴 테니"[106]라고, 시인 오비디우스가 읊조린 대로였다.

그 말에는 신들도 확실히 공명했던 듯하다. 임페라토르 카이사르가 아우구스투스라는 호칭을 갖게 된 지 10년이 지난 기원전 17년, 로마는 또 한 번 신들의 총애를 받는 곳임이 확실히 드러났다. "세계가 평정되었소. 올바른 정치 질서도 되돌아왔소. 모든 이들의 삶이 평안해지고 번영을 누리게 되었소"[107]라고, 어느 여인의 남편이 아내의 비문에 적었듯이 말이다. 그해 5월이 지나고 6월이 될 무렵 로마에서는 루디 사이쿨

라레스라 불린 백년제가 개최되었다. 새로운 백년, 곧 사이쿨룸이 시작될 때 벌이는 축제로, 온갖 여흥이 제공되고 전차 경주가 벌어지며 호화로운 잔치가 열리는 고대의 전통 축제였다. 사흘 내리 계속된 이 축제는 신들에게 피의 제물을 바치는 의식으로 시작되었다. 그리고 밤이 되면 전 주민에게 차별 없이 골고루 나눠진 횃불로 환해진 도시에서 프린켑스가 축제를 이끌었다. 그는 먼저 도시의 운명을 지휘하는 운명의 세 여신 모이라이에게 양과 염소 제물을 바치고 출산의 여신에게도 케이크를 바쳤다. 그것은 황금기의 도래를 알리는 의식이었는데, 그 메시지를 전달받지 못한 사람들을 위해 카피톨리노 구릉과 팔라티노 구릉에서는 호라티우스가 백년제를 위해 특별히 지은 찬가도 낭송되었다. "로물루스의 종족들에게 부와 자손, 모든 종류의 영광을 내려주소서."[108] 많은 사람들은 순결한 소년소녀 합창대가 부른 이 찬가가 포룸 일대로 울려 퍼지는 소리를 듣고, 황금과 미려한 대리석 테가 둘러진 스카이라인을 바라보는 것만으로도 신의 호의가 이미 미쳤음을 느낄 수 있었다. "지금 우리에게는 진실, 평화, 명예, 로마의 오랜 전통인 성실, 오랫동안 무시되었던 남성성, 이 모든 것이 돌아오고 있다. 과일과 곡식 그득한 은혜로운 풍요의 뿔도 여기 우리와 함께 있도다!"[109]

과연 그 뒤로 몇 년 동안 로마는 풍요로움이 넘쳐흘러 빠르게 미화되었다. 신들만 도시 개량의 덕을 보았던 것은 아니다. 로마인들도 제 나라의 도시가 누추함의 때를 벗고 눈부시게 변해가는 모습을 바라보며 프린켑스의 재원이 무한정하다는 사실을 당연시하기 시작했다. 그의 협협함에는 끝이 없는 것 같았다. 폼페이우스의 후손이 가난에 찌들어 폼페이우스가 세운 돌 극장의 유지, 관리를 제대로 하지 못하자 아우구스투스는 그 일도 선뜻 대신 해주었다. 다른 귀족 가문들도 그 일에서는 프린켑스의 상대가 안 된다는 것을 알고 일찌감치 손을 뗐다. 전례 없는 규모의 욕장을 짓든, 로마인들이 투표하는 곳인 집회장을 눈이 휘둥그레지도록 호화롭게 개축하든, 도시의 도로를 개량하든, 공사의 주체는 언제나 아우구스투스와 그의 충복 아그리파였다.

동포 시민들의 행복에 기울이는 프린켑스의 관심은 친구에 대한 기억마저, 그것에 희생시킬 정도로 사심이 없었다. 프린켑스의 친구 중 베디우스 폴리오라는 인물이 있었다. 재정 담당자였던 베디우스는 소아시아 속주들의 과세 효율성을 크게 높인 덕에 거부가 되었다. 그런데 그가 기원전 15년 포룸 위쪽 돌출부에 지어진 대저택을 프린켑스에게 유산으로 남기고 죽었다. 그러자 프린켑스는 보란 듯이 그 저택을 허물어뜨리고는 아내 리비아에게 터만 넘겨주었다. 그런데 리비아도 남편 못지않게 로마인들에 대한 책임 의식이 강했던지라, 그 터에 열주와 분수가 갖춰진 호화 건물을 지어 로마 대중에게 기부했다고 한다. 카이사르 아우구스투스가 지배한 새 시대에는 이렇게 부호 정치가의 이기적 탐욕도 공정하게 처리되었다. '진정한 본보기가 만들어졌던 것이다.'[110]

한때는 보잘것없던 인물 베디우스가 내전의 살육과 격변으로부터 이득을 취해 로마 최고의 거부들 중 하나가 되어 죽은 사연이 말해주는 것은 세월의 흐름이었다. 자유 공화국에서 시민과 시민이 투쟁을 벌인, 루비콘 도하가 있기 전의 시대를 기억하는 사람들이 늙어가고 있었던 것이다. 기원전 13년 말 레피두스가 숨을 거두자, 사람들은 그가 죽었다는 사실보다는 오히려 수년 전에 죽은 줄 알았던 그 전직 집정관이 그때까지 살아 있었다는 사실에 더 놀랐다. 기원전 36년에 실각하여 이름 없는 이탈리아의 벽촌으로 쫓겨났던 레피두스는 20여 년을 마치 유령처럼 살다가 갔다. 그에게 남은 것은 대신관大神官 직책뿐이었다. 따라서 그가 죽었으니 후계 대신관으로 누가 선출될지는 보나마나 뻔했다. 오래전 로마인들은 아우구스투스에게 레피두스의 대신관직 박탈을 요구했다가 신성모독이라는 이유로 거부당했는데, 기원전 12년이 된 시점에는 이탈리아 전역의 남녀가 아우구스투스의 대신관 선출을 축하하기 위해 모여들었다.

한편 새로운 대신관은 언제나 그랬듯이 그 직책이 자신에게 가져다줄 이득의 기회를 엿보고 있었다. 전통에 따르면 대신관이 포룸 중앙에 있는 공식 관저로 옮겨가, 도시의 영원한 불을 지키는 베스타 여신 제녀들의 보호자 역할을 하도록 규정되어 있었다. 그러나 아우구스투스는 팔라티노 구릉을 떠날 마음이 조금도 없었다. 그는 경건함을 자기 본위로 해석해 자신의 저택 일부를 베스타 여신의 신전으로 삼는 절충안을 택했다. 그렇게 해서 아폴로 대신전과 연결되어 있던 그의 저택에 새로운 신성함의 광채가 더해졌다. 아우구스투스는 이렇게 신에게 한 발짝 더 가까이 다가갔다.

열아홉 살의 어린 나이에 집정관이 되어 로마 전통의 수호자들을 분개하게 했던 인물도 그 무렵에는 어언 나이가 오십대였다. 아우구스투스의 조상들은 여전히 초자연적으로 상큼한 모습을 띠고 있었지만, 그의 주름살은 날로 깊어만 갔다. 젊은 시절부터 동고동락한 최측근 몇 사람도 고령으로 죽고 없었다. 아그리파도 과로로 지쳐 아우구스투스가 대신관으로 선출되기 고작 몇 달 전에 세상을 떠났다. 그 4년 뒤에는 마이케나스가 무덤으로 들어갔다. 마이케나스는 "나를 기억하듯 호라티우스를 기억해달라"[111]라는 유언을 옛 친구에게 남기고 죽었다. 과연 호라티우스가 59세를 일기로 숨을 거두자, 아우구스투스는 마이케나스의 무덤 가까운 곳에 그를 안장했다.

아우구스투스 자신도 병을 달고 다닌 것으로 유명했던 만큼 죽음을 많이 생각했을 것이다. 하지만 그는 죽지 않았다. 죽기는커녕 몇십 년을 사는 동안 신기하게도 더욱 강건해지는 듯했다. 나이도 잘 먹어서, 잿빛 머리카락은 그의 아욱토리타스를 약화시키는 게 아니라 오히려 더 빛나게 했다. 그는 도시에 이로운 일을 하며 늙어가는 베테랑, 로마인들이 본능적으로 친숙함을 느끼는 종류의 권위자가 되었다. 기원전 3년에 아우구스투스는 예순 살이 되었다. 그 몇 달 뒤에는 수년 만에 처음으로 집정관에도 다시 선출되었다. 그러나 동포 시민들에게는 그에게 줄 영광이 아직 남아 있었다. 이듬해인 기원전 2년 1월, 평민 대표단은 해안가 별장에 머물던 그를 찾아가 '국부' 칭호를 받아달라고 간청했다. 아우구스투스가 거절하자 2월 15일에는 모든 계층의 사람들이 함께 간원했다. 그리하여 로마로 돌아와 극장에 도착한 그를 관중은 국부로 환호했다. 원로원도 그 직후에 개최된 회의에서 나름의 견해를 보탰다. 원로원 대변인이 "우리도 로마인들과 뜻을 같이하여 폐하를 국부로 맞이한다"라고 선언한 것이다. 아우구스투스도 이번에는 호칭을 반납하지 않고 목멘 소리로 "내가 바란 모든 것이 지금 이루어졌다"[112]라고 소감을 밝혔다.

임페라토르 카이사르 아우구스투스는 신격화된 자기 아버지의 복수자로서 로마 집권 계획에 착수했다. 오비디우스에 따르면 "그에게 그것은 임무이며 의무이자 긴급 사안이었다."[113] 그리고 그로부터 40년 이상이 지나고 보니 그는 어느새 로마의 국부가 되어 있었다. 그 무렵의 초여름이었던 5월 12일, 프린켑스는 자신의 경이로운 생애를 기리며 그가 로마인들에게 부여해준 이전의 다른 모든 요소를 압도하는 새로운 기념물을 봉헌하는 의식을 가졌다. 그 옛날 필리피 전장으로 갈 때 짓기로 공언했던 복수의 상징 마르스의 신전을 오랜 세월이 흐른 지금에 와서야 완공했던 것이다. 아우구스투스는 젊은 시절에 행했던 토지 몰수의 기억을 사람들에게 떠올리게 하고 싶지 않았다. 그래서 토지를 강제로 수매하지 않았고, 그러다 보니 일을 떠맡은 대리인들이 수많은 재산권 분쟁에 휘말리는 바람에 완공이 지연되었다. 일부 소유주들은 대놓고 토지 매각을 거부했다. 그런 외고집 탓에 개발의 밑그림에는 요상한 각도가 나타났고, 설계, 재설계가 잇따르면서 공사가 수년간 지연되었다. 참다 못한 아우구스투스가 중간에 끼어들어 완공을 명령한 뒤에야 일이 겨우 진척을 보기 시작했다. 하지만 봉헌 날짜가 다가오는데도 건축 자재를 그러모으고 칠을 하는 식으로 일이 어수선하게 진행되었다. 그렇다고 막판에 일을 서두른다고 해서 입이 떡 벌어질 정도의 감화력이 줄어들어서는 안 되었다. 아니나 다를까 아우구스투스 최대의 건축 사업은 최고의 걸작으로 탄생했다. 이름 없는 궁벽한 곳이 세계를 지배하는 도시가 됨으로써 마르스 신의 후예임이 명백해진 사람들에게, 아우구스

투스는 '그 신에 어울리는 규모의 위업', 가장 빛나는 봉헌물을 바칠 수 있게 된 것이다.[114]

전쟁은 로마뿐 아니라 아우구스투스에게도 성공의 요인이었다. 프린켑스도 그 사실을 굳이 숨기려 하지 않았다. 아우구스투스 포룸의 정면에 신격화된 아버지에 대한 자신의 의무를 새겨놓은 것도 그래서였다. 복수의 상징 마르스의 신전 한쪽에도 아이네아스가 중앙에서 눈부시게 빛을 발하는 형태로, 율리우스가의 조상들을 반원형으로 설치했다. 그렇다고 거대한 신전 전체를 로마인의 피로 필리피 전장을 얼룩지게 했던 복수의 기념물로만 장식하지는 않았다. 경사스러운 승리의 기념물도 함께 설치했다. 카피톨리노 구릉에 임시로 지은 작은 신전에 보관되어 있던 독수리 군기들만 해도 아우구스투스가 파르티아에서 회수했던 공적에 걸맞은 장소를 마침내 갖게 되어, 치솟아 오른 마르스 신전의 경내 안쪽 성소에 안치되었다. 하지만 그것들을 되찾아온 사람은 아우구스투스였을지라도 전쟁의 승리는 로마인 전체가 공유할 수 있어야 했다. 그리하여 신전 바깥쪽에, 손에는 검과 창을 들고 발은 지구를 밟고 선 모습으로 신전 정면에서 포룸의 채색된 포석을 내려다보는, 반쯤 벌거벗은 마르스 상이 세워졌다. 권위가 하늘을 찌른 아우구스투스였지만 로마의 세계 지배를 전적으로 자기 것으로 주장하는 자만을 부리지는 않은 것이다.

아니, 오히려 그 반대였다. 포룸 건너편 율리우스가 조상들을 마주 보도록 반원형으로 세워진 또 다른 조상들이 그것을 대변했다. 중앙에는 '영광의 전리품'이 완비된 로물루스가 자리를 잡고 그 주위를 로마의 위대성에 기여한 다수의 다른 영웅들이 감싼 형태로, 참된 명예의 전당을 이룬 조상들이었다.[115] 아우구스투스가 선언한 바에 따르면 그 영웅들은 로마를 위해 일하도록 그를 고취시킨 본보기였다. 그러니 그들에게서 물려받은 피 또한 율리우스 카이사르 가문의 그것 못지않게 깨끗했다. 요컨대 아우구스투스는 외래적 요소, 로마 최고의 관례와 맞지 않는 요소는 체현하지 않았다. 그리고 그 점은 '그의 뒤를 이어 프린켑스가 될 사람들'[116]도 마찬가지일 터였다. 로마에는 혁명이 없었으며, 앞으로도 과거와 미래가 만나 한 인물 안에서 화해할 터이니 말이다.

지난날 가이우스 옥타비우스였던 인물은 로마의 임페라토르, 아우구스투스, 국부가 되었다. 따라서 찬란한 마르스 신전의 봉헌식을 거행한 그도 그만하면 이제 다 이루었다는 느낌을 가질 만했다. 그 스스로도 언제나 믿었듯, 아우구스투스가 신들의 총아라는 사실에 합리적으로 이의를 제기할 사람은 없었다. 호라티우스가 죽기 전 쓴 송가에서 아우구스투스를 '가장 위대한 프린켑스'[117]였다고 한 것도 빈말이 아닌 사실이었다. 아우구스투스는 동포 시민들에게 평화를 안겨주었고, 신들과 그들을 화해시켰으며, 그들의 희망을 되찾아주었으니 말이다.

그렇다고 모든 것이 좋게만 흘러갔을까?

chapter 3

잔인성의 고갈

원점으로 돌아가다

아니, 물론 추문에 대한 소문은 있었다.

쑥덕공론은 늘 있게 마련이니까. 소문은 시민들이 호흡하는 공기의 일부였다. 사람들은 모이기만 하면 풍설을 주고받았고, 그것이 새로운 사실로 통용되었다. 포룸에서나 들을 수 있는 말들이 불가항력적 힘에 의해 미로 같은 도시 뒷골목, 작업장, 꽉 막힌 좁은 골목길, 돼지들이 쓰레기를 뒤지고 직물 표백업자들이 세탁물을 널어 말리는 숨은 구역들로 퍼져 나갔다. 로마인들에게는 청교도적 기질이 있었다. 따라서 악덕을 오래도록 비밀로 간직하지 못했다. 로마의 정치적 삶이 공화국의 어원이자 공적인 일이라는 뜻을 가진 '레스 푸블리카'로 불린 데는 그럴 만한 이유가 있었던 것이다. 가장 저명한 인물이라 해도 부적절한 일에 휘말리면 군중의 조롱과 야유를 피할 길이 없었다. 휘갈기거나 긁어놓은 낙서가 도시의 벽들을 온통 뒤덮어, 글을 읽을 줄 아는 사람이면 모두가 험담을 했다. 그러다 보니 낙서의 주인공은 그에 따른 중압감을 이기지 못해 벽을 무너뜨리는 경우도 있었다. 글을 읽지 못하는 사람도 마음에 들지 않는 인물이 있으면 그의 기념물에 배설을 했다. 로마인들은 타인을 비방하는 일에 남다른 재능을 보였다.

그 점에서 아우구스투스는 특별했다. 정계의 수장 자리를 그토록 오래 유지하면서도 순백의 토가 가장자리를 오물로 더럽힌 적 없는, 다른 사람에게는 절대 일어날 수 없는 일이 그에게는 벌어졌으니 말이다. 동포 시민들의 마음속에는 그와 리비아의 결혼과 관련해 세상을 떠들썩하게 했던 저간의 사정에 대한 기억이 여전히 생생히 남아 있었다. 게다가 임신한 유부녀를 강제로 낚아챈 남자라면, 또 다른 여자를 그러지 말라는 법도 없었다. 추정된 그의 불륜에 대한 내막을 자세히 알 길은 없었지만, 그의 바람기는 거의 기정사실로 받아들여지고 있었다. 리비아도 그런 일로 분란을 일으키기보다는 그의 숱한 외도를 눈감아주고 처녀를 계속 대주는 방식으로 남편에 대한 장악력을 유지했다. 프린켑스의 친구들도 그 같은 호색 행위를 있을 수 있는 일로 보고, 그의 바람기를 욕망이 아닌 계산에 따른 행동이었으며 그가 동침한 여자들도 감시가 필요한 원로원 의원의 부인들이었다고 주장했다. 또 다른 사람들은 그런 일은 잘 모르겠다는 입장을 취했다. 그러나 다수의 사람들에게 아우구스투스같이 성생활이 문란한 사람은 아마도 로마인의 훌륭한 자질이었을 자제력이 결핍된 사람으로 보였다. 그들은 성욕의 무절제를, 여성이나 그리스인이라면 또 모를까 로마의 가장 숭고한 전통으로 단련된 시민에게는 일어나서는 안 되는 일이라고 믿었다. 힘은 문란한 남녀 관계에 쓸 것이 아니라 로마인들의 영광을 위해 써야 한다는 것이 그들의 생각이었다. 그러다 보니 아우구스투스를 따라다닌 연쇄 간통자라는 평판도, 그의 남자다움의 아우라를 높여주기보다는 여성스럽고 불길한 징표로 인식되었다. 욕망의 노예가 된 인간을 진정한 남자로 간주할 수는 없었다. 게다가 유부녀를 탐하는 난봉꾼들은 여성적인 것으로도 알려져 있었다. 프린켑스도 새빨갛게 달군 견과 껍데기로 다리털을 제거하여 매끈하게 만들었다는 소문이 돌았다.

물론 그런 행위는 충격적인 것으로 여겨졌다. 하지만 아우구스투스도 알았듯이 최악은 아니었다. 안토니우스와 비교하면 그 정도는 약과였다. 아우구스투스와 관련하여 제기된 어떤 주장도, 그가 그의 핵심 정적에게 쏟아부은 치명적 폐수의 거센 파도와는 비교가 안 되었다. 아우구스투스의 평판이 입은 손상만 해도 치명적인 구석은 없었다. 그가 여성스럽다는 소문도 대개는 사실이 그래서가 아니라 사실이 아니어서 난 것이었다. 게다가 프린켑스는 자신을 중상하는 사람들의 도덕성을 경멸하기보다는 뼛속 깊이 그것을 공유했으며, 로마인들도 그 사실을 알았다. 아우구스투스는 자기 아내가 지은 옷을 입고 다닌다는, 그가 직접 흘린 소문이 들려도 로마인들이 세계 최고의 갑부가 집에서 만든 옷을 입고 다니는 위선을 비난하려 하지 않은 것도 그래서였다. 리비아 또

한 아우구스투스의 집안에 귀족 계급의 특징만 들여온 것이 아니라, 고대 덕목의 살아 있는 화신으로서 귀족 계급을 이롭게 하는 일도 했다. 아우구스투스 동반자로서 그녀에게선 외간 남자를 탐하는 기색은 찾아볼 수도 없었다. 리비아는 모든 것을 잃는 것이 어떤 것인지를 알았다. 따라서 정숙함과 냉정한 자기절제를 보이며 프린켑스 아내의 자리를 지켰다. 그녀는 '자신의 용모, 말, 일거수일투족이 세간의 뜨거운 관심의 초점이 되고 있다'[1]는 사실도 알았다. 또 남편이 자신에게 무엇을 바라는지 완벽하게 파악해, 로마의 기혼녀들이 정숙함의 상징으로 여긴, 거북할 정도로 성가시고 풍성한 긴 의복인 스톨라stola를 입지 않고는 대중 앞에 절대 나서지 않았다. 리비아는 사적으로는 남편의 가장 가까운 친구, 공적으로는 경건함과 전통적 가치의 살아 있는 상징이었다.

엄격하고 영웅적인 지난날의 덕목에 열광하는 로마인들의 태도는, 소문이라면 사족을 못 쓰는 태도의 이면이었다. 그러므로 로마에서는 부와 혈통만이 지위를 결정하는 유일한 요소가 아니었다. "로마인들은 스스로의 선택에 따라 자유롭게 결혼하거나 아이 갖는 것을 바람직하게 보지 않았다. 개인적 취향이나 욕망에 따른 삶을 살거나 무언가에 탐닉하는 것도 마찬가지였다."[2] 그러다 보니 감시도 엄격하고 공적 제재도 있었다. 시민들은 정확히 계급으로 나눠져, 누군가가 자신이 속한 계급에 맞지 않는 행동을 하면 위신이 깎인다고 보았다. 프린켑스도 물론 권력 피라미드의 최상층을 차지하고 있었으므로 그 위치에 맞게, 동포 시민들이 정한 규칙을 매우 심각하게 받아들였다. 같은 맥락에서, 내전의 혼란과 격변을 겪은 뒤 로마에 평화가 도래한 것 역시 국가가 정한 질서의 회복을 의미했다. 기원전 28년에 한 번, 그 20년 뒤에 또 한 번 아우구스투스가 로마 시민들을 대상으로 전면적 인구 조사를 실시한 것도 그래서였다. 하지만 알고 보면 그가 인구 조사를 실시한 것도 사회 상층부를 감시하려는 특별한 목적이 있었다. 실제로 기원전 28년의 인구 조사는 원로원의 규모 축소, 기원전 19년의 조사는 일부 의원들의 추방이라는 결과로 나타났다. 그러나 추방된 의원들에게는 굴욕이었지만 최종 명단에 오른 의원들은 반대 급부로 위상이 크게 높아졌다. 아우구스투스의 냉혹한 능률화가 전 사회 계급의 위엄을 높인 것이다. 시민의 투표권이 중시되던 지난 시대에는 라틴어로 마예스타스^{Maiestas}로 불린, 위엄과 위대성의 아우라가 로마인 전반의 특권으로 간주되었다. 가장 막강한 마예스타스는 당연히 프린켑스가 보유했지만 그렇다고 그것을 독점한 것은 아니었다. 공화국 회복의 영웅적 사업에 동참하는 데 족한 원로원만 해도 아우구스투스 목적의 중요한 일부였으니 말이다. 아무리 임페라토르 카이사르 아우구스투스라 해도 그 특별한 짐을 홀로 걸머질 수는 없었다.

그래도 걸림돌은 남아 있었다. 원로원 계급이 배타적이 될수록 세계 제국의 요구에 부응할 의원들의 수가 날로 줄어들었기 때문이다. 그렇다면 그 결락을 메워줄 대안적 인재 집단이 있어야 했다. 효과적인 세계 정부라면 그 정도의 준비성은 갖추고 있어야 할 터. 다행히 프린켑스는 정부가 수립되기 전에 이미 해법이 될 만한 것을 하나 찾아두었다. 이번에도 그 길을 연 인물은 말할 것도 없이 유행의 선도자 마이케나스였다. 마이케나스는 아우구스투스에게 막강한 권한을 부여받았지만 공식적으로는 관직이 없었다. 원로원에 들어가 공직을 차지하기 위해 경쟁을 벌이느니 차라리 일반 시민이 도달할 수 있는 최고 계급인 에퀴테스(기사)로 남는 데 만족했다. 공화국의 틀이 아직 잡히기 전 로마 역사의 초기에는 말을 가진 시민이 도시의 엘리트로 분류되었다. 하지만 그것은 까마득한 옛날이야기여서, 이전 세기를 지나는 동안 많은 기사들이 제국의 뒤편에서 엄청난 부를 일구고 그들만의 순혈 집단을 형성했다. 해외 무역의 더러운 물에 원로원이 손 담그는 것을 금지하는 법이 제정된 여파로, 에퀴테스 경제인들이 새로운 속주들의 부를 마음껏 차지한 덕분이었다. 하지만 공화국이 공중분해 되자 에퀴테스 계급은 또 한 번 특성의 변화를 겪었다. '내전의 소용돌이 속에서 기사가 된 사람들'[3]이 기존의 부호 정치가 집단에 합류한 것이다. 내전 때 승자 편에 섰던 장교, 출세욕에 불탄 이탈리아 벽촌 출신의 귀족, 당황스럽게도 때로는 성공한 노예의 아들, 이 모든 사람이 에퀴테스 계급의 상징인 황금 반지를 자랑하고 다녔다. 강인하면서도 성취욕까지 높았던, 준비된 이들 장교 집단이야말로 프린켑스의 구미에 맞는 사람들이었다. 계급으로서의 원로원을 존중하는 마음과, 의원 개개인에게 품고 있던 숨은 의심 사이에서 고민하던 그로서는 에퀴테스라는 새로운 별종에 끌릴 수밖에 없었다. 기사들은 기사들대로, 마이케나스의 예가 보여주듯 아우구스투스가 내미는 우정의 손길을 잡으면 많은 혜택을 볼 수 있었다. 원로원 의원들이 원로원에 따라붙는 마예스타스의 빛나는 광휘를 향유했듯, 그들 또한 드러나지 않는 특권을 은밀하게 누릴 수 있었으니 말이다. 그리하여 아우구스투스 지배 아래에서는 이제 장교와 관직이 더는 선출된 정무관

만의 영역이 아니게 되었다. 게다가 기사들은 점점 사유화되었다.

하지만 그런 정책은 그 특성상 인정받기가 힘들었다. 혁신에 지극히 보수적이던 아우구스투스가 미래뿐만 아니라 과거로도 눈을 돌렸기 때문이다. 그리하여 그가 점차 전통을 깨고 기사들에게 공직을 맡기자, 그가 취한 정책도 점차 기사 본래의 목적을 찬양하는 일 뒤에 가려졌다. 서사적인 초기 로마 시대에 존재했던, 적군을 향해 돌진하는 구식 갑옷차림의 허깨비 기병들이 그의 상상력을 사로잡은 것이다. 고대의 유산을 저버리는 기사에게는 대가를 치르게 할 정도로 그의 상태는 심각했다. 두 아들의 엄지손가락을 칼로 베어 부상병으로 만들어 병역이 면제되게 한 기사는 징계형을 받았다. 그 기사는 공매에 부쳐져 아우구스투스의 대리인에게 팔린 뒤, 나라 밖으로 불명예 추방되었다. 추방이 그 한 사람으로 끝난 것도 아니었다. 프린켑스의 기대에 못 미친 다른 기사들도 원로원 의원들처럼 그들만의 계급에서 제명되기 십상이었다. 아우구스투스는 심지어 유서 깊은 관례까지 되살려 기사들의 연례 사열까지 실시했다. 매년 7월 15일에 기사들로 하여금 전장에서 막 도착한 것처럼 빽빽하게 열 지어 로마 거리들을 행진하게 만든 것이다. 무공훈장이 있으면 착용하게 했고, 나이가 많아 말안장에 앉을 수 없으면 걸어서라도 행진하게 했다. 대개의 사람들도 그런 행진이 '로마 지배의 위대성을 나타내기에 부족함이 없는 장관"이라는 데는 동의했다.

하지만 모든 사람이 그렇게 보지는 않았다. 일부 기사들만 해도 거친 농부의 덕목을 과시하며 행진에 참가하면서도, 진지한 표정을 짓는 데 무척 애를 먹었다. 시대착오적 행위였기 때문이다. 로물루스 시대의 나무 오두막과 외양간으로 구성된 촌락은 그 무렵 금과 대리석이 번쩍이는 원더랜드로 변해 있었다. 아우구스투스가 로마의 최고 지배자가 된 지 20년이 되었을 무렵에 등장한, 젊고 스마트한 시인 오비디우스도 도시의 아방가르드, 요컨대 로마가 지닌 메트로섹슈얼리티의 진정한 대변자가 되어, "우리는 문명화된 시대에 살고 있다. 우리의 선조들이 지녔던 투박하고 촌스러운 면모는 사라지고 없다"[5]라는 축배의 시를 읊었다. 프린켑스가 그토록 이상화했던 농촌 생활을 오비디우스가 혐오한 것은 그의 개인적 경험에서 기인했다. 그에게서 풍긴 온갖 도회적이고 세련된 분위기에도 불구하고 푸블리우스 오비디우스 나소(기원전 43~기원후 17)는 본토박이 로마인이 아니라 시골 태생이었다. 로마에서 동쪽으로 140킬로미터 정도 떨어진 그의 고향 술모(지금의 술모나)는 그로부터 100년 전에는 동맹시 전쟁에 열성적으로 참여했고, 마녀들의 본거지로도 유명했다. 또한 늑대와 산적이 우글거리는 숲에 막혀 수도와도 격리되고 사방이 험준한 산으로 둘러싸인 고장이기도 했다. 기사 가문이었다고는 하지만 오비디우스의 가족은 바로 이곳을 굳건한 터전으로 삼아 여러 세대를 우물 안 개구리처럼 살았다. 그러다 이탈리아의 다른 많은 곳들과 마찬가지로 그곳에도 일대 변화가 찾아왔고, 아우구스투스의 집권으로 오비디우스가 같은 가문에도 눈부신 기회가 열렸다. 그러자 오비디우스의 아버지는 그 기회를 열정적으로 부여잡았다. 두 아들을 로마로 유학 보내 교육에 집중 투자했던 것이다. 하지만 유학 과정에서 스무 살 난 형이 죽는 바람에 그 아버지가 품은 야망의 짐은 오롯이 오비디우스가 지게 되었다. "원로원이 그를 기다리고 있었다."[6] 하지만 청년 오비디우스의 마음은 콩밭에 가 있었다. 그의 말을 빌리면 "나는 체력으로나 적성으로나 그런 직업이 맞지 않았다. 그러다 보니 야망이 주는 압박감으로 자꾸만 뒤꽁무니를 뺐다."[7] 아버지의 강력한 요구, 프린켑스가 되살린 고대 로마의 영광, 군사적 중요성의 과시, 이 모든 것에 젊은 오비디우스는 무덤덤해 했다. 거부감도 느꼈고, 우스꽝스럽게 생각하기도 했다.

그 점에서 그는 확실히 신세대였다. 오비디우스는 율리우스 카이사르가 암살된 이듬해(기원전 43년)에 태어났다. 따라서 자유 공화국에서 사는 것이 무엇을 의미하는지 알지 못했다. 외국의 흙먼지 속에서 동포 시민들끼리 싸우고 타지인들에게 조상의 토지를 빼앗기며 도시가 불타는 광경을 목도한, 그의 선배들이 겪은 참상도 경험해보지 못했다. 오비디우스는 그저 카이사르 아우구스투스가 가져다준 평화와 부의 은총을 누리며, 그런 역경을 피해 갈 수 있었던 데 감사하며 살았을 뿐이다. 그렇다고 그가 바뀐 환경 속에서 로마의 지난날과 신이 부여해준 질서의 회복을 보았느냐 하면, 그것도 아니었다. 오비디우스는 그와는 사뭇 다른 어떤 것, 현대적인 것의 진수를 보았다. "내 구미에는 현재가 맞다"[8]라며 희희낙락했을 정도다. 같은 맥락에서, 신들의 호의를 비춰주는 거울로 쓰기 위해 아우구스투스가 조성한 도시 경관도, 아우구스투스가 로마인과 그 자신의 영광을 기리기 위해 세운 기념물도 오비디우스에게는 그저 놀이터였을 뿐이다. 그가 그 안에서 맛본 무한한 기쁨도 당연히 프린켑스가 느낀 기쁨의 종류와는 달랐다. 오비디우스가 여가를 즐기는 방식은 극단적으로 개성적이고 반문화적이었다. 팔라티노 구릉의 아폴로 신전을 산책하거나, (고대 로마 신들 중 하나인) 베이오비스의 궁터에 들어선 그늘진 열주를 어슬렁거리거나, 혹은 아치형의 폼페이우스 극장을 찾을 때 그가 한 일은 건축물을 보고 탄복하는 것이 아니라, 여자들을 감상하는 것이었다.

도덕심이 강하고 의지가 굳은 로마인들에게는, 그런 행동을 자랑하고 다니며 '연애 박사'[9]를 자임하는 오비디우스의 행위가 엄청난 충격이었다. 때는 아우구스투스가 인구 조사를 실시하기 오래전, 따라서 원로원 의원이 남 앞에서 자기 부인에게 키스라도 했다가는 좌천을 당하던 시대였다. 어느 덕망 있는 도덕가의 엄숙한 농담에 따르면 여자들은 천둥이나 쳐야 화들짝 놀라며 남편 품에 안겨볼 수 있었다.[10] 물론 세월이 가면서 그 기준에도 숨통이 트였지만, 한 시민이 동포 시민을 위해 써야 할 공무의 경력을 제멋대로 그만두고 침실의 기술에 전념하는 것은 여전히 충격이었다. 그러거나 말거나 오비디우스는 "로마의 전통적 관습은 내게 맞지 않아"[11]라고 말하며, 스스로 경직된 관례라고 조롱하는 것을 거의 즐기면서까지 경멸했다. 카이사르 아우구스투스가 수도 로마에서, 클레오파트라 여왕에게 빼앗은 승리의 전리품을 과시하며 로마 역사상 최고로 장려한 승리의 축하 개선식을 거행할 때도, 오비디우스는 여자 친구에게 손찌검한 일을 후회하면서 자신도 아우구스투스와 같은 개선식을 거행해 멍들고 핼쑥해진 얼굴의 그녀를 앞세우고 "여자를 정복한 용감한 남자, 만세"[12]를 외치는 관중의 환호를 받는 광경을 상상했다.

물론 오비디우스도 잘 알았듯, 그의 참뜻을 이해할 정도의 지식인이라면 그의 익살에 빙그레 미소를 지었을 것이다. 요인을 놀림감으로 삼는 것은 슬럼가 못지않게 상류 사회의 전통이기도 했으니 말이다. 아우구스투스 또한 내전 시기에 사라진 다른 자유와 함께 언론의 자유도 회복시키는 시늉을 했던 만큼, 이따금씩 입는 생채기에는 별로 신경 쓰지 않았다. 하지만 그것이 시인이나 또 다른 사람들이 하고 싶은 말을 제멋대로 떠들어도 된다는 의미는 아니었다. 아우구스투스는 신들로부터 로마인들을 구해 갱생시키라는 중차대한 임무를 부여받은 사람이었다. 따라서 조상의 가치를 좀먹는 행위를 보고도 못 본 체할 수는 없었다. 시민은 태어나는 존재가 아닌 만들어지는 존재였다. 남성이라고 다 남자인 것도 아니었다. 로마가 힘없는 궁벽한 땅에서 세계를 지배하는 제국이 되었듯이, 로마인 개개인도 생의 도정에서 남성다움의 기준에 부합하도록 단련해야만 진정한 남자가 될 수 있었다. 신체와 정신의 허약함은 지속적인 골칫거리가 될 수 있었으므로 그에 대해 철저한 대비를 할 필요가 있었다. 아우구스투스가 도시를 그처럼 미려한 기념물들로 꾸며놓은 것도 난봉꾼들의 놀이터로 쓰이는 것을 보기 위해서가 아니었다. 게다가 평화의 열매가 그런 식으로 유약한 성의 탐닉에나 쓰이면 본래의 가치를 잃을 것이 뻔했다.

결국 "모든 것은 자기절제로 귀결되었다."[13] 그렇다고 해서 시민들이 고자처럼 살아야 한다는 의미는 아니었다. 그렇기는커녕 로마인들의 음경은 성적 능력이 강하고 기술도 뛰어나며 거대하기까지 했으니, 고자처럼 살려고 해도 살 수가 없었다. 행운의 상징으로, 출입구를 보호하거나 교차로를 지키거나 정원의 새들을 쫓아내는 일을 하는 남근상을 도처에서 볼 수 있는 도시였으니만큼 사이즈도 커야 환영을 받았다. 그런 남근을 가진 남자가 욕탕에 들어가면 '불안한 환호'[14]를 받기 십상이었다. 그런 무기를 장착한 시민, 특히 '야성적 충동을 다소 지니고 있게 마련인'[15] 젊은이가 칼집에 그것을 영원히 꽂아두기란 아무래도 무리였기 때문이다. 가장 강직한 도덕가들도 그 점은 인정했다. 그렇지 않다면 매음녀가 존재할 이유도 없었다. 매음굴은 변소와 별반 다르지 않게, 더럽고 보기에는 흉했지만 인간 배설물을 받아내는 용기用器라는 기본 목적은 충족시켰다. 소변을 참을 수 없듯 인간의 성욕도 간단히 무시할 수 있는 것이 아니었다. 라틴어 메이오^{meio}가 '소변 보다'와 '사정하다'라는 뜻을 함께 지닌 데에도 나름의 이유가 있었다. 어느 시인이 읊은 대로, 칼로 뱃속을 찌르듯 한두 차례 빠르고 깊숙이 '털 난 샅을 지나 고환이 있는 곳까지' 남근을 밀어 넣는 것으로 일은 끝났다. 질이든 항문이든 입이든, 솜씨만 좋으면 들어가는 곳도 중요하지 않았다. 결정적 능력, 기본적 안전장치만 잘 갖춰져 있으면 남근을 받아들이는 상대가 남자인지 여자인지, 소년인지 소녀인지도 중요하지 않았다. 그러나 남자든 여자든 자유롭게 태어난 로마인에게 그런 행위는 금지되었다.

그 금기는 오래되었을 뿐 아니라 강력하기도 했다. 이를 지키는 것은 로마인들이 민족으로서 자신들을 규정하는 요소였기 때문이다. 그들에게 순수함은 단조롭고 수동적인 덕목이 아니라, 불꽃의 테가 둘러져 아른거리는 무엇, '남녀 모두를 지탱해주는 가장 중요한 버팀목'[17]이었다. 그러므로 로마의 기혼녀들이 신성한 의무로서 지킨 화덕의 불처럼, 순수함을 잃는 것 또한 엄청난 신성모독이었다. 로마인들이 성욕의 무절제로 빚어지는 모든 부적절한 행위 중에서도 간통에 가장 핏대를 올린 것도 그래서였다. 남자의 오입질은 남의 아내를 범하는 것에 그치지 않고 상대 여성의 남편까지 욕보이는 행위였다. 그러므로 물론 아우구스투스와 원로원 의원 부인들 사이의 불륜에 대해 떠돈 소문에도 넘볼 수 없는 그의 권위를 겨냥한 씁쓸한 비난이 담겨 있었다. 어떤 피해자도 프린켑스에게서 보상을 기대할 수는 없었기 때문이다. 소문의 진위를 떠나, 아우구스투스의 위대성 앞에서는 부정한 아내를 둔 남편으로서 복수할 권리조차 행사할 수 없다는 점보다 그들을 더 무력하게 만드는 것은 없었다. 전통으로 규정된 그것은 가장 냉혹한 질서였다. 엄격하기로 소문난 로마의 어느 도덕주의자가 재결해주었듯, 그러다 보니 바람피운 유부녀가 현장에서 잡히면 그 자리에서 살해될 수도 있었다.[18] 일부 사람들의 이야기에 따르면 상대 남자까지 같은 꼴을 당하기도 했다. 반면에 좀 더 관대한 사람들은 거세를 하게 하거나, 숭어(로마 엘리트들이 취미로 양식했다는 물고기 ─ 옮긴이)를 항문에 박아 넣도록 권고하기도 했다. 간통 행위에는 이렇듯 자칫 죽을 수도 있는 야만적 폭력의 위협이 어른거렸다.

그런데 정말로 그랬을까? 아니, 시대를 호흡하며 사는 사람들은 그런 조치를 약간은 촌스럽고 약간은 진부한 무엇, 케케묵은 성적 금기쯤으로 여겼다. 상류 사회의 동향에 정통한 오비디우스만 해도 능란한 어조로 "아내가 바람피웠다고 소란 떠는 남편이야말로 촌스럽기 짝이 없는 사내다"[19]라고 일침을 놓는 말을 했다. 하지만 소란 떤 오쟁이 진 남편이 촌놈이라면, 흥을 깨는 인물 역시 촌놈이었다. 간음자 앞에 놓인 각종 금기와 위험이야말로 성적 즐거움에 달통한 전문가에게는 방해물이 아닌 흥분을 고조시키는 자극제가 될 수 있었으니 말이다. 오비디우스가 짐짓 지혜로운 척, "인간은 본래 금지된 것을 탐하게 마련이지"[20]라고 말한 것도 조롱을 가장한 진실이었다. 과실도 금단의 열매가 가장 단 법이니까. 소문에 중독된 도시 로마에서 "금지는 나쁜 행동만 부추길 뿐이라"[21]라는 오비디우스의 말을 대다수 사람들이 받아들이는 역설적 현상이 벌어진 것이다. 도시 최고위층의 침실과 관련해 나돈 추측도 당연히 대중의 귀를 파고들었다. 규칙을 마음대로 깨고 부부 침대에 무시로 연인을 끌어들이는 간통을 상류층 사람들이 굉장한 유희로 여긴다는 것이 로마에서는 거의 기정사실로 여겨졌다. 어찌 됐든 아니 땐 굴뚝에서 연기 날 리는 없었을 테니 말이다. 로마의 환락적 경향에 나타난 불륜과 여성적 특징의 증거들도, 멋 부린답시고 토가를 헐렁하게 입는다든가, 코털을 말끔히 깎고 몸 냄새를 없앤다든가, 기름을 발라 팔다리를 반들거리게 만드는 등, 여러 가지 방식으로 나타났다. 남자의 경우, 겨드랑이 털을 제거하는 것은 모든 사람이 좋게 보았다. 하지만 아우구스투스가 했다고 전해지는, 다리털 제거는 혐오스럽고 진부하고 어리석은 행위로 간주했다. 체모야말로 남자의 상징이었다. 그러나 로마 사람들 모두가 알았던 것처럼, 간음자는 제모마저 주저하지 않았다. 털북숭이 피부보다는 아무래도 매끈한 피부가 매력적이었기 때문이다. 이 모든 것이 경각심을 불러일으키는 일탈적 행위였다. 연애박사 오비디우스마저 짐짓 점잖은 척 이런 말을 했을 정도다. "여자들만 유행에 강박증을 느끼는 줄 알았는데, 요즘은 남자들도 죄다 유행의 추종자가 되었네."[22]

하지만 그 무엇도 오비디우스가 남녀 불문, 팬들에게 신나게 연애에 대해 조언하는 것을 막지는 못했다. 그는 로마인들의 도덕을 책임지는 사람이 아니었다. 반면에 도덕을 중시하는 사람에게 경박한 메트로섹슈 얼리티는 해법이 아니라 문제의 일부였다. 아우구스투스는 무질서한 곳에 질서를 부여했고, 동포 시민들에게 정복된 왕국들의 부를 아낌없이 베풀었으며, 그들의 도시를 비할 바 없는 미와 광휘를 지닌 수도로 변모시켰다. 그런데 자신의 그런 노력이 기껏 조상의 덕목을 약화시키는 일에나 쓰인다니, 그런 일은 상상도 하고 싶지 않았다. 아니, 견딜 수 없도록 끔찍한 전망이었다. 로마인들은 고결한 조상의 후예여야만 했다. 그게 아니라면 무의미했다. 프린켑스의 야망은 동포 시민들이 지난날의 최고 덕목에 충실하게 사는 것으로, 지극히 단순했다. 그들은 세계의 주인, 토가를 입는 민족, 로마인이었으니까. 그것이 바로 프린켑스가 기념물과 축제, 각종 평화의 결실로 동포 시민들을 위해 세워놓은 귀감 속에서 그들이 스스로를 인식하기를 바라는 모습이었다.

그런데 만일 동포 시민들이 자신의 바람과 다르게 엉뚱한 곳을 바라본다면 어찌 되겠는가. 어쩌면 실내 장식 분야에서 불고 있던 당시의 수상쩍은 동향이 그 경향을 알려주는 경고등이었는지 모른다. 당시 로마에는 침실 벽과 천장을 거울로 장식하는 것이 대유행이었다. 그 현상이 수도에만 국한되지도 않아, 사비니 구릉 지대에 집을 갖고 있던 호라티우스도 그 광풍의 일원이 되었다. 호스티우스 콰드라라는 억만장자 또한 그 분야에서 악명을 떨쳤다. 그는 집 안의 벽에 물체의 상이 실제보다 크게 보이는 특수 거울들을 부착해놓았다. "그런 방에서 변태들은 자랑하듯 온갖 일탈적 행동을 했다."[23] 여성 한 명이 그를 상대로 구강성교를 하고 다른 여성을 상대로 그가 같은 행동을 하는 동안, 한 남자의 거대한 음경이 그의 항문 속으로 파고 들어가는 식이었다. 그런 행위는 로마인이 의당 해야 할 일 중에서도 하필이면 가장 신성모독적인 행위였고, 특수 기능이 있는 거울이다 보니 거기에 비친 남자의 음경은 '콰드라가 도저히 받아들일 수 없는'[24] 엄청난 크기로 나타났다. 물론 남자도 몸치장을 위해 여자처럼 털을 뽑고 맵시를 낼 수는 있었다. 하지만 그런 식의 성교는 그런 행위와 차원이 다른, 가장 극단적 형태의 타락, 로마인을 남자로 만들어주는 모든 요소를 자진해서 내던지는 행위였다. 요컨대 호스티우스 콰드라의 기괴한 남녀 교섭에는 방종한 시민들이 종국에 떨어지게 될 끔찍한 나락의 광경이 내포되어 있었다.

 "나의 온몸을 외설에 내맡겼다"[25]라고 떠벌린 콰드라의 짐승 같은 육욕성은, 그가 집안의 노예들에게 살해되었는데도 프린켑스가 그들에게 벌주기를 거부한 것으로도 확인되었다. 아우구스투스의 처벌 불가 선언이야말로 그런 행태를 향해 울리는 가장 효과적인 경종이었다. 이리하여 아우구스투스의 수치의 전당에는 또 하나의 요소가 보태졌다. 그러나 기실 억만장자 콰드라의 운명에는 아우구스투스도 몹시 심란해 했을 법한 아이러니가 숨어 있었다. 로마의 유서 깊은 전통에 따르면, 가정의 도덕을 지키는 것은 그 집 가장의 소관이었다. 제삼자가 관여할 문제가 아니었다는 얘기다. 부양가족을 통솔하지 못하는 가장은 로마인으로 간주되지도 않았다. 그런데 그런 도시에서 노예가 주인을 응징하는 일이 벌어진 것이다. 고대의 확실성이 난장판으로 뒤집어진 형국, 요컨대 아버지도 자식에게 훈육자로 신뢰를 얻지 못하고, 아내도 남편에 대한 신뢰를 잃으며, 부끄럽게도 관습이나 고대의 전범 없이 법률만 있으면 그만인 상황이 벌어진 것이다.

아우구스투스에게 그 도전은 피할 수 없는 일로 보였다. 호라티우스도 공화국의 내적 파열을 설명할 때, 매우 진지한 어조로 부패의 특성을 지닌 간음에의 중독에서 그 원인을 찾았다. 호라티우스도 물론 거울 있는 침실을 좋아했다. 하지만 로마 역사에서 최악의 참화였던 내전의 원인이 일탈과 방종에 있었다는 데에는 확신을 가졌다. 그에 따르면 "그것이 바로 로마와 로마인들을 삼켜버린 불행의 원천이었다."[26] 그 외의 다른 이유는 없었다. 한 나라가 처한 위기의 궁극적 뿌리가 어디에 있는지는 모든 사람이 다 알았다. 불가해하게 작동한 재정도, 헌정적 긴장도, 사회적 긴장도 아닌, 도덕적 퇴보가 그 주범이었다. 그리고 그 관점에서 보자면 콰드라와 같은 괴물의 비행은 정치에서 고름이 완전히 빠지지 않았음을 알리는 불길한 경고일 수 있었다. 프린켑스가 재건한 도시는 결국 겉만 번지르르했지 그 아래쪽은 여전히 곪아 터지고 있었던 것이다. 사정이 이럴진대 상처에 고약을 발라 로마의 건강을 회복시킬 임무를 신으로부터 부여받은 아우구스투스가 어찌 단호한 치유책을 쓰지 않을 수 있었겠는가? 호라티우스도 "모든 사람이 불안해 하지만, 그렇더라도 반도덕적 행위를 다스릴 조치는 필요하다"[27]라고 말했다.

과연 파르티아에 빼앗겼던 독수리 군기를 되찾아 동방에서 의기양양하게 돌아오기 무섭게 프린켑스는 행동을 개시했다. 기원전 18년 그는 상류층의 부부생활 단속을 목적으로 삼은 법률을 제정했다. 남자가 정숙한 여인하고만 결혼하여 공화국을 위해 많은 유아 시민을 낳아주던 영웅적 초기 로마 시대를 되살리려는 법률이었다. 독신, 신분이 서로 다른 사람들끼리의 결혼, 무자녀도 엄한 처벌 대상이 되었다. 그 몇 달 뒤에는 원로원 의원들과 기사들의 불륜에 한층 엄격한 간섭의 잣대를 들이대는 내용의 법률도 제정되었다. 이 법에 따르면 간통은 공공 범죄였기에 바람피운 아내를 둔 남편은 법적으로 이혼해야 했다. 곤란함 때문이든, 그들만의 수치스러운 일에 천박한 재미를 느끼는 불순한 동기 때문이든, 이혼하지 않으면 매음 알선죄로 기소되었다. 간음한 당사자는 막대한 벌금을 물고 섬으로 추방되었으며, 간음의 피해자도 자유 시민으로 태어난 사람과의 재혼이 금지되었다. 그들의 불명예는 의복으로도 표시되었다. 여성적 청순함의 상징인 스톨라 대신, '외출할 때 정숙한 부인과 구별되도록 거무스름한 빛깔의 토가를 입어야 했다.'[28] 그것이 비참한 추락이었던 것은, 토가가 남성복이었을 뿐 아니라 매춘부가 입는 독특한 의상이기도 했기 때문이다. 유죄로 판결된 간음녀들은 그렇게 로마의 기혼녀로서 응당 받아야 할 명예와 존중을 받지 못했고, 창녀, 여자 포주, 여배우처럼 법적으로 신분이 가장 낮은 계층으로 주저앉았다. 도덕적으로 사회의 최하층, 사회의 '쓰레기들' 속에 섞이게 된 것이다.

귀족층은 그 법률을 자신들의 사생활과 로마 전통에 대한 공격이라고 보고 불만을 표출했지만, 프린켑스의 결의에는 아무런 영향을 미치지 못했다. 그는 자신의 의무가 무엇인지 잘 알았다. 기원전 2년 로마인들의 보편적 환호 속에서 그가 '국부'로 추대된 환희의 순간이 오기 오래전부터 그의 위치는 이미 정해져 있었다. 그는 사실상 '보편적 부모'[29]였던 것이고, 그래서 그 자격으로 로마인들을 꾸짖고 지도하고 사랑하며 아버지의 원형처럼 행동했다. 그는 방종도 억누르고 나약함과 간통도 통제했다. 그 결과 "로마인들의 가정은 비행 없이 순정해지고, 부정의 모든 오점도 관습과 법으로 제거되었다."[30] 그리하여 이제는 프린켑스가 목멘 소리로 국부 수락 연설을 한 지 몇 주 뒤에 찾아온, 리베르 신의 연례 축제일인 3월 17일도 더는 두려워할 필요가 없어 보였다. 지난날 그가 경쟁하는 두 장군 중 하나에 지나지 않았을 때는 상황이 달랐다. 거룩하지만 신경에 거슬렸던, 안토니우스의 수호신을 믿는 광신도들이 거대한 남근을 들고 시끄럽게 거리 행진을 할 때만 해도 조상의 덕목이 위협당하는 기미가 확실히 있었다. 200년 전 리베르 신의 숭배가 처음 행해졌을 때 보수주의자들이 혼비백산하여, 그 신의 숭배를 저지하려 한 데에는 그만한 이유가 있었던 것이다. 그 신을 믿는 자들은 심야까지 음주와 방탕을 일삼으며, 예절을 아랑곳하지 않고 온갖 일탈적 욕구를 충족시켰다. 모든 사람이 모든 사람과 잠을 잤다. 그보다 더 수치스럽게 로마의 가치를 모멸하는 것은 상상할 수도 없을 지경이었다. 하지만 안토니우스도 오래전에 죽었고, 로마 시민들에게 국부가 생긴 덕택에 이제는 모멸의 대상도 바뀌고 로마의 가치도 되살아났다. 그리하여 리베르 신 축제가 벌어진 지 두 달 뒤, 아우구스투스는 마침내 옛 로마 영웅의 조상들과 전승 기념물로 장식된 새로운 포룸에서 거대한 마르스 신전의 봉헌식을 거행했다. 전열을 갖춘 로마 군단의 동반자, 로물루스 어머니의 겁탈자이며 신속하고 무자비하게 모든 일을 처리한 마르스 신은 리베르 신이 결코 이를 수 없었던 남성성의 원형으로 자리 잡은 것이다.

마르스가 남성성의 원형인지 아닌지는 몰라도 아무튼 한 가지 점에는 로마인들도 확신을 가졌다. 마르스 신은 털 뽑는 부류가 아니라는 것.

하지만 마르스 신전의 홍수 차단벽 역할을 한 거대한 벽 너머에서는 여전히 욕망의 밀물이 솟구치고 있었다. 복도와 안뜰, 엄격한 아버지들의 면전 등을 가리지 않고 밀회의 약속들이 오갔다. 내막을 아는 사람들끼리 낯 뜨거운 행실에 대해 낄낄거리며 속살거리는 행태도 여전했다. 고대의 포룸에서도 리베르 신의 부하인 마르시아스의 상이 자유의 상징으로 여전히 당당한 기상을 뽐내며 서 있었다. 오비디우스도 "구속한다고 해서 간음의 마음이 없어지지는 않는다"라고, 수용성의 한계를 밀어붙이며 "욕망의 통제는 불가능하다"라고 결론 내렸다.[31] 그의 말이 옳은지 그른지는 시간이 곧 말해줄 터였다.

가계도

전해지기로, 리비아가 프린켑스와 두 번째로 약혼한 직후였던 어느 날, 주목할 만한 일이 벌어졌다. 독수리 한 마리가 리비아가 앉은 곳에 휙 날아 내려오더니 그녀의 무릎 위에 흰 닭 한 마리를 떨어뜨리고 갔다는 것이다. 그보다 더 놀라운 것은 상처 하나 입지 않은 그 암탉의 부리에 싱싱한 월계수 가지가 물려 있는 것이었다. 뭔가 굉장한 일이 벌어질 징조임이 분명했다. 하여 닭과 월계수 가지 모두 다치지 않도록 로마 교외 테베레 강 둔덕의 프리마 포르타^{Prima Porta}에 있던 클라우디우스 가문 영지로 가져갔다. 그리고 그곳에서 닭은 한 배의 병아리를 낳았고, 별장의

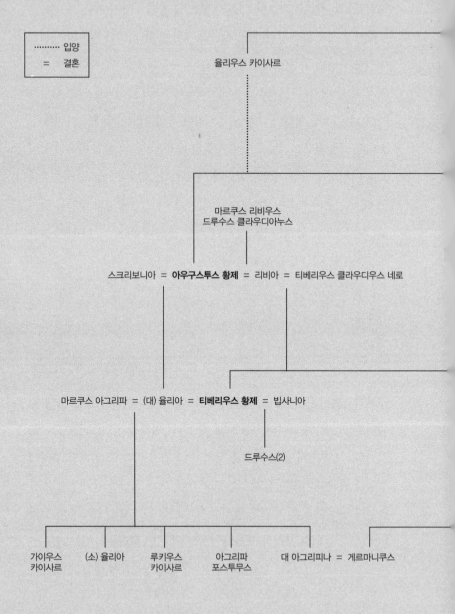

아우구스투스 치세기의 율리우스-클라우디우스가 현황

.... 입양
= 결혼

율리우스 카이사르

마르쿠스 리비우스
드루수스 클라우디아누스

스크리보니아 = **아우구스투스 황제** = 리비아 = 티베리우스 클라우디우스 네로

마르쿠스 아그리파 = (대) 율리아 = **티베리우스 황제** = 빕사니아

드루수스(2)

가이우스   (소) 율리아   루키우스   아그리파   대 아그리피나 = 게르마니쿠스
카이사르   카이사르   포스투무스

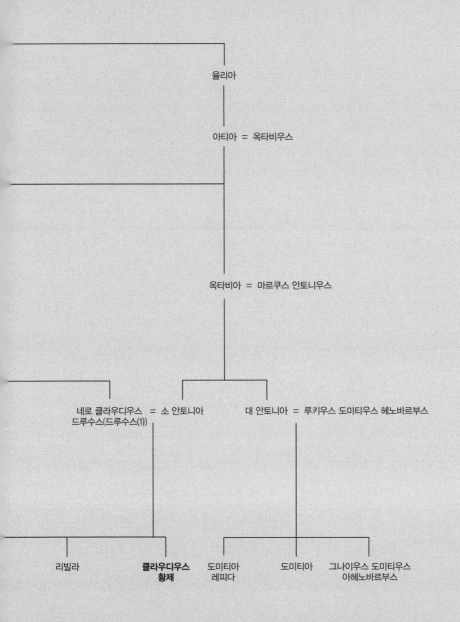

한 가장자리에 심어놓은 월계수 가지에서도 무성하게 잎이 돋아났다. 그렇게 세월이 흘러 남편에 대한 리비아의 장악력이 높아지자, 대다수 사람들에게 독수리 사건이 의미하는 바가 분명해 보였다. '리비아가 치마폭 권력을 휘두르며 카이사르를 좌지우지하게 될 것'[32]임을 알려준 전조였다는 것이다.

반면에 월계수 가지에 이례적으로 잎이 무성하게 돋아난 것에는 또 다른 의미가 내포되어 있을 개연성을 시사한 사람들도 있었다. 월계수는 범상한 나무가 아니었다. 번개도 그 나무에는 힘을 쓰지 못하고, 그 나무의 잎 또한 흐르는 피의 훈증 소독용으로 쓰이며, 아폴로 신에게도 월계수는 신성한 나무였다는 것이다. 따라서 그 모든 점들로 볼 때 월계수는 아우구스투스의 완벽한 상징이라는 것이다. 아니나 다를까 기원전 27년 원로원은 프린켑스에게 아우구스투스 칭호를 부여하면서, '짙은 색상의 월계수 잎들이 존엄한 문들의 테를 두르고 현관을 그 나무로 덮어씌움으로써'[33] 그의 저택도 월계수로 광채를 더하게 되었음을 공식적으로 선언했다. 그로부터 머지않아서는 아우구스투스를 제외한 다른 사람이 월계수를 과시하는 것도 신성모독으로 인식되기 시작했다. 물론 아우구스투스에게 신성하게 사용할 수 있는 월계수는 리비아의 무릎에 떨어진 것뿐이었다. 아우구스투스가 그 나뭇잎으로 만든 관을 머리에 쓰고 그 나뭇가지를 손에 든 채, (이집트 정복과 내전의 승리를 비롯해) 자신이 거둔 세 차례의 큰 승리를 기릴 때 사용한 것도 물론 그 월계수였다.

그런 광휘를 지닌 위대성에 비하면 다른 장군들이 거둔 승리의 미광은 참으로 보잘것없었다. 개선식이 끝나자마자 무명의 처지로 전락한 크라수스가 그 점을 보여주는 단적인 예였다. 그렇게 세월이 흐르자 내로라하는 로마 최고의 명문 귀족도 이제는 월계관 쓰고 개선식을 벌이는 일은 꿈도 못 꾸게 되었다. 그런 정황이라면 프린켑스의 최측근이 누구보다도 잘 알았다. 당대 최고의 장군이었던 아그리파가 개선식 거행에는 시종일관 손사래를 쳤으니 말이다. 아그리파는 아우구스투스의 인기를 가로채서는 안 된다는 것쯤은 알고 있었다. 당대 역사가의 말을 빌리면, 반면에 "아그리파는 그 한 사람에게는 이골이 나게 복종했지만, 여타 사람들은 자신에게 복종시키려 했다."³⁴ 힘의 전통적 과시와 현실 사이의 틈이 빠르게 벌어지고 있었던 것이다. 그리고 과연 그로부터 머지않아 아그리파와 같은 통찰력을 갖추지 못한 사람도 그 정도는 인지하게 되었다. 기원전 19년에 로마에서는 아프리카의 가라만테스족을 격파한 루키우스 코르넬리우스 발부스 장군의 개선식이 거행되었다. 이것이 한 시대의 종말을 알리는 신호가 되어, 로마에서는 그 뒤 두 번 다시 시민의 사사로운 개선식이 열리지 않았다.

그렇다면 그것은 이제 아우구스투스가 영광의 모든 권리를 독점하리라는 뜻이었을까? 아마도 아니었을 것이다. 리비아의 무릎 위에 떨어진 것이 월계수 가지만은 아니었으니 말이다. 게다가 월계수 가지를 입에 문 닭의 보금자리가 된 별장은 그 뒤로 꽥꽥대는 흰 닭 천지가 되어 '닭장'³⁵이라고 불리게 되었다. 아우구스투스의 후손이 번성하리란 것을 나타내는 전조가 분명했다. 그래도 문제는 남았다. 리비아가 자기 무릎 위에 내려앉은 흰 닭을 기꺼이 맞아들이고 전남편과의 사이에서 태어난 두 아들도 있었지만, 아우구스투스에게 친아들 상속자를 안겨줄 능력은 없어 보였기 때문이다. 결국 리비아가 나이 들어감에 따라 아우구스투스의 친자는 율리아 하나로 끝날 개연성이 점점 높아졌다. 물론 고집 센 전처 스크리보니아가 낳은 율리아도, 아우구스투스가 품은 거대한 왕조적 야망의 게임에서 유용한 저당물이 될 수는 있었다. 하지만 저당물로는 부족했다. 요컨대 아우구스투스도 여느 다른 가장과 다를 바 없이 남자 상속인이 필요했다. 그리하여 그가 종조부 율리우스 카이사르의 전철을 밟아 눈을 돌린 사람이 바로 많은 사람들에게 존경받는데다 절개도 높았던 누이 옥타비아였다. 악티움 해전으로 귀착된 위기 때 중요한 역할을 담당한 그 옥타비아였다. 로마가 삼두정일 때 아우구스투스와 안토니우스 사이에 체결된 계약의 징표로 안토니우스와 결혼했던 옥타비아는 나중에 이집트 여왕과 사랑에 빠진 남편에게 버림받고 로마로 보내져 불명예 이혼을 당했다. 그런데도 그 과정 내내 흐트러짐 없는 품위를 유지했다. 옥타비아는 안토니우스가 아우구스투스와 벌인 전투에서 패한 뒤에도, 안토니우스의 세 번째 부인 풀비아의 소생인 어린 율루스 안토니우스를 맡아 기르는 데 동의하여 로마인들 사이에서 여성의 귀감으로 자리 잡았다. 율루스를 그와 이복형제간인 두 안토니아 자매(대 안토니아와 소 안토니아), 그리고 자신과 첫 남편 사이에서 태어난 아이들과 함께 키운 것이다. 잘생기고 카리스마 넘치는데다 '영광의 전리품'을 획득한 전쟁 영웅이었던, 동명의 먼 조상이 풍겼다는 신비로운 분위기까지 지닌 마르쿠스 클라우디우스 마르켈루스도 그 아이들 중 하나였다. 그 정도면 외삼촌의 환상을 만족시키고도 남을 자질이었다. 과연 기원전 29년 소년 마르켈루스는 프린켑스의 개선식에서 외삼촌과 나란히 말을 달렸다. 2년 뒤에는 히스파니아에서 현역으로 복무하는 경험도 쌓았다. 그리고 기원전 25년에 그는 마침내 총애의 궁극적 징표로 아우구스투스의 열네 살 난 딸 율리아와 결혼도 했다. 아무래도 아우구스투스는 마르켈루스를 후계자로 점찍은 듯했다.

하지만 시간이 지나자 아우구투스는 그 결정이 의미하는 것에서 뒷걸음치는 행동을 했다. 기원전 23년에 병세가 위중해지자, 끼고 있던 자신의 인장 반지를 마르켈루스가 아닌 아그리파의 손에 넘긴 것이다. 미숙한 젊은이가 아수라장 같은 로마 정치판에 뛰어들었을 때 어떤 상황이 벌어질지 훤히 꿰고 있던 그가 조카의 역량으로는 자신처럼 아수라장에서 살아남아 성공을 거두기 힘들다는 판단을 내렸음이 분명했다. 게다가 그를 불안하게 만든 요인이 그것만은 아니었다. 후계 결정에는 그의 가문의 장래를 넘어서는 문제가 걸려 있었다. 누가 됐든 간에 그를 계승할 사람은 앞으로 세계 지배자의 권리도 갖게 될 터였다. 그런데 역설적이게도 아우구스투스가 가진 다수의 권력과 명예는 그에게만 속할 뿐, 후계자에게 물려줄 성질의 것이 아니었다. 물려주려는 시도를 하는 행위만으로도 그가 오랜 세월 그토록 공들여 부정했던 것, 다시 말해 로마는 (공화정의 허울을 쓴 것일 뿐) 그의 독재정이었다는 적나라한 사실을 확인하는 것이 될 수 있었다. 로마인들은 비록 내전으로 깊은 상처를 입었고 그 트라우마도 심각했지만, 왕의 지배를 용인할 준비는 되어 있지 않았다. 아우구스투스도 한낱 자유 공화국의 제1시민이라는 것이 보편적 견해였다. 이 모든 상황은 결국 그와 명성을 나눌 정도는 되는 인물이어야 후임 프린켑스가 되려는 희망을 가져볼 수 있음을 의미했다.

그런데 마르켈루스는 인기도 높고 매혹적이긴 했으나 그런 인물의 반열에는 아직 오르지 못한 것이다. 아니, 나중에 드러나지만 그는 그런 반열에 오를 기회조차 갖지 못했다. 아우구스투스가 예상을 뒤엎고 병석을 털고 일어난 지 몇 달 뒤, 이번에는 마르켈루스가 병에 걸렸는데 외삼촌이 용케 면한 죽음을 그는 끝내 이기지 못했기 때문이다. 옥타비아는 아들의 죽음에 망연자실했다. 충격이 얼마나 컸으면 공식 석상에서 완전히 자취를 감추고 얼굴에서도 영영 웃음기가 사라졌다고 한다. 로마인들도 그녀와 슬픔을 함께했다. 젊고 전도유망하고 눈부셨던 마르켈루스에 대한 추억은 사람들의 마음속에 오래도록 남아 있었을 것이다. 반면에 그를 애도하는 공적 행사의 거창한 규모에서는, 아우구스투스의 현란하고 초인적인 카리스마가 만들어내는 광휘가 그의 가문 사람 하나하나를 밝게 비춰줄 새로운 시대가 언뜻 포착되었다. 마르켈루스를 애도하여 흩뿌려놓은 백합을 비롯한 화사한 꽃들이 그 광휘의 찬란한 여명에 바치는 찬사가 아니면 무엇이었겠는가. 죽음의 어둠 속에서도 젊은이의 모습을 돋보이게 한 것은 후광이었고, 신과 같은 프린켑스의 '아우구스투스 가문Domus Augusta'이 바로 그 찬란한 후광이었다.

그 모든 것들은 또 이제 고작 열여섯 살밖에 안 된 과부 율리아가 오래도록 독신으로 남을 개연성이 없음을 확인해주는 것이었다. 그렇다면 그녀의 배필이 될 후보자는 한 사람밖에 없었다. 아우구스투스가 아그리파에게 자신의 인장 반지를 넘겨줄 때부터 그것은 이미 정해져 있었다. 마이케나스도 아우구스투스에게 "아그리파를 율리아와 결혼시키든지, 그렇지 않으면 죽여야 합니다"[36]라고 냉소적이면서도 명쾌한 조언을 해주었다. 하지만 옛 '동지'를 믿고 의지하는 마음이 컸던 아우구스투스가 그를 죽인다는 것은 상상도 할 수 없는 일이었다. 그의 선택도 당연히 첫 번째였다. 아그리파는 또한 이미 율리아의 사촌들 중 한 명과 결혼한 사이였는데도, 아우구스투스의 뜻을 따라 그녀와 이혼하고 율리아를 아내로 맞았다. 결과적으로 이 결혼은 성공이었다. 아그리파는 결혼과 더불어 카이사르의 대리인 겸 법적 상속인이라는 중요한 위치를 공식적으로 확인받았고, 아우구스투스는 아우구스투스대로 후계와 관련된 위험을 막을 완벽한 기회를 얻었다. 프리마 포르타에 심은 월계수가 무성하게 자라며 가지를 뻗어나가는 동안 율리아가 자식을 줄줄이 낳아 효도를 다한 것으로도 그 성공은 확인되었다. 율리아가 낳은 아이들 중 둘은 딸이었다. 아버지 이름을 따라 아그리피나로 불린 아이와, 그보다 독창성이 더 떨어지는 율리아라는 이름을 갖게 된 아이가 그들이었다. 율리아의 출산은 그 뒤에도 이어져, 기원전 20년에는 가이우스라는 건강한 남아를 낳아 아우구스투스에게 첫 손자를 안겨주었고, 3년 뒤에는 두 번째 남아 루키우스를 낳았다. 프린켑스는 황홀해 했다. 루키우스가 태어나자마자 그가 두 형제를 양자로 삼은 것도 무리는 아니었다. 그도 마침내 아들을 갖게 되었으니 말이다.

아그리파도 속내야 어찌 됐든 그 결정에 불만을 드러내지는 않았다. 카이사르라는 호칭을 보유했으니, 두 형제의 전도가 양양하리란 것은 불을 보듯 분명함을 완벽하게 파악한 것이다. 그 자신도 추정 상속인으로 계속 남을 터였다. 기원전 18년에는 금상첨화 격으로 프린켑스가 가진 강력한 힘들 가운데 하나였던 '호민관의 권한tribunica potestas'까지 보유했다. 그리하여 미래로 가는 길은 마침내 훤히 뚫린 듯했다. 프린켑스가 죽으면 아그리파가 그 자리를 차지하고, 아그리파가 죽으면 가이우스 카이사르가 프린켑스가 될 터였다. 이것이 바로 율리우스가와 같은 주요 가문이 계약과 동맹을 맺는 방식이었다. 요컨대 프린켑스는 음험한 세습 군주제를 선동하기는커녕 철저하게 전통적 방식으로 후계 체제를 구축할 계획을 세운 것이다. 아우구스투스가 로마의 미래를 굳건하게 지켜줄 요소로 본 충성과 의무는 본토박이 시민 모두가 존중할 만한 덕목이었다. 그러므로 내전의 유혈 참사로 근래에야 겨우 비옥해진 땅을 갈고 정원을 가꾸는 사람 누구도 거기에 반론을 제기하지는 못할 터였다.

아닌 게 아니라 반론을 제기한 사람은 많지 않았다. 마르켈루스에 대한 로마인들의 애정이 일시적 현상이 아님이 드러난 것이다. 기원전 12년에 아그리파가 과로사로 숨을 거두어 아우구스투스가 후계자로 믿었던 인물도 사라지자, 대중의 관심이 돌연 아우구스투스 가문의 다음 세대로 무섭게 쏠렸다. 프린켑스의 손자손녀들에 대한 대중의 환상에는 끝이 없었다. 환상의 대상인 손자손녀들도 부족함이 없었다. 임신 중에 남편상을 당한 율리아만 해도 세 번째 아들을 낳았다. 유복자인 그 아이에게는 아그리파 포스투무스라는 적절한 이름이 붙여졌다. 그러나 로마인들의 사랑을 독차지한 아이들은 역시 그 아이의 두 형이었다. 당시 가이우스와 루키우스는 각각 여덟 살과 다섯 살로 아직 어렸다. 그런데도 앞으로 얻을 위대성에 대한 예감으로 두 소년 주위에서는 벌써 그럴싸한 신비감이 어른거렸다. 이는 전례 없는 현상이었다. 전에는 로마에서 아이들이 세간의 관심을 받는 일이 없었다. 정계의 입문이 가장 빨랐다는 스키피오, 폼페이우스, 아우구스투스만 해도 성인이 되어서 정치 무대에 데뷔했다. 그런 사실을 볼 때 프린켑스의 거대한 아우라가 결국 가장 나이 어린 아이에 이르기까지 그 가문의 전 구성원에게 지속적으로 빛을 던져주어 그런 현상을 빚어낸 것이다. 두 미성년 황태자에 대한 대중의 열의는 모든 예상을 뛰어넘었다. 그러다 보니 아우구스투스 가문이 대중 앞에 서야 할 필요에 따라 행진을 할 때마다 전면에 나선 사람도 두 소년이었다. 그들이 군중을 위해 아이 특유의 천진함과 신비한 매력이 결합된 승리의 조합을 구현해 보인 것이다. 두 아이의 인기야말로 아우구스투스가 기대해볼 만한 모든 것이었다. 대중의 총아가 된 가이우스와 루키우스가 아우구스투스에게 세습이 가능할 수도 있다는 귀중한 확신을 심어준 것이다. 왕조도 어쩌면 전적으로 불가능하지 않을 수도 있다는.

하지만 그런데도 아우구스투스는 여전히 갈피를 못 잡고 있었다. 기원전 6년 로마 시민들이 열네 살 난 가이우스를 집정관으로 선출하자 그가 아연해 한 것도 그래서였다. 민회(코미티아)를 소집해 시민들의 경솔함을 질타할 정도로 상황이 심각했다. 아우구스투스는 가이우스의 인기가 안겨주는 기쁨과, 그보다 결정적인 마음의 충동 사이에서 갈등했다. 그러다 보니 마르켈루스에게 세계의 지배를 맡기는 데 주저했듯, 아직 단련도 안 된 소년에게 세계의 지배권을 넘기는 것 또한 망설인 것이다. 그가 수십 년에 걸쳐 공화국의 가장 숭고하고 엄정한 전통을 힘들게 회복시킨 것은, 자기 손으로 그 전통을 헛되이 만들기 위해서가 아니었다. 그래서 아그리파의 상실이 더욱 뼈저리게 느껴졌으나, 그를 대체할 인물을 찾기도 요원했다. 그의 옛 동지 아그리파는 드문 자질을 가진 사람이었다. 프린켑스에 대한 충성, 로물루스에게나 익숙했을 법한 피도 눈물도 없는 냉혹함, 군단장만이 단련 가능한 경험, 강철 같은 심신으로 로마의 위대성을 얻기 위해 기울인 노력, 그는 이 모든 자질을 지니고 있었다. 그렇다면 제2의 아그리파를 찾을 확률은 얼마나 되었을까? 아마도 희박했을 것이다.

하지만 프린켑스의 생애에는 흔히 있는 일이었지만, 이번에도 신들은 그에게 미소를 보내는 것 같았다. 신뢰하는 친구의 상실을 최상으로 메우는 문제의 해결책이 그의 눈앞에 나타난 것이다. 아그리파를 대체할 인물, 그의 역할을 대신할 완벽한 후보자는 손 가까이에 있었다. 어려서부터 아우구스투스 가문의 일원으로 자랐고, 아우구스투스가 히스파니아 북부의 황무지로 원정을 떠날 때 동행한 열여섯 살 때부터는 로마인들을 위한 군무에 전념한, 리비아의 아들 티베리우스 클라우디우스 네로(기원전 42~기원후 37)가 바로 그 주인공이었다. 티베리우스는 군사와 국사에 두루 경험을 쌓으며 동포 시민들을 위하는 일에서도 이미 많은 성과를 냈다. 따라서 프린켑스와 로마 모두를 위해 더 많은 일을 할 준비가 되어 있었다. 약점이 있다면 단 한 가지, 귀족들이 얕잡아보고 그 장례식에도 참석하지 않았을 만큼 출신 성분이 보잘것없었던 탓에 일평생 아우구스투스의 부하로 지낸 아그리파와 달리, 티베리우스는 로마 역사에서 가장 유명한 명문가의 수장이기도 했다. 티베리우스는 네로계와 풀케르계 양쪽 모두의 피가 흐르는, 클라우디우스 가문의 혈통을 이중으로 지니고 있었던 것이다. 따라서 아우구스투스에게 기대지 않고도 단독으로 대망을 품을 수도 있었다.

리비아는 조상의 혈통을 향한 충절이 재혼으로도 퇴색하지 않아, 새 남편 집으로 옮겨 갈 때도 두 아들을 데리고 가겠다는 뜻을 분명히 했다. 그리고 그 덕에 티베리우스와 드루수스도 프린켑스의 의붓아들이자, 비할 데 없는 클라우디우스 가문의 전통을 잇는 계승자로서의 이점을 동시에 누리며 자랐다. 물론 기묘한 냉대를 감수해야 할 때도 있었다. 아우구스투스의 개선식 때 마르켈루스를 수행하여, 격이 다소 떨어지는 왼편에서 말을 달려야 했던 것만 해도 그랬다. 그러나 어머니와 아우구스투스의 결혼이 가져다준 막대한 이득에 비하면 그런 냉대는 중요하지 않았다. 공화국의 대다수 다른 명문가 후계자들과 달리 티베리우스와 드루수스는 황금 새장에 오래 갇혀 있을 필요가 없었다. 불과 한 세대 전만 해도 그들 계급의 생득권으로 여겨지던 종류의 이력을 쌓을 수 있었으니 말이다. 그리하여 두 형제는 알프스 산맥, 발칸 지역, 게르마니아의 숲과 소택지로의 원정을 감행하여 일련의 눈부신 승리를 거두었다. 하지만 같은 승리라도 드루수스는 수월하고 눈부시게 얻은 반면에 티베리우스는 힘겹게 쟁취했다. 힘들이지 않아도 매력이 돋보인 동생 드루수스와 달리, 티베리우스에게는 자신을 좋아하게 만드는 재주도 없었다. 하지만 아우구스투스는 간혹 티베리우스 없는 자리에서 그가 '금욕적이고 완고한 기질'[37]을 지녔다며 불만을 토로했을지언정 티베리우스가 보인 태도의 참뜻은 이해하고 존중해주었다. 클라우디우스 가문의 수장이 되는 것은 결코 가벼운 일이 아니었기 때문이다. 천부적인 군인의 강건함에 학자적 기질과 흥미를 겸비한 면에서 티베리우스는 영락없는 보수주의자이기도 했다. 아피우스 클라우디우스의 영웅시대에 로마인들을 처음 세계 지배의 길로 이끈 행동 기준과 준칙이야말로 티베리우스가 하는 모든 일에 활력을 불어넣는 요소였다. 그런 만큼 아우구스투스가 회복시켰다고 주장한 공화국도 그에게는 허구나 빈말이 아닌, 로마인이 되는 것의 의미를 나타내는 생생한 본질이었다. 아우구스투스도 물론 그런 믿음을 갖게 하는 데 영향을 끼친 인물이었으니, 로마의 전통적 질서에 향수를 느끼는 티베리우스의 태도를 문제로 보지 않았다. 문제로 보기는커녕 그를 원칙을 지키는 인물로 높이 평가한 자신의 믿음이 확인되었다고 여겼다. 아니나 다를까 아그리파가 죽자 아우구스투스는 의붓아들 티베리우스에게, 새롭게 총애 받는 위치가 되었음을 세상에 알리는 조치를 하라고 지시했다. 현재의 아내와 이혼하고 율리아와 재혼하여 프린켑스의 의붓아들 겸 사위가 되었음을 세상에 알리라는 말이었다.

그러나 아우구스투스가 명령할 수 있는 것에도 한계는 있었다. 물론 그는 아우구스투스 가문의 수장이었으므로 다종다양한 그 가문 사람들의 혼인에 마음대로 간섭할 권한이 있었다. 하지만 티베리우스를 말 잘 듣는 꼭두각시로 만드는 일까지 거기에 포함되지는 않았다. 티베리우스도 아우구스투스의 명령이니 어쩔 수 없이 율리아를 아내로 맞아들였을 뿐, 좋아서 한 결혼이 아니라는 것을 굳이 숨기지 않았다. 그는 아그리파가 죽기 전에 이미 그의 딸인 빕사니아와 결혼한 상태였고 결혼 생활도 행복했기에, 아내와의 이별에 몹시 괴로워했다. 빕사니아는 티베리우스에게 작은아버지의 이름을 따라 드루수스로 명명된 아들도 낳아주고 헌신적인 애정도 바쳤다. 그러다 보니 평소에는 감정의 절제에 능했던 티베리우스도 아내와의 이별에 따른 고통만은 숨기지 못했다. 얼마 뒤 빕사니아를 우연히 만났을 때는 마치 실성한 사람처럼 그녀 뒤를 따라다니기까지 해서, 보다 못한 아우구스투스가 두 번 다시 그런 소란을 피우지 말라고 엄명을 내릴 정도였다. 하지만 기실 티베리우스가 느낀 불행에는 사랑하는 아내와의 이혼을 넘어서는 깊은 요인이 잠재해 있었다. 아우구스투스가 그에게 기대한 역할만 해도, 클라우디우스 가문 사람인 그에게는 심한 모멸감을 느낄 만한 것이었다. 잠재적 위기 관리자로서 숨어 대기한 채로, 검증도 안 된 두 형제가 자신보다 인기가 한층 높아 보일 때마다 대중이 보내는 갈채와 환호를 듣는 일이 자존심 강한 그로서는 받아들이기가 쉽지 않았다. 소군주들 앞에서는, 머나먼 국경 지대에서는 어쩌면 활력이 넘쳐흐를 수 있다는 환상을 갖기조차 힘들었다. 이렇게 아우구스투스에 대한 충성과, 가이우스와 루키우스에 의해 뚜렷이 구현되고 있는 군주제에 대한 경멸 사이에서 이러지도 저러지도 못하는 처지가 되다 보니, 로마에 머무는 것도 전혀 만족스럽지가 않았다. 그가 멀고 위험한 국경 지대에 머물고 싶어 한 것도 무리는 아니었다. 어찌 됐든 그곳에는 그가 중시하는 가치의 역할이 있었기 때문이다. 게다가 그곳에 머물면 새 부인과도 떨어져 지낼 수 있었다.

율리아는 율리아대로 남편의 태도에서 크나큰 해방감을 느꼈다. 그녀는 아버지의 강압에 의해 삼혼을 했을 뿐, 한 집에서 자랐다고 믿기 어려울 만큼 판이한 두 사람만큼이나, 퉁명스럽고 본분에 충실한 남편과는 천양지차로 달랐다. 그녀도 지난날 아그리파의 부인이었을 때는 티베리우스에게 연정을 느낀 적이 있었다. 아니, 그랬다고 전한다. 율리아는 본래 그런 소문을 달고 다니는 사람이었다. 성격은 제멋대로지만 지적이고 당차기도 했던 그녀는 관대한 기질로 사랑도 많이 받았고, 지성과 재기로 칭찬도 많이 받았다. 자신의 불륜 소문도 무작정 덮기는 고사하고 그 소문을 퍼뜨린 사람의 경직성을 되레 비웃었다. 가이우스와 루키우스가 판박이처럼 닮았는데 아그리파 몰래 바람피웠다는 소문이 어떻게 날 수 있었느냐는 질문을 받고도 율리아는 태연하게 "이유를 알고 싶으세요? 짐칸이 가득 찼을 때 승객을 태워서 그래요"라고 대꾸했다.[38] 아버지 아우구스투스가 상징하는 모든 것에 비춰 보면 그야말로 까무러칠 농담이었다. 그녀가 벌인 애정 행각 모두가 뻔뻔하고 파괴적이었음을 확인해주는 것이기도 했다. 요컨대 그녀는 신성한 아우구스투스의 혈통을 지닌 최초의 여인이었을 뿐 아니라, 실제에서 그것이 어떻게 작동되는지를 보여준 최초의 여인이기도 했다. 리비아가 그리도 냉정하게 자신의 본모습을 숨기는 데 사용한 위선이 율리아에게는 없었다. 아버지의 과시적 검약을 본받지 않는다는 잔소리를 들을 때도 그녀는 코웃음을 치며, "아버지는 당신이 카이사르라는 사실을 잊을 수 있어도, 나는 카이사르의 딸임을 언제나 기억한답니다"[39]라고 맞받아쳤다.

카이사르는 당연히 그런 말들이 재미없었다. "내게는 골치 아픈 딸이 둘 있다. 율리아와 로마 공화국이 그것이다"[40]라고 한 프린켑스의 말에서는 아버지로서의 고충이 절절하게 묻어난다. 부모 노릇 하기란 여러모로 힘들었다. 아우구스투스는 동포 시민들을 다룰 때 부모로서의 권리와 책임을 주장했다. 그러면서도 딸의 혼사는 단순히 자식 문제로서만 다루지 못했다. 티베리우스가 야만족을 살해할 때와 다르지 않게, 프린켑스의 요구를 충족시키는 정도로만 율리아와의 부부 생활을 이어간 것도 그래서였다. 잠깐이기는 하지만 아우구스투스도 율리아를 출신 성분이 미미하고 해가 되지 않을 기사와 결혼시킬 생각도 했다. 하지만 자신의 후계자가 될 아이들의 어머니로부터 야망을 품은 그 정부들을 떼어놓는 데 골몰한 나머지, 그 문제만은 기필코 해결하려다 보니 그런 결과가 초래되었던 것이다. 티베리우스와 율리아도 그 사실을 잘 알았다. 그래서 결혼 초에는 겉으로나마 좋은 인상을 주려고 애를 많이 썼다. 율리아는 티베리우스가 발칸의 속주로 갈 때도 그를 동행했고, 그 직후에는 아들도 낳았다. 티베리우스의 로마 귀환을 기념해 개최한 연회에서는, 남편이 카피톨리노 구릉에서 다른 손님들을 접대하는 동안 리비아를 도와 도시의 귀부인들 접대하는 일도 했다. 이렇듯 겉으로만 보면 모든 것이 평탄해 보였다.

하지만 내막은 그렇지 못했다. 드러나지 않았을 뿐, 그들 부부 사이에는 언제나 큰 틈이 벌어져 있었다. 율리아는 변덕이 심하고 재기가 넘친 반면, 티베리우스는 "어린 시절부터 농담이라고는 모를 만큼 진지하고 엄격했다."[41] 따라서 자연스런 공감대가 형성되지 못했다. 설상가상으로 그들은 사별을 두 차례 연거푸 겪었다. 처음에는 아들을 잃었고, 그 다음에는 티베리우스의 동생 드루수스를 잃었다. 리비아와 율리아는 게르마니아의 전선에서 돌아오는 드루수스를 위해, 티베리우스에 이은 두 번째 연회를 준비하던 도중에 그의 사망 소식을 들었다. 말의 동체에 깔린 다리에 생긴 괴저가 그의 사인이었다.* 티베리우스는 드루수스의 사고 소식을 듣기 무섭게 안내인 한 명만을 대동한 채, 아직 진압되지 않은 영토 수백 마일을 달려 동생이 숨을 거두기 직전 현장에 도착했다. 클라우디우스 가문의 가장 숭고한 전통에 손색없는 형제애를 보여준 것이다. 드루수스가 공화국의 덕목을 찬양한 인물이었다는 점에서 더욱 그랬다. 티베리우스는 동생이 죽은 뒤에도 여자처럼 애끓는 슬픔을 표현하지 않고, 고대 어느 역사의 전경 속을 걸어가듯 냉정하고 의연하게 수도까지 걸어서 동생의 시신을 호송해 왔다. 로마의 한 작가가 "전시뿐 아니라 슬픔을 표할 때도 절도가 필요하다"[42]라고 쓴 대로, 그런 방식이야말로 로마의 영웅에 걸맞은 장례일 터였다. 그런데 사람들이 드루수스의 시신이 가는 곳마다 광적인 애도를 표해 티베리우스를 질색하게 만들었다. 심지어 병사들마저 흐느꼈다. 티베리우스는 로마에 돌아와서도 시대를 뒤늦게 잘못 만나, 로마를 위대하게 만들어준 모든 요소가 무시된 세상에서 살고 있다는 느낌에 가슴이 답답했다. 그는 클라우디우스 가문의 전통에 충실하게 머나먼 전선, 이슬에 흠뻑 젖은 숲, 엉성하게 지은 막사를 오가며 로마인들의 대의를 위해 끊임없이 노력해왔다. 그러나 그가 얻은 것이라고는 빛바랜 영광뿐이었다. 기원전 7년에는 개선식을 허락받았고 1년 뒤에는 지난날 아그리파가 누렸던 '호민관의 권한'도 부여받았지만, 티베리우스에게는 그런 영광들이 자신을 조롱하는 기만처럼 느껴졌다. 개선 전차를 타고 로마 거리를 행진할 때 들리는 환

* 어쩌면 내상 때문에 죽었을 수도 있다. 로마 역사가 디오 카시우스의 글에 "라인 강 지대로 가던 중 모종의 병으로 죽었다"라고, 당시 상황을 설명해주는 내용이 나온다(55.1.4).

호도 십대 소년 가이우스에게 보내는 환호에 비해 약했고, '호민관의 권한'이 아무리 막강하다 한들 자신을 조롱하는 율리아의 행동조차 막을 수 없었으니 말이다. 자존심 강하고 강퍅한 남자인 그로서는 자신의 처지와 관련된 이 모든 상황이 참기 힘들었다.

율리아와의 결혼이 5년째로 접어든 기원전 6년, 티베리우스는 마침내 결단을 내렸다. 외부 세계에는 그의 위대성을 나타내는 징표로 보인 '호민관의 권한'이 그를 절망에 빠뜨렸기 때문이다. 아우구스투스가 애당초 사위에게 그 권한을 부여했던 것은 자신의 책무 중에서도 비교적 따분하고 힘든 일을 맡기기 위해서였다. 그런데 그 점을 확인이라도 하듯, 티베리우스에게 외교 임무를 맡겨 동방으로 가라는 명령을 내리자 그가 단번에 거절한 것이다. '아니오'라는 대답에 익숙지 않은 프린켑스가 재차 명령을 내리자 티베리우스는 단식 투쟁에 들어갔다. 그러면서 모든 공직을 내려놓고 싶다는 뜻을 밝혔다. 은퇴하고 싶다는 말이었다. 화도 나고 당혹스럽기도 한 아우구스투스는 원로원에 대고 다짜고짜 티베리우스의 마음을 돌려놓으라고 요구했다. 리비아는 아들의 외고집에 대경실색하여 따로 통사정을 했다. 그래도 티베리우스는 요지부동이었다. 결국 나흘간의 대치 끝에 먼저 백기를 든 사람은 아우구스투스였다. 그제야 티베리우스는 승리를 확인이라도 하듯 카이사르의 대리인으로서가 아닌 일개 시민의 자격으로 동방으로 향했다. 그러고는 그리스 해역의 로도스 섬에 터를 잡고는 문학 연구, 철학자들과의 담소, 물고기 위주의 간소한 식사를 하면서 품위 있는 은퇴자의 전통적 즐거움을 탐닉하는 생활을 했다. 호라티우스도 사비니 구릉 지대의 농장을 차지하게 된 일을 기뻐하며 유유자적, 전쟁이 끝났음을 확인하고 평화의 도래를 찬양하는, 즐겁고도 영원히 기억될 만한 시를 썼다. 하지만 티베리우스의 행동은 호라티우스의 행동과는 많이 달랐다. 클라우디우스 가문 사람이 공직을 사퇴한다는 것부터가 있을 수 없는 일이었거늘, 그리스인들이 바글대는 섬으로 은퇴한다는 것은 더더욱 있을 수 없는 일이었다. 그렇다면 '로마의 모든 시민을 통틀어 아우구스투스 다음으로 쟁쟁한 명성을 지닌', 로마 유수의 장군이 자신의 자리에 왜 절망했을까 하는 의문이 들 법도 하다. 티베리우스는 공화국에 파멸적 건강 진단을 내린 것이었다. 아무 일도 하지 않는 척하면서, 실은 자신이 하는 일을 정확히 알고 있었던 것이다.

하지만 이는 하마터면 큰 코 다칠 뻔한 위험한 행동이었다. 아우구스투스도 사위와 대치를 벌인 직후에는 화가 머리끝까지 치솟아 거의 생병이 날 지경이었다. 하지만 종국에는 화와 당혹스러움을 이겨내고 티베리우스가 없는 상황에 완벽하게 적응하는 모습을 보였다. 만약 군사적 돌발 사태가 벌어졌다면 문제가 달라졌겠지만, 그런 일 없이 로마는 순조롭게 흘러가는 듯했다. 국경 지대도 안정을 유지했고 속주들도 평화를 누렸다. 통치술의 살아 있는 교본에게서 그 기술을 밀착 교육받고 있던 가이우스와 루키우스도 얼마 안 있으면 곧 남자가 될 예정이었다. 티베리우스가 로도스 섬으로 은거한 지 1년 뒤에는 가이우스가 기사들로부터 '청년 프린켑스'라는 전대미문의 지위까지 부여받았다. 그와 동시에 원로원에도 입회하고 5년 앞당겨 집정관에도 지명되었으며, 주요 신관직까지 부여받았다. 기원전 2년에는 루키우스도 아우구스투스의 힘으로 원로원에 들어갔고 '청년 프린켑스'로도 공포되었다. 오비디우스가 정색하고 쓴 글의 표현을 빌리면, "비르투스가 카이사르를 통해 젊음으로 만개"[43]했던 것이다.

따라서 미래의 길도 탄탄대로인 듯했다. 리비아만 작은아들이 죽고 큰아들이 당한 불명예에 애달파 하며 클라우디우스 가문의 앞날에 낀 먹구름에 절망했을 뿐, 율리우스가의 형제들은 안전해 보였다. 프리마 포르타의 별장에 풀어놓은 닭들도 알을 부지런히 낳았고, 신비한 월계수도 쑥쑥 가지를 뻗어나갔다. 아우구스투스 또한 나라의 국부인 동시에 영특한 두 왕자의 아버지였으니, 골치 썩이는 딸과 고집 센 사위를 마음 한구석으로 밀어낸다 하여 문제 될 것은 없을 듯했다.

사랑의 기술

기원전 2년의 8월, 때는 찌는 듯이 무더운 여름날이었다. 로마 너머 구릉들에서는 양과 수소들이 폭염 피할 곳을 찾아다니고 사람들은 더위를 식혀주는 샘물에 제물을 바쳤다. 하지만 수도의 좁은 골목길은 여전히 갈색 연무가 만들어내는 악취로 숨이 막힐 듯했다. 카이사르 아우구스투스는 언제나 그랬듯 그 무렵에도 동포 시민들의 안녕을 위해 수십 년 전 아그리파가 세운 빼어난 대리석 분수에 의거해 도시 수도교들의 물의 흐름을 보완하는 조치를 취하고 거대한 인공 호수도 새롭게 조성했다. 테베레 강 저편에 둑을 쌓아서 만든, 가로 550미터, 세로 360여 미터 규모에 양쪽을 잇는 다리까지 부설된 대형 호수였다. 프린켑스는 바로 이곳에서, 국부가 된 것과 눈부신 마르스 신전을 봉헌한 것 등 지난 몇 달 동안 있었던 국가의 대사를 비용에 관계없이 기릴 예정이었다. 인공 호수에 조그만 함대를 띄워 기원전 480년 그리스 함대가 야만족 (페르시아) 함대를 영웅적으로 격파한 살라미스 해전을 재현하려는 생각이었다.

그렇다고 근래에 거둔 승리의 자취를 간과해서는 안 될 일이었다. 아우구스투스가 30여 년 전 산산조각 난 공화국을 지금과 같이 건강한 상태로 소생시킬 수 있었던 것도 알고 보면, 수다나 떨고 동물이나 숭배하던 클레오파트라의 무리를 악티움에서 격파했기에 가능했다. 하지만 과거에 대한 향수는 프린켑스가 전달하려 한 메시지의 일부에 지나지 않았다. 그에게는 미래도 과거 못지않게 중요했다. 살라미스 해전에서 패한 야만족만 해도 지금의 파르티아인들이 지배하는 땅 출신이었으므로 동방 전선에도 새로이 관심을 기울일 필요가 있었다. 그래서 작심하고 맡긴 동방의 외교 임무를 티베리우스가 걷어차 버린 것이다. 하지만 가이우스 카이사르도 이제 열여덟 살을 넘겨 그 임무를 수행할 준비를 하고 있으니 걱정은 없었다. 가이우스는 이듬해에 동방으로 떠날 예정이었다. 그리고 지금 인공 호숫가에서는 배의 늑재가 부서지고 함선들이 침몰하는 광경에 관중이 환호를 보내며 '카이사르의 세계 지배에 벌어진 마지막 틈새를 메우는'[44] 미래의 감동적 장면이 연출되고 있었다.

하지만 프린켑스의 야망에 모든 관중이 지대한 관심을 보이지는 않았다. 오비디우스만 해도 해전을 보러 와서는 딴전을 피우며 여자들에게 추파나 던졌으니 말이다. "군중이 있는 곳에는 모든 사람의 구미를 당기게 하는 누군가가 반드시 있게 마련이라"[45]라고 노래한 시인의 행동다웠다. 간통이 법적으로 금지된 지도 어언 15년이 넘는 세월이 흘렀건만, 로마 최고의 멋쟁이 시인 오비디우스는 유부녀를 탐하는 위험한 장난을 계속 이어가고 있었다. 그리고 그런 장난을 즐기기에 무덥고 나른한 긴 여름날의 오후보다 더 좋은 때는 없었다. 절반쯤 닫힌 침실의 덧문, 그림자와 햇살이 벌이는 숨바꼭질, 다른 남자의 아내가 조심조심 걷는 발걸음, 그녀의 흐트러진 긴 머리카락, 드러난 흰 목, 몸에 달라붙은 얇은 옷, '이런 일들이 벌어지는 오후의 시에스타를 자주 누릴 수 있기를'[46] 오비디우스는 공공연하게 기원했다. 새로 지은 군신 마르스 신전의 번쩍임과 프린켑스의 인공 호수에 빽빽이 떠 있는 전함들의 돛대 너머의 로마는 이렇듯 여전히 불온한 쾌락의 온상이 되고 있었다.

아우구스투스도 오래지 않아 그 사실을 알아차렸다. 인공 호수에서 살라미스 해전을 재현하는 행사를 마친 직후, 그가 처음 간통 금지법을 제안했던 포룸의 로스트라(대형 연단) 곁에 서 있는 마르시아스 상의 머리에 화환이 씌워진 모습이 발견된 것이다. 누구의 소행이었을까? 소문은 수치스럽게도 프린켑스의 딸을 범인으로 지목했다. 한동안 율리아 주위에서만 맴돌던 소문의 소용돌이가 그 아버지가 신격화된 무렵에는 돌풍으로 치달아갔다. 사람들은 율리아가 상대한 남자가 한둘이 아니라고 수군거렸다. 밤이면 포룸에서 남자들과 진탕 잔치를 벌이며 로스트라를 불륜으로 더럽히고 마르시아스 상 아래에서 생면부지의 남자에게 몸을 팔기도 했다는 것이다. 율리아가 욕보인 것은 신격화된 아버지의 법률도 가치도 아닌, 마르시아스 상이었다. 따라서 그 일만으로도 추문이 되기에 충분했는데, 그보다 더 고약한 소문이 나돌았다. 악취를 풍기는데다 믿을 수 없는 소식통이기는 했지만 반역의 징후가 서린 그 소문에 따르면, 율리아의 정부들 중에는 지난날 아우구스투스 최대의 정적이었던 자의 아들인 율루스 안토니우스도 끼어 있다고 했다. 게다가 율리아는 그와 횃불을 함께 들고 흥청거리며 안토니우스의 수호신인 리베르 신에게 경의를 표하기까지 했다는 것이다. 율리아는 아버지가 상징하는 모든 것, 그가 이룩한 모든 것을 가장 파렴치하게 욕보이는 행위를 했던 것이다. 프린켑스에게 율리아의 일탈 행위를 귀띔한 밀고자들이 '그의 생명을 노린 음모'[47]일 수도 있다며 넌지시 암시한 것도 그렇게 보면 놀랄 일이 아니었다.

십대를 막 넘긴 청년 시절의 프린켑스, 곧 미래의 아우구스투스는 절대적 수위권을 확보하기 전에는 누구도 용서하지 않았고 자신의 행동에 양심의 가책도 느끼지 않는 전형적인 폭력주의자였다. 그런데 그로부터 수십 년 세월이 흐르고 보니, 젊었을 적의 잔혹한 기억도 많이 감퇴해 "이제는 그도 아버지로 불릴 만하게 되었다."[48] 그래서인지 당찬 성격에 제멋대로였던 율리아는 티베리우스가 그랬듯이 아버지도 자기에게 항복할 거라는 오만한 상상의 나래를 폈다. 하지만 그렇게 생각했다면 그녀는 치명적 실수를 한 것이었다. 아우구스투스의 성격을 잘 아는 사람이면 표범의 반점은 절대 바뀌지 않는다는 것쯤은 알고도 남을 일이었다. "내가 말하는 자비는, 잔인성의 고갈과는 명백히 다르다"[49]라고 한 세네카의 표현처럼, 아버지로서 아우구스투스가 지닌 힘은, 생명의 힘인 동시에 생명을 앗아가는 죽음의 힘이기도 했다. 게다가 그는 지난

날 좌절에 직면할 때면 흔히 그랬듯 이번에 딸이 자신에게 안겨준 불명예도 자신의 위대성을 공고히 다질 기회로 보았다. 율리아와 그녀의 정부들을 처단해, 국부에게는 그의 지배하에 있는 사람들을 소중히 보듬을 권리뿐 아니라 파멸시킬 권리도 있다는 인식을 모든 이에게 확실히 심어주려 한 것이다. 그래서 아우구스투스는 추문을 덮어 감추기보다는 불륜의 더러운 전모를 원로원에서 속속들이 밝히는 편을 택했다. 충격과 공포로 탁해진 목소리로, 뒤에서 킥킥대는 의원들의 비웃음을 사면서까지 딸의 비행을 일일이 들추는 일은 물론 분통 터지는 것이었다. 하지만 장기적으로 보면 그에게 이득이었다. 원로원 의원들도 로마의 정치적 삶은 오래전부터 프린켑스가 보인 인내와 자제라는 미명 아래 유지되었고, 따라서 그가 마음만 먹으면 누구라도 단번에 제거할 수 있다는 적나라한 현실에 직면하게 되었으니 말이다.

결국 궁극적 대가를 치른 사람은 율루스 안토니우스였다. 아우구스투스의 의심대로 그가 과연 악의적 의도를 품고 있었는지, 그리고 소문대로 율리아와 불미스러운 관계였는지는 전혀 확인되지 않았다. 그가 지녔다는 야망에 관련된 진실도, 심야에 포룸에서 벌였다는 잔치 못지않게 베일에 싸여 있었다. 확실한 것은 그의 배은망덕뿐이었다. 율루스는 아버지의 운명을 모방하여 자살로 생을 마쳤다. 율리아는 그보다 더 가혹한 운명에 처해졌다. 간통자로 낙인찍힌 채 아버지가 만든 법에 따라, 바람 거센 티레니아 해의 외딴섬 판다테리아로 추방되는 대가를 치렀다. 쾌적한 별장을 제공받았다고는 하지만, 그것이 형언할 수 없도록 지루한 삶을 살아야 하는 섬의 나쁜 면을 보상해주지는 못했다. 노령의 어머니 스크리보니아만 동행이 허용되었을 뿐, 다른 사람들과의 교류는 일절 금지되었다. 노예마저 철저한 조사를 거친 뒤에야 섬을 방문할 수 있었다. 술도 금지되었고, 식품도 아주 간소한 것만 반입이 허용되었다. 아버지 집안의 위선적 검약을 비웃어 자신의 숭배자들을 즐겁게 해주던 율리아가 금욕과 따분함이라는 악몽 같은 현실에 직면한 것이다.

한편 로마에서는 율리아를 여왕으로 떠받들던 탕아들이 두려움에 떨고 있었다. 마구잡이로 기소되는 분위기가 고조되자 마녀사냥의 징후도 나타났다. 프린켑스가 고발의 다수를 각하했다고는 하지만 도시의 사교계에서는 여전히 불안한 기운이 감돌았다. "그 누가 태양을 속일 수 있을손가?"[50]라며, 태양의 황금빛을 어둠침침한 침실을 훤히 비춰주고 주도면밀하게 움직이는 간통자들의 비밀까지 파헤쳐주는, 한마디로 모든 것을 꿰뚫어보는 스파이로 간주했던 오비디우스마저 불안감을 토로했을 정도다. 하지만 초조해 했을지언정 굴복하지는 않았다. 그는 "나의 성적 취향은 정상적이지 않다. 그것이 문제가 된 것도 처음은 아니다"[51]라고 자신의 성생활을 쾌활하게 인정했다. 성적 취향이 문제가 된 것이 처음이 아니라면 마지막도 아니었을 것이다. 율리아가 순무를 먹고 베틀로 천을 짜는, 태곳적 고대를 방불케 하는 원시적 섬으로 추방되었는데도 오비디우스는 눈 하나 깜짝하지 않았다. 그는 도시미와 세련미를 진정한 시대정신의 구현으로 보았다. 따라서 그것의 가치를 결코 포기하려 들지 않았다. 율리아가 추방되고 나서 몇 달간 상류 사회가 공포에 휩싸였을 때도 오비디우스는 사랑의 기술 입문서라는, 그보다 더 도발적일 수 없는 작품의 집필에 매진했다. 그러면서도 "되풀이하여 말하지만, 나의 즐거움과 놀이에 불법성은 없다. 여성도 내키니까 그 일에 탐닉하는 것이다"[52]라는 요상한 단서를 달아 빠져나갈 구멍을 마련해두었다. 아무리 그렇더라도 그의 항변은 지나친 측면이 있었다. 로마에서 희대의 악명 높은 섹스 스캔들이 일어난 민감한 시기에, 특별히 용감하거나 둔감하지 않고서는 절대 빠져들 수 없는 유혹의 스릴과 즐거움을 노래했으니 말이다. 그는 유혹을 즐기라고 부추긴 것으로도 모자라, 감시의 눈길을 벗어나는 데 가장 좋은 방법을 묻는 여성에게 (불에 쬐면 글씨가 나타나는) 은현 잉크로 연서를 쓰고 과잉 보호하는 아버지가 없는 데서 일을 벌이라는 비책까지 알려주었다. 율리아의 몰락 뒤에 그녀의 친구들 중 누군가가 공개적으로 불만을 드러낸 것과 다를 바 없는 위험천만한 조언을 한 것이다.

거리의 상황은 상류층의 분위기와 달랐다. 재기 넘치는데다 서민적 면모도 지녔던 율리아는 인민의 공주였다. 그러다 보니 그해에 아우구스투스가 주최하고 로마의 모든 시민이 기리도록 초대된 경축 행사도 율리아에게 대중이 더욱 매혹되게 하는 결과만 낳았다. 율리아는 카이사르의 딸로서뿐 아니라, 마르스 신전의 봉헌식에서 주요 역할을 담당한 씩씩한 두 소년의 어머니로서도 대중에게 사랑을 받았다. 그러다 보니 임무 수행을 위해 동방으로 떠나는 가이우스를 보고도 사람들은 두 왕자를 빼앗긴 가엾은 율리아를 마음속에 떠올렸다. 새로 지은 장대한 아우구스투스 포룸 너머의 거대한 차폐 벽 아래, 오물로 질척거리는 좁은 거리에서도 카이사르의 딸 율리아가 당하는 고통과 슬픔에서 그들 자신이 당면한 불행의 매혹적 대용물을 찾는 사람들이 넘쳐났다. 더럽고 붐비는 안마당, 허물어져가는 주택 단지, 도시에 광범위하게 분포된 슬럼가의 빈민들은 그들 총아의 추락을 애통해 했다. 로마의 모든 사람이 원로원과 하나 되어 아우구스투스를 국부로서 환호한 지 고작 몇 달만에, 그가 그토록 힘겹게 구축해놓은 화합이 깨지고 있었다. 공공연하게 구호를 외치며 율리아의 복귀를 요구하는 거리 시위가, 그렇지 않아도 어두운 도시 분위기를 더욱 침울하게 만들었다. 미로 같은 골목길 너머에 펼쳐진 마르스 신전도 하나 된 민족의 위대성을 드러내는 기념물이라기보다는 적대적 바다에 포위된 섬의 기념물처럼 보이기 시작했다.

하지만 귀족층에게 이제 막 이를 드러내 보인 아우구스투스가 군중에게 굴복할 개연성은 희박했다. 그렇더라도 '호민관의 권한'을 가진 사람이었으므로 군중의 야유에는 예민하게 반응했다. 아우구스투스는 슬럼가의 동향에 지속적으로 주의를 기울여야 한다는 사실을 오래전에 터득해 알고 있었다. 어느 정부도 빈곤층을 통제하지 않고서는 성공을 거둘 수 없다는 생각이야말로 아우구스투스의 통치술에 나타난 여러 통찰 중에서도 비중이 큰 관점이었다. 아우구스투스도 물론 상류층의 일원이었으므로 "빈곤층은 오물과 쓰레기가 버려지는 비천하고 외진 곳과 같다"[53]라고 한 어느 철학자의 말에 동감했다. 그렇지만 그들을 철저하게 감시하는 일의 중요성을 간과하지는 않았다. 그가 수십 년 전부터 관리들에게 도시 빈민굴의 실태를 정확히 파악하라고 지시한 것도 그래서였다. 그들이 작성한 명부에는 매춘부부터 간이식당에 이르기까지, 도시의 면면이 빠짐없이 수록되었다. 푸석해진 지붕의 기와, 위험한 포석, 물이 새는 송수관을 비롯해 모든 것이 눈썰미 좋은 조영관들의 관심을 끌었다. 소유지 도면과 가구주 목록도 꼼꼼히 작성되었다. 아우구스투스에 대해, 늘 그림자를 탐지하는 시선을 가진 태양의 이미지를 가졌다고 느낀 사람이 비단 오비디우스 한 사람만은 아니었다. 도시의 지도를 작성하도록 임명된 조영관, 측량사, 관리 들도 그 점을 확실히 인지하고 있었다. 그러니 로마의 곳곳이 아무리 황금과 대리석 번쩍이는 아우구스투스의 그랑 프로제에서 소외되어 미로처럼 복잡했다 해도, 카이사르의 시선을 비껴 갈 수 있는 것은 없었다. 아우구스투스의 눈은 가장 어둡고 가장 비위생적인 길모퉁이까지 꿰뚫어보았다. 세계 최대의 도시 로마의 거대한 미궁을 조사하는 것은 예전이라면 꿈도 못 꿀 일이었지만 이제는 그곳에서도 아우구스투스의 시선을 피할 수 있는 비밀은 거의 없어졌다.

널리 알려진 대로, 아는 것은 또 힘이었다. 그리고 국부인 아우구스투스에게는 자신의 지배하에 있는 사람들의 동향을 죄다 꿰고 있을 권리가 있었다. 그래야만 그들이 잘못을 저지르면 벌주고 위험에 처하면 안전하게 지켜줄 수 있었으니까. 아닌 게 아니라 로마는 재해의 위험이 상존하는 도시였다. 기원전 7년에도 방화광들이 지른 불로 포룸마저 화마에 희생될 뻔했으니 말이다. 물론 재앙이 될 뻔했던 이 위기에 대해서도 아우구스투스는 충분히 예상할 만한 조치를 취했다. 그는 조사 범위를 확대하도록 했다. 이어 조영관들에게 지시를 내려, 아무리 허름하다 해도 고층의 주택 단지에는 반드시 물통을 비치하게 했다. 주택 단지가 불길에 휩싸이지 않도록 보건과 안전 규정을 마련한 것인데, 당연히 이러한 조치는 아우구스투스에게도 큰 보상으로 돌아왔다. 화재에 취약한 로마 같은 도시에서는 불안에 떠는 시민들에게 믿을 만한 소방 설비를 제공해주는 것이 인기를 얻는 가장 확실한 방법이었다. 물론 아우구스투스가 그 사실에 눈을 뜬 최초의 인물은 아니었다. 기원전 19년에도 동방에 가 있느라 그가 로마를 비운 사이, 에그나티우스 루푸스라는 담력과 야심을 함께 지닌 귀족이 사설 소방대를 설립해 대중적으로 큰 인기를 누렸다. 그런데 인기가 오르자 기고만장해진 그는 집정관직까지 넘보는, 프린켑스의 뜻에 명백히 배치되는 행동을 하여, 그가 부재할 때 로마를 보살피도록 임명해놓은 관리들만 그 피해를 막느라 악전고투를 벌이게 만들었다. 그래봤자 에그나티우스의 쿠데타는 어이없는 실패로 끝나고 집정관이 되려 한 그의 기도도 자연히 무산되었으며, 그 또한 투옥되어 '그의 생애에 완벽히 부합하는 최후를 맞았다.'[54] 아우구스투스에게도 그 사건은 좋은 교훈이 되었다. 도시 로마와 로마를 가득 채운 대중의 보호자가 되어 그들에게 봉사할 권한을 가진 사람은 하나뿐이고, 그 사람이 에그나티우스는 아니라는 것이었다. 사람들에게 딱히 득될 것은 없었지만, 그렇더라도 그 권리는 프린켑스 한 사람에게서만 나와야 했다.

프린켑스가 율리아의 운명에 대해 대중이 보인 분노를 알면서도 그녀를 귀환시키라는 그들의 요구가 폭동이나 혹은 그보다 더 안 좋은 상황으로 비화하지는 않으리라고 확신한 것도 그래서였다. 물론 팔라티노 구릉 위에서 내려다보면 연무에 휩싸인 작업장과 고층 주택들에는 위협이 만연한 듯이 보일 수 있었다. 공화국의 몰락기에 클로디우스가 준군사 조직을 만들었던 곳, 삼두정 때 일어난 각종 전쟁으로 피골이 상접해진 폭도들이 주기적 폭동을 일으켰던 곳도 암흑의 핵심인 그곳이었으니 말이다. 하지만 그 시절도 이제는 끝난 듯했다. 아우구스투스가 도시의 도면과 주민들의 상세 정보를 손에 쥔 채, 혼란이 난무했던 곳에 질서를 부여한 덕분이었다. 기원전 7년에는 자신이 실시한 소방 개혁에 고무된 그가 직접 로마의 주거지들을 순방할 정도로 분위기가 호전되었다. 물론 그의 관심은 미로처럼 뒤얽혀 위험한 골목들이 아닌, 모든 구역의 중심에 세워진 교차로, 곧 콤피타compita에 집중되었지만 말이다. 로마에는 그런 교차로들이 거대한 망의 매듭처럼 도시 전역에 깔려 있었다. 그러니 로마에서는 시의 통제가 곧 조직의 통제를 뜻했다. 아우구스투스는 과연 사냥의 달인답게, 사냥에 무엇이 필요한지를 정확히 알고 있었다.

로마인들은 교차로가 왕들이 도시를 통치했던 시대까지 거슬러올라갈 만큼 역사가 오래되었다고 믿었다. 그런 만큼 그것에 대한 지역민들의 애정과 자긍심도 매우 높았다. '라레스Lares'로 알려진 신비한 쌍둥이 신이 교차로를 지키고 '콤피탈리아Compitalia'라 불린 광란의 축제가 연례 행사로 열릴 정도로 그 열기가 뜨거웠다. 교차로의 신전에는 제물도 바쳐졌다. 축제 때는 노예조차 정장을 입고 참여할 정도로 신분의 귀천 없이 모든 부류의 사람이 초대되었다. 그러나 원로원의 보수주의자들은 당연히 그 모든 것에 오래전부터 깊은 회의를 품고 있었다. 그렇다고 그들의 우려가 단순히 속물근성에서 기인한 것은 아니었다. 콤피탈리아만 해도 때로는 문자 그대로의 폭동이 되기도 했으니 말이다. 기원전 64년에는 원로원이 콤피탈리아 개최를 금지하는 법까지 제정했으나 오래가지는 못했다. 길거리 싸움의 천재 푸블리우스 클로디우스 풀케르가 콤피탈리아를 어엿한 정치술로 발전시켜, 빼도 박도 못하게 만든 탓이었다. 클로디우스가 콤피탈리아를 후원한 것은 획기적인 갱스터 전략의 핵심 요소였다. 그렇게 하면 자신의 지지자들을 신병으로 모집할 수 있었을 뿐 아니라, 그들을 도시 규모로 조직화할 수도 있었다. 오비디우스가 "도시에는 천 여 개의 라레스 신이 존재했다"[55]라고 썼듯이, 교차로는 로마의 모든 곳에 있었으니, 그렇게 하는 것은 어려운 일이 아니었다.

클로디우스가 라레스 신전을 개인적 야망을 달성하는 중심축으로 사용하여 얻었던 성과는 과연 잊히지 않았다. 빈민들이 로마 최고의 명문 귀족에게까지 정치적 기반이 되어주었으니 말이다. 용두사미가 된 에그나티우스의 쿠데타로도 드러났듯, 그것은 권력에 굶주린 원로원 의원들에게 끊임없는 유혹으로 작용했다. 그렇다면 프린켑스 또한 그것을 영원히 끝장낼 조치를 취할 수밖에 없었다. 다만 원로원이 원하는 콤피탈리아의 금지가 아닌, 콤피탈리아를 후원하는 방식을 이용한 점이 달랐다. 오래된 관습을 금지하는 것은 그의 성미에도 맞지 않았을뿐더러 자신의 목적에 맞게 용도를 바꿀 수도 있었으니, 그로서는 더더욱 그럴 필요가 없었다. 실제로 아우구스투스는 도시의 교차로들을 순방하여 그곳들에 소방 설비와 여타 시설을 설치하고 자신의 호의가 드러나는 상징물로 장식함으로써 광대한 로마 일대에서 시민들의 지지를 얻는 데 성공했다. 폭동이 일어날 소지가 있는 곳들을 선제적으로 손보아 정권의 신경 중추로 바꿔놓은 결과였다.

그리하여 로마에서는 이제 가장 어두운 슬럼가, 가장 거친 동네에서도 프린켑스의 권위가 반짝반짝 빛을 발하게 되었다. 하지만 기원전 1년 초 가이우스가 임무를 수행하기 위해 도나우 강의 국경 지대를 경유해 동방으로 가기에 앞서 들른 곳은 그곳이 아닌 찬란한 대리석 열주로 둘러싸인 마르스 신전이었다. 파르티아에서 회수해 온 군기와 섬뜩한 군신의 시선을 받으며 길을 떠난 것이다. 카이사르의 아들인 그가 골목길의 오물로 신발을 더럽힐 수는 없었기에. 그럼에도 가이우스의 출정은 포룸 너머 지역 사람들의 마음을 사로잡았다. 마르스 신전을 나와 작업장들이 몰려 있는 거리와, 수부라Suburra로 알려진 홍등가 및 간이음식점 거리를 지나고 그곳에서 다시 남쪽으로 향하면, 지난날 그곳에 도열해 있던 샌들 제조공들의 거리를 뜻하는 고대의 거리, 비쿠스 산달라리우스Vicus Sandalarius가 나왔다.* 그 거리의 끝에는 교차로, 그 곁에는 새로 깎은 제단이 있었다. 그 고장의 담당 관리들이 불과 몇 달 전에 설치한 제단이었다. 비록 그들의 출신 성분은 미미했지만 긍지를 느낄 만한 일을 했던 것이다. 당연히 그들은 율리아의 운명에 대해서도 항의하지 않았다. 아우구스투스의 위임을 받아 지방 정부를 꾸려나가고 공휴일에는 릭토르들의 호위도 받을 수 있는 등 말 그대로 관할 구역에서 일어나는 모든 일의 중심에 있었으니, 프린켑스에게 진 빚이 많았던 것이다. 따라서 교차로 곁에 새로 세운 제단도 프린켑스에 대한 사의의 표현이었다. 한쪽에는 월계관, 다른 쪽에는 승리의 전리품이 새겨져 있고, 앞면에는 아우구스투스와 리비아가 가이우스의 양옆에 서서 만족스러운 듯 가이우스를

---

* 그러나 그곳은 100년가량 주택의 고급화가 진행된 뒤로는 서적 거래의 중심지가 되었다.

바라보는 모습이 부조로 새겨진 제단이었다. 제단은 율리아의 부재가 두드러졌으나, 제단을 설치한 관리들은 그 점보다는 왁자지껄한 자신들의 고장이 비록 로마의 작은 일부에 지나지 않을지라도 눈을 치뜨고 보면 적으나마 자신들 또한 세계의 정사에 관련되어 있다는 느낌을 얻는 것이 중요했다. 같은 맥락에서, 동방으로 떠난 가이우스의 여정을 지켜주는 수호신도 마르스뿐만이 아니었다. 라레스 신도 그를 지켜주기는 마찬가지였고, 그에 따라 라레스에게도 점점 경이롭고 새로운 힘이 부여되었다. 라레스 신 숭배는 프린켑스가 소방 개혁을 실시하고 교차로들을 순방한 기원전 7년부터 이미 로마 전역에 깊숙이 뿌리내려, 교차로가 세워질 때마다 새로운 제단이 계속 설치되었다. 카이사르 아우구스투스의 살아 있는 영靈, 곧 게니우스Genius 숭배가 보태졌던 것이다.

이 같은 질서를 가진 신들의 후원을 받았으니, 가이우스에게 안 좋은 일이 생길 턱이 없었다. 아우구스투스는 "가이우스에게 폼페이우스의 인기, 알렉산드로스의 배짱, 나의 행운을 부여해주소서"[56]라고 신들에게 기원했다. 신들로도 모자라, 속주 원정을 여러 차례 감행했던 노련한 장군이자 흥미롭게도 티베리우스의 오랜 앙숙이기도 했던 마르쿠스 롤리우스(기원전 55~기원후 2)를 동방으로 가는 가이우스에게 딸려 보냈다. 그를 가이우스의 지도 교사로 임명하고 자신의 눈과 귀 역할도 하도록 한 것이다. 이렇게 하늘의 비호와 노련한 고문의 지도를 동시에 받자, 가이우스도 이윽고 좋은 평판을 얻게 되었다. 그는 가는 곳마다 사람들의 이목을 집중시키고 로마의 힘이 미치는 가장 먼 곳까지 동방의 도시들을 휩쓸고 다녔다. 그러고는 마침내 유프라테스 강의 한 섬에서 파르티아 왕과 보란 듯이 정상 회담을 갖고 강화 조약을 체결했다. 그 직후에도 그는 '모든 인류의 더 나은 안전을 위해'[57] 분주하게 야만족들을 소탕하러 다녔다. 가이우스의 이런 활약상은 본국 로마에서도 열렬한 환호를 받았다. 그들의 총아에게 품었던 희망이 가장 유망하게 충족되었으니 당연한 일이었다. 한 포고문에도 기록되었듯, "가이우스는 (로마령 속주들의) 지배만 잘한 것이 아니라, 가장 흉포하고 힘센 부족을 굴복시켜 동맹으로 만드는 데도 성공했다."[58] 보아하니 신들은 그의 양부이자 조부인 아우구스투스의 기도를 들어준 듯했다.

그런데 신들이 돌연 태도를 바꿔 그에 대한 지지를 철회했다. 그 일은 먼저 롤리우스가 파르티아의 지방 유지들에게 뇌물을 받은 혐의로 기소되자 압박감을 이기지 못해 독약을 마시고 죽는 사건으로 시작되었다. 그다음에는 갈리아에 있던 동생 루키우스가 기원후 2년 말, 말에서 떨어져 죽었다는 소식이 가이우스에게 당도했다. 그 이듬해에는 아르메니아 요새에서 그곳 지휘관과 협상하던 중 그의 목숨을 노린 위험한 암살 기도에도 가까스로 살아남았다. 물론 이 사고 이후에도 가이우스는 아르메니아에서 주목할 만한 승리를 속속 거두었다. 하지만 자객을 자인한 자가 입힌 상처가 아물지 않자 건강과 자신감을 함께 잃었고, 그에 따라 몸도 하루가 다르게 수척해졌다. 견디다 못한 그가 지휘권을 내려놓게 해달라고 간청하는 편지를 보내자, 아우구스투스가 귀국을 허락하여 동방 전선에서 로마로 돌아가는 장도長途에 올랐으나, 때는 이미 늦었다. 괴저가 번져나간 것이다. 기원후 4년 2월 중순, 가이우스는 천신만고 끝에 눈 덮인 산을 넘고 상선 편으로 소아시아의 남부 해안을 도는 고난의 여정을 마쳤다. 그러고는 이탈리아행 배를 탈 준비를 했으나 끝내 승선하지는 못했다. 임페라토르 카이사르 아우구스투스의 양자 겸 그의 지정 상속자 가이우스는 그해 4년 21일에 숨을 거두었다.

로마로서는 청천벽력과도 같은 사망 소식이었다. 사랑의 기술 입문서에 가이우스가 파르티아를 정복하게 되리라는, 감동적인 문구를 포함시켰던 오비디우스도 높이 솟아올랐다 꺾여버린 고원한 희망을 기억하려는 의도에서, 이미 발표된 시집에서 그것을 빼지 않고 그대로 두는 편을 택했다. "그대의 쌍둥이 아버지인 마르스 신과 카이사르가 그대에게 놀라운 힘을 부여해주었나니"[59]가 문제의 그 시구였다. 가이우스가 비참한 종말을 맞음에 따라, 감언에서 조롱으로 변질되어 버린 이런 정서는 오비디우스가 어울려 지낸 사교계에 고소를 머금게 만들었다. 하지만 거리의 분위기는 그와 달랐다. 율리아의 두 아들이 맞은 운명에 대해 날것의 비통함을 드러내 보였다. 선동자들은 이번에도 율리아의 귀환을 요구하는 시위를 벌였고, 아우구스투스는 이번에도 "율리아를 복귀시키느니 차라리 불과 물을 섞겠노라"[60]라며 그들의 요구를 거부했다. 그러자 시위자들은 실제로 테베레 강변에 나가 타오르는 횃불을 물속으로 던졌다. 이들이 이렇게까지 나오자 아우구스투스의 마음도 흔들렸다. 율리아가 섬으로 추방된 지 수년이 지났는데도 폭력 시위가 끊이지 않으니 그의 마음에도 동요가 일어난 것이다. 결국 아우구스투스는 선동자들의 압력에 굴복했다는 소리를 듣지 않을 만큼 말미를 둔 뒤, 나무 한 그루 없는 황량한 섬에 갇혀 있던 율리아를 이탈리아 반도의 발끝 부분에 해당하는 해군 기지 레기움(지금의 레조디칼라브리아)으로 이송하라고 지시했다. 그래봐야 로마와는 분위기가 딴판인 음울한 지방 항구 도시에 불과했으나 판다테리아 섬보다는 나은 곳이었다.

섬의 감금 상태에서 벗어난 사람은 율리아 혼자만이 아니었다. 그녀의 전남편 티베리우스는 지난 몇 년 동안 그녀 못지않게 심한 고초를 겪었다. 로도스 섬으로의 은거가 유랑으로 바뀐 탓이었다. 율리아의 간통에 따른 불가피한 결과로 그녀와 이혼하게 되자, 아우구스투스와 그의 관계도 자연히 절연되었다. 그 이듬해에는 '호민관의 권한'마저 종료되었다. 그렇게도 고집스레 아우구스투스와 멀어지려 했던 그에게 그 조치는 불길한 징조였다. 더는 모욕이나 기소의 면제를 받을 수 없게 되었으니 말이다. 티베리우스는 아무래도 심각한 오판을 한 듯했다. 클라우디우스 가문의 일원으로서 로마 세계에 미치는 영향력은 여전했지만, 그의 명성은 땅에 추락했다. 일부 도시들에서는 그의 조상이 내던져졌고, 속주의 꼭두각시 왕들도 그를 무시했다. 가이우스 카이사르가 동방에 온 뒤로 그의 신세는 더 처량해졌다. 한번은 이런 일도 있었다. 어느 날 밤 가이우스가 개최한 연회에서 술 취한 그의 친구 한 명이 로도스 섬으로 배를 타고 가서 티베리우스를 조롱해 부르던 호칭인, '유랑'의 우두머리를 잡아오겠다고 제의했다. 가이우스는 물론 그 제의를 거부했다. 하지만 티베리우스는 그 소식을 듣자 살해될지 모른다는 불안감이 엄습했다. 그래서 아우구스투스에게 로마로의 귀환을 요청했으나, 거절당했다. 그로부터 1년이 지난 기원후 2년에 다시 유랑 생활을 끝내게 해달라고 간청했고 마침내 아우구스투스의 허락을 받아냈다. 하지만 굴욕적인 단서가 따라붙었다. 클라우디우스 가문의 수장이자 로마 최고의 장군인 그에게 공적 생활의 참여를 금지시킨 것이다. 티베리우스는 로마에 가이우스의 사망 소식이 닿았을 때도, 원로원에서도 은퇴하고 군대에서도 은퇴했다는 사실을 소리 높여 알리기에 최적의 장소인 마이케나스의 정원에서 살고 있었다(마이케나스가 로마인들이 질색하는 사치를 즐겼다는 뜻에서 한 말—옮긴이).

그런데 이제 모든 상황이 돌연 바뀐 것이다. 아우구스투스는 절망적인 위기의 순간을 맞고 있었다. 그의 아들이자 손자였던 금쪽같은 젊은이, '그가 애지중지한 꼬마 당나귀',[61] 가이우스의 죽음은 그에게 개인적 슬픔을 넘어서는 엄청난 타격이었다. 그가 가장 소중히 여긴 계승의 희망이 물거품이 되었기 때문이다. 아우구스투스의 다섯 손자손녀 가운데 남은 사람은 이제 셋뿐이었고 그중 둘이 손녀였다. 물론 독단적이고 야심만만한 아그리피나(기원전 14경~기원후 33)도 '여자애가 좋아하는 일에는 관심을 두지 않는 남성적 기질을 지닌'[62] 아이였다. 하지만 아무리 그렇더라도 여자에게 세계 지배를 맡길 수는 없었다. 그녀의 동생 율리아도 다른 면에서 문제를 안고 있었다. 매력적이고 화려한 점이, 어머니 율리아와 이름만 같은 게 아니라 기질까지도 쏙 빼닮을 징후를 보인 것이다. 그러므로 (로마 작가 플리니우스에 따르면) 로마에서 가장 큰 집과 가장 작은 난쟁이를 보유했다는 그녀가 할아버지의 마음을 얻을 가능성은 희박했다. 그렇다면 이제 남은 사람은 아우구스투스의 전우, 아그리파의 유복자로 태어난 아그리파 포스투무스뿐이었다. 아니나 다를까 프린켑스는 기원후 4년 6월 26일, 그를 양자로 삼았다. 하지만 이 아이의 나이 이제 고작 열다섯 살에 지나지 않았고, 게다가 가이우스와 루키우스를 양자로 삼은 시점에서 20년도 더 지난 상황이어서, 아우구스투스는 나이에 대한 불안감을 가질 수밖에 없었다. 아우구스투스의 조상들에 나타난 모습은 여전히 젊고 평온했으나, 그의 나이 벌써 예순여섯이었으니 누가 봐도 노인이었다. 따라서 언제든 죽을 수 있었다. 그런 판에 열다섯 살 된 소년에게 세계 지배를 맡긴다는 것은, 그가 장기간 쌓아올린 공든 탑을 무너지게 할 수도 있는 위험천만한 일이었다. 그런 위험을 막을 방법은 하나뿐이었다. 가이우스의 사망 소식이 로마에 닿았을 때 '호민관의 권한'이 새로 부여된 티베리우스를, 아그리파 포스투무스에 이어 두 번째 양자로 입양하는 것이었다. 이리하여 티베리우스 클라우디우스 네로는 카이사르가 되었다.

아우구스투스에게 그것은 괴로운 타협이었다. 물론 상속자를 둘씩이나 둔 그가 내린 조치에서는 한 사람이 최고권을 행사하지 못하도록 하는 데 목적을 둔 로마의 유서 깊은 제도인 집정관직을 모방한 흔적이 엿보였다. 하지만 바로 그 집정관직에 맹점이 있었다. 그 정권은 그가 만든 것이었다. 따라서 그것의 본질적인 성격도 그가 가장 잘 알았다. 아우구스투스는 티베리우스도 잘 알았다. 그러므로 아그리파 포스투무스가 클라우디우스 가문의 냉혹한 수장의 상대가 되지 못하리라는 점도 알았다. 사실 그는 진즉에 자신의 골육을 후보에서 탈락시키려는 결정을 내려놓은 상태였다. 그 결정을 받아들일 준비가 미처 안 되었을 뿐이었다. 그의 정권도 공개적으로는 아직 율리우스 가문의 것이었다. 티베리우스도 아우구스투스의 양자가 되었으니 이제 법적으로는 클라우디우스 가문 사람이 아니었다. 아우구스투스는 거기에 더해, 자신의 가문과 리비아의 가문을 단단히 묶어 양가의 구분을 없애려고까지 했다. 시민들의 애끓는 애도를 받았던 게르마니아 전선의 영웅이며 그의 외종손인 드루수스의 아들과 수선스러운 아그리피나를 결혼시킨 것이다. 그것으로도 모자라 이미 아들 하나를 두고 있던 티베리우스에게, 죽은 아버지를 기려 게르마니쿠스로 불린 이 드루수스의 아들을 양자로 입양하도록 했다. 요컨대 율리우스가와 클라우디우스가를, 입양으로는 식별이 모호해지고 결혼으로는 정체성이 혼합된 운명 공동체로 만들었다. 유서 깊은 두 명문가에 아우구스투스의 영광이 새롭고 찬란한 지위를 부여한 것이다. 그리하여 미래는 이제 율리우스가도 클라우디우스가도 아닌 단일 가문, 곧 아우구스투스가에 속하게 되었다.

일은 결국 그렇게 정리되었다. 하지만 그런 결정에 회의를 느끼는 사람도 많았다. 율리우스가의 아그리파 포스투무스만 해도 클라우디우스가의 권력 독점을 명백히 가로막는 존재였으므로, 당연히 자신의 위치가 풍전등화처럼 위태롭다는 사실에 어떤 환상도 품지 않았다. 게다가 젊고 미숙하다 보니 할아버지를 향한 원망을 속에 담아두지도 못했다. 아우구스투스의 양자로 입양된 지 1년 후 공식적으로 성인이 되었을 무렵, 그는 벌써 퉁명스럽고 공격적이라는 평판을 얻었다. 그러나 정작 프린켑스의 계획을 위태롭게 만든 것은 거리에 부는 폭력적 분위기였다. 율리아와 그 자녀들을 향한 대중의 애정이 여전한데다 클라우디우스가의 야망에 대한 혐오감까지 겹쳐, 티베리우스를 후계자로 택한 결정에 여론이 냉담한 반응을 보인 것이다. 티베리우스가 조상 전래의 가치로 중시한 엄격함에 대해서도, 도시 빈민들은 대체로 냉혹함과 오만함의 표현이라고 보았다. 그렇게 뻣뻣한 귀족 가문 사람에게 '호민관의 권한'을 부여한 조치 역시, 플레브스에게는 자신들을 자극하는 처사로밖에는 보이지 않았다. 호민관 제도는 애초에 평민들의 권리 보호를 목적으로 도입되었으며, 프린켑스 또한 로마 정사의 중심에 있는 한은 그들의 보호자 겸 지지자로 행동했다. 그런데 지금 아우구스투스는 늙어가고 있고 티베리우스의 힘이 증대되는 상황이었으니, 플레브스로서는 새로운 불안감에 사로잡힐 수밖에 없었다. 게다가 불행은 하나씩 오지 않고 무리 지어 왔다. 머나먼 국경 지대에서는 반란과 야만족의 습격 소식이 들려왔으며, 심지어 사르데냐 섬은 해적에게 잠시 빼앗기기까지 했다. 국방 예산도 고갈되기 시작해, 다급해진 아우구스투스는 군비 부족을 메우기 위해 150년 만에 처음으로 시민들에 대한 직접세를 도입했다. 많은 사람들에게 일자리를 제공해준 도시 재개발 사업도 서서히 중단되었으며, 역병까지 창궐해 혼잡한 슬럼가에는 고통이 만연했고, 죽어가는 사람이 늘어 시체와 오물을 버리는 쓰레기 구덩이가 밤낮으로 열려 있는 지경이었다. 엎친 데 덮친 격으로 도시에는 화재가 발생했다. 화재는 소방 당국이 감당하지 못할 정도로 크게 번져, 결국 프린켑스가 나서서 중앙 집중적인 소방 설비 대책을 세우기에 이르렀다. 화재 진압과 거리 치안 임무를 동시에 지닌 소방대 겸 준군사 조직, 비길레스를 설치한 것이다. 로마가 일촉즉발의 흥분 상태에 놓였음을 간파했던 것이다. 하지만 지난날 삼두정의 지배로 로마가 가장 암울했던 시기에 도시민들을 괴롭힌 골칫덩이였던 기근의 재발에 비하면 역병과 화재는 약과였다. 당시 기근이 닥쳤을 때 청년 아우구스투스는 굶주린 폭도에게 구석으로 몰려 몸이 갈기갈기 찢길 뻔한 위기를 맞았었다. 그는 굶주림으로 고통을 겪는 사람들의 눈빛이 어떤지를 잘 알았다. 따라서 곡식 창고가 바닥을 드러내고 있다는 보고를 접한 아우구스투스가 자살을 고려하고 있다는 소식을 모든 사람들에게 알리라는 지시를 내린 것도 그렇게 보면 놀랄 일이 아니었다.

어쩌면 자살 협박이 말에 그치지 않고 실행되기를 바란 사람도 많았을 것이다. 식량 부족 사태는 그럭저럭 해결되었다지만 위기의 분위기가 가라앉지 않았기 때문이다. 일각에서는 감히 생각할 수조차 없는 일을 생각하기까지 했다. 대화재의 진원지는 도시의 여러 곳이지만 '모두 같은 날'[63] 발생했으니 방화가 분명하다는 소문이 돌았다. 기아가 최고조에 이르렀을 때는 프린켑스 타도를 공공연하게 요구하는 벽보가 로마전역의 건물에 등장하기도 했다. 프린켑스의 관리들이 벽보의 출처를 찾아 나섰지만 단서를 찾지 못했다. 그들은 한 사람이 '그 같은 행위를 계획하고 주도하는 것은 불가능하다'[64]라는 결론을 내렸다. 그러나 프린켑스가 보기에 그것은 결코 자연발생적 사건이 아니었다. 음모의 낌새를 눈치챈 것이다. 그해에 티베리우스를 양자로 입양했을 때도 그는 자신에 대한 폼페이우스 손자의 암살 음모를 적발한 적이 있었다. 그때는 오만한 자비를 과시하고 경멸을 보이며 폼페이우스의 손자를 질책하는 선에서 끝내고 그를 집정관으로 봉직하게 해주었다. 그 정도의 선심은 충분히 쓸 만했던 것이다. 아무리 대 폼페이우스의 혈통을 지닌 귀족이라 해도 실질적 위협은 안 되었기 때문이다. 폼페이우스 손자의 동료 귀족들이, 비록 아우구스투스가의 수위권은 어쩔 수 없이 인정해주었다지만 그렇다고 자신들의 일원이 프린켑스가 되는 것까지 허용해줄 리는 만무했던 것이다.

그런데 만일 아우구스투스 가문의 내부에서 음모가 꾸며진다면? 아우구스투스도 가장 확실한 위협은 바로 자기 가문에 숨어 있음을 알고 있었다. 게다가 로마에 연달아 휘몰아친 고난과 재정 위기에 대처하느라 녹초가 된데다 노인이 되어가면서 성미가 까다로워지고 신경질적이되다 보니 가족을 향한 감정에도 참을성이 없어졌다. 아니나 다를까 아그리파 포스투무스가 폭동에 연루된 혐의가 드러나자, 프린켑스는 음모에 가담한 귀족들은 용서해주면서도 손자에게는 가혹한 벌을 내렸다. 그의 상속권을 박탈하고 로마에서 추방한 뒤 코르시카 섬 앞바다에떠 있는 외딴섬 플라나시아(지금의 피아노사)로 유형을 보낸 것이다. 무장 경비대를 세워 그를 철저히 감시하게 하고 그의 재산권도 군대로 양도하도록 조치했다. 아우구스투스가의 일원으로 언급되는 것조차 즉시 중단시켜, 아그리파 포스투무스를 비#인간으로 취급했다.[*] 아우구스투스 자신도, 그와 율리아는 몸에 난 두 종기라고 언급한 때를 제외하고는 두 번 다시 막내 손자를 입에 올리지 않았다.

그리고 나서 오래지 않아 세 번째 음모가 적발되었다. 율리아가 판다테리아 섬으로 추방된 지 10년이 지난 기원후 8년, 그때와 놀라울 만큼 유사한 추문이 터져 나온 것이다. 추문의 주인공 율리아는 어머니와 이

---

[*] 이탈리아 북부의 티키눔(지금의 파비아)에 기원후 7년 혹은 8년에 아우구스투스가를 기념해 세운 개선문 위에 장식된 열 점의 동상 중에 죽은 가이우스와 루키우스는 포함되었던 반면, 아그리파 포스투무스가 빠진 것이 이를 보여주는 단적인 예다.

름이 같을 뿐 아니라 외설스러운 생활 방식과 난쟁이를 좋아하는 취향으로도 이미 악명이 높았다. 결국 아우구스투스가의 세 번째 식구도 어머니 율리아와 같은 죄목으로 황량한 섬으로 추방되었다. 그녀의 성적 비행과 관련된 조롱 섞인 소문이 난무하는 가운데 그보다 한층 심각한 불법 행위에 관한 풍설도 나돌았다. 종종 와전되고 내용이 상충되기도 한 그 소문에는 불발 쿠데타가 암시되어 있었다. 어머니 율리아와 아그리파 포스투무스를 추방지에서 탈출시키려는 음모가 있었다는 소문이었다. 그들을 맞이할 군대가 대기하는 동안 원로원에서 아우구스투스를 암살한다는 계획도 담겨 있었다. 음모와 관련된 갖가지 내용의 아귀가 들어맞는지는 말할 것도 없고 그 내용이 정확한지를 가리는 일조차 불가능했다. 그런데도 인부들은 벌써 딸 율리아의 고대광실 같은 집을 부수려고 이동하고 있었으며, 율리아의 감시를 맡은 경비대도 그녀 뱃속에 든 아이를 죽이려 대기하고 있었다. 딸 율리아의 간통죄는 폭로된 것만큼이나 그 진실이 베일에 싸여 있었다. 피해자였음이 분명한 율리아의 남편이 사형에 처해지는 형벌을 당한 일만 해도 벌써 냄새가 났다.[65] 오랫동안 프린켑스를 괴롭힌 것으로 유명한 또 다른 인물이 치명타를 입은 사건도 어쩌면 우연만은 아니었을 것이다. 운명의 해였던 기원후 8년, 추방형에 처해진 사람이 비단 율리아 혼자만은 아니었으니 말이다.[66]

오비디우스도 재난에 빠진 것이다. 당시 그는 아그리파 포스투무스가 무장 경비대의 감시하에 비참하게 살고 있던 플라나시아 섬이 마치 분노에 이글거리는 아우구스투스의 복수심을 일깨워주는 듯 수평선에 푸른 얼룩처럼 보이는 엘바 섬에 머물고 있었다. 그러나 오비디우스에게 그 점을 따로 일깨워줄 필요는 없었다. 그의 머릿속은 이미 근심으로 가득 차 있었으니까. 이탈리아 본토에서 배가 도착해 암담한 소식을 전해주자 그는 눈물까지 글썽였다. 충격이 얼마나 컸는지, 같이 지내는 친구에게도 고백과 부인 사이를 오가며 횡설수설하다가 결국 무너져 내리며 전말을 털어놓았다. 자신에게 오래도록 교묘하게 괴롭힘을 당한 프린켑스가 마침내 화를 터뜨렸다는 내용이었다. 여자들에게 남편 몰래 불륜 저지르는 법을 알려주고, 신들의 총아로 죽은 가이우스 카이사르를 빈정대는 문구가 실린 사랑의 기술 입문서가 유행의 선도자들 사이에서 여전히 읽히게 한 오비디우스도 이제는 탕아들에게 회심의 미소를 짓게 한 '대역죄'에 책임질 때가 온 것 같았다. 게다가 그것이 전부가 아니었다. 그보다 더 안 좋은 일도 있었지만, 오비디우스 자신이 정확히 어떤 일을 했고 또 어떤 '잘못'[67]을 저질러 파멸의 위기에 처하게 되었는지 공개적으로 밝히지 않았기에 확실한 내막을 알 수는 없다. 그래도 모종의 단서는 남겨놓았다. 그것으로 미루어볼 때 그는 공개적으로 발설하기에는 위험한 일을 저지른 것이 분명했다. 그러니까 봐서는 안 될 어떤 것, 아우구스투스에게 '치명적 모욕이 될 만한 일'[68]을 목격하는 실수를 범했던 것이다. 그가 무엇을 보았든지 간에 그 점이 바로 '카이사르로 하여금 합당한 분노'[69]를 폭발하게 한 요인이었다. 그렇다면 긴박하고 추문으로 얼룩진, 운명적인 그해에 일어난 일들 중 프린켑스가 보인 분노를 설명해줄 만한 것은 하나밖에 없었다. 우연이든 경솔함 때문이든, 오비디우스는 로마에서 가장 치명적인 경쟁 관계, 다시 말해 세계의 지배권을 둘러싼 율리우스가와 클라우디우스가 간의 싸움의 여파에 휩쓸려

들어갔던 것이다.[70]

오비디우스는 결국 친구에게 작별을 고하고 배에 올랐다. 그것이 두 친구의 마지막 이별이 되었다. 그해 12월 '살을 에는 추위에 떨며'[71] 시인은 또 다른 배를 타고 아드리아 해로 향했다. 그러나 그에게는 이탈리아의 근해 섬으로 가는 짧은 항해마저 허락되지 않았다. 아우구스투스가 절망적이고 회한에 찬 시인을 면담한 뒤 그의 운명을 친히 결정해, 색다른 추방지를 고른 것이다. 그의 추방지로 결정된 곳은 가장 도시적이고 가장 유행에 민감했던 그에게는 실로 소름 끼치는 곳이었다.

오비디우스는 세상의 끝을 향해 떠났다.

암흑의 핵심

"그곳 너머에는 추위, 적대적인 사람들, 얼음에 뒤덮인 바다 외에는 아무것도 없다."[72]

오비디우스는 토미스의 모습에 망연자실했다. 그의 취향과는 달라도 너무 달랐기 때문이다. 수백 년 전 폭풍 몰아치는 황량한 흑해 연안에 그리스 정착민들이 건설한 고대 도시 토미스는 로마령 중에서도 가장 멀리 떨어진 변경이었다. 하지만 오비디우스가 사시사철 겨울만 계속되는 곳이라고 허풍스럽게 불평을 늘어놓은 것과 다르게 여름에는 기후가 쾌적했다.* 하지만 그 점도 그의 절망감을 누그러뜨리지는 못했다. 토미

---

* 토미스(Tomis)는 오늘날 루마니아의 가장 이름난 휴양지들 중 하나인 콘스탄차이다.

스는 로마에 비해 상상할 수도 없을 만큼 열악했기 때문이다. 물에도 소금기가 있고 음식도 형편없었다. 라틴어를 쓰는 사람도 없었으며, 주민들이 쓰는 그리스어는 오비디우스의 귀에 웅얼거리는 소리로밖에 들리지 않았다. 그곳의 수목 없는 황무지에 둘러싸여 있노라면 그의 기억 속에서 가물거리는 세계 수도의 즐거움이 마치 환각처럼 느껴졌다. "이곳에서는 내가 바로 야만인이다"[73]라는 역설적 시구가 나올 만도 했다.

로마에서 누구보다 유행의 첨단을 달렸던 오비디우스에게는 그 상황이, 마치 자신들이 촌스럽다는 사실을 깨닫지도 못하는 촌사람들 틈에 섞여 사는 충격으로 다가왔다. 토미스의 허물어져 가는 요새 안에는 대도시의 흥취가 그리워 몸져누울 누울 지경인 그의 향수병을 함께 나눌 사람 하나 없었다. 방벽 너머의 풍경은 그보다 더 삭막했다. 토미스에서 북쪽으로 100여 킬로미터 떨어진 곳에는, 카이사르와 그의 전략가들이 작성한 지도에서 그곳 너머에 사는 야만족에게 물의 장벽 역할을 하여 천혜의 국경으로 표시된 도나우 강이 펼쳐져 있었다. 하지만 삼각주 너머에 있는 바다가 얼 정도로 혹한이 몰아치는 동절기가 되면 상황이 달라졌다. 겨울에는 강마저 꽁꽁 얼어붙었고, 강 너머 황무지의 야만족이 서리가 내려앉아 하얘진 수염을 날리며 날쌘 조랑말을 타고 나타나 가차 없이 탐욕을 드러냈던 것이다. 어두운 수평선에 연기 기둥이 피어오르면 부락들이 불에 타고, 독화살에 맞아 몸이 뒤틀려 죽은 시신들이 땅바닥에 나뒹굴고, 살아남은 사람들이 소지품과 함께 밧줄에 묶여 끌려가는 일이 벌어지곤 했다. 오비디우스도, 날아드는 화살을 피하려 애쓰거나 한 무리의 노예와 함께 쇠사슬에 묶이는 악몽을 꾸고 잠에서 깨어났다가 지붕에 화살이 빽빽이 박힌 모습을 본 적이 있었다. 그는 토미스의 방벽을 에워싼 야만족 무리를 바라볼 때면 자신이 마치 양우리에 갇힌 것 같다고 느꼈다. 로마는 멀리 떨어져 있을 뿐 아니라 무력하기도 했다. 오죽하면 "로마가 지닌 그 모든 아름다움에도 불구하고 인류의 태반은 로마의 존재조차 인식하지 못한다"라고 했을까. 수도에 대한 애정이 남달랐던 오비디우스에게는 예상치 못한 허탈한 발견이었다. "그들은 무장한 로마군의 힘조차 두려워하지 않았다"[74]라니 말이다.

하지만 정작 그를 더 불안하게 만든 것이 있었다. 토미스의 주민들이 성문 밖에 있는 야만족과 구별이 안 된다는 사실이었다. 그곳 남자들은 양가죽 바지를 입었고 놀랄 만큼 털이 많았으며, 여자들은 물동이를 머리에 이고 다녔다. 로마에서는 몇백 년 전에나 있었을 법한 광경이었다. 지난날 오비디우스는 로물루스 시대를 동경하는 프린켑스를 비웃고 최초의 로마인들을 살인자, 강간자, 금수와 같은 인간으로 치부할 만큼 세련된 삶을 살았다. 그랬던 그가 이제는 마치 머나먼 과거로 유배라도 온 듯 세상의 끝에 내던져진 것이다. 오비디우스는 자신이 문명과 야만의 경계, 짐승에 가깝거나 혹은 그보다 못한 사람들 사이에 있음을 깨달았다. 그는 그곳 주민들이 '늑대보다 사납다'[75]고 개탄했다. 하지만 로마의 힘이 미치는 끝단에 꼼짝없이 묶인 그로서는 그 힘 너머에 펼쳐진 끝없는 어둠을 응시하며 어둠의 광막함과 힘, 그리고 자신의 모든 것이 그 힘에 가차 없이 조롱당하고 있음을 느끼는 것밖에는 달리 할 수 있는 일이 없었다. 그가 토미스 주민들이 쓰는 퇴화한 그리스어를 들으며 혹여 라틴어에 대한 기억을 잃어버릴까봐 애를 태운 것도 그렇게 보면 놀랄 일이 아니다. 그러나 기실 야만성은 로마인들 내부에도 숨어 있었다. 로마의 창건자만 해도 늑대의 젖을 먹고 자랐으니 말이다. 분수에서 물이 보글거리고 주랑 현관들이 멋쟁이들에게 그늘을 제공해준 로마에도 '사람들이 짐승처럼 살았던'[76] 때가 분명 있었던 것이다. 오비디우스도 알았다시피 로마는 세계에서 가장 궁벽한 곳들 중 하나였다.

그렇다면 수도의 환락가에서 멀리 떨어진 문명의 변두리 지역이야말로, 로마인들이 그 옛날과 얼마나 멀어져 있는지, 그리고 그들을 위대하게 만들어준 요인이 무엇인지를 분석하기에 다시없이 적합한 장소일지도 몰랐다. 프린켑스에 의해 '근래에 국경 지대로' 추방되어 '불확실한 법의 지배를 받게 된'[77] 냉혹한 현실 속에서는 오비디우스의 메트로섹슈얼리티도 맥을 못 추었으니 말이다. 전쟁에서 승리하지 못하면 평화의 기술도 쓸모없었다. 문명과 야만을 가르는 특징 또한 시에 대한 취미나 훌륭한 하수 시설, 혹은 장대한 신전이 아니라 강철, 전선에서 방패와 방패로 맞서며 진격해 들어가는 데 쓰이는 강철이었다. 로마인들은 비록 늑대의 자식이었을망정 살육을 하는 일에서는 야수의 그것과 다른 숙련된 솜씨를 지니고 있었다. 혹독한 훈련이 병사 하나하나를 강력한 사슬의 고리로 만들어 냈다. 병사들에게는 결혼조차 허용되지 않아, 동료 병사가 그들이 가진 전부였다. 로마 군단은 동물의 무리라기보다는 살인 집단에 가까웠다. 로마군은 마르스 신을, 어떤 위험이 닥치더라도 전쟁 나팔 소리에 복종해 질서 있는 발걸음으로 전진할 수 있도록 용기를 주는 군신 그라디부스[Gradivus](마르스 신의 별칭으로, '전쟁터로 뛰어드는 자' 라는 뜻 — 옮긴이)로 숭배했다. 그들의 냉혹하고 육중한 발걸음 앞에서는 그 어느 적도 승리를 기대할 수 없었다. 아무리 흉포한 적일지라도 로마 군단을 공격하면 패하게 되어 있었다. '새들이 하강하듯 예기치 않게 들이닥치는'[78] 도나우 강 너머의 야만족과 달리, 로마군은 훈련된 참을성도 갖추고 있었다. 로마군은 적의 내장을 도려내고서야 앞으로 나아가고 피범벅이 된 채로 그 일을 다시 수행하도록 훈련되어 있었다. 이것이 바로 로마군이 그들에게 감히 맞서는 자들을 그처럼 능률적으로 살육할 수 있었던 요인이었다. '로마의 힘을 지켜주는 가장 확실한 수호자는 바로 규율, 엄격한 군기'[79]였던 것이다.

좌절 앞에서도 포기하지 않는 기상, 아무리 승산이 없어도 승리를 거두려는 끈질긴 집념, 끝없는 반전과 반란도 악착같이 버텨내는 인내, 이 모든 것이 군기에서 나왔다. 따라서 오비디우스가 당도했을 무렵에는 토미스의 발칸인들도 그의 상상과 달리 황량한 지역의 야생마가 아니라 거의 길이 든 말이 되어 있었다. 그렇게 된 과정은 길고도 험난했다. 군사적 명예를 얻기에 혈안이 되었던 지난날의 아우구스투스가 일리리아 평정을 선언하고 그 10년 뒤에 크라수스가 야만족을 패퇴시킨 지도 벌써 여러 해 전 일이었으니 말이다. 하지만 그중에서도 가장 중요한 성과는 역시 로도스 섬으로 은거하기 몇 년 전 티베리우스가 사나운 멧돼지와 멧돼지보다 더 사나운 부족들이 들끓던 미개지, 지금의 헝가리를 복속시킨 일이었다. 게다가 그곳 판노니아인들에게는 뿌리 깊은 반란의 습성이 있었다. 기원후 6년에도 여러 곳에서 산발적으로 일어났던 폭동이 큰 반란으로 비화되어 상인들이 살해되었고, 그곳에 주둔하던 분견대들이 전멸했으며, 마케도니아가 침략당하는 일이 벌어졌다.

반란의 기세는 프린켑스조차 허둥댈 정도로 거셌다. 다급해진 그는 숨이 넘어가는 목소리로 긴급 조치를 취하지 않으면 판노니아인들이 열흘 안에 로마의 성문 앞에 다다를 거라고 원로원에 경고했다. 그리하여 이번에도 다행히 로마 최고의 장군이 로도스 섬에서 돌아와 군 지휘권을 잡았다. 끈질기고 냉혹한 티베리우스는 비정규군을 상대하는 데 더없이 적합한 장군이었다. 또한 부하 장병들의 복지 못지않게 매복에도 신경을 많이 썼다. 즉각적인 결과가 나오기를 바라는 본국의 조바심에도 귀를 닫았다. 멀수록 돌아가라는 것이 그의 신조였다. "티베리우스는 가장 안전한 방식이 최선의 방식이라고 믿었다."[80] 그런 생각으로 주마다, 달마다 착실히 판노니아인들의 힘을 고갈시켰다. 그런 다음 기원후 8년 마침내 반란을 진압함으로써 많은 사람들이 강둑에 나와 승리한 장군 앞에 머리를 조아리게 만들었다. 그 이듬해에 토미스로 추방되어 온 오비디우스가 처음 야만족을 보고 놀라 입을 다물지 못하고 있을 때도, 산악 지대에 있던 발칸 최후의 반란 근거지에서는 여전히 방화와 학살이 자행되고 있었다. 하지만 그때 처음으로 지휘권을 잡았던 드루수스의 아들 게르마니쿠스는 무모할 뿐 아니라 무능해서, 발칸 지역은 결국 티베리우스가 결정적 한 방을 먹이고서야 완전히 평정되었다. 흑해에서 아드리아 해, 마케도니아에서 도나우 강에 이르는 거대한 땅덩이가 마침내 안전해졌고, 그에 따라 티베리우스도 프린켑스로부터는 감사의 표시를, 동포 시민들로부터는 후계자로 인정받을 만하게 되었다. "승리의 여신도 여느 때와 다름없이 로마의 위대한 장군 위에서 날개를 퍼덕이며 빛나는 그의 머리에 영관을 씌워주었다."[81]

그래도 아직은 할 일이 남아 있었다. 도나우 강 너머의 야만족들은 그 강의 거대한 물줄기마저 돌파할 능력을 지니고 있다는 사실에 주목한 이가 비단 오비디우스 혼자만은 아니었다. 가장 강력한 천혜의 국경도 믿을 만하지 못했다. 그러나 국경의 안전을 책임지는 사람들에게는 그 점이 걱정스러운 것 못지않게 도전 의식을 부추기는 것이기도 했다. 로마인들은 아직도 자신들이 행한 정복이, 정복 자체만을 위해서가 아니었다는 사실에 커다란 자긍심을 느꼈다. 단순한 탐욕이나 살해 욕구를 채우기 위해서가 아니라, 그들 도시의 명예와 동맹의 이익을 지키기 위해 전쟁을 벌였다는 생각이었다. 그러므로 세계 정복도 자위를 위해 행해진 것이었다. 로마의 정치인들이, "로마의 세계 지배는 보호로 부르는 것이 온당하리라"[82]라는 견해를 드러낸 것도 그래서였다. 신들이 그와는 다른 일이 벌어지게 할 수도 있지 않았을까 하는 의문을 던진다 해도 답은 뻔했다. 따라서 결국은 가장 먼 경계지까지 로마의 보호 아래 두는 것이 세계를 위하는 길이었다. 아우구스투스가 주관한 길고도 영광에 찬 평화의 시대 또한 그가 자랑스럽게 한 말을 빌리면, '전 세계를 로마인에게 복속시키는 것'[83]에 근거했다. 그러나 도나우 강 일대에 출몰한 모든 야만족이 잘 알았듯이, 로마의 세계 정복은 아직 갈 길이 멀었다. 그런데도 로마 상류층은 로마가 세계를 정복하게 되리라는 전망과, 그것이 자신들뿐만 아니라 피정복민들에게도 이롭다는 확신을 점점 당연하게 여겼다. 신들의 자명한 의지에 대한 복종과 더불어, 야망과 책무라는 두 가지 요소가 그들이 지닌 확신, 로마의 지속적 팽창을 부추기는 힘으로 작용했다. '무한대의 제국'[84]이라는 궁극적 목표와 관련된 문제

게르마니아

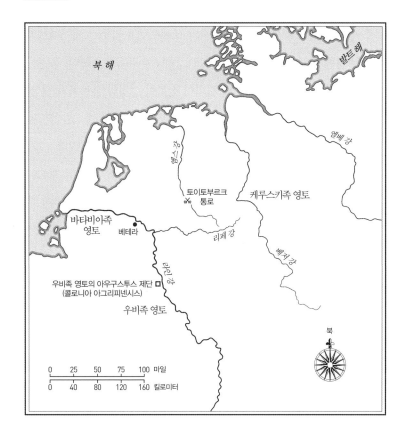

북 해

발트 해

엠스 강

엘베 강

토이토부르크
통로

케루스키족 영토

바타비아족
영토   베테라

리페 강

베저 강

라인 강

우비족 영토의 아우구스투스 제단 ☐
(콜로니아 아그리피넨시스)

우비족 영토

북

| 0 | 25 | 50 | 75 | 100 | 마일 |
| 0 | 40 | 80 | 120 | 160 | 킬로미터 |

였기 때문이다.

　한편 실제적인 면에서 그 팽창은, 도나우 강에 버금갈 정도로 광대하고 강력한 흐름을 가진 라인 강 너머로 로마가 진출하는 것을 의미했다. 아우구스투스가 군신의 호의를 바라며 라인 강 서안의 도시 쾰른에 마르스 신전을 세웠을 때, 강력한 의지의 표현으로 율리우스 카이사르의 검을 봉납한 것도 그래서였다. 그리고 그렇다면 유독한 야만의 웅덩이를 고갈시키는 데 성공한 로마의 갈리아 정복이 그것의 본보기가 될 만했다. 아우구스투스 자신도 라인 강 서안 지역을 평정할 때 그 강의 동안 지역(게르마니아)도 방치하면 안 된다는 점을 인지하고 있었다. 그가 라인 강에 두 차례나 다리를 놓고 그 강 너머에서 잠복하고 있던 게르만족에게 징벌성 군사 작전을 펼친 것도 그래서였다.* 하지만 그로부터 수십 년이 지났는데도 라인 강 너머의 각종 부족을 복속시키는 문제는 여전히 숙제로 남아 있었다. 그곳의 야만족이 서쪽을 계속 침범하는 한 갈리아 지역의 치안은 온전히 유지될 수 없었고, 로마가 기대한 대로 그곳이 로마의 두둑한 재원이 될 개연성은 더더욱 희박했다. 기원전 17년에도 그 사실을 수치스럽게 다시금 확인하는 일이 일어났다. 훗날 가이우스의 지도 교사가 된 갈리아 총독 마르쿠스 롤리우스가 게르만족의 한 집단과 우연히 마주쳐 벌어진 전투에서 독수리 군기를 빼앗기는 참패를 당한 것이다. 물론 상부에 전투 결과를 보고한 사람이 누구냐에 따라 그 패배는 롤리우스가 내용을 슬쩍 바꿔 일시적으로 불쾌한 일을 당

---

* '게르만족'이 스스로를 별개의 부족 집단으로 여겼거나, 혹은 라인 강 동쪽 지역을 '게르마니아'로 간주했다는 증거는 없다.

한 일로 간주될 수도 있었고, 크라수스의 패배에 비견될 정도로 로마의 명성에 큰 타격을 입힌 일로 여겨질 수도 있었다. 그러나 진실이 무엇이든 간에, 언제나 신중하고 단호한 프린켑스가 그 일을 계기로 게르만족 문제에 선제적으로 대응하기로 결심했다는 것이 중요했다. 그는 알프스 이북으로 넘어가 일련의 주요 정책을 직접 챙겼다. 과세를 위해 갈리아에 강제로 인구 조사를 실시한 것도 그중 한 가지였다. 건설된 지 얼마 안 된 식민지 루그두눔(지금의 리옹)에 천 명 규모의 정예 보조 부대가 지키는 화폐 주조소도 설립했다. 그런 다음 그곳에서 주조된 다량의 금화, 은화를 짐마차 편으로 계속 확장 중이던 도로망을 따라 북쪽으로 운송하여, 서방에 주둔하는 로마군에 든든한 재원이 되도록 했다. 이따금씩 폭발하는 갈리아인들의 분노도 무자비하게 억눌렀다. 라인 강변에는 군단 요새 여섯 군데를 설치해, 그 너머의 게르마니아를 평정할 권한을 부여했다. 로마 군사 역사에서 그 어느 것에 견주어도 뒤지지 않을 중요하고 가공할 위업, 세계의 가장 먼 경계지를 문명화하기 위한 정복이 로마를 손짓해 불렀다.

"금지된 그림자 영역으로 들어가는 데는 용기가 필요하다."[85] 기원후 1세기 초의 어느 로마 시인이 쓴 시에 포함된 구절인데, 티베리우스의 동생 드루수스도 마지막 원정 때 이 시구를 떠올리게 하는 일을 당했다. 라인 강에서 동쪽으로 수백 마일 떨어져 있고 두 번째로 강력한 천혜의 장벽인 엘베 강변에 다다랐을 때, 여자 거인의 모습을 한 유령을 만난 것이다. 유령은 강을 넘지 못하게 그의 앞을 가로막았다. 따지고 보면 북쪽 지역이 이렇게 유령과 무시무시한 괴물의 소굴인 것도 놀랄 일은 아니었다. 게르마니아의 드넓은 지역을 뒤덮고 있던 음산한 숲에는 거대 황소처럼 생긴 동물과 엘크라고 불린 불가사의한 동물이 발목 혹은 무릎도 없이 어슬렁거렸다니 말이다. 하루 두 차례 뒤로 물러났다가 앞으로 나아가기를 반복하면서 밀물이 들 때면 힘없는 참나무를 할퀴어 놓고 평원 전체를 물속에 잠기게 한, 얼음 덮인 바다에서도 '반인반수의 모습을 한 불가해한 형체'[86]가 어른거렸다. 오비디우스도 토미스 주민들을 곁눈질로 흘겨보면서 이리 같은 인간들이라고 흉을 보았지만, 게르마니아의 황무지는 토미스보다 훨씬 더 인간과 동물의 경계가 흐릿했다. 게르만족의 관습을 면밀히 연구한 로마 학자들의 견해에 따르면, 게르만족 족장을 상대로 정책을 설명하기란 말에게 말을 거는 것과 별반 다르지 않았다. 반면에 '게르만족의 큰 키, 사나워 보이는 푸른 눈과 붉은 머리털'[87]은 그들이 산악 지대를 어슬렁거리는, 강철 발톱을 가진 곰과 거의 유사한 특성을 가졌으리라는 점을 짐작게 했다. 지리를 이길 수는 없었다. 요컨대 게르만족은 소택지와 사시사철 축축하게 젖어 있는 나무들밖에 없는 환경의 소산이었다. 사려 깊게도 신들은 로마에 위대한 도시가 성장하기에 적합한 이상적 기후를 부여해준 반면, 차가운 북쪽 지역에는 활기 없고 사납고 무디고 무절제한 특징을 지닌 후진성만 부여했던 것이다. 경관, 기후, 사람 할 것 없이 게르마니아의 모든 것은 구제 불능으로 미개했다.

정말 그랬을까? 갈리아인들도 한때는 그런 상태에 놓여 있었기에 묻는 말이다. 갈리아인들에 대한 로마의 나쁜 추억은 뿌리가 매우 깊었다. 기원전 390년에도 갈리아의 한 부족이 이탈리아로 쳐들어와 여섯 개 군단을 전멸시키고 도시를 유린한 적이 있었다. 갈리아는 아우구스투스의 신격화된 아버지(율리우스 카이사르)에게 정복된 뒤에야 비로소 무서운 지역이라는 이미지를 탈피했다. 그리고 그로부터 50년이 지난 지금, 알프스 이북의 그 지역에서는 커다란 변화가 일어나고 있었다. 바지를 입고, 수염에 고깃국물을 묻히며, 술 취하면 난동을 부리고, 인간 머리를 수집하는 것으로 악명 높았던 사람들이 로마의 지배를 받은 뒤로는 생활 방식이 딴판으로 변한 것이다. 공격하는 로마 군단을 향해 반벌거숭이 차림으로 덤벼들던 족장의 손자들은 이제 토가로 몸을 감싸고 '율리우스'라는 이름만 들어도 기뻐했다. 포도주를 벌컥벌컥 상스럽게 마시던 습관도 바뀌어, 상등급에 속하는 이탈리아와 동방의 그랑 크뤼를 식별할 줄 아는 것은 물론, 놀랍게도 색다른 품종의 포도밭을 직접 일구기까지 했다. 하지만 갈리아에서 일어난 변화들 중 로마에 가장 고무적이었던 것은 역시 구릉 위에 부락과 엉성한 방책이 점점이 흩어져 있던 경관을 자랑으로 삼던 곳에 이제는 도시들, 광채 나는 기념물과 격자형 거리가 완비된 문명의 섬들이 생겨나기 시작한 점이었다. 아우구스투스가 동포 시민들에게 가져다준 평화의 열매를 갈리아인들에게도 나눠 준 결과였다. 아우구스토두룸(지금의 프랑스 바이외), 아우구스토마구스(지금의 프랑스 상리스), 아우구스토보나(지금의 프랑스 트루아), 카이사로보나— 강변, 평원 등 지어진 곳의 위치가 반영된 명칭들이다—와 같이 아우구스투스에게 사의를 표하는 요새 도시들도 속속 세워졌다. 루그두눔에는 특히 프린켑스를 기려 지은 갈리아 건축물 중에서도 가장 기념비적인 건물이 세워졌다. 기원전 12년 드루수스가 이중 경사로와 날개 달린 대형 승리의 여신상 두 점이 완비된 제단을 지어 로마와 아우구스투스에게 헌정한 것이다.[88] 중립적인 곳이자 속주 도로 체계의 중심이기도 한 이 도시에서, 그 제단은 갈리아 사람들이 충성을 표현하는 구심점이 되었다. 제단 제막식을 거행할 때도 60개가 넘는 갈리아 부족 귀족들이 모여들었고, 제식을 집전할 첫 고위 사제로 뽑힌 인물도 로마식과 토착식이 합해진 이름에서부터 벌써 '혼혈인' 집단의 등장을 완벽하게 보여 준 가이우스 율리우스 베르콘다리두브누스였다. 뭔가 놀라운 일이 시작되었음이 분명했다. 앞으로 갈리아인들은 야만족으로 간주되지 않을 것 같았다. "정복자들의 노예가 되어 그들의 명령에 따라 살아가던 사람들 모두가 평화롭게 지내게 된"[89] 것이다.

갈리아인들이 이렇게 변했다면 게르만족이라고 그러지 못할 이유가 어디 있었겠는가. 물론 로마의 지도부도 인정했듯, 문명과 멀리 떨어진 곳의 적일수록 난폭하고 냉혹한 것이 사실이었다. 하지만 라인 강 너머 지역으로 25년 동안 원정을 감행한 결과는 로마인들에게 희망을 가져도 좋으리라는 근거를 충분히 제공해주었다. 그렇더라도 우선순위는 여전히 야만족을 상대할 때 통상적으로 구사하는 방식에 두었다. 저항해 봤자 소용없음을 보여주는 것이었다. 아나나 다를까 원정철만 되면 겨울 숙영지를 나와 동쪽으로 진군하여 강철 무기를 가지고 정교한 작전을 펼치는 로마 군단 앞에서 라인 강 동안의 게르만족 대다수는 무식하게 항복하는 것으로 끝을 맺었다. 게르만족 중에서도 가장 흉포하다는 어느 부족은 심지어 아우구스투스에 대한 우호의 표시로, 죄수들의 목을 벤 뒤 흐르는 피로 성화된 대형 청동 솥을 바치기까지 했다. 반항하는 부족은 신속하고 오만하게 처단했다. 기원전 9년에는, 롤리우스의 독수리 군기를 빼앗았다고 알려진 게르마니아의 부족(시캄브리족) 4만 명을 티베리우스가 일망타진해 라인 강 서안으로 강제 이송했다. 하지만 이런 방식의 추방은 로마가 게르만족을 다룬 방식 중에 사소한 부분에 지나지 않았다. 그보다는 학살과 집단 노예화가 게르만족이 로마의 힘이라는 적나라한 현실에 되풀이하여 수모를 당한 방식이었다. 게르마니아의 영토에는 이렇게 로마 침략군의 흔적이 만들어졌고, 물이 흐르는 평지에는 운하도 생겼다. 숲에도 도로가 뚫렸으며, 소택지에는 거룻배가 떠다녔다. 드루수스의 야망을 가로막았던 막강한 엘베 강도 결국에는 돌파되었다. 그로부터 10여 년 뒤 또 다른 로마군이 엘베 강에 다다랐을 때는 여자 귀신도 나타나지 않았다. 이번에 군단을 지휘한 인물은, 잔인하고 거만하기로 악명 높았던 결점을 프린켑스의 두 조카 중 맏이와 결혼하여 완벽하게 보완한 레가투스, 루키우스 도미티우스 아헤노바르부스(기원전 49경~기원후 25. 아헤노바르부스는 '청동 수염'이라는 뜻)였다. 당연히 엘베 강을 도하하는 중요한 위업을 이룬 사람도 그였다. 당대 최고의 지도 제작자들이 최신식으로 측정한 바에 따르면, 대서양과 거의 비슷한 정도로 중국과 가깝다고 믿어진 엘베 강을 그가 건넌 것이다. 아헤노바르부스는 엘베 강 너머의 부족들에게 로마의 권위를 받아들이게 함으로써 로마의 세계 지배라는 아찔한 꿈을 거의 실현 가능하게 해주었다. 이렇게 게르만족이 평정되었는데, 그 누가 동쪽 바다로 향하는 로마군의 진군을 가로막을 수 있었겠는가.

프린켑스의 신격화된 아버지가 갈리아를 정복하는 데는 10년이 걸렸다. 그런데 기원후 9년 게르마니아에서는 그때의 곱절이 넘는 로마군이 작전을 벌이고 있었다. 아헤노바르부스는 월동지의 방호 조치를 위해 엘베 강을 떠나기 전 그 강에서 멀리 떨어진 곳에 아우구스투스 제단도 설치했다. 그가 레가투스로 봉직하는 동안, 율리우스 카이사르 시대 때부터 로마의 굳건한 동맹이던 라인 강 서안의 우비족 영토, 곧 게르마니아 건너편의 끝단에 세웠던 첫 번째 제단에 이어 두 번째로 세운 제단이었다. 그리하여 거대 지역을 사이에 두고 세워진 두 제단은 오래도록 전란 터였던 곳이 마침내 속주로 편입될 채비를 갖추었다는, 아우구스투스의 뚜렷해지는 확신을 나타내는 강력한 상징이 되었다. 그것에서 얻어진 보상도 생각했던 것보다는 훨씬 컸다. 알고 보니 게르마니아는 소택지와 우거진 숲만 있는 곳이 아니었다. 비옥한 농토에 철도 매장되어 있고, 고품질의 거위털도 얻을 수 있으며, 염소 기름과 화산재를 섞어 만든 '비누'라고 불린 요상한 제품도 나는 곳이었다. 비누는 로마 상류 사회에 도입된 뒤로는 상류층 사람들이 써온 물건이었다. 금발을 최고로 친 도시였으니 그럴 만도 했을 것이다. 그 기적의 제품은 적당량만 사용하면 푸석푸석한 머리털도 윤기가 흐르게 해주었다. 그러나 아무리 좋은 것도 과유불급인 법, 유행의 추종자들은 과용하지 않도록 조심할 필요가 있었다. 실제로 비누를 과용했다가 대머리가 된 여자들이 있었다고 한다. 그에 대한 처방책도 물론 게르만족에게서 나왔다. 오비디우스도 토미스로 추방되기 전의 행복했던 시절, 게르마니아 정복으로 연인들의 성적 매력이 높아지리라는 기대감에 한껏 부풀어 있었다. 비누를 잘못 사용해 머리 색깔이 이상하게 변한 애인에게는 "게르만족 포로의 머리 다발을 구하라"라는 조언을 해주었다. "로마 정복의 그 모든 희생양들에게서 베어낸 머리 다발로 치장을 하면 그대도 멋져 보일 것이오."[90]

그러나 적갈색 가발이 아무리 소중했다 해도, 게르마니아의 진정한 부는 여자들의 머리털 아닌 남자들의 칼을 든 손에 있었다. 인간의 목적에 맞게 길들여진 맹수처럼 로마의 수위권을 받아들인 야만족도 잘만 다루면 로마군 규율에 맞게 훈련시킬 수 있었고, 거기다 게르만족 특유의 완력과 흉포함을 결합시키면 엄청난 효과를 거둘 수도 있었다. 이런 점은 아우구스투스가 근위대를 창설했을 때, 원한다면 세계 어느 곳의 전사들이라도 차출할 능력이 있었는데도 게르만족 신병을 채택한 것에서도 나타났다. 아우구스투스가 털북숭이 원시인들에게 모종의 호감을 느낀 데에는 단순했던 로물루스 시대에 대한 향수도 한몫했을 것이다. 같은 야만이라도 게르만족의 야만성에는 고귀한 속성이 있었다. 문명의 혜택을 누리지는 못했지만 그런 만큼 타락하지도 않았던 것이다. 타키투스도 "게르마니아에서는 누구도 악덕을 웃음거리로 삼지 않았다"[91]라고 썼다. 믿을 만한 기록에 따르면, 그곳에서는 여자도 간통을 하면 머리를 빡빡 깎고 발가벗긴 뒤 마을을 돌며 매질하는 형벌에 처했다고 한다. 이렇게 확고한 천성을 가진 사람들이 로마군에서 복무하면 큰 이득이 될 것이 자명했다.

물론 로마에는 율리우스 카이사르 시대부터 지속적으로 충성을 보이며 군단의 보조군으로 활약한 라인 강 서안의 우비족도 있었다. 그렇기는 하지만 로마군의 작전 범위를 동쪽으로 확대하려면 게르만 부족으로 구성된 보조군이 필요했다. 게르만 부족들 중에서는, 라인 강이 바다와 만나는 질척한 평원 지대 주민으로 무용이 특히 뛰어났던 바타비아족이 로마군에 자진 입대했다. 로마의 감언에 넘어가지 않는 부족들에게는 인위적으로 표적 충원하는 방법을 썼다. 티베리우스는 판노니아로 전출되기 직전에 동생 드루수스의 전철을 밟아 엘베 강 유역으로 육해군 합동 원정을 실시했을 때, 명예, 시민권, 매력적인 지휘권 제공을 보상으로 내걸고 그가 지나가는 길목에 위치한 게르만 부족 엘리트들을 설득해 군단의 보조군으로 입대시켰다. 그 덕분에 판노니아에서 일어난 파괴적 반란으로 로마가 곤경에 처했을 때 큰 도움을 받았다. 발칸에서 작전을 수행할 때도 그는 게르만족 보조 부대의 충성스런 조력을 받았다. 로마군에 입대하지 않고 게르마니아에 남은 부족들 또한 로마의 주의를 분산시키려는 기도를 일절 하지 않고 평화롭게 지냈다. 보아하니, 프린켑스의 직관이 맞아떨어진 것 같았다. 문명이 게르마니아를 이긴 듯이 보인 것이다. 그렇다면 남은 일은 이제 그곳을 속주로 만들어 법, 인구조사, 세금을 부과하는 것뿐이었다.

　실제로 기원후 9년 티베리우스가 발칸인들에게 불과 죽음의 형벌을 내리고 있을 때, 북쪽 국경 지대의 풍경은 이미 달라져 있었다. 라인 강만 해도 국경이라기보다는 오히려 간선 도로에 가까웠다. 물론 모든 곳에 군단 기지, 보급소, 전투 병력 및 보급품을 싣고 강을 오가는 선박 등, 로마군의 주둔을 알리는 표시물이 산재했지만 말이다. 그렇다고 강을 오가는 선박 모두가 군용 물자만 실어 나르지는 않았고 병력 및 말과 더불어 곡식과 포도주를 함께 수송했다. 곡식과 포도주의 대부분은 6만

명가량 되는 점령군의 식량으로 충당되긴 했으나 전량이 군대 식당으로 들어가지는 않았다. 갈리아와 마찬가지로 게르마니아의 속주 관리들도 원주민들에게 로마인의 삶의 맛을 느끼게 해주는 데 열을 올렸기 때문이다. 우비족 영토도 아헤노바르부스가 아우구스투스의 제단을 세운 뒤로는 제식의 중심지 겸 게르마니아의 수도가 되어, 갈리아의 루그두눔과 비슷한 지위를 누렸다. 콘크리트 건물도 라인 강변을 수놓기 시작했다. 남자들은 상투머리에 몸을 꽉 죄는 바지를 입고 여자들은 가슴이 훤히 드러나도록 동물 가죽으로 몸을 대충 감싸는 데 그쳤던 라인 강 너머의 황량한 지역에서도 흙집이 자취를 감추었다. 이렇듯 야만성으로부터의 기묘한 탈출이 착실히 진행되고 있었고, 그리하여 라인 강 동쪽의 80킬로미터 이내 지역은 도시의 징후를 보이기 시작했다. 부락은 여전히 조악하고 불완전했으나, 식수관, 공동 주택 단지, 아우구스투스의 조상들은 구비되어 있었다.* 그리고 게르마니아의 황무지 한가운데에 석재 포룸이 지어질 수 있다면, 세상 어느 곳에라도 지어질 수 있었다. 미래는 실로 창창해 보였다. "야만족이 도시를 세우고 완전히 새로운 생활 방식에 적응해가며 로마인이 되어가고"[92] 있었으니 말이다.

그래도 물론 다른 곳들보다 안전한 지역이 몇 군데 있기는 했다. 드루수스의 시대 이래 20여 년간 로마군이 게르마니아의 핵심지로 들어갈 때면 반드시 이용한 도로가 깔린 리페 강변도 그런 곳들 중 하나였다. 서쪽의 라인 강으로 흘러 들어가는 그 강을 이용하면 로마 선박이 야만

---

* 1990년대 말에는 라인 강에서 95킬로미터 떨어진 독일 중서부 헤센 주 발트기르메스에서, 라인 강 동쪽 지역에서 행해진 로마의 도시 계획과 그 규모를 짐작케 하는 중요한 고고학 물품이 출토되었다.

족의 핵심 영토로 접근하기가 편리했기 때문이다. 당연히 리페 강변에
도 갈리아 국경 지대처럼 로마 군단의 기지와 보급소가 들어찼다. 그러
나 갈리아 국경 지대와 달리 이곳에서는 점령군이 직접 암흑의 핵심으
로 침투해 들어가지는 않았다. 게르만 부족들 내에 로마의 게르마니아
평정 계획을 돕는 동조자들이 있어, 속주 당국이 그들에게 의존할 수 있
었기 때문이다. 라인 강과 엘베 강의 중간 지대에 위치한 전략적 요충
지, 곧 리페 강의 북쪽 지대에 살던 케루스키족만 해도 게르마니아 정복
초기에는 통제하기가 어려웠지만, 티베리우스에게 항복한 뒤로는 다른
부족들의 족장들처럼 그 부족의 족장도 로마의 설득에 넘어가 군단의
보조군이 되었다. 반면에 그 제도는 야만족이 로마의 군단 문화를 속성
으로 배울 기회가 되기도 했다. 어릴 때 로마군에 입대한 케루스키족의
젊은 족장 아르미니우스도 게르마니아의 로마군 부대로 배속되어, 귀향
할 무렵에는 라틴어를 능숙하게 구사하고 로마 시민권과 기사 계급도
보유하는 등 각종 영관을 쓰기에 이르렀다. 게다가 그는 '전투로 단련되
고 기지도 있으며 야만족의 평균 지능을 넘어서는 비범성까지 갖추어'[93]
게르마니아의 핵심 지역에서 속주 당국의 눈과 귀 노릇을 하기에는 그
야말로 제격이었다. 아르미니우스는 로마 군단의 운용 방식에 따라 훈
련을 받았기에 로마 지휘관들이 사고하는 방식을 잘 알았고, 그들이 로
마의 힘이 약하게 미치는 지역에 대한 지배력을 높여 공명심을 얻으려
한다는 사실도 잘 알았다. 따라서 그가 로마 군단의 침투가 간헐적으로
이루어지던 게르마니아 북쪽 지역에서 반란의 음모가 꾸며지고 있다는
정보를 알려주어 속주 당국이 자기 말을 듣게 하는 것은 어려운 일이 아

니었다. 그렇다면 반란의 싹은 초기에 자르는 게 상책일 터. 여름이 끝나가는 시점인 점도 아랑곳하지 않고 속주 당국은 게르마니아에 주둔 중인 다섯 개 군단 중 세 개 군단으로 서둘러 진압 부대를 조직했다. 군단 이외의 요소도 차질없이 준비되어, 로마군 공병들이 오래전 다져놓은 옛길을 따라가는 진군이 시작되었다. 처음에는 아무것도 그들의 행군을 가로막지 않았고, 누구도 진로를 방해하지 않았다. 일렬로 행군하는 로마군 기동 부대를 멀리서 바라보면 마치 병사, 말, 마차 들의 행렬이라기보다는 거대한 짐승, 지나갈 때마다 땅이 진동하지 않았다면 영락없이 현란한 빛깔의 뱀이 구불구불 기어가는 형상이었다.

이번 작전의 지휘는 반란 진압에 경험이 많은 레가투스 푸블리우스 퀸크틸리우스 바루스(기원전 46~기원후 9)가 맡았다. 10년 전 시리아 총독으로 있는 동안 유대 반란에 직면했을 때도 그는 월등한 기량을 입증해 보였다. 그러나 프린켑스가 바루스에게 호감을 가졌던 주 요인은 장군으로서의 역량이 아니었다. 매사에 신중한 아우구스투스가 바루스에게 다섯 개 군단의 지휘권을 맡겼던 데는, 바루스가 아그리파의 딸과 결혼한 데 이어 아우구스투스의 조카딸과도 결혼한 자기 사람이라는 것이 주 요인으로 작용했다. 하지만 아무리 그렇더라도 바루스가 만일 내치와 사법 제도를 확립하고 원주민에게서 세금을 착취하는 것을 비롯해 속주 총독에게 기대되는 각종 임무를 능숙하게 처리하지 못했다면 프린켑스의 인척이라는 점도 큰 고려 사항은 되지 못했을 것이다. 또한 아우구스투스가 보기에 바루스의 그런 재능은, 속주의 체계가 아직 제대로 잡히지 않은 라인 강 너머 지역이 긴급히 필요로 하는 자질이기도 했다. 이리하여 바루스는 아우구스투스의 레가투스로서, 지난 몇십 년 동안 군 지휘관밖에 구경하지 못한 게르만 부족들에게 사뭇 다른 무언가를 보여주게 되었다. 어찌 보면 평화에도 나름의 멋진 면이 있었다. 토가, 릭토르, 릭토르가 어깨에 메고 다닌 파스케스도 로마가 야만족에게 과세의 정당성을 설명하고 로마법에 복종시킬 때는 나름의 역할을 충실히 해냈던 것이다. 물론 바루스도 필요하면 주저 없이 가공할 군사력을 사용할 작정이었다. 그러나 게르마니아는 이미 평정되었으니, 전쟁뿐 아니라 평화도 함께 얻자는 것이 그의 생각이었다.

케루스키족 영토를 지나고 있을 때도 바루스는 여전히 자신의 전략이 옳다는 확신에 차 있었다. 그래서 현지 부족민들에게도 1만 8000명의 병력을 지휘하는 장군으로서는 모든 지역의 게르만족이 두려워하도록 배운 무적성을 과시해 보이고, 아우구스투스의 레가투스로서는 로마의 평화와 질서를 보여주는 얼굴마담이라는 두 가지 역할을 동시에 수행했다. 속주 통치자와 게르만족 군 지도자는 상호 이득이라는 유대감으로 진즉에 결합되어 있었다. 따라서 그 유대감에 의혹을 가질 일이 생기면 자신을 따라온 게르만족 지도자를 돌아보면 되는 상황이었다. 케루스키족 족장 겸 로마의 기사 아르미니우스가 게르만족 보조 부대를 이끌며 유창한 라틴어로 조언해주기 위해 그의 곁에 항시 대기하고 있었으니 말이다. 바루스와 그 군단이 로마군 공병들조차 거의 발을 디밀어본 적 없는 북쪽 지역으로 깊숙이 들어갈수록 불확실한 행로에 익숙한 인물의 조언은 한층 더 중요해졌다. 바루스가 선봉대 앞에서 정찰을 하고 매복의 유무를 따지며 길을 터주겠다고 한 아르미니우스의 제안을 받아들인 것도 그렇게 보면 놀랄 일이 아니다. 방심한 반도를 덮치는 데 그들과 같은 종족인 아르미니우스보다 더 적합한 인물이 또 어디 있었겠는가.

그런데 정찰하러 간다던 아르미니우스가 감감무소식이었다. 바루스가 보낸 다른 분견대 역시 돌아오지 않았다. 오래지 않아 이 상황을 설명해줄 일이 터졌다. 우거진 나무들을 쳐서 넘어뜨리고 협곡에 다리를 놓으며 숲을 헤쳐 나가기에 바빠, 대오를 흐트러뜨리며 한 발 한 발 힘겹게 진군하는 군단의 행렬 속으로 느닷없이 창들이 우두둑 날아든 것이다. 창들은 숲의 가장 깊숙한 음지에서 날아왔다. 비까지 내리기 시작해 산 중턱이 진창이 되고 주위가 어둑해지자, 날아드는 창촉은 우박이 되어 쏟아졌다. 그런데도 로마군은 지형 때문에 그들의 장기인 전투 대형을 짓지도 못한 채, 발목을 휘감는 뿌리와 죽은 병사들의 시체를 밟으며 컴컴해진 숲속을 어렵사리 헤쳐 나갔다. 그런 악전고투 끝에 겨우 야영할 만한 트인 공간에 도착, 급히 토벽을 쌓으니 비 맞은 모닥불에서 쉬잇 김이 피어올랐다. 바루스는 그제야 정신을 차리고 상황 파악에 들어갔다. 살펴보니, 완전하지는 않았지만 그렇다고 위급한 정도는 아니었다. 매복이야 라인 강 너머 지역으로 원정을 갈 때면 늘 부닥치는 위험 요소였다. 드루수스같이 유능한 장군도 몇 차례 매복 공격을 당했을 정도였다. 적대적인 지역에서 궁지에 빠졌을 때는 그보다는 군장을 가볍게 하고 신중을 기하는 것이 중요했다. 바루스는 그런 판단으로 행렬의 짐마차를 불태우라고 지시했다. 로마군의 무장 지대를 안전하게 지키는 쪽으로 작전을 급선회한 것이다. 또 지형상 북쪽이나 남쪽으로 진행하기는 어렵다고 보고 삼림 울창한 산 언저리를 도는 진군로를 택했다. 로마 지도에 '토이토부르크 통로^{Teutoburgiensis Saltus}'로 표시된 곳으로 가려는 생각이었다.*

이튿날 마치 동면에서 깨어난 뱀이 기어가듯, 트인 지형을 향해 구불구불 산허리를 도는 로마군의 행군은 그렇게 시작되었다. 행렬 왼쪽에는 로즈오크가 우거진 언덕이, 오른쪽에는 버려진 농장이 점점이 흩어져 있고 늦여름의 야생화가 흐드러지게 핀 푸른 목초지와 습지대가 펼쳐져 있었다. 노새 몰이꾼이 불안한 듯 풀을 한 움큼 쥐어뜯더니 소리 나는 것을 막으려고 노새 목에 달린 종들에 쑤셔 넣었다. 현명한 조치였다. 길목의 삼림이 울창해지면 어느 때라도 공격을 받을 수 있었기 때문이다. 하지만 바루스는 로마군을 공격한 자들을 뒤쫓을 생각은 하지 않았다. 야만족은 숲속에서 난데없이 나타나 무기를 던지고는 슬그머니 사라지는 유령의 무리이지, 군단의 진군을 방해할 정도는 아니라고 본 것이다. 지난 사흘간의 전투 경험도 게르만족의 전쟁 방식에 대해 그가 가진 뿌리 깊은 경멸감을 확인해주는 듯했다. 지치고 피로 얼룩진데다 시체들을 뒤에 남겨두고 왔을망정 훈련, 장비, 규율 할 것 없이 병사들에게 요구되는 자질 면에서 로마군은 여전히 타의 추종을 불허하는 월등한 존재라고도 믿었다. 그러니 기본이 되는 갑옷도 없이 거칠게 단조된 무기만 지닌 반도가 로마군에 대항해 싸우기를 마다한 것도 무리는 아니었다. 그들은 정면으로 맞서는 대신, 배수 안 되는 물웅덩이에서 태어난

---

* 라틴어 'saltus'에는 '통로(pass)'와 '숲(forest)', 두 가지 뜻이 있다. 타키투스는 토이토부르크 전투 장소를 설명할 때 saltus를 '숲'으로 번역했으나, 1990년대에 그 전투가 일어난 곳이 니더작센 주의 칼크리에즈 언덕 발치라는 점이 처음으로 드러났고, 그에 따라 saltus의 번역도 통로로 바로잡을 수 있게 되었다.

곤충들처럼 윙윙거리고 떼 지어 다니며 물어뜯는 것이 고작이었다.

한편 행군이 사흘째로 접어들자, 행렬 오른쪽에 위치한 소택지가 마치 적의 유해한 특성을 비웃기라도 하듯 색도 검어지고 면적도 넓어지기 시작했다. 왼쪽의 언덕 숲도 울창해졌다. 게르마니아의 황무지가 이토록 황량한 적이 없었고, 그럴수록 터벅터벅 발걸음을 옮기는 군단병들에게 야영지와 온욕 시설, 그리고 외부 세계로 통하는 포장 도로가 깔린 무장 지대의 안전에 대한 유혹은 커져만 갔다.

비가 내리기 시작했다. 부슬비로 컴컴해진 앞쪽을 보니 삼림 우거진 언덕 능선에 삐죽이 튀어나온 숲 지맥이 어렴풋하게 병사들 눈에 들어왔다. 군단은 능선을 애써 넘기보다는 능선의 만곡부를 따라 북쪽으로 돌아가는 편을 택했다. 그런데 그 길을 따라 행군을 하다가 그들은 문득 자신들이 소택지에 이르렀음을 깨달았다. 물길이 이리저리 나 있고 진창이 깊어지며 늪으로 변해가는 곳이었다. 군단병들은 미끄러지고 흙탕물을 튀겨가며 비틀비틀 어렵사리 행군을 이어가다, 소택지의 끄트머리에 와서야 겨우 견고한 지반이라 할 만한 것을 찾아냈다. 하지만 좁고 불규칙한 옛길이어서 세계 최고의 전문성을 자랑한 로마 군단병들도 대형을 유지하며 걷기가 불가능했다. 결국 언덕 기저를 따라 멀리 나아갈수록 대열은 점차 흐트러졌다. 대열이 흐트러지는 와중에 더 안 좋은 일이 생겼다. 언덕 능선 때문이 아니라 모래와 토탄으로 지어진 방벽 때문에 행렬이 자꾸만 왼쪽으로 쏠렸다. 그 순간 휘몰아치는 빗속을 뚫고 행군하는 혼란의 와중에 누구라도 잠시 호흡을 가다듬고 그들의 진군을 방해하는 방벽을 눈여겨보았더라면, 그 설계에서 깜짝 놀랄 만한 특징을 찾아낼 수 있었을 것이다. 거기에는 분명 로마군의 공법으로 지어졌음을 나타내는 흔적이 있었기 때문이다. 그 방벽은 왜 그곳에 세워졌고, 로마의 전쟁 기술로 훈련받은 누군가는 왜 야만족 습지의 언저리에 그것을 세우려고 했을까? 일부 병사들의 마음속에 그 의문에 대한 명백하고 유일한 답이 될 만한 것이 떠오르는가 했는데, 악명 높은 게르만족의 거칠고 쩌렁쩌렁한 함성이 돌연 요란한 빗소리보다 더 높이 울려 퍼지더니, 창들이 후두두 소나기처럼 쏟아지며 군단병들의 대열을 갈가리 찢어놓기 시작했다. 이어 총체적 살육이 펼쳐졌다. 로마군은 미처 손쓸 틈도 없이 벌어진 일이었다.

매복 공격은 압도적이었다. 군단병들에게는 그 상황이 마치 숲의 그루터기와 돌에서 태어난 괴물들, 단일 종족의 규모를 넘어서는 수천, 수만의 무리가 방벽 뒤에서 튀어나와 야만족의 언어로 괴성을 지르며 자신들을 공격하는 것처럼 느껴졌다. 하지만 한가하게 상황 파악이나 하고 있을 때가 아니었다. 로마군 대열은 쑥대밭이 되었다. 소택지 물속에는 이미 창에 찔려 죽은 시신들이 넘쳐났다. 창으로도 모자라 이제는 검까지 군단병들을 찌르고 베며 유혈 참사를 일으켰다. 군단병들은 혼란스러운데다 내리는 비에 시야가 가려지고 공포에 휩싸여 전투 태세를 취할 생각은 하지도 못했다. 결국 전투 개시 몇 분 만에 대형은 돌이킬 수 없을 정도로 와해되었고, 피로 붉어진 물가에는 시신 더미가 켜켜이 쌓였다. 몸 밖으로 삐져나온 내장이 진흙탕 속으로 빨려 들어가고 골절된 부상병들이 자비를 호소해봐도 도와줄 사람 하나 없었다. 가해자들만 부상병들 사이를 오가며 누워 죽어가는 사람을 창으로 찌르고 곤봉으로 내리칠 뿐이었다. 이윽고 야만족이 피비린내 나는 모든 물가로 퍼져 나가 생존자를 색출하는 작업이 시작되었다. 몇몇 병사들이 소택지로 도망치려 해보았지만 어디에도 빠져나갈 구멍은 없었다. 결국 그들은 진창을 밟고 들어오는 야만족의 추격을 받으며 갈대 사이 늪 속으로 빨려 들어갔다. 군단의 기수 한 명이 군기에서 독수리만 떼어내 군복으로 감싼 채 시뻘건 소택지의 물속으로 뛰어들었으나 그마저 성공을 거두지는 못했다. 다른 두 개의 군단기와 함께, 그와 독수리 모두가 사로잡힌 것이다. 대열 후위에 있던 병사들도 필사적으로 탈출을 시도했지만 종국에는 다 잡혔다. 나무들 사이에 짐승처럼 숨어 있던 극소수 병사들만 가까스로 야만족의 추적을 피했을 뿐, 나머지는 전멸했다. 바루스에 의해 토이토부르크 통로로 이끌려 간, 세계에서 가장 강력한 로마의 세 개 군단은 그렇게 총체적 학살을 당했다.

바루스도 포로로 사로잡히지 않으려는 고육책으로 자기 칼 위에 엎어져 죽는 것을 선택했다. 다른 지휘관들은 그런 운도 없었다. 야만족들이 다른 부상병들과 함께 그들을 죽이지 않고 생포한 것이다. 포로들에게 전율이 느껴지는 끔찍한 일이 닥치리라는 불길한 전조였다. 게르마니아에서 군 복무를 해본 사람이면 누구나 소택지와 숲의 원주민들이 이른바 죽음의 의식을 벌인다는 것을 알고 있었다. 원주민의 신들은 피에 굶주려 있고, 게다가 그들은 다채로움을 죽음의 양념으로 쓴다고들 했다. 아니나 다를까 일은 그대로 진행되었다. 몇몇 포로가 먼저 소택지 물속으로 비척비척 끌려 들어가 단단히 결박된 뒤 깊고 깊은 늪 속에 빨려 들어가 죽었다. 다른 포로들은 숲속으로 끌려갔다. 그리고 그곳, 수많은 야만족이 모여든 그곳에서 게르만족의 관습에 이해가 특별히 깊은 일부 장교들은 마침내, 자신들의 군대에 일어났을 법한 일을 가늠해볼 최고 이자 마지막 기회를 가졌다. 토이토부르크 통로의 숲에서 튀어나온 그 많은 야만족 무리는 단일 부족이 아니었다. 그렇다면 자중지란 심하기로 유명한 야만족들을 누군가가 통합했음이 분명했다. 하지만 거기까지일 뿐, 그것을 직접 물어볼 기회는 갖지 못했다. "이 독사 같은 놈, 쉿 소리 내는 것도 이제 끝이다!"[94] 야만족의 누군가가, 혀를 먼저 자른 뒤 입을 꿰맨 포로에게 의기양양하게 고함 쳤다. 하지만 눈알이 아직 도려내지지 않고 남은 포로들이라면 살육의 장소로 끌려올 때 주변을 둘러보다가, 그 의식을 주관한 특정 야만족 지휘관을 분명 알아보았을 것이다. 그리고 그 야만인의 정체는 그를 오래도록 동지로 여겨온 장교들에게 전율스러웠던 그날의 마지막이자 치명적 충격으로 다가왔을 것이다. 목이 베어 열리고, 나무에 걸린 밧줄 끝에서 숨이 막혀 죽으며, 무릎 꿇은 채 검의 일격으로 목이 날아가기를 기다리는 자신들과 임페라토르 카이사르 아우구스투스의 가장 소중한 야망을 꺾어버린 인물은 바로, 로마의 위엄 있는 기사 아르미니우스였으니 말이다.

여자를 조심하라

티베리우스는 얼굴에 여드름이 심했다. 큰 키에 늠름하고 균형 잡힌 체격, 어둠도 꿰뚫을 것 같은 날카로운 눈매, 오래도록 클라우디우스 가문의 트레이드마크 머리 모양인 멀릿mullet 스타일(앞은 짧게 깎고 양옆과 뒤는 길게 기른 머리 모양―옮긴이)로 멋을 부렸으니 어느 모로 보나 잘생긴 남자였으나, 단 여드름이 문제였다. 여드름은 별안간 돋아 올라 삽시간에 양 뺨을 덮었다. 잘생긴 그도 그것만은 어찌할 도리가 없었다.

그가 거둔 위대한 공적의 광채도 마지막 순간에 꼭 빛을 잃었다. 티베리우스가 로마군에서 복무하는 동안 거둔 공적의 기록은 도시 역사상 가장 위대한 장군들이 거둔 공적과 견줄 만했다. 그런데 그가 거둔 승리들은 예기치 못한 사건으로 되풀이하여 퇴색했다. 기원전 9년 발칸 지역에서 거둔 승리만 해도 게르마니아 원정 도중에 죽은 동생 드루수스의 그늘에 가려졌다. 기원후 6년 게르마니아에서 거둔 일련의 승리도 발칸에서 일어난 반란 때문에 손상을 입었다. 그리고 지금, 티베리우스가 최고의 업적을 이룬 시점(기원후 9년)에 로마에는 또다시 도시 최악의 악몽을 넘어서는 참화의 소식이 들려왔다. 그에 따라 판노니아 반란의 최종 진압을 축하하기로 예정된 여러 행사도 갑작스레 취소되었다. 학살된 세 개 군단의 시신이 게르마니아에서 늑대와 까마귀의 밥이 되고 있는 판에 개선식을 거행하는 것은 말도 안 되는 일이었다. 그러나 로마 시민들은 군단병들의 죽음에 애도를 표하면서도 두려움을 함께 느꼈다. 로마 정복의 광대함이 진정만 시켰을 뿐 완전히 뿌리 뽑지 못한, 근본적 두려움이 활활 되살아났기 때문이다. 그들은 컴컴한 북쪽의 야만족이 급습하여 수도의 방어 시설을 무너뜨리고 도시에 피의 강이 흐르게 하지 않을까 두려웠다. 알프스 산맥 꼭대기에서 세 개의 큰 불기둥이 치솟아 올랐다는 소식이 들려오고 수도에 메뚜기 떼가 출현한 일도 그들의 불안을 키웠다. 거의 모든 로마인들이 당연시한 확신, 로마 제국은 거의 무적에 가깝다는 확신과 그와 정반대되는 믿음, 그들의 제국도 운이 다했다는 절망적 믿음에 몸을 맡기려는 사람들이 많아졌다.

프린켑스가 안절부절 초조감을 보이는 것도 공포감을 부추기는 데 한 몫했다. 게르만족 군대에 신변의 안전을 맡겼던 그로서는 아르미니우스의 배신이 쓰라린 개인적 타격으로 다가왔다. 그는 근위대 병사들을 접근하기 어려운 여러 섬들로 재배치했다. 도시에 머물던 다른 게르만족 사람들도 하는 일이 무엇이든 간에 전원 추방했으며, 도시 거리에는 비상사태를 선포했다. 그 자신도 야만족이 제거된 안전한 저택 안에서 머리 깎기도 마다한 채, 집 안을 서성거리며 문에 머리만 짓찧어댔다. 일평생 번뜩이는 재능으로 외양과 현실 사이에 숨은 음영 지대를 절묘하게 요리하는 법에 정통한 그였으니 그럴 만도 했을 것이다. 그는 동포 시민들에게 자신이 보유한 진정한 힘을 숨기는 법뿐 아니라, 로마의 강대함에 의혹을 갖는 제국 경계지 너머의 모든 이들을 겁박하는 법에도 정통해 있었다. 그가 협박이라는 요소를 얼마나 중시했는지는 원로원에 판노니아의 반란 소식을 전할 때 호들갑을 떨었던 사실로도 짐작할 수 있다. 그런 그가 게르마니아에서 참화를 당한 지금, 자신의 생각에 정면으로 맞서고 있었다. 상비군을 어떤 식으로 과감히 혁신해야 그 충격에서 벗어날 수 있을 것인가. 판노니아에서 한계를 시험당한 대로 로마 패권의 토대가 되는 군사력은 매우 취약한 상황에 이르렀다. 단 하루의 전투로 제국의 수비를 담당했던 총 28개 군단에서 9분의 1 정도의 병력이 사라졌으니 말이다. 그가 전성기 때는 결코 경험하지 못했던 군사적 위기를 맞아 분노와 무력감에 휩싸인 채, 팔라티노 구릉이 부서져라 되풀이하여 울부짖은 것도 무리는 아니었다. "퀸크틸리우스 바루스야, 내 군단을 돌려다오!"[95]

그래봤자 부질없는 행동이었다. 그보다는 공백을 메울 방법을 찾는 것이 급선무였다. 발칸에서 일어난 반란으로 로마의 병력 보유분은 이미 한계에 달해 있었다. 게다가 북쪽 국경 지대 전역이 불길에 휩싸여 아우구스투스로서는 공화국의 오랜 관리자로서 진즉에 폐기했다고 여긴 조치를 취하는 수밖에 없었다. 전역한 퇴역병들을 소환하고, 강제 징집을 실시하며, 꾀병 부리는 자들을 처형하려는 것이었다. 그리하여 부대가 급조되자 이번에도 북쪽 군대의 지휘는 발칸에서 쌓인 피로가 아직 가시지도 않은, 그 일의 유일한 후보자, 지칠 줄 모르는 로마의 해결사 티베리우스에게 맡겼다. 그러기 5년 전 게르마니아에 도착했을 때 티베리우스는 예전에 자기 밑에서 복무했던 병사들에게 감격에 겨운 환영을 받았다. 그의 성실한 지휘 방식을 아는 고참병들이 눈물을 흘리며 주위로 모여들었다. 그리고 바루스 군단병들의 비명이 병사들의 마음속에 여전히 메아리치고 있는 지금, 무의미한 사내다움을 과시하기 위해 장병들의 생명을 위험에 빠뜨리지 않기로 유명한 장군이 도착하자, 라인 강변의 군단병들도 당연히 환영 일색이었다. 위기에 필요한 것은 잘난 척하는 행동이 아니었다.

그보다는 붕괴된 기지의 재건이 절실히 필요했다. 아르미니우스가 로마의 명성과 병력에 입힌 타격은 너무도 심대하여 알프스 이북 전역이 위험에 빠진 것 같았기 때문이다. 그러나 티베리우스는 늘 그랬듯이 이번에도 냉철하고 견실하게 로마의 권위를 강화하는 작업에 들어갔다.

갈리아를 시작으로 라인 강변의 방어 시설을 단계적으로 착착 재건해간 것이다. 그가 살펴보니, 지난 수십 년간 게르마니아 주둔 로마 군단의 월동지가 되어준 라인 강 서안, 곧 갈리아의 거대한 로마 막사는 튼튼한 방책이 둘러쳐져 있는데다 강이 자연 해자 역할을 하여 여전히 끄떡없는 상태를 유지하고 있었다. 그러나 라인 강 동안, 곧 게르마니아 지역은 사정이 달랐다. 엘베 강변 쪽으로의 공격을 위해 세워둔 로마의 전진 기지들이, 아르미니우스의 승리 뒤에 찾아온 파괴적 불폭풍에 압도된 탓이었다. 절반쯤 건설된 도시들도 버려져 있었고, 잡석과 잡초들 사이에는 아우구스투스의 조상이 쓰러진 채 박살 나 있었다. 시꺼멓게 탄 숲속에서는 해골이 나뒹굴었다. 병력 철수에 성공한 기지마저 병사들이 서둘러 나가기 무섭게 불타버렸다. 그곳이 한때 점령지였나 싶게 모든 기반 시설이 붕괴되어 있었다.

그러나 게릴라전의 위험을 잘 알았던 티베리우스는 거친 황무지로 곧장 뛰어들기보다는 후위의 안전을 먼저 다져놓는 편을 선택했다. 임무의 극적 효과는 떨어지겠지만 그 못지않게 후위의 안전이 중요했기 때문이다. 그리하여 그가 라인 강변의 방어 시설 강화에 매달린 기간이 장장 1년 반이었다. 그 기간 동안 그는 군사 기지들을 개량했고, 다른 속주들의 군부대를 그곳으로 이전했으며, 이탈리아에서 징집된 병사들을 라인 강변의 전체 병력에 통합시켰다. 그 결과 기원후 11년에는 라인 강변 기지의 로마 주둔군도 이전의 다섯 개 군단에서 여덟 개 군단으로 불어났다. 갈리아에는 거의 말 한 필도 남기지 않았다. 이렇게 후위의 안전을 다져놓은 뒤에야 티베리우스는 마침내 라인 강 너머로 돌격해 들어갔다. 예상대로 이는 징벌성 공격이었다. 농작물과 마을들을 불사른 것이다. 잡초 무성한 로마 가도도 복구했다. 그리하여 라인 강 동안의 모든 지역이 마침내 안전해졌다. 그런데 이 시점에서 만일 티베리우스가 프린켑스의 바람을 행동으로 실천하려 했다면 게르마니아 재정복을 시도했을 것이다. 하지만 그는 이 도전의 상징성에 어떤 환상도 갖고 있지 않았다. 라인 강 너머 모든 곳에는 위험이 도사리고 있었다. 따라서 단 한 차례의 실수, 언덕의 경사면이나 숲속 깊은 곳에서 단 한 명의 첩자만 놓쳐도 총체적 재난이 될 수 있었다. 그러니 말단 병사에서 최고 지휘관에 이르기까지 군단 모든 구성원이 한 치의 틈도 보이지 않는 것이 중요했다. 군단의 한 고위 장교가 라인 강 너머로 정탐 가는 이전 노예들 중 한 명을 호위하도록 일단의 병사들을 딸려 보낸 사실을 알고 티베리우스가 대노하여 그의 지휘권을 즉각 박탈한 것도, 그 어떤 경솔한 언동도 용납되지 않을 만큼 상황이 긴박했기 때문이다. 티베리우스도 그 점을 몸소 실천해 군용 행낭을 최소한으로 꾸렸고, 장교들에게 낮밤을 가리지 않고 자신의 동태를 알렸으며, 천막 없이 자는 것을 철칙으로 삼았다.

이렇게 신경과민일 정도로 꼼꼼하게 신경 쓰느라 결정적 승리를 거두지는 못했다. 하지만 한정된 목표는 충분히 달성했다. 게르만족에게 로마 전쟁기계의 역량이 개선되었음을 확실히 각인시킨 것이다. 그 결과 토이토부르크 전투 이후 3년이 지나자 로마 군단은 다시금 게르마니아로 진군할 정도가 되었다. 그러니 자기 앞에 놓인 매복을 전부 피해 간 것은 물론 자신에 대한 암살 음모에서도 살아남은 티베리우스도 그만하면 이제 자신의 노력에 흡족해 할 만했다. 갈리아와 게르마니아 모두가 안전해져 야만족 무리가 더는 이탈리아로 쳐들어올 개연성이 없어졌으니 말이다.

아우구스투스도 그런 티베리우스를 '로마인들을 지키는 유일한 방어자'[76]로 칭하며, 티베리우스는 아마도 할 수 있는 모든 일을 이루었으리라는 견해를 피력했다. 그의 표현을 빌리면 '단 한 사람의 경계심이 로마의 정사를 파멸에서 구해낸'[77] 것이었다. 그리하여 기원후 12년 원정철이 끝나고 로마 군단들이 라인 강 기지로 귀환하자, 티베리우스도 마침내 그곳에서의 임무를 마치고 로마로 귀환했다. 가을 내내 컴컴한 하늘에서 비만 내리는 궂은 날씨가 계속되던 로마도 티베리우스가 도착한 그해 10월 23일 아침에는 돌연 구름이 걷히더니 햇살을 드러내며 그의 개선을 환호하기 위해 군중이 몰려든 거리의 물기를 말려주었다. 그날 쏟아진 소나기는 오로지 장미 꽃잎 소나기뿐이었다. 적군에게서 탈취한 무기와 갑옷, 포로들 목에 둘러쳐진 차꼬, 장엄하게 행진하는 행렬 앞의 군단기들도 찬연하게 빛을 발했다. 금빛 전리품도 햇빛에 반사되어 포룸 건축물들의 대리석을 환하게 빛나게 했고 티베리우스가 로마인들을 대신해 각종 전투에서 거둔 승리의 장면이 묘사된 멋진 은제 형상들도 그의 전차 앞부분을 화려하게 장식했다. '부서진 야만족 도시와 방벽들, 추방된 주민들, 강, 산, 깊은 숲속의 전투들'[78]이 묘사된 형상이었다.

그러나 그 모든 떠들썩함과 화려한 볼거리에도 불구하고 티베리우스의 개선식에서는 뭔지 모를 허전함이 느껴졌다. 티베리우스를 그리도 자주 곤경에 빠뜨렸던 희미한 불만의 장막이 이번에도 중요한 순간을 가리고 있었다. 군중은 라인 강 너머 지역의 안정을 다진 그의 업적이 아닌 발칸 지역을 평정한 그의 업적에만 환호를 보냈다. 로마인들을 야만족 침략의 위험으로부터 구해준 빛나는 업적은 진부하게 간주되어 갈채를 받지 못했다. 새로 세운 방책에서 나는 생목 냄새 한번 맡아본 적이 없는 사람들이 대부분이다 보니, 진저리가 날 만큼 세심하게 주의를 기울여야 하는 국경 지대 임무의 중요성을 알 턱이 없었던 것이다. 그러므로 그들이 원한 것도, 티베리우스는 보여주는 데 하등 관심이 없던 허세적 무용과 돌진을 나타내는 증거물이었다. 반면에 티베리우스는 로마인들이 가장 영웅적이고 훌륭했던 시대에 가졌던 속성, 요컨대 단호함과 자제력이라는 고래의 덕목을 중시했고, 따라서 전차를 타고 가두에서 개선 행진을 벌일 때도 근엄한 표정으로 고개를 꼿꼿이 세운 채 환호하는 군중의 비위를 맞추는 행동을 하지 않았다. 그러다 보니 대중의 인기에 영합하는 인물을 원하던 군중은 딴 곳을 바라볼 수밖에 없었다. 공교롭게도 그런 필요에 부합하는 완벽한 우상은 바로 가까이에 있었다.

티베리우스의 개선식에서 과시된 각종 전투의 영예들 중 몇몇을 차지하고 차석이면서도 허세가 매우 심했던 지휘관 게르마니쿠스(티베리우스의 양아들)가 그 주인공이었다. 그 젊은이의 무모한 행동이 재앙의 불장난으로 끝나기 일쑤였으며 티베리우스가 뒤치다꺼리를 해준 적이 한두 번이 아니었다는 사실도 대다수 시민들에게는 중요할 게 없었다. 그들에게는 게르마니쿠스의 친화력, 스타일, 산뜻하고 저돌적으로 잘생긴 그의 얼굴이 중요했다. 게르마니쿠스는 가늘게 타고난 장딴지를 굵게 하려고 온갖 노력을 기울였을 만큼 외모를 극대화하는 데 매우 열심이었다. 그의 허영기는 어느 정도 타고난 것이기도 했다. 아버지 네로 클라우디우스 드루수스를 능가하는 걸출함에, 카리스마 넘쳤던 할아버지의 특질, 그리고 옥타비아와 마르쿠스 안토니우스 사이에서 태어난 두 딸 중 동생이자 그의 어머니인 소 안토니아의 특질을 함께 물려받은 것이다. 오비디우스도 "전시나 평시나 그대는 젊은 세대의 꽃이라"[99]라며 게르마니쿠스를 찬양했다. 그에 반해 티베리우스는 전통을 중시하는 딱딱한 인물이어서 그런 감정놀음 하는 데 시간을 허비하지 않았다. 그러나 짧지만 강렬하게 가이우스에게 열광했던 로마 시민들은 여전히 젊음 숭배에 사로잡혀 있었고, 그러다 상큼한 게르마니쿠스를 보니 가슴이 고동쳤던 것이다. 그와 비교하면 티베리우스는 완전히 한물간 인물처럼 보였다.

게다가 티베리우스는 이중으로 속박된 몸이었다. 나이도 많고 여러 해를 군단의 지휘관으로 복무한 장군인 동시에, 아우구스투스가 가진 부권(파트리아 포테스타스[patria potestas])에도 복종해야 하는 아들이기도 했던 것이다. 티베리우스는 계급의 가치를 중시한 인물이었으므로 아버지의 권위를 쉽게 거스르지 못했다. 그가 품은 공화주의에 대한 이상 또한, 평생 군주제를 경멸하게 만든 것만큼이나 프린켑스에 대한 아들의 의무도 고통스럽게 의식하게 만들었다. 티베리우스는 다른 시대였다면 타고난 혈통과 그 자신이 거둔 혁혁한 전과만으로도 클라우디우스 가문이 언제나 갈망했던 귀족의 으뜸이 충분히 될 수 있었다. 그런데 이제 그런 일은 불가능했다. 그의 수위권은 오직 계승의 권리로서만 얻어질 수 있었다. 티베리우스에게 대해서도 그런 상황을 바꿀 힘이 없었다. 그는 아우구스투스에 대해서도 아버지로서뿐 아니라 로마의 구원자로서도 충성을 바쳤다. 그러나 자신의 군 이력이 늙어가는 독재자에게서 입는 은혜보다 가치가 떨어지는 것이 그로서는 당연히 분통 터졌을 것이다. 하지만 프린켑스에게 입은 은혜가 너무도 컸기에 분개하지도 못했다. 보은의 마음이 그로 하여금 심한 굴욕감도 느끼게 하고 그 굴욕감을 이겨내게도 한 것이다. 티베리우스는 이렇게 자신이 경멸하는 역할에 묶여 있었다. 그러다 보니 그의 원칙 또한 속박 상태를 확인하는 수준에 머물렀다.

그렇다고 티베리우스가 아우구스투스에게만 의무의 빚이 있었던 것은 아니다. 세네카가 "나는 부모에게 복종했다. 부모의 권위를 받아들였다. 옳든 그르든 가혹하든, 나는 언제나 복종하며 투덜대는 아들이었다"[100]라고 했듯, 로마 상류층 사람들에게는 어머니도 아버지 못지않게 준엄한 전통의 수호자였다. 게다가 반세기 동안이나 남편의 믿음직한 평생의 반려였던 리비아는 엄격한 여가장의 귀감과도 같은 존재였다. 기나긴 결혼 생활을 영위하는 동안 그녀는 단 한 번도 아우구스투스를 실망시킨 적이 없었다. 리비아는 가정적 덕목의 본보기와 '로마 영부인 Romana princeps'[101]의 의무를 수행하는 동안 '남편의 교활함에 필적하는',[102] 거의 불가능에 가까운 신기를 보여주었다. 희생제에 참석할 때 손으로 짠 간소한 스톨라를 걸치고 나온 것이나, 직물기 앞에서 홍보용 포즈를 취할 때 일부러 수수한 머리 모양을 하고 나와, 그 헤어스타일이 유행이 된 덕분에 제국의 하녀들이 한숨 돌렸던 것이 좋은 예다. 그리하여 일흔 살이 된 지금은 누구도 그녀의 꺼림칙한 정숙함에 대해 의혹을 갖거나,

본분에 맞지 않는 행동을 한다고 비난하는 사람이 없었다. 그런 귀감과 함께 가족이 되는 행운을 누린 사람이 비단 아우구스투스 혼자만은 아니었던 것이다. 티베리우스가 갈망한 부류의 훌륭한 전쟁영웅은 정숙한 어머니 없이는 얻어질 수 없었기 때문이다. 리비아가 보여준 올바름의 특성은 아들의 그것과 마찬가지로 클라우디우스 가문의 규범에서 유래한 것이었다. 요컨대 '그녀의 품행'은 그녀에게 의혹을 갖는 사람들도 인정한 것처럼 '명백히 구식'이었다.[103]

하지만 그래봐야 그런 태도는 리비아를 불신하는 사람들이 그녀에게 품은 의혹을 키우는 역할만 했다. 생각이 바로 박힌 시민이라면 으레 여자가 나랏일에 간섭하는 것을 옳지 않게 보았다. 공화국 시대의 웅변가 키케로가 "남자에게 국한된 일을 여자가 행하는 것보다 더 해괴한 것도 없으리라. 원로원, 군대, 정무관의 직책을 여자가 맡다니!"[104]라고 탄식한 대로였다. 아우구스투스도 수위권에 대한 갈망을 제외하고는 모든 면에서 보수적이었던 만큼 그런 관점에 동의했고, 리비아도 그 사실을 알았다. 그러나 로마에서 제1시민의 수위권이 형식적 지위에 의해 좌우되던 시대는 이미 사라진 지 오래였고, 권위의 행사도 양의성에 가려졌다. 권력이 고래의 경계를 벗어나 진화하고 돌연변이를 일으킨 것이다. 따라서 리비아도 비록 형식적 지위는 갖고 있지 않았지만 다수의 원로원 의원을 무색하게 할 만한 특권을 보유하고 있었다. 전통적으로 호민관에게만 주어지던 모욕 면제권만 해도 그녀는 삼두정 시대부터 내내 보유하고 있었다. 리비아는 또 남편이 제정한 일련의 법률에 따라 상당히 이례적인 재정 독립을 누렸다. 무엇보다 편리했던 일은, 전통적으로 탈것이 금지되었던 도시에서 최고위 사제들에게만 허용된 호화로운 이륜전차(카르펜툼carpentum)를 탈 권리도 보유한 것이었다. 그러나 귀족임을 나타내는 신분의 교묘한 표시물에 언제나 민감했던 로마 시민들이 그것이 상징하는 바를 모를 리 없었다. 그들은 리비아에 대해 알 만큼은 알았다. 흰 닭과 월계수 가지라는 초자연적 현상의 은혜를 입었고, 개축된 다수의 신전 입구에 이름을 올렸으며, '(로마에서) 유일하게 카이사르의 거룩한 침상을 함께 쓰기에 족하다고 밝혀진',[105] 드물게 굉장한 힘을 지닌 여성이었다. 리비아에게 고착된 권위는 진귀하고 향기롭고 값비싼 향수와도 같았다. 따라서 리비아의 이름이 로마권 일대에서 남편의 위대성이 초자연적으로 현시된 모습, 곧 아우구스투스의 게니우스(생령)와 짝을 이루어 나타나기 시작한 것도 무리는 아니었다. 두 사람은 제단의 이름, 은제 동상, 뱀 조각의 모습으로 결합되어 나타났다. 여성이 여성의 본분을 지키게 하는 것과 여신으로 만들어주는 것은 별개의 문제였는데도 말이다. 그럼에도 리비아에게 호의를 바라고 접근하는 사람들은 그녀에게 기대감뿐만 아니라 두려움도 함께 느꼈다. "그녀가 자신의 힘을 표명하는 방식은 사람들을 위험에서 벗어나게 해주거나 영광을 부여해주는 것뿐이었기 때문이다."[106]

사람들에게 안도감을 주는 것은 소문을 잠재우는 것 못지않게 자칫 화를 불러올 수 있었다. 용의주도한 리비아도 그 점을 완벽하게 파악하고 있었다. 그녀는 로마라는 도시를 잘 알았다. 소문과 중상의 소용돌이가 그 도시 거리들에 끝없이 휘몰아친다는 것도 알았다. 그런 곳에서는 찬사조차 말썽의 근원이 될 수 있었다. 추방지에서 외부와 단절되어 절망에 빠진 오비디우스가 '영부인'[107]에게 석방을 간청해보라며 아내에게 공공연하게 권유한 것을 알고 팔라티노 구릉이 귀가 멀도록 리비아가 침묵을 지킨 것도 그래서였다. 리비아의 영향력이 남편에게 미칠 수 있다고 넌지시 알리고, 여자의 말 한마디면 문제가 해결된다는 듯한 암시를 하며, 회랑과 침실이 권력의 조종실인 양 말하는 것은 리비아뿐 아니라 남편 프린켑스에게도 모욕이었다. 로마에서 정사를 논하기에 적절한 장소는 오직 원로원뿐이었다. 아우구스투스가 자기를 좌지우지하는 것은 집정관의 연설이 아닌 여자의 속살거림이라는 주장에 얼마나 신경을 곤두세웠는지는, 집안 가솔들의 일거수일투족을 일별로 보고하도록 지시한 점으로도 알 수 있다. 그는 율리아와 그 딸들에게도 "일일 보고서에 기록되고 싶지 않으면 그럴 소지가 있는 말을 하지도 말고 그런 행동도 하지 마라"[108]라고 타이르는 말을 했다. 그렇게 경고했는데도 그중 둘은 아우구스투스의 말을 허투루 들었다가 결국 혹독한 대가를 치른 것이었다. 하지만 그런 프린켑스도 리비아에게는 경고를 하지 않았다. 할 필요가 없었기 때문이다. 그동안의 경험으로 볼 때 아내에게는 충분히 분별력이 있으므로 믿을 만하다는 판단을 내린 것이다. 하지만 로마의 모든 사람이 아우구스투스 가문의 동향에 집착했던 점으로 보면, 그의 행동은 흥미로운 질문을 야기했을 법하다. 리비아가 공식적으로 추문의 흔적 없이 깨끗한 이미지를 보유한 것은 그녀가 진정 의혹을 살 만한 일을 하지 않았기 때문일까, 아니면 그녀가 꾸민 모든 계략에 그녀 자신이 깊숙이 연루되었기 때문일까 하는 질문 말이다.

리비아는 티베리우스에게는 친모였지만, 다른 자식들에게는 계모였다. 따라서 율리아에게 공개적으로 화를 폭발시킨 자신의 남편과는 다르게 행동했다. 아우구스투스의 눈 밖에 난 의붓딸 율리아가 판다테리아 섬에서 레기움으로 추방 장소를 옮길 때 자상하게도 노예 몇 명을 딸려 보내게 한 사람도 그녀였다.[109] 리비아는 율리아의 딸이 추방될 때도 재정 지원을 받게 해주었다. 하지만 그런 자상함의 과시에 모든 사람이 확신을 가졌던 것은 아니다. "리비아는 의붓 친척들이 몰락했을 때는 과장되게 동정심을 보이다가도 그들의 상황이 좋아지면 등 뒤에 칼을 꽂는 데 열심이었다"[110]라고 주장한 사람도 있었으며, 비록 정황상이기는 하지만 그렇게 볼 만한 증거가 있다고 믿는 사람도 많았다. 게다가 로마의 계모는 악독하기로 유명했다. 그러나 혼인을 왕조적 이득을 차지하기 위한 쟁탈전의 책략으로 간주하는 일이 어제오늘이 아니었던 도시에서, 그런 행동은 어쩌면 당연한 것이었을 수 있다. 세계 최고의 권력을 가진 남자와 잠자리를 함께하는 리비아가 아들의 대망을 이뤄줄 방법을 모색한 것이 새삼스러운 일은 아니었을 거라는 얘기다. 게다가 그녀의 혈관에는 클라우디우스 가문의 피가 이중(네로계와 풀케르계)으로 흘렀다. 따라서 그녀는 비할 바 없는 조상에게 진 빚을 한시도 잊지 않았다. 실제로 매사에 신중하고 조심스럽게 처신하며 웬만해서는 감정을 잘 드러내지 않는 그녀가 혈통에 대한 자부심만은 거리낌 없이 드러냈다. 로마 외곽의 한 간선 도로를 굽어보는 곳에 위치한, 리비아가 복구한 고대 신전에도 그것을 보여주는 증거물이 있었다.[111] 그 신전의 거대한 벽화에 새겨져 교통로 위에서 눈부시게 빛을 발한 '카이사르 아우구스투스의 부인'이라는 호칭이 놀랍게도 '드루수스의 딸 리비아'라는 호칭에 이어 두 번째로 새겨진 것이다. 리비아와 같은 여성에게는 뻔뻔한 가정 교육도 수치가 아닌 엄숙한 의무였던 것이다.

그녀는 어디까지 가려고 했던 것일까? 아우구스투스 가문이 입은 참화를 기억하는 사람들은 리비아가 가장 파렴치한 짓까지 저질렀으리라고 추측했다. 아우구스투스의 장래 계획을 망친 재난만 하더라도 율리아와 그 딸의 몰락이 전부는 아니었으니 말이다. 기원전 29년의 악티움 해전 뒤 거행된 프린켑스의 개선식에서 티베리우스가 마르켈루스의 왼편에서 말을 달린 이후로 프린켑스는 되풀이하여 사별의 고통을 겪었다. 불가사의한 정황 속에서 계승 후보자들이 속속 죽어나간 것이다. 마르켈루스, 루키우스, 가이우스 등 리비아 아들(티베리우스)의 계승을 가로막는 율리우스 가문 사람들은 거의 모두 중도에서 사라졌다. 그들의 죽음이 리비아의 소행이라고 볼 증거는 없었지만, 그녀를 의심하는 사람들은 증거가 없는 점이야말로 그녀의 간교함을 보여주는 것이라고 믿었다. 악명 높은 '여성의 간계muliebris fraus'[112]로 증거를 남기지 않는 살인을 저질렀을 거라는 추측이었다. 율리우스 카이사르의 암살자들은 옥외에서 그의 온몸을 칼로 난자해 상처투성이 시신을 남겼다. 하지만 독살자는 피해자가 자신이 살해되는지도 모르게 죽였다. 포도주 잔에 팅크제를 흘려 넣는 데 굳이 무자비한 폭력이 필요하지는 않았다. 독액이 조용히 부지불식간에 치명적 요술을 부려주었기 때문이다. 가해자의 훈련된 위선으로 볼 때 리비아가 범인으로 지목될 위험성 또한 적었다. 독액을 마신 사람은 머나먼 동방의 숲에서 나는 시트론 액을 마셔야만 살아날 가망이 있었기 때문이다. 시트론의 쓸쓸한 과즙보다 더 확실한 해독제는 없었다. 그리고 어느 시인이 "극악한 계모가 음료에 독을 탔을 때는 몸에서 치명적 독을 빼는 것이 상책이다"[113]라고 썼듯이, 만일 가이우스와 루키우스가 메디아산※ 감귤류 열매를 지속적으로 제공받을 수 있었다면, 어쩌면 티베리우스의 계승 전망도 달라졌을지 모른다.

아니, 그렇지 않았을 수도 있다. 편집증적 행동 자체가 이미 독살과 다를 바 없었으니 말이다. 소문과 비방은 마음의 독이었다. 게다가 리비아가 소박한 스톨라를 입고 로마 대중 앞에 나타났을 때처럼 정의와 평화의 화신인 남편을 경신하고 그에게 충실했다면, 그녀 이름에 먹칠하는 행위는 혹평가들이 그녀를 비난하는 것 못지않게 큰 죄악일 수 있었다. 리비아의 덕목이 위선이면 아우구스투스 가문의 덕목도 위선이 되고, 그렇게 되면 그 가문의 번쩍이는 존엄 또한 로마의 전통적 가치를 상징하는 본보기가 되기는커녕, 살인과 독재의 열정에 의해 내부에서부터 부패한 위선으로 드러날 것이었기 때문이다. 물론 칠십대에 접어든 아우구스투스가 나날이 쇠약해지는데다 평화롭고 안전한 계승에 세계 평화가 달려 있는 마당에 그런 일이 일어날 리는 만무했지만 말이다.

"누군가 나를 험담하더라도 과도하게 화내지 마라."[114] 프린켑스가 언젠가 티베리우스에게 해준 충고였다. 그런데 정작 노인이 된 아우구스투스는 자신이 했던 그 충고를 지키지 못했다. 남을 중상하는 로마의 전통이 얼마나 오래되었든, 젊은 시절 자신이 그것을 파괴적으로 이용해 반사 이익을 얼마나 얻었든 간에, 국가의 안정을 저해하는 그 전통을 프린켑스는 결코 용납하려 하지 않았다. 노인이 된 그에게는 언론의 자유보다 로마인들의 안전이 더 중요하게 느껴졌다. 그래서 오비디우스마저 진즉에 추방했던 것인데, 이제는 사람으로도 모자라 저술에까지 '전례 없는 철퇴를 가해'[115] 당대의 법률가 티투스 라비에누스가 집필한 로마 내전기를 불사르게 했다. 판결에 절망한 저자는 항의의 표시로 자살했다. 재치 있고 짓궂은 법률가 카시우스 세베루스(? ~ 기원후 32)마저 결국에는 비방 면허의 기준이 될 새로운 한계를 정하기 위한 시범 사례로 걸려들어 크레타 섬으로 추방되었다. 로마인들의 마예스타스를 실추시켰다는 것이 그의 죄목이었는데, 로마의 전통적 자유를 수호하는 데 관심 있는 사람이라면 섬뜩하고 불길한 전례로 여길 만한 판결이었다. '마예스타스'법으로 알려진 그 법은 오래전부터 반역 행위에만 적용되었을 뿐 반역적인 글에는 한 번도 적용된 적이 없었기 때문이다. 그런데 세베루스는 '통렬한 글로 지체 높은 남녀들을 욕보인'[116] 죄로 유죄 판결을 받은 것이다. 그렇다면 아우구스투스 가문 남녀들 중 가장 지체 높은 인물을 비방하는 자에게 어떤 형벌이 가해질지도 짐작할 만했다.

신들이 로마인들을 긍휼히 여겨 아우구스투스가 로마에 부여해준 평화, 곧 '팍스 아우구스타pax Augusta'가 진행된 이래 세계는 프린켑스 사후에 벌어질 일의 영향권 아래 놓여 있었다. 그리고 기원후 13년 티베리우스가 원로원에서 양아버지와 동등한 힘을 공식적으로 부여받자, 프린켑스 사후에 일어날 일이 무엇인지도 명확히 드러나는 듯했다. 티베리우스의 속내야 어찌 됐든 표면적으로는 운명과 프린켑스가 그에게 지운 막중한 책임을 피하기는 어려워 보였기 때문이다. 그럼에도 티베리우스의 지위와 관련된 양의성은 꺼질 듯 꺼지지 않고 계속 그림자를 드리웠다. 티베리우스는 공식적으로 프린켑스의 동등자로 지명된 몸이었다.

그런데도 프린켑스의 후계자로는 공표되지 않았다. 로마는 군주제 국가가 아니었고 제1시민도 왕이 아니었기 때문이다. 아우구스투스가 세운 정부는 그 자신의 상황에만 맞도록 고안된 장치였다. 따라서 티베리우스가 아무리 로마 최고의 명문가 자손에다 도시 최고의 장군이며 그의 친구 및 동료들을 주요 속주들의 지휘관으로 교묘하게 배치하기 시작했다지만, 그것들만으로는 궁극적 수위권을 확보하기에 역부족이었다. 간단히 말해, 그는 프린켑스가 정해놓은 규칙의 틀에 자신을 꿰맞춰야만 그 목적을 이루어, 로마와 세계에 평화를 보장해주리라는 희망을 가질 수 있었다. 자신의 독자성만으로는 그것을 이룰 수 없었기에 그로서는 싫어도 아우구스투스의 독자성 안에 자신의 독자성을 편입시켜야 했다. 그의 권위는 언제까지고 프린켑스와 그의 관계, 그와 그의 어머니의 관계에서 나올 수밖에 없었기 때문이다. 그리고 그렇다면 악의적 소문이 아우구스투스 가문이 밟고 선 토대를 부식시키는 것과 마찬가지로, 이 세상에 비밀은 없고 무언의 경쟁이 격해지지 않으리라는 확신 또한 아우구스투스 가문의 토대를 굳히는 데는 도움이 될 터였다. 카이사르의 가문에는 의혹의 여지가 없어야 했으므로.

하지만 로마 같은 도시에서는, 법률가 한두 명을 겁준다고 해서 소문이 가라앉을 거라고 믿기 어려웠다. 겉으로는 티베리우스의 위치가 든든해 보였지만, 율리아 지지자들은 여전히 프린켑스에게 티베리우스에 이은 두 번째 계승자, 곧 그의 손자가 있다는 사실을 잊지 않고 있었기 때문이다. 아그리파 포스투무스는 섬에만 갇혀 있었지 멀쩡히 살아 있었다. 그를 황량한 외딴섬으로 추방할 때 아우구스투스가 보인 냉혹함에도 불구하고 그가 처형될 개연성은 희박했다. 그러다 보니 율리아와 그 자녀들에게 충성하는 사람들도 리비아에 대해서는 최악을 의심하며 아그리파를 마음속에 계속 담아두고 있었다. 아그리파가 폭력적이고 잔혹하며 낚시에 미쳐 있다는 등 품행이 좋지 않다는 것이 그와 관련된 정부의 공식 발표 내용이었다. 하지만 설령 그것이 사실이라 해도 추방형을 받을 정도의 기벽이나 괴상한 특성은 아니었다. 문제가 있기로 따지자면, 아그리파와 같은 세대였던 아우구스투스 가문의 또 다른 구성원이 더 심각했다. 드루수스가 루그두눔의 아우구스투스 제단을 봉헌했던 기원전 12년의 같은 날, 그의 부인 소 안토니아가 낳은 티베리우스 클라우디우스 드루수스야말로, 그녀가 비통하게 한 말을 빌리면 '절반의 완성에 그친 자연의 작품'[118]으로, 늠름한 그의 형 게르마니쿠스와는 통탄할 정도로 대조적이었다니 말이다. 클라우디우스(로마의 4대 황제가 될 인물—옮긴이)는 몸을 씰룩거리고 떠는데다 오른쪽 발도 질질 끌고 말할 때도 약간 모자란 듯 해양 동물 같은 소리를 냈다. 또 배가 고프면 거품이 북적이는 콧물과 침을 질질 흘렸다. 신체적 불구와 관계없이 발현된 뚜렷한 지적 성향도 중요하게 취급받지 못했다. 그래봤자 정무관이 되거나 가문에 어울리는 군 지휘관이 될 개연성은 없었기 때문이다. 그러다 보니 아우구스투스와 리비아도 일찌감치 그를 공적 생활에서 영구히 배제하려는 마음을 굳혔다. 하지만 그 정도에서 그쳤을 뿐, 아그리파 포스투무스에게 그랬듯이 그를 로마에서 추방해 무장 경비대의 감시를 받게 하지는 않았다. 티투스 라비에누스의 전철을 밟아, 클라우디우스가 아우구스투스의 집권과 관련된 역사서를 집필하는데도 금기시한 연구

주제를 택한 것에 대한 리비아의 대응은 그를 입막음하는 수준에 그쳤다. 손자에게 "너에게는 진실한 이야기를 쓸 선택의 여지가 없어"[119]라고 직접 일침을 놓는 데 그친 것이고, 그것으로 일은 마무리되었다. 아그리파 포스투무스에게는 그런 행운이 따르지 않았다.

한편 티베리우스에게 아우구스투스와 동등한 힘을 부여한 지 1년이 지난 뒤에도 소문의 소용돌이는 멈추지 않았다. 소문에 따르면 격분한 아그리파가 무례하게도 리비아를 '계모'[120]라고 부르며 저주의 말을 했고, 아우구스투스도 마침내 아내가 농간 부린 사실을 알고는 비밀리에 플라나시아 섬으로 가서 손자를 끌어안고 눈물을 흘렸다는 것이었다. 소문은 또 "두 사람 간에 오간 진한 애정 표시로 보건대 그 젊은이가 아우구스투스의 집으로 들어갈 개연성도 없잖아 있어 보인다"[121]라고 했다. 하지만 그래봐야 입소문의 특성상, 아우구스투스의 치세가 40년 넘게 지속된 뒤 로마인들의 미래가 걸린 중차대한 결정이 그들 모르게 내려지는 것에 누구 하나 진정한 관심이 없었음을 강조하는 일밖에 되지 않았다.

그러므로 물론 프린켑스가 기원후 14년 수행원을 대동하고 리비아와 함께 실제로 찾은 곳도 플라나시아 섬이 아닌 카프리 섬이었다. 나폴리 만에 보석처럼 자리 잡은 카프리 섬은 쾌적한 설비가 갖춰진데다, 둥그런 호처럼 생긴 이탈리아 해안가와 가까우면서도 프라이버시를 완벽하게 누릴 수 있을 만큼 본토와 멀리 떨어져 있어서 프린켑스가 즐겨 찾는 여름 별장이었다. 그리하여 비록 설사로 고생했을망정 프린켑스는 그곳에서 연회를 열고 구색 갖춰진 십대 소년소녀들에게 선물도 나눠 주면서 즐거운 한때를 보냈다. 그러고는 나흘 뒤 본토로 돌아왔다. 앞서 아우구스투스와 함께 로마를 떠났던 티베리우스도 첫 번째 행선지인 발칸으로 가서 '자신이 정복한 지역을 무리 없이 통합한'[122] 뒤, 프린켑스와 조우하기 위해 두 번째 행선지로 향했다. 두 사람은 나폴리에서 만나 아피아 가도를 타고 삼니움(이탈리아 남부 지방)으로 향했다. 그리고 그 지역의 수도인 베네벤툼(지금의 베네벤토)에서 두 사람은 다시 헤어졌다. 그곳에서 아우구스투스는 리비아와 함께 방향을 돌려 로마로 향했다. 그런데 그 무렵까지도 그를 괴롭힌 복통 증세가 삼니움을 떠난 뒤에는 더욱 심해져, 그는 결국 여정을 중단한 채 몸져눕고 말았다. 72년 전 프린켑스의 아버지가 숨을 거두었던 가문의 영지가 있는 곳에서 몸져누웠으니 우연치고는 기막힌 우연이었다. 아우구스투스는 불길한 조짐으로 보고 그 즉시 티베리우스를 불러들이게 했다. 그다음에 벌어진 일에 대해서는 사람들의 의견이 엇갈린다. 티베리우스가 너무 늦게 도착했다고 주장한 사람들이 있는가 하면, 적시에 도착한 그를 죽어가는 아우구스투스가 얼싸안고 "두 사람이 진행하던 일을 중단 없이 계속 해달라는 당부의 말을 했다"[123]라고 주장한 사람들도 있었다. 둘 중 어느 쪽 주장이 맞는지는 모를 일이다. 분명한 것은, 아우구스투스가 숨을 거두며 몸을 기댄 쪽은 리비아였다는 것이다. 그가 리비아에게 입을 맞추며 남긴 마지막 말은 이랬다. "살아 있는 동안은 우리의 결혼을 기억해주오, 리비아. 그럼 안녕."[124]

오랫동안 두려워하고 오랫동안 예상하던 운명의 순간이 마침내 찾아온 것이다. 그래도 리비아의 준비에는 차질이 없었다. 그녀는 자신의 근위병들로 하여금 별장과 인근 도로들의 출입을 차단시키게 하고 로마로 시신을 운구할 채비가 완벽하게 갖춰진 뒤에야 남편의 사망 소식을 세상에 알렸다. 이어 운구가 시작되어 임페라토르 카이사르 아우구스투스는 마침내 검은 옷차림을 한 릭토르들의 호위를 받으며 여름의 강한 햇살을 피해 밤에만 이동하는 장도에 올랐다. 아피아 가도변에 위치한 도시들의 기사와 시의원 들도 횃불을 들고 그를 수행했으며, 티베리우스와 리비아도 그들과 함께 행동했다. 장례 행렬이 로마에 도착하는 데는 2주가 걸렸다. 아우구스투스가 숨을 거둔 별장을 나와 팔라티노 구릉에 있는 저택에 도착하기까지 걸린 기간이었다. 그런데 그 2주간의 어느 시점에 장례 행렬 쪽으로 맹렬히 말을 몰고 오는 백인대장이 있었다. 행렬 앞에서 고삐를 당긴 그는 말에서 훌쩍 뛰어내리더니 카이사르에게 데려다달라고 요구했다. 그리하여 안내된 티베리우스에게, 여행으로 더러워진 백인대장이 경례를 붙였다.

"명령하신 대로 잘 처리됐습니다." 그가 기운차게 말했다. "아그리파 포스투무스는 죽었습니다." 그 말을 들은 티베리우스가 눈살을 찌푸리며 이게 웬 날벼락 같은 소리냐는 표정을 지었다. "나는 그런 명령 내린 적 없다!" 이렇게 말하고는 잠시 뜸을 들인 뒤, 그가 다시 말했다. "이 일은 원로원에서 설명되어야 할 것이다."[125]

티베리우스로서는 당연히 할 말을 한 것이었다. 그는 계급의 전통에 목을 매는 귀족이었다. 따라서 아우구스투스 손자 살해와 같은 예기치 못한 중범죄에 직면하자 원로원 보고를 당연히 자신의 의무로 느꼈다. 어쨌거나 그것이 로마의 실체였으니 말이다. 그러나 티베리우스 측근들 사이에서는 경악스럽다는 반응이 나왔다. 측근 한 사람이 티베리우스의 의향을 알기 무섭게 "가정 내 비밀, 친구들의 조언, 정보 기관의 도움을 받은 사실이 밖으로 새어 나가게 해서는 절대로 안 됩니다"[126]라고 리비아에게 주의를 환기시킨 것도 무리는 아니었다. 하지만 물론 리비아에게는 그런 충고를 해줄 필요조차 없었다. 상황의 위급성은 누구보다도 그녀가 잘 알았다. 카이사르 손자에 대한 처형 명령만 해도 아우구스투스, 티베리우스, 리비아 같은 최고위층만 내릴 수 있는 것이었다. 그런데 아우구스투스는 친족을 처형한 적이 없고 플라나시아 섬에서 벌어진 일에 티베리우스가 놀란 것도 진정이었으니, 원로원에서 사건이 파헤쳐지지 않도록 사전 조치를 취할 이유가 있는 사람은 결국 리비아뿐이었다. 실제로 리비아가 아들을 타이른 한마디 말로 일은 마무리되었고, 장례 행렬이 로마에 도착했을 때는 아그리파 포스투무스의 처형에 대해서는 누구 하나 입을 벙긋하는 사람이 없었다. "사실의 은폐로 사건은 조용히 덮인 것이다."[127]

원로원에 공개된 아우구스투스의 유언장에도 혈통에 따른 계승은 불가능하다는 것이 경외스러운 어조로 명시되어 있었다. "잔인한 운명이 내 두 아들 가이우스와 루키우스를 앗아갔으니, 이에 티베리우스를 나의 후계자로 정하노라."[128] 리비아가 승리를 거둔 것이다. 이리하여 마침내 그녀는 클라우디우스 가문 선조들에 대한 책무를 다하게 되었다. 반면에 유언장에는 위선으로 점철된 여인에게 더할 수 없이 잘 어울리는 역설적인 내용도 들어 있었다. 아우구스투스가 리비아를 양녀로 삼아, '아우구스타'라는 호칭을 부여한 것이다. 그리하여 리비아는 율리우스 가문 사람이 되었다.

남편의 장례식 날, (이제는 공식적으로 그렇게 불리게 된) 율리아 아우구스타는 팔라티노 구릉을 나와, 포룸에서 티베리우스와 손자 드루수스가 송덕문 낭송하는 것을 듣고, 그곳에서 다시 짧은 거리를 이동해 화장용 장작 더미가 쌓인 곳으로 옮겨지기까지 남편의 시신을 계속 따라갔다. 원로원 의원들이 장작 더미 위에 시신을 올려놓는 모습도 묵묵히 기품 있게 지켜보았다. 장작에 불이 붙자 불길이 너울거리고 때맞춰 풀어놓은 독수리가 하늘 높이 날아 올랐다. 리비아는 나중에 독수리가 날아가듯 아우구스투스의 혼령도 장작불에서 하늘로 올라가는 모습을 보았다고 주장하는 원로원 의원에게 후한 금일봉을 하사했다. 그리고 그 돈은 과연 제 몫을 하여 장례식 일주일 뒤인 9월 17일에 개최된 원로원 회의에서 프린켑스는 신이 되고 리비아는 프린켑스의 사제로 지명되었다. 베스타 여신의 제녀를 제외하고는 모든 사제를 남자가 독점하던 도시에서 유례없는 조치가 취해진 것이다. 그뿐만이 아니었다. 리비아에게는 릭토르들도 제공되었다.

아우구스투스의 화장이 끝나자 이윽고 뿌연 재의 장막도 걷혔다. 비록 타다 남은 장작이 나흘 동안이나 벌겋게 이글거리기는 했지만, 남편의 가는 길을 배웅한 지 5일째 되는 날에는 경건하고 의무에 충실한 리비아도 마침내 그의 유골을 거둬 근처의 영묘에 안장할 수 있었다. 하지만 두 번째 장막은 쉽사리 걷히지 않았다. 아그리파 포스투무스의 처형으로 로마는 다시금 살인을 왕조적 출세라는 거대한 게임의 책략으로 사용할 수 있는 도시가 된 것이고, 그것은 받아들이기 위험한 것만큼이나 진실이었기 때문이다. 티베리우스가 신격화된 아우구스투스에게 물려받은 통치의 짐을 떠맡을 채비를 하는 와중에 그의 치세는 이미 어둠 속으로 추락하고 있었다. "아그리파 포스투무스의 처형은 신임 프린켑스의 지배하에서 자행된 첫 번째 범죄였다"[129]라는 누군가의 말에 험악한 질문이 제기될 법한 상황이었다. 앞으로 얼마나 더 많은 처형이 일어날 것인가, 라는.

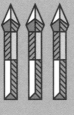

PART 2

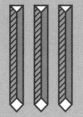

코사 노스트라

chapter 4

최후의 로마인

늑대의 귀를 잡아라

마르스 신전은 아우구스투스가 짓기 전에는 신성한 영역 로마에 들어오지 못했다. 로물루스에 의해 설정되고 레무스의 피로 성화된 이래, 포메리움이 줄곧 전쟁과 평화의 두 세계를 가르는 경계지로 남아 있었던 탓이다. 출정했던 장수와 군대도 승리를 축하할 때만 로마에 들어올 수 있었다. 승리의 축하 목적이 아닌 군대는 유피테르 신역으로의 진입이 엄격히 금지되었다. 그에 따라 마르스 신도 포메리움의 서쪽 지역과 테베레 강의 만곡부 사이에 펼쳐진 평원을 영역으로 삼았다. 고대 로마인들이 전시에 회합을 갖고 초기 왕들의 군대를 모방해 만든 병사회, 곧 '코미티아 켄투리아타^{comitia centuriata}'가 모여서 고위 정무관을 선출하던 곳이었다. 그러므로 도시 역사상 그 어느 시민보다 많은 정복을 이룩하고 집정관을 열세 차례나 역임한 인물이 신에게 영혼을 의탁하기에 이보다 더 적합한 곳은 없었다. 죽은 아우구스투스도 아마 불타는 장작 더미에서 하늘로 올라갈 때 오랜 세월 군대의 원정과 정치인들의 선거운동 리듬으로 성화된 평원, '캄푸스 마르티우스^{Campus Martius}'를 지그시 굽어보았을 것이다.

아우구스투스의 기나긴 치세기에 캄푸스 마르티우스에는 많은 변화가 일어났다. 로마의 옛 연병장은 아우구스투스가 정치 무대에 등장하기 전부터 이미 라이벌 군사령관들의 야망에 의해 대리석과 풍치 지구 아래로 자취를 감추기 시작했다. 폼페이우스가 거대한 돌 극장을 지은 곳도, 안토니우스가 호화롭기로 소문난 정원을 과시적으로 조성한 곳도 캄푸스 마르티우스였다.[1] 종국에는 그 모두가 아우구스투스 차지가 되었고, 그러자 늘 하던 버릇대로 그는 거창한 개발 계획을 세워 그것들을 지워버렸다. 로마의 문턱에 녹지대를 갖게 된 것을 자신의 흔적을 영원히 새기는 기회로 삼은 것이다. 그리하여 장작불 위에서 타 들어가는 프린켑스의 마지막 길을 보려고 캄푸스 마르티우스에 모여든 조객들은 그가 추진했던 그랑 프로제에도 감탄사를 연발할 수 있었다. 제단, 신전, 오벨리스크를 포함해 그랑 프로제를 구성한 다양한 건축물들이 그곳에서 아우구스투스의 영광을 드높이고 있었던 것이다. 그중에서도 가장 압권은 역시 리비아가 남편의 유해를 안치한 영묘였다. 로마 입구에 즐비하게 늘어선 무덤들 중 그 어느 것도 웅장한 자태를 뽐내는 아우구스투스 영묘와는 비교가 안 되었다. 아우구스투스 치세 초기에 조성된 영묘는 살아생전에는 행동을 조심하느라 갖지 못한 그에게 과시적 거처를 제공해주었다. 울창한 포플러 숲에 둘러싸인 채 대리석 토대 위에 우뚝 세워져, 아우구스투스의 금빛 동상이 꼭대기에서 빛을 발하도록 지어진 그것은 다른 시민들은 세울 엄두조차 내지 못했을 엄청난 크기의 봉분이었다. 신이었던 인간에게나 어울리는 영면 장소였다.

하지만 아우구스투스 양자의 관점에서 보자면 그 모든 특징은 그의 뒤를 잇는 것을 더욱 버겁게 만드는 요소일 뿐이었다. 오죽하면 원로원에서 아우구스투스의 유언장을 읽던 그가 목이 메어 흐느끼다가 결국에는 드루수스에게 남은 부분을 대독하게 했을까. 완고한 성격에 위선적 행동을 경멸했던 티베리우스가 거짓으로 신경쇠약에 걸린 척했을 리는 만무했다. 따라서 그가 원로원에서 목이 메었던 것도 아우구스투스 후계자가 되는 것의 압박감을 이기지 못해 나온 행동임이 분명했다. 그 2주 뒤인 9월 17일에는 더 심한 압박감에 짓눌렸다. 원로원이 죽은 프린켑스의 신성을 결의한 결과로 티베리우스도 아우구스투스처럼 '신의 아들divi filius'이 되었기 때문이다. 외적으로만 보면 그것은 매혹적인 승급일 수 있었다. 하지만 매혹적이라고 해서 반드시 그에게 이로우리라는 법은 없었다. 그 무렵에는 거의 필사적이 된 오비디우스가 머나먼 흑해 연안에서 "아버지 못지않은 비르투스를 지녔다"[2]라고 티베리우스를 칭송한 일도 부조리하고 꼴사나운 아부에 지나지 않았다. 그런다고 티베리우스가 아우구스투스와 같아질 수는 없었으니 말이다. 프린켑스가 공화국을 되살리고 로마인들을 구해준 사람이었던 반면, 티베리우스는 여느 로마 시민과 다를 바 없이 프린켑스의 그늘 아래서 성장한 사람이었고, 그 사실은 모든 이들이 다 알았다. 아우구스투스가 정립해놓은 '임페라토르', 곧 '황제'가 되는 것의 의미는 환원 불가능했다. 심지어 죽은 뒤에도 아우구스투스가 기준을 정하는 일은 계속되었다. 그는 죽을 때도 '인생극'[3]에서 자신이 행한 연기에 박수갈채를 요구한 인물이었다. 그런데 그의 후계자인 신임 프린켑스는 훌륭한 배우가 아니었는데도 그 배역을 연기하도록 강요받고 있었다. 자신이 설치하지도 않은 무대 세트에 갇힌 채 신이 써준 대본에 따른 배역을 연기해야 하는 상황에 몰린 것이다. 그러다 보니 자신이 양부의 계승자임을 강조할수록 티베리우스 율리우스 카이사르의 정체성은 점점 더 희미해졌다.

"황제의 무거운 짐을 감당할 의지력은 신격화된 아우구스투스만이 지니고 계셨습니다."[4] 프린켑스의 혼령이 하늘로 올라간 것을 비준하는 일을 마친 뒤, 티베리우스가 원로원에서 연설하며 단도직입적으로 한 말이었다. 당시 그의 나이 오십대였다. 시력도 나빠지고 있었다. 따라서 그로서는 '아우구스투스'라는 호칭을 권유받았다고 해서 덥석 받아들일 수는 없었다. 티베리우스는 받아들이기는 고사하고 은퇴해서 평범한 시민으로 살아가겠다는 뜻을 동료 의원들에게 밝혔다. 원로원에 국정을 맡기겠다는 말이었다. 듣기에 따라서는, 자신의 수위권을 가장된 겸손 뒤에 숨기는 방식을 활용해 눈부신 효과를 거두었던 아우구스투스와 동일한 방식으로 그가 게임을 벌인다고 볼 수도 있었다. 그러나 거기에는 다른 요소도 개입되어 있었다. 요컨대 그는 이제 막 신으로 선포된 누군가의 정체성에 자신의 정체성을 용해시켜야 하는 부담감을 견디지 못해, 자신의 정체성을 지키려는 마지막 몸부림을 치고 있었던 것이다.

티베리우스도 내적으로는 결국 태생적 본질, 요컨대 자신은 귀족 중의 귀족이고 그 사실이 자랑스러운 인간으로 내내 남아 있었다. 전하는 말에 따르면, 심지어 아우구스투스조차 임종을 앞두고 티베리우스와 마지막 대화를 나눈 뒤, '그처럼 냉혹한 인물에게 괴롭힘을 겪도록'[5] 운명 지어진 대중을 가여워하는 말을 했다고 한다. 새 프린켑스는 경직된 초기 공화정 시대에 그의 조상이 가졌던 이상을 고스란히 간직하고 있었다. 귀족 계급과 플레브스 간에 충돌이 일어났을 때 귀족 계급의 이익을 결단코 지키려 했던 클라우디우스 가문의 이상이 바로 그의 이상이었다. 그러므로 물론 원로원에서 첫 정책 선언문을 발표할 때도 그는 가장 반동적인 의원조차 생각할 수 없을 정책을 제시했다. 캄푸스 마르티우스에는 로마인들이 모여 집정관 선거를 하던 시민 투표소가 있었는데, 몇십 년 전에 예전의 그 목재 투표소는 새롭게 개조되었다. '양 우리'로 불릴 만큼 허름했던 곳이 아그리파의 후원 덕에 대리석 포티코와 열주가 늘어선 건축물, '셉타Saepta'로 환골탈태한 것이다. 셉타는 투표소로 쓰기에는 아까울 정도로 미려한 건축물이었다. 실제로 코미티아 켄투리아타의 유권자들이 부정기적으로만 모이다 보니, 결국 화려한 볼거리와 사치품 쇼핑을 위한 로마 최고의 명소가 되었다. 그런데 이제 티베리우스가 원로원에서 연설을 하며 그곳과 관련된 최후의 필연적 조치를 취한 것이다. 셉타에서의 선거 중단을 선언한 것이고, 그에 따라 유권자들이 코미티아 켄투리아타에 모여 정무관을 뽑던 관습도 중지되었다. 집정관도 원로원 의원들끼리 경쟁해서 뽑도록 정해졌다. 플레브스보다

티베리우스 치세기의 율리우스 – 클라우디우스가 현황

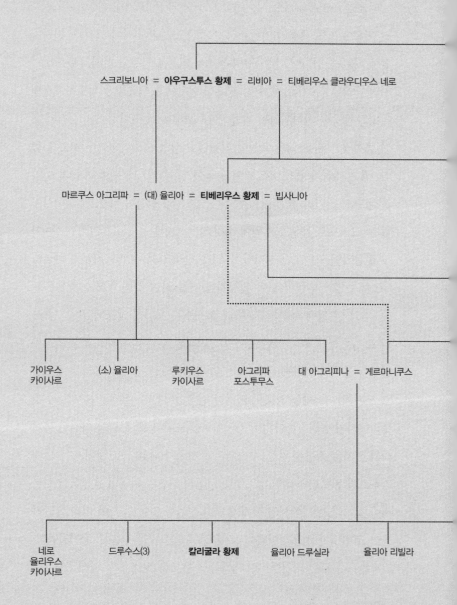

스크리보니아 = **아우구스투스 황제** = 리비아 = 티베리우스 클라우디우스 네로

마르쿠스 아그리파 = (대) 율리아 = **티베리우스 황제** = 빕사니아

가이우스
카이사르 　　(소) 율리아 　　루키우스
카이사르 　　아그리파
포스투무스 　　대 아그리피나 = 게르마니쿠스

네로
율리우스
카이사르 　　드루수스(3) 　　**칼리굴라 황제** 　　율리아 드루실라 　　율리아 리빌라

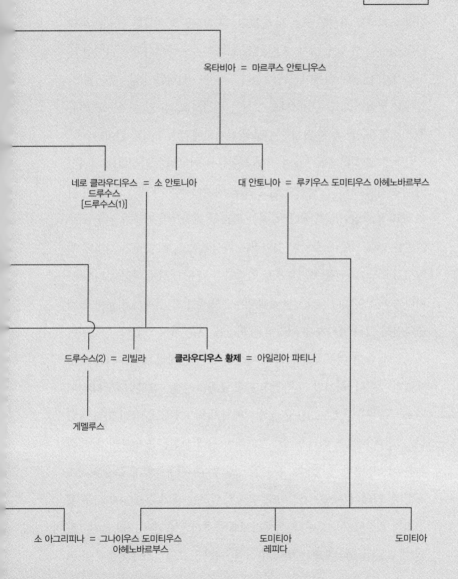

.... 입양
= 결혼

옥타비아 = 마르쿠스 안토니우스

네로 클라우디우스 = 소 안토니아   대 안토니아 = 루키우스 도미티우스 아헤노바르부스
드루수스
[드루수스(1)]

드루수스(2) = 리빌라   클라우디우스 황제 = 아일리아 파티나

게멜루스

소 아그리피나 = 그나이우스 도미티우스   도미티아   도미티아
아헤노바르부스   레피다

월등히 우수한 사람들이 있는데 굳이 소란스럽고 저속한 플레브스와 집정관직을 나눠 가져야 할 이유가 어디 있을 것인가. 이리하여 공화국의 가장 숭고하고 최선인 모든 것의 보고, 곧 원로원 의원들만 집정관의 권리를 행사할 수 있게 되자, 오랜 세월 로마의 보수주의자들이 가졌던 해묵은 꿈이 마침내 이루어지는 듯했다. "하류층 사람들이 상류층 사람들 앞에서 굽실거리지는 않더라도 그들을 존경하고, 힘 있는 자들도 하류층 사람들을 멸시하지 않고 자신들의 통제하에 두는"[6] 상황 말이다.

이렇게 보면 티베리우스의 정책 선언문은 원로원을 감격하게 하려고 만든 것처럼 보였다. 하지만 알고 보면 거기에는 그가 가진 두 가지 상호 배타적 환상이 양립했다. 하나는 원로원 의원들이 막중한 권한을 부여받은 만큼 그들이 보답할 것이라는 환상이었고, 또 하나는 강압에 의해서가 아닌, 자신을 프린켑스로 인정하여 자유 의지에 따라 보답할 것이라는 환상이었다. 75년 전 폼페이우스도 동방을 정복하고 로마로 개선하면서 그와 유사하게 어리석은 희망을 키운 적이 있었다. 원로원이 공화국에 대한 의무를 인지하여 자신의 말을 흔쾌히 따라주리라고 기대했던 것이다. 하지만 그 특정 집단을 조율하려 한 시도는 결국 내전이 격화되고 아우구스투스가 궁극적 지배자가 되도록 도운 꼴만 되고 말았다. 그런데 지금 티베리우스가 그때처럼 정책 선언문을 발표하자, 의원들은 어리벙벙한 채 말없이 듣고만 있을 뿐 어찌해야 할지 갈피를 잡지 못했다. 티베리우스가 자신이 진정으로 원하는 바가 무엇인지 너무 헷갈리게 표현했기 때문이다. 독재자에게 순종하던 습관을 버리고 원로원의 옛 자유를 되찾으라는 뜻인가 하면, 자신을 프린켑스로 환호하여 원로원의 신념을 보여달라는 뜻 같기도 했다. 소수의 의원들만 헤아렸을 선언문의 역설, 티베리우스가 원로원의 수위를 강조할수록 원로원은 티베리우스의 수위를 더욱 강조하게 되는 역설이 바로 거기에 있었다. 원로원은 게임의 법칙을 알고 있었다. 아니, 좀더 정확히 말하면 게임의 법칙을 안다고 믿었다. 원로원 의원들 중 누군가가 "오, 카이사르여, 얼마나 오랫동안 공화국을 수장 없는 상태로 두시렵니까?"[7]라고 말했다고 전해지듯이.

아니나 다를까 9월 17일 저녁, 진 빠지는 오랜 분임 회의 끝에 원로원은 결국 명약관화한 결론에 도달했다. 티베리우스도 아우구스투스의 그늘에서 벗어나려는 시도에 좌절한 나머지, 비록 원로원의 강요에 따른 것이어서 내키지는 않았지만 수위권을 받아들이겠다는, 아니 최소한 거부하지는 않겠다는 뜻을 밝혔다. 그렇다고 티베리우스의 주저하는 태도가 단순히 쇼였던 것은 아니다. 그러다 보니 그 사실을 새롭게 인지한 원로원 의원들만 또 마음이 뒤숭숭한 상태가 되었다. 아우구스투스는 자기 정권의 타협성, 모순, 위선을 가리는 데 귀재였다. 하지만 티베리우스는 스스로에 대한 경멸이 심해 의원들을 편안하게 해주는 재주가 없었다. 게다가 오랜 세월 로마를 떠나 로도스 섬, 발칸, 게르마니아 등지를 떠돌다 보니 각양각색의 원로원 파벌과 도당을 휘어잡는 본능적 제어력도 갖추지 못했다. 아들의 장래를 걱정하는 부모가 대비책을 세우듯, 아우구스투스도 그 점을 예민하게 의식해 죽기 직전 '원로원을 티베리우스에게' 공식 '위임'함으로써 그 문제를 해결하려 했다.[8] 그렇지만 이는 신임 프린켑스가 그 말을 떠올리고 원로원의 권유에 따라 '국부' 호칭을 받아들여야 할 때, 그의 당혹감을 심화시키는 역할만 했다. 로마 제1시민의 수위권은 군주의 그것과 같지 않다는 것이 새 질서의 기본 강령이므로 노골적으로 호칭 변경을 한다고 해서 그 사실을 극복할 수 있을 것 같지는 않았기 때문이다. 당연히 티베리우스는 '국부' 호칭을 받아들이지 않았다. 그렇지 않고 그가 만일 원로원의 권유대로 '아버지의 지위를 승계했다'는 사실을 받아들였다면, 자유 공화국의 외양은 돌이킬 수 없을 정도로 치명상을 입었을 것이다.

그러나 티베리우스가 지불한 대가도 빛을 못 보기는 마찬가지였다. 경직된 원칙주의자인데다가 방식도 서투르다 보니, 아우구스투스처럼 위선을 자연스럽게 몸에 녹여내지를 못했다. 역설적이게도 그런 모습이 그를 더 위선자로 보이게 했다. 디오 카시우스도 티베리우스를 두고, "그는 연설할 때면 자신이 진정으로 무엇을 원하는지 명료하게 밝히지 않았고, 뭔가를 바란다는 의사를 피력할 때도 엉뚱한 이야기만 늘어놓았다. 말을 해도 진의와 반대로 전달되게 했다"[10]라고 평했다. 혹평이긴 하나 그렇다고 부당한 평가도 아니었다. 원로원 의원들을 당황하게 만든 불가해한 그의 침묵과 경직되게 에둘러 말하는 표현만 해도, 번민하는 그의 양심에서 나온 숙고의 결과였으니 말이다. 게다가 티베리우스는 로마 원로원이 지닌 유서 깊은 언론의 자유의 전통에 얼마나 진실되게 존경을 표했든, 혹은 다가오는 집정관을 보고 기립할 정도로 집정관에게도 얼마나 한결같은 존경심을 지녔든, 로마의 한 가지 전통만은 존중하려 하지 않았으며 실제로 존중하지도 않았다. 이십대 초반부터 동료 시민들의 지휘관으로서 전투를 치르며 수십 년 동안 지켜보았던 광경, 그들이 이빨을 드러내고 발톱을 내미는 행위가 바로 그것이었다. 티베리우스는 로물루스가 누구의 젖을 먹고 자랐는지 잘 알았다. 그러므로 그에게는 로마인들을 지도하는 것이 '늑대의 귀를 잡는 행위'[1]였다. 그렇다면 괜한 모험을 할 이유도 없었다. 코미티아 켄투리아타의 선거권을 박탈하려는 생각을 미처 하기도 전에 그는 이미 로마의 또 다른 핵심 전통을 짓밟는 행위를 했다. 아우구스투스의 시신을 로마로 운구할 때 대규모 병력을 함께 끌고 들어온 것이다. 그리하여 원로원에서, 포룸에서, 그리고 언론의 자유를 가졌던 조상 전래의 로마인들 권리에 바쳐진 모든 다양한 장소에서 징 박힌 군화(칼리가이caligae)의 덜커덕거리는 소리가 울려 퍼졌다. 창과 검도 포메리움을 비롯해 로마의 모든 곳에서 눈에 띄었다.

물론 대다수 무기들이 시대극의 요소와 지난 시대의 연병장 같은 분위기를 풍겼던 것도 사실이다. 황제를 수행한 근위대가 로마의 거리를 활보할 때 휴대한 무기만 해도 폼페이우스와 율리우스 카이사르 시대를 연상시키는 것들이었다. 그들은 또 민간인 차림을 하는 것도 잊지 않았다. 반면에 전통과 혁신, 공감과 안도감의 융합이었다는 점에서 보면 명백히 아우구스투스의 분위기도 느껴졌다. 거의 반세기 전 클레오파트라에게 맞서 영웅적 방어전을 펼쳤을 때, 아우구스투스는 원정을 떠나는 정무관의 권리로서 근위대(코호르스 프라이토리아cohors praetoria)의 호위를 받았다. 그런데 이집트에서 돌아온 뒤에도 그는 관습에 따라 근위대를 해산하지 않고 눈치껏 계속 보유했다. 그뿐만 아니라 근위대의 일부 병력만 로마 외곽에 주둔시키고 나머지 병력은 눈에 띄지 않게 도시 내 여러 지역에 분산 수용했다. 그리하여 기원전 2년 무렵에는 로마인들에게도 그들이 익숙한 존재가 되었고, 아우구스투스도 근위대를 공식화할 생각을 하게 되었다. 그는 딸의 몰락에 따른 충격 때문이었는지 근위대의 대장직까지 신설했다.[12] 그렇다고 그런 민감한 책무를 원로원 의원에게 맡길 수는 없었으므로 기사 두 명을 근위대장으로 임명했다. 물론 아우구스투스도 티베리우스도 그 사실을 공공연하게 인정하지는 않았다. 하지만 두 사람 모두 권력 이양을 준비할 때 근위대의 충성이 로마 안전의 요체라는 점은 파악하고 있었다.

그 점을 입증이라도 하듯, 죽기 몇 달 전 아우구스투스는 근위대의 급료를 대폭 인상했다. 그리고 시간이 지나 근위병들이 새로운 프린켑스에게 충성 맹세를 할 무렵이 되었을 때는, 로마에서 근위대장에 앞서는 지위는 집정관뿐인 상황이 되었다. 당시의 근위대장은, 맷돌 발명지로 유명한 점을 제외하면 내세울 것 없던 에트루리아의 소도시인 볼시니 출신의 (루키우스) 세이우스 스트라보(기원전 46~기원후 16)였다. 스트라보는 출신 성분은 미미했지만 유능하고 교양 있었을 뿐 아니라, 근위대장에게 가장 중요한 요건이었던 기사 계급이었다. 게다가 그에게는, 가이우스의 불운한 동방 원정에 참여한 전력이 있었는데도 이후 티베리우스의 최측근이 된 루키우스 아일리우스 세야누스(기원전 20~기원후 31)라는 아들이 있었다. 신임 프린켑스가 자신의 안목을 입증해 보이는 데는 오랜 시간이 걸리지 않았다. 프린켑스가 된 뒤 일착으로 행한 인사가 바로 세야누스를 그의 아버지와 함께 공동 근위대장으로 임명한 것이었으니 말이다. 권력의 외양보다는 실체에 주목한 사람들에게 그것이 뜻하는 바는 자명했다. 티베리우스가 원로원에서 번민하는 모습을 보인 것은 어느 모로 보나 위선이라는 것이었다. "다른 건 몰라도 군사적으로도 그가 망설이는 기색 없이 프린켑스로서의 권한을 즉각적으로 받아들여 행사하기 시작"[13]했으니 말이다.

물론 군대는 로마에만 있지는 않았다. 국경 지대에 주둔한 부대들만 해도 근위대에 지불한 수당과 보조금을 결코 못 본 체하지 않았다. 지난 10년간 신병을 징집하고 퇴역병들을 소환해 전선으로 내몰며 기지 재건에 심혈을 기울인 판노니아와 게르마니아 군부대들에서 특히 분노가 하늘을 찔렀다. "매질과 상처, 혹독한 겨울과 여름의 기동 훈련, 무자비한 전쟁과 무익한 평화 — 이 모든 가혹함이라니!"[14] 아니나 다를까 아우구스투스의 사망 소식이 북부 전선에 도달하기 무섭게 그들의 불평불만은 노골적인 저항으로 불타올랐다. 폭동의 불길은 이어 도나우 강변과 라인 강변을 타고 놀라운 속도로 번지기 시작했다.

그 소식에는 티베리우스도 소스라쳐 놀랐다. 국경 지대의 안전을 유지하는 일의 중요성은 누구보다 그가 잘 알았기 때문이다. 얼마나 당황했는지, 유일한 친자인 드루수스(기원전 13~기원후 23. 티베리우스의 동생 드루수스와 구별해 소 드루수스로도 불린다 — 옮긴이)와 그가 가장 신뢰하는 최측근 세야누스를 판노니아에 밀사로 파견할 정도였다. 위험천만한 임무라는 것을 뻔히 알았을 텐데도 말이다. 드루수스도 기지의 핵심부로 말을 몰고 가다가 협상 시도가 분노의 폭발에 부닥쳤음을 알게 되었다. 날이 저물어 철수할 수도 없는 상황이라, 그와 호위 부대는 자칫 린치를 당할 수도 있었다. 하지만 드루수스가 누구던가. 그는 티베리우스의 아들이었다. 과연 그는 완고함과 참을성을 적절히 구사, 보름달이 뜬 으스름달밤에 폭도들의 마음에 다가가려 애쓰며 의무감을 가져달라고 그들에게 호소했다. 그런 식으로 그럭저럭 위기를 넘겼다. 게다가 월식 현상으로 기지가 돌연 암흑천지로 변하자, 병사들이 자신들의 악행에 신들이 넌더리를 낸 징조라며 울부짖는 요행수도 따라주었다. 결국 동틀 무렵에는 폭동이 사실상 막을 내려, 주동자 둘은 그날 아침에 처형되고 도망자들도 모조리 잡혔다. 반란의 마지막 불씨는 추적추적 내리는 비가 꺼주었다. 세 개 군단의 지휘를 맡아보기는커녕 군단 기지에 들어가 본적도 없던 드루수스는 이렇게 용기와 노련함으로 위험한 도전을 이겨냈다. 그 노력에는 드루수스 자신도 흡족할 만했고, 티베리우스도 그 점에서는 마찬가지였을 것이다.

그럼에도 그 사건이 티베리우스의 확신에 끼친 충격은 작지 않았다. 장군으로서 티베리우스는 언제나 의무와 서약을 중시했다. 군단병들에게 충성 서약은 가공할 규율이어서 어기는 것만으로도 큰 범죄가 될 수있었다. 충성 서약을 한 군단병은 법규에 따라 민간인에게는 없는 싸울권리와 죽일 권리를 보유했지만 시민이 누리는 핵심 권리는 갖지 못했다. 도면처럼 구획된 군단 기지들에서는 로마 거리에서 흔히 일어나는무질서한 혼란을 찾아볼 수도 없었다. 먹구름이 잔뜩 낀 북쪽 지대의 기지든, 태양이 이글거리는 아프리카의 기지든, 제국 전역의 군단 기지는동일하게 설계되어 있었다. 군단의 해자와 방책 내에서는 규율이 절대적이었다. 최상급 장군에서 최하급 신병에 이르기까지 전 구성원은 각자의 위치를 인지하고 있었다. "저도 남의 수하에 든 사람이요, 제 아래에도 군병이 있으니, 이더러 '가라' 하면 가고 저더러 '오라' 하면 오더이다."[15] 어느 백인대장이 남긴 이 말이 모든 경우에 적용될 수 있었다. 이 백인대장처럼 충성 서약을 하면 군말 없이 복종해야 했고, 만약 그것을 어기면 상응하는 가혹한 징벌을 받았다. 백인대장의 상징이 포도나무 막대기(비티스vitis)였던 데는 그럴 만한 이유가 있었던 것이다. 판노니아에도 막대기가 부러지도록 부하의 등짝을 후려치다가 '새 막대기 가져와'[16]라는 별칭을 얻은 악명 높은 백인대장이 있었다. 그러다 결국 그는 폭도에게 구석으로 몰려 갈기갈기 찢겨 죽었다. 게르마니아에서도 백인대장은 증오의 표적이 되었다. 리페 강과 라인 강의 합류 지점인 베테라의 대규모 군단 기지에서 다수의 백인대장이 폭도에게 제압당한 채, 포도나무 막대기로 예순 번이나 매질을 당한 뒤 강물에 던져진 것이다. 폭도는 이어 자신들의 폭력에 취한 나머지, 야만족이나 저지를 법한 만행을 궁리하기 시작했다. 지켜야 할 기지를 버려둔 채 그곳에서 남쪽으로 100킬로미터 떨어진 우비족 영토의 아우구스투스 제단과 갈리아 지역을 약탈하려 한 것이다. 늑대가 타고 있는 주인을 내동댕이치고 위협을 가하듯.

그러나 비록 판노니아보다 상황이 심각하기는 했지만, 게르마니아의 폭동도 종래는 진압되었다. 그것도 티베리우스의 아들에 의해. 10년 전 큰아버지에게 아들로 입양된 게르마니쿠스는 기원후 12년에 처음 집정관이 되자 알프스 이북의 갈리아로 넘어가 그곳의 총독 겸 게르마니아 전선의 사령관으로 봉직하고 있었다. 그런데 아우구스투스 사망 직후 게르마니아 군단 기지에서 폭동이 일어났다는 소식이 들려왔고, 그러자 즉시 라인 강 유역으로 향했다. 드루수스와 달리 월식의 도움을 받지 못한데다 티베리우스가 각고의 노력을 기울여 다져놓은 전선이 위험해질 위기에 처하자, 그는 몇 가지 미봉책을 써서라도 그 사태를 막고자 했다. 처형을 곁들인 양보, 위협이 가미된 극적 호소 같은 방법을 사용한 것이다. 그 결과 중추 무렵에는 과연 기지의 질서가 회복되었다. 베테라의 군단병들은 자신들의 행동을 격렬하게 뉘우쳤다. 뉘우치다 못해 반항이 특히 심했던 동료 병사들을 살해하고 그런 뒤에는—평소처럼 허풍스럽게 기지 내에서 일어난 살육의 장면에 몸서리치는 시늉을 하는—게르마니쿠스의 지휘로 야만족 토벌 원정에 나서줄 것을 그에게 간청했다. 그리하여 번갯불에 콩 구워 먹듯 라인 강 너머로 신속히 원정을 감행, 80제곱킬로미터 정도 되는 부락들을 불태운 뒤에야 그들은 웬만큼 생기를 되찾았다. "겨울 숙영지로 돌아왔을 무렵에는 자신감이 차올라 근래에 일어난 일조차 까맣게 잊었다."[17]

그러나 티베리우스는 그 일을 잊지 않았다. 게르마니아의 폭동에는 판노니아의 폭동과 다르게 불길한 양상이 내포되어 있었기 때문이다. 티베리우스는 라인 강 주둔 병력이 집결하면 제국 전역에서 가장 막강한 군대가 될 수 있다는 사실을 알았다. 게다가 게르마니쿠스가 처음 베테라에 도착했을 때 폭도들은 그를 황제로 추대해 로마로 밀고 들어오려는 움직임까지 보였다. 조카가 그들의 제안에 손사래를 치며 큰아버지에게 계속 나무랄 데 없는 충성을 바친 것도 그를 안심시키지는 못했다. 티베리우스에게 베테라에서 날아온 소식은 자신의 집권 과정을 비웃는 불쾌한 패러디였다. 조카에 대한 군단병들의 열광은 그가 원로원에서 받은 과장된 지지를 조롱하는 행동이었던 것이다. 번민에서 비롯된 그의 모호한 태도도 황제가 되라는 군단병들의 요청에 게르마니쿠스가 보인 현란한 손사래에 대비되어 더욱 위선적으로 보였다. 하지만 중우衆愚 정치를 두려워하는 그를 가장 불안하게 만든 것은, 폭도들이 가졌다고 전해진 궁극적 야망이었다. 당대의 역사가에 따르면, "그들은 새로운 지도자, 새로운 질서, 새로운 정부 체제를 원했다. 그들이 받아 적게 한 새로운 법률을 가지고 원로원은 물론 프린켑스마저 위협하려고 했다"[18]니 말이다. 캄푸스 마르티우스에서 수백 년간 지속된 선거를 중단시킨 인물에게 그보다 더 소름 끼치는 전망은 없었다.

그렇다고 그것이 전적으로 충격으로만 다가오지는 않았다. 대중이라면 그도 여러 가지 고통스러운 기억을 갖고 있었으니까. 그들은 무책임하고, 로마인이 응당 지켜야 하는 덕목인 규율과 자제를 경멸하며, 젊고 매력적이고 제멋대로인 사람들에게 무조건적 열정을 보이고, 티베리우스의 전부인 및 그 자녀들과 자신들을 동일시하는 행동을 한 자들이었다. 그가 가장 충격을 받았던 점은, 자신이 보강한 게르마니아의 기지들에서 자신이 훈련시킨 병사들이 반란의 해독에 물든 것이었다. 폭동이 최악에 접어들었을 때 그들은 신성불가침조차 안중에 없는 것처럼 행동했다. 시찰 나간 원로원 의원들을 거칠게 대우했고, 전직 집정관에게 거의 린치를 가하려고까지 했으니 말이다. 게르마니쿠스조차 폭도의 요구를 거부했을 때는 한순간 야유와 협박을 받았다. 특유의 현란한 제스처로 티베리우스를 배신하느니 차라리 칼로 자결하겠다고 선언하는 그에게, 병사 한 명이 칼을 빼 들며 빌려주겠다고 나선 것이다. 또 게르마니쿠스가 게르마니아 군단병들에게 인기가 높았다고는 해도 그가 최고는 아니었다. 전선까지 게르마니쿠스를 따라온 매혹적인 아그리피나만 해도 그보다 인기가 높았으니 말이다. 율리아의 자녀 모두가 죽거나 추방당한 것은 아니어서, 아우구스투스의 막내 손녀인 아그리피나는 자유롭게 살다가 10년 전에는 게르마니쿠스와 결혼했다. 그리고 게르마니아에서 폭동이 일어나자 남편을 따라 라인 강 유역으로 온 것이다. 임산부에게는 쉽지 않은 대담한 행보였으나, 아그리피나는 다혈질에 군인의 기질을 지닌데다, 멋모르고 일을 벌이는 여자도 아니었다.

지난 몇십 년 동안 로마 군단은 '아우구스투스 가문에 각별한 충성과 헌신을 보이도록'[19] 부추김을 받았다. 따라서 충성을 요구하는 원로원 따위는 그들에게, 오랫동안 그들의 경리 부장이던 사람을 할아버지로 두고, 여전히 비극적 매력에 둘러싸인 여성을 어머니로 둔 여성과는 비교가 안 되었다. 라인 강 유역 군단병들이 아그리피나를 따뜻하게 환대한 데에는 이렇게 사욕과 정, 두 가지 감정이 함께 작용했다. 그녀가 전선으로 함께 데려온 세 아들 중 막내인 조숙한 가이우스도 그렇게 되는데 한몫했다. 꼬마 병정 차림으로 아장아장 걸어 다니던 가이우스는 빠르게 부대의 우상이 되었다. 군단병들에게 '꼬마 장화'를 뜻하는 '칼리굴라'라는 별명까지 얻을 정도였다. 폭동이 절정에 달했을 때 게르마니쿠스가 그들의 인기에 편승해, 갈리아의 한 부족에게 그들을 보호해달라고 보란 듯이 맡기자, 군단병들이 체면이 깎인 수치심에 전의를 잃고 그 즉시 항복한 일만 보더라도 두 모자의 인기가 얼마나 높았는지 알 만하다. 한마디로 게르마니아 폭동의 진압에는 남편 못지않게 아그리피나의 공도 컸다.

　로마에서도 전선의 소식을 곧이곧대로 믿은 대중이 도시 최고의 커플에게 그 어느 때보다 빛나는 광영을 부여해주었다. 그 분위기에서는 첨단의 기미마저 느껴졌다. 로마에서는 원래 정무관 부인이 남편의 원정길에 동행하지 않는 것이 상례였다. "여성은 체질이 약하여 힘든 일에 맞지 않을뿐더러 속박을 풀어주면 사악해지고 간교해지며 권력욕을 갖게 마련이다"[20]라는 것이 로마 도덕가들의 오랜 금언이었다. 반면에 그와는 다른 전통도 있었다. 로마인들이 지치지도 않고 읊어대는 감동적인 영웅담에도 나오듯, 로마인들 태반이 전쟁에 나가본 적 없는 시대에도 여성들에게 나름의 역할이 있었다는 것이다. 따라서 그들에게는 아우구스투스의 손녀가 라인 강 전선에 간 일도 지난날의 숭고했던 한 장면을 떠올리게 하는 그 무엇이었다. 전쟁의 물결이 왕왕 도시 성문 앞까지 밀어닥쳤던 로마의 창건기 때는 여자들이 아그리피나처럼 최전선에도 나서고, 나팔 소리를 듣고 성벽에 올라가 무기를 번쩍이며 출정하는 남편들 모습을 지켜보았다는 것이다. 초기 로마 시대의 이야기들에서는 '여자가 남자에게 용기의 상징이 되는'[21] 일이 드물지 않았다. 그러므로 게르마니쿠스와 아그리피나도 물론 과거와 미래, 의무와 적극성, 불굴의 용기와 현란함 등 로마인들이 극구 찬양하는 온갖 미덕을 표상했다.

　그 신비로움은 그 뒤 2년 동안 이어진 원정으로도 확인되었다. 티베리우스가 북부 지역 사령관일 때 거두었던 군사적 승리는 로마인들에게 이야깃거리도 되지 못한 반면, 그의 조카 겸 아들이 라인 강 유역에서 행한 군사적 모험은 아드레날린이 분출되는 짜릿한 쾌감을 제공해준 것이다. 게르마니아의 거친 숲과 습지에는 유령이 자주 출몰했지만, 웅대한 제스처가 몸에 배고 위험 무릅쓰기를 마다하지 않으며 위기일발의 순간을 멋지게 돌파하는 능력을 지닌 게르마니쿠스는 그 유령들에게 정면으로 맞섰다. 그는 티베리우스가 경멸하여 중시하지 않았던 일에 꼬박 2년을 매진했다. 로마를 배신하고 세 개 군단을 전멸시킨 모사가 아르미니우스를 응징하는 복수전에 나선 것이다. 그리하여 이태 여름 동안 지루한 원정을 펼친 끝에 아르미니우스의 임신한 아내를 생포하고 그의 동맹 부족을 구석으로 몰아 도륙하는 데 성공했다. 궁수들이 나무 뒤로 숨으려 하는 적병들을 재미 삼아 활로 쏘아 죽이는 동안, 흩어진 적군의 무기를 그러모아 티베리우스에게 바치는 전승 기념비도 세웠다. 게르마니쿠스는 과연 팬들의 뜨거운 열망을 충족시키기에 부족함이 없는 인물임을 입증해 보인 듯했다.

그래도 아직은 할 일이 많았고, 승리도 불완전했다. 아르미니우스가 이번에도 얼굴에 피를 문질러 변장을 하고 전장에서 약빠르게 도망한 것이다. 라인 강 너머의 모든 지역이 한때 피 묻은 그의 지문으로 얼룩졌으니 그에 걸맞은 변장을 한 셈이었다. 게르마니쿠스도 두말할 필요 없이 첫해 여름 원정에서 토이토부르크 전장을 찾아 수북이 쌓인 백골 무더기, 녹슨 창촉, 나무에 못박힌 해골 같은 끔찍한 광경을 둘러본 뒤, 손수 무덤을 만드는 전통을 처음으로 수립했다. 하지만 사자들은 죽어서도 편히 쉬지 못했다. 학살된 군단병들의 무덤을 만든 직후 게르마니아 북부에서 작전을 수행하던 게르마니쿠스의 부관 (아울루스) 카이키나 세베루스가, 아르미니우스가 숲과 소택지 사이에 쳐놓은 함정에 빠진 것이 그 요인이었다. 그날 밤 함정에 빠진 채로 어둠이 짙어지자, 카이 키나는 야만족의 울부짖음과 구호로 시끄러운 와중에도 눈을 붙이려고 애를 썼다. 그러다 꿈을 꾸었는데, 머리에 피가 엉겨 붙은 바루스가 늪에서 솟아올라 자신을 부르며 손으로 끌고 들어가려 하고 카이키나 자신은 미친 듯이 귀신을 늪으로 밀어 넣는 내용이었다. 그래도 이튿날 카이키나는 용케 부하들을 함정에서 구해내 무사히 탈출했다. 하지만 라인 강 유역에는 이미 그의 군대가 전멸했다는 소문이 퍼져, 강 서안의 군단 기지가 공포에 휩싸여 있었다. 병사들의 아우성으로 다리가 무너질 지경이었다. 그 아수라장 속에서 의연한 태도를 유지한 사람은 아그리피나뿐이었다. 마침내 강변에 도착한 카이키나와 그의 지친 부하들을 다리목에서 기다리고 있다가 음식, 붕대, 축하 인사를 건넨 사람도 그녀였다. 게르마니쿠스는 이렇게 재난에 가까운 상황마저도 자신을 둘러싼 전설에 보탬이 되게 할 만큼 강력한 카리스마를 지니고 있었다.

기원후 16년 무렵에는 아르미니우스에게 빼앗긴 군단기 세 개 중 두 개를 회수해, "여름 원정을 한 차례만 더 수행하면 전쟁도 끝날 것이다!"[22]라고 게르마니쿠스가 호언장담하는 상황이 되었다. 한 차례의 마지막 전력투구, 한 차례의 마지막 공격이면 상황 끝이었다. 로마인들도 동부 전선에서 영웅이 세운 혁혁한 전과와 도시 창건 때부터 로마가 보유한 승리의 권리에 취해, 호언장담하는 게르마니쿠스를 기꺼이 지지해주었다. 그러나 티베리우스는 그 생각에 지지를 보내지 않았다. 물론 명예를 얻으려면 오만한 게르만족에게 불세례와 학살의 매운맛을 보여줄 필요가 있었고, 로마 세계를 지배할 운명인 게르마니쿠스가 군단 지휘의 경험을 쌓을 필요도 있었다. 하지만 그 정도면 족했다. 궁극적 승리에 대한 유혹은 게르마니아의 습지를 덮은 자욱한 안개만큼이나 현실성이 없었다. 전쟁에는 돈도 많이 들었다. 게다가 게르마니쿠스는 아르미니우스에게 승리한 뒤 위험을 무릅쓰고 북해를 통해 귀환하던 도중에 가을 폭풍을 만나 큰 피해를 입기도 했다. 재난은 멀리서 보면 짜릿해 보일지 몰라도, 티베리우스에게는 바루스의 운명을 떠올리게 했을 뿐이다. 결국 한 차례의 원정만 더 수행하면 로마의 지배권을 엘베 강 유역까지 확대할 수 있다는 게르마니쿠스의 강력한 주장에도 불구하고 티베리우스는 시대의 영웅을 본국으로 소환했다.

돌아와 보니 빛나는 영광이 게르마니쿠스를 기다리고 있었다. 그는 개선식도 하고 두 번째로 집정관에도 지명되었다. 티베리우스는 유망한 후계자와의 사이가 틀어졌다는 소문을 잠재우기 위해 환호하는 군중에게 금품을 살포했다. 또 조카의 젊음과 매력을 널리 알리고 바루스가 잃었던 군단기의 회수를 축하하는 개선문도 세웠다. 개인적으로는 게르마니아 원정을 노력과 돈의 낭비로 여겼지만, 게르마니쿠스를 '게르마니아의 정복자'[23]로도 환영해주었다.

하지만 물론 티베리우스가 과시해 보인 그런 가족애를 모든 사람이 곧이곧대로 믿지는 않았다. 일부 사람들은 승리를 목전에 둔 게르마니아 사령관을 본국으로 소환한 조치에 의혹을 갖고 큰아버지의 시기심에 그 이유를 돌렸다. 이는 물론 부당한 주장이었다. 그렇다고 일말의 진실이 없는 것은 아니었다. 티베리우스가 후계자인 게르마니쿠스를 용으로 키워주기를 바란 아우구스투스의 바람을 아무리 순순히 들어주었다 해도 조카의 일취월장하는 모습에 혼란스러운 질투를 느끼지 않기는 어려웠을 것이다. 티베리우스는 여전히 원로원에서 거북한 연설을 하던 때의 그 모습 그대로였다. 스스로에게 만족하지 못해 자신감이 극도로 결여된 인간이었던 것이다. 시간이 지나도 그가 아우구스투스의 외양을 띠는 일은 좀처럼 나아지지 않았다. 아니, 오히려 그에 따른 강박증만 심해져 점점 세상의 눈을 피해 살기 시작했다. 혜성처럼 빛나는 조카의 유명세가 과묵하고 내성적인 그의 성격을 점점 더 불가해하게 만든 것이다. 타키투스도 "말과 외양에서 거만하고 칙칙한 과묵함이 묻어나는 티베리우스와, 여유롭고 싹싹한 성격의 게르마니쿠스는 극명한 대조를 이루었다"[24]라고 기록했다. 게르마니쿠스가 게르마니아의 황무지를 누비고 북해를 항해하고 다닌 2년 동안, 티베리우스는 한 번도 도시 밖을 나가지 않을 정도로 로마에만 처박혀 있었다. 그런데 열여섯 살 때부터 로마의 적과 싸우며 스스로를 단련하고, 자신의 긍지를 잃기보다는 아우구스투스에게 등을 돌리는 편을 택하며, 시류에 밝은 상류층의 매끄럽고 훈련된 위선을 경멸했던 근엄한 귀족 티베리우스는 지금, 라인강 너머에서 마주친 그 무엇보다 위험한 습지를 뚫고 나가야 하는 도전에 직면한 것이었다. 티베리우스가 마주한 세계는, 능수능란한 그의 어머니에게 더 잘 어울렸다. 그가 세계의 지배자가 될 수 있었던 것은 그의 비르투스 덕분이 아니라 아우구스타 덕분이었다고 조롱하는 정적들의 야유에 그는 괴로워했다. 그러니 숙련된 적개심으로 티베리우스 비문에 '리비아의 아들'이라는 문구를 포함시키자고 한 원로원 의원들의 제안에 그가 격노한 것도 무리는 아니었다. 티베리우스는 리비아의 손

바닥 안에서 논다는 주장은 말할 것도 없고, 그녀가 가진 영향력의 득을 본다는 주장이 입증될까 두려워 그녀와의 동행마저 가능하면 피하려고 했다. 아우구스타에게도 되풀이해서 "여자가 나서지 말아야 할 중대사에는 제발 끼어들지 마세요."[25]라고 부탁했다.

그렇기는 해도 그는 여전히 리비아를 필요로 했다. 게르마니아 폭동 진압에 아그리피나가 일익을 담당했다는 소식은, 아우구스투스 혈통에는 그가 결코 가질 수 없는 신비로움이 충만하고 따라서 로마인들의 애정을 차지할 수 있다는 사실을 그에게 떠올리게 하는 유익한 역할을 했다. 게다가 아그리피나는 티베리우스가 현재 수장인 가문에서 환영받지 못하는 밉상인데도 시대의 영웅과 결혼했다는 이유만으로 사실상 그의 통제권을 벗어나 있었다. 하지만 그녀의 어머니 율리아는 달랐다. 결과적으로 율리아는 아우구스투스의 죽음으로 최후의 파멸을 맞았다. 그의 유언에 따라 그녀에게 주어지던 수당, 가솔, 소유물의 모든 것이 리비아의 차지가 되었다. 아우구스타는 이제 공식적으로 율리우스 가문 사람이었으므로 율리아도 그녀의 의붓딸이자 양자매가 되었는데도 율리아에게 가족의 정을 털끝만큼도 보이지 않았다. 가족의 정은 고사하고 냉정하고 무자비하게, 비참한 추방자에게 보내주던 물품의 공급마저 끊었다. 그리하여 율리아는 모든 희망을 빼앗긴 채 굶어 죽었다. 리비아의 악행이 아들을 돕는 행위였다는 점에 대해서는 누구도 의혹을 갖지 않았다. "율리아의 추방 기간이 길어서 그녀가 죽더라도 세간의 이목을 끌지 못하리라는 점을 티베리우스가 계산에 넣었다"[26]라는 것이 사람들의 추측이었다.

결국 아우구스투스 혈통과 클라우디우스 혈통 사이에 벌어진, 은밀하고 갈수록 잔혹함을 더해간 투쟁에서 최종 승리를 거둔 사람은 리비아였다. 아들이 황제이고 손자도 경쟁자를 떠올릴 수 없는 후계자가 되었으니 말이다. 웅대한 아우구스투스 영묘에는 폐적당한 율리아의 유골이 들어갈 자리가 없었다. 아우구스투스의 유언에 따라 리비아가 그의 딸 겸 사제가 되었기 때문이다. 클라우디우스 가문이 율리우스 가문이 되고, 그에 따라 율리우스 가문은 비열하고 은밀한 정황에서 일소되어 아우구스투스 가문의 명부에서 자취를 감춘 것이다. 신격화된 아우구스투스가 지녔던 영광의 광휘는 그의 부인이었다가 외동딸이 된 율리아 아우구스타가 오롯이 차지했다. 그리고 그 빛은 다시 그녀의 외아들 티베리우스 카이사르 아우구스투스에게로 옮겨졌다. 그 광휘를 뚜렷이 응시하며 눈을 가릴 생각이 없던 사람들에게는 그것이, 그림자도 없고 어둠의 기미도 없이 금빛만 번쩍이는 광휘로 보였다. 아우구스투스가 그랬듯이 티베리우스도 '최고의 프린켑스'이자 신의 아들, 전 인류가 본받아 마땅한 전범이었으니 말이다. 당대의 역사가가 한 말을 빌리면, "그는 로마 세계의 지배자로서도 위대했지만, 본보기로서는 더 위대했다."[27]

물론 굶주림에 입술이 파리해진 율리아나, 벗어나지 못할 운명인데도 자유를 꿈꾸며 플라나시아 섬에서 썩어간 아그리파 포스투무스가 그 찬사를 들었다면 아마도 쓴웃음을 지었을 것이다. 그러나 그 두 사람이 쥐도 새도 모르게 세상에서 사라진 것은 도리어 사람들로 하여금 그들의 죽음에 더 궁금증을 갖게 만들었다. 아그리파가 처형되었다고 간주된 지 2년 후 로마에는 놀라운 소문이 휘몰아쳤다. "금기시된 소문이 그렇듯 그 소문도 처음에는 쉬쉬하며 퍼져 나갔다."[28] 사람들은 아우구스투스의 손자가 죽음을 모면했다고 쑥덕거렸다. '하늘이 보우하사' 경비대를 따돌리고 배를 구해 이탈리아 본토에 도착했다는 것이다.[29] 율리아 자녀들에 대한 애정이 여전했던 로마인들은 숨이 턱에 차게 그 소식을 전했다. 소문에 따르면 원로원 의원들과 기사들은 물론, 심지어 황실의 일원마저 아그리파의 대의를 돕고 나섰다고 했다. 그 젊은이에게 자금을 보내주고 내부 정보를 알려주고 있다는 것이었다. 온 나라가 마치 그 소문이 사실이기를 바라는 듯했다.

하지만 아그리파라고 자임한 자를 본 사람은 거의 없었다. 그가 공공장소를 피해 계속 옮겨 다니는데다 밤에만 활동했으니 그럴 수밖에 없었다. 그러나 결국에는 잡혔다. 티베리우스의 첩자들이 은밀하게 활동을 벌이며 남의 눈을 피해 다니는 그를 속여, 자신들을 그의 지지자라고 믿게 만든 뒤 비밀리에 만나 팔라티노 구릉으로 납치해 온 것이다. 이윽고 그곳 카이사르 저택에서는 진실이 밝혀졌다. 그에 따르면 온 나라를 들끓게 한 주인공은 아그리파가 아니라 그의 노예 클레멘스였다. 아그리파 사칭자가 고문을 가해도 입을 열지 않아, 가담자를 끝내 밝히지는 못했다. 티베리우스도 일이 커지면 괜히 긁어 부스럼이 될 수 있다는 생각에 그쯤에서 취조를 멈추라고 지시했다. 아그리파 사건은 그렇게 은폐되었다. 클레멘스는 처형되고 그 시신도 감쪽같이 처리되었다.

한편 클레멘스를 처형하기에 앞서, 티베리우스는 그의 모습을 유심히 살폈다. 살펴보니 머리와 수염 모양까지 아그리파의 판박이였다. 그래서 직접 물었다. "무슨 짓을 한 거냐? 어떻게 아그리파가 된 것이야?"

그러자 마치 황제의 가장 내밀한 두려움을 꿰뚫어보기라도 한 듯한 조롱 섞인 답이 돌아왔다. "아, 예, 폐하가 황제가 되신 것과 같은 방법을 썼읍죠."[30]

인민의 왕자

티베리우스는 게르마니아 전선에 있던 게르마니쿠스를 설득해 본국으로 소환하려 할 때 얼마간 형제간의 우애에도 호소했다. "네 동생 드루수스가 차지할 영광도 조금은 남겨두어야 하지 않겠니?"[31]라고 타이른 것인데, 실제로 그 방법은 통했다. 두 젊은이의 형제애는 두터웠다. 두 사람은 사촌 간이자 이부異父 형제간이었지만 상대의 성공을 기쁘게 받아들일 줄 알았다. 게르마니쿠스는 둘 중 맏이이자 아우구스투스에게 선택된 후계자로서, 실전에서 군단을 지휘해볼 필요에 따라 전투 경험을 쌓고 명성을 얻자, 이번에는 동생 차례라며 드루수스에게 흔쾌히 기회를 주려고 했다. 티베리우스는 티베리우스대로 쾌락에 탐닉하는 아들 때문에 걱정이 많았다. 그래서 담금질을 좀 더 시키려고 했다. 게르만족이 패배의 뒷수습을 하기에도 바빠서 더는 분란을 일으키지 않을 것으로 보고 드루수스에게 발칸 전 지역의 통수권을 맡긴 것인데, 드루수스도 전에 그곳으로 원정 갔을 때처럼 과연 능란한 지휘관임을 입증해 보였다. 국경 너머 부족들의 힘을 약화시키고 다양한 부족 군사 지도자들로 하여금 로마의 보호를 요청하게 만들어, 제국의 권위를 굳건히 지킨 것이다. 그리하여 게르마니쿠스와 드루수스가 이렇게 광대한 북부 전선 지대에서 성과를 거두자 티베리우스도 밝은 미래를 기대할 수 있게 되었다.

결국 로물루스와 레무스만이 로마의 연대기에 나오는 형제애의 유일한 본보기는 아니었던 것이다. 그것의 긍정적 본보기는 가까이에도 있었다. 티베리우스만 해도 피로와 위험을 무릅쓰고 죽어가는 동생 곁으로 다가감으로써 그런 감동적인 표본이 되었으니 말이다. 어느 도덕가가 말했듯, "그런 중요한 사랑의 감정은 생의 후반에도 식어서는 안 될 것이었다."[32] 형제애의 유대는 피를 나누지 않은 사람들도 한데 묶어줄 수 있었다. 로마 귀족들도 비록 치열한 경쟁을 벌이기는 했지만, 그렇다고 그들의 관계가 매번 반목으로 끝나지는 않았다. 경험의 공유는 때로 상호 신뢰감이 쌓이게 하는 역할도 했다. 야심가들이 올라갈 수 있는 사다리는 어차피 하나뿐인데 지휘관으로든 정무관으로든 동료들을 따돌리고 앞서 나가봐야, 사다리를 올라가는 과정에서 그들과 어울릴 수밖에 없었기 때문이다. 그러다 보니 동료 관계에 대한 기억도 청소년기까지 거슬러올라가는 경우가 많았다. 티베리우스의 경험이 그런 사례가 될 만했다. 기원전 7년 그가 두 번째 집정관을 지낼 때 동료 집정관이던 인물이 바로, 히스파니아의 북부 황무지로 원정을 가던 아우구스투스를 수행하여 열여섯 살 난 티베리우스와 함께 처음으로 전투에 참가한 인물이었으니 말이다.[33] 이때부터 노련한 로마의 두 공복은 40년간 많은 추억을 공유하게 되었다. 그나이우스 칼푸르니우스 피소(기원전 44/43~기원후 20)야말로 티베리우스가 당당히 친구로 부를 만한 인물이었다.

물론 클라우디우스 가문 사람에게 동료 대접을 받으려면 특별한 혈통을 가진 사람이어야 했다. 따라서 피소도 왕정 시대에 로마를 통치했던 일곱 왕 중에 두 번째 왕을 지냈는데다 티베리우스도 높이 평가할 만한 업적을 거둔 조상의 자손이었다. 반면에 피소 가문은, 피소의 아버지가 티베리우스의 아버지와는 달리 율리우스 카이사르 가문의 야망에 지속적으로 저항했을 정도로 공화국의 전통적 가치에 대한 신념도 고집스레 간직하고 있었다. 그리고 그러다 보니 매번 지는 편에 속했다. 그러다 기원전 23년 아우구스투스의 설득으로 집정관을 맡은 뒤에야 피소의 아버지는 비로소 새 정권과 화해했다. 같은 해 6월, 병세가 악화되자 죽을 것으로 예상한 아우구스투스가 아그리파를 불러 인장 반지를 넘겨줄 때, 그가 관장하던 로마의 병력 및 재원 관련 기록물을 넘겨받은 이도 피소의 아버지였다. 그것은 중요한 제스처였다. 지조 있는 명문가 사람이 아니면 자신의 대의에 참여시키는 법이 없던 아우구스투스가 피소의 아버지를 대어로 보고 발탁했음을 보여주는 행위였기 때문이다.

피소도 그런 아버지와 거의 닮은꼴이었다. 세네카의 평에 따르면, '사악한 면은 없지만 경직성을 지조로 혼동하는 결점을 가진 인물'[34]이었다. 물론 그것을 결점으로 보느냐 마느냐는 관점에 따라 달랐을 것이다. 귀족 계급에 속하지 않은 사람들은 오만한 경직성으로 본 특징을 티베리우스나 피소 같은 사람들은 도시의 위대성을 지키는 데 없어서는 안 될 보루로 인식했으니 말이다. "조상의 관습을 따르는 사람이 위대한 인물이 되는 것과 같은 이치로, 위대한 인물은 로마의 전통적 삶의 방식과 선조가 확립한 제도를 반드시 지키기"[35] 때문이었다. 그러므로 새 시대의 도래로 모든 면에서 혼란스러운 변화가 일어나고 있는 이때, 자신들의 도시를 과거의 기반에 묶어둔 계류장을 확고히 지키는 일이야말로 고대의 가문을 이끄는 사람들의 의무였다.

티베리우스와 피소가 공동 집정관직을 맡고 있을 때, 1세기 넘게 도시의 가장 반동적 신전으로 악명을 떨친 포룸의 옛 신전을 복구한 것도 그래서였다. 기원전 121년 도시 역사상 가장 피비린내 나는 계급 투쟁을 기려 지은 것으로, 로마의 건축물들 중 가장 아이러니한 호칭을 가진 콩코르디아 신전이 그것이었다(콩코르디아는 조화와 평화의 여신이다 — 옮긴이). 원로원 보수파 — 피소의 조상은 그들 중에서도 두드러진 인물이었다 — 는 그들에게 저항하는 플레브스 호민관이었던 그라쿠스 형제에게 잔혹한 군사 행동을 전개, 두 형제를 살해한 것으로도 모자라 그들의 추종자 수천 명도 함께 학살하여 테베레 강에 내던졌다. 그런데 그 일을 기려 세운 신전을 티베리우스가 보란 듯이 복구하여 표식을 남긴 것이다. 물론 자신의 행동으로 다수의 로마인들이 분노한 데는 그도 유감을 느꼈다. 하지만 그렇다고 현실이 바뀌지는 않았다. 카피톨리노 구릉 아래, 출입구에 티베리우스의 이름이 새겨지고 각종 예술품을 덧붙여 눈부시게 재건한 콩코르디아 신전의 존재는 그 누구도 오해할 여지가 없는 성명서였다. 티베리우스는 기원후 4년부터 '호민관의 권한'을 계속 보유하고 있었다. 그런데도 스스로를 귀족 계급의 가장 오래되고 엄격하며 고집스러운 가치의 수호자로 여겼다. 원로원에서도 그는 이렇게 선언했다. "조상 앞에서 부끄러움이 없고, 원로원의 이익을 주의 깊게 지키며, 위험 앞에서는 용기 있게 행동하고, 공공의 선을 위해서라면 불쾌감 주는 일도 마다하지 않겠소이다."[36] 아피아 가도를 건설한 아피우스 클라우디우스 카이쿠스의 자손으로서 걸맞은 선언을 한 것이다. 신임 프린켑스로서 동료 의원들과 거래할 때 보인 극도의 어색함에도 불구하고 그의 결의는 전혀 흔들림이 없었다. 물론 원로원과 로마 인민들 사이에는 조화가 필요했다. 하지만 그것도 원로원의 생각에 따른 조화여야 했다. 요컨대 티베리우스의 재임 기간에는 대중과 영합하는 일이 없을 거라는 의미였다.

그래도 피소 같은 인물의 지원은 티베리우스에게 매우 중요했다. 대다수 의원들이 자신의 높은 기대치에 부응하지 못하는 것에 여전히 짜증이 나 있었기 때문이다. 티베리우스는 라인 강 유역에서 그랬듯이 원로원에서도 느리지만 단호하게 조치를 취해 나갔다. 운이 나쁠 뿐 도와줄 가치가 있어 보이는 의원에게는 도움의 손길을 내밀었다. 하지만 토의 중에 티베리우스가 주도권 잡기만을 기다리며 꿀 먹은 벙어리처럼 초조하게 앉아 있기만 하는 의원에게는 그런 은총을 베풀지 않았다. 티베리우스는 풍자와 위엄, 아이러니와 권위를 능숙하게 구사하는 웅변의 달인이었다. 하지만 프린켑스의 위대성에 이미 주눅 든 의원들이 더욱 위축되었던 것은 그보다도 토의할 때 그가 보이는 태도 때문이었다. 티베리우스는 때로는 침묵했고, 그러다 또 어느 때는 느닷없이 끼어들었으며, 또 어떤 때는 버럭 화를 내며 노여움을 분출했다. 그러다 보니 의원들로서는 어느 장단에 박자를 맞춰야 할지 갈피를 잡지 못했다. 친구의 사고방식에 익숙한 피소가 보다 못해 의원들의 체면을 너무 깎아내린다고 공공연하게 핀잔을 주었을 정도다. 그런데 티베리우스는 그런 핀잔에 기분 나빠 하기는커녕 감동을 받았다. 그런 사고의 독립이야말로 티베리우스가 원하는 바였기 때문이다. 물론 그것도 입증된 명문가의 혈통과 업적의 기록을 가진 피소 같은 사람이 구현한 이상에 합치할 때의 이야기였다. 그런 분위기 속에서 진행되는 진정한 토의라면 해볼 만했다. 그런 분위기에서는 프린켑스인 자신이 동료 의원들의 일원이 되는 일도 가능할 것 같았다. 한번은 티베리우스와 드루수스 두 사람 모두가 공개적으로 반대하는 안을 피소가 제출하여 의원들에게 지지를 얻어낸 적도 있다. 물론 그 즉시 거부되기는 했어도 의원들은 잠시나마 자족감을 가질 수 있었다. 그것이야말로 그들 모두가 '민주주의 정부 형태에서 볼 수 있는 현저하게 훌륭한 사례'[37]로 인정할 만한 것이었다.

그러나 원로원 밖 로마 대중은 그런 일에 심드렁했다. 대다수 로마인들이 이미 의미 있는 투표권을 티베리우스에게 빼앗겨 정무관 선거에 더는 동참할 수 없었기 때문이다. 그들이 좋아하는 대상은 따로 있었다. 로마 대중은 매혹적이고 비극적인 율리아 가족에게 바쳤던 지난날의 무조건적 헌신을 여전히 잊지 않고 있었다. 라인 강 유역에서 불온한 군단병들을 사로잡았던 스타성이 지금은 로마 군중을 자지러지게 만들었다. 게르마니쿠스가 전선에서 돌아왔을 때도, 그와 아그리피나 그리고 부부의 자녀를 환영하기 위해 온 도시민이 거리로 쏟아져 나왔다. 다섯 살도 채 안 된 '칼리굴라'는 특히, 감상에 잘 빠져드는 로마인들의 취약점을 건드려 대중의 총아가 되었다. 그는 게르마니쿠스의 개선식 때도 아버지 곁에서 당당히 말을 달렸다. 개선 전차에는 칼리굴라 외에 그의 두 형인 네로와 드루수스, 그리고 젖먹이 여동생들인 아그리피나와 드루실라도 타고 있었다. 개선식과 관련된 모든 것이 환호하는 군중에게는 기

게르마니쿠스 카이사르의 두상. 티베리우스의 조카 겸 양아들이었던 그는 로마인들의 총아였다. (톰 홀랜드)

아그리피나가 게르마니쿠스의 유골함을 들고 브룬디시움에 도착하는 모습. 미국 화가 벤저민 웨스트가 1768년에 그린 그림이다. (필라델피아 미술관 소장)

티베리우스가 신화적 테마파크를 조성했던 스페룬카의 동굴. 그는 이곳에서 만찬을 즐기다 동굴 입구의 돌이 무너져 내려 죽다 살아났다. (톰 홀랜드)

카프리 섬의 가파른 절벽. 섬이 이런 절벽으로 둘러싸여서 난공불락의 은거지였던 점도 만년의 티베리우스가 형언할 수 없는 비행을 저질렀다는 소문이 양산되게 하는 데 일조했다. (톰 홀랜드)

근위대를 향해 연설하는 칼리굴라의 형상이 담긴 주화. 아우구스투스나 티베리우스가 발행한 주화에 표시되었던, '원로원에 포고에 따라'라는 문구가 없는 것이 칼리굴라 주화의 특징이다. (베를린 국립박물관, 주화실/bpk)

칼리굴라의 두상. "조물주께서는 아무래도 한정없는 악이 한정없는 권력과 결합하면 어떤 결과가 초래되는지를 보여주기 위해 그를 창조하신 것 같다." 칼리굴라에 대해 세네카가 한 말이다. (톰 홀랜드)

네덜란드 태생의 영국 화가 로렌스 앨마-태디마 경이 1871년에 그린 그림. 칼리굴라가 아우구스투스의 반신상 발치에 죽은 채 누워 있고, 벌벌 떨며 커튼 뒤에 숨어 있는 클라우디우스를 한 병사가 발견하는 장면이다. (ⓒ 미국 월터스 미술관)

병사에게 끌려가는 두 포로. 예속 상태는 극소수의 노예들에게만 권력을 얻는 수단이 되었을 뿐 대다수 노예에게는 죽은 목숨과 같은 삶을 의미했다. (Wikimedia)

브리타니쿠스를 팔에 안은 메살리나의 조상. 현숙한 로마 기혼녀의 본보기로 묘사되었다. (De Agostini/ Getty Images/이매진스)

로마의 정원. 로마와 같은 번잡하고 오염된 도시에서 정원을 소유하는 것은 최고의 신분임을 나타내는 상징 이었다. (톰 홀랜드)

네로와 아그리피나 모자. 이 두 사람은 복잡한 사이였다. (Wikipedia/Carlos Delgado ; CC-BY-SA)

나폴리 만에 침몰된 선박. 폼페이의 해양 관문 옆 욕장에 그려졌던 그림이다. (톰 홀랜드)

로마의 대화재를 상상하여 그린 그림. 1770년대에 프랑스 화가 위베르 로베르가 그렸다. (르아브르의 앙드레 말로 미술관 소장)

네로의 지시에 따라 그의 황금 저택 입구에 보초병으로 세워졌던 청동 거상(colossus). 그가 죽은 뒤 궁전을 파괴한 자리에 지은 걸작 건축물 콜로세움(Colosseum)의 명칭은 바로 이 동상에서 유래한 것이다. (베를린 국립 박물관, 고대 유물 전시실/Johannes Laurentius/bpk)

네로 클라우디우스 카이사르 아우구스투스 게르마니쿠스의 두상. (Wikipedia)

뽐을 주고 티베리우스에게는 혐오감을 주기 위해 연출된 듯했다. 게르마니쿠스로서는 과시하지 않고서는 못 배기겠다는 듯이.

이 모든 일이 프린켑스를 진퇴양난에 빠뜨렸다. 아우구스투스의 바람은 신성불가침이었다. 그러므로 그에게는 조카의 후계자 교육을 계속해야 할 의무가 있었고, 게다가 그 교육은 아직 갈 길이 멀었다. 알프스 이북에서 집정관의 임무를 마쳤으니 이제는 동방으로 가서 시야를 넓힐 차례였다. 그런데 그곳에서는 다시 분쟁이 일고 있었다. 오랫동안 로마와 파르티아 간에 긴장의 요인이었던 지역이 이번에도 말썽이었다. 얼음산, 울창한 숲, 효과 좋기로 소문난 독의 나라 아르메니아 왕국이 경쟁하는 두 제국 사이에 불편하게 끼어 있었던 것이다. 로마로서는 집어삼키기는 껄끄럽고 버려두기에는 아까운 곳이었다. 40여 년 전에는 티베리우스가 아우구스투스에게서 처음으로 단독 지휘관의 임무를 부여받고 파르티아로 가 큰 공훈을 세우고 돌아왔다. 칼을 들이대고 꼭두각시 왕을 앉힘으로써 아르메니아 정사에 로마가 개입할 권한을 확보한 것이다. 하지만 기회가 있는 곳에는 위험도 있기 마련, 아우구스투스가 애지중지하던 손자 가이우스 카이사르가 치명상을 입은 곳도 바로 아르메니아였다. 그리고 가이우스가 요절한 결과로 티베리우스가 용이 되었으니, 저돌적인 왕자 게르마니쿠스에게 닥칠 수 있는 재앙까지도 티베리우스는 분명 계산에 넣었을 것이다. 하지만 그렇다고 게르마니쿠스 개인의 안전만 위험한 것도 아니었다. 카르하이 전투에서 크라수스와 그의 군단이 전멸한 사례가 말해주듯, 섣불리 무모한 모험에 뛰어들었다가는 동방의 전 로마 질서가 위험에 빠질 수도 있었기 때문이다. 그러니 선택의 여지를 저울질하는 티베리우스도 무엇을 택하든 위험이 따른 다는 사실을 알았을 것이다.

결국 기원후 17년 개선식이 끝난 직후, 게르마니쿠스는 원로원에 의해, 현지의 여러 총독들에게 티베리우스와 동등한 권한을 행사할 수 있는, 제국 동부 속주들의 최고 통수권자로 임명되었다. 티베리우스가 원로원에서 정색을 하고 "게르마니쿠스의 지혜가 아니고서는 동방의 분란을 해결할 수 없다"[38]라고 말한 뒤에 나온 결정이었다. 그리고 머지 않아 게르마니쿠스는 동방으로 향했다. 허구한 날 임신 상태였던 것으로 보이는 아그리피나와 어린 칼리굴라도 그를 동행했다. 가는 도중에 게르마니쿠스가 일착으로 들른 곳은 발칸이었다. 동생 드루수스가 있는 발칸의 군단 본부를 예방하고 그다음에는 악티움 만으로 갔다. 악티움 만은 50년 전 그의 두 조부 — 친조부인 안토니우스와 양조부인 아우구스투스 — 가 만나 세계의 운명을 결정한 곳이었으니, 게르마니쿠스도 의당 '머릿속에 비극과 승리의 장면을 생생히 떠올렸을'[39] 것이다. 악티움 해전 장소를 둘러본 뒤에는, 그를 앞서간 수많은 나그네가 그랬듯이 그도 그리스 세계의 가장 유명한 관광지로 향했다. 파르테논의 왕관을 쓰고 과거 업적의 기억으로 형성된 영예와 향기가 감돌던 아테네는, 로마의 낭만주의자들이 늘 동경하던 곳이었다. 호라티우스도 아테네의 학교들에서 수학했고, 오비디우스 또한 추방지로 가던 도중 아테네에서 유학했던 젊은 시절의 행복한 추억에 빠져들었다. 아테네는 역사와 철학, 예술과 처세술 등 모든 것을 가진 도시였다. 누군가가 "한때는 바다와 육지의 여주인 노릇을 하던 아테네가 이제는 그리스를 아름다움의 노예로 만들었네"[40]라고 기록한 대로였다. 게르마니쿠스도 그리스 희곡 한두 편 쓰는 것을 휴식으로 여겼을 만큼 교양이 높은 인물이었으니 물론 아테네에 매혹되었다. 아테네인들도 게르마니쿠스에게 매혹되었다. 지난날의 위대함은 간 곳 없어졌지만, 고관대작에게 아첨 떠는 데에는 타의 추종을 불허하는 도시였으니 그럴 만도 했다. 게르마니쿠스도 인기라면 사족을 못 쓰는 인물이었던 만큼 아테네가 천국이었다. 이리하여 아테네 방문을 마치고 다시 항해에 나서는 그의 마음은 날아갈 듯 가벼웠다. 소아시아에 도착하기 직전 아그리피나가 레스보스 섬에 들러 셋째 딸 율리아 리빌라를 낳았을 때는, 마치 신들이 자신과 동방에서 행할 자신의 임무에 미소를 보내주는 것처럼 느껴졌다.

하지만 사달은 이미 일어나고 있었다. 그로부터 머지않아 부드럽고 상냥한 게르마니쿠스와 달리 융통성 없고 퉁명스러우며, 그와는 견해가 전혀 달랐던 로마의 한 총독이 아시아 지역으로 오는 중이었던 것이다. 외국인에게 무례하게 구는 것이 로마 귀족과 하층민을 구분해주는 본래적 가치라 여기고 외교적 미묘함 따위는 간단히 무시해버리는 피소가 그 주인공이었다. 아테네에 와서도 그는, 그리스의 유산을 보존할 자격이 없는 인간쓰레기, 세상의 지스러기라고 그곳 시민들을 모욕하는 말을 했다. 하지만 그리스인들을 로마의 위엄에 어울리지 않는 타락한 피정복민으로 악랄하게 폄훼한 그의 쇼비니즘은, 최근에 게르마니쿠스가 보인 문화적 비굴성의 이면에 지나지 않았다. 그런 논점을 이어가다 결국 그는 로도스 섬 앞바다에서 폭풍을 만났다. 구명선 역할을 한 전함에 의해 아슬아슬하게 목숨은 건졌으나, 살았다는 안도감도 잠시, 자신을 구해준 인물이 게르마니쿠스임을 알자 피소의 기분은 다시 가라앉았다. 두 사람의 만남도 당연히 짧고 딱딱하게 끝났다. 피소는 난파를 모면한 지 겨우 하루 만에 다시 길을 떠났다. 이름 높고 북적이는 도시들을 가진 곳이자 파르티아와 접경한 국경 지대이기도 하여, 동방의 어느 곳보다 로마의 안전에 긴요했던 속주가 그의 목적지였다. 피소는 시리아의 신임 총독으로 임명되어 동방을 향해 가고 있었다.

티베리우스도 물론 아우구스투스와 마찬가지로 누군가에게 군사 지휘권을 부여할 때에는 장고를 거듭했다. 게다가 시리아는 네 개 군단의 주둔지인데다 로마에서 가려면 몇 주가 걸리는 먼 곳이기도 하여 다른 곳들보다 훨씬 더 민감했다. 여차하여 일이 생겨도 프린켑스에게 쉽게 사절을 보낼 수 있는 곳이 아니었기 때문이다. 장군 시절의 티베리우스는 전장의 상황을 일일이 꿰고 있었다. 하지만 이제는 세계를 지배하는 황제가 되었으니 세세한 부분까지 직접 관장할 수 없다는 사실을, 싫어도 받아들여야 했다. 그도 때로는 속주들을 순방하고 로마 제국에서 일어나는 정세를 빠짐없이 살펴보고 싶은 유혹을 느꼈다. 그래서 순방 계획을 세우기도 했지만, 그럴 때마다 번번이 취소되었다. 사람들은 그런 티베리우스를, 바닥에 선 채 뜀박질하는 운동선수 연기를 한 고대 그리스의 배우 이름에 빗대어 칼리피데스^{Callipides}라고 부르기 시작했다.

그런 측면에서 피소를 시리아 총독으로 보낸 조치야말로 티베리우스가 내린 조치 중에 가장 칼리피데스다운 전략이라 할 만했다. 속주 총독의 빈번한 교체는 티베리우스의 평소 스타일이 아니었다. 그는 사람을 진득하게 오래 쓰기를 좋아했다. 언젠가 "부패한 총독이라도 말입니

동방의 로마 속주

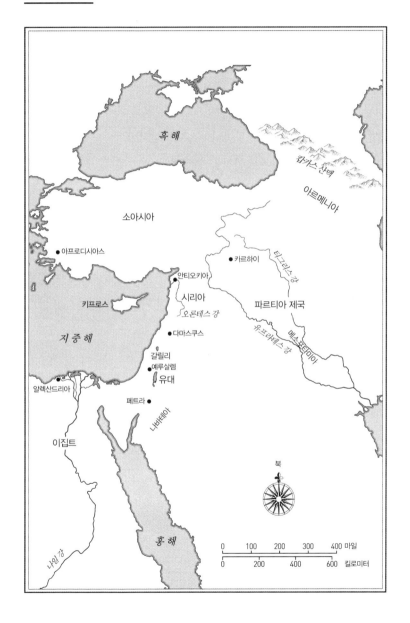

흑해

캅카스 산맥

아르메니아

소아시아

아프로디시아스

카르하이

티그리스 강

안티오키아

시리아

파르티아 제국

키프로스

오론테스 강

지중해

다마스쿠스

유프라테스 강

메소포타미아

갈릴리

예루살렘

유대

알렉산드리아

페트라

나바테아

이집트

북

나일 강

홍해

| 0 | 100 | 200 | 300 | 400 마일 |

| 0 | 200 | 400 | 600 킬로미터 |

까?"라는 질문을 받고도 그는, "상처에는 목마른 파리보다 피에 굶주린 파리가 낫다"[41]라고 신랄하게 쏘아붙였다. 그렇다 해도 이번 인사는 이례적이었다. 티베리우스는 결국 게르마니쿠스에게 동방의 통수권을 부여할 때 감독자가 없는 상태로 두어서는 안 된다는 판단을 최종적으로 내린 것이고, 그래서 믿을 만한 누군가가 필요했던 것이다. 당시 시리아 총독이던 인물은 그 딸이 게르마니쿠스의 장남 네로 율리우스 카이사르와 결혼이 예정된 상태여서 안심할 수 없었다. 반면에 피소는 그가 전적으로 신뢰할 수 있을 뿐 아니라 자신의 가치, 본능, 배경까지 공유하는 인물이어서 안심할 수 있었던 것이다. 그리하여 게르마니쿠스가 티베리우스의 전철을 밟아, 로마의 조종을 받는 명목상 왕을 앉히기 위해 아르메니아로 가는 동안, 피소는 시리아에 상륙해 강 상류 쪽으로 20여 킬로미터를 더 올라간 뒤 로마령 아시아의 조종실 역할을 하는 대도시 안티오키아에 도착했다.

안티오키아는 알렉산드리아와 마찬가지로 본래는 왕들의 도시였다. 기원전 300년 알렉산드로스 대왕의 부관에 의해 건설된 이 도시 통치자들의 지배력은, 한때 저 멀리 인도에까지 미쳤다. 또한 시리아의 고대 도시들 중에서는 얼치기 신도시에 불과했는데도 한참 전에 이미 그곳들을 저만치 따돌렸다. 창건자들에 의해 오론테스 강과 높은 봉우리들을 가진 부근의 산 사이에 격자형 설계로 건설되고, 아테네 이주민들이 주민을 형성하며, 극장에서 체육관에 이르기까지 그리스 도시의 모든 부속물을 빠짐없이 갖춘 안티오키아는 어느 모로 보나 레반트(지중해 동부 연안 지대)의 마케도니아풍 도시였다. 이렇듯 안티오키아는 그리스 도시로서 아시아의 부를 토대로 250년 동안이나 번영을 일구며 왕의 무도함을 과시하는 전시장 역할을 했다. 그곳의 상아 엄니, 거대한 은 쟁반, 보석으로 뒤덮인 왕관, 호화로운 공공 연회, 계피, 마요라나, 나드 향이 넘치도록 가득 찬 금 항아리 같은 "온갖 부를 바라보노라면 입이 다물어지지 않았다."[42] 물론 폼페이우스와 같은 인물들은 그 부에서 경악뿐 아니라 탐욕도 함께 느꼈다. 그리고 아니나 다를까 기원전 63년, 허영기 많고 타락한 그 정복자는 군단을 거느리고 시리아에 나타나기 무섭게 그 부를 집어삼켰다. 그로부터 거의 80년 뒤 시리아의 신임 총독으로 부임한 인물도 (셀레우코스) 왕조의 옛 중심지 곳곳에 찍힌 로마 지배의 고무적 흔적을 분명 발견했을 것이다. 안티오키아에 들어서는 순간, 그곳이 늑대의 발톱 아래 있음이 여실히 드러났을 것이기 때문이다. 동쪽 성벽의 번쩍이는 새 관문 위에는 젖 주는 이리 유모가 완비된 로물루스와 레무스 상이 세워져 있었고, 도심 대로변 중앙에도 도시 너머를 고요하게 응시하는 티베리우스 상이 원주 꼭대기에 세워져 있었으니 말이다. 수비대가 배치된 총독 청사에도 조세 장부 저장고, 범죄자들의 판결을 언제라도 내릴 채비를 갖춘 법정 등 로마 패권의 위협적 장치가 마련되어 있었다. 로마의 독점적 권력에 맞설 수 있는 경쟁 세력은 안티오키아 어디에도 없었고 속주 너머 다른 어디에도 없었다. 그런 만큼 속주 총독에게도 마음 내키는 대로 적을 십자가형에 처하거나, 불태워 죽이거나, 짐승들에게 던져버릴 힘이 있었다. 그리고 피소야말로 그런 막강한 힘을 행사하기에 안성맞춤으로 공포와 두려움을 느끼게 하는 인물이었다.

하지만 게르마니쿠스가 있는 곳에서 그런 일이 벌어지면 문제가 복잡해질 수 있었다. 그가 있는 한 피소의 권위는 절대적일 수 없었기 때문이다. 그런데도 피소는 티베리우스가 자신에게 바라는 바가 젊은 왕자를 견제하는 것이라고 확신하고서, 속주 주둔군의 사기를 높이는 일에 착수했다. 규율에 엄격했던 예전의 파견 근무 때와 달리 휘하 군단병들의 속박을 풀어주어, 관례적으로 허용하던 것보다 더 많은 권한을 행사할 수 있게 해준 것이다. 그렇지 않아도 속주민들은 이미 점령군에게는 몸을 사려야 한다는 사실을 알고 있었다. 민간인을 짐꾼으로 부리거나, 숙소 제공을 요구하는 군단병들이 있었기 때문이다. 여성들도 어느 정도의 두려움 없이는 로마 병사들을 만나지 못했다. 그런 판에 이제 군기가 빠진 채로 속주 도시와 농촌을 마음껏 휘젓고 다닐 수도 있게 되었으니, 군단병들은 당연히 감사하는 마음으로 신임 총독을 '군단의 아버지'[43]로 환호했다. 리비아의 절친한 친구였던 피소의 아내 플랑키나 또한 게르마니아에서 아그리피나가 했던 행동을 흉내 내, 군사 작전이 벌어지는 곳마다 따라다니며 군대의 복지에 관심을 보였다. 점점 자신감이 붙은 피소는 기고만장해져 증원 부대를 보내라는, 게르마니쿠스가 아르메니아에서 보낸 명령도 묵살했다. 하지만 북부 국경 지대의 분규를 해결하는 데 매달려 있던 게르마니쿠스로서는 그런 항명을 당하고도 참을 수밖에 없었다. 그래도 결국에는 큰아버지의 예상을 넘어선 비상한 통찰력과 외교적 기지를 발휘, 자신의 능력만으로 그곳에 온 소기의 목적을 달성했다. 시리아에 주둔한 네 개 군단 중 한 개 군단의 겨울 숙영지에서 피소와 다시 만났을 때는 물론 두 사람의 관계가 어느 때보다 냉랭했지만 말이다. 타키투스는 "두 사람은 적대감을 품고 헤어졌다"[44]라고 썼다.

그러나 기실 두 사람의 자존심 대결에는, 상호 연관성 있는 그들 지위의 어정쩡한 상태를 넘어서는 문제가 걸려 있었다. 로마의 새로운 질서의 핵심에 이르는 원칙 문제가 깊숙이 걸려 있었던 것이다. 그로부터 25년 전 티베리우스는 소공자 가이우스가 우쭐대는 꼴을 보다 못해 로도스 섬으로 은거했었다. 그리고 가이우스가 현재의 게르마니쿠스와 비슷한 정도의 힘을 지니고 동방으로 파견되었을 때도, 연장자인 그는 되풀이되는 냉대를 꾹 참았다. 하지만 티베리우스의 동시대인이자 그와 배경이 같았던 피소는 그런 굴욕을 앉아서 당하려 하지는 않았다. 피소는 친구와 마찬가지로 군주제를 경멸했고, 친구와 마찬가지로 조상이 정해놓은 가치와 원칙을 고수했다. 그런 그가 친구를 프린켑스로 인정해준 것은, 판노니아에 이어 게르마니아로부터 티베리우스가 공화국을 구해내서였다. 하지만 게르마니쿠스는 그와 달랐다. 그래서 피소도 로마 귀족으로서 당당히 속주를 통치하고자 한 것이다.

　두 사람의 알력은 장밋빛 도시 페트라를 수도로 두고 조약에 의해 로마의 속국이 된 나바테아 왕국의 왕이 주최한 연회에서 결국 곪아 터질 지경이 되었다. 그 지역 왕들이 환대의 표시로 외빈들에게 선물을 주면서 카이사르의 아들인 게르마니쿠스에게는 무거운 금관을 증정하고 여타 사람들에게는 가벼운 금관을 증정하자, 피소가 '게르마니쿠스가 대체 뭐라는 거야? 파르티아인이라도 된다는 거야?'라는 듯이 조롱의 콧방귀를 뀐 것이다. 스키피오 아프리카누스 시대 이래 로마 상류층은, 허세가 가장 심한 아시아인들의 상급자가 되는 것에서도 원칙의 문제를 따졌다. 피소 또한 속주민과 속주의 모든 것을 경멸하는 것이 공화국의 위엄을 지키는 태도라고 믿었다. 게다가 그가 볼 때 안티오키아는 타락한 아테네보다도 더 형편없이 타락한 도시였다. 로마의 지배자들에게는 그리스 도시의 외양을 띤 안티오키아의 주민들이 그리스인의 모방자로밖에 보이지 않았다. 도시의 거리를 가득 메운 군중에게서는 오래전부터 혼혈인의 특징도 나타났다. 도시를 창건한 아테네 이주민들의 후손이 근동 전역의 원주민과 섞여서 생겨난 인종이었다. 멋쟁이들이 향수나 머릿기름으로 애용해 로마에서 귀중품 대접을 받은, 끈적이는 시리아산 향유도 도덕가들에게는 시리아 전역이 혐오스러운 곳임을 나타내는 상징으로 보였다. 요컨대 피소 같은 사람들에게는 시리아와 관련된 모든 것이 실망스러웠다. 상인들은 감언이설에 능하고 사제들은 유약하며 무희들은 과다하게 제모를 했다. 숭배자들이 무아지경에 빠져 형체도 없는 소름 끼치는 신들에게 제물을 바치는 산꼭대기에서, 악명 높은 시리아풍 율동으로 탬버린 소리에 맞춰 요상하게 몸을 뒤트는 사람들이 들어찬 안티오키아의 타락한 술집에 이르기까지, 시리아 속주는 노예근성과 무절제함으로 곪아 터진 곳이었다. 그러니 그런 곳에 머물게 된 로마인이 어떻게 로마인 본래의 규범에 집착하지 않을 수 있었겠는가.

반면에 게르마니쿠스는 다양한 인종의 외국인들을 품위 있고 정중하게 대해 피소의 화를 돋우며, 외국인 혐오가 로마의 위대한 인물들이 과거로부터 물려받은 유산의 전부가 아님을 적시했다. 아시아의 군주제와 싸워 공화국의 위엄을 확고하게 지킨 스키피오 아프리카누스도 시칠리아 섬의 그리스 도시들을 순방할 때는 현지인의 관습을 따르는 예의를 보였다는 것이다. 그러므로 게르마니쿠스도 이번에 시리아에서 이집트까지 파견 근무를 하는 동안 그 전략을 답습했다. 알렉산드리아에 갔을 때도 그는 호위대를 물리치고 샌들과 그리스인 복장을 했다. 그리하여 알렉산드로스 대왕이 건설했고 아테네보다도 많이 아테네 문헌을 소장한, 비길 데 없는 도서관을 지닌 도시였음에도 지난날 그들 왕이 거주했던 왕궁이 지금은 외국인 총독의 청사로나 쓰이게 된 데에 분노하는 주민들에게 폭넓은 호응을 얻었다. 게르마니쿠스의 느긋한 매력이 동방 속주의 수도뿐 아니라 로마권 제2의 도시에서도 현지인들의 마음을 사로잡는 데 큰 효과를 거둔 것이다.

그것은 대단한 성과였다. 안토니우스 시대 이후 거기에 필적하는 성과를 거둔 로마인은 없었다. 알렉산드리아인들의 기분을 맞추기란 여간 어려운 일이 아니었다. 심술궂고 변덕이 심해서 걸핏하면 길거리 싸움을 벌였고, 여자도 '남자의 생식기 움켜잡고 싸우는 것'[45]을 대수롭지 않게 여긴 도시였으니 말이다. 게르마니쿠스가 방문했을 때도 그들은 소동을 일으켰다. 하지만 이번에는 손님을 향한 열정에서 비롯된 소동이었다. 군중은 게르마니쿠스와 아그리피나 두 사람 모두를 '아우구스투스'로 부르며 연호했다. 그 소리에 게르마니쿠스가 기겁을 하며 군중을 즉각 해산시키게 했다. '그의 부친과 조모만이 가질 수 있는'[46] 아우구스투스로 불려봐야 그에게는 하등 득 될 것이 없음을 그는 뼈저리게 인식하고 있었다.

하지만 때는 이미 늦었다. 게르마니쿠스가 알렉산드리아에서 대중에게 영합하는 행동을 했다는 소식이 티베리우스의 귀에 안 닿을 리 없었고, 당연히 좋게 받아들여지지도 않았다. 시리아가 민감했다지만 이집트는 시리아보다도 더 민감한 곳이었기 때문이다. 이집트가 세계 지배를 꿈꾼 안토니우스의 자금원이 되었을 만큼 부유한 점만 해도 그랬다. 그 사실을 잊을 황제는 없었다. 아우구스투스도 '이집트를 로마 제국에 포함시켰다'[47]라고 실컷 자랑해놓고 실제로는 그 새 속주를 자신의 개인 봉토로 만들었다. 그리고 아우구스투스의 그런 신경과민적 행동을 티베리우스가 따라하지 않았을 리 없다. 그는 자신의 허락 없이는 로마 엘리트들이 이집트를 방문하지 못하게 했다. 총독도 기사만 임명했는데 건방 떠는 기미가 보이면 가차 없이 해임했다. 티베리우스가 이집트에 대해 얼마나 노심초사했는지는, 아우구스투스를 계승한 지 불과 몇 달 만에 전직 근위대장이자 그가 가장 신뢰하는 측근인 세야누스의 아버지, 세이우스 스트라보를 알렉산드리아 총독으로 임명한 사실로도 알 수 있다. 한편 그리스어는 단 한마디도 할 줄 모르고 로마인 구경도 평생 해본 적 없었을 이집트인들이 그 무렵까지도 동물 머리를 한 고대 신들을 여전히 숭배하고 있던 나일 강변의 위대한 항구 도시(알렉산드리아) 너머에서는, 머나먼 곳의 프린켑스가 원시적인 방식으로 숭배되고 있었다. 까마득히 먼 옛날의 어느 때, 고대 이집트 필경사들이 신전 벽의 카투시(타원형 윤곽)에 토착 왕들의 이름을 새겨 넣었듯, 당대의 카투시에도 티베리우스의 이름이 새겨지고 있었던 것이다. 이집트에서는 티베리우스의 직위가 로마의 제1시민이 아닌 파라오였던 것이다.

그리고 그렇다면 안토니우스의 친손자와 아우구스투스의 손녀가 알렉산드리아에서 신으로 환호되는 것보다 프린켑스를 더 화나게 하는 일도 없었을 것이다. 실제로 게르마니쿠스가 나일 강 선박 여행에서 돌아와 보니 격노한 로마발 공문서가 그를 기다리고 있었다. 하지만 티베리우스의 질타가 아무리 거셌다 한들 피소가 거기에 맞장구치는, 주제넘은 행동을 하지 않았다면 그 뜻밖의 사건은 그의 뇌리에서 이내 사라졌을 것이다. 게르마니쿠스도 어차피 큰아버지의 감정을 해칠 의도는 없었으니 말이다. 그런데 시리아에 돌아와 보니 피소의 대담함은 점입가경으로 치닫고 있었다. 항명으로도 모자라 이제는 기고만장의 극치를 보이며, 게르마니쿠스가 자신의 부재시에 처리하라고 시켜놓은 명령을 줄줄이 철회한 것이다. 그 꼴을 보자 게르마니쿠스도 더는 참지 못하고 유서 깊은 가문 사람인데다 백발의 연륜 깊은 공화국 관리이기도 한 피소를 호되게 질책했다.

피소는 자존심에 치명타를 입자 안티오키아를 떠날 결심을 했다. 그런데 떠나기 전 게르마니쿠스가 병이 들었다는 소식에 그의 기분은 한껏 고양되었다. 하지만 그러기 무섭게 또 게르마니쿠스의 건강이 회복되었고, 안티오키아 전역이 그것에 감사하는 제물을 신들에게 바치고 있다는 실망스러운 소식이 들려왔다. 그 무렵에는 이미 게르마니쿠스에 대한 혐오감으로 판단력을 완전히 상실한 피소는 자신의 릭토르들에게 도시의 잔치 분위기를 깨라는 지시를 내렸다. 그래놓고는 오론테스 강쪽으로 물러나 일이 어떻게 진행되는지 살폈다. 사태는 이미 통제 불능으로 치달아, 안티오키아는 독살과 마술에 대한 소문으로 들썩였다. 게르마니쿠스의 병이 도졌고, 벽과 그의 침실 마루 밑에서는 유골, 말라붙은 피, 재의 얼룩 같은 마술을 행한 흔적이 그의 잠자리를 정리하던 하인에게 발견되었다는 것이다. 누워 죽어가고 있던 게르마니쿠스는 피소를 범인으로 똑똑히 지목하기도 했다는 것이다.

동방에 두 번째로 파견된 젊은 카이사르도 결국 이렇게 죽음으로 끝을 맺었다. 먼젓번 죽음과 다른 점이라면, 가이우스의 죽음이 아우구스투스에게 치명타가 되고 뒤이어 리비아가 그 사건의 용의자로 막연하게 의심을 받았던 반면, 게르마니쿠스의 죽음은 큰 반향을 일으킬 조짐을 보이지 않았다는 것이다. 게르마니쿠스가 로마령 아시아의 수도에서는 하던 버릇대로 격한 감정으로 내뱉은 생의 마지막 말은 티베리우스에게 득 될 것이 없었다. 먼저, 게르마니쿠스는 프린켑스의 총독 겸 친구가 자신을 살해할 음모를 꾸몄다며 공공연히 비난했다. 그런 다음 아그리피나에게 과시적 행동을 좋아하는 본능을 자제하라는 말을 하고선 정작 임종을 지켜보던 주변 사람들에게 그 점을 최대한 이용하라는 지시를 내렸다. "신격화된 아우구스투스의 손녀를 로마 시민들 앞에 내보이고, 그녀와 나의 자녀들 이름도 로마 시민들이 거명하게 하라."[48]

이 호소에는 프린켑스가 조카를 가장 못미더워했던 모든 것이 담겨 있었다. 한편 게르마니쿠스가 그런 유언을 하고 있는 와중에도, 그의 본능을 감시하고 티베리우스의 완고하고 냉혹한 본능을 구현할 목적으로 아시아에 파견된 인물은 복수의 불을 계속 지피고 있었다. 자신의 명예에 가해진 상처에 눈이 멀었던 그는 그 문제를 결코 그냥 넘기려 하지 않았다. 피소는 적수가 죽었다는 소식에 기쁨을 참지 못해 신전을 열어젖히고는 신들에게 제물을 바치고 부하들에게도 신나게 돈을 뿌렸다. 그러고 있는데 게르마니쿠스파에 속하는 원로원 의원들이 전직 집정관 출신의 원로원 의원 센티우스를 시리아의 신임 총독으로 임명하자, 피소는 무력을 써서라도 법으로 정해진 자신의 총독 임기를 지키려고 했다. 시민과 시민의 대결, '피소파'와 '카이사르파'의 싸움이 시작된 것이다.[49] '신격화된 아우구스투스의 거룩한 뜻과, 티베리우스 카이사르 아우구스투스의 덕에 의해 오래전 자취를 감추었던'[50] 내전의 해악이, 악티움 해전이 일어난 지 50년 후 되돌아와 세계를 괴롭히고 있었다.

한편 죽어가는 게르마니쿠스도 예상했겠지만, 그 위기의 인간적 측면은 아그리피나가 맡았다. 아그리피나는 봄이 되기를 기다리지도 않고 화장용 장작불에서 거둔 남편의 유골이 식기 무섭게 귀국길에 올랐다. 피소의 소함대와 의도하지 않게 사소한 충돌을 빚은 뒤 그와 모욕을 주고받을 때만 잠시 멈추었을 뿐, 겨울 바다를 가르는 항해를 감행한 끝에 드디어 브룬디시움에 모습을 드러내자, 온 이탈리아가 그녀를 맞이하러 나온 듯 항구가 인산인해를 이루었다. 이어 손에는 남편의 유골함을 들고 칼리굴라와 어린 율리아 리빌라를 옆에 낀 낯빛 창백한 과부가 배다리에 모습을 드러내자, 군중은 흐느끼며 통곡했다. 그 소리가 마치 고통에 몸부림치는 한 마리 짐승의 울부짖음과도 같았다. 게르마니쿠스의 죽음이 움직일 수 없는 사실이 된 뒤로 로마는 내내 슬픔에 젖어 있었다. "사람들은 그에 대한 사랑 혹은 그의 재능에 고취되어, 없던 영예까지 새롭게 지어내 바쳤다."[51] 그의 유골을 옮기는, 더디지만 장중하게 진행된 장례 행렬에서는 단순한 장례식이 아니라 개선식과도 같은 궁극적 추모의 기미마저 느껴졌다. 죽은 영웅을 호위하는 근위병들, 파스케스를 거꾸로 든 릭토르들, 장식물이 떼어진 군기, 아피아 가도를 휘감아 도는 진한 향내 등 모든 것에서 그런 분위기가 감지되었다. 수도에서 남쪽으로 60킬로미터 떨어진 곳에 이르자, 클라우디우스 가문의 굼뜨고 범상한 게르마니쿠스의 이부 형제 드루수스와, 게르마니쿠스가 동방으로 갈 때 남겨놓고 간 그의 네 자녀가 장례 행렬을 맞았다. 그곳을 다시 출발해 로마에 도착하니 두 명의 집정관과 원로원 의원들이 도열하여 행렬을 기다리고 있었다. 행렬은 그들과 합류해 도로를 가득 메운 사람들의 흐느낌만 들릴 뿐 정적이 흐르는 거리를 계속 나아가다가 캄푸스 마르티우스에 와서야 비로소 멈추었다. 그리고 그곳, 수많은 횃불이 불을 밝히고 검은 상복 차림의 아그리피나의 실루엣이 어른거리는 곳에서 게르마니쿠스의 유해는 마침내 마지막 안식처, 아우구스투스 영묘에 경건하게 안장되었다.

그런데 장례식장 어디에서도 공화국의 제1시민이자 게르마니쿠스의 큰아버지인 티베리우스의 모습은 찾아볼 수 없었다. 그는 여전히 슬픔의 과도한 표현은 격이 떨어지는 행위로 보았다. 리비아도 게르마니쿠스의 어머니(안토니아)도 물론 공중 앞에 모습을 드러내지 않았다. 그들이 누군데 절도 없이 눈물을 쏟아내는 군중처럼 애도를 표할 수 있었겠는가. 그러자 도시 분위기가 험악하게 돌아갔다. 사람들은 프린켑스가 공식적으로 애도를 표하지 않은 것을 모욕, 아니 그보다도 더 심하게 죄를 자백하는 행위로 받아들였다. 게르마니쿠스가 죽으면서 남긴 말, 피소에게 독살되었다는 유언도 모든 사람의 입에 오르내렸다. 그런데도 그것을 반박하는 이야기는 쉽사리 나오지 않았다. 레반트의 기후가 건강에 좋지 않고, 그곳에서는 질병에 걸리는 사람도 많으며, 게르마니쿠스의 침실 마루 밑에서 나온 마술 징표도 짐승의 유골일 수 있다고 지적하는 것이 티베리우스에게는 참을 수 없이 천박한 행위로 느껴졌기 때문이다. 그러다 보니 공기 중에는 그의 침묵만이 떠돌아다녔다. 하지만 슬픔과 분노에 휩싸인 로마인들이 살해 동기를 찾기는 어렵지 않았다. 로마인들은 그들 영웅의 과부를, 선 채로 남아 있는 아우구스투스의 마지막 손녀로 환호했다. 그것으로도 모자라 하늘을 향해 두 팔을 쳐들고는 아그리피나의 자녀들이 '그들의 적보다 오래 살기를'[52] 기원했다.

　티베리우스는 그런 광경을 보는 것이 못내 고통스러웠다. 플레브스와 그들의 환심을 사려고 애쓰는 사람들 모두를 싸잡아 경멸했지만, 때로는 그도 스스로의 인기 없음을 두렵게 의식했기 때문이다. 게다가 다른 새의 둥지를 침입해 순결한 새끼 새의 피를 묻힌 뻐꾸기로 비난받는 것은, 단순한 명예 손상으로 끝나지 않을 수도 있었다. 그렇다고 위기가 닥치리라는 징후를 프린켑스 혼자만 느낀 것도 아니었다. 티베리우스가 언제나 권위와 가치를 소중히 지켜주려 했던 원로원도 위기의 징후를 느끼기 시작했다. 도시민들이 그들 총아의 죽음을 슬퍼하는 데에는 독성이 내포되어 있었다. 게르마니쿠스가 죽은 것은 대중에게 그가 보인 호의 때문이었다는 믿음이 거리의 분위기를 지배했다. 소문에 따르면, 게르마니쿠스는 만인의 평등권을 지지했고 로마인들의 잃어버린 자유를 되찾아주려는 대의를 지녔었다는 것이다. 그러다 보니 캄푸스 마르티우스에서 장례 행렬을 맞기 위해 횃불을 들고 서 있는 군중의 모습이 마치 민회에서 투표 순서를 기다리며 줄을 선 사람들처럼 보일 지경이었다. 늑대의 귀를 부여잡은 티베리우스도 늑대의 털이 곧추 서는 것을 느끼고, 늑대가 이빨을 드러내는 것을 감지하며, 늑대가 내뿜는 숨결에서 허기의 냄새를 맡았다. 늑대는 고기를 원하고 있었다.

그렇다면 먹이를 던져줄 수밖에. 티베리우스도 뼈저리게 인식했듯이 희생 제물은 다름 아닌 자신이 선택한 인물이었다. 무력을 써서라도 총독 임기를 채우려 한 피소의 기도가 실패로 끝남에 따라 그는 패주하는 처지였다. 센티우스에 의해 은신처에서 끌려 나온 피소는 하는 수 없이 협상을 청했다. 하지만 협상에서 그가 얻을 수 있는 최상의 결과는 로마로 가는 안전한 통행권뿐이었다. 피소는 결국 아내와 함께 침착함을 가장한 채 테베레 강을 항해하여 '태풍의 눈' 속으로 직접 뛰어들기로 작정했다. 격분한 로마 시민들 앞에 머리를 조아리느니 게르마니쿠스의 유해가 안치된 아우구스투스 영묘 반대쪽에 하루 중 가장 바쁜 시간대에 배를 대기로 한 것이다. 게다가 같은 날 저녁에는 호화로운 연회까지 개최했다. 피소의 별장을 장식한 화환들은 아래쪽 포룸에서도 또렷이 보였으므로 그곳에 모여 있던 군중은 그 모습에 기가 찬다는 듯 흥분을 감추지 못했다. 그러나 물론 이튿날에는 피소에 대한 집정관들의 고발장이 접수되었다.

고발장이 접수되었는데도 피소의 동료 귀족들은 여전히 주저하며 최후의 일격을 가하지 못했다. 집정관들이 프린켑스에게 수사권을 넘기면 프린켑스가 그것을 다시 원로원에 회부했다. 피소 또한 법정 밖 사람들이 이미 유죄로 결론 낸 범죄 행위를 실토하기를 단연코 거부했다. 그는 게르마니쿠스를 독살하지 않았다는 주장을 되풀이했다. 하지만 그런다고 해서 그가 저지른 다른 죄과의 혐의까지 없어지지는 않았다. 명령 불복종 죄와 내란 선동죄를 저지른 것은 자명했기 때문이다. 그런데도 원로원이 그의 기소를 주저하는 데는 이유가 있었다. 일개 원로원 의원이 아니라, 그 스스로가 잘 아는 불편한 진실이듯, 피소는 바로 카이사르의 레가투스(대리인)였던 것이다. 일부 원로원 의원들의 요청에도 불구하고 두 사람 간에 오간 서신의 내용도 일절 공개되지 않았다. 그러다 보니 입장이 가장 거북한 사람도 티베리우스일 수밖에 없었다. 실제로 그는 진퇴유곡에 빠져 있었다. 피소를 용서하자니 로마인들이 품은 가장 내밀한 의심을 확인해주게 될 것 같고, 옛 친구와 절연하고 신뢰하는 동료를 늑대들에게 던져, 유서 깊은 명문가 사람이 폭도들에게 린치를 당하도록 내버려두는 것 또한 돌이킬 수 없는 배신이 되기 때문이었다. 티베리우스는 이렇게 격심한 심적 동요를 겪고 있었고, 그럴수록 거리 대중의 분노는 커져만 했다.

절정을 향해 가던 사태를 해결한 것은 결국 시민들의 힘이었다. 시위자들은 피소의 조상을 거꾸러뜨려 카피톨리노 구릉 발치까지 끌고 간 다음, 정상으로 이어지는 계단의 층계참에다 걸쳐놓고 포룸이 훤히 보이는 데서 박살 내기 시작했다. 그 행위가 의미하는 바는 명백했다. 게모니아 계단으로 알려진 그 계단 한쪽에서는 처형되기 직전의 죄수를 구금하던 로마 유일의 감옥이 내려다보였고, 그 반대쪽에서는 근래에 복구된 논란 많은 콩코르디아 신전이 내려다보였으니 말이다. 프린켑스도 물론 그런 행위가 자신의 권위에 대한 직접적 도전임을 알았다. 그런데도 근위대를 보내 피소의 조상을 복구하게 하고 피소를 가마에 태워 집까지 안전하게 데려다주도록 했다. 그러자 이튿날 피고발자가 여전히 안하무인의 태도로 원로원에 돌아왔다. 하지만 건물 안으로 들어서는 순간, 게임이 끝났음을 알아차렸다. 그곳의 누구도 호의적인 표정을 짓는 사람이 없고 분개하여 언성을 높이는 사람도 없었다. 그중에서도 가장 표정이 냉랭한 사람은 '무정하고, 냉정하며, 모든 감정에 문을 닫은'[53] 티베리우스였다. 그날 밤 피소는 집에 돌아와 늘 하던 대로 잠자리에 들 준비를 했다. 그러고는 아내가 방을 나간 사이, 문을 잠그고 자기 목을 베었다.

피소는 살아 있을 때와 마찬가지로 죽어서도 플레브스에게 괴롭힘을 당했다. 원로원이 대중의 증오감에 굴복하여, 피소에 대한 애도를 범죄 행위로 선언하고 그의 초상을 죄다 불태우도록 지시하고 그의 재산의 절반을 몰수하고 그의 아들에게도 개명을 명령한 것이다. 알려진 세계의 도시와 군 주둔지에도 포고문의 사본을 배포했다. 그와 동시에 원로원은 간살 떠는 요식 행위로써 게르마니쿠스의 원수를 갚아준 프린켑스에게도 사의를 표했다. 그런데도 로마인들의 경멸과 불신은 사그라들지 않았다. 티베리우스가 피소 가문을 완전히 몰락시키지 않고 피소 가문이 당한 수치와 그가 맞은 끔찍한 최후에 유감을 표했다는 사실이 알려졌기 때문이다. 프린켑스에 대한 대중의 의혹도 점점 커졌다. 플레브스 반대파인 그가 자신들의 투사를 죽인 살해자라는 의혹이었다. 그런 평판을 얻는 것만으로도 치명적일 수 있었는데, 그보다 더 안 좋은 일이 있었다. 티베리우스가 플레브스에게 인기를 잃는 것까지 감수해가며 이익을 지켜주려 한 원로원이 피소 사건의 여파로 큰 상처를 입은 것이다. 반면에 프린켑스의 동료로 정계에 입문했다가 버림받은 피소의 운명은 다수의 의원에게 유익한 역할을 했다. 청렴의 상징으로 알았던 티베리우스가 시리아 사건을 통해 지독한 위선자라는 사실이 드러났기 때문이다. 그리고 그 결과로 자신이 정한 엄격한 도덕적 기준에 부합하지 않는다고 간주된 사람들을 조소했던 티베리우스가 도리어 이제는 원로원 의원들로부터 그 못지않은 의혹을 받게 되었다. 티베리우스가 가장 필요로 하는 우군이 그에 대한 신뢰에 의혹을 품게 된 것이다.

어쩌면 해로웠던 위기 뒤에 그들의 일원이 된 사람은 도리어 티베리우스 자신이었는지도 모른다.

콘실리에리(2인자)

로마는 사자死者들로 가득 찬 도시였다. 불타는 혜성이 되거나 퍼덕이는 독수리 날개를 타고 하늘로 올라가 신이 될 수 있는 사람은 물론 카이사르뿐이었지만, 그 외의 다른 방법으로도 신이 될 수 있었다. 방금 조성한 무덤에 돼지 피를 뿌리면 가장 미천한 사람의 영혼도 성화될 수 있었다니 말이다. 사자에게 기도하고, 무덤에 제비꽃을 흩뿌리고, 음식과 소금, 포도주에 적신 빵을 제물로 바치면 사자가 그 대가로 산 사람을 지켜준다는 믿음도 있었다. 로마인들은 이 죽은 자의 영혼을 마네스Manes라고 불렀다. 마네스는 지하 세계에서 올라와, 그들을 애도하는 사람들의 생명을 연장해주었고, 꿈에 나타나 조언을 해주었으며, 들판의 농작물도 지켜주었다. 로마가 욱일승천의 기세에 있던 지난날, 결국엔 카르타고의 참패로 끝난 소름 끼치는 전쟁의 와중에 로마의 공성군 사령관이 도시를 피의 제물로 바친 뒤에는 마네스가 다시 그들 편에서 싸워주기도 했다.[54] 이런 마네스에게 사람들은 적절한 축제를 벌여 경의를 표했다. 2월의 열흘간 열린 이 축제 기간에는 전국의 모든 신전이 문을 닫고 제단의 불을 끄고 정무관들도 수수한 옷만 입었다. 사자들을 정중하게 대하지 않으면 위험에 빠질 수도 있었다. 실제로 어느 해에는 소홀하게 취급받았다고 느낀 사자들이 무덤 밖으로 나왔다는 이야기도 전한다. 로마는 도시 전역에서 화장용 장작이 타올랐으니, 그야말로 유령들의 울부짖음으로 가득 찬 도시였다.

그러나 오비디우스도 '실제로는 그것을 사실로 받아들이기가 쉽지 않다'[55]라고 썼듯, 마네스의 존재에 회의적인 사람도 많았다. 지적 취향이 있거나 교양을 쌓을 재력이 있던 사람들은 특히 마네스를 미신으로 치부하려는 경향이 강했다. 유행에 민감하고 대담한 일부 철학자들은 심지어 죽은 뒤까지 살아남는 영혼은 없다고 가르치기도 했다. 그러나 가장 똑똑하다는 사람도 불멸의 열망은 지니고 있었다. 흑해 연안으로 추방되어 지하 세계로 떨어지는 것의 쓴맛을 보았던 오비디우스만 해도, 망각의 위협에 익숙해지다 못해 죽을 때까지 그것에 맞서 싸웠으니 말이다. 오비디우스는 기원후 17년에 숨을 거두었다. 하지만 게르마니쿠스의 개선식이 열리고 그가 동방 속주들의 통수권자가 된 일을 비롯해, 그해에 일어난 갖가지 흥미로운 사건들에 묻혀 오비디우스의 사망 소식은 로마인들에게 별 관심을 끌지 못했다. 그렇다고 그의 목소리까지 묻히지는 않았다. 그의 유고 시집과 마지막 유언이 전해져 발간되었으니 말이다. 죽기 몇 달 전 "세월은 철과 돌, 두 가지 모두를 부식시킨다"라고 썼던 그가 무덤 저편에서 세월의 부식적 힘에 지속적으로 맞서 싸운 결과였다. 독자가 있는 한 오비디우스는 완전히 죽은 것이 아니었다. 요컨대 그 정도만큼은 세월을 이긴 것, 그의 표현을 빌리자면 '문자가 세월을 이긴'[56] 것이었다.

시인들만 이 점을 의식한 것은 아니었다. 위인들도 이를 알았으며, 로마 곳곳에는 그들의 이름도 각인되어 있었다. 조상의 주춧대, 포룸의 기념물, 집정관과 사제의 명단, 장군들의 개선식 등을 통해 위인들의 이름은 도시 창건 때부터 줄곧 각인되었다. 그렇다면 가장 확실한 형벌도 죽음이 아니라 잊히는 것일 터였다. 과연 그 점을 보여주듯 히스파니아에서는 피소의 기념물들을 고의적으로 파괴하는 행위가 광범위하게 일어났고, 그리스 섬 사모스에서도 흥분한 주민들이 엉뚱한 데에 열정을 쏟아 피소가 아닌 그 형제의 이름을 파내는 실수를 범했다. 로마에서도 모든 비명에서 피소의 이름을 지우라는 아우성이 터져 나왔다. 하지만 티베리우스는 그런 요구를 거부했다. 게르마니쿠스의 조상에 새겨진 피소의 이름을 제거하는 것만 허용했을 뿐, 나머지에는 손대지 못하게 했다. 그 조치에는 옛 친구에 대한 연민 이상의 무엇, 명문가가 이룩한 업적의 기록이 없으면 로마는 더는 로마가 아니라는 의식이 숨어 있었다. 프린켑스는 도시의 미래뿐 아니라 과거도 함께 지키는 수호자였기에.

티베리우스도 그런 태도가 현실에 미칠 영향에 환상을 갖고 있지는 않았다. 모질고 냉소적이며 양의성으로 단련된 그가 그 정도로 순진할 리는 없었다. 언젠가 젊은 시절에 알고 지내던 사람이 지난날을 상기시키려 했을 때도 그는 "나는 과거를 기억하지 않소"[57]라며 중간에 말을 끊어버렸다. 그리고 그 말은 많은 부분, 사라진 공화국에도 해당할 수 있었다. 티베리우스가 감정적으로 묶여 있던 덕과 이상은 이제 지난날의 덕과 이상이 아니었다. 그 점은 티베리우스도 인식하고 있었다. 덕과 이상을 기묘한 시대 착오를 넘어서는 것으로 기억하는 마지막 세대는 명백히 사라지고 있었다. 필리피 전투의 학살로부터 63년이 지난 기원후 22년에는 브루투스의 연로한 누이 유니아가 사망함으로써 특별히 유서 깊었던 과거와의 연결선마저 완전히 끊어졌다. 한 명의 카이사르를 암살하고 또 한 명의 카이사르와는 싸우다가 죽은 그녀의 형제 브루투스는 티베리우스가 지배할 무렵에는 죽은 뒤의 모습, 곧 비인간으로만 간주되었기 때문이다. 로마의 어느 철학자가 "내전의 가장 좋은 치유책은 그것이 일어났다는 사실 자체를 잊는 것이다"[58]라고 기록한 것처럼 말이다. 그러나 또 때로는 침묵이 귀를 얼얼하게 만들기도 했다. 유니아의 장례식 때 무덤까지 그녀를 수행한, 그녀 조상祖上들의 '빛나는 석상들과 정교한 밀랍상들'[59] 속에 그녀의 일족 중 가장 인지도가 높았던 브루투스의 상이 없었던 점만 해도 그랬다. 독재자의 암살 음모에 가담했고 브루투스와 마찬가지로 필리피 전장에서 스스로 목숨을 끊은 유니아의 남편 카시우스의 상도 없었다. 그 두 사람의 부재는 두드러졌다. 그러나 장례 행렬을 주시하는 사람들에게는 마네스 가운데 걸출했던 두 자객이 사자들의 땅에서 일어나 유니아를 영접하는 것이 뚜렷이 감지되었다. 공개된 노부인의 유언장에서도 그에 버금가는, 아니 그보다 더 현저한 침묵이 느껴졌다. 유니아는 로마의 모든 지도급 시민에게 작별 인사를 고했다. 하지만 단 한 사람, 프린켑스에게는 일언반구도 남기지 않았다.

티베리우스는 그 처사에 분개할 가치도 없다고 여겼다. 쓰디쓴 그의 기억에 따르면 여자들은 본래 열등감이 심할 때 남의 아픈 곳을 찌르는 경향이 있었다. 유니아는 부유했고 연줄도 좋았다. 그렇다고 동세대 사람들 가운데 첫째가는 부자는 아니었고 최고의 연줄을 가지고 있지도 않았다. 티베리우스가 누구보다 잘 알았듯이, 그 영예는 매우 색다른 과부가 차지하고 있었다. 유니아가 세상을 떠난 해였던 기원후 22년, 유니아 못지않게 연로한 아우구스타가 병에 걸렸으나 이내 자리를 털고 일어났다. 그런다고 놀라는 사람은 거의 없었다. 한때는 리비아 드루실라로 불린 그녀가 약 전문가라는 점은 익히 알려진 사실이었기 때문이다. 아우구스타가 지닌 불멸의 아우라에는 모든 약이 구비된 구급상자 이상의 의미가 내포되어 있었다. 아우구스타는 스톨라로 몸을 감싸듯, 신격화된 남편이 물려준 특권으로 둘러싸여 있었다는 점에서 로마 역사상 전무후무한 여성이었다. 그녀와 관련된 모든 것이 이례적이었다. 사제와 호민관은 물론이고 심지어 프린켑스와 같은 남자 고관들조차 그런 놀라운 여성상을 가진 적이 없었다. 아우구스타는 이 모든 것에 더해, 어머니로서도 이례적이었다. 원로원도 "아우구스타는 프린켑스를 낳아 공화국에도 크게 기여했다"[60]라고 선언할 정도였으니 말이다. 수십 년 전 리비아의 무릎 위에 떨어진 올리브나무 가지에 대한 이야기도 황당무계하게 각색되어 되풀이하여 찬양되었다. 본래의 나뭇잎들은 아우구스투스가 숨지기 직전에 이울기 시작한 반면, 티베리우스가 개선식 때 들었다가 본래의 나무 곁에 심어놓은 나뭇가지는 무성하게 싹을 틔웠다는 내용이었다. 마치 카이사르의 혈통이 보살핌을 받으며 자라다 아우구스타의 혈통이 된 것인 양 말이다. 사람들도 아우구스타를 '세상의 어머니Genetrix (procreatrix) oribs '61라고 부르기 시작했다.

하지만 이것은 그녀의 아들 티베리우스의 기분을 북돋워주지는 못했다. 개인적 원한을 푼다고 해결될 문제가 아니었던 것이다. 갖은 노력을 기울여 어머니를 휘어잡으려 했는데도 그녀의 국정 장악력이 줄어들지 않자 티베리우스는 자신의 권위가 지속적으로 위협받는다고 느꼈다. 그 해악이 특히 컸던 일은 피소의 재판에 그녀가 개입한 것이었다. 아우구스타가 절친한 친구 플랑키나의 뒤를 봐주려고 한 것인데, 그러다 보니 티베리우스는 피소 사건에서 손을 떼고 있는 와중에도 원로원에 나가 플랑키나의 구명을 호소해야 했다. 티베리우스에게 그것은 치욕적 경험이었다. 플랑키나는 독살에서 마술에 이르기까지, 가장 치사한 여성적 범죄 행위로 원로원에 고발된 여자였고, 아우구스타 또한 오래도록 베일에 가려진 일이 가장 망신스럽게 폭로된 음모의 거미줄을 친 장본인이었기 때문이다. 여자가 국정에 끼어드는 것을 싫어한 것 못지않게 여자를 동반하는 것도 질색한 티베리우스로서는 체면이 곱절로 깎인 셈이었다. 아그리피나의 팬들에게는 그 일이, 프린켑스가 마치 아그리피나와 아그리피나 자녀들을 적대시하여 음모를 꾸민 지독한 위선자이기라도 한 듯, 그녀가 흘린 암시가 입증된 것으로 보였기 때문이다. 아그리피나는 아그리피나대로 플랑키나에게 남편의 복수를 못 하게 된 것에 크게 실망했다. 그리고 그렇게 되자 그녀와 아우구스타의 관계도 악화되었다.

티베리우스는 이렇게 어머니와 의붓딸(아그리피나는 아우구스투스의 손녀, 티베리우스는 아우구스투스의 양자, 게르마니쿠스는 티베리우스의 조카 겸 양자였으니, 아그리피나가 티베리우스에게는 며느리 겸 의붓딸이 된다—옮긴이)이 벌이는 왕실 내 험담의 올가미에 걸려든 채 옴짝달싹하지 못했다. 지난 날에는 황가에서 일어나는 온갖 모략과 타협을 보다 못해 로마를 떠나면 그뿐이었으나, 지금은 프린켑스이니 로도스 섬으로 은거할 수도 없었다. 그렇기는 하나 그의 아들 드루수스도 이제 자기 명의로 된 개선식을 거행하고 집정관도 두 차례 역임하여 지도자의 요건을 갖춘 정치인이 되었으니, 티베리우스도 얼마간 은퇴를 고려해볼 수는 있었다. 그는 자기 삶을 귀찮게 하는 두 과부만 떼어낼 수 있다면 무슨 짓이라도 할 것 같았다.

하지만 웬걸, 찰거머리 여자들은 머지않아 세 명으로 늘어났다. 게르마니쿠스와 클라우디우스의 누이로, 위대한 유산을 가진 남자들을 연달아 남편으로 둔 점이 도드라졌던 리빌라(티베리우스의 동생인 네로 클라우디우스 드루수스의 딸)가 세 번째 찰거머리였다. 그녀의 첫 남편은 아우구스투스의 손자 가이우스, 두 번째 남편은 그녀의 사촌, 다시 말해 티베리우스의 아들 드루수스였다. 리빌라는 어릴 때는 미운 오리새끼처럼 자랐으나, 처녀가 되어서는 미모로 이름을 날렸다. 남편 드루수스도 원로원에서 '나의 가장 사랑스러운 사람'[62]이라며 그녀를 자랑하고 다녔다. 티베리우스에게도 그녀는 소중한 존재였다. 게르마니쿠스가 죽은 여파로 몇 주 동안 울적해 있을 때 그녀가 낳은 쌍둥이 아들을 보고 잠시나마 시름을 달랠 수 있었기 때문이다. 하지만 리빌라는 결코 불화를 화목으로 바꿔주는 여자가 아니었다. 어릴 때도 장애를 가진 동생 클라우디우스를 짓궂게 놀려대더니 성인이 되어서도 악독하게 굴었다. 그녀는 성마르고 변덕이 심한데다, 자식들의 장래에 위협이 되는 사람이면 누구든 가리지 않고 눈을 부라리며 분노를 표출했다. 그런데 남편 드루수스가 원로원에서 아내의 미모를 자랑하고 다닌 지 고작 2년 뒤인 기원후 23년, 리빌라의 결혼 생활에 위기가 닥쳤다. 탕아 기질도 여전하고, 날카로운 칼날을 가진 검이 '드루수스의 검'으로 불릴 만큼(검투사들에게 특별히 날카로운 검을 공급해주었다고 함―옮긴이) 잔혹하기도 했던 남편 드루수스가 급속하게 몰락의 길을 걷는 것 같았기 때문이다. 그는 성격이 급하고 난폭했을 뿐 아니라 갈수록 술독에 빠져 지내기까지 했다. 한번은 판노니아 폭동을 함께 진압한 동지이며 당시엔 근위대장이던 세야누스와 함께 개최한 파티에서, 화를 참지 못하고 그의 얼굴에 주먹을 날리기도 했다. 티베리우스도 사태가 이쯤에 이르자, 놀라서 아들의 건강을 걱정하기 시작했다. 하지만 그해 9월 드루수스는 결국 중병이 들어 같은 달 14일 숨을 거두었다.

그러나 드루수스를 잃고도 티베리우스는 역시나 냉담한 표정으로 슬픈 내색을 하지 않았다. 아그리파에 이어 가이우스까지 잃자 둔기로 얻어맞은 듯한 충격을 받았던 아우구스투스와는 대조적이었다. 원로원에 와서도 티베리우스는 "내가 바라는 것은 엄숙한 위로요. 내 마음속에는 공화국만 있습니다"라며 의원들의 과시적 애도를 잠재웠다. 하지만 그의 장래 계획에 덮친 불행의 크기까지 숨기지는 못했다. 그는 동료 의원들에게 그 계획이 무엇이었는지 소상히 밝혔다. 죽은 드루수스로 하여금, 그의 어머니 아그리피나를 통해 아우구스투스의 피를 물려받은 게르마니쿠스 아들들에게 후계자 교육을 시킬 계획이었음을 밝힌 것이다. 요컨대 티베리우스는 칼리굴라의 두 형인 네로와 드루수스의 정계 진출을 예고하면서, '비길 데 없는 혈통을 지닌 두 젊은이를 계승자로 받아들여 지도해달라'[63]는 청탁을 원로원에 하고 있었다. 그것은 괴로운 시간이었다. 그의 기력이 쇠하고 있고, 그래서 국정의 부담을 덜 수 있는 공동 집정을 원하고 있으며, 아우구스투스에 대한 충성에 공화국 전통을 접목시키고자 하는 그의 갈망이 고스란히 노출된 순간이었기 때문이다. 그러나 고조된 감정으로 집정관의 실권을 회복시켜주겠다는 약속을 하며 원로원 연설을 끝마쳤을 때는 그가 얼마간 자신의 말을 믿었을 개연성이 있었다.

하지만 설령 믿었다 해도 한순간에 지나지 않았다. 원로원도 티베리우스의 말을 실쭉한 회의감으로 받아들였다. 전에도 숱하게 듣던 말이었기 때문이다. 티베리우스도 자신이 원하는 방식으로 의원들을 단련시키는 데 10년이나 고투를 벌이고 나자 이제는 그들의 협조를 얻는 일에 절망감이 들기 시작했다. 그는 원로원을 나오며 혼잣말로 "이자들은 기꺼이 노예가 되려고 한다"[64]라고 중얼거리기까지 했다. 따라서 드루수스가 죽고 원로원도 믿을 수 없게 되자, 티베리우스가 지지자를 찾아 다른 곳으로 눈을 돌리기 시작한 것도 그렇게 보면 놀랄 일이 아니다. 티베리우스는 그 자신 클라우디우스 가문의 후계자였지만, 역량만 있다면 사회적 상향 이동의 야망을 품은 사람들을 물리치지 않았다. 실제로 가장 미천한 신분인 사람, 심지어 노예의 자식으로 소문 난 사람도 티베리우스의 후원을 받았다고 알려져 있었다. 검투사 아들이었다가 아프리카 속주의 총독이 된 입지전적 인물에 대해서도, 그 정도 업적을 이루었으면 그 스스로도 '가문의 수장이 될 만하다'[65]라고 말했다. 티베리우스의 소외감과 피로감이 깊어질수록 그가 수하들을 중시할 이유는 점점 늘어났다. 드루수스가 죽은 뒤의 공허함을 달래기 위해 티베리우스가 자신의 피붙이나 원로원 의원이 아닌 시골 출신의 투박한 에트루리아인 기사, 루키우스 아일리우스 세야누스에게 기대려 한 것도 그래서였다.

티베리우스는 드루수스 생전에도 근위대장 세야누스에게 각별히 호의를 베풀었다. 다른 사람들은 문제를 가져오는데 그는 해답을 가져왔기 때문이다. 폼페이우스 극장에 화재가 발생했을 때 서둘러 불길을 잡아 불의 확산을 막은 것도 세야누스의 근위대였다. 화재를 진압한 그의 공을 치하하고 티베리우스의 명백한 희망도 의식해, 원로원은 재건된 폼페이우스 극장에 근위대장의 청동상을 건립했다. 대다수 의원들은 물론 이를 갈면서 그 일을 수행했지만 말이다. 반면에 힘의 풍향계가 바뀌는 데 민감하게 반응하거나, 세야누스의 입김으로 원로원에 들어와 강력한 그의 계파를 형성한 의원들도 있었다. 그리하여 드루수스가 사망한 기원후 23년 무렵에는 세야누스가 유망주로서 입지를 확고히 다지게 되었다. 그로부터 2년간 로마의 최북동단, 도시 최상의 지역에서 대규모 토목 공사가 진행되었다. 앞면에 벽돌을 입힌 콘크리트 벽 안에 거대한 격자형 병영을 갖추고 망루가 갖춰진 문들이 사방에 설치된 그것은 누가 봐도 로마의 조직에 찍힌 도장, 군단 주둔지였다. 이제 세야누스의 근위대는 분산 수용될 필요가 없어졌으며, 그에 따라 근위대의 존재가 베일에 싸였던 시대도 막을 내리게 되었다. 단일 요새 안에 군사력이 집중되고 근위대장이 임명한 장교들의 지휘를 받는 근위대가 도시를 확보하게 되었으니 말이다. 세야누스는 일개 기사였을 뿐이지만, 원로원 의원에게 개방된 어느 정무관직도, 위협적 힘을 지닌 근위대 사령관 직과는 비교가 안 되었다.

그렇기는 하나 세야누스도 자신의 힘이 아직은 모래 위의 누각일 뿐이라는 사실을 뼈저리게 인식하고 있었다. 정무관직을 보유하지도 못했고 원로원 의원도 아니었기 때문이다. 요컨대 그의 권위는 마이케나스의 경우가 그랬듯, 법적으로 보장된 것이 아니었다. 그는 티베리우스 없이는 아무것도 아닌 존재였으며, 게다가 티베리우스의 나이 벌써 예순다섯이었다. 그런 세야누스에게 절호의 기회를 제공해준 것이 바로 드루수스의 죽음이었다. 자신의 힘만으로 입지를 다져, 마이케나스가 아닌 아그리파가 될 기회를 제공해준 것이다. 티베리우스 아들의 죽음으로 아우구스투스 가문에는 검증되지 않은 소년들만 남게 되었다. 그런데 그 상황에서 만일 프린켑스마저 죽으면 후계자의 섭정이 긴급히 필요해질 것은 자명했다. 티베리우스도 원로원에서 공공연하게 밝혔듯, 게르마니쿠스의 아들들이 적절한 후계자 교육을 받지 못하면 아우구스투스 후손으로서의 가치를 입증하지 못할 것이었기 때문이다. 게다가 주군의 생각을 읽고 그 사고방식의 특징인 복잡한 양의성을 파악하는, 거의 불가능한 일에도 정통했던 세야누스는 오래전부터 티베리우스의 생각 깊숙이 내재된 패러독스를 인지하고 있었다. 티베리우스는 상상 속에서 옳다고 믿는 원로원에만 헌신했을 뿐, 현실의 원로원에는 경멸을 보냈다. 따라서 그 둘 사이에는 융합할 수 없는 긴장이 존재했으며, 예리하고 교활한 책략가 세야누스는 바로 그 긴장에서 희미하게 보이는 기회를 포착했다. 티베리우스가 원로원을 네로와 드루수스의 수호자로 과장스럽게 공언한 일만 해도 믿을 게 못 되었다. 황제의 마음속에는 마치 동전의 양면처럼, 신뢰와 의심이 공존했다. 같은 맥락에서 귀족 계급에 대한 규범, 원로원 전통, 공화국의 유산에 대한 찬양 등 모든 요소가 언제든 훼손될 수 있었다. 사정이 이러했으니, 티베리우스의 본능을 악용하고 복잡하고 의심 많은 그의 마음속에 깃든 편집증적 요소를 이용하는 것이 앞으로 세야누스의 치명적 본령이 될 것임은 불을 보듯 뻔했다.

그런데 세야누스의 이 전략에서 열쇠를 쥔 사람이 또 아그리피나였다. 거만하고 불같은 성격에 아들들을 가문의 혈통에 어울리는 지위로 끌어올리고 싶어 안달하는 그녀의 모든 것이 티베리우스를 화나게 했기 때문이다. 그리고 그런 티베리우스의 귀에 대고 세야누스가, 아그리피나 어머니의 야망이 그랬듯 그녀의 야망도 원로원에서 계파를 만들고 있다고 속삭이자, 프린켑스도 솔깃해 했다. 티베리우스와 아그리피나 두 사람 사이에서 생긴 일촉즉발의 위기는 1월 24일에 처음 공개적으로 드러났다. 때는 로마력에서 해가 바뀌는 전환기로, 1월(라틴어: Ianuarius, 영어: January)의 어원이 된 야누스[Ianus, Janus]가 그 전환기의 문지기 역할을 했다. 야누스가 한 면은 뒤쪽의 과거, 다른 면은 미래를 바라보는 양면 상을 하고 있었기 때문이다. 그 점에서 1월은 사제들이 프린켑스의 안위를 기원하기에도 다시없는 적기였다. 그런데 그 특별한 해에 절차에 변화가 생긴 것이 문제였다. 사제들이 황제의 이름을 언급하면서 아그리피나의 두 아들 네로와 드루수스의 이름도 함께 언급하자 티베리우스가 대노한 것이다. 두 아이의 이름을 아이들 어머니의 요청에 따라 포함시켰냐고 추궁하는 황제에게 사제들이 결단코 아니라고 하는데도, 그의 분은 풀리지 않았다. 지난날 십대의 가이우스와 루키우스에게 승진에서 밀려나 쓰라렸던 기억이, 수십 년이 지난 그때까지도 그의 마음을 무겁게 짓누른 탓이었다. 티베리우스는 원로원 연설에서도 어린 왕자들을 버릇없이 키워서는 안 된다는 경고의 말을 한 적 있었다. 아그리피나는 아그리피나대로, 그런 티베리우스에 대한 앙심을 굳혔고, 그러자 두 사람 사이는 더욱 냉랭해졌다.

　세야누스가 그 기회를 놓칠 리 없었다. 그는 먼저 원로원 내의 아그리피나 계파를 무력화하여 아그리피나를 고립시킨 뒤, 아들에 대한 그녀의 장악력을 약화시키려는 계획을 세웠다. 그렇다고 법적 타당성을 중시하는 티베리우스 같은 인물 앞에서 노골적인 폭력을 써서 목적을 달성할 수는 없었다. 하지만 폭력을 쓸 필요조차 없었다. 법이 그의 무기가 되어주었으니 말이다. 세야누스파 의원들은 그해 내내 게르마니쿠스의 측근이던 다수의 요인을 법정에 세웠다. 재물 강탈에서 대역죄에 이르기까지, 그들에게 씌운 혐의도 가지각색이었다. 그러고는 평결이 내려지기 전 스스로 목숨을 끊은 혐의자 한 사람을 제외한 모든 사람을 속전속결로 추방했다. 그 절차에 위헌으로 볼 만한 요소는 없었다. 언제나 그랬듯 법정 자체가 거물들이 유리한 고지를 점하기 위해 획책하는 장이 되었기 때문이다. 야망 있는 의원들에게 재판관을 좌우하는 능력은 성공의 지름길이었다. 물론 박해받는 적을 변호하는 것이 웅변가에게는 한층 명예로운 일로 간주되긴 했으나, 기소한다고 해서 불명예 딱지가 붙는 것 또한 아니었다. 티베리우스도 약관의 나이에 아우구스투스 암살 용의자의 유죄를 얻어낸 전례가 있었던 만큼 그 행위를 부적절하게 보지 않았다. "공화국에 이익이 되는 한, 공화국의 적을 파멸시키기 위해 기소하는 것은 전적으로 타당하다"[66]라는 것이 그의 생각이었다. 따라서 그런 그에게 전통과 자신의 전례 두 가지 모두에 의해 신성시된 일을 승인하지 않는 것은 있을 수도 없는 일이었다.

하지만 세야누스는 병리학자의 시선으로 그의 주군보다 좀 더 심도 있게, 변화된 시대 상황을 꿰뚫어보았다. 오랫동안 의원들의 자유를 지켜주어 그들에게 신봉되던 법률이 이제는 그들 중 가장 담대한 인물마저 겁주어 굴복시킬 수 있는 절호의 기회로 이용하기에 충분할 만큼 무자비한 권력을 그에게 부여해준 것이다. 원로원이 세야누스의 손에 넘겨준 것이 본래는 원로원의 위엄을 높이기 위해 혁신적으로 고안된 장치였기에 그 아이러니는 더욱 씁쓸했다. 소란스러웠던 지난날의 공화국 시대에는 요인에 대한 재판이 공공의 오락이어서 재판도 로마 시민들 앞에서 진행되었다. 그랬던 것이 아우구스투스 치세부터는 의원들의 비밀이 보장되는 원로원 내에서 독단적으로 재판하는 것으로 제도가 바뀌었고, 당시에는 그런 방식이 의원들의 지위를 높여주는 새로운 특권으로 환영받았다. 그런데 지금 의원들은 뒤늦게 그것이 함정임을 깨닫는 중이었다. 당연히 프린켑스에 대한 반역죄로 기소된 동료들을 재판하는 의원도, 자신이 발가벗겨졌다는 느낌을 지울 수 없었다. 의원들의 투표 행위가 일일이 관찰되고 있었기 때문이다. 유죄 판결을 열렬히 요구하는 행위도 마찬가지였다. 처벌을 강력히 요구할수록 그의 충직성은 더욱 두드러졌기 때문이다. 그러니 세야누스는 적을 옥박질러 침묵시킬 필요도 없었다. 편집증과 야망에 들뜬 의원들끼리 서로 치고받고 싸우도록 원로원에 일을 맡겨두면 되었으니까.

근위대장은 거기서 더 나아가 자신의 메시지를 더 확실히 전달하기 위해, 솔직한 발언도 처벌의 대상이 될 수 있음을 과시해 보였다. 그리고 그것을 위해 일착으로, 아우구스투스의 노년 시절에 비방 면허의 새 기준을 마련하기 위한 시범 사례로 걸려들어 크레타 섬으로 추방되었던 껄끄러운 목소리의 주인공 카시우스 세베루스를 재심리하여 크레타 섬보다 더 황량한 에게 해상의 바위섬으로 추방시켰다. 그 이듬해에는 더 불길한 일이 벌어졌다. 기원후 22년 폼페이우스 극장에 세야누스 상을 건립할 것인지를 묻는 안이 원로원에 제출되었을 때 유일하게 반대표를 던진 명망 있는 역사가 겸 원로원 의원인 아울루스 크레무티우스 코르두스(?~기원후 25)에게, 그로부터 3년이 지난 지금, 세야누스가 자신의 사냥개들을 풀어놓은 것이다. 크레무티우스에게는 황당하고 새로운 혐의도 적용되었다. 그가 자신의 역사서에서 브루투스와 카시우스 롱기누스를 찬양하고 그들을 '최후의 로마인들'[67]이라고 기록했다는 죄목이었다. 역사가가 자리에서 일어나, 죽은 사람을 찬양할 권리는 고대부터 내려온 로마인들의 생득권이자 아우구스투스도 승인한 권리라고 주장하자, 세야누스의 하수인들은 고함을 질러 그를 침묵시켰다. "그들의 고함에 그도 자신이 궁지에 몰렸음을 깨달았다."[68] 그리하여 원로원을 나와 집으로 직행한 크레무티우스는 자진해서 굶어 죽었다. 그에게는 강제 급식을 시행하는 것이 더 유익한 형벌이었을 테지만 집정관들의 기소가 늦어져 실행되지는 못했다. 크레무티우스의 책도 물론 원로원의 공식 포고에 따라 불태워졌다.

과거사를 썼다는 이유로 파멸한 크레무티우스의 운명은 원로원 의원들에게도 섬뜩한 미래를 예견하게 했다. 시민 간의 유대, 친구 간의 유대, 호의와 의무로 묶인 관계의 모든 것이 언젠가는 올가미가 될 수 있음을 뜻했기 때문이다. 연회 때 보인 상호 신뢰감, 포럼에서 나눈 짧은 대화 등, 위험은 곳곳에 도사리고 있었다. "어떤 사안에 대해 이러쿵저러쿵 말만 해도 기소될 위험이 있었다."[69] 그런 세상에서는 친밀함도 일종의 전염병이었다.

신들도 여기에 동감을 표했다. 원로원에 만연한 새로운 공포감을 우롱하듯 이탈리아에 질병을 퍼뜨려, 일반 대중과 모든 계층의 여성은 피해 가고 상류층 남자들에게만 치명타를 입혔으니 말이다. 턱에서 발진해 '섬뜩한 규모로'[70] 얼굴 전체와 상체를 뒤덮는 그 질병은 키스로 번진다고 알려져 있었다. 티베리우스는 이번에도 비아냥거리듯 그 병을 '턱병'[71]을 뜻하는 '멘타그라Mentagra'로 부르며, 이유 막론 뺨에 하는 모든 키스를 금지하는 칙령을 내렸다. 한때는 연대의 합치를 상징하던 제스처가 위험을 상징하는 행동이 된 것이다. 따라서 친밀한 관계일수록 재앙이 될 우려도 높았다. 로마 상류층 사람들도 자신들이 추해지고 초췌해지고 병들었다는 사실을 알았다.

프린켑스도 거울을 보고 그 사실을 알았다. 대머리인데다 늙어 허리까지 구부러진 그도 얼굴의 염증이 심해져 고생하고 있었던 것이다. 그것이 멘타그라였는지, 다른 질병이었는지는 모를 일이다. 하지만 분명한 것은 친밀한 관계의 위험성을 알기 위해 티베리우스가 굳이 무언가를 따로 필요로 하지는 않았다는 점이다. 아우구스투스가의 갖가지 염증성 경쟁과 증오를 봉합하기 위해 그의 가계 내에서 진행되던 시도들도 그의 얼굴에 덕지덕지 붙은 고약보다 하등 나을 것 없는 효과를 보였으니 말이다. 아니, 어쩌면 너무도 신성하고 너무도 친밀한 관계였기에 곪지도 못했는지 모른다.

심지어 아우구스투스에게 바치는 희생마저 훼손될 위기에 처했다. 티베리우스가 신격화된 전임 황제의 호의를 구하는 의식을 행하는 곳에 들이닥쳐 신성모독적 행위를 한 사람이 다름 아닌 아그리피나였으니 말이다. 그녀는 자신의 친구가 재판정에 서자 광분하여 날뛰었다. 그러고는 그 책임을 세야누스가 아닌 티베리우스에게 돌렸다. 머리를 토가로 감싼 경건한 사제복 차림의 티베리우스가 할아버지의 상 앞에 서 있는 모습을 보고 그녀는 발악하듯 외쳤다. "아우구스투스 신에게 희생을 바치는 분이 그분의 후손을 박해해서는 안 되지요! 폐하는 그분의 신령이 말 못 하는 돌에 스며들었다고 생각하시나요? 아니죠, 그분과 닮은 사람은 저, 성스러운 피가 흐르는 접니다." 티베리우스는 독설을 퍼붓는 아그리피나를 슬픔에 젖은 시선으로 바라보았다. 그러고는 여윈 손으로 그녀를 부여잡고 꾸짖듯 말했다. "그래, 너는 네가 힘이 없어서 박해를 당한다고 생각하는 거냐?"[72]

그러나 두 사람의 관계에 완전히 종지부가 찍히는 데는 마지막으로 또 한 차례의 대결, 결정적 모욕이 필요했다. 그리고 이번에도 그 음모를 꾸민 장본인은 세야누스였다. 모든 곳, 심지어 아그리피나의 친구들에게까지 첩자를 심어놓았던 그가, 첩자들로 하여금 티베리우스가 아그리피나를 독살하려 한다는 치명적 경보를 발령하도록 한 것이다. 그것은 허무맹랑한 주장이었다. 그런데도 아그리피나는 그 말을 곧이곧대로 믿었다. 티베리우스가 초대한 저녁 식사 자리에서도 그녀는 음식에 일절 손을 대지 않았다. 티베리우스가 의아해 하며 사과 한 알을 권하자, 입에도 안 대고 하인에게 주었다. 로마를 방어하기 위해 십대 때 처음으로 무기를 들었고, 내부 파열의 위기에 빠져든 도시를 두 차례나 구했으며, 적의 눈 흰자위를 노려보며 적의 강철에 자신의 강철로 맞서고 적이 흘린 피로 자기 몸을 적시는 전투를 수없이 치른, 길고도 빛나는 이력을 지닌 티베리우스가 음험하고 저속한 여성적 범죄의 혐의자가 되는, 치명적 모욕을 당한 것이다.

이 일은 티베리우스뿐 아니라 아우구스타에게도 모욕이었다. 아우구스타의 행위와 관련된 소문은 그녀가 거의 신과 같은 지위를 얻은 이후로 나아지기는 고사하고 오히려 더 악화되었다. 심지어 아우구스투스마저, 독을 잘 다루는 그녀의 희생양이었다는 것이 폭넓게 믿어진 사람들의 수군거림이었다. 아우구스투스가 죽던 날, 리비아가 두 사람이 머물던 별장의 정원으로 나가 그곳에서 자라는 무화과를 따 독을 바른 뒤, 무화과라면 사족을 못 쓰는 아우구스투스에게 갖다 주자 그가 허겁지겁 받아먹었다는 것이다. 그런데 지금 아그리피나는 티베리우스가 권한 과일을 매몰차게 거절해 과거사를 들추었으니, 아들뿐 아니라 그 어머니까지 욕보인 셈이었다. 하지만 프린켑스는 의붓딸에게 그녀의 행실을 직접 언급하여 체면을 구기기보다는 곁에 있던 아우구스타에게 대신 의향을 물었다. "나를 독살자 취급하는 여자에게 가혹한 조치를 취한다 하여 비난할 자는 없겠지요?"[73]

티베리우스는 그에 대한 방책도 이미 세워놓았다. 아그리피나의 재혼을 단호하게 불허한 것이다. 그 결정에 상심한 그녀는 흐느껴 울다 못해 몸져누웠다. 아그리피나는 게르마니쿠스의 아내인 자신과 그의 자녀들이 보호자를 갖는 것은 로마 남자들도 수치로 여기지 않을 거라고 항변했는데, 아닌 게 아니라 맞는 말이었다. 하지만 그것이야말로 티베리우스가 재혼을 불허한 이유였다. 아우구스투스 가문의 과부는 왕조의 보물이었기 때문이다. 원로원 토의 때마다 비열하게 굴어 프린켑스가 특히 혐오했던, 유능하고 야심 찬 집정관 아시니우스 갈루스가 아그리피나와 연분이 났다고 소문난 인물이라는 점도 재혼 불허 결정에 일조했다.[74] 게다가 갈루스는, 지난날 아우구스투스의 명령으로 이혼한 뒤에도 티베리우스가 마음속에 평생의 사랑으로 늘 간직해온 빕사니아와도 결혼한 전력이 있었다. 그런 작자를 아우구스투스 가문의 일원으로 받아들인다는 것은 생각만 해도 소름 끼치는 일이었다. 그렇기는 해도 갈루스의 개인적 결함이 주된 장애물은 아니었다. 그가 설령 문제적 인물이 아니고 프린켑스에게 득이 되는 충직한 인물이었다 해도 아그리피나와의 결혼은 어차피 거부할 수밖에 없었다. 리빌라와 마찬가지로 아그리피나도 과부 신세를 면하게 해주기에는 값어치가 너무 컸기 때문이다.

티베리우스가 가장 신임하는 사람도 그의 결의를 흔들지는 못했다. 세야누스가 결혼 상대로 염두에 둔 후보자군에서 아그리피나가 유일한 여자가 아니었던 점도 그 결정에 한몫했다. 세야누스는 드루수스가 죽은 기원후 23년에 아내 아피카타와 이혼했다. 그녀는 아들 셋을 낳아주었지만 근위대장의 야망을 충족시키기에는 신분이 너무 낮아 떨려났던 것이다. 그 뒤 2년간 세야누스는 때가 오기를 기다렸다. 그리고 기원후 25년 마침내 더는 올라갈 곳 없는 목표치를 가지고 행동에 나섰다. 티베리우스에게 리빌라와의 결혼을 허락해달라고 청하는 공식 서한을 보낸 것이다. 세야누스로서는 보기 드문 실책이었다. 티베리우스도 아닌 밤중에 홍두깨 같은 일을 당하자 적당히 발뺌하는 답변을 했다. 노골적으로 면박은 주지 않되 자신의 의사는 분명히 밝힌 것이다. 티베리우스는 두 사람이 결혼하면 그녀와 아그리피나 간의 경쟁이 격화되리라는 점을 반대 이유로 들었다. 그렇지 않아도 두 여자는 이미 반목하는 상황이었는데, 그가 리빌라와 결혼하면 상호 적대감이 악화될 것이라고 말한 것이다. "그렇게 되면 카이사르 가문은 사실상 두 쪽이 날 것이야."[75] 세야누스도 티베리우스의 말귀를 알아듣고 그쯤에서 물러났다.

하지만 근위대장도 그 일로 나름의 소득을 얻었다. 입이 무겁고 숨기는 게 많았던 티베리우스가 평소 비밀로 간직해오던 속내를 드러냈으니 말이다. 게다가 세야누스는 티베리우스가 집안 여자들, 원로원의 각종 계파, 수도 생활 자체에도 염증을 내고 있음을 장안의 누구보다 잘 알았다. "그리하여 군중으로 부산하고 오가는 사람이 많아 성가시기 이를 데 없는 수도에서의 고달픈 삶에 대해서는 잔뜩 험담을 늘어놓고 호젓하고 평온한 삶을 찬양하는 식으로 세야누스의 설득이 시작되었다."[76] 그렇다고 그것이 과장된 주장도 아니었다. 로마 상류층 사람들에게 은퇴는 낯선 행동 원리가 아니었다. 동포 시민들에게 봉사할 만큼 한 시민이 싸움이 난무하는 정치판을 떠난다고 하여 손가락질할 사람은 없었다. 호라티우스가 사비니 구릉 지대의 미관을 즐기며 살았듯, 저명한 원로원 의원들도 로마를 떠나 철학자와의 담소, 걸작 예술품의 과시, 이미 거창한 별장을 더 거창하게 증축하는 것 등, 각자의 지위에 맞게 여가를 만끽하며 살 권리가 있었다. 이탈리아 전역에는 멋진 풍광을 가진 영지도 곳곳에 널려 있었다. 그중에서도 그런 곳이 가장 밀집한 지역은 로마 남부의 해안가였다. 수도의 최고급 지구를 제외하고 이탈리아 전역을 통틀어 부동산 가격이 가장 높았던 나폴리 만만 해도 '단일 도시인 것 같은 인상을 줄'[77] 만큼 수많은 별장이 해안가에 줄줄이 늘어서 있었다. 그중 일부는 해안가에 세워져 있고 또 다른 일부는 벼랑에 세워져 있다는 차이만 있을 뿐, 그 모두 로마 상류층이 좋아하는 바다 풍경을 품고 있었다. 나폴리 만을 굽어보는 최고급 별장 지대 역시 오래전부터 위대함을 나타내는 상징이었다. 율리우스 카이사르가 아우구스투스에게 물려준 바위 곶의 별장만 해도 절경으로 유명했다. 아우구스투스가 죽기 전 며칠을 보냄으로써, 다수의 로마인들이 더할 나위 없는 영결로 간주했을 만한 삶을 즐긴 곳도 나폴리 만의 남쪽 입구에 위치한 카프리 섬이었다.

나폴리 만을 옆에 낀 캄파니아 지방은 아우구스투스에 대한 충절도 유달리 높았다. 로마가 내전으로 암울했던 시기, 이탈리아가 해적선들의 위협에 시달렸을 때 아우구스투스의 충복 아그리파가 루크리누스 호숫가 내포의 가장 이름난 굴 양식장 사이, 대피처가 될 만한 해역에 배들을 정박시킬 수 있었던 것도, 자신들이 입을 피해를 감수해준 그 지역

나폴리 만 전경

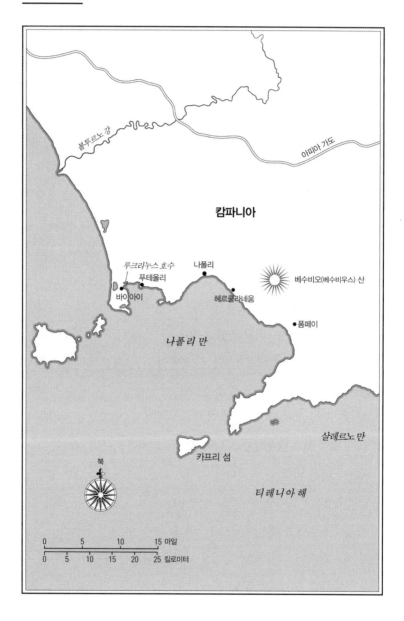

민들 덕분이었다. 물론 내전이 끝난 뒤에는 갑각류에 끼치는 피해를 최소화할 수 있는 부근 곳의 새로운 정박지로 배들을 옮겼지만 말이다. 미려하고 감칠맛 나게 사치스러웠던 나폴리 만은 그렇게 아우구스투스가 주관한 평화의 주요 장식물이 되었다. 심지어 바다 동물마저 성원해주는 것 같았다. 마치 신들이 새 시대를 선언하며 보낸 듯한 돌고래가 루크리누스 호숫가에 살던 소년의 친구가 되어, 학교까지 그를 매일 태워다주었다니 말이다. 사라진 세계의 신화에서 불러온 듯한 그 이야기도 첨단의 유행과 고색창연함이 어우러진 나폴리 만 특유의 매력을 보여주는 좋은 사례였다. 그랬으니 세련된 문화적 취향을 지닌 티베리우스에게도 그곳은 욕장과 굴 이상의 것들을 제공해주었다. 수년 전에 은거했던 로도스 섬처럼 전적으로 그리스풍은 아니었지만, 수백 년 전 그곳 만으로 항해해 도시 나폴리를 건설한 그리스 이주민들의 정취가 살아 있는, 헤아릴 수 없이 귀중한 곳이었다. 간단히 말해 나폴리 만은 엄격하고 피곤에 지친 티베리우스에게 더할 나위 없이 매혹적인 피난처였다. 그렇다고 신들과 신격화된 아우구스투스가 그에게 부여한 책무까지 단념할 수는 없었지만, 그것도 극복하지 못할 문제는 아니었다. 캄파니아는 로마에서 말을 달리면 하루 만에 닿을 수 있는 거리였으니, 프린켑스 정도의 통찰력을 지닌 인물이라면 그곳에서도 충분히 세계를 통치할 수 있었다. 그러기 위해 필요한 것은 단 하나뿐이었다. 믿고 맡길 수 있는 충직하고 유능한 심복을 수도에 두는 것.

티베리우스는 이미 기원후 21년에 그해의 태반을 캄파니아에서 보내며 그런 생각의 실현 가능성을 타진해보았다. 그러므로 물론 5년이 지난 지금은 그때보다 한층 긴 체류를 염두에 두고 로마를 떠났다. 행장은 비교적 홀가분하게 꾸렸다. 원로원 의원도 한 명만 대동했다. 그밖의 일행으로는 난해한 내용의 신화에 매료된 티베리우스의 취향을 함께 나눌 수 있고 뜬금없이 던지곤 하는 그의 곤란한 질문에도 대처할 능력을 가진 문학가들이 구색을 갖추어 포함되었다. 충직한 프린켑스의 심복, 세야누스도 물론 그들 곁에서 함께 말을 달렸다. 세야누스는 수도에서 주군의 대리 역할을 맡고 있었으니 시간이 많지는 않았지만, 서두르지 않고 일행과 보조를 맞추며 여정을 즐겼다. 로마에서 남쪽으로 100킬로미터 지점에 와서는 황제의 행렬이 아피아 가도를 벗어나 측면 도로를 타고 해안을 향했다. 티베리우스를 기다리는 방대한 스페룬카(지금의 스페를론가)의 별장 단지가, 그곳 바다를 면한 곳에 자리해 있었던 것이다. 그렇다고 그 별장 단지의 거창한 규모만이 티베리우스의 위대성을 말해주는 유일한 특징은 아니었다. 별장 너머의 오르막길과 곳들을 지난 곳, 나무 그늘과 누각들 사이, 정원, 산책로 옆, 낭떠러지에도 횃불과 석양이 비추면 살아 움직일 것만 같은 예술품들이 곳곳에 절묘하게 배치되어 있었다. 개중에는 먼 옛날에 만들어진 것도 있고 방금 조각된 것도 있었으나, 소유주의 독특한 개성이 반영된 점에서는 모두가 같았다. 스페룬카는 이렇게 신화적 요소에 매료된 티베리우스의 마음을 거울처럼 비춰주는 곳, 신, 서사적 영웅, 전설적 짐승이 혼재하는 환상적 경관을 지닌 곳이었다. 그리고 이처럼 경이로운 테마파크에 거주하는 황제라면, 비록 저녁때에 한정된 이야기이기는 하겠지만, 수도에 두고 온 국정의 짐들이 저만치 멀게만 느껴졌을 것이다.

그 옛날 아이네아스 시대의 또 다른 영웅도 스페룬카 해역을 항해한 적 있었다. 그리스어로는 오디세우스, 라틴어로는 율리시스로 불린 그는 계략에 능하고 인내심 강하기로 유명했다(아이네아스는 헥토르와 함께 트로이군에, 오디세우스와 아킬레우스는 그리스군에 속해 싸운 트로이 전쟁의 영웅들이다 ─ 옮긴이). 괴물과 싸워 이기고 마녀와 협상을 벌이며 악전고투한 끝에 고향에 돌아온 것이 트로이 함락 10년 만이었으니 말이다. 티베리우스도 위기와 싸우고 기센 여자들과 드잡이하는 게 어떤 것인지를 알고 있었던 만큼 율리시스와 충분히 동질감을 느꼈을 법하다.[78] 실제로 그는 별장 저 아래 바다 곁, 지난날 율리시스가 바삐 움직였을 수역이 내다보이는 천연 동굴에 지상 최고의 식탁을 마련했다. 구두쇠로 유명했던 그가 아까운 줄 모르고 돈을 펑펑 쓴, 몇 안 되는 사치 생활이 바로 최고급 요리였다. 티베리우스는 훈연 처리된 빈티지 와인을 좋아했을 만큼 와인에 대한 식견이 높았을 뿐 아니라 채식 요리에도 각별히 관심이 있었다. 새로운 품종의 아스파라거스를 찾아내는가 하면, 이국적인 독일산 뿌리채소를 구해 오기도 하고, 그처럼 맛 좋은 양배추를 흔한 식재료라고 말할 수는 없다고 주장하여 미식가들의 코를 납작하게 만들기도 했다.

　그런데 이렇게 요리에 매료된 티베리우스의 특징이 가장 혁신적으로 드러난 장소가 바로 스페룬카였다. 해수가 밀려드는 웅덩이가 있어 물고기를 즉석에서 요리할 수도 있었고, 수심 얕은 곳에 거룻배를 띄워놓고 바닷물이 사방에서 철썩이는 소리를 들으며 동굴 입구에서 연회를 즐길 수도 있었으며, 동굴 내부에 횃불을 비쳐 볼 수도 있었으니까. 오비디우스의 말을 빌리면, "그곳은 자연이 예술을 정교하게 모방한 곳이었다."[79] 그러나 물론 예술이 자연을 미화한 정도로는 정교하지 못했다. 율리시스의 갖가지 공훈이 묘사된 거대 조상들만 해도 동굴 곁 웅덩이에서 괴물이 솟아나오는 장면, 동굴 구석을 꽉 채우며 큰대자로 드러누운 외눈 거인의 모습 등, 비길 데 없는 장면이 포함되었으니 말이다. 스페룬카는 이렇게 훌륭한 음식, 거대 조각상, 신화로 가득 찬, 티베리우스가 행복감에 젖어들 만한 곳이었다.

그렇다면 서사의 세계를 아주 가까이 접해보는 것도 가능했으리라. 동굴 뒤쪽 횃불에 으스스하게 비쳐진 거인(폴리페모스)만 해도, 주기적으로 삼지창을 휘두르는 버릇 탓에 '대지를 흔드는 자'라는 별칭을 가진 바다의 신 넵투누스(포세이돈)의 아들이었으니 말이다. 아니나 다를까 티베리우스가 만찬을 벌인 날 저녁, 스페룬카의 땅이 예고 없이 흔들렸다. 그 바람에 동굴 입구로 돌들이 와르르 무너져 내려, 음식 나르던 하인들이 잡석에 깔리고 겁먹은 손님들은 안전을 찾아 여울 너머로 도망쳤다. 하지만 초로의 티베리우스는 간신히 일어나기만 하고 절벽에서 탈출하지는 못했다. 근위대 병사들이 사고 현장으로 급히 달려왔을 때는 프린켑스가 앉았던 곳에 잡석만 쌓여 있어 최악의 사태를 우려할 수밖에 없는 상황이었다. 그리하여 근위병들이 돌 무더기를 기어오르는데, 안에서 그들을 부르는 소리가 났다. 돌 무더기를 치우고 보니 세야누스가 손과 무릎으로 땅을 짚어 몸을 구부린 인간 방패의 형상으로 주군을 감싸고 있었다.

의미심장한 기적이 아닐 수 없었다. 티베리우스가 이 사건에서 얻은 교훈은 두 가지였다. 세야누스는 무슨 일을 맡겨도 좋은, 비할 바 없이 든든한 심복이라는 것이 하나고, 다른 하나는 신들이 그에게 로마 땅을 두 번 다시 밟지 말라는 경고로 이 사건을 받아들인 것이었다.

변덕

기원후 28년 1월 초하루. 상서롭고 기쁜 날이었다. 포룸 주변에는 사프란 태운 향이 취하도록 감돌았고, 신전의 빗장들도 벗겨졌으며, 살찐 수소를 카피톨리노 구릉 꼭대기로 데려가 도끼로 목을 치는 방식으로 제단을 새롭게 성화하는 의식도 가졌다. 원로원에서도 전통에 따라 프린켑스의 연하장이 발표되었다. 그러나 의원들은 이번이라고 새삼스런 내용이 발표될 것이라고는 기대하지 않았다. 어쨌거나 축일이었으므로.

하지만 이번에는 반전이 있었다. 티베리우스는 1년 째째 캄파니아에 머물고 있었다. 그러나 로마에는 그의 정보원이 있었다. 그가 '나와 근심을 나누는 자'[80]로 부른 인물이 불철주야 그의 대의를 위해 애쓰고 있었다. 세야누스는 전복의 낌새를 알아채고 선동에 대한 정보를 알아내기 위해 요소요소에 첩자들을 심어놓았다. 그리고 지금 티베리우스는 특별히 충격적인 대역죄 사례가 적발된 사실을 원로원에 통고하고 있었다. 세야누스가 심어놓은 이중 첩자들 중 한 사람에게 티티우스 사비누스라는 기사가 모반 계획을 털어놓았고, 나머지 세 첩자가 사비누스의 다락방으로 잠입해 들어가 그들이 나눈 대화의 마지막 한마디도 놓치지 않고 다 엿들었다는 내용이었다. 첩자 네 명 모두 저명한 원로원 의원이었다. 따라서 증거가 있고 없고는 논박 거리조차 되지 못했다. 사비누스는 결국 프린켑스를 모함하고 그의 부하들을 사주하고 프린켑스의 목숨을 노린 음모의 혐의자가 되었다. 그렇다면 동료 의원들이 해야 할 일도 자명했고, 당연히 그들은 그 일을 했다.

근위병들이 사비누스 집에 들이닥쳐 그의 머리에 두건을 씌우고 목에 올가미를 던져 걸었다. 틀어막힌 그의 입에서는 음울한 말장난과도 같은 절망적인 항변이 터져 나왔다. 희생은 야누스가 아니라 세야누스에게 바쳐지고 있다고, 가장 냉소적일 때의 티베리우스에게 어울릴 법한 탄식이 흘러나온 것이다.[81] 이어 근위병들이 사비누스를 목적지인 도시 감옥으로 끌고 갔다. 로마 신전들의 빗장이 벗겨진 날, 감옥이 그를 집어삼켰다. 머지않아 게모니아 돌계단에는 천에 둘둘 말린 시신이 내던져졌다. 8년 전에 피소의 조상을 박살 냈던 곳에 지금은 처형자의 시신이 던져져 포룸에 모여든 군중의 구경거리가 되고 있었다. 사람들이 그 광경을 보려고 모여들자, 사비누스의 개가 주인의 시신을 지키고 있다가 구슬프게 짖었다. 먹을 것을 던져주면 물고 가 주인의 시신 입 옆에다 갖다 놓았다. 시간이 흘러 병사들이 갈고리를 가져와 사비누스의 시신을 테베레 강으로 끌고 가자 개도 그들을 계속 따라갔고 시신이 물속으로 던져지자 함께 강물로 뛰어들었다. 그러고는 "시신이 가라앉지 않게 하려고 애를 썼다."[82]

감상에 잘 빠져드는 로마인들은 이번에도 사비누스의 충견이 당한 불행에 게르마니쿠스 가족에 대한 그들의 슬픔을 대입시켰다. 게다가 사비누스는 그들의 죽은 총아와도 막역한 친구 사이였다. 따라서 세야누스의 이중 첩자와 운명적 대화를 나눌 때도 아그리피나에 대한 동정심을 강하게 피력했다. 그 대화는 이런 내용이었다. 티베리우스가 로마를 떠난 것도 불행한 과부의 고통을 덜어주지는 못했다. 고통이 덜어지기는 고사하고 오히려 그 반대였다. 티베리우스가 로마를 비우자 그와 아그리피나의 관계가 완전히 끝장났다고 본 근위대장이 아그리피나 집안을 몰락시키기 위한 공작을 대놓고 벌여도 문제가 없다고 판단한 탓이었다. 세야누스가 아그리피나 가족 중에서도 특히 표적으로 삼은 사람이 티베리우스의 법정 추정 상속인 겸 아그리피나의 장남, 따라서 자신의 목적에 직접적 위협이 되는 네로였다. 게다가 네로는 무모하고 고집이 센 인물이라 목적 달성에도 이로웠다. 상속 서열 2위인 드루수스도 형에 대한 질투심에 눈이 멀어, 세야누스와 한편이 되려 했다.

아그리피나의 세 아들 중에서는 막내 칼리굴라만 총명하게도 근위대장의 술수에 넘어가지 않았다. 아직 십대 중반의 어린 나이였는데도 가정의 풍파를 보고 자란 탓인지 냉혹하고 변덕스러운 권력의 작동 방식을 일찌감치 터득하고 있었던 덕분이다. 그러므로 그는 자기 가족을 조여오는 불행에 대해서도 가능하면 책임을 공유하지 않으려 했다. 세야누스에 의해 아그리피나가 캄파니아에서 사실상 가택 연금 상태에 놓였을 때도, 칼리굴라는 로마 정계에서 유일하게 근위대장에게 맞설 수 있는 권위를 지닌 아우구스타에게로 피신했다. 칼리굴라는 아우구스타에게 '스톨라를 입은 율리시스'라는 별칭도 지어 바쳤다. 교활함이 몸에 밴 노련한 수단꾼에게서나 나올 법한 극찬을 한 것인데, 아우구스타도 증손자가 자신의 판박이인 것에 기뻐했다. 이리하여 칼리굴라는 당장은 안전을 보장받았다.

이는 잘된 일이었다. 올가미가 계속 죄어오고 있었으니 말이다. 사비누스가 죽자 티베리우스는 즉각 조치를 취해 공화국을 위험에서 구해준 데에 사의를 표하며 또 다른 음모가 꾸며지고 있음을 넌지시 암시하는 서신을 원로원에 다시 보냈다. 당사자를 직접 거명하지는 않았지만, 원로원에서 그들이 누군지 모를 사람은 없었다. 그러다 보니 세야누스가 티베리우스에게 정례 국정 보고를 할 때, 아그리피나가 부정행위를 저지르고 네로의 폭력성이 심각하다는 경고를 해도 누구 하나 반박하는 사람이 없었다. 티베리우스는 티베리우스대로 궁정 생활의 소문과 청탁에서 벗어나고 싶은 일념에만 사로잡혀 있었다. 결국 캄파니아로도 그 욕구가 충족되지 못한다고 느껴, 자리 잡은 지 고작 몇 달 만에 그곳의 모든 쾌락 시설을 버리고 수행원과 함께 아우구스투스가 물려준 카프리 섬으로 들어가버렸다. 그러고는 자신의 명시적 허락 없이는 누구도 섬의 두 돌제突堤에 상륙하는 것은 물론 접근도 못 하게 해놓은 뒤에야 마침내 광란의 속세에서 벗어났다는 해방감을 느꼈다. 물론 가족으로부터 벗어났다는 해방감도 느꼈다. 수십 년 전 판노니아나 게르마니아로 원정 갈 때면 안전을 최우선으로 삼아, 작전 수행 중일 때는 암살을 우려해 천막 안에서 잠들지 않는 것을 원칙으로 삼았던 그가 이제는 겁먹고 불행한 여자와, 버릇없고 세상 물정 모르는 소년을 두려워하며 살게 된 것이다. 한때는 자기보존에 이로웠던 건강한 본능이 노년이 된 지금에 와서는 음울한 편집증으로 변하고 있었던 것이다.

하지만 사방이 절벽으로 둘러싸인 섬으로 들어갔다고 해서 티베리우스가 국정에서 손을 놓은 것은 아니었다. 손을 놓기는커녕 그는 여전히 아우구스투스에게서 물려받은 책무에 충실했다. 비록 아우구스투스 가문에 대한 본분과 로마인들에 대한 책무, 두 가지 모두에 충실했다. 비록 아그리피나는 엄중한 감시를 받게 했지만, 동명인 그녀의 딸에게는 신분에 맞는 배필을 찾아주었다. 로마군 최초로 엘베 강을 건넌 사령관의 아들로 흠잡을 데 없는 로마 귀족, 그나이우스 도미티우스 아헤노바르부스와 결혼시킨 것이다. 티베리우스는 특권층 사람들을 카프리 섬으로 불러들이든, 그 스스로 틈틈이 본토로 바람을 쐬러 나가든, 전적으로 고립된 생활을 하지도 않았다. 소수의 특권층 사람들에게 가뭄에 콩 나듯 시간도 할애해주었다. 다만 그 경우에는 자신이 바라는 조건을 철저히 따라주어야 했다. 로마로는 결코 되돌아갈 마음이 없던 그를 만나려면 그가 있는 곳으로 와야 하는 것만 해도 그랬다. 그러다 보니 내로라하는 거물급 의원들도 캄파니아로 몰려갈 수밖에 없었다. 하지만 거기에 가서도 세야누스에게 면회를 거부당하기도 했고, 심지어는 면회를 금지당했다. 그러면 화가 나 씩씩거리면서도 의원들은 또 다른 탄원자들 틈에 섞여 나폴리 만에서 야영을 했다. 따라서 그들이 느낀 모멸감은 이루 말할 수 없었다. 로마의 엘리트인 그들이 일개 기사 나부랭이에게 호의를 구걸하고 베풀어준 은혜에 황송하다는 듯 기사의 이익을 위해 봉사하는 처지가 되었으니 말이다. 그렇다고 다른 대안도 없었다. 의원들은 자신들이, 모든 것이 뒤집어진 것처럼 낯설고 무서운 세상을 비척대며 걸어가고 있다고 느꼈다. 한때는 영광과 업적의 상징이던 영예도 이제는 얻어봤자 비굴한 아첨꾼의 낙인을 찍는 역할만 했다. 티베리우스가 의원들의 최고 자질로 평가한 문벌과 독립적 사고도 파멸과 거의 일맥상통하는 말이 되었다. "명성마저 죽음을 불러올 우려가 있었다."[84]

그리고 물론 그 위험에 처해진 사람들은 다른 누구도 아닌 아우구스투스의 후손들이었다. 사비누스가 처형된 지 1년이 지난 것과 두 사람이 죽은 것도 엔드 게임이 가까워졌음을 예고했다. 20년도 더 전에 신격화된 할아버지에 의해 조그만 섬인 트리메루스로 유배되어, 그곳에서 참혹하게 살다가 마지막 숨을 거둔 아그리피나의 언니, 소 율리아가 첫 번째 죽음이었다. 그 섬에 얼마나 오래 갇혀 있었으면 기원후 29년에 죽었다는 소식이 들리자 로마인들은 몇 년 전에 그녀가 이미 죽은 줄로 알았을 정도다. 하지만 같은 해 아우구스투스가에 찾아온 두 번째 죽음에는 그때와 사뭇 다른 반응을 보였다. 아버지가 필리피 전투에서 사망했고, 신이 된 인물과 동침하는 사이였으며, 로마 역사상 어느 여자보다도 많은 직함과 명예와 계급의 상징을 지녔던 아우구스타의 사망이 그들에게는 중대한 순간, 이미 전설이 되고 있던 과거에 고하는 마지막 작별이었던 것이다. 원로원 의원들도 애도만으로는 모자라 아우구스타를 기리는 기념문 건설을 의결했다. 그러나 어머니의 죽음에도 침묵으로 일관한 티베리우스의 불허로 성사되지는 못했다. 기념문 건설안은 그렇게 조용히 묻혔다. 더불어 그녀 스스로 거룩한 영예를 주장하는 뻔뻔한 행동을 했을 리 없다는 엄중한 경고에 따라, 아우구스타를 여신으로 선언하기로 했던 원로원의 결의도 조용히 묻혔다. 장례식도 간소하게 치러졌다. 카프리 섬에 머물고 있던 티베리우스는 며칠 동안 갈까 말까 망설이던 끝에 식장에 결국 나타나지 않았다. 그런 탓에 화장할 무렵에는 시신에서 이미 악취가 풍기기 시작했다. 장례식 추도사는 물론 열일곱 살 난 칼리굴라가 모든 이의 칭찬을 받으며 낭독했다.

하지만 추도사를 낭독하는 동안에도 칼리굴라는 이미 미래가 더 불확실해지리라는 것을 통렬하게 깨닫고 있었다. 여타 사람들도 불안해 할 이유는 충분히 있었다. 아우구스타의 피보호자들만 해도 향후 몇 년 안에 몰락할 것임이 불을 보듯 뻔했다. 집정관에서 피소의 과부 플랑키나에 이르기까지, 그들의 면면은 다양했다. 하지만 그중에서도 가장 두드러진 사람은 바로 아그리피나였다. 아우구스타와 아그리피나의 사이가 좋지 않았다고는 해도, 어찌 됐든 티베리우스로 하여금 도리를 지키게 만든 사람은 아우구스타였기 때문이다. 요컨대 아우구스타는 티베리우스가 프린켑스인 한, 게르마니쿠스의 아들들을 후계자로서 못박아 놓은 아우구스투스에 대한 의무를 그에게 늘 연상시키는 존재였던 것이다. 따라서 아그리피나의 추종자들에게는, 아우구스타의 장례식이 끝나기 무섭게 아그리피나와 그녀의 장남 네로를 비난하는 프린켑스의 서신이 원로원에 도착한 것이 다분히 의도적으로 보일 만했다. 그리하여 또 군중이 포룸에 모여 아그리피나와 네로의 초상을 흔들어대며 그 편지가 조작되었다고 연호하자, 원로원 의원들은 머뭇거리며 어떤 행동도 취하지 못했다. 프린켑스의 진의를 알 수 없었기 때문이다. 그러다 세야누스의 위협을 받고 티베리우스의 두 번째 서신이 도착한 뒤에야 그들은 마침내 확신을 갖고 고분고분 촉구된 행동을 했다. 아그리피나와 네로에게, 프린켑스에 대한 음모를 꾸민 공모자로 유죄 판결을 내린 것이다. 네로는 공적으로도 선언했다. 하지만 중대 범죄를 저지른 자들에게 과연 그 정도 조치만으로 충분했을까? 의원들은 다시 알랑거리는 투로, 할 수만 있다면 사형 선고를 내리고 싶다는 말까지 덧붙였다. 그러나 티베리우스에게는 다른 계획이 있었다. 늘 그랬듯이 이번에도 그는 적법성과 아우구스투스의 전례를 행동의 기준으로 삼았다. 아그리피나 모자에게 쇠고랑을 채우고 중무장 감시병을 붙여, 이탈리아 연안의 각기 다른 섬으로 이송, 투옥시키도록 한 것이다. 티베리우스는 특유의 뒤틀린 유머 감각을 발휘하여, 아그리피나는 특별히 그녀의 어머니 율리아가 오래전 아우구스투스의 명령으로 추방되어 머물렀던 판다테리아 섬으로 보냈다.

원한에 사무친 티베리우스에게 그의 전부인(율리아)의 딸이 공식적으로 유죄 판결을 받은 것은 그에 관한 가장 어두운 의혹이 통쾌하게 입증된 것이었다. 세야누스에게도 그것은 대성공을 의미했다. 하지만 세야누스는 기쁨을 느끼면서도 자신이 티베리우스의 눈을 얼마나 교묘하게 속여 아그리피나에게 누명 씌우는 악랄한 짓을 저질렀는지를 의식했고, 출세의 사다리를 높이 올라오기는 했으나 남은 가로장들을 올라가는 길이 아직은 위태롭다는 사실도 인식했다. 그에게는 두 가지 목표가 남아 있었다. 하나는 게르마니쿠스의 후계자들을 완전히 제거하는 것이었고, 다른 하나는 리빌라가 낳은 드루수스 후계자에 대한 후견인 권리를 얻는 것이었다. 지난 기원후 20년 리빌라는 쌍둥이 아들을 낳았다. 하지만 그중의 하나는 죽었고, 당시에는 죽은 아이를 기려 '쌍둥이'를 뜻하는 '게멜루스'로 불린 아홉 살 난 아들 하나만 남아 있었다. 게르마니쿠스의 남은 두 아들이 만일 네로처럼 공적으로 선언된다면, 손자 게멜루스가 티베리우스의 단일 후계자가 될 터였다.

물론 그런 생각을 한 사람이 세베루스 혼자만은 아니었다. 아그리피나의 몰락에 누구 못지않게 희희낙락하던 리빌라도 같은 생각으로 근위대장에게 바짝 주의를 기울이고 있었다. 그녀의 아들이 네로, 드루수스, 칼리굴라를 제치고 프린켑스가 될 것이라는 전망보다, 시샘 많고 투지만만한 그녀를 신나게 만드는 일도 없었다. 아니, 리빌라는 벌써 세야누스가 획책한 음모의 열정적 참여자가 되어 있었다. 네로와 결혼한 그녀의 딸 율리아로 하여금 근위대장의 눈과 귀 역할을 하도록 만든 것이다. 이리하여 네로의 운명도 결국, 세야누스의 첩자에 의해 다락방에서 운명이 결정된 사비누스처럼 세야누스의 첩자인 아내에 의해 자기 침실에서 결정되었다. 실로 근위대장의 힘이 미치지 않는 곳은 없는 듯했다.

심지어 로마 시민들마저 세야누스의 명성과 힘에 눌려 그에게 굽실거리며 경의를 표하기 시작했다. 마치 그가 프린켑스의 부하가 아닌 그의 협력자라도 되는 양 요란스럽게 경의를 표했다. 하지만 세야누스는 자신이 지닌 위대성의 근거가 박약하다는 사실을 결코 잊지 않았다. 티베리우스와 자신이 한 쌍으로 조상이 세워졌고, 외지에 나갔다가 귀경할때면 도시 성문에서 공식 대표단의 영접을 받았으며, 신격화된 아우구스투스에게 하듯 자신의 초상에 희생을 바치는 사람도 생겨나기 시작했지만, 그런 것들에 현혹되지 않았다. 그의 운명은 여전히 풍전등화였기 때문이다. 요컨대 세야누스는 티베리우스의 호의가 없으면 아무것도 아닌 존재였다. 아그리피나가 몰락하고도 1년이 지난 지금, 그녀의 아들들을 상대로 새로운 승리를 거둔 것도 그 점을 한층 두드러지게만 했으니 그로서는 답답했을 것이다. 그는 네로에게 써먹은 더러운 속임수로 네로의 동생 드루수스의 유죄 판결마저 얻어냈다. 드루수스의 아내에게 위증을 시키고, 첩자들에게 드루수스의 평판을 좀먹는 말을 하게 하고, 세야누스 자신이 드루수스의 종조부(티베리우스) 귀에 대고 모략의 말을 속삭이는 것을 비롯해 그 젊은이를 파멸시킬 수 있는 길은 차고도 넘쳤다. 이리하여 드루수스도 결국은 형 네로처럼 원로원에 의해 공적으로 선언되어 팔라티노 구릉의 지하 감옥에 갇혔다. 게멜루스의 계승을 가로막는 장애물은 이제 칼리굴라 한 명만 남게 되었다. 따라서 세야누스는 마침내 최종 승리를 눈앞에 둔 듯했다. 하지만 가까워지기만 했을 뿐, 아직 도달하지는 못했다. 아우구스타가 죽은 뒤 할머니 안토니아와 함께 지내던 칼리굴라가 당시에는 티베리우스의 부름을 받고 카프리 섬에 머물고 있는 것도 문제였다. 사실상 근위대장의 영향권을 벗어나 있었기 때문이다. 칼리굴라가 종조부의 빈객 겸 볼모이기도 하다는 사실은 세야누스에게 전혀 이로울 게 없었다. 티베리우스의 눈앞에서 그를 모함하는 것은 거짓 정보의 기술에 달통한, 노련한 세야누스에게도 거의 불가능한 도전이었다.

그렇다면 이참에 주군의 호의에 의존하던 기존의 종속 관계를 끊어버리면 어떨까? 아닌 게 아니라 수도에서는 두 사람 간의 힘의 균형에 변화가 일어나고 있다는 소문이 파다하게 돌았다. 4년째 수도를 비우고 있는 티베리우스가 '섬의 지배자'[85]에 지나지 않는다고 보는 사람들이 많았다. 그러나 세야누스는 그들처럼 어리석지 않았다. 반면에 로마에도 싫증 내고 삶에도 싫증 내는 그의 보호자가 언제까지나 살아 있지는 않으리라는 사실 또한 명백했다. 그렇다면 시간이 없었다. 기왕 여기까지 온 것, 병든 노인의 호의에 자기 미래를 맡길 수는 없었다. 성공에는 용기가 필요했다.

그 무렵 연전에 조그만 섬으로 유배되었던 네로가 사망했다는 소식이 들려왔다. 가련하고 누추한 그 죽음이 근위대장의 짓이라는 사실을 모를 사람은 거의 없었다. 감시병이 나타나 올가미와 푸줏간 갈고리를 흔드는 모습을 본 네로가 살해당하느니 자살하는 편을 택했다는 소문이 돌고 있었던 것이다. 그 소문의 진위 여부는 모를 일이다. 하지만 프린켑스와의 면회 가부를 결정하는 힘을 지녔고, 로마 시가 바로 내려다보이는 곳에 군단 주둔지를 지었으며, 가장 암울했던 삼두정 시대 이래 로마의 그 누구보다 공포를 주제넘게 사용한 세야누스에게 고착된 위협적 분위기가 그 사건으로 가중되었던 것만은 분명하다. 그러나 세야누스는 로마인들을 위협만 한 것이 아니라 여론에 호소할 줄도 알았다. 그 점은 티베리우스가 뚜렷한 호의의 표시로 그에게 집정관직을 주선해주고 자신의 국정 파트너가 되는 데 동의함으로써, 세야누스가 프린켑스 동료로서 공식 지위를 마음껏 누리게 되었을 때 여실히 드러났다. 마침내 원로원 의원이 되고 마침내 법적으로 인가된 권력을 행사할 수 있게 된 것까지는 좋았으나, 시골 촌뜨기가 일약 권력의 정점인 집정관에 선출되자 권력 행사 이상의 것, 요컨대 인민의 지도자 행세를 할 완벽한 기회도 얻은 것이 문제였다. 세야누스는 원로원 표결이 끝나자 집정관 당선자로서 플레브스의 본거지인 아벤티노 구릉을 도는 현란한 가두 행진을 벌였다. 그러고는 티베리우스가 중단시킨, 캄푸스 마르티우스에서의 선거를 명백히 연상시키는 민회를 개최했다. 주군에게 엄청난 모욕이 될 만한 행동을 한 것이다. 세야누스는 프린켑스, 근위대, 인민, 그 모두를 필요로 했고, 따라서 위험을 기꺼이 감수할 태세였다.

이리하여 집정관이 된 기원후 31년 무렵에는 세야누스가 자신의 모든 계획, 모든 책략, 모든 야망이 거의 다 실현되었다는 자신감을 갖게 되었다. 칼리굴라가 여전히 활보하고 다니는 점이 신경에 거슬렸지만, 티베리우스가 '수고하는 파트너'[86]를 위해 결정적 조치를 취하고 장기 계획을 발표할 것이라는 예감이 여름의 열기와 함께 달아오르기 시작했다. 그해 봄 카프리 섬에서 국정 협의를 마친 뒤 작별 인사를 했을 때, 프린켑스가 세야누스를 힘껏 끌어안고는 자신도 근위대장처럼 몸과 마음을 다하는 게 어렵지 않았다고 기탄없이 애정을 드러낸 것도 그렇게 볼 만한 이유였다. 하지만 유언비어와 역유언비어만 난무할 뿐, 도시의 무더위를 날려줄 결정적 한방은 수도에 도착하지 않았다.

그러는 사이 계절은 어느덧 여름에서 가을로 접어들었다. 그런데도 근위대장은 계속 땀을 흘렸다. 그리고 10월 18일, 오랫동안 기다린 결정적 순간이 마침내 찾아왔다. 때는 새벽, 로마 원로원의 하루가 시작되는 카피톨리노 구릉의 아폴로 신전 계단에 서서 도시가 잠에서 깨어나는 모습을 바라보던 세야누스에게 근위대 장교 한 명이 다가왔다. 근위대 내에서 소방 업무를 관장하는 비길레스 사령관, (나이비우스) 수토리우스 마크로였다. 카프리 섬에서 막 도착한 그의 손에는 프린켑스의 서신이 들려 있었다. 티베리우스의 심복으로 3주 전 신임 집정관이 되었고 그날 아침에도 원로원 회의를 주재하고 있던 멤미우스 레굴루스 앞으로 보낸 서신이었다. 그런데 그 서신 내용을 마크로가 상관인 세야누스에게 비밀리에 귀띔해준 것이다. 세야누스에게 '호민관의 특권'을 부여한다는 내용이었다. 아닌 게 아니라 그것은 중대한 소식이었다. 지난날 아우구스투스 시대에도 아그리파에 이어 티베리우스도 연달아 그 특권을 보유했고, 두 경우 모두 국정의 짐을 함께 지는 아우구스투스의 협력자임을 나타내는 상징이었기 때문이다. 그러니 세야누스가 한시름 놓았다는 안도감과 더불어 기쁨을 느끼는 것은 당연했다. 신전 안에 있던 의원들도 서둘러 들어오는 그의 표정에서 낌새를 알아채고 환호로 그를 맞이하며 떠나갈 듯 박수갈채를 보냈다. 그것으로도 모자라 자리에 앉는 그의 옆으로 우르르 몰려가 그가 입은 영광을 함께 느끼고자 했다. 그러는 사이 마크로는 레굴루스에게 티베리우스의 편지를 전해준 뒤 뒤돌아 곧바로 자리를 떴다. 집정관이 읽기 시작한 티베리우스의 서신 내용에 애가 탄 세야누스는 그가 어디로 가는지 신경도 쓰지 않았다.

하지만 물론 티베리우스는 단도직입적으로 요점을 말하는 사람이 아니었다. 레굴루스가 읽는 편지 내용을 듣는 의원들은 점점 헷갈리기 시작했다. 세야누스에 대한 찬사는 고사하고 그에 대한 비난 일색이었기 때문이다. 그의 주위로 몰려들었던 의원들도 슬금슬금 그의 곁을 떠나기 시작했다. 낯빛이 하얗게 질린 채 듣고 있던 세야누스는 움직일 수조차 없었다. 정무관들이 나서서 그의 앞을 가로막았기 때문이다. 기립하라는 레굴루스의 명령을 세 차례나 듣고서야 그는 자리에서 간신히 일어섰다. 의원들도 그쯤에서는 티베리우스가 세야누스와의 관계 청산을 말하고 있다는 것을 확실하게 인지했다. 세야누스를 방에서 끌어내 지난날 사비누스를 구금했던 감옥에 가두라는 집정관의 명령이 떨어져도 누구 하나 그를 변호하려고 나서지 않았다. 로마 군중도 근위대장의 실 각 소식을 듣고 포룸에 집단으로 몰려가 죄수가 된 그에게 야유를 퍼붓 고 쇠사슬에 묶인 그가 그들 앞을 지나 질질 끌려갈 때는 그의 조상들을 무너뜨렸다. 또 세야누스가 토가로 머리를 감싸 보호하려고 하자 그것 을 휙 벗겨내고는 주먹을 날리고 뺨을 때렸다. 그것이 그가 로마인들의 호의를 구하려고 기울인 노력에 대한 대가였다. 그보다 더 나빴던 것은, 그것으로 보호자의 지지마저 잃은 것이었다.

그날 오후 세야누스가 도시의 지하 감옥에서 몸부림치는 동안, 원로 원 의원들은 그 반대편에 위치한, 휘황찬란한 콩코르디아 신전에서 회 의를 재소집했다. 그러고는 도도한 평민들의 저항을 진압한 것을 기려 지은 그 건축물 안에서 세야누스의 처형을 결의했다. 세야누스는 그날 저녁 바로 교수형에 처해졌고 그의 시신은 사비누스가 처형되었을 때처 럼 게모니아 계단에 던져졌다. 그 후 그곳은 사흘 동안이나 근위대장의 오만함, 잔인함, 야망을 혐오하여 그의 시신을 곤죽이 되도록 발로 차고 짓밟아 대는 군중으로 북적였다. 병사들은 형체를 알아볼 수 없도록 엉 망이 된 뒤에야 시신을 갈고리로 끌어내 테베레 강에 던졌다. 세계 지배 의 열망을 가졌던 인물이 물고기 밥으로 생을 마친 것이다.

그 소식은 타오르는 모닥불을 타고 카프리 섬에도 전해졌다. 하지만 그사이에도 티베리우스는 만반의 태세를 갖추고 있었다. 계획이 어긋 날 경우에 대비해 군단 기지로 철수할 수 있도록 배를 대기시켜 놓은 것 이다. 마크로가 근위대 장악에 실패하고 세야누스가 자기를 실각시키려는 기도에 저항하고 자신이 로마에 대한 장악력을 잃었을 경우를 상정한 것이다. 티베리우스는 어느 순간, 섬뜩한 편집증까지 보이며 게르마니쿠스 가족을 심하게 의심했던 것이 큰 실수였음을 깨달았다. 아그리피나의 파멸에만 집착한 나머지 세야누스가 은혜를 원수로 갚는 인물일 수도 있다는 점은 고려하지 못한 것이다.

그 위험에 눈을 뜨게 해준 사람은, 칼리굴라의 할머니 겸 티베리우스의 계수, 안토니아(기원전 36~기원후 37)였다. 손자 둘이 근위대장 손에 죽는 것을 지켜본 노부인이 셋째 손자만은 모략으로부터 기필코 지키기 위해, 그녀가 가장 신뢰하는 그리스인 노예 팔라스를 시켜 의심이 가는 점을 조목조목 적은 편지를 티베리우스에게 보냈던 것이다. 태생적으로 비밀스럽고 의심이 많았던 티베리우스는 그토록 오랫동안 믿을 만한 충복으로 알았던 세야누스가 자신을 바보 취급했을 수도 있다는 내용에 크나큰 충격을 받았다. 근위대장이 위협을 제기할 개연성만으로도 자신을 파멸시키기에는 충분했기 때문이다. 느리지만 확실하고 냉혹한 그의 계획은 그렇게 수립되었다. 세야누스가 제아무리 간계와 음모의 화신이라 해도 티베리우스에 비하면 하수였다. 세야누스는 졸지에 기습을 당했고, 자신이 설치한 어느 거미줄보다 치명적인 거미줄에 걸려들었던 것이다. 거미가 아닌 파리가 되어.

거미줄에 걸려든 이가 세야누스 한 사람으로 그친 것도 아니다. 다수의 다른 사람들도 그를 따라 몰락의 길을 걸었다. 세야누스의 맏아들과 삼촌처럼 정식으로 사형 선고를 받아 죽은 사람들도 있었고, 복수에 이를 간 폭도들에게 린치를 당한 사람들도 있었다. 프린켑스에 대한 충성을 특별히 과시할 필요가 있었던 근위대 병사들도 도시를 사납게 휘젓고 다니며 가는 곳마다 불을 지르고 약탈을 자행했다. "세야누스파였던 사람치고 로마인들에게 짓밟히지 않은 사람이 없었다."[87] 그러나 가장 치명적인 복수는 세야누스에게 버림받은 그의 전처, 아피카타에게서 나왔다. 남편이 저지른 악행을 적은 편지를 티베리우스에게 보낸 것인데, 얼마나 극악무도한 행위였으면 편지를 쓰자마자 그녀는 자결했다.[88] 티베리우스도 편지를 개봉해 읽으며 그간 자신이 세야누스에게 얼마나 깊이 속아 살았는지를 깨닫고 피가 거꾸로 솟는 느낌이었다. 아피카타가 주장하기로, 그가 가장 신뢰했던 심복은 무려 10년 동안이나 리빌라와 정을 통하고 있었다. 드루수스도 그들이 독살했다고 했다. 두 남녀의 야망, 악행, 역모 행위에는 끝이 없었다. 티베리우스는 지난날 세야누스가 자신에게 리빌라와 결혼하게 해달라고 간청했던 일을 생각해내고서야 저간의 사정을 이해했다. 드루수스의 환관과 리빌라의 주치의를 고문하자 아피카타의 주장이 사실로 드러났다. 이에 티베리우스가 확신을 갖고 리빌라의 어머니 안토니아에게 그녀를 인계하자, 안토니아는 리빌라를 방에 감금한 뒤 굶겨 죽였다. 리빌라의 지위, 비명, 이름도 모두 지워졌다. 원로원 의원들도 복수심에 불타는 프린켑스에게 충심을 보여주느라 혈안이 되어, 리빌라의 평판을 깎아내리는 데 앞장섰다. 세야누스 가족에 대한 징벌도 계속 이어지고 있었다. 세야누스의 맏아들은 이미 사형당해 죽고 없었으므로 이번에는 그의 가장 나이 어린 자녀들을 도시 감옥에 수감했다. 둘 중 사내아이는 그나마 앞으로 닥칠 일을 알 만한 나이였다. 하지만 여동생은 사리 판단을 하기에는 이른 나이여서, 무슨 잘못을 저질렀는지 몰라 어리둥절한 표정으로 다른 아이들처럼 왜 매질로 혼내지 않는지만 연신 물어댔다. 로마에서는 숫처녀 처형이 거룩한 전통에 위배되는 행위로 여겨졌기에 사형 집행인은 그 아이를 죽이기 전에 강간을 자행했다. 그리고 두 아이는 결국 교살되어 게모니아 계단에 버려졌다.

　너무도 많은 사법적 살해, 너무도 많은 시신이 이런 식으로 포룸 대중의 구경거리가 되었다. 티베리우스도 이를 의식했는지, 세야누스가 처형된 지 2년 후 유형지인 판다테리아 섬에서 숨진 아그리피나에게는 교살도 하지 않고 게모니아 계단에 던지지도 않는 은전을 베풀었다. 하지만 세야누스가 실각했다고 해서 그녀에 대한 불신까지 잦아든 것은 아니어서, 그녀와 네로는 계속 감금 상태로 두었다. 기원후 30년 아그리피나와의 결혼 음모를 꾸민 일로 티베리우스의 의심을 사고, 겁에 질려 고분고분해진 원로원에 의해 유죄 판결을 받은 아시니우스 갈루스도 마찬가지였다. 티베리우스는 무려 3년 동안이나 그를 독방에 가둬놓고 목숨만 부지하게 하면서, 단식 투쟁이라도 할라치면 강제로 밥을 먹였다. 나이가 들면서 잔혹함과 두려움이 더해진 복수심과 우유부단한 본능 사이에서 갈팡질팡하던 티베리우스에게는 생지옥과도 같은 그런 형벌이 완벽한 타협점이었다. 갈루스, 아그리피나, 드루수스, 세 사람 모두 그런 식으로 굶어 죽었다. 이들 중 드루수스는 특히 끔찍한 최후를 맞았다. 매질을 당하다 한쪽 눈을 실명한 그의 어머니 아그리피나처럼, 그도 병사와 전직 노예들로 구성된 옥리들의 감시를 받으며 조금이라도 규칙을 위반하면 사정없이 채찍질을 당했다. 살아생전 마지막 주에는 매트리스

속을 뜯어 먹는 지경에까지 이르렀다. 그러다 결국 비명을 지르고 저주를 퍼부으며 죽어갔다. 티베리우스에게는 특히, 자기 가족을 피에 빠뜨려 죽인 괴물이라는 무시무시한 저주를 남겼다.

그 일은 원로원에도 보고되었다. 숨기는 것이 많았던 프린켑스가 그런 전율할 만한 일의 공개를 허용했다는 사실이 의원들로서는 당혹스럽기만 했다. 그러나 티베리우스는 양심의 가책을 느끼지 않았다. 양심의 가책은커녕 로마인들이 눈을 뜨도록 해주어야 한다고 생각했다. 위협은 어느 곳에나 도사리고 있다는 것을. 배신은 그의 최측근 조언자, 가족 중에도 만연해 있었다는 것을 말이다. 그 사실을 인지하는 것은 티베리우스에게도 괴로운 일이었다. 그는 세야누스도 사랑했고, 그의 형제(네로 클라우디우스 드루수스)도 사랑했다. 하지만 종국에는 세야누스도 처형되었고, 그의 두 손자 네로와 드루수스도 감옥에서 굶어 죽었다. 티베리우스가 한결같이 신뢰하며 도와주려 했던 원로원도 배은망덕한 행위를 저지르기는 마찬가지였다. 그렇다면 살인으로 이적 행위의 오점을 씻어내는 수밖에 없었다. 이리하여 어느 특별히 잔혹한 날, 세야누스파에 속한 원로원 의원 20명이 또 한꺼번에 처형되었다. 시신들 주위에는 감시병을 배치하여 그들의 친척과 친구가 애도 행위를 하지 못하도록 막았다. 그러다 나중에 게모니아 계단에서 시신들을 끌어내려 테베레 강에 던졌고, 그것들은 한데 뒤엉켜 고깃덩어리로 변한 채 물위를 육중하게 떠내려갔다. 이런 행동을 하고도 티베리우스는 여전히 자신의 안전이 위태롭지 않다고 느끼면 동료 한 사람에게는 자비를 베풀어, 자기 마음속의 번민을 털어놓을 용의가 있었다. "나는 하루하루 불행을 느끼며 산다네"[89]라고.

　수도 로마는 티베리우스에게 끔찍한 배반으로 얼룩진 곳인 동시에 매력적인 곳이기도 했다. 세야누스가 실각한 뒤 1년에 한 차례씩 수도 나들이를 할 때도 성내에는 들어오지 않고 농촌 지역을 어슬렁거리거나, 성벽 근처 인적 드문 곳에 텐트를 치고 생활하다가 허둥지둥 도망치는 게처럼 카프리 섬으로 돌아간 것도 그래서였다. 로마를 영원히 떠나는 것도 쉽지 않고 그렇다고 돌아올 수도 없는 상황이 그에게는 마치 신들이 부여한 고문과도 같았다. 티베리우스가 도시 성문을 넘지 않으려 하는 데에는 신들의 힘이 작용하고 있음이 분명했다. 스페룬카에서 일어난 지진은 도시가 그에게 보낸 여러 불길한 징조의 하나일 뿐이었다. 언젠가 로마 가까이 왔을 때도 그는 애완용으로 기르던 뱀에게 먹이를 주러 갔다가 그것이 죽어 개미들 밥이 된 것을 보고 군중의 위협이 있으리라는 명백한 경고로 받아들이고 그 즉시 방향을 돌린 적이 있었다. 티베리우스는 그런 징조를 읽는 기술이 뛰어났다. 정계에 입문한 초기부터 그에게는 그런 징조들이 따라붙었다. 학생 때는 '당나귀 털을 솔질하다가 불꽃이 일어나는 것을 보고 통치자가 되리라는 예언을 받았고',[90] 청년 장교일 때는 '옛 시대의 군단이 승리한 뒤 봉헌한 제단이 갑자기 불타오르는 것'도 체험했다. 그는 또 태초의 지혜, 베일에 싸인 신화, 점성학의 달인이기도 해서 하늘의 조짐을 통해 인간사의 패턴을 읽을 줄도 알았다.

　하지만 그런 지식도 질 나쁜 사람의 손에 들어가면 위험할 수 있었다. 아우구스투스가 기원전 12년 2000권이 넘는 예언서를 몰수해 불태우고, 티베리우스 치세 2년째에 접어들었을 때는 원로원이 로마의 모든 점성술사를 이탈리아 밖으로 쫓아내라는 명령을 내린 것도 그래서였다. 이름난 점성술사들은 절벽에서 던져지는 위험마저 감수해야 했다. 세계가 어디를 향해 가는지를 점쳐주는 것과 같은 지식은 지극히 민감한 사안이었다. 따라서 일반 시민들에게까지 그 내용을 알려주는 것은 부적절했다. 반면에 프린켑스는 가능한 한 모든 지침을 필요로 했다. 티베리우스도 트라실루스라는 점성술사를 곁에 두고 비학을 배웠다. 트라실루스와는 로도스 섬에서 유랑 생활을 할 때 그의 점술에 크게 감명한 뒤로 흉금을 터놓는 사이가 되었다.* 티베리우스는 노련한 점성술사가 곁에 있다는 점에 크게 안도했다. 형세를 지속적으로 파악할 필요가 있었기 때문이다. 대신에 그는 천박한 인간세로부터 벗어나 적당히 얼버무리거나 하는 원로원 의원, 다루기 힘든 군중, 드센 과부들의 손이 미치지 않는, 좀 더 고원한 일들에나 마음을 쓰려고 했다.

카프리 섬은 아우구스투스도 경이로운 존재들의 본거지로 보았던 듯, 섬의 별장을 거인의 유골과 바다 괴물의 뼈들로 장식해놓았다. 티베리우스는 그런 진기한 것들에 매료되다 못해 호기심을 전 세계로 확대했다. 소아시아에서 일어난 지진으로 굉장한 영웅의 유해가 지면으로 노출되었을 때는 그 치아를 가져와 경건하게 크기를 잰 다음 실물 크기의

---

* 이 특이한 점성술가가 티베리우스에게 발탁된 내력에 대해서는 여러 가지 설이 있다. 티베리우스가 그를 벼랑에서 떨어뜨릴 계획이었음을 정확히 예언했다는 기록도 있고, 로도스 섬으로 다가오는 배를 보고 티베리우스의 로마 소환을 전하러 오는 배임을 트라실루스가 정확히 알아냈다는 기록도 있다.

영웅 두상을 만들기도 했다.* 기이한 것들에 지대한 관심을 쏟는 것이야
말로 티베리우스다운 행동이었다. 히스파니아의 동굴에서 현지인들이
해신이 소라 고동 부는 모습을 보았다는 말을 들었을 때나, 그리스의 한
섬을 지나던 수로 안내인이 염소의 거대한 생식기와 다리를 가진 판 신
이 죽었다고 외치라는 명령을 받고 그대로 행했다는 말을 전해 들었을
때도 티베리우스는 학자들에게 그와 관련된 자료를 요구했다. 하지만
속계와 천계, 다시 말해 인간과 초자연적 존재의 경쟁적 특질을 일치시
키는 문제에 사로잡힌 티베리우스의 강박이 가장 적나라하게 드러난 곳
은 역시 그가 은거했던 카프리 섬이었다. 개조하기도 하고 새로 짓기도
한, 섬 곳곳에 널린 별장 열두 채만 해도 그리스 신화에서 가장 강력한
신들로 나오는 올림포스 열두 신에게 경의를 표하기 위해 세운 것이었
으니 말이다. 그중 몇몇은 율리시스와 아이네아스가 항해한 해로가 내
려다보이는 벼랑에, 나머지는 그 아래 푸른 물결이 철썩이며 밀려드는
곳, 인어와 바다요정 상들이 불꽃이 이는 내부에 광채를 더해주던 동굴
로 내려가는 길목에 세워졌다. 카프리 섬의 모든 곳에는 이렇게 박식한
프린켑스가 짓궂은 명칭을 붙이고 완벽하게 그의 취향에 따라 만들어진
동굴, 정원, 주랑 현관이 줄줄이 늘어서 있어, 판과 요정 역할을 맡은 젊
은 배우들에게 완벽한 무대가 되어주었다. 스페룬카에서와 마찬가지로
카프리 섬에서도 티베리우스는 신화적 테마파크에 거주하고 있었던 것
이다.

---

* 이 '영웅'은 십중팔구 마스토돈이나 매머드였을 것이다. 이에 관련된 사항은 Mayor, p.146를 참조할 것.

로마를 떠나 캄파니아로 간 지 11년째 되는 해인 기원후 37년 무렵에는 티베리우스도 신화적 인물이 되어가는 듯했다. 로마인들도 추문이라면 사족을 못 썼던 만큼, 프린켑스가 장기간 수도를 비우고 섬에서 은둔 생활을 하는 것에 대해서도 무성한 소문을 만들어냈다. 수도에는 여전히 그의 그림자가 음침하게 드리워져 있었다. 플레브스도 거만한 티베리우스에게 모욕당한 사실을 잊지 않았고, 원로원 또한 아그리피나와 세야누스파가 냉혹하게 숙청된 일을 잊지 않았다. 게모니아 계단에 스며든 피 얼룩도 쉽게 지워지지 않았다. 그들은 티베리우스도 잔혹함과 편집증, 그리고 두려움에 떠는 추한 몰골로 늙어가고 있을 거라고 생각했다. 그렇다면 은둔 생활을 하는 카프리 섬에서 그가 대중의 시선을 피해 과연 어떤 잔혹성을 드러냈는가 하는 문제도, 소문에 목말라하는 로마인들의 등골을 오싹하게 만들었을 법하다. 실제로 로마에서는 그와 관련된 여러 가지 소문이 떠돌았다. 일례로 이런 이야기도 있었다. 카프리 섬 도착 며칠 후, 프린켑스가 낭떠러지에 서 있는데 현지의 한 어부가 바위 위로 올라와 커다란 숭어를 그에게 선물했다. 그런데 철천지원수도 인정했을 정도로, 로마를 위해 싸울 때는 두려움을 몰랐던 티베리우스가 어부를 보고는 혼비백산했다. 어찌나 놀랐는지 경비병에게 어부를 붙잡아 선물로 받은 숭어로 그의 얼굴을 박박 문지르게 했다. 고통에 못 이긴 어부가 "숭어와 함께 잡은 큰 게를 이분께 드리지 않게 해준 별들에게 감사한다!"[91]라고 소리치자, 티베리우스가 게로도 그의 얼굴을 문지르게 했다는 것이다. 물론 다수의 사람들도 믿게 되었듯, 프린켑스에게 그런 대우를 받기는 로마인들도 마찬가지였다. 그의 지배 아래 도시는 얼굴이 뼛속까지 찢어져 피투성이가 되었으니 말이다.

그러나 기실 티베리우스의 그런 잔혹성은 이야깃거리도 안 되었다. 그보다는 예전에 드러나지 않았던 그의 악덕에 사람들은 더 흥분했다. 로마인들에게 프라이버시는 본질적으로 부자연스러운 것이었다. 상궤를 벗어난 나쁜 본능이 무제한으로 분출될 수 있다는 우려 때문이었다. 따라서 프라이버시도 다른 시민들에게 감추고 싶은 성적 취향을 가진 사람만이 원할 만한 것으로 보았다. 사방을 거울로 장식한 방에서 온갖 변태 행위를 일삼았던 호스티우스 콰드라처럼 말이다. 그런데 티베리우스는 방 하나가 아닌 섬 전체를 무려 11년 동안이나 제 집처럼 보유했다. 따라서 그 스스로는 대단한 박식가연했지만, 그의 위선에 속아 넘어갈 로마인은 거의 없었다. 신화의 불가사의한 내용에 매료되었다는 그의 주장도 포르노 쇼를 하기 위한 구실에 불과했다. 아우구스투스는 수십 년 전 리비아와의 결혼을 축하하기 위해 개최한 가면무도회에서 하객들과 함께 신의 복장을 하고 술잔치를 벌였다가 군중의 폭동에 직면한 적이 있었다. 게다가 티베리우스의 놀이터, 카프리 섬에는 환상에 빠진 프린켑스를 견제할 비판적 군중도 없었다. 동굴 속을 채워놓은 요정들과 판 신들도 단순히 신화에 등장하는 포즈나 취하라고 데려다 놓은 것이 아니었다. 신화에는 강간과 기상천외한 성교 장면이 넘쳐났으니 말이다. 아마도 신들의 행위에 매혹된 노인에게 그들의 교섭 장면을 생생하게 재현하는 일보다 더 큰 쾌락은 없었을 것이다.

쾌락은 연기뿐만 아니라 배역에서도 얻었다. 티베리우스는 일평생 원로원의 위엄, 귀족 사회의 규범, 고래의 로마 덕목과 같은 기본 가치에 매여 살았다. 그러면서도 아우구스투스에 의해 세상의 끝에서 죽도록 내버려진 오비디우스처럼, '금기가 사람들을 흥분시킨다'[92]는 사실은 늘 인지하고 있었다. 따라서 그가 택한 연기자들 역시 금기시된 사람들이었다. 젊고 매력적인 그들의 다수는 정숙함의 귀감이었을 뿐 아니라, 그와 동류인 귀족층 자녀들이었다. "아름다운 용모에 신체적으로도 성적 매력을 갖춘 사람, 때 묻지 않은 순진무구함과 명문가의 혈통을 가진 사람, 이런 사람들이 그를 흥분시켰다."[93] 이런 귀족층 자녀들이 카프리 섬으로 불려와서 창녀처럼 행동하고 최하층 성노동자처럼 소리치며 매춘을 하고 다니도록 강요되었다. 때로는 하루 서너 차례씩 그 행위를 강요받았으니, 이들이 느낀 굴욕감은 이루 말할 수 없었다. 그 광경을 구경한 인간이, 자나 깨나 가장 소중한 가치로 여긴 모든 것을 추악하게 모독하는 타락 행위를 했으니 더더욱 말할 게 없었다. 하지만 그런 부분이야말로 프린켑스를 흥분시켰다.

티베리우스도 그런 자신을 경멸했다. 그는 클라우디우스 가문의 후계자이자 자기 세대를 대표하는 가장 위대한 장군이었다. 설령 신격화된 아우구스투스에게 양자로 입양되지 않았더라도 공화국을 위해 봉사한 자신의 이력만 가지고도 충분히 프린켑스 자리를 차지했을 만한 인물이었다. 그랬던 만큼 후대에 자신이 어떤 기준으로 평가될지도 잘 알고 있었다. 그 기준은 자신도 적용하고 있었으니까. 하지만 티베리우스는 이제 그런 것에 신물이 났다. 로마라는 늑대의 귀를 20년이나 잡고 있었으니 나이도 거의 팔십대로 접어들어 시간이 없다고도 느꼈다. 그가 로마에 대해 가졌던 희망의 대부분은 물거품이 되었다. 원로원도 그를 실망시켰다. 실제로 공모자로 걸려든 사람이 한둘이 아니었을 만큼 동료 의원들은 허다하게 비행을 저질렀다. 그런데 신들이 대지를 걸어 다니던 왕정 시대까지 거슬러올라갈 만큼 로마에 오랫동안 봉사한 기록을 가진 인간들이 지금은 뚜쟁이가 되어 그에게 자식을 상납하는 데 열을 올리고 있었다. 그런 추악한 꼴을 마주하다 보니, 티베리우스도 이제는 동포 시민들의 미래가 어찌 되든 걱정도 안 되었다.

어찌 보면 그런 무관심이 다행이기도 했다. 아우구스투스가를 불구로 만들고 피 흘리게 하여 파멸시킨 요인은 잠재적으로 로마인들에게도 참화를 불러올 개연성이 있었기 때문이다. 게다가 카이사르 가문에는 오래지 않아 새로운 수장이 필요할 터였다. 하지만 누구를 앉힌다? 그 가문에는 아우구스투스를 계승할 무렵의 티베리우스처럼 전쟁과 평화의 기술에 달통한 인물이 없었다. 전쟁과 평화의 기술에 달통하기는커녕 카이사르 가문에서는 변변한 이력을 갖춘 남자 후계자조차 찾기가 힘들었다. 게르마니쿠스의 형제인 클라우디우스가 있었다고는 하나, 몸에 경련을 일으키고 말도 더듬는 사실상의 불구여서 프린켑스가 되기에는 부적합했다. 리빌라의 아들 게멜루스는 나이가 어린 것도 문제였지만, 세야누스와 리빌라의 불륜 관계를 뼈아프게 의식하고 있던 티베리우스가 그를 진정으로 자기 손자로 여길지도 의문이었다. 그렇다면 남은 후보는 인민의 총아, 칼리굴라뿐이었다. 하지만 그의 대중적 인기도 그의 부모에게서 연유했을 뿐 공직 기록과는 무관한 것이어서 불안하기는 매한가지였다. 티베리우스의 측근 중에도, 엄격한 노 황제가 아그리피나의 아들인 칼리굴라에게 뒤를 잇게 할 리는 만무하다고 믿는 사람이 많았다. 트라실루스도 칼리굴라에 대해, 그가 황제가 될 개연성은 말을 타고 바다를 건널 확률만큼이나 높지 않다는 예언을 내놓았다. 그러나 정작 자신의 위치가 위태롭다는 사실을 누구보다 확실하게 느낀 장본인은 칼리굴라였다. 따라서 종조부에게도 트집 잡힐 일은 절대로 하지 않았다. 그리고 계속해서 얼굴에 가면을 썼다. "어머니가 유죄 판결을 받은 것이나, 형제들이 파멸한 것에 대해서도 그가 불평하는 소리는 일절 들을 수 없었다."[94]

티베리우스도 칼리굴라의 그런 보여주기식 행동을 흡족해 했다. 나이 들어 뒤늦게 위선적 쾌락에 몸을 내맡긴 그는 손자가 초인적인 태연함 뒤에 자기 감정을 얼마나 숨기는지에 대해 궁금증을 갖다 못해 그것을 즐기기까지 했다. 솔직히 말해 칼리굴라는 타인의 고통에 크게 슬퍼하는 유형이 아닌 듯했다. 슬픔을 느끼기는 고사하고 즐긴다는 인상마저 주었다. 그는 티베리우스에게도 노예처럼 맹종하며, 쾌락과 변덕이라는 황제의 어두운 특징에 가장 큰 열의를 보였다. 어머니 아그리피나와 자기 형제들이 그처럼 끔찍한 화를 당했는데도 죄수에게 벌주기를 좋아하는 개인적 관심도 억제되지 않았다. 신화 재연을 좋아하는 할아버지의 취향도 기꺼이 따라주었다. 게다가 그는 라인 강 유역의 군단병들에게 조그만 장화를 얻어 신고 '꼬마 장화'라는 별칭을 얻은 뒤로는 성장(盛裝)을 하는 취미도 갖게 되었는데, 연극 무대가 갖추어진 원더랜드, 카프리 섬에서는 마음껏 취미 생활을 할 수도 있었다. 별의별 가발과 의상을 착용해볼 수 있는데다 포르노 쇼에 참여할 기회까지 공짜로 얻었으니 말이다. 티베리우스도 손자의 홍을 돋워주었다. 그는 자신이 로마인들의 총아에게 무슨 일을 하고 있는지를 알았다. 따라서 걱정하지 않았다. "티베리우스는 로마인들을 위해 독사를 기르고 있었다."[95]

하지만 물론 로마인들 대다수는 티베리우스를 향해 사돈 남 말 한다고 쏘아붙였을 것이다. 지난날의 프린켑스에 대한 기억은 그들 마음속에서 사라진 지 오래였다. 공화국을 두 차례나 파멸에서 구한 전쟁영웅에 대한 이야기에는 먼지만 소복이 쌓이고 이제는 동포 시민들 사이에서 티베리우스에 대한 새로운 풍문이 떠돌고 있었다. 너무도 끔찍해서 로마인들 누구도 믿지 못했을, 비뚤어진 그의 행태에 대한 소문이었다. 어린 소년들을 훈련시켜, 수영장에서 헤엄치는 그의 사타구니 사이를 혀로 핥게 만들었다든가, 젖도 떼지 않은 갓난아기를 어머니 젖가슴에 올려놓듯 그의 음경 위에 올려놓았다는 소문으로도 모자라, 여성 성기에 구강성교를 했다는 가장 치 떨리는 소문도 전해졌다. 반면 고관대작들에 대한 비방과 그들의 위선에 대한 조롱이 생산되던 로마의 거리와 술집을 넘어서면 티베리우스에 대해 전혀 다른 이야기를 하는 사람들도 있었다. 티베리우스가 장장 23년 동안이나 세계에 부여한 안정의 혜택을 보고 있던 속주들만 해도, 도도하기로 소문난 알렉산드리아 지식인들조차 찬미했을 정도로 그를 평화의 군주로 폭넓게 칭송했다. 한 철학자의 단도직입적인 표현을 빌리면, "그는 지혜와 학식 면에서 당대 사람들을 단연 압도했다"[96]라는 것이다. 티베리우스는 이렇게 피로 물든 변태 성욕자이자 철인왕이라는, 보기 드문 역설의 주인공이었다.

하지만 장기간에 걸친 티베리우스의 놀라운 이력도 기원후 37년 3월에는 종말에 가까워졌다. 그해에 로마에 입경하려던 마지막 시도가 무산된 뒤, 그는 캄파니아로 돌아갔다. 하지만 폭풍우가 이는 사나운 날씨에, 옆구리에서도 찌르는 듯한 통증을 느껴 카프리 섬으로는 돌아가지 못했다. 그래도 특유의 강인한 의지를 보이며 아무 일도 아닌 것처럼 행동했으나, 결국에는 자리에 눕고 말았다. 그 직후에는 나폴리 만에 강력한 지진이 일어났다. 그 바람에 수년 동안 티베리우스의 안식처이자 피난처였던, 카프리 섬의 가장 높은 벼랑 위에 세워진 등대가 바다 속으로 무너져 내려 등댓불도 꺼졌다.[97] 노령의 티베리우스는 물론 신들의 의도를 점치는 일에 달통해 있었으니 트라실루스를 불러 그 징조를 물을 필요도 없었다. 아니나 다를까 그는 캄파니아의 병석에서 권력 이양의 방향을 정했다. 칼리굴라와 게멜루스를 동시에 계승자로 지명하는 유언장을 만든 것이다. 그러면서도 그는 게멜루스가 맞을 미래의 운명에 환상을 품지는 않았다. 언젠가 칼리굴라에게도 그는 이렇게 말했다. "네가 이 아이를 죽이면, 너도 다른 누군가에게 살해될 것이야."[98] 그래서인지 티베리우스는 죽음이 가까이 왔다고 느낄 때조차 인장 반지를 손에서 쉽게 빼지를 못했다. 뺀 뒤에도 넘기지 못하고 손에 꼭 움켜쥔 채 미동도 없이 오래도록 누워 있었다. 머지않아 도시에는 그 뒤에 벌어진 일에 대한 소문이 난무했다. 칼리굴라가 죽지도 않은 티베리우스를 죽은 것처럼 위장해 칼리굴라가 황제로 환호되는 순간, 티베리우스가 살아 있다는 소식이 전해졌으며, 그러자 오래전부터 지는 해가 아닌 떠오르는 해를 좇던 마크로가 티베리우스를 베개로 질식시켜 죽였다는 내용이었다. 그러나 진상은 그처럼 멜로드라마적이지 못했다. 마침내 의식을 회복한 티베리우스가 하인을 불러도 나타나지 않자, 비틀거리며 자리에서 일어나 다시 하인을 부르다가 쓰러진 것이 사건의 전말이었다.

로마인들은 '남 앞에 드러내놓고 살 때만 행복할 수 있다'[99]라는 신념을 갖고 있었다.

그러나 티베리우스 율리우스 카이사르 아우구스투스는 홀로 죽었다.

chapter 5

저들에게 나를 증오하게 하라

쇼타임

로마인들은 티베리우스의 죽음에 충분히 예상되는 반응을 보였다. 노인의 죽음을 블랙 유머로 받아들여 "(티베리우스를) 테베레 강에!"라고 소리친 것이다.¹ 물론 칼리굴라는 그들의 요구를 들어주지 않았다. 전임 황제의 시신을 푸줏간 갈고리에 걸어 거리를 끌고 다니게 해준다고 해서, 자신이 물려받은 역할의 위엄이 높아지지 않는다는 사실을 알았기 때문이다. 칼리굴라는 캄파니아로 떠난 지 6년 만에 간소한 상복 차림으로 로마에 도착했다. 그러고는 티베리우스의 장례식을 엄수했다. 추도사도 자신이 직접 낭독하고 유골도 아우구스투스 영묘에 안장했다.

하지만 딱 그 정도였다. 아피아 가도변에는 티베리우스의 장례 행렬을 이끄는 새로운 프린켑스를 내 사랑, 나의 총아라고 환호하며 갈채를 보내는 군중으로 인산인해를 이루었다. 칼리굴라 또한 할아버지 살아생전에는 어머니와 형제들이 살해되어도 슬픈 내색을 하지 않더니만, 이제는 군중의 환심을 사는 데 열심이었다. 티베리우스 장례식의 추도사 내용도 아버지 게르마니쿠스에 대한 칭송 일색이었다. 장례식이 끝나고 며칠 후에는 아그리피나와 네로가 숨을 거둔 유형지였던 섬으로 향했다. 그러고는 지극한 효성이 한층 두드러져 보이도록 사나운 날씨마저 무릅쓰고 유골을 거둬 테베레 강 상류로 항해한 다음,[2] 신들의 조상을 옮길 때나 사용하던 들것에 얹어 음울하고도 현란한 의식을 치르며 아우구스투스 영묘에 매장했다. 로마 시민들도 자신들의 총아가 마침내 본모습을 찾았다고 기뻐하며 광란의 축제를 벌였다. 도시에서는 무려 석 달 동안이나, 통 큰 감사의 표시로 신들에게 바친 수만 마리 소를 구워대서 고기 냄새가 진동했다. 노령의 티베리우스가 지배했던 기나긴 겨울이 지나고 마침내 봄이 온 듯했다.

하지만 칼리굴라는 이런 낙관적 분위기를 당연시할 정도로 순진하지 않았다. 수도를 오랫동안 떠나 있기는 했지만, 카프리 섬에서 시간을 헛되이 보내지도 않았다. 티베리우스 곁에 머물렀던 시간은 그에게 권력의 작동 방식을 직감적이고 냉정하게 이해할 기회가 되었다. 인기 매수를 경멸했던 준엄한 전임 황제와 달리, 그는 대중의 인기마저 돈으로 기꺼이 사려고 했다. 재정도 풍부했으므로 그 이점도 충분히 누렸다. 수도 시민, 군단병, 특히 근위대 병사에게 협협하게 돈을 마구 뿌렸다. 물론 원로원도 소홀하게 취급하지 않았다. 의원들이 예민한 상태임을 의식해, 현직 집정관들도 임기를 채울 수 있도록 배려했다. 하지만 그뿐, 치세 3개월째로 접어들어 자신의 집정관직 권리를 주장할 수 있게 되자 칼리굴라는 의외의 인물을 공동 집정관에 지명함으로써, 전임 황제를 명백히 무시하는 태도를 보였다. 티베리우스 재임기에는 말단 정무관직도 내주지 않았던, 마흔여섯 살의 숙부 클라우디우스를 원로원 의원 겸 집정관으로 동시에 승격시킨 것이다. 그게 다가 아니었다. 칼리굴라는 집정관이 되어 첫 연설을 할 때 밀고자, 대역죄 재판, 처형 등 티베리우스 치세의 특징을 이루었던 모든 혐오스런 일에서도 손을 떼겠다고 선언했다. 의원들조차 긴가민가할 정도로 황홀한 선언이었다.

실제로 그들은 그 말을 의심했던 것 같다. 칼리굴라 연설이 끝난 뒤 급히 작성한, 매년 낭독되는 원로원 포고에도 새로운 시작을 기뻐하기보다는 황제의 마음이 변할지 모른다는 두려움이 더 많이 반영되어 있었으니 말이다. 티베리우스 치세 때 겪은 트라우마와 시련 탓인지 원로원 의원들은 지금과 같이 변한 로마를 한때 교묘히 덮어주는 역할을 했던 반드러운 위선을 더는 믿지 않았다. 그러기에는 힘의 균형의 실체가 너무도 뚜렷이 보였기 때문이다. 그러다 보니 칼리굴라 치세 초에는 매 맞고 사는 아내가 알아서 미리 남편 매를 피하듯, 그가 원하는 것은 무조건 들어주었다. 게멜루스를 칼리굴라와 공동 상속인으로 올려놓은 티베리우스의 유언도 재빨리 무효화하고 칼리굴라에게 '모든 것을 결정할 수 있는 절대권'[3]도 격식을 갖추어 부여했다. 의원들 중 새로운 지배자의 번지르르한 확약의 말에 편안함을 느끼는 사람은 거의 없었다. 어린아이일 때 병사 역할을 했던 인물이 지금은 아우구스투스라는 새로운 역할을 맡은 데 지나지 않았기 때문이다. 요컨대 아무리 설득력이 있어도 연기는 어디까지나 연기였던 것이다.

확실한 점은 단 하나, 아우구스투스를 계승한 티베리우스와 달리 신임 황제는 로마를 위해 복무하며 전투로 단련된 인물이 아니라는 사실이었다. 칼리굴라도 그 점을 의식했던 듯, 자신이 황제가 되도록 돕는 것 이상을 해낸 근위대장 마크로를 곁에 조언자로 두었다. 하지만 건방 떠는 기사들에게 데인 경험이 있는 원로원 의원들에게는 그 점도 마뜩지 않게 보였다. 세야누스와는 다르다지만 마크로는 오만하고 말투가 직설적이어서, 심지어 어린 피보호자에게도 프린켑스의 기본 자질에 대해 설교를 늘어놓기 일쑤였다. "뛰어난 장인이 그러하듯 마크로도 자신이 공들여 만든 작품이 손상되거나 망가지지 않게 하려고 열심이었다."⁴ 그런 판에 또 칼리굴라가 대중 앞에서 근위대 열병을 하자며, 근위대에 이로운 행동을 하려고 하자 원로원 의원들은 긴장하지 않을 수 없었다. 물론 마크로가 황제의 유일한 조언자는 아니었다. 원로원에도 칼리굴라의 조언자가 있었다.

황제가 되기 4년 전, 칼리굴라는 드루수스와 함께 공동 집정관을 지냈고 티베리우스가 특히 높이 평가한 원로원 의원이기도 한 마르쿠스 유니우스 실라누스(기원전 26경~기원후 37)의 딸과 결혼했다. 그런데 딸이 아이를 낳다 죽었는데도 실라누스는 황제의 장인이라는 신분을 그대로 유지한 채, 마크로처럼 갖가지 통치술을 칼리굴라에게 조언하는 가정교사 역할을 했다. 마크로와 다른 점이라면, 그는 귀족층의 고대 덕목을 대표하는 인물이라는 점이었다. 실라누스는 "상류층 출신인데다 웅변도 능한 명문가 사람이었다."[5] 그러니 누구라도, 설사 프린켑스라 해도 그에게 휘둘린다고 해서 부끄러울 것은 없었다. 게다가 칼리굴라는 눈썰미도 있었다. 로마령 지역들도 티베리우스 치세에서처럼 번영과 질서를 계속 누릴 수 있게 해주었고, 국경 지대의 견고함도 유지했으며, 속주 총독들도 빈틈없이 선임해 로마권 전역이 평화를 누리도록 했다. 수도에서도 수도교 두 곳을 신축하고 팔라티노 구릉을 새 단장하는 토목 사업을 벌여, 기반 시설 투자를 하지 않는다고 티베리우스를 오랫동안 욕했던 노동자들을 신바람 나게 했다. 티투스 라비에누스와 카시우스 세베루스의 연설문을 비롯해 전임 황제들 치세에 금서로 취급되던 책들과, 크레무티우스 코르두스의 역사서 유포도 다시 허용했다. "이처럼 온당하고 이처럼 자비롭게 행동하매, 칼리굴라는 로마인들과 여타 피지배민들에게 좋은 평판을 얻었다."[6]

그럼에도 원로원 의원들은 여전히 숨을 죽였다. 보수주의자들이 보기에 젊음과 인기는 불길한 조합이었다. 로마가 이처럼 젊은이의 변덕에 좌우되기는 삼두의 지배를 받았던 가장 암울했던 시대 이후 처음이었다. 의원들에게는, 신임 황제가 자신들 앞에서는 새로운 아우구스투스인 체하고 플레브스 앞에서는 딴판으로 행동하는 것도 불안하게 보였다. 칼리굴라는 대중의 환호에 빠져들었음이 분명했다. 시민들에게도 그는 성대하고 복잡한 격식을 갖추려 애쓰지 말고 그들과 다를 바 없는 한 사람의 시민처럼 대해달라고 요구했고, 그런 서민적 풍모에 대중은 열광했다. 티베리우스가 폐지한 정무관을 뽑는 투표권도 회복시켜, 인민의 친구로도 환호를 받았다. 하지만 대중이 가장 좋아한 부분은 역시 칼리굴라에게서 발산되는 매력이었다. 이른 나이에 머리가 벗겨지고 큰 발과 아버지처럼 껑충한 다리를 갖고 있기는 했지만, 칼리굴라는 군중을 사로잡는 법을 잘 알았다. 냉혹한 노인 황제들에게 질려 있던 로마인들이, 마침내 꿈을 이루는 삶을 자랑으로 여기는 것 같은 황제를 만났다는 사실을 간파한 것이다. 그해 여름, 칼리굴라는 금빛 찬란한 개선 전차를 타고 새로 지은 아우구스투스 신전 봉헌식에 나타났다. 디오 카시우스의 말을 빌리면 "그것은 완전히 전위적인 그 무엇이었다."[7]

그러므로 물론 개선 전차와 환호는 찰떡궁합이었다. 게다가 로마에는 자주색과 금색 어우러진 성장을 하고 위엄 있게 말을 달리는 개선식뿐 아니라 위험천만하고 스릴 넘치는, 거친 구경거리도 있었다. 황제가 거주하는 팔라티노 구릉과 플레브스의 본거지인 연무 자욱한 거대한 슬럼가인 아벤티노 구릉 사이에 직선으로 뻗어내린 골짜기가 있는데, 그곳에서는 위험하게 덜커덕거리는 전차로 오르락내리락하는 경기가 로물루스 시대 이래로 계속 열렸다. 대형 경기장을 뜻하는 호칭에 걸맞게 전 세계 어느 도시에도 없는 초대형 경기장인 키르쿠스 막시무스^{Circus} ^{Maximus}가 그곳이었다. 아우구스투스도 경기 당일에는 그곳 객석을 가득 메운 군중의 함성에 위압감을 느낄 정도였다. 악티움 해전에서 승리한 해에 그가 왕의 표장뿐 아니라 신들의 표장도 함께 설치하는 특유의 교활한 수법으로 그 건축을 정당화한 특별석, 곧 '풀비나르^{Pulvinar}'를 키르쿠스 막시무스 안에 만들어놓고도 거의 사용하지 않았던 것도 그래서였다. 지나치게 사람들의 이목을 끌어 위험에 노출될 수 있다고 본 것이다. 결국 아우구스투스는 수십만 관중의 시선이 자신에게로 향하는 것을 견디기보다는 친구의 집 이층에서 경기를 보는 편을 택했다. 현실과 힘의 과시를 구분하는 능력이 뛰어났던 그가 키르쿠스 막시무스에서 마주친 장면의 의미를 정확히 이해하고 주의를 기울인 것이다. 요컨대 그는 자신의 얼굴에 뜨겁게 와 닿은 경기장의 요란한 함성을 늑대의 숨결로 느꼈던 것이다.

특별석에 앉더라도 아우구스투스가 한 사람의 팬인 양 행동한 것도 그래서였다. 로마의 제1시민이 여타 시민들과 함께 오락을 즐기는 모습을 보여주는 것이 중요하기는 했지만 그렇더라도 제약은 있었다. 아우구스투스가 세계에 평화와 질서라는 선물을 부여한 것은 경기장 객석을 아무나 제멋대로 차지해도 좋다는 의미는 아니었다. 그러므로 누구든 원하는 자리에 앉을 수 있어야 한다는, 관중 대다수가 오랫동안 품고 있던 생각에도 당연히 그는 불쾌감을 가졌다. 오락을 즐기는 것은 좋지만 지킬 법도는 있다는 것이 그의 견해였다. 요컨대 그는 시민들의 침실을 규제했듯, 경기장의 관람석도 법률을 통해 규제하려 했던 것이다. 그에 따라 경기장 관람석도 로마의 다양한 계급적 범주에 따라 세분되었다. 가장 좋은 상석은 원로원에, 말석은 여성에게 돌아갔다. 눈이 부시도록 새하얀 토가를 입은 남자는 앞쪽 가까운 자리에, 짙은 색상의 튜닉을 입은 남자는 뒤쪽에 자리를 배정받았다. 병사, 외국인 사절, 소년, 소년의 교사도 제각각 정해진 구역이 있었다. 이렇게 복잡하다 보니 경기장 규모가 클수록 규칙을 적용하기가 힘들었고, 그러므로 물론 질서 잡기가 가장 힘든 곳은 키르쿠스 막시무스였다.[8] 그래도 전차 경기를 보는 혜택을 누리는 사람들에게는 아우구스투스가 정한 원칙, 곧 부자와 빈자, 남녀노소를 막론하고 모든 사람은 자신의 위치를 알아야 한다는 원칙이 온당하게 인식되었다. 로마에서는 오락도 중대 사안이었다. 오락이 제1시민에서 가장 비천한 노예에 이르기까지 모든 사람이 스스로를 비춰보는 거울 역할을 한 것이다. 근위대장 마크로도 젊은 황제의 귀에 대고 이렇게 속삭임으로써 그것에 함유된 바를 분명히 했다. "키르쿠스 막시무스에서 경기를 관전할 때는, 경기 자체보다는 경기라는 상황에서 사람들이 적절히 행동하는지를 눈여겨보는 게 중요합니다."[9]

하지만 이와 다른 관점도 있었다. 칼리굴라는 비록 로마를 여러 해 떠나 있기는 했지만 수도의 청년 문화와 완전히 단절되지는 않았다. 티베리우스의 소환으로 카프리 섬에 와서 매춘 연기를 한 귀족층 자녀들만 해도 섬으로 들어올 때 수도에서 유행하던 풍조도 함께 들여왔으니 말이다. 그리고 그중에는 아버지에게 처음에는 집정관직, 그다음에는 시리아 총독직을 얻어줄 정도로 섹스 놀이의 달인이었다고 알려지고, 칼리굴라와도 각별한 사이가 된 아울루스 비텔리우스(기원후 15~69)가 있었다. 게다가 그는 어느 모로 보나 전차 경기에도 제격이었다. 단순히 경기의 팬이 아니라 숙련된 전차수였다. 그러다 보니 칼리굴라는 전차 경기에 대한 열정도 그와 공유하게 되었다. 대중이 좋아하는 것들을 혐오하여 공공 오락에는 절대 돈을 낭비하지 않았던 티베리우스와는 완전히 정반대의 행보를 보인 것이다. 칼리굴라는 노인의 그늘에서 벗어나자 그와는 무조건 엇박자로만 나가려 했다. 황제가 된 뒤, 카프리 섬에서 행해진 언어도단적 행위에 충격을 받았다고 하며 거기에 가담한 사

칼리굴라 치세기의 율리우스 – 클라우디우스가 현황

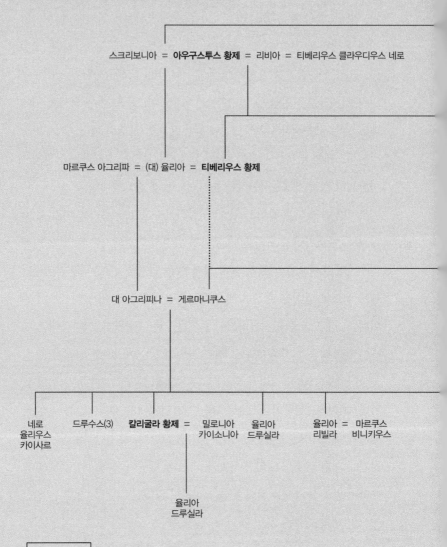

스크리보니아 = **아우구스투스 황제** = 리비아 = 티베리우스 클라우디우스 네로

마르쿠스 아그리파 = (대) 율리아 = **티베리우스 황제**

대 아그리피나 = 게르마니쿠스

네로
율리우스
카이사르

드루수스(3)

칼리굴라 황제 = 밀로니아
카이소니아

율리아
드루실라

율리아 = 마르쿠스
리빌라   비니키우스

율리아
드루실라

········· 입양

= 결혼

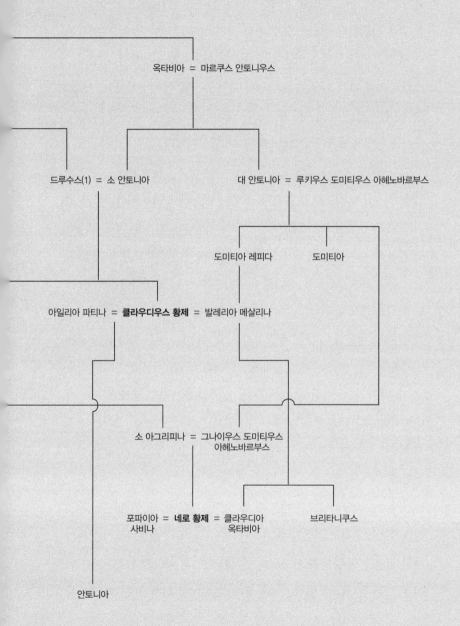

람은 누구든 물에 빠뜨릴 용의가 있다고 허풍을 떨어놓고는 정작 그 말을 믿은 사람들만 우스운 꼴로 만든 것만 해도 그랬다. 젊은 시절에 행한 매춘 행위를 그의 정적들이 나중에까지 결코 잊지 못했던, 비텔리우스와 흉허물 없는 친구로 계속 남아 있었으니 말이다. 심지어 마크로도 칼리굴라에게 전차 경기의 즐거움을 멀리하라고 진언했을 만큼, 비텔리우스는 황제의 집착에 군불을 지피는 데 열심이었다.

로마인들도 공공 오락에 오랫동안 굶주려 있었던 탓에 새로운 황제를 관대한 후원자 정도로만 여겼다. 로마에서는 새벽부터 해질녘까지 경기가 열렸다. 전차 경기 막간에는 맹수와 기병대 묘기 같은 매혹적인 쇼도 펼쳐졌다. 적색과 녹색이 선명하게 빛나도록 경주로도 손을 보았다. 칼리굴라 또한 초연하게 중립적 위치를 지키지 않고 좋아하는 팀을 보란 듯이 열렬히 응원했다. 그런 다음 응원하던 팀이 우승하면 전차수에게 한 아름 선물을 안기는 데 그치지 않고, 자신이 '빠른 박차'를 뜻하는 인키타투스Incitatus라고 부른 말에게도 근위대 병사들이 상아와 대리석으로 지은 마사를 하사했다. 그것으로도 모자라 팬덤 최고의 제스처로, 거대한 수송선을 이용해 이집트에서 실어 온 오벨리스크까지 갖춰진 전용 경주로를 건설했다. 전차 경기를 향한 칼리굴라의 열정은 이렇듯 끝이 없었다.

그러나 칼리굴라에게는 바로 그 점이 중요했다. 따라서 아우구스투스 시대에는 고루하고 경직된 풍조에 반기를 드는 유행 선도자들의 행위가 형사 처벌을 받을 만큼 위험하게 인식되었으나, 칼리굴라가 즉위한 뒤에는 그런 사람들이 형세를 좌우했다. 할아버지 티베리우스가 그토록 열심히 지키려고 애쓴 법도를 젊은 프린켑스는 조롱하고 타파하고 훼손해야 할 가치로 보았다. 원로원 의원의 아들딸들이 매춘 행위 하는 것을 지켜본 카프리 섬에서의 실습이 그에게는 황제의 권력이 가져다줄 수 있는 진기함과 볼거리의 극단에 눈뜨게 하는 계기가 되었다. 게다가 그는 자신의 우월성을 감추기보다는 드러내기를 좋아했다. 그래서 아우구스투스처럼 주변 건물에서 경기를 관전하지 않고, 키르쿠스 막시무스가 결코 누려보지 못한 후원자의 성은에 감격해 환호하는 관중의 인기남으로 자신의 모습이 확실히 부각되는 특별석에 앉아 로마의 지배자로 군림하는 맛을 즐겼다.

그러나 칼리굴라가 주관하는 일에는 장엄함뿐만 아니라 위험도 따랐다. 전차 경기만 해도 위험의 소지가 많았다. 비텔리우스처럼 노련한 전차수도 경기 도중에 당한 사고로 절름발이가 되었으니 말이다. 그것도 운이 좋아 그 정도였지, 경기 중에는 치명적인 충돌 사고가 왕왕 벌어졌다. 지난날 로마가 내전으로 암울했던 시기에는 경기에서 바퀴 굴대가 부서지고 고삐가 뒤엉켜 경기장이 아수라장이 되는 장면을 보고 많은 시민들이 로마 자체가 그렇게 산산조각 날까 두려워하기도 했다. 하지만 그것은 이제 옛일일 뿐, 시민들은 통제 불능으로 질주하던 전차가 트랙 측면에 부딪혀 박살이 나도 그때와는 사뭇 다른 것, 선조들로서는 상상도 하지 못했을 구경거리를 자신들에게 제공해주는 황제, 삶과 죽음의 지배자만을 생각했다. 그것이야말로 로마인들이 칼리굴라를 좋아하는 이유였다.

전차 경기장에서 우승하려면 술책이 필요했고, 그런 술책을 부리다 보면 부득불 목숨을 잃거나 불구가 될 위험이 따랐다. 그런 일은 전차 경기장 너머 세계에서도 벌어질 수 있었다. 집권 8개월째로 접어든 기원후 37년 10월, 칼리굴라가 중병에 걸렸다. 그러자 자신들의 위치가 위태로워질까 두려워진 마크로와 실라누스는 즉각 새로운 피보호자 물색에 나섰다. 가능한 후보자는 한 명뿐이었다. 칼리굴라의 목숨이 오락가락하는 와중에 그의 두 심복은 열여덟 살 난 티베리우스의 손자 게멜루스가 지배권을 넘겨받을 수 있도록 길을 트는 작업에 착수했다. 하지만 그것은 너무 앞서 나간 행동이었다. 전차 경기에서도 전차수가 상대 전차의 바퀴 축을 드르륵 깎으며 섣불리 추월하려 하다가는 먼지 구덩이 속에서 사지가 절단되기 십상이었다. 마크로와 실라누스가 범한 오류도 그와 유사하게 치명적이었다. 칼리굴라가 죽지 않고 완쾌되었으니 말이다. 게다가 병상에서 일어난 그는 신속하고 교묘한 살해 작업에 들어갔다.

불운한 게멜루스가 비명에 간 첫 번째 주인공이 되었다. 반역죄 혐의를 받은 그에게 고위급 장교 두 명이 찾아와 사려 깊게도 자살이 최선의 길이라고 일러준 뒤, 그 훈계의 유효성이 입증되는 것을 곁에서 지켜보았다. 두 번째 살해 대상자 마크로는 근위대를 지휘하는 인물이었던 만큼 황제에게 더 큰 위협이 될 수 있었다. 하지만 칼리굴라는 그에게도 자신이 만만치 않은 상대임을 보여주었다. 마치 제물이 될 황소에게 화환을 씌우듯, 마크로에게 이집트 총독이라는 무상의 영예를 부여한 뒤, 속주로 부임하기 전 자살을 명령한 것이다. 칼리굴라를 '나의 작품'이라고 말해 프린켑스의 권위를 실추시켰다는 것이 그에게 적용된 그럴싸한 죄목이었다. 마크로의 자살로 남은 사람은 실라누스뿐이었다. 하지만 그도 원로원에서 사위의 호의를 더는 바랄 수 없게 되었다는 암시를 받자 사태를 눈치 채고는 면도날로 목을 그었다. 이리하여 칼리굴라도 흡족해 할 만큼 무대는 깨끗이 청소되었다.

하지만 물론 로마 귀족들에게는 젊은 황제가 자신의 가장 강력한 두 측근조차 손쉽게 처단한 일이 속 시원하게만은 받아들여지지 않았다. 마크로와 실라누스 정도의 막후 실력자가 자결을 강요받는 상황이면, 누구도 안전할 수 없었기 때문이다. 칼리굴라는 심지어 할머니 안토니아에게 이렇게 말한 것으로 알려졌다. "제가 누구에게 무슨 일을 하든 합법이라는 사실을 잊지 마십시오."[10] 칼리굴라는 티베리우스와 달리 황제가 가진 가공할 힘의 범위를 당혹스러워하는 기색이 없었다. 스승도 마음에 들지 않으면 단번에 제거할 수 있음을 알게 된 일도 그로 하여금 그 한계를 더 멀리까지 시험해보도록 부추기는 계기가 되었다. 사라진 공화국의 이상에 거짓 호의를 보이는 것은 칼리굴라에게 맞지 않았다. 공화국의 이상은 그를 따분하게만 할 뿐이었고, 그가 참지 못하는 것이 바로 따분함이었다. 하지만 공화국의 이상을 밟아 뭉갰을망정 과거를 무조건 못마땅하게 보지는 않았다. 그가 그토록 중독된 키르쿠스 막시무스 경기장의 특색과 아우성만 해도 로마의 역사만큼이나 고색창연한 전통을 지니고 있었으니 말이다. 그러나 같은 전통이라도 본능적 쇼맨십이 강한 칼리굴라 같은 인물에게 원로원은 한없이 지루하게만 느껴졌다. 결국 그는 힘의 조종실을 통할하는 데 그치지 않고 힘을 과시하려는 결의를 다졌다. 그러고는 그것의 영감을 다른 분야, 쇼를 잘하는 로마인의 천재성에서 찾았다.

타인이 고통스러워하는 모습을 보며 기쁨을 느끼는 칼리굴라의 태도는 새삼스러울 게 없었다. 로마인들도 지난 수백 년 동안 투사들의 혈투 장면을 구경하면서 그들이 죽고 사는 결정권을 행사하는 데 희열을 느꼈으니 말이다. 전통적으로 그 시합은 로마의 중심부인 포룸에서 열렸다. 공화국의 요인들이 원로원 건너편에 목재로 된 임시 원형경기장을 지어놓고 잠재적 유권자들을 위해, 훈련된 검투사(글라디아토르)들의 경기를 정례적으로 개최한 것이다. '낙인찍히고, 족쇄에 채워지고, 검에 찔려 죽는 것'"마저 감수하겠다는 무시무시한 서약에 묶인 검투사들은 하층민 중에서도 최하층민으로 분류되었다. 그런데도 관중에게 멸시를 받지는 않았다. 로마인들은 용기와 격투술을 존중했기 때문이다. 율리우스 카이사르도 초반에 두각을 드러내기 전에는 검투사들에게 은제 갑옷을 제공해 동포 시민들의 호감을 얻으려 했고, 루비콘 강을 건넌 뒤에는 군단병들을 경기장에서 싸우는 검투사들처럼 훈련시켰다. 삼두정 시기에 숙청된 원로원 의원들도 경기에서 진 검투사가 하듯 자객의 검에 목을 내놓았다고 알려졌으며, 전직 집정관들 또한 검노들의 본보기에서 조상들의 비르투스의 사례를 찾는다고 해서 수치로 여기지 않았다. 요컨대 로마 내전의 와중에는 로마 전체가 하나의 원형경기장이었다.

물론 그 후로 많은 것이 변했다. 아우구스투스가 로마에 평화의 축복을 가져다준 결과였다. 대망을 가진 귀족들이 포룸에서 화려한 볼거리를 제공하는 방식으로 지배권을 얻으려 한 시대는 오래전에 가고 없었고 이제는 실제로 한 사람의 후원자, 곧 카이사르만 남게 된 것이다. 게다가 프린켑스는 원하는 만큼 돈을 쓸 권한이 있었으므로 최대 규모의 검투사 시합도 아우구스투스 치세에 열리기 시작했다. 그의 재위기에 개최된 여덟 차례의 시합에 동원된 검투사가 무려 만 명이나 되었을 정도다. 하지만 시합을 즐기는 관중의 시각에서 보면 프린켑스에 의한 지배가 반드시 희소식인 것은 아니었다. 티베리우스만 해도 공공 오락을 멸시해 검투사에게는 일절 돈을 쓰지 않았으니 말이다. 그러다 로마의 기준에서도 그 정도가 지나칠 만큼 검투사 시합에 열광한 끝에, 특히 유명했던 시합의 호칭까지 딴 별명을 얻었던 드루수스가 죽은 뒤로는 피의 시합이 아예 중단되고 말았다. 그러자 스타 검투사들은 "우리의 호시절은 갔다!"[12]라며 기량 펼칠 기회를 잃었다고 애통해 했다. 로마인들 또한 기원후 27년 한 사업가가 수도에 인접한 피데나이에서 검투사 시합을 개최하자 '남녀노소 할 것 없이 구름처럼 군중이 몰려'[13] 중독성을 충족시키는 데 혈안이 되었다. 로마의 검투사 시합 역사에서 최악의 참사가 일어난 것이 이때였다. 원형경기장이 군중의 무게를 지탱하지 못하고 무너져 내려 수천 명이 압사한 것이다. 이 사고의 끔찍함은 오래도록 기억되었다. 타인의 죽음을 구경하러 간 관중이 정작 자신들의 죽음은 생각하지 못한, 특별히 아픈 데를 찌른 사고였기 때문이다. 군중은 훈련된 전사들이 목숨 걸고 싸우는 장면을 구경하다가, "죽여! 때려눕혀! 불태워!"[14]라고 소리치며 주인 행세를 하는 데에서 더 큰 흥분을 느꼈다. 그리고 물론 티베리우스가 경멸한 것 못지않게 검투사 시합에 열광한 칼리굴라도 그 점을 정확히 간파했다. 아니, 그 정도를 넘어 그것을 즐거이 이용했다.

짜릿한 오락은 횡사의 위협을 받는 사람이 그 위협에서 벗어나려고 몸부림치는 과정에서만 만들어질 수 있었다. 이때 그의 계급은 중요하지 않았다. 그리고 그렇다면 자신이 가진 절대 권력만큼이나 악질적인 유머 감각을 지닌 칼리굴라야말로 그것의 유효성을 시험해보기에 제격인 인물이었다. 그리하여 그 희생양으로 걸려든 사람이 지나치게 아부한 죄밖에 없는 기사, 아타니우스 세쿤두스였다. 칼리굴라가 병석에 있을 때 황제의 건강만 회복되면 자신이 검투사가 되겠다고 신에게 맹세한 것인데, 물론 진담은 아니었고 다른 아첨꾼들 사이에서 돋보이려고 그랬을 뿐이다. 그런데 두 발로 다시 설 수 있게 된 칼리굴라가 그 약속을 곧이곧대로 받아들여, 불쌍한 기사에게 정색을 하고는 검투사 시합에 나가 군중에게 재미를 선사하라고 명령한 것이다. 하지만 충분히 예상할 수 있듯이, 훈련된 살인자와 맞붙은 세쿤두스는 오래 버티지 못했다. 그리하여 갈고리에 걸린 그의 시신이 모래 경기장을 가로질러 밖으로 질질 끌려 나가는 장면이 연출됨으로써 칼리굴라의 악질적 유머는 강력한 한 방 이상의 효과를 거두었다. 하지만 그 장면은 위협도 함께 느끼게 했다. 기사들만 해도 그들의 일원이 대중적 오락의 대상이 되었으니, 이제는 누구도 법적으로 보장된 그들만의 자리에 앉아 마음 편히 경기를 관전할 수 없게 된 것이다. 원로원 의원들도 불안하기는 마찬가지였다. 요컨대 그 일은 어느 고위층 인사라도 그 죽음을 노리개로 삼을 권한이 칼리굴라에게 있다는 것을 의미하는 위협이었기 때문이다.

로마 귀족들에게 그보다 더 당혹스러운 일은 없었다. 귀족들을 우습게 보는 칼리굴라의 태도는 충격적인 것 못지않게 생경한 일이었기 때문이다. 아우구스투스와 티베리우스도 물론 아우구스투스가 수립한 새로운 질서에 그들을 맹종시켰다. 하지만 칼리굴라처럼 노골적으로 굴욕을 주지는 않았다. 굴욕을 주기는커녕 그 두 사람은 로마의 전통적 엘리트가 고수하는 가치에 대해 확고한 신념을 품고 있었다. 그런데 칼리굴라는 이들과는 생판 다른 종류의 프린켑스임을 드러내 보였다. 독재자의 섬에서 자랐고, 키르쿠스 막시무스의 환호에 중독되었으며, 근위대의 검을 등에 업은 그는 자신이 속한 계급의 가치에 공감하는 기색이 조금도 없었다. 세계의 지배자로 등극한 지 1년이 넘었는데도 귀족들과의 협치에 조롱 섞인 경의를 표하는 태도도 여전했다. 게다가 이제는 귀족들의 노기 달래는 일에도 싫증을 내기 시작했다. 그 징표로 기원후 38년 9월에는 원로원의 연륜과 위엄을 존중하여 그동안은 거부했던 '국부' 호칭도 받아들였다. 원로들을 욕보일 수 있는, 그로서는 놓치기에 너무도 아까운 기회였기에.

칼리굴라가 진심을 느낀 대상이 있었다면 가족, 그중에서도 누이들뿐이었다. 게르마니쿠스에게 운명적이었던 동방으로의 여정 때 레스보스 섬에서 태어난 율리아 리빌라가 그 무렵에는 이십대 초반의 처녀로 자라 있었고, 리빌라의 두 언니 아그리피나와 드루실라도 이미 남편을 둔 유부녀였다. 세 자매 모두 티베리우스 생전에는 아그리피나의 자식으로서 처한 위험을 오빠 칼리굴라와 함께 나누었고, 칼리굴라가 마침내 티베리우스의 계승자로 낙점되었을 때는 특별한 영예를 입은 공통점이 있었다. 아우구스투스의 부인 리비아가 평생에 걸쳐서 얻은 특권을 이들은 단번에 얻은 셈이었다. 그 특권이 얼마나 컸으면 집정관들이 칼리굴라에게 충성 맹세를 할 때도 세 자매를 포함시켰을 정도다. 하지만 칼리굴라가 행한 모든 조치를 통틀어 가장 뜬금없었던 것은 그의 집권 1년 차에 주조된 동전에 이 세 자매의 모습이 찍힌 일이었다. 그것도 평범한 여인이 아닌 매력적인 여신의 모습이었다. 로마 역사에서 생존 인물이 주화에서 신으로 묘사되기는 처음이었다. 전통주의자들이 코를 벌룩거린 것도 무리는 아니었다.

아닌 게 아니라 클라우디우스 가문 사람들의 형제애는 로마인들에게 오랫동안 의혹의 대상이었다. 공화국의 멸망기를 살았던 푸블리우스 클로디우스 풀케르(푸블리우스 클라우디우스)만 해도 세 누이와 맺은 친밀한 관계가 근친상간에 대한 음울한 비난을 유발했으니 말이다. 그런데 그로부터 거의 1세기가 지난 지금, 게르마니쿠스 자식들 주변에서도 그와 똑같은 소문이 소용돌이치기 시작했다.* 추문이라면 사족을 못 쓰는 로마인들이었으니 당연한 일이었을 것이다. 하지만 정작 세계의 지배자와 그의 누이들은 그런 소문에도 끄떡하지 않았다. 세 자매 중 맏이인 아그리피나는 특히 하층민들이 무슨 생각을 하든 신경 쓰는 유형이 아니었다. 이름값을 하는 듯, 야망과 자신감이 하늘을 찌른 그녀는 어느 모로

---

* 칼리굴라가 누이들과 근친상간을 했음을 암시하는 기록 중에 시대 추정이 가능한 최초의 기록은, 칼리굴라가 죽은 지 50년도 더 지난 뒤에 집필된 요세푸스의 《유대 고대사(The Antiquities of the Jews)》 (19.204)에 등장했다. 50년 뒤에 쓰이기는 했지만, 요세푸스는 칼리굴라의 치세에 정통했고, 그의 시대와 가까운 시기에 집필된 자료도 참고했다. 로마는 소문에 중독된 도시였으니 물론 소문의 존재가 반드시 진실을 뜻하지는 않지만 말이다. 칼리굴라의 동시대인들 중에도 그의 근친상간을 언급한 사람은 없었다. 오현제 시대의 역사가인 수에토니우스만 그와 관련된 소문이 난무했다고 기록했을 뿐이다. 칼리굴라가 친구 파시에누스 크리스푸스에게 "자네, 누이와 근친상간해본 적 있어?"라고 묻자, 현자로 이름난 파시에누스가 신속히 "아니, 아직 못 해봤다네"라고 말했다는 기록이다[Scholiast on Juvenal(유베날리스): 4.81에서 인용함]

보나 그 어머니에 그 딸이었다. 게다가 티베리우스가 찾아준 배필로, 성정이 잔혹하긴 해도 흠잡을 데 없는 귀족이던 그나이우스 도미티우스 아헤노바르부스와 결혼하여 세 자매 중에서는 유일하게 아이, 그것도 아들 하나를 두고 있었다. 그러니 자기 아들도 지존이 되었으면 하는 희망을 품고 있었다. 문제는 어머니와 마찬가지로 그녀도 일을 무모하게 밀어붙인다는 데 있었다. 칼리굴라에게 친자가 없다는 사실을 만방에 알리는 데 혈안이 된 나머지, 아들이 장밋빛 미래를 얻을 것이라는 확신 하에 그렇게 보일 수 있는 이름을 지어달라고 칼리굴라에게 요청한 것이다. 하지만 그래봤자 칼리굴라에게서 얻은 답변은, 몸을 씰룩이고 침을 질질 흘리는 숙부를 흘끗 쳐다보며 능글맞게 웃는 얼굴로 '클라우디우스'가 계승자라는 암시뿐이었다.

일이 그렇게 되자 아그리피나도 아들의 이름을 남편의 이름에서 따온 루키우스 도미티우스 아헤노바르부스로 짓는 데 만족할 수밖에 없었다. 고집은 셌지만 우격다짐으로 문제를 해결하려 할 만큼 어리석지는 않았던 것이다. 칼리굴라도 첫째 누이를 좋아했다. 하지만 그가 애지중지하는 누이 드루실라를 희생하면서까지 첫째 누이와 막내 율리아 리빌라에게 애정의 징표를 주고 싶은 정도는 아니었다. 칼리굴라에게 드루실라보다 더 사랑스러운 존재는 없었다. 드루실라는 그가 집권하기 전에 티베리우스가 골라준 배필과 이미 결혼한 유부녀였다. 하지만 그 점도 황제가 된 뒤 그가 전남편과 그녀를 이혼시키고 자신이 좋아하는 유형이며 한결 더 매력적인 마르쿠스 아이밀리우스 레피두스(기원후 6~39)와 재혼시키는 것을 막지는 못했다. 공화정 시대의 삼두 중에 가장 무능했던 레피두스 조카의 손자였던 그는 칼리굴라와 매우 방종하게 놀았다고 전하지만, 소문의 진위를 떠나 두 사람이 매우 친밀했음은 분명해 보인다. 칼리굴라가 그에게 다양한 정무관직을 맡기며 쾌속 승진시켰을 뿐 아니라 '제위 계승자'[15]로까지 지명했으니 말이다. 하지만 칼리굴라가 정말로 좋아한 사람은 마르쿠스가 아닌 드루실라였다. 그가 앓아누워 있을 때는 놀라운 방식으로 그것을 표명하기도 했다. 레피두스를 계승자로 명명하지 않고 드루실라만 '그의 재산과 권력의 계승자'[16]로 지명한 것이다. 야심만만한 리비아조차 꿈꾸지 못했을 영예를 그녀에게 부여했던 셈이다.

그토록 사랑하던 누이가 기원후 38년 여름에 숨을 거두었으니 칼리굴라의 망연자실함은 이루 말할 수 없었다. 참담함을 가누지 못한 그는 애도도 전례 없이 현란한 방식으로 했다. 극심한 심적 동요를 일으켜 장례식에도 참석하지 못한 그는 로마 외곽의 영지에 칩거한 채 주사위놀이를 하거나, 머리를 길렀다 자르는 등의 행동을 보이며 고통에서 벗어나기 위해 몸부림을 쳤다. 그것도 통하지 않자 시칠리아와 캄파니아를 떠돌아다녔다. 한편 로마에서는 약삭빠른 한 원로원 의원이 드루실라가 승천하는 모습을 보았다고 선언했고, 그러자 칼리굴라는 아부하는 그를 평소 버릇대로 조롱하는 대신 후한 상을 내렸다. 그런 다음에는 율리우스 카이사르와 아우구스투스에 이어 그 가문 사람 중에 세 번째로 드루실라를 공식적으로 신격화하는 조치를 취했다. 원로원과 베누스 게네트릭스 신전에 실물 크기의 금빛 드루실라 조상도 세웠다. 놀이 관련 행사도 모두 취소시켰다. 포도주 덥히는 데 사용하는 뜨거운 물을 팔았다가 붙잡혀 대역죄 혐의로 그 즉시 처형된 사람도 있었다. 로마인들은 '칼리굴라가 원하는 것이 누이에 대한 숭배인지 애도인지 갈피를 못 잡고'[17] 황제가 보이는 섬뜩한 슬픔에 몸만 잔뜩 웅크렸다.

칼리굴라는 드루실라의 승천이 공식 확인된 초가을이 되어서야 비로소 앞날을 내다볼 만큼 냉정을 되찾았다. 누이의 죽음으로 자신의 생명도 유한하다는 사실을 깨달은 그는 호들갑스럽게 새 부인부터 얻었다. 롤리아 파울리나가 세야누스의 실각을 주도한 집정관 멤미우스 레굴루스와 이미 결혼한 유부녀였는데도 아랑곳하지 않았다. 그녀는 용모도 아름다웠거니와 뽐낼 수만 있다면 언제 어디서든 진주와 에메랄드를 걸치고 다닐 만큼 거부였다. 게르만족에게 독수리 군기를 빼앗기고 자살한 마르쿠스 롤리우스를 할아버지로 두었다는 사실도, 황제의 배우자로서 가져야 할 적격성에 오점으로 작용하지 않았다. 따라서 그녀가 아들을 낳기만 하면, 그 아들도 카이사르의 지위를 충분히 가질 만했다.

그러나 물론 아그리피나와 레피두스는 계승자 아들을 가지려는 칼리굴라의 결의가 달갑지 않았다. 그러나 황제는 그들의 처지에 신경 쓸 기분이 아니었다. 자신의 지배권이 유한하다는 사실에 적응하려 할수록, 지배권을 방해하는 요소를 허용해줄 마음도 점차 사그라들었다. 게다가 그는 수준 높은 교육을 받고 티베리우스와 여러 해 함께 지내는 동안 그와 문학적 담소를 나누는 혜택을 입은 덕분에 자기 행위를 정당화하는 고전 문구도 무리 없이 인용했다. 수에토니우스에 따르면, 호메로스의 서사시에 나오는 "한 명의 지배자, 한 명의 왕만 두게 하자"[18]와 같은 문구도 척척 인용했다는 것이다. 새해가 밝자 그의 생각을 나타내는 징표도 나타났다. 두 번째 집정관직을 맡은 지 한 달도 안 되었지만 소기의 목적은 이미 달성되었다는 듯, 로마 최고의 정무관직은 자신이 마음먹기에 따라 차지할 수도 버릴 수도 있다는 점을 원로원에 각인시킨 것이다. 그와 동시에 그 배경이 되는 북소리도 다시금 울려 퍼지게 했다. 티베리우스 재임기에 모진 감옥살이를 했던 사람들을 그가 자신의 집권을 기뻐하며 풀어줬는데, 그들을 다시 체포하기 시작한 것이다. 황제가 된 첫 주에 요란한 팡파르를 울리며 폐지했던 대역죄도 소리 없이 부활시켰다. 공포는 칼리굴라가 습관적으로 행하는 악질적 유머와 뒤섞였다. 하급 정무관 유니우스 프리스쿠스를 처형한 뒤, 그 정무관이 평소에 주장하던 것보다 형편없이 가난했던 사실이 밝혀지자, 비웃는 어조로 분수에 맞지 않게 죽었다고 하면서 이렇게 말한 것이다. "그가 나를 우롱했어. 그럴 줄 알았으면 살려두는 건데."[19]

하지만 칼리굴라에게는 흔히 있는 일이었듯, 이 유머도 위선의 가면을 벗겨내고 인간 본능의 비루함을 들춰내며 인간이 하는 일치고 과연 사욕을 위하지 않는 것이 있는지를 묻는 것에 이르기까지, 그가 지닌 신랄한 시선에서 나온 것이었다. 로마인들은 오랫동안 그들이 가졌다고 추정된 덕을 중시해왔다. 하지만 자신의 욕구 분석에 솔직한 칼리굴라로서는 그들의 자부심에 더는 영합할 마음이 없었다. 지난 2년간 세계를 지배하는 국정의 파트너인 양 원로원을 떠받드는 척했던 가식 행위도 이제는 지겨웠다. 그들의 위선적 말투에서 나는 구린내가 하늘을 찔렀다. 70여 년 전 원로원이 아우구스투스에게 새로운 칭호를 부여해준 운명적인 그날, 원로원과 아우구스투스는 손을 맞잡고 후대 사람들로서는 그 존재 여부를 가릴 엄두도 내지 못할 만큼 교묘한 눈속임의 거미줄을 쳐놓았다. 그런데 칼리굴라가 지금 그 거미줄을 찢어발겨 발로 짓뭉개려는 것이었다.

그것의 함정도 이미 오래전에 설치해놓았다. 재위에 오르고 몇 주 후 그가 티베리우스 치세에 행해진 대역죄 재판, 같은 의원들끼리 서로를 비난하는 행위, 배신 행위를 저지른 의원들의 목록과 관련된 기록물을 죄다 불살랐다며 관대함과 호의 가득한 어조로 원로원에 통지한 것이 말짱 거짓이었던 것이다. 그 기록은 고스란히 보관되어 있었고 그것을 읽으라는 명령을 그가 지금 내린 것이다. 따라서 의원들로서는 그 내용을 듣는 것만으로도 견디기 힘든 굴욕이었을 텐데, 그보다 더 끔찍한 일이 뒤따랐다. 원로원이 범한 온갖 기회주의적 행태도 세세하게 열거한 것이다. 세야누스의 발까지 핥던 의원들이 그가 실각하자 침을 뱉은 일, 티베리우스에게 머리를 조아리며 굽실대던 의원들이 그가 죽기 무섭게 비방하기 시작한 일 등, 의원들의 비열한 속성을 만천하에 공개한 것이다. 그러나 티베리우스는 기실 의원들의 그런 비열함과 악의적 속성을 꿰뚫어보고 있었고, 칼리굴라에게 그들을 다루는 법도 일러주었다. "너의 만족과 안전을 최우선으로 삼도록 해라. 의원들 모두가 너를 혐오하고 네가 죽기만을 기다릴 뿐이야. 할 수 있다면 그자들은 너를 살해하려 들 거다."[20]

한때는 자유 공화국이던 로마의 핵심부 내에 지난 세기 동안에 심어진 정권의 야만성은 이렇게 모든 사람 앞에 적나라하게 노출되었다. 칼리굴라에 대해 다른 사람들이 무슨 말을 하든, 최소한 그는 정직하게 행동했다. 문제는 그 정직함이 아프리카의 태양처럼 인정사정없다는 데 있었다. 의원들은 숨을 곳이 없어진 것이다. 그들이 덮어 감추고 꾸민 위선이 낱낱이 까발려졌으니 말이다. 노예근성과 악랄함으로 점철된 원로원의 치부가 만천하에 드러난 것이다. 칼리굴라는 원로원을 공격하는 데 그치지 않았다. 신격화된 아우구스투스와 티베리우스가 한 거짓말들도 폭로했다. 그에 따라 로마가 공화국인 양 가식을 떤 두 사람의 위선도 더는 유지될 수 없게 되었다. 황제의 힘은 절대적인 만큼 그 점을 숨길 이유가 없다는 것이 그의 생각이었다. 그 징표로 그는 대역죄도 부활시키고 동판에 자신이 한 발언을 새기라고 지시했다. 그러고는 의원들이 발언하기를 기다리지도 않고 뒤돌아서 휙 방을 나가버렸다.

사실 원로원 의원들도 할 말이 없었다. 그저 모두가 놀라 어안이 벙벙한 채 숨죽이고 앉아 있었을 뿐이다. 그러다 꼬박 하루가 지난 뒤에 내놓은 답이, 칼리굴라의 진실함에 사의를 표하고 그의 경건함을 기리며 그의 자비에 대한 답례로 1년에 한 차례 희생을 바친다는 공식 결의였다. 원로원은 장군이 전차가 아닌 말을 타고 로마를 행진하는 의식, 곧 '약식 개선식'을 거행할 권리도 그에게 부여했다. 그러고는 황제도 '적에게 승리했을 때와 다름없는' 의식을 거행하게 될 것이라고 선언했다.[21]

아닌 게 아니라 칼리굴라가 적에게 승리한 것은 사실이었다. 의원들의 면전에 대고, 그들은 황제가 죽기를 바란다고 말하면서, 그런데도 '그들은 원하든 원하지 않든'[22] 황제에게 계속 영광을 바칠 거라고 비아냥거렸으니 말이다. 하지만 초췌하게 얼어붙은 의원들의 얼굴 뒤에는 두려움뿐 아니라 분노도 숨어 있었다. 그런 감정이 원로원에만 한정된 것도 아니었다. 칼리굴라의 최측근, 심지어 그가 진정으로 사랑한 사람들도 미래에 대한 불안감이 커졌다. 황제에게 자존감을 짓밟힌 이들이 비단 원로원 의원들만은 아니었던 것이다. 칼리굴라는 누이의 야망이 자신의 야망을 방해하는 것도 용납하려 하지 않았다. 결혼한 지 1년도 못 돼 아이를 낳지 못한다는 이유로 롤리아 파울리나와 이혼하고는, 같은 실수를 반복하지 않겠다는 각오로, 이혼한 즉시 전남편과의 사이에 이미 아이 셋을 둔데다 자신의 아이를 가져 만삭이 된 밀로니아 카이소니아와 결혼한 것이다. 밀로니아는 젊지도 않고 미모가 뛰어나지도 않았다. 하지만 황제처럼 성장하기를 좋아하고, 열병식을 하는 그의 곁에서 함께 말을 타며, 망토와 투구 차림을 하는 등, 칼리굴라의 취향에는 맞는 여자였다. 심지어 그녀는 자극적인 것을 좋아하는 칼리굴라가 친구들 앞에서 나체 포즈를 취해달라고 요구하는 것도 기꺼이 들어주었다. 그리고 이 행위는 그의 사랑에 이르는 지름길이었던 듯, 칼리굴라는 밀로니아에게 드루실라 못지않게 한결같은 애정을 보였다. 그런 밀로니아가 딸 율리아 드루실라를 낳아 칼리굴라를 기쁘게 해주었으니, 레피두스와 아그리피나가 부루퉁하고 샐쭉한 반응을 보인 것도 무리는 아니었다. 두 사람 모두가 서로 다른 방식으로 계승권을 거의 확보했다고 믿고 있던 판에 밀로니아의 출산 능력이 입증된 것이고, 따라서 그들의 전망이 자칫 치명타를 입게 생겼으니 말이다.

기원후 39년의 늦여름인 8월의 마지막 날, 칼리굴라는 스물일곱 번째 생일을 맞았다. 황제가 된 지 2년 반이 흐른 때였고, 그만하면 그도 자신이 이룬 모든 것에 흡족해 할 만했다. 원로원도 그에게 겁을 먹고 있었고, 대중들도 그에게 감사를 표했으며, 도시에는 각종 볼거리가 넘쳐나는 등, 로마의 모습이 그가 원하는 방향으로 착착 만들어지고 있는 듯했기 때문이다. 그래도 지금 당장은 더 먼 곳을 바라볼 때였다. 라인 강 유역 군단병들 틈에서 어린 시절을 보낸 칼리굴라는 로마가 세계의 전부가 아님을 완벽하게 이해하려 한 것이다. 그래서 아버지(게르마니쿠스)가 못다 한 과업을 이루고 싶어 했다. 그 과업은 바로 아우구스투스와 티베리우스, 두 황제에게 그토록 효과적으로 대들었던 게르마니아 야만족을 토벌하는 것이었다. 도시의 경기장에서 싸움을 연출하는 것도 좋지만, 진짜 군인이 진짜 적과 싸우는 진짜 전투도 연출해볼 필요가 있었다.

가이우스 율리우스 카이사르 아우구스투스 게르마니쿠스가 전쟁을 하려는 것이었다.

농담이 지나쳐

로마처럼 뒷담화가 일상화된 도시에서도 머나먼 전선에서 들려오는 소문에는 나름의 특징이 있었다. 원정에 대한 소식은 먼저 불분명한 웅얼거림으로 시작되었다. 그러다 그 웅얼거림이 점점 떠들썩한 소동이 되면서 사람들이 소리를 지르기 시작했고, 소문에 환호할 만한 승리의 내용이라도 있으면 박수갈채를 보냈다. 칼리굴라의 라인 강 유역 출정 소식도 수도의 모든 이에게 유례없는 흥분을 안겨줄 거라는 기대감을 갖게 했다. 게르마니쿠스 시대 이후 처음으로 로마군의 위용을 과시하는 원정인데다, 아버지와 달리 칼리굴라는 황제로서 출정하는 것이기도 했기 때문이다. 그만큼 기대감이 높았다. 게르만족 또한 그 무렵에는 로마군을 상대로 언제 대승을 거두었나 싶게 부족 간 투쟁을 일삼는 예전의 습성으로 되돌아가 있었다. 아르미니우스가 속한 케루스키족은 특히 유명무실한 존재가 되어 있었다. 아르미니우스가 얻은 높은 명성이 라이벌 족장들을 끊임없이 자극하는 역할을 했지만 정작 그 자신은 강적 게르마니쿠스가 죽은 해에 살해되어, 그 무렵엔 무대에서 사라진 지 오래였다. 그런 만큼 전통적으로 제공되던 정복담의 스릴에 오랫동안 목말라했던 로마인들도 이제는 카이사르가 행한 공적 이야기를 마음 편히 고대할 수 있게 되었다.

　실제로 그들의 기대는 어긋나지 않았다. 그해(기원후 39년) 가을, 수도에 전해진 칼리굴라 관련 소식이, 비록 군사적 공훈과는 거리가 멀었지만 그 못지않게 흥미진진한 것으로 밝혀졌기 때문이다. 물론 위험한 일도 있었다. 그러나 황제의 생명을 노린 중대한 위협은 라인 강 너머에 있지 않았다. 로마에 휘몰아친 놀라운 소문을 믿을 수 있다면, 황제의 생명을 노린 위협은 라인 강 유역이 아닌 본국 가까운 곳에 있었다. 권력의 꼭대기까지 도달한 위기의 징후에 대한 소문은 칼리굴라가 원정을 떠나기 전부터 이미 도시에 떠돌고 있었다. 기원후 39년 9월 초 황제가 두 집정관을 전격 해임하고 그들이 지녔던 파스케스도 부러뜨리고 집정관 중 한 명에게는 자살을 강요했다는 소문이었다.[23] 그래놓고는 레피두스와 두 누이, 근위대 수행원들을 거느리고 게르마니아 전선을 향해 무섭게 질주했다는 것이다. 얼마나 비호처럼 날아갔는지, 라인 강 유역의 로마 주둔군 사령관에게는 황제의 도착이 거의 기습과 같았다는 것이다. 사령관 그나이우스 코르넬리우스 렌툴루스 가이툴리쿠스는 세야누스의 절친한 친구였는데도, 자신이 지휘하는 군단의 규모를 으릇듯 교묘하게 흘리는 방식으로 살아남았을 만큼 노련한 모사꾼이었다. 티베리우스도 삐딱한 성격이다 보니 그가 그랬다는 사실을 알면서도 그대로 방치했고, 그러다 결국 장기적으로 큰 손상을 입는 대가를 치르게 되었다. 시리아에서 피소가 그랬듯, 가이툴리쿠스가 군단병들에 대한 자신의 권위를 굳히기 위해 그들을 해이하게 관리하면서 군기가 빠진 상태가 10년이나 지속되다 보니, 국경 지대 주둔군이라는 본래의 목적마저 수행할 수 없게 된 것이다. 국경을 넘어 습격의 기회를 새롭게 엿보는 야만족은 갈수록 느는데 노쇠한 백인대장들은 막사 근처에서 무기력하게 빈둥거리기만 했다.

이런 상황이었으니, 어린 시절 아버지가 라인 강 유역의 방어 시설 복구에 사력을 다하던 모습을 기억하는 칼리굴라도 감동시키지 못할 것임은 당연했다. 결국 가이툴리쿠스는 불시에 도착한 황제에게 그 즉시 체포되어 심문을 받고 처형되었다. 후임 사령관에는 (세르비우스 술피키우스) 갈바가 임명되었다. 규율 엄하기로 소문난 인물이었으니, 인재를 알아보는 칼리굴라의 눈썰미가 또 한 번 확인된 셈이었다. 실제로 신임 지휘관이 군기를 다잡은 덕분에 라인 강 유역(상 게르마니아)의 로마 주둔군은 국경을 침입한 갈리아족을 소탕하는 작전을 머지않아 수행할 수 있었다. 칼리굴라도 그동안 부지런히 부전자전을 입증해 보였다. 무능한 부적격 장교들을 조직적으로 제거하고 게르만족에게 여러 차례 공격을 감행했다. 그리하여 비록 때늦은 원정철이기는 했으나 휘하 군단 병들로부터 일곱 차례나 '최고 사령관'으로 환호 받았다.* 칼리굴라는 이듬해의 원정철에 대비해, 두 개 군단을 새롭게 조직하는 작업도 시행했다. 30년 전 바루스 휘하 군단이 전멸한 뒤 처음으로 실시하는 모병이었다.[24] 그리고는 월동지인 루그두눔로 향했으니 그만하면 그로서도 충분히 뿌듯할 만했다.

하지만 기실 야만족은 그가 가진 걱정거리의 사소한 일부에 지나지 않았다. 그보다는 황제가 게르만족에게 일곱 차례나 승리를 거둔 소식이 주도면밀하게 홍보되있는데도 도시에서는 징작 다른 이야기로 소문이 들끓고 있는 것이 더 문제였다. 두 집정관이 제거되기 무섭게 가이툴리쿠스가 처형된 사건은 간과되지 않았다. 소문에 따르면 세 사람 다 동일한 음모에 연루되었고, 칼리굴라가 게르마니아 국경 지대로 무섭게 질주한 것도 그 음모를 저지할 목적이었다는 것이다. 늦가을 무렵에는 그 소문이 공식화되기도 했다. 라인 강 유역 주둔군을 분기시켜, 칼리굴라를 밀어내고 새 황제를 옹립하려 한 '극악무도한 음모'[25]를 꾸민 혐의

---

* 이 대목은 디오 카시우스의 글에 언급되어 있다(59.22.2). 디오는 칼리굴라가 "전투에서 승리한 것도 아니고 적군을 죽인 것도 아니다"라고 하면서도 그렇게 기록했다. 수에토니우스와 디오 같은 역사가들의 저술이 뒤범벅된 두 가지 상반된 기록도 전한다. 그중 하나에는 칼리굴라가 거둔 군사적 성과가 변덕과 어리석음으로 점철된 촌극으로 기록되어 있고, 다른 하나에는 그가 아버지와 티베리우스가 가진 최고의 전통으로 단련된 엄격하고 유능한 훈련자로 묘사되어 있다. 칼리굴라 치세의 이 시기와 관련된 내용은 이처럼 오리무중이지만 그래도 흩어진 자료를 꿰맞춰 보면, 칼리굴라가 기원후 39년 가을 라인 강 유역을 시찰했고, 그곳 주둔 군단병들을 상대로 자신의 권위를 확고하게 세웠으며, 몇 차례 산발적 교전을 승리로 이끌기도 했다는, 몇 가지 개연성 있는 결론을 도출할 수는 있다. 그렇기는 하지만 칼리굴라가 라인 강 유역으로 진격한 것은 새해가 시작된 직후였을 개연성이 있다는 점도 유념할 필요가 있다.

로 가이툴리쿠스가 처형되었다는 내용이었다. 그렇다면 황제 후보자는 누구였을까? 이어 그 답으로 제시된 것은 아연할 정도로 충격적이었다. 답의 징표는 먼저 복수의 신 마르스 신전에 단검 세 개를 바치라는 칼리굴라의 명령을 받고 그의 대리인이 도시에 도착하는 것으로 나타났다.[26] 그다음에는 칼리굴라의 누이 아그리피나가, 지난날 그녀의 어머니가 시리아에서 돌아올 때 그랬듯, 유골 항아리를 팔에 꼭 안고 로마에 도착하는 것으로 나타났다. 레피두스의 유골 항아리였다.

칼리굴라는 소문을 덮기는 고사하고 소문의 더러운 전모를 떠들썩한 웃음거리로 만드는 편을 택했다. 그로서는 상상할 수 있는 온갖 호의를 베풀었던 레피두스가 그를 비통하게 배신한 사실을 널리 알린 것이다. 레피두스가 아그리피나뿐 아니라 율리아 리빌라와도 동침한 뒤 두 자매와 공모해 최고 지배권을 거머쥐기 위해, 원로원에서 라인 강에 이르기까지 음모의 거미줄을 쳤다는 것이 사건의 전모였다. 이 음모에서 레피두스가 맡은 역을 누설한 인물이 죄를 면하려다 실패한 가이툴리쿠스였는지, 아니면 또 다른 밀고자였는지는 알려지지 않았다. 하지만 그것은 몰라도 칼리굴라가 펄펄 끓는 분노를 느낀 것만은 분명하다. 레피두스를 장교의 검 앞에 목을 내밀게 해 그 즉시 처형한 것은 물론, 죽은 연인의 유골을 로마로 가져온 아그리피나와 율리아 리빌라까지 나라 밖으로 추방하라고 명령했으니 말이다. 칼리굴라는 이 자매를 그들의 어머니와 할머니처럼 이탈리아 연안의 황량한 섬들로 추방했다. 그것으로도 모자라 보석, 가구, 노예 등 자매의 가산마저 신분에 굶주린 루그두눔의 갈리아인들에게 팔아치웠다.

아그리피나에게는 그보다 더 안 좋은 일이 있었다. 그녀의 반역 음모가 밝혀진 직후 남편 도미티우스 아헤노바르부스가 수종에 걸려 죽었고, 악랄하고 치사한 방법을 써서라도 창창한 미래를 열어주려 했던 아들의 양육권마저 아이의 고모인 도미티아에게로 넘어가 버린 것이다. 도미티아는 "아그리피나와 동년배로, 미모와 재산으로도 아그리피나에게 뒤지지 않았다."[27] 그러다 보니 두 사람 사이에는 자연스레 라이벌 관계가 형성되고 조카 양육에도 그 관계가 영향을 미쳐, 조카의 환심을 사는 데만 급급한 도미티아가 아이를 제멋대로 버릇없이 키운 것이다. 아들에 대한 야망이 컸던 만큼이나 그를 엄격하게 양육한 아그리피나로서는 기절초풍할 노릇이었다. 하지만 추방된 섬에서 썩어가는 그녀가 할 수 있는 일은 없었다. 자유를 잃은 그녀는 이제 아들마저 잃는 처지가 된 듯했다. 그런데 불난 집에 부채질하듯, 칼리굴라는 그런 아그리피나와 율리아 리빌라에게 "내가 가진 것은 섬만이 아니다. 내게는 칼도 있다"[28]라며, 그들에게는 아직 잃을 것이 더 있음을 분명히 했다.

칼리굴라에 대한 역모는 집정관과 군 지휘관은 물론, 황제의 가족까지 가세한 총체적 모반이었다. 그런데도 실패했다. 하지만 칼리굴라도 자신감에 큰 타격을 입었고, 따라서 그가 누이들에게 비통함을 느낀 것은 당연한 일이었다. 라인 강 유역으로 쏜살같이 달려가 모반자들을 가차 없이 응징하고 군사적으로 로마의 가장 중요한 국경 지대를 안정시킨 그가 게르마니아 정복 계획을 미룬 채 그곳에서 겨울을 나기로 한 것도 그래서였다. 한마디로 또 다른 반역이 일어날 위험성이 너무도 컸던 것이다. 칼리굴라가 가진 불신의 정도는 원로원이 나중에 책잡히지 않으려고 레피두스의 음모 저지를 축하하는 귀족 대표단을 파견했을 때 확연히 드러났다. 클라우디우스를 단장으로 하는 대표단을 그가 노골적으로 하대한 것이다. 칼리굴라는 의원들 대다수를 잠재적 스파이로 간주하여 갈리아 땅에 들어서지도 못하게 했다. 심지어 루그두눔으로의 진입이 허락된 극소수 귀족들을 인솔하고 그곳에 도착한 클라우디우스를 옷 입은 채로 강물에 밀어뜨리는 짓까지 했다. 아니, 그랬다고 한다. 하지만 그 소문은 진위 여부를 떠나, 황제의 속내가 드러났다는 점에서 중요했다. 황제를 배신하면 정중한 대우도 존중도 받지 못하리라는 것이 그것이었다. 요컨대 칼리굴라는 원로원과 황제의 가족 모두를 독사의 소굴로 낙인찍은 것이다. 바야흐로 황제와 귀족들 간의 전쟁이 공식화된 것이다.

이 모든 점을 고려할 때 칼리굴라는 한시바삐 이탈리아로 돌아가야 마땅했다. 그런데 문제가 그리 간단치 않았다. 수도의 시민들에게 감격적인 승리로 홍보할 만한, 자기 이름으로 된 공훈 하나 세우지 않고 귀환할 수는 없었기 때문이다. 결국 칼리굴라는 봄이 가까워오자 게르마니아 전선으로 돌아갔다. 그러고는 그곳에서 군대를 사열하고 갈바의 지휘 아래 군기 수준이 높아진 점도 확인한 뒤, 라인 강을 건너 또 다른 공격을 감행했다.[29] 하지만 결론적으로 칼리굴라가 애타게 바라던 군사적 성과는 게르마니아가 아닌 브리타니아에서 나왔다.

이 무렵 로마 군단이 해협을 넘은 지도 100년 정도가 지난 상태였다. 그런데도 브리타니아에 대한 로마의 영향력은 오히려 착실히 불어나고 있었다. 게다가 야심 넘치는 다양한 부족들이 섬을 분할 지배하다 보니 로마로서는 가장 편리한 힘의 본보기만 제공해주면 상황 종결이었다. 브리타니아에서는 전사들이 가장 효과적으로 거드름 피우는 방법이 카이사르의 외양을 모방하는 것이었다. 왕들도 자신들이 성공가도를 달리고 있다는 표시를, 초대한 손님들에게 지중해산 산해진미를 융숭하게 대접하거나, 월계관 쓴 자화상을 은화에 새기는 방식으로 했다. 물론 그런 식의 자기홍보는 쉽게 얻어지지도, 싸게 얻어지지도 않았다. 브리타니아의 가장 강력한 족장들이 언제나 로마의 오른편에 위치한 섬 지역을 차지하고자 한 것도 우연만은 아니었다. 섬의 동중부 거의 대부분의 지역까지 지배권이 미쳤던 카투벨라우니족의 족장 쿠노벨리누스도 그런 경우였다. 하지만 그런 그조차도 황제에게 꼬박꼬박 공물을 바쳤으며, 난파당한 로마 선원이 생기면 주도면밀하게 돌려보내기도 했다. 칼리굴라가 게르마니아에 머물고 있을 때 쿠노벨리누스의 아들 하나가 켄트 땅을 차지하려던 계획이 수포로 돌아가 추방되자, 해협 너머에 로마 황제가 있음을 알고 자신이 갈 곳은 한 군데뿐이라고 믿은 것도 그렇게 보면 놀랄 일이 아니다.

칼리굴라도 물론 예기치 않은 횡재에 반색했다. 토박이 브리타니아 왕자가 더할 나위 없이 안성맞춤인 때에 나타나주었으니 그럴 만도 했을 것이다. 게다가 제 발로 찾아왔으니 그에게 항복을 받은 뒤 브리타니아 전체가 항복으로 제시하는 것은 식은 죽 먹기보다 쉬웠다. 예상대로 로마에는 즉시 사자가 파견되었다. 그들은 도시에 도착하면 가능한 한 우쭐대며 마르스 신전으로 가서 집정관들에게 월계관이 장식된 황제의 서신을 전하라는 명령을 받고 출발했다. 이렇게 해서 로마에 승전보가 전해졌다.

그 소식은 들끓는 소문을 타고 도시 전역에 회자되었다. 황제가 무릅쓴 위험, 그가 포획한 포로들, 그가 정복한 해안 등 동포 시민들이 언제 들어도 질리지 않는 종류의 이야기들이었다. 하지만 포룸에서 술집, 세탁물 널린 여염집 안마당에 이르기까지, 로마 전역에서 그 이야기가 회자되는 중에도 다른 한편에서는 카이사르가 북부 지역에서 행한 또 다른 일들에 대한 이야기가 유포되고 있었다. 칼리굴라가 들으면 달갑지 않을 소문으로, 먼젓번 소문과는 딴판이었다. 황제는 야만족 소리만 들어도 기겁을 하며 라인 강 너머로 내뺐다는 것, 해안을 정복하여 얻은 것이라고는 조개 껍데기가 가득 찬 용기뿐이었다는 것, 로마로 압송되어 온 포로들도 게르만족이 아니고 머리털을 물들인 갈리아인이었다는 것이다. 부창부수로 허풍과 연극의 달인이었던 카이소니아는 심지어 그들에게 '적갈색'[30] 가발을 구해주기까지 했다는 것이다. 그러나 물론 전선에서 멀리 떨어진 로마인들로서는 내용이 생판 다른 두 프로파간다가 미칠 영향을 가늠조차 할 수 없었을 것이다. 하지만 해협을 건너 이탈리아를 향해 고속으로 달려오고 있던 칼리굴라는 문제의 시급성과, 자신의 군사적 성과를 훼손시킨 책임이 어디에 있는지를 똑똑히 알았다. 북부 지역으로 그를 만나러 온 원로원 대표단에게도 그는 이렇게 말했다. "내가 로마로 돌아가는 것은 기사들과 인민들이 나의 귀환을 바라기 때문이오. 나를 여러분과 같은 시민이라고는 생각하지 마시오. 나 프린켑스는, 이제 더는 원로원을 인정하지 않습니다."[31]

등골이 오싹해지는 발언이었다. 말을 할 때면 손으로 칼자루를 탁 치는 특유의 버릇이 있어서 더욱 소름이 끼쳤다. 그러니 원로원 대표단이 그에게 굽실거린 것도 충분히 이해가 가는 일이었다. 하지만 그들이 만일 정적들을 처형하는 선에서 황제의 행동이 멈추리라 기대했다면 그가 품은 독기를 과소평가한 것이었다. 칼리굴라는 지난해 가을 로마의 귀족층 전체가 그에게 반기를 든 듯한 행동(레피두스를 황제로 옹립하려 한 반역 음모를 말함-옮긴이)을 했을 때 이미 향후에 어떤 행보를 보일지 결심을 굳힌 상태였다. 그러므로 그가 지금부터 하려는 일도 원로원의 명성과 자존을 지켜주는 모든 요소를 제거하고 고색창연한 그들의 아욱토리타스를 손상시키는 것이었다. 원로원이 부들부들 떨며 권하는 개선식 제의를 그가 받아들이기는커녕 경멸하며 차버리고, 라인 강 유역으로 찾아온 원로원 대표단을 면전에서 내치며, 로마로 귀환할 때 의원들이 환영 나오지 못하게 한 것도 그래서였다. 요컨대 그는 "자신의 명예를 높여주는 무언가를 부여할 권위가 원로원에 있다는 암시를 주고 싶지 않았던 것이다. 그렇게 되면 의원들의 지위가 자신보다 높아져, 마치 윗사람이 아랫사람에게 호의를 베푸는 듯한 인상을 줄 수 있었기 때문이다."[32] 예리한 통찰이었다. 지난 수십 년간 아우구스투스의 정교한 위선과 그에 뒤이어 티베리우스가 채택한 전통 중시 정책의 보호 속에서 안전하게 자라던 군주제라는 유충이, 칼리굴라의 귀환으로 마침내 껍데기를 벗고 날개를 퍼덕이며 세상을 그 영광으로 물들이려 하고 있었다. 원로원의 주장이 들어설 자리 없이, 프린켑스와 인민 사이의 유대만 있는 세상을 만들려는 것이었다.

　기원후 40년 5월, 칼리굴라가 북부 전선을 출발하여 로마 외곽에 도착한 뒤에도 성내에 들어오지 않고 남쪽 나폴리 만으로 향한 것도 그래서였다.* 그리고 그곳, 지난 여러 세대 동안 부호들이 경쟁하듯 돈 자랑을 하며 뻐긴 나폴리 만에서 희대의 장관을 연출할 준비를 했다. 그 어느 해안가 별장도, 그 어느 호화 건축물도, 그 어느 사치스러운 요트도 필적할 수 없는 장관을 연출하려는 것이었다. 그러기 위해 그는 지중해 일대에서 징발한 상선들을 밧줄로 엮어 거대한 부교浮橋를 만들었다. 이탈리아에서 가장 크고 가장 번잡한 항구 도시였던 푸테올리(지금의 포추올리)와, 그 일대에서 가장 이름난 휴양지였던 바이아이(지금의 바이아)를 잇는 길이 5.6킬로미터의 배다리였다.[33] 배들 양편에 흙을 메워 넣고 식수용 물길이 완비된 휴게소까지 갖춰, 부교는 마치 아피아 가도를 방불케 했다. 이렇게 다리가 완공되자 바이아이에 도착한 칼리굴라는 바다의 신 넵투누스에게 먼저 희생을 바치고 그다음에는—지금부터 자신이 하려는 일이 세계를 경악시키는 데 목적이 있음을 고려해—질투의 신 엔비디아에게도 희생을 바쳤다. 그러고는 앞쪽에는 푸테올리까지 뻗어나간 대로가 된 부교가 있고 뒤쪽에는 완전 무장한 기병들과 병사들이 그를 기다리며 도열해 있는 바이아이에서, 머리에는 참나무잎 관을 쓰고 몸에는 알렉산드로스 대왕이 착용한 것과 같은 가슴받이를 한 성장 차림으로 말에 올라탔다. 바다를 정복하고 돌아온 그가 지금 문자 그

---

* 디오 카시우스는 기원후 3세기 초에 글을 쓰면서 칼리굴라가 나폴리 만에 간 것이 원로원에 신랄한 연설을 한 뒤인 기원후 39년 봄이었다고 암시했다. 반면에 세네카는 《삶의 짧음에 관하여(On the Shortness of Life)》(18.5)에서 칼리굴라의 나폴리행이 이듬해였음을 분명히 했다. 사정이 이렇다 보니 연도의 정확성을 기할 수는 없지만 그래도 정황으로 볼 때 기원후 39년보다는 40년이었을 개연성이 높다.

대로 놀라 자빠질 정도의 위용을 뽐내며 바다의 지배자임을 과시하려는 것이었다. 마침내 전진 신호가 떨어지자 칼리굴라가 여름 햇살에 금빛 망토를 번쩍이며 다리 쪽으로 덜커덕덜커덕 말을 몰았다. 점성술사 트라실루스는 언젠가 티베리우스에게 "칼리굴라가 황제가 될 개연성은 그가 말을 타고 바이아이 만을 건널 확률만큼이나 높지 않습니다"[34]라고 말했다. 그런데 칼리굴라는 황제가 되었으며, 지금 말을 타고 바다도 건너고 있었다.

로마인들에게도 그것은 난생처음 보는 광경이었다. 해안가에 모인 군중은 로마 최고의 당당한 전통을 모방도 하고 가로채기도 한 그 희한한 광경을 넋을 잃은 채 지켜보기만 할 따름이었다. 누가 봐도 개선식을 흉내 냈음이 분명한 칼리굴라의 광태는, 피골이 상접하도록 묵묵히 자신의 소임을 다한 뒤 승리를 축하할 때면 로마 거리들을 도는 개선식을 변함없이 되풀이하는 데 만족했던 모든 장군들의 기를 죽이는 행위였다. 관례를 따르는 것은 관례의 수호자를 따르는 행위였건만, 칼리굴라는 그 어느 것도 받아들이지 않았다. 로마 초기의 관례에서는 개선식을 행하는 장군이 공화국의 최고 정무관에 이어 원로원의 환영을 차례로 받도록 되어 있었다. 하지만 나폴리 만에는 최고 정무관도 원로원도 없었다. 칼리굴라 주위에는 그가 믿을 수 있다고 생각하는 근위대, 그의 병사들, 절친한 친구들만 있었을 뿐이다. 노인들에게 배다리는 맞지 않았다. 황제의 친구가 되기 위해서는 쇼를 좋아하는 그의 취향을 거의 똑같이 함께 나눌 수 있어야 했다. 물론 배다리를 건너 푸테올리에 간 다음 날, 칼리굴라가 로마 최고의 경주마들이 모는 전차를 타고 바이아이로 돌아갈 때도 그의 친구들이 덜커덕거리는 브리타니아산 전차를 타고 그의 뒤를 따랐다.* 칼리굴라의 개선식에서는 이처럼 이국적인 분위기가 물씬 풍겼다. 하지만 해협에서 돌아온 지 얼마 안 된 칼리굴라가 야만적인 북부의 지배자라는 것을 보여주는 데 그쳤을 리는 만무했다. 해가 지는 곳에서 해가 뜨는 곳까지 세계의 지배자임을 과시하는 것이 그의 목표였으니까. 그리하여 보편적 지배자임을 나타내는 표시로 또 그간 볼모로 잡아두었던 파르티아의 소공자를 그의 곁에서 함께 말을 달리게 했다. 나폴리 만에서 거행된 칼리굴라의 쇼는 행렬의 하나하나, 장식물 하나하나 공들여 준비되지 않은 것이 없었다. 어둠조차 쇼를 흐리게 하지 못했다. 날이 어둑해지자 나폴리 만 위의 산꼭대기에서 대형 화톳불이 거대한 원을 그리며, 해협 횡단에 참가한 사람들이 배다리에 고정해놓은 배에 누워 축연을 즐기는 모습을 훤히 비춰주고 있었으니 말이다. 칼리굴라도 배다리에 계속 머물렀다. 그렇게 실컷 먹고 마시고 놀다가, 라인 강 유역에서 숙부 클라우디우스에게 그랬듯이 친구 여럿을 재미 삼아 물속으로 밀어 넣었다. 심지어 그는 행사의 뒤끝을 화려하게 장식하고 말겠다는 듯, 부하들이 누워 축연을 즐기는 배들을 충각 달린 또 다른 배들로 들이받게 했다. 그 모습을 보며 "그의 기분은 한껏 달아올랐다."[35]

---

* 수에토니우스가 전차의 출처를 명시하지 않았는데도 내가 브리타니아산 전차라고 말한 것은, 그가 전차를 묘사하는 말로 사용한 '이륜전차(esseda)(essedum의 복수형—옮긴이)'가 이전 세기에는 갈리아인들이 칼리굴라의 시대에 브리타니아인들만 사용한 전투용 전차의 한 종류를 가리키는 말이었기 때문이다. 혁신의 최선봉에 섰던 마이케나스도 '브리타니아산 이륜전차(essedum)'를 보유하고 있었다고 한다(Propertius: 2.1.76).

칼리굴라는 오랫동안 장관, 조롱, 폭력을 한데 버무려 쾌락의 강도를 높이는 데 비범한 재능을 보였다. 그런 만큼 푸테올리의 부교에서도, 할 아버지와 함께 지낼 때 굴종을 여러 가지로 표현하는 기술을 배웠던 카 프리 섬의 실루엣이 수평선에 어른거리는 것을 어렵지 않게 찾아냈다. 티베리우스는 그나마 스스로도 진저리를 쳤던 자신의 기질을 로마인들 에게 숨기려고 했다. 하지만 칼리굴라는 그런 고려조차 하지 않았다. 의 원 자녀들에게 역할 놀이를 시키든, 소리치며 매춘하는 창녀 행위를 강 요하든, 전임자의 섬에서 익힌 자신의 취향을 무제한으로 펼쳐 보였다. 그가 그런 행위를 하는 데 주저하는 빛은 전혀 없었다. 실패하고 붕괴된 질서에서 물려받은 행동의 기준은 '최고의 카이사르'[36]에게 방해만 될 뿐이었다. 그가 누구던가? 그는 물위에서 말을 타는 인물이었다. 그러 니 귀족들을 무용한 존재로 깎아내리려는 결의에 찬 그가 이제부터 최 고의 장면을 연출하려 한다 해도 막을 수 있는 것은 아무것도 없었다. 지난 1년간 외유를 한 그가 마침내 로마로 돌아가려 하고 있었다.

칼리굴라는 자신의 생일인 8월 31일 로마에 입경했다. 그런데 웬일로 이번에는 원로원이 그의 생일 기념으로 부여한 새로운 영예를 순순히 받아들였다. 하지만 물론 자신이 지닌 권위의 진정한 토대가 어디에 있 는지를 보여주는 방식으로 받았다. 근위대, 군단병들, 게르만족 사설 호 위대에 둘러싸여 거리를 행진한 것이다. 군중도 그를 에워쌌다. 그렇게 거리를 행진하다가 포룸에서 행렬을 멈추더니, 공회당의 지붕으로 올라 가 아래쪽을 향해 금화, 은화를 뿌려대기 시작했다. 그 바람에 돈을 줍 겠다고 우르르 군중이 몰려들어 여자 200명과 환관 한 명을 포함해 수

많은 사람이 압사했다. 그 진기묘기에 재미가 들렸는지 칼리굴라는 며칠 동안이나 그 짓을 되풀이했다. "사람들도 그를 좋아했다. 돈으로 그들의 호의를 샀기 때문이다."[37]

하지만 귀족들의 호의를 사지는 못했고, 따라서 그들에게는 절망만 되풀이되었다. 의원들은 황제의 의도를 정확히 파악했다. 칼리굴라는 귀족들의 아욱토리타스를 지켜주는 가장 확실한 버팀목이던, 보호권을 조롱하고 허약하게 만드는 일을 동시에 하고 있었다. 그보다 더 안 좋았던 것은, 돈을 뿌려놓고 플레브스들에게 땅바닥을 혜적이게 한 황제가 이번에는 야심 찬 의원들에게도 자신의 변덕에 기댈 수밖에 없으리라는 사실을 깨닫게 한 것이다. 지난 몇백 년 동안 민의로 선출된 위인들에 의해 거룩해진, 가장 고귀한 정무관직마저 이제는 황제가 베푸는 시혜의 대상으로 만들어버린 것이다. 칼리굴라는 전임자들과 달리 그 사실을 상기시키는 데도 거리낌이 없었다. '인간의 은밀한 바람을 식별하는'[38] 능력이 뛰어났던 그는, 의원들을 조롱하는 기술에 치명적이고 엄밀한 정밀성을 부여했다. 그리하여 지난 수세기 동안 귀족들을 공화국에 봉직하게 해준 힘이 되었던 포부를 신랄한 풍자의 대상으로 만든 것이다. 그것으로도 모자라 황제가 자신의 애마 인키타투스에게 집정관직을 주겠다는 의사까지 밝히자, 귀족들은 그 행위가 끔찍하다 못해 거의 광기처럼 느껴졌다.

하지만 거기에서 벗어나기는 요원해 보였다. 근위대나 게르만족 호위대를 매수하지 못하는 한, 의원들이 그 상황에서 벗어날 길은 없었다. 게다가 칼리굴라는 두 집정관과 비스듬히 누워 연회를 즐기다가도 느닷없이 혼자 킬킬대며 턱짓 한 번으로 그들의 목을 단번에 날려 버릴 수 있다고 중얼거리는 등, 전 귀족층을 상대로 심리 게임을 벌이는 짓까지 했다. "저들로 하여금 나를 두려워할 때까지 증오하도록 하라."[39] 고대 로마의 시인 루키우스 아키우스의 작품에 나오고 칼리굴라가 곧잘 인용했다는 문장인데, 반역 음모 뒤 원로원에 대한 황제의 기본 방침을 잘 요약해준다. 감시는 공포를 낳고 공포는 감시를 낳았다. 실제로 칼리굴라가 로마로 돌아온 직후 두 번째 역모가 발각되었을 때 그 일을 밀고한 사람은 원로원 의원이었다.[40] 그리하여 도시 외곽에 있던 모친의 별장에서 머물고 있던 황제 앞에 최고위층 인사들이던 혐의자들 모두가 끌려 나오자, 칼리굴라는 그들에게 매질과 고문부터 가했다. 그들이 전모를 실토하자 이번에는 그들의 입에 재갈을 물렸다. 그러는 사이 어느덧 날이 저물어 칼리굴라와 만찬 손님들은 횃불 밝혀진 정원의 강변을 산책했다. 죄인들은 난간에서 무릎 꿇려진 채 억지로 고개가 숙여졌다. 참수될 때 무례한 말이 튀어나오지 않도록 그들의 입에 천 조각도 쑤셔 박혔다.

"밤에도 사형 집행한다는 소리를 그 누가 들어보았겠는가?" 하지만 대다수 의원들은 그 사실보다는 오히려 그것이 식후 오락으로 이용되었다는 데 추문의 본질이 있다고 보았다. 로마의 도덕가 세네카도 "형벌이 대중적 볼거리가 될수록 본보기와 경고로 작용할 개연성이 높아진다"[41]라고 일침을 놓았다. 이 진정한 목소리의 주인공 세네카는 또 은밀하게 행해지는 일에는 비행과 일탈이 조장될 수밖에 없다는 확신도 지니고 있었다. 명망 있는 시민에게는 여하한 경우에도 사생활이 허용되어서는 안 된다는 전통이 이 오래된 전제에서 비롯된 것이다. 카프리 섬에서 타락의 끝까지 갔던 티베리우스와 관련된 일화가 그런 일이 생기지 않았을 경우에 무슨 일이 벌어질지를 말해주는 특별히 교훈적 경고가 될 만했다. 하지만 카프리 섬의 일화에서는 그와는 다른 교훈도 이끌어낼 수 있었다. 칼리굴라가 성장을 하고, 신화 속 장면을 재현하는 연극에 참가하며, 상류층이 타락하는 모습을 지켜보는 취미를 갖게 된 곳이 바로 카프리 섬이었으니 말이다. 실제로 만일 누군가가 형벌의 목적이 로마인들에게 시민으로서 책임을 다하도록 교훈을 주는 것이라고 믿었다면, 그는 시대착오적 인물이었다. 요컨대 칼리굴라는 전 귀족층에 공포감을 주려는 목적뿐 아니라 기분 풀이를 위해 의원들을 가지고 놀았던 것이다. 물론 때에 따라서는 그도 신중하고 신속하게 복수를 감행했다. 하지만 전체적으로는 남이 보는 데서 희생자 골리기를 좋아했다. 칼리굴라의 마음속에는 "희생자 스스로 죽어가는 것을 느낄 수 있도록 서서히 조금씩 타격을 가하라"[42]라는 금언이 아로새겨져 있었다.

게다가 티베리우스는 카프리 섬만을 행동의 무대로 삼았으나, 그의 계승자 칼리굴라는 전 로마를 무대로 삼았다. 로마 전체가 잔인함과 과도함의 무대가 된 것이다. 그 낯선 공포에 대처할 기술을 가진 원로원 의원은 드물었다. 칼리굴라의 각별한 벗인 아울루스 비텔리우스의 아버지이자 흠잡을 데 없는 업적의 기록을 가진 전직 집정관 루키우스 비텔리우스만이 예외적으로 그런 기술을 갖고 있었다. 시리아 총독으로 있을 때 로마 군단기 앞에 파르티아 왕을 무릎 꿇린 일을 비롯해 여러 공훈을 세운 그는 칼리굴라의 소환을 받자 자신의 업적이 불필요한 의혹의 대상이 될 수 있다는, 올바른 두려움을 품었다. 그래서 평민처럼 초라한 옷을 입고 마치 신의 제단에 다가가듯 베일로 얼굴을 가린 채 황제를 면담하러 갔다. 그러고는 요란스레 몸을 엎드리고는 황제를 신으로 부르고 기도문을 올리며 그를 위한 희생을 맹세했다. 그 모습에 칼리굴라는 마음이 누그러지다 못해 기쁨마저 느꼈다. 당연히 이는 게임, 카프리 섬에서 지낼 때 알게 된 황제의 사고방식을 아들 비텔리우스가 아버지에게 귀띔해주어 만들어진 게임이었다.

하지만 그렇다고 그것이 전적으로 게임인 것만도 아니었다. 수십 년 전 칼리굴라의 증조부 아우구스투스의 결혼 축하연 때도 하객들이 신과 같은 복장을 했다가 성난 군중의 폭동을 야기했으니 말이다. 하지만 그 아우구스투스도 이제는 승천하고 없었다. 따라서 칼리굴라가 지금 금빛 수염과 벼락까지 갖춘 유피테르로 완벽하게 분장하고 나타난 것에 사람들이 어떤 반응을 보일지도 관심거리였다. 갈리아 출신의 구두장이는 그 광경에 우스워하며 황제의 면전에 대고 '완전히 얼빠진 짓'⁴³이라고 말했다. 그런데도 칼리굴라는 그에게 미소를 보냈다. 반면 유피테르와 칼리굴라 중 누가 더 위대해 보이느냐는 질문에 침을 삼키며 말을 더듬거린 황제의 친구 겸 유명 배우 아펠레스에게는 신속하게 보복을 가했다. 칼리굴라는 존경 못지않게 머리 회전이 빠른 것을 좋아했다. 그런데 아펠레스는 그 두 가지 기대 모두를 충족시키지 못했으니, 그 비참한 배우에게 가해진 채찍질은 잔인한 것 못지않게 적절한 행위이기도 했다. 아펠레스가 라틴어로 '가죽 없는'을 뜻하는 말인데다, 가죽 채찍이 그의 등짝을 후려칠 때마다 터지는 비명의 절묘함이 과연 비극 배우답다는 황제의 극찬까지 더해졌으니 말이다. 칼리굴라는 이렇게 현실과 환상, 야비함과 허황함, 재미와 끔찍함 사이에서 상상의 나래를 마음껏 펼치는 데서 가장 큰 기쁨을 느꼈다. 비텔리우스 정도의 통찰력을 지닌 사람만이 그 점을 꿰뚫어보고 후속 조치를 취할 수 있었다. 언젠가 칼리굴라가 지나가는 말로 "나는 달의 여신과도 대화를 나눈다네. 그런데 자네는 여신을 볼 수나 있어?"라고 물었을 때도, 비텔리우스는 눈을 내리깔고 능란하게 그의 장단을 맞춰주었다. "주군이시여, 서로를 알아보는 이들은 폐하와 같은 신들뿐이옵니다."[44]

과연 게임의 법칙을 알고 그것을 노련하게 사용한 덕분에 비텔리우스는, 황제가 아직은 친구 대접을 해줄 준비가 되어 있던 배타적 원로원 사회에도 무난히 진입했다. 그러나 대다수 의원들은 그들의 위신에 무차별적으로 가해지는 공격에 당혹스러워하면서도 황제가 내뱉는 악의적 유머에 희롱당하며 속수무책으로 당하기만 했다. 귀족들이 굴욕감을 느끼게 하는 상황을 만드는 것보다 칼리굴라가 좋아하는 일은 없었다. 그런 상황을 만들어놓고 그는 마치 고통의 감식가인 양 굴욕의 희생양이 된 사람들을 면밀히 관찰하는 기회를 즐겼다. 아우구스투스가 도입한 원형경기장의 지정좌석제를 폐지하고서는 의원들과 기사들이 '남자와 여자, 노예와 자유인이 뒤섞인'[45] 여타 관중과 똑같이 자리다툼을 하는 모습을 구경하는 것이야말로 그가 최고로 재미있어 한 일이었다. 칼리굴라는 인간의 극단적 불행을 찬찬히 음미하는 것도 즐겼다. 이를테면 이런 식이었다. 파스토르라는 기사의 아들을 하찮은 죄목으로 처형한 그는 같은 날 파스토르를 만찬에 초대했다. 그러고는 그 비참한 인물의 안면에 일어나는 마지막 경련까지도 빠뜨리지 말고 관찰하라고 지시한 감시병들을 그의 곁에 배치했다. 그런 다음 파스토르에게 포도주 잔을 건네며 그의 건강을 바라는 축배를 들었다. 파스토르도 '아들의 피를 마시듯' 잔을 쭉 들이켰다. 칼리굴라가 주는 향수, 화환, 값비싼 접시도 황공해 하며 받았다. 하지만 구경꾼들은 그의 아들이 당한 운명을 몰랐으니 무표정한 그의 얼굴 뒤에 감춰진 고통의 깊이를 알 리 없었다. 그러나 황제는 알았다. 파스토르의 얼굴에서 미소가 떠나지 않은 이유도 알았다. "그에게는 또 다른 아들이 있었던 것이다."[46]

칼리굴라는 여러 해 동안 티베리우스의 의심을 받으며 살 때, 어머니와 형제들이 당한 불행에 대해 단 한 번 슬퍼하는 내색을 하지 않았을 만큼, 진실의 위험성을 꿰뚫어볼 줄 알았다. 따라서 그런 인물이 황제가 되었으니, 로마가 공화정일 때는 명문가의 위대성을 대대손손 계승하게 해준 의무와 책임의 신성한 결합도 이제는 명문가를 올가미에 걸어 잡아먹는 역할만 할 뿐이었다. 실제로 칼리굴라가 라인 강 유역에서 돌아온 지 6개월이 지났을 무렵, 팔라티노 구릉의 황궁은 볼모들, '로마의 지도급 인사들의 부인들, 최고 명문가 혈통을 지닌 그들의 자녀들'[47]로 넘쳐났다. 티베리우스는 그나마 카프리 섬으로 은거하여 그곳에서만 귀족층 자녀들에게 둘러싸여 지냈으나, 칼리굴라는 '그들을 황궁으로 데려와 성적 노리개로 삼을 때'[48] 추문을 감추려는 의도조차 보이지 않았다. 오히려 그 반대였다. 반세기 전 아우구스투스 시대에는 간통을 범죄로 취급해 서방질한 유부녀에게 창녀 옷을 입게 하는 징벌을 내렸다. 그런데 칼리굴라는 황궁에서 버젓이 그 법령을 뒤엎는 행동을 했다. 주택과 골목길이 다닥다닥 붙은 인구 과밀 지역으로 뻗어나가 포룸까지 이어지도록 황궁 확장 공사를 벌인 뒤, 호화롭게 꾸민 방들에 귀부인들과 그 자녀들을 비치해놓고 '젊은이, 늙은이' 할 것 없이 모든 사람을 팔라티노 구릉으로 불러들여 그 상품들을 음미하도록 했다.[49] 온갖 신산을 겪은 귀족들도 그런 모욕에는 할 말을 잃었다. 이는 그들에 대한 모욕이었을 뿐 아니라 아우구스투스가 중시한 가치를 모욕하는 행위이기도 했다. 감히 아우구스투스 가문의 거처에 매음굴을 만들다니, 탕아로 소문난 오비디우스마저 숨을 들이쉬었을 만한 행동, 칼리굴라가 행한 모든 장난질 중에서도 가장 충격적이고 무례하고 불온한 행동이었으니 말이다.

"숱하게 많은 악덕을 지닌 그였지만 칼리굴라가 진정으로 소질을 보인 측면은 학대였다."[50] 세네카의 이 말대로 즉위 4년째 되는 해인 기원후 41년에는 로마의 전 귀족층이 칼리굴라가 지닌 모욕의 천재성에 몸을 움츠리는 상황이 되었다. 칼리굴라의 대리인 한 명이 원로원에 가서 의원 한 사람을 노려보기만 해도 황제 증오죄는 뚝딱 만들어졌다. 그러면 다른 의원들이 그에게 즉각 달려들어 몸을 갈가리 찢어놓았다. 누구도, 심지어 칼리굴라의 친구들마저 그 상황에서는 긴장을 풀지 못했다. 칼리굴라는 그들 모두를 바짝 긴장시키기를 좋아했다. 그가 정부로 삼고 있던 발레리우스 아시아티쿠스의 아내 롤리아 사투르니나(황후 롤리아 파울리나와는 자매간)가 잠자리 실력이 떨어진다는 이유로, 전직 집정관이자 절친한 친구인 아시아티쿠스를 공공연히 비난했을 정도다. 발레리우스가 '자존심 강하고 특히 민감한 인물'[51]이어서 그 비난이 칼리굴라에게는 더 고소했다. 근위대 장교도 칼리굴라의 놀림을 피해 가지는 못했다. 라인 강 유역의 게르마니쿠스 부대에서 복무할 때 수훈을 세우기도 한 백발성성한 노장으로, 당시에는 고위급 근위대 장교였던 카시우스 카이레아에게 칼리굴라의 특별한 장난기가 발동한 것이다. 카이레아는 로마군의 엄격한 전통으로 단련된, 무뚝뚝하고 강인한 인물이었다. 그런데 목소리만은 그에 어울리지 않게 여자 같았는데, 이 점을 알아챈 칼리굴라는 여성 관련 비어를 근무 중 군호軍號로 사용하게 한 것이다. 이는 황제 자신의 위신만 히스테리 환자로 깎아내리는 데 그치지 않고 다른 근위대원들의 인격까지 모독하는 행위였다. 칼리굴라는 언제나 그렇듯 남에게 상처 주는 법을 정확히 알고 있었다.

그리고 그것을 자신에게 유리하게 이용할 줄도 알았다. 칼리굴라가 카이레아에게 '여자'[52] 같다고 하거나, 그로 하여금 자기 손에 키스하게 할 때마다 손가락으로 외설적인 동작을 취하며 그의 감정을 살피는 데서 즐거움을 느낀 것만 해도, 즐거움만이 그런 행동을 한 유일한 이유는 아니었다. 칼리굴라는 자신의 궂은일을 대신해줄 악역이 필요했고, 그래서 카이레아가 여자 같다는 비난을 피하기 위해서라도 효과적인 고문자 혹은 집행자가 되어주리라 예상했던 것이다.

아닌 게 아니라 이는 매우 균형 잡힌 생각이었다. 공포가 공포를 낳았으니 말이다. 칼리굴라가 측근에게 가졌던 신뢰는 레피두스와 두 누이에 의해 한 번 심각하게 타격을 입었는데, 두 번째 역모가 발각됨으로써 거의 치명타를 입었다. 역모를 알려준 사람은 음모자들 중 한 사람의 아버지인 베틸리에누스 카피토였다. 칼리굴라의 강요로 자기 아들의 참수

장면을 지켜보던 그가 자신도 공모자였음을 실토하고 다른 공모자들도 있다고 주장하며 그 명단을 제출한 것이다. 칼리굴라가 가장 신뢰하는 친구들과 근위대 지도부뿐 아니라 황후 카이소니아까지, 측근이란 측근은 거의 다 망라된 명단이었다. "그리하여 그 명단은 황제의 의심을 사고 카피토는 처형되었다."[53] 그러나 카피토도 나름의 목적을 달성했다. 칼리굴라의 주변 사람들이 황제에게 심어놓은 편집증이, 칼리굴라가 그들에게 불어넣은 공포를 이기게 되었으니 말이다. 실제로 새해가 밝자 칼리굴라는 극심한 심적 동요를 보이며 로마를 또 한 번 떠날 계획을 세웠다. 그리고 이번에도 예전과 마찬가지로 아버지의 전철을 밟고자 했다. 라인 강 유역은 이미 시찰했으니 동쪽으로 가려는 것이었다. 특히 알렉산드리아에 대한 동경이 커서, 그 도시에 대한 애정을 공공연히 피력하고는 '상상할 수 있는 한 가장 신속하게 로마를 출발해 그곳에 도착하는 대로 상당 기간 머무를 것'[54]이라고 선언했다. 칼리굴라의 출발 날짜는 기원후 41년 1월 말로 잡혔다.

하지만 그 전에 먼저 기려야 할 축제가 있었다. 아우구스투스를 기념하는 축제 경기였다. 그리하여 팔라티노 구릉의 가설 극장에서 열린 그 경기에 어찌나 흠뻑 빠져들었는지, 그는 예정된 경기 일정보다 사흘이나 더 기일을 연장했다. 알렉산드리아로 출발하기로 한 날짜가 임박한, 축제 마지막 날인 1월 24일에는 그가 전에 없이 느긋하고 사근사근한 태도를 보이기까지 했다. 지정좌석제가 없어진 관계로 의원들이 자리를 헤적여 찾는 모습도 언제나 그렇듯 그를 즐겁게 했다. 아우구스투스에게 희생으로 바친 동물의 피가 원로원 의원 아스프레나스에게 튄 것조차 그를 웃게 만들었다.* 그렇게 한바탕 웃고 난 뒤에는 또 분위기를 띄운답시고 관객들에게 다량의 간식거리를 제공하라는 지시를 내렸다. 그리하여 그것을 얻어먹겠다고 관객들이 악다구니를 벌이자 칼리굴라의 기분은 더욱 좋아졌다. 그리고 끝으로 재능과 미를 겸비한 로마 최고의 유명 스타 배우로, 칼리굴라도 그의 매력에는 사족을 못 썼던 므네스테르가 출연하는 연극을 보며 그는 완벽하게 유쾌한 오전 시간을 마무리했다. 근친상간과 살해를 내용으로 하는 비극에 책형뿐 아니라 창자도 튀어나오는 소극이 가미되어 경기장에는 다량의 인조 피가 뿌려졌다.

이어 점심 시간이 되자 칼리굴라는 전용 사실에서 식사 겸 휴식을 취한다는 결정을 내렸다. 그에 따라 황제를 위시한 수행원들이 자리에서 일어나 경기용 임시 스탠드가 세워진 앞마당을 떠나, 클라우디우스와 발레리우스의 인도로 황궁 내 아우구스투스 저택으로 들어갔다. 그들은 그곳 노예들이 도열한 회랑을 따라 계속해서 욕장을 향해 갔다. 그렇게 가고 있는데 몇몇 그리스 귀족 가문의 아이들이 황제 앞에서 공연할 음악 연습을 하고 있다는 기별이 오자, 칼리굴라는 그 모습을 보기 위해 옆길로 빠졌다. 그리하여 가마꾼들을 뒤따르게 하고 옆 골목길을 내려가는데, 앞을 보니 카시우스 카이레아, 서열 2위의 근위대 장교 코르넬리우스 사비누스, 그리고 일군의 근위대원들이 그를 향해 다가오고 있었다. 황제에게 다가온 카이레아가 그날의 군호를 정해달라고 요청했다. 그러자 칼리굴라는 늘 하던 대로 이번에도 경멸 섞인 비어를 부여해

---

* 당대에 가장 상세한 기록을 남긴 요세푸스의 글에 나오는 내용이다. 반면에 수에토니우스의 글 (*Caligula*: 57:4)에는 희생으로 바친 플라밍고의 피가 칼리굴라에게 튀었다고 나온다.

주었다. 그 순간 카이레아가 칼을 뽑아 칼리굴라의 목을 내리쳤다.[55]

그런데 과녁이 빗나가고 말았다. 황제의 어깨를 뚫고 들어간 칼날이 쇄골에 막힌 것이다. 칼리굴라는 고통스러운 신음을 뱉으며 앞으로 고꾸라지면서도 죽을힘을 다해 도망치려고 했다. 하지만 그의 위에는 이미 사비누스가 버티고 서 있었다. 사비누스는 황제의 팔을 움켜쥐고 그의 무릎을 꿇렸다. 이어 그의 머리 위로는 근위대원들의 검이 빗발치듯 쏟아졌다. 고문자 칼리굴라의 목을 베는 데 성공한 사람은 첫 번째보다 칼날을 정확하게 겨눈 카이레아였다.[56] 그러나 참수된 뒤에도 검을 휙휙 휘두르는 근위대원들의 난도질은 계속되었다. 황제의 생식기를 찌른 것도 수차례였다. 나중에 떠돈 소문에 따르면, 몇몇 근위대원은 심지어 황제의 살점을 먹기까지 했다고 한다.[57] 그 소문의 진위 여부는 모르겠으나 한 가지, 카이레아가 복수의 맛을 달콤하게 느꼈던 것만은 분명하다. 카이레아와 공범자들은 칼리굴라의 시신이 형체를 알아볼 수 없을 만큼 엉망이 된 뒤에야 일련의 통로를 달려 빠져나와, 지난날 게르마니쿠스의 저택이었던 곳으로 몸을 숨겼다.

그 무렵에는 황제의 가마꾼들도 말 그대로 갖고 있던 막대기를 용감하게 휘두르며 피살을 용케 면한 뒤, 삼십육계를 놓았다. 주군이 살해된 것을 알고 헐레벌떡 현장으로 달려온 게르만족 호위대도 남아 있던 근위대원들을 쫓아버린 뒤, 목과 몸통이 분리된 황제의 시신을 현장에 남겨둔 채 암살자 수색에 나섰다. 결국 그들이 팔라티노 구릉의 거리로 흩어져 암살자 수색을 하는 동안에도 황제의 시신은 현장에 덩그러니 방치되어 있었다. 그러다 황후 카이소니아와 그녀의 어린 딸에게 발견되었다. 성깔이 나쁘고 놀이 친구들의 얼굴에 생채기 내기를 좋아하는 모습을 보고 칼리굴라가 자신의 판박이라고 좋아하던 딸이었다. 하지만 고통에 지친데다 칼리굴라의 피를 뒤집어쓴 모녀도 그들을 추적하라고 보낸 근위대원에게 발견되었다. 그 병사를 올려다보며 카이소니아가 눈물 어린 얼굴로 '연극의 마지막 막을 끝내달라고'[58] 간청하자, 대원도 지체 없이 그 일을 수행했다. 그다음에는 그녀의 딸을 머리가 부서지도록 벽으로 내던졌다.[59]

칼리굴라의 혈통은 그렇게 끝이 났다. 죽음을 가지고 지나친 농담을 한 결과였다.

chapter 6

야호, 사투르날리아!

가장

혼란은 기회를 의미했다. 그리고 그 사실은 카이사르 가문 사람들이 누구보다도 잘 알았다. 아우구스투스가 내전의 참혹함을 딛고 로마의 패권을 차지한 이후 그 가문에서 간혹 피 튀기는 권력 다툼이 일어나더라도, 그 배타적 가문에 속하지 않은 사람들은 그것을 이용할 기회조차 갖지 못했던 것도 그래서였다. 그렇기는 하나 칼리굴라가 피살되었으니, 주사위는 또 한 번 던져진 셈이었다. 아우구스투스가 세계의 평화를 확정한 팔라티노 구릉이 혼돈 속에 빠져들었으니 말이다. 칼리굴라의 사설 호위대였던 게르만족 검객들만 해도 황제 살해자들을 찾아 미로처럼 복잡한 황궁의 통로와 복도를 살기등등하게 이 잡듯 뒤지고 다녔다. 아우구스투스에게 희생을 바칠 때 토가에 동물의 피가 튀었던, 운 나쁜 아스프레나스가 먼저 그들 눈에 띄어 목이 달아났다. 이어 또 다른 두 원로원 의원이 그와 마찬가지로 잔혹하게 살해되었다.

한편 경기장의 관중석에서는 혼란스러운 소문이 난무했다. 누구도 황제의 죽음에 확신을 갖지 못했다. 일부 사람들은 황제가 암살을 모면하고 포룸으로 도망가 '어리석게도 황제를 존경하고 사랑한'[1] 플레브스들을 끌어모았다고 주장했다. 의원들은 의원들대로 자신들을 고문하던 자가 죽었다는 소식을 믿고 싶은 마음과 그 모든 일은 속임수일지 모른다는 두려움 사이에서 갈팡질팡하며 자리를 뜨지 못하고 마비된 것처럼 앉아 있었다. 게르만족 호위대가 별안간 들이닥쳐서는 아스프레나스와 다른 두 의원의 머리를 그들 면전에 흔들어대다가 제단 위에 내동댕이 친 행위도 그들의 불안감을 잦아들지 못하게 했다. 때마침 목소리가 우렁차기로 유명한 경매인이 나타나 장내 사람들에게 황제의 죽음을 확인해주고 게르만족 호위대를 설득해 칼을 거두게 한 것이 그나마 의원들의 학살을 막아주었다. 칼리굴라는 물론 실망했겠지만 말이다.

한편 구릉 아래쪽 포룸에서는 원로원 의원들 중에서도 좀 더 야심 찬의원들이 벌써부터 황제의 죽음이 자신들에게 가져올 여파를 두고 주판알을 튕기고 있었다. 아내 롤리아 사투르니나 일로 황제에게 모욕당한 발레리우스 아시아티쿠스도 그곳에 있다가, 그를 빙 둘러싸면서 사랑하는 황제를 살해한 자가 누구냐고 종주먹을 들이대는 군중에게 "그게 나였으면 얼마나 좋았겠소?"[2]라고 무심한 듯 쾌활하게 대꾸했다. 물론 그로서는 아내를 욕보인 황제의 행위를 잊지 못했을 것이다. 하지만 황제의 죽음에는 단순히 사사로운 악감을 푸는 것 이상의 문제가 걸려 있었다. 칼리굴라가 정해진 후계자 없이 죽는 바람에 귀족들 앞에 졸지에 눈부신 전망이 펼쳐진 상황만 해도 그랬다. 그날 오후 포룸이 시위자들로 들끓자, 경비대를 지명하여 질서 유지를 시킨 사람도 황제가 아닌 두 집정관이었다. 원로원 의원들이 향후 대책을 논의하기 위해 모인 곳 또한 황제들이 재건한 원로원 건물이 아닌, 고색창연한 로마의 지난날을 상기시키는 카피톨리노 구릉 위의 유피테르 대신전이었다. 그리고 그곳에서 두 집정관 중 한 사람은 자부심 넘치는 어조로 이렇게 선언했다. "덕으로 단련된 사람들은 우리 로마인들에게만 설명해도 되는 나라, 한때 우리를 위대하게 해준 법률의 지배를 받는 자유로운 나라에서 단 한 시간 살아보는 것만으로도 충분합니다."[3] 그날 저녁 원로원에 보고하러 온 근위대 장교 카시우스 카이레아가 군호를 정해달라는 정중한 요청을 했을 때도 집정관들은, 로마인들에게 고대 로마의 정체가 회복되었음을 포고하는 의미에서 '자유'라는 단어를 부여했다.

하지만 물론 공화국의 회복에는 훌륭한 군호 이상의 것이 필요했다. 아우구스투스에 의해 수립된 로마의 정체는 너무도 깊이 뿌리를 내려, 정체의 중심에 있는 사람들조차 그 깊이를 가늠하기가 어려웠다. 원로원 의원들 또한 그들의 지위가 법률로 고정된데다 모든 것이 노출되는 토론의 장을 활동 무대로 하다 보니, 그 뿌리를 캐기에 부적합했다. 이제는 거주하는 사람이 거의 없어진 팔라티노 구릉에도 황제 살해자들조차 처벌을 받지 않고 자취를 감출 수 있을 만큼 통로, 회랑, 안마당 들의 거대한 미로가 형성되어 있었다. 마이케나스와 같은 에트루리아인으로, 게르마니쿠스가 북부 게르마니아에서 작전을 수행할 때 그의 부관을 지낸 아울루스 카이키나 세베루스와 같은 가문 출신이기도 한 카이키나 라르구스도 그중 한 명이었다. 카이키나가 팔라티노 구릉에 저택을 가지고 있었던 것이고, 게다가 집 정원에는 그가 특별히 자랑으로 여긴 수려한 로터스나무들이 자라고 있었다. 그 나무들 아래에 눈에 띄지 않는 응달이 있어 동료들보다 월등히 유리한 고지에서 '정권의 비밀arcana imperii'을 살필 수 있었으니, 그로서는 자랑으로 여길 만도 했을 것이다. 아닌 게 아니라 팔라티노 구릉에서는 카피톨리노 구릉의 원로원 의원들은 대략 짐작만 하고 있던 기류가 흐르고 있었다. 그러니 카이키나도 근위대장 카이레아가 아무리 어깨를 으쓱대고 다녀도 공화정이 회복되는 한, 대다수 근위대원이 차지할 지분이 없다는 것쯤은 알고 있었다. 칼리굴라가 피살된 뒤 근위대원들이 암살자들 편에 서지 않고 그들을 잡겠다고 팔라티노 구릉을 헤집고 다닌 데에는 그럴 만한 이유가 있었던 것이다. 카이키나가 원로원에 영합한 동료 근위대원들에게 가세하지 않고 다른 게임을 벌이기로 한 것도 그리 보면 놀랄 일이 아니다. 그리고 로마의 미래는 정해져 있다는 관점에 의혹을 가진 사람이 비단 카이키나 혼자였던 것도 아니다.

칼리굴라가 피살되기 몇 달 전 그에게 소환되어 비공개 면담을 가진 두 근위대장이 바로 그런 사람들이었다. 카피토가 작성한 역모자들의 명단에 황후 카이소니아와 더불어 이 두 사람의 이름이 함께 올라 있었는데, 그들의 혐의를 믿고 싶어 하지 않으면서도 혹시나 해서 확인차 부른 황제 앞에서, 두 사람은 미친 듯이 그에 대한 충성을 확인시켜주고서 간신히 살아남았다. 하지만 면담에서 생겨난 불안은 가시지 않았다. 칼리굴라의 호의를 잃었을 때 그들의 운명이 어찌 될지는 불을 보듯 뻔했다. 반면에 카이사르 가문이 잔존하면 그들과 나머지 모든 근위대원에게 떨어질 몫이 있으리라는 사실도 그들은 간파했다. 그렇다면 그 가문의 누구를 그럴듯한 황제 후보자로 내세운다? 게르마니쿠스의 남자 자손 중 유일하게 생존한 아그리피나의 아들, 루키우스 도미티우스 아헤노바르부스는 나이가 너무 어렸다. 따라서 다른 후보자가 필요했다. 그렇다면 성인이면서 아우구스투스 가문의 일원인데도 심지어 칼리굴라조차 제거할 생각을 하지 않았을 만큼 친족들에게 지독한 경멸과 무시의 대상이던 인물이 근위대장들의 딜레마를 해결해줄 답이 될 만했다. 실제로도 황제 후보자는 한 사람뿐이었다.

근위대의 이 계획은 그 무렵까지도 공화국의 미래를 탁상공론하고 있던 카피톨리노 구릉의 원로원 의원들에게도 전해졌다. 이런 내용이었다. 조카 칼리굴라가 피살된 뒤 클라우디우스는 커튼 뒤로 몸을 숨기고 있었다. 그런데 급하게 그곳을 지나가던 근위대원 한 명이 삐죽이 나온 발을 보고 커튼을 한쪽으로 휙 당기자 그곳에 클라우디우스가 있더라는 것이다. 그래서 병사가 무릎 꿇고 자비를 구하는 그를 일으켜 세워 황제로 선언했다는 것이다. 병약한데다 특히 군인이 아닌 민간인이어서 황제로 불리기에 부적격이었던 클라우디우스에게는 상상하기 힘든 일이었을 것이다. 그러거나 말거나 근위대원들은 그를 둘둘 말아 가마에 태운 뒤 근위대 막사로 납치해 갔고, 그곳에서 일제히 '클라우디우스에게 최고권을 부여했다[4]는 것이다. 믿거나 말거나 그것이 근위대가 원로원에 보고한 사태의 전말이었고, 의원들은 예상대로 그 소식을 경악스럽게 받아들였다. 그리하여 집정관들이 급히 클라우디우스에게 소환장을 보내자, 그는 매우 낙담한 어조로 '무력에 의해 강제로'[5] 붙잡혀 있는 상태라고 답했다. 클라우디우스는 뛰어난 학자답게 개인사를 통찰하고 있었고, 그러므로 프린켑스로서 정당성을 가지려면 프린켑스가 되고 싶지 않다는 뜻을 밝히는 것이 첩경이라는 점도 알았다. 그가 두 선임자 아우구스투스와 티베리우스가 그랬듯이, 한편으로는 최고권 확보에 필요한 모든 조치를 취하면서도 프린켑스가 되는 데에는 흥미가 없다는 타령만 연신 읊어댄 것도 그래서였다. 그리하여 어느 날 부활하는가 싶던 로마 공화정은 그러기 무섭게 죽고 말았다.

이튿날 아침 무렵에는 클라우디우스가 근위대 막사에 안전하게 연금되어 있고 그 아래쪽 포룸의 군중은 황제를 연호하는 상황이어서, 원로원도 공화국의 사망을 받아들일 수밖에 없었다. 따라서 그들이 할 수 있는 일은 이제, 침을 질질 흘리며 몸을 씰룩이고 군단에서 복무한 이력도 없고 혈통이나 입양을 거치지 않은 채 황제가 된 인물이 과연 그 직에 최적격인지 의문을 제기하는 것뿐이었다. 실제로 다양한 원로원 의원들이 게임의 법칙에 대한 이해 부족을 여지없이 드러내며 황제 후보자를 자임하고 나섰다. 전직 집정관이자 저명한 웅변가, 마르쿠스 비니키우스는 그나마 칼리굴라의 막내 누이 율리아 리빌라와 10년 동안 결혼생활을 했으니 아우구스투스 가문과의 연계를 자랑할 만했다. 하지만 그 혈관에 음모와 야망의 피가 흘렀던 또 다른 인물, 안니우스 비니키아누스는 수많은 음모망의 핵심에 있었다. 이름이 말해주듯 마르쿠스 비니키우스의 친족이자 반역 혐의로 처형된 레피두스의 절친한 친구이며 카이레아와도 잘 아는 사이였던 것이다. 그러다 보니 칼리굴라의 암살에도 그의 지문이 점점이 찍힌 사실이 사람들에게 포착되었으나, 정작 그 자신은 주제넘게 나서기를 좋아해 그 소문을 잠재우려고도 하지 않았다.

로마인들은 본래 음지에서 활동하는 사람을 지지하지 않는 습성이 있었다. 세 번째 황제 후보자를 주장하고 나선 발레리우스 아시아티쿠스가 스스로 호화로운 생활 방식으로 유명한 인물임을 내세운 것도 그래서였다. 그의 부동산 제국만 해도 이탈리아에서 이집트까지 걸쳐 있었다. 뿐만 아니라 그는 이국적 꽃들이 만발한, 로마에서 가장 유명한 정원과 캄푸스 마르티우스 평원 위 산꼭대기에 그 못지않게 화려한 건축물도 보유하고 있었다. 게다가 그는 칼리굴라도 매우 껄끄러워했을 만큼, 공화국의 가장 도도한 전통에 충실한 품격을 지닌 인물이었다. 그러므로 위축된 귀족들에게도 그는 카이사르들이 집권하기 전 귀족의 위상을 일깨워주는 존재, 활력소로 작용할 만했다. 그럼에도 그가 세계의 지배자를 계승할 개연성은 이날 아침 황제 후보자를 자임한 다른 원로원 의원들만큼이나 현실성이 없었다. 그 많은 매력과 자랑거리도 그에게 꼬리표처럼 따라다닌 한 가지 약점을 상쇄할 수 없었기 때문이다. 그는 로마인도 아니고 이탈리아인도 아닌, 갈리아 출신이었다. 그런 인물이 어떻게 감히 클라우디우스 가문 사람인 티베리우스의 조카, 게르마니쿠스의 형제를 계승하려는 희망을 가질 수 있었겠는가? 결국 기원후 41년

1월 25일, 발레리우스 아시아티쿠스를 비롯한 카피톨리노 언덕의 모든 원로원 의원은 피할 수 없는 일에 굴복했다. 불과 하루 전만 해도 호쾌한 어조로 자유의 회복을 이야기하던 원로원 의원들이 이를 악물고, 최근까지 칼리굴라가 휘둘러대던 권력 일체를 그들 대부분이 경멸해 마지 않던 인물에게 부여하기로 결의한 것이다. 더불어 예전이라면 원로원이 프린켑스에게 굳이 부여할 필요가 없던 호칭인 '카이사르'까지 부여했다. 그리하여 그날 저녁, 한때는 자기 어머니에게 '기형적 인간'⁶이라는 말까지 들었던 쉰 살의 지체부자유자는 마침내 근위대 막사를 떠나 로마의 중심부로 가, 휘황찬란한 새 호칭의 주인공으로서 팔라티노 구릉을 장악했다. 티베리우스 클라우디우스 카이사르 아우구스투스 게르마니쿠스 황제가 탄생한 것이다.

황제가 된 클라우디우스는 위태롭긴 했지만 그런대로 처신을 잘했다. 젊은 시절 그는, 아우구스투스 가문의 다른 구성원들에게 당연하게 주어지던 기회가 박탈되자 도박에 취미를 붙였다. 도박 중독을 주제로 한 글을 쓸 만큼 그것에 심취했다. 하지만 그를 멸시하는 사람들에게는 그 사실이 그를 나약한 심성의 소유자로 바라보게 했을 뿐이다. 그럼에도 마지막으로 웃은 사람은 그들이 아닌 클라우디우스였다. 상황은 언제나 그에게 불리하게 돌아갔지만 그럴 때마다 그는 예상 밖의 기량을 보이며 상황과 싸워 나갔다. 그는 인생 최고의 위기를 맞아서도 도박을 걸어 세계를 차지했다. 율리우스 카이사르가 루비콘 강을 건넌 이래, 그처럼 노골적으로 군사 쿠데타를 일으킨 예는 없었다.

물론 날카롭고 계산적인 인물이라는 점으로도 알 수 있듯, 클라우디우스는 그 사실을 겉으로 드러내지 않고 숨기는 편을 택했다. 그는 자신의 위치가 여전히 위태롭다는 사실을 알았다. 실제로 그는 공포 정치를 시행할 처지가 아니었다. 황제 시해죄로 카이레아가 처형되고 황제 암살의 공모자였던 근위대 장교 사비누스가 자결한 것을 제외하면 죽음도 최소화했다. 그 덕에 의원들도 안도의 한숨을 크게 내쉬었다. 클라우디우스의 황제 즉위를 공공연히 반대했던 사람들의 안도감이 특히 컸다. 그러므로 물론 원로원 의원들이 '시민들의 생명을 지켜준 공을 기려' 수십 년 전 아우구스투스에게 수여한 것과 똑같은 참나무잎 관을 클라우디우스에게 수여하기로 결의한 데에도 형식적 제스처 이상의 의미가 담겨 있었다. 그들에게 두려움과 모욕감을 안겨준 칼리굴라에 이어 즉위한 황제가 선정을 베푸는데, 그것을 비웃다니 가당치도 않았다. 평생을 조롱 속에서 산 탓에 타인의 존엄에 특히 민감한 황제였기에 더욱 그랬다. 클라우디우스는 절름발이였는데도 동료 의원들이 연설할 때면 반드시 기립했고, 연로하여 청력에 문제가 있는 의원은 정무관 지정석에 앉도록 허용했다. 조카 칼리굴라와 달리 그는 의도적으로 모욕을 주는 인물이 아니었다.

그렇기는 하지만 그도 원로원 내에서의 자신의 인기에 대해서는 어떤 환상도 없었다. 그리고 그러다 보니 자신의 개인 안전을 거의 편집증적으로 불안해 했다. 황제 알현을 허락받은 사람은 먼저 몸수색을 받아야 했다. 곁에 병사들이 없으면 식사도 하지 못했고, 집권 한 달 뒤 원로원 건물에 처음 들어설 때도 근위대를 대동했다. 황제는 자신이 근위대에 빚졌음을 알았고 그 사실을 거리낌 없이 인정했다. 클라우디우스가 주조한 주화들 중에 근위대 막사의 형상이 찍힌 것과, 근위대 기수와 그가 악수하는 모습이 찍힌 또 다른 주화가 있었던 것이 그 점을 말해주는 증거다. 물론 그와 근위대의 이런 우호 관계는 비싸게 얻어졌다. 근위대 전체 연봉의 다섯 배에 해당하는 돈, 곧 누가 봐도 뇌물의 성격이 짙은 거금을 근위대에 뿌렸으니 말이다.[8]

그것이 다가 아니었다. 티베리우스 즉위 이후로 국경 지대의 군단병들은 새로운 황제가 즉위하면 거액의 기부금 받는 것을 당연한 권리로 여겼다. 이는 클라우디우스가 싫다고 해서 함부로 없애버릴 수 있는 전통이 아니었다. 문제는 그것이 심각한 재정 부담을 안겨준다는 데 있었다. 로마가 전성기를 구가할 때도 국방비는 연간 예산에서 큰 부분을 차지했다. "군대 없이 평화 없고, 급료 없이 군대 없다"[9]라고 어느 역사가가 말한 대로였다. 그런데 아우구스투스 가문의 기준에서 보면, 클라우디우스가 언제나 부족하다고 느낀 부분이 돈이었다. 칼리굴라가 다른 이유들 못지않게 재미를 위해서 거액의 삼촌 돈을 조직적으로 사취한 탓이었다. 어느 땐가는 원로원 의원의 자격 유지에 필요한 자금을 마련하기 위해 클라우디우스가 개인 재산을 처분해야 할 만큼 궁핍에 시달렸다. 그런데 지금은 또 군대의 지원이 필요한 황제로서 로마의 연간 수입과 거의 맞먹는 돈이 필요한 상황이었다. 그것을 어떻게 조달한다?

그 해답은 남모르는 비밀 지식에 있었다. 그리고 물론 노련한 도박꾼이었던 클라우디우스는 누구 못지않게 그 사실을 잘 알았다. 근위대를 자기편으로 만드는 데 필요한 자금 확보도 안 된 상태에서 그들의 지원을 받아들인 것 자체가 이미 치명적 실책일 수 있었다. 그에게 필요한 것은 병사들만큼이나 회계사의 도움이었으니 말이다. 다행히 그에게는 행운이 따랐다. 그에게 지원의 손길을 내민 사람이 비단 두 근위대장만은 아니었던 것이다. 지난번 두 사람이 칼리굴라와 운명적 면담을 하기 위해 소환된 자리에는 제3의 인물도 소환되어 있었다. 군인이 아닌 관리였지만 군인 못지않게 정권의 실세였던 가이우스 율리우스 칼리스투스가 그 주인공이었다. 그는 다른 사람들이 힘을 과시하느라 여념이 없는 동안 정부의 기밀 업무를 주무르고 있었다. 그리고 그러다 보니 정권의 내막에도 밝아 황실의 변천사까지 꿰뚫고 있었다. 이제는 황실이 아우구스투스가 위장한 제1시민의 근거지가 아니라, 세계를 지배하는 방만한 조직의 중추라는 사실을 알았던 것이다. 그에 따라 황궁에도 여느 대귀족의 저택과 다를 바 없이 청원자들이 몰려들고, 존경을 표하는 방문객들의 발길이 끊이지 않으며, 저명한 빈객에 대한 환대도 이어졌다. 하지만 응접실과 연회장을 벗어난 황궁 복합체의 미궁 안에는 극소수만이 눈치챌 수 있었을 질서 체계가 존재했다. 원로원 의원도 물론 관리인이 없으면 파악하지 못할 정도로 많은 자산을 보유하고 있었다. 하지만 황제의 자산 규모와는 비교가 안 되었다. 황제의 '가산^{patrimonium}'으로 총칭된 영지, 광산, 곡물 창고 외에도 세금, 군단의 재원 조달, 각종 화폐의 주조 등 전 로마권의 재정까지 황제가 관리했으니 말이다. 그런데 아우구스투스는, 자신이 죽으면 티베리우스로 하여금 원로원에 재산 내역을 공개하게 하겠다고 하고는 정작 "그 내역을 알고자 하는 사람은 해당 관리와 협의하라"[10]라고 하여, 의도적으로 재산 내역을 파악하기 어렵게 해놓았다. 그리고 그러다 보니 25년이 흐른 뒤에 그 내역과, 팔라티노 구릉의 주화가 비축된 비밀 저장고의 위치를 아는 사람도 칼리스투스뿐인 상황이 되었다. 그리고 그 상태에서 카피토의 공모자 명단에 올라 칼리굴라에 대한 역모 혐의를 받자 그도 두 근위대장과 같은 딜레마에 빠졌다. 자신의 결백 주장이 받아지기를 바라는 마음과, 새 황제를 옹립하려는 음모 사이에서 이러지도 저러지도 못하는 난처한 지경에 처한 것이다. 그가 최종적으로 어떤 선택을 했는지는 클라우디우스가 자금 지원을 받아 쿠데타를 일으킨 것으로 드러났다.

그 뒤 전임 황제의 측근은 모조리 제거되었다. 칼리굴라의 개인 비서에서, 귀족 감시하는 일을 하며 '검'과 '단검'으로 불린 쌍둥이 목록을 항상 끼고 다녔다는 관리(프로토게네스)에 이르기까지 남김 없이 제거되었다. 심지어 두 근위대장마저 나중에는 강압에 의해 은퇴했다. 하지만 칼리스투스는 제거되지 않고 끝까지 자리를 보전해, 칼리굴라를 위해 하던 일을 클라우디우스 밑에서도 계속 했다. 팔라티노 구릉에 남아 있던 극소수 개인 주거지를 보유하고 있던 원로원 의원 카이키나 라르구스처럼 그도, 황제가 볼 때 버리기에는 지나치게 영리하고 식견이 높으며 값어치가 큰 인물이었던 것이다. 반면에 쿠데타 1년 뒤 보상을 주장하여 집정관이 된 카이키나와 달리, 칼리스투스는 그런 영예를 얻지 못했다. 따라서 겉으로만 보면 그의 역할은 전과 다름없이 초라했다. 카이키나가 릭토르들의 호위 속에서 거들먹거리며 포룸을 거쳐 원로원 건물로 들어설 때, 칼리스투스는 기록물 두루마리와 황제에게 온 청원서 더미에 파묻혀 지냈다. 그러나 여러모로 볼 때 황제의 비서 칼리스투스가 받은 보상도 집정관이 누린 보상 못지않았다. 로터스나무로 유명한 정원을 자랑하고 다닌 카이키나와 마찬가지로, 초고가의 대리석 기둥을 서른 개나 자기 집 식당에 세울 정도로 떵떵거리며 살았으니 말이다. 그는 또 집정관은 아니었지만, 집정관 후보자 검증 작업도 예사로 했다. "실제로 칼리스투스가 지닌 가공할 부와 그가 사람들에게 불러일으킨 두려움으로 볼 때 그의 힘은 독재자를 방불케 했다."[11] 하지만 아무리 '거만하고, 과도한 권위를 행사하는 것'[12]으로 악명 높았다 한들, 그는 원로원 의원도 기사도 아니었을뿐더러 로마 시민도 아니었다. 황제 한 명이 거꾸러지게 하는 일을 돕고 또 다른 황제의 알현권을 쥐고 있던 그는, 로마 사회의 최하층 계급인 노예 출신이었다.

그 실마리는 이름에도 나타난다. 칼리스투스Callistus는 그리스어로 '매력적'을 뜻하는 단어였고, 따라서 자존감 있는 로마인이라면 결코 택하지 않을 이름이었다. 하지만 노예의 호칭으로는 인기 만점이었다. 외국풍의 세련미를 지녔을 뿐 아니라, 누구나 다 아는 사실이듯 노예로는 그리스인이 최고였기 때문이다. 그러나 칼리스투스의 진짜 중요성은 그의 앞 이름이 황제가 해방시킨 노예, 곧 '황제의 자유민Augusti libertus'을 뜻하는 '가이우스 율리우스'였다는 데 있었다. 그래봤자 원로원 의원들은 거들떠보지도 않을 신분이었지만, 분통 터지게도 이제는 최고의 귀족도 혈통이 전부가 아니라는 사실을 그들도 깨달았다. 황제의 측근이 되는 것 또한 혈통 못지않게 중요해진 것이다. 원로원에서와 마찬가지로 황궁의 뒷방에서도 사다리의 가로장을 오르는 것은 꼭대기까지 도달한 사람에게 눈부신 보상을 기약해주었기 때문이다.

물론 대다수 사람들은 가로장을 올라갈 기회조차 갖지 못했다. 황실이 노예 천지인데다 그들의 다수가 천하디 천한 일에 종사하고 있었고, 설사 전문직 종사자라 해도 출세할 가망이 높지 않았다. 황제의 거울에 윤 내는 일, 황제의 향유를 간수하는 일, 황제의 화려한 의복 짓는 일을 하면서 영향력과 부가 기다리는 성공의 길로 진입하기는 힘들었다. 그러나 황제의 재정 담당자는 유망한 기회를 잡을 수 있었다. 심지어 속주에서도 황제의 개인 재산을 관리하거나, 황제를 대신해 군단에 현금 나눠 주는 일을 하는 노예는 호화롭게 살았다. 갈리아의 어느 회계사만 해도 의사 한 명, 조리사 두 명, 금 관리인 한 명을 비롯해 총 열여섯 명의 노예를 거느리고 살았다. 또 히스파니아의 한 회계 책임자는 은 식기만 사용한 것으로 악명 높았는데, 식사 조절을 못 해 뚱보가 되는 바람에 '둥근'을 뜻하는 '로툰두스Rotundus'라는 별명을 얻은 인물이었다. 그래도 출셋길이 가장 빠른 곳은 속주가 아닌 로마였다. 팔라티노 구릉의 '황제 곁에서 그의 용무를 봐주고 신들의 거룩한 비밀에 은밀히 관여하는'[13] 노예야말로 어느 누구 못지않게 국가의 기밀을 잘 캐낼 수 있는 위치에 있었기 때문이다. 하지만 그런 노예들도 그릇된 행동을 하다가는 서신 내용을 팔아먹다 현장에서 붙잡혀 다리가 부러진 아우구스투스의 비서 꼴이 날 수도 있었다. 반면에 능란하게 행동하면 칼리스투스처럼 부, 권력, 경외감을 얻을 뿐 아니라 자유민이 될 수도 있었다.

로마인들은 예부터 노예에게 시민권 부여하는 것을 신성한 전통으로 여겼다. 로마의 일곱 왕 중 제6대 왕으로, 걸출한 전사 겸 통치자였던 세르비우스 툴리우스만 해도 노예 출신으로 알려져 있었다. 물론 도박과 고대 역사를 좋아한 클라우디우스가 그 전승을 논박하며 그 왕은 마스타르나라는 이름의 에트루리아 모험가였다는 주장을 펴기는 했지만 말이다. 하지만 대다수 로마인들은 그런 학문적 궤변에 관심을 쏟을 겨를이 없었다. 왕의 이름으로 보나, 귀족들의 반대를 무릅쓰고 노예들을 해방시켜 시민 계급으로 편입시키는 것은 로마인의 입지를 약화하기는커녕 오히려 강화한다고 역설한 점으로 보나, 그는 노예 출신임이 분명하다고 믿었다. "노예에게 시민권 주기를 꺼린다면 그대들은 바보다. 시민권을 가질 자격이 없다면 몰라도 존중할 자격이 충분한데도 외국인이라는 이유만으로 그들에게 등을 돌리는 것이 말이 되는 소리인가?"[14] 세르비우스가 동포 시민들에게 했다는 이 말이야말로 그들이 볼 때는 반박이 불가능할 만큼 논리적인 주장이었다. 실제로 지난 몇백 년 동안 다수의 능력자들에게 노예 신분은 로마인으로 가는 길에서 중간 기착지 역할을 했다. 기원전 2년 주인이 해방시킬 수 있는 노예 수에 제한을 두는 내용의 법률이 제정된 것도, 노예를 소유한 시민이 어떤 원칙에 입각해 그 일을 행했는지를 짐작하게 하는 대목이다. 요컨대 그들은 재능 있는 노예들만 해방시킨 것이다.

그리고 그렇다면 포룸을 돌아본 뒤 팔라티노 구릉의 발치로 걸음을 옮겨, 수족에 쇠사슬이 채워지고 발에 흰색 분필로 수입품 표시가 된 외국인 매물을 구경하는 것도 장래의 능력자들을 미리 알아보는 것이 될 수 있었다. 이름에도 시리아 출신임이 나타나듯, 다마스쿠스에서 쇠사슬이 채워진 채 노예로 팔려와 자유를 얻은 뒤 로마의 주요 극작가가 되어 율리우스 카이사르에게 직접 상을 받기도 한 현자, 푸블리리우스 시루스Publilius Syrus가 "당신이 무슨 일을 할 수 있을지는 해봐야 안다"라고 말한 대로였다. 그와 마찬가지로 노예 신분이었던 그의 사촌도 로마 최초의 점성술사가 되었으며, 이 두 사람과 같은 노예선을 타고 온 또 다른 해방노예도 브루투스와 카시우스 롱기누스 같은 거물급 인사들에게 라틴어 문법을 가르칠 만큼 유명한 교육 기관을 세웠다. 이처럼 로마는 외국인 인재의 유입에 따른 혜택을 오랫동안 많이 입었다. 오비디우스의 말대로 "발에 분필 표시가 있는 것이 범죄는 아니었다."[15]

공직 출마도 해방노예는 불가능했으나 그의 아들은 가능하여, 다수의 사람들이 그 혜택을 입었다. 따라서 노예 출신 정무관이 자신의 출신 성분을 숨기려 해도 '다수의 기사뿐 아니라 일부 원로원 의원조차 해방노예 출신'[16]임을 모를 사람은 없었다. 신분의 위계에 엄격했던 아우구스투스도 해방노예의 아들을 친구로 삼는 데 주저함이 없었다. 거부가 되어 고대광실을 지은 일로 유명한 베디우스 폴리오가 그 주인공이었다. 아우구스투스에게 로마의 부활을 기념하는 백년제 찬가를 지어 바친 현대판 계관 시인이자, 죽은 뒤 수십 년이 지나도록 사람들에게 소중히 기억된 호라티우스도 "나는 해방노예의 아들이었다"[17]라고 스스럼없이 밝혔다.

그러나 아버지의 헌신적 노력과 재정적 뒷받침 덕에 인생의 출발이 화려했고, 그래서 아버지에게 빚진 감정을 지녔던 호라티우스조차 굴욕감을 완전히 떨치지는 못했다. "재산이 많다고 혈통이 바뀌지는 않는다"[18]라고 스스로 말했듯, 노예 신분이 지워지지 않는 오점이 될까봐 두려워했다는 측면에서는 그 역시 철저한 로마인이었다. 오죽하면 로마에서 해방노예의 성취도를 나타내는 가장 확실한 잣대가 자신의 뿌리를 무시해도 될 만큼 성공한 아들을 두는 것이었을까. 해방노예의 아들들이 집안의 노예를 따뜻하게 대하기는 고사하고 악명이 자자할 정도로 가혹하게 대했던 것도 아마 그 때문이었을 것이다. 매사에 행동이 지나쳤던 베디우스 폴리오도 보기 싫은 노예 소년을 거대한 육식 뱀장어의 먹이로 주기를 좋아했다니 말이다. 그 행동에는 아우구스투스마저 충격을 받았을 정도다. 그러나 인체 조각이 둥둥 떠다니는 수족관이 아무리 낯선 광경이었다고 해도 그것이 말해주는 것은 결국 해방노예가 노예 신분을 영영 벗어났음을 그렇게나 강렬하게 과시하고 싶어 할 만큼 자신의 출신 성분을 부끄러워했다는, 해방노예의 현주소일 뿐이었다.

간단히 말해, 노예는 유예된 죽음의 상태로 존재하는 것과 같았다. 법이 그랬다. 물론 정상적인 상태에서는 주인이 노예를 죽이는 것이 위법이었다. 그러나 법에 저촉되지 않게 인간 노예에게 폭력을 행사할 방법은 얼마든지 있었다. 무심코 머리칼을 잡아당긴 하녀의 팔을 안주인이 머리핀으로 찌르거나, 연회에서 도둑질한 시동의 팔을 절단해 그의 목에 걸고 다니게 한 것이 좋은 예다. 춤추는 꿈을 꾼 주인도 해몽에 따라 노예를 반드시 매질했다(노예를 매질하는 것이 워낙 일상화된 사회다 보니, 춤추는 꿈도 노예가 맞을 때 몸을 비트는 매질로 해석되었다 —옮긴이). 심하면 가죽 채찍 끝에 씌워진 금속이 살에 박혀, 영원히 지워지지 않는 자국이 등에 새겨질 만큼 혹독한 매질이었다. 노예 상인들이 상품으로 내놓는 노예들 중 자살 기도를 한 사람이 있는지를 밝히도록 법에 명시해놓은 것도 그렇게 보면 놀랄 일이 아니다. 야만족은 아우구스투스의 히스파니아 원정 때 부족 전체가 포로로 잡혔던 것과 같이 노예 상태가 되기보다는 차라리 자살을 명예롭게 여겼다. 반면에 노예 상태를 받아들인 사람들은 자신들이 노예의 적임자임을 보여주었다. 그런 사람이 열등감을 완전히 떨쳐버리기는 불가능했다. 자유는 마치 상처 없는 등과도 같아, 한번 잃으면 영원히 잃는 것이었기에.

그러니 칼리스투스 같은 인물이 권력의 핵으로 등장한 것에도 다수의 로마인들은 당연히 심한 당혹감을 느꼈다. 노예는 본질적으로 천한 구석이 많다는 것이 모든 사람의 생각이었다. 노예 소유주들 중 노예들이 거짓말 잘하고 손버릇 나쁘다며 불평하지 않는 사람은 거의 없었다. 칼리스투스도 자기 집의 식당을 으리으리하게 설비해놓은 것으로 보아, 자유민이 된 뒤에도 노예 시절에 하던 도벽을 계속 이어간 것이 분명했다. 하지만 그렇다고 그의 가공할 부에 대해 사람들이 분노의 반응만 보였던 것은 아니다. 부를 염원하는 반응을 보인 사람들도 있었다. 칼리스투스를 칼리굴라에게 판 인물만 해도 그에게 뭔가 부탁하려고 집 밖에서 줄을 서서 기다리다 빈손으로 돌아가기 일쑤였다. 노예 소유주들에게, 운명은 변덕스러운 것이어서 노예가 자유민이 되듯 자유민도 노예가 될 수 있다는, 그들 대다수는 결코 생각하고 싶지 않았을 진실을 일깨워주었을 만한 장면이었다. 실제로 "그대가 노예라고 멸시하는 사람도 한때는 그대와 같은 종족이었음을 기억하라"[19]라고 일갈한 사람이 있었다. 수세기 전 로마의 제6대 왕 세르비우스 툴리우스 또한 로마 귀족들에게 해방노예를 시민으로 받아들여야 될 필요성을 역설하면서 '많은 나라가 예속 상태에서 자유를 얻기도 하고 자유로운 상태에서 예속 상태가 되기도 했다'[20]는 사실을 일깨운 바 있었다. 따라서 세르비우스가 콤피탈리아 축제 기간 동안에는 노예들에게도 라레스 신에게 희생을 바칠 수 있게 해주고, 축제 행사가 벌어지는 동안에는 특히 그들로 하여금 자유민처럼 입고 행동할 수 있게 해준 것도 그렇게 보면 놀랄 일이 아니었다. 연중의 다른 날들에도 그 못지않게 소란스러운 장면이 연출되었다. 7월 초에는 노예 여성들이 여주인의 옷 중에 가장 좋은 옷을 입고서 지나가는 사람들에게 자기 몸을 광란의 섹스용으로 제공했고, 12월에는 "야호, 사투르날리아Io Saturnalia!"라는 외침이, 노예들이 본분을 밀쳐두고 주인 대접 받도록 허용되는, 그보다 한층 떠들썩한 축제를 예고했다. 다수의 사람들이 수긍했듯 그날이야말로 '연중 최고의 날'[21]이었다. 그러나 로마인들이 아무리 파티라면 사족을 못 썼다 해도 허구한 날 사투르날리아 축제만 벌이는 세계에서는 살고 싶지 않았을 것이다. 일이 그쯤에서 멈추리라는 보장도 없었다. 따라서 법도는 지켜져야 했다.

근래의 역사에서도 그것의 답이 될 만한 일이 많이 벌어졌다. 내전만 해도 특히 로마인을 로마인이게 해준 모든 것의 기초가 되었던, 노예와 자유민의 경계가 흐려질 조짐을 보였다는 점에서 끔찍한 사건이었다. 이전 노예들이 법을 노골적으로 무시한 채, '목에 힘을 잔뜩 주고 부를 과시하며'[22] 언감생심 기사들의 특권을 빼앗으려 했으니 말이다. 난세의 와중에 악랄한 노예 사냥꾼들에게 잡혀가 행방불명된 시민들도 적지 않았다. 티베리우스가 법무관의 첫 임기 동안 이탈리아 전역에 산재한 노예 막사의 실태를 조사한 뒤, 피랍된 사람들을 전원 풀어주는 조치를 취했을 만큼 문제는 자못 심각했다. 물론 아우구스투스의 집권 뒤 그가 세계에 부여한 질서의 효과로 시민과 노예를 뚜렷이 가르는 차이의 틈이

다시 벌어진 것은 사실이다. 하지만 신분에 민감한 사람들이 볼 때는 아우구스투스 정권도 그 특성상, 없던 상처를 새로 만들어낸 것에 지나지 않았다. 설상가상으로 칼리굴라 치세에는 극한의 고통을 가하는 데 천재성을 가진 그의 실력으로 그 상처에 통렬한 주먹을 날리기까지 했다. 한번은 덕망 있는 전직 접정관이 원로원 의원들이 전부 보는 앞에서 무릎 꿇고 처형을 면하게 해준 것에 감읍하자, 칼리굴라가 노예에게 하듯 그에게 왼쪽 발을 내밀며 입을 맞추게 한 적도 있었다. 리넨으로 된 짧은 튜닉 차림을 한 고명한 원로원 의원들을 옆에 하인처럼 세워놓고 식사 시중을 들게 하는 일도 칼리굴라가 좋아한 일이었다. 하지만 무엇보다 가장 충격적이었던 것은 그가 주인을 고발할 권리를 노예에게 부여한 것이었다. 그리고 물론 다수의 노예들은 그 권리를 열정적으로 사용했다. 칼리굴라가 자신들의 집과 가장 사사로운 부분, 그리고 가장 비천한 하인들에게까지 손을 뻗치는, 귀족들로서는 실로 궁극의 공포를 느낄 만한 일이었다.

반면에 클라우디우스는 그 스스로 노예들 중 한 명에게 중범죄로 고발당했다가 간신히 기소를 면한 적이 있었던 만큼, 신분에 민감한 동료 원로원 의원들에게 호의적이었다. 그런 생각을 보여주듯 황제가 된 뒤 취한 첫 조치들 중 하나도 건방지게 행동한 노예에게 포룸에서 공개 태형을 가하도록 한 것이었다. 로마 전통에 밝은 학자답게 개혁적인 인물이 아닌 점도 귀족들에게 호의적 태도를 갖게 하는 데 한몫했다. 그럼에도 그가 칼리스투스를 내치지 않은 데에는 그럴 만한 이유가 있었다. 신체장애자이다 보니, 자신과 비슷한 지위에 있던 다른 사람들과 달리, 재능 있는 해방노예들의 솔선이 두드러지는 가사에 관심을 갖게 되고 그 과정에서 노예들의 역량을 알아보는 남다른 눈썰미도 갖게 된 것이다. 게다가 통치의 기술은 미숙한데 정부를 효율적으로 꾸려가려는 의욕이 넘치다 보니 유능한 심복을 잃고 싶지도 않았던 것이다.

결국 클라우디우스는 칼리스투스를 쫓아내기는 고사하고 칼리스투스만큼 능력 있는 또 다른 해방노예를 물색했다. 노예 한 명은 자동으로 발탁되었다. 티베리우스에게 클라우디우스의 어머니인 안토니아의 편지를 전해주어 결과적으로 세야누스의 실각에 도움을 준 그리스인 노예, 팔라스가 그 주인공이었다. 그가 안토니아가 죽은 직후 수고의 대가로 자유를 얻자 클라우디우스 가문에 대한 절대적 충성에, 탁월한 행정력을 결합하여 클라우디우스를 보필하게 된 것이다. 뒷방 협상의 달인이었던 세 번째 해방노예 (티베리우스 클라우디우스) 나르키수스도 유능하고 충성심이 강한 것은 앞의 두 인물과 같았으나, 다만 클라우디우스 소유의 노예였다는 점, 그리고 뛰어난 조정자라는 사실을 등에 업고 권세를 얻자 그것을 기화로 세도를 부린 점이 문제였다. 분개한 외부인들은 황제에게 미치는 나르키수스의 영향력을 극도로 사악하게 보고, 그것이야말로 모든 사람이 말하듯 새 황제가 남의 말을 무턱대고 믿는 얼간이임을 보여주는 확실한 증거라고 믿었다. 하지만 알고 보면 이는 그와 정반대의 상황, 곧 클라우디우스가 그의 비판자들이 말하려는 것보다 훨씬 더, 자신의 정부를 견고한 기반 위에 올려놓는 데 관심이 많았음을 나타내는 증거였다. 클라우디우스는 자신에게 황제가 될 법적 권리가 없었음에도 팔라티노 구릉을 차지할 수 있었던 것은 전적으로 쿠데타의 결과임을 잘 알았다. 더불어 그 권리를 끝까지 고수하려면 황제가 지닌 방책을 최대한 이용하는 것이 상책이라는 점도 알았다. 또한 세계가 필요로 하는 것은 선정善政이었으므로, 그것을 제공해주기 위해 유능한 해방노예들에게 역량을 발휘할 정도의 권위만 부여해준 것이었다. 그로서는 노예든 해방노예든 간에 황제의 모든 가속이 궁정에 속하지 않는다는 위장막을 더는 칠 생각이 없었다.

그러나 이런 변화들에도 불구하고 정권의 본질은 변하지 않았다. 클라우디우스가 해방노예 삼인방에게 의존하게 된 결과로 정부의 효율성은 높아졌지만, 팔라티노 구릉 생활의 오랜 특징, 요컨대 소용돌이치는 음모와 권력 투쟁은 사라지지 않았다. 설상가상으로 출세와 이득을 차지하려고 끝없이 경쟁을 벌이는 것에 더해, 이제는 막후 실력자라는 새로운 요소까지 보태졌다. 그리고 이런 변화에는 물론 대처를 잘하는 사람도 있고 그렇지 못한 사람도 있었다. 루키우스 비텔리우스 같은 사람은 바람의 변화에 민감했던 터라 자신의 집 사당에 일찌감치 팔라스와 나르키수스의 조상을 모셔놓았고, 그 덕에 칼리굴라 치세에서 그랬듯 클라우디우스 치세에도 황제의 총애를 듬뿍 받았다. 반면에 노련한 장군이자 원로원 의원인 실라누스는 팔라티노 구릉에서 일어나는 파벌 싸움의 필요조건에 전혀 부응하지 못하는 모습을 보였고, 그러다 아니나 다를까 정적들의 술책에 넘어가 클라우디우스가 집권한 지 1년 후에 황제의 명령으로 처형되었다. 그런 사건들이 으레 그렇듯 술책의 정확한 내막은 알려지지 않았다. 하지만 나르키수스가 동트기 무섭게 클라우디우스에게 달려가, 황제가 실라누스에게 살해되는 꿈을 꾸었다고 이야기한 것이 실라누스가 '최후의 일격'을 당하게 된 계기라는 데에는 전문가들의 의견이 일치했다. 이 일로 클라우디우스는 복수심 강하고 귀도 얇은 인물이라는 낙인이 찍혔다. 그보다 한층 흥미로운 사건으로 황제의 권위가 이미 심하게 실추된 상황에서 그런 낙인까지 찍힌 것이다. 집권 1년도 안 된 시점에 그가 섹스, 근친상간, 추방이라는 흔하디 흔한 추문에 휘말려든 것이다.

전에도 왕왕 벌어진 일이듯, 사건은 가내 화합을 도모하려는 과정에서 비롯되었다. 클라우디우스가 아우구스투스 가문의 수장으로서 권위를 세우기 위해, 칼리굴라에 의해 추방되었던 두 조카딸을 본국으로 불러들였는데, 아그리피나와 달리 율리아 리빌라는 그러고도 정신을 차리지 못한 것이다. 전해지기로 율리아는, 자력으로 뛰어난 웅변가이자 지성이 되어 당대 최고의 천재로 폭넓게 칭송되던 원로원 의원, 루키우스 안나이우스 세네카와 바람을 피웠다고 한다. 그뿐만이 아니었다. 율리아의 삼촌(클라우디우스) 역시 그녀의 풋풋한 매력에 빠져 노인의 체통을 잃고 조카딸과 많은 시간을 함께 보내고 있다는, 그 못지않게 흥미진진한 소문이 나돌았다. 그 소문의 진위 여부는 모르겠지만, 확실한 것은 그로 인해 율리아와 클라우디우스의 젊고 아름다운 아내 발레리아 메살리나가 서로 철천지원수가 되었다는 사실이다. 아우구스투스의 조카손녀였던 발레리아는 율리아 못지않게 연줄이 좋았고, 경쟁자에게 지고 싶은 마음 또한 추호도 없었다. 칼리굴라에 의해 추방되었던 아그리피나의 어린 아들 도미티우스를 맡아 기르는 바람에 아그리피나의 증오심을 유발했던 도미티아 레피다가 메살리나의 어머니라는 점도 그 두 여자가 앙숙이 되는 데 한몫했다. 따라서 클라우디우스의 부인과 두 조카딸도 당연히 원수지간이 되었다. 그리고 그 상황에서 율리아와 세네카의 염문설이 퍼지자, 사람들은 메살리나를 소문의 누설자로 의심했다. 염문설의 주인공인 세네카와 율리아도 화를 면하지 못해, 세네카는 코르시카 섬으로 추방되고 율리아도 지난번처럼 섬으로 추방되었다. 율리아는 그곳에서 얼마 지나지 않아 굶어 죽었다. 클라우디우스를 집권하게 해준 쿠데타 1년 뒤, 새로운 시작을 알리며 그가 했던 모든 말은 이렇게 선언되기가 무섭게 허언으로 끝나는 듯했다.

하지만 황제의 위신을 떨어뜨린 결정적 타격은 아직 일어나지도 않았다. 쿠데타 1년이 지났는데도 클라우디우스의 초조감과 불안감은 잦아들지 않았다. 전 황제의 정부에 비하면 그의 정부가 확실히 덜 잔혹하다는 사실도, 황제의 꼬투리를 잡으려는 사람들에게는 별 감흥을 불러일으키지 못했다. 칼리굴라가 피살된 그날, 클라우디우스에게 적의를 표출했던 원로원 의원들만 해도 그 뒤에도 계속 그를 얼간이 취급했고, 해방노예의 말에 넘어가 실라누스를 처형한 행위 또한 클라우디우스 정부의 앞날이 순탄치 않을 것임을 예고하는 불길한 전조로 받아들였다. 그들이 특히 치를 떨었던 인물이, 자신의 야망을 위해 클라우디우스에게 근위대의 지원을 받게 해주어 결정적으로 로마 세계를 이 꼴로 만든 것으로도 모자라, 섬세한 음모의 거미줄 치기를 좋아하는 취향 또한 여전했던 안니우스 비니키아누스였다. 실제로 음모의 달인답게 클라우디우스 집권 1년 차였던 기원후 42년 중반 무렵에는 그 스스로 쿠데타를 일으킬 채비를 했다. 두 군단을 지휘하는 발칸 지역의 사령관과, 로마에 주재하는 다수의 의원 및 기사에게서 지원 약속도 받아냈다. 클라우디우스도 퇴위를 요구하는 모욕적인 서한을 받자 잠시 당황하여 자신의 향후 전망에 절망했다. 그런 그를 살려준 것은 군대에 협협하게 뿌려둔 뇌물이었다. 발칸에 주둔하는 군단병들이 반란에 합세하기를 거부한 것인데, 그러자 사령관은 스스로 목숨을 끊었다. 비니키아누스도 자결했다. 반면에 다른 연루자들은 주모자의 뒤를 따르기를 주저하다 망신스럽게 자결했다. 그중에서도 가장 꼴사납게 군 인물이 전직 집정관 카이키나 파이투스였다. 덜덜 떨리는 손으로 칼을 잡아놓고도 겁을 내며 결행하지 못하자, 그의 아내가 칼을 빼앗아 자기 몸을 찌르고는 숨을 거두며 남편에게 용기를 북돋는 말을 한 것이다. "파이투스, 보세요. 아프지 않아요."[23]

이 불발 쿠데타는, 용맹한 옛 로마 여성의 냄새가 물씬 나는 준엄한 훈계를 보여주어 감탄을 자아낸 것을 제외하면 추악하기 이를 데 없었다. 따라서 티베리우스 치세의 가장 어두웠던 시절에 그랬듯, 이번 음모자들의 시신도 게모니아 돌계단에 내던져졌다가 푸줏간 갈고리로 끌어내려져 버렸다. 상처 입고 당황한 원로원 의원들에게는 언제나 그랬듯 자신들의 세계가 다시금 뒤집어진 것 같은 형국이었다. 음모자들 중 일부는 나르키수스에게 뇌물을 주고 살아나고 또 다른 일부는 그보다 더 충격적이게도 고문을 당하기까지 했다. 로마에서는 반역죄를 심문할 때 그런 모욕적 대우를 해도 법에 저촉되지 않는 계층이 노예뿐이었다. 따라서 이 조치만으로도 당시 클라우디우스가 느낀 공포의 강도를 짐작할 만하다. 혐의자의 실토를 받아내는 일은 부수입을 바라고 가욋 일을 하는 사설 용역 업체의 고문 기술자들이 맡았다. 팔다리를 찢는 기구의 사용, 수지를 바르거나 불에 달궈진 금속으로 살을 지지는 일, 끝에 금속 입혀진 채찍 휘두르는 일을 능숙하게 하는 자들이었다.[24] 그런데 원로원 의원들과 기사들이 이런 끔찍한 고문을 당했으니, 로마의 모든 귀족이 쉽게 치유되지 않을 상처를 입은 것이었다. 선정을 펼치겠다고 한 황제의 약속은 결국 기괴한 농담, 새로운 아우구스투스가 되겠다고 공언한 황제의 그 모든 패기는 결국 과장된 허구였다는 말인가? 이런 의문이 들 만도 했다. 원로원은 상처를 달래면서도 이 사건을 잊지 못했다.

역모의 첫 충격이 가신 뒤, 숨 고를 시간을 가진 클라우디우스도 그 사건을 잊지 못하기는 마찬가지였다. 황제로 즉위한 첫해에 위신이 깎이는 일을 당했으니, 장기적 전망에도 먹구름이 낄 개연성이 높아졌기 때문이다. 그래도 그는 절망하지 않았다. 황제인 그에게는 이용 가능한 방책이 무한정으로 있었고, 나이 들고 무능력한데다 많은 사람들에게 얼간이 취급을 받기는 했지만 그래도 할 수 있는 일은 많았다. 누가 뭐래도 그는 세계 최고의 권력자였으니까.

이듬해에는 그 점을 단호히 입증하려고도 했다.

빵과 브리타니아

클라우디우스가 황제로 즉위한 지 1년이 지난 기원후 42년, 마우레타니아 총독 (가이우스) 수에토니우스 파울리누스가 군대를 이끌고 마우레타니아 경계지와 그 너머 지역으로 향했다. 히스파니아의 해협 너머에 사는 종족으로 치위생 수준이 높으며, 안장 없는 말을 타고 달리면서도 창잘 던지기로 유명했던 무어인들(베르베르족을 저자는 이렇게 표현했다―옮긴이)의 터전이 오래전부터 로마의 세력권 안에 들어와 있었으나, 근래들어서야 합병 결정이 내려졌기 때문이다. 토가 염색에 사용되는 자주색 염료 제조지라는 점을 비롯해, 마우레타니아에는 로마 상류층의 흥미를 유발하는 요소가 많았다. 안토니우스와 클레오파트라의 후손이었으므로 칼리굴라와도 인척 간이었던 마우레타니아의 마지막 로마 예속왕(그의 어머니가 클레오파트라 여왕의 딸이었다―옮긴이)은 루그두눔에 머물고 있던 사촌 칼리굴라의 소환을 받자, 특별히 현란한 자주색 외투를 차려입고 가기로 했다. 칼리굴라보다 멋져 보이는 치명적 선택을 한 것인데, 아니나 다를까 그는 처형을 당했다. 그리하여 그 소식이 마우레타니아에 전해지자 무어인들이 들고일어났다. 반란이 일어난 것이다.

클라우디우스도 칼리굴라에게 물려받은 위기가 통제 불능 상태에 빠지는 것을 막기 위해 마우레타니아를 즉각 로마의 속주로 편입시키라고 지시했다. 따라서 언뜻 보면 실제적 이유에 따른 실제적 결정 같지만, 꼭 그렇지만도 않았다. 나랏일 이상의 요소가 있어 보인 그 먼 지역이 학자였던 클라우디우스의 흥미를 유발한 점도 요인으로 작용했다. 로마와 알렉산드리아의 가장 멋진 건축 양식을 모방한 건축물들이 세워져 있고 이탈리아 상인들도 정례적으로 찾았던, 바다에서 내륙으로 조금 들어간 도시들의 남쪽만 해도 완전히 낯선 풍경이 펼쳐져 있었다. 생고기를 먹고 우유 마시기를 아무렇지도 않게 여길 만큼 미개하기 그지없는 종족이 사는 그곳은 로마군이 한 번도 들어선 적이 없는 곳이었다. 게다가 그 낯선 풍경 너머에는 사시사철 구름이 덮여 있으며 잠잘 때 꿈꾸지 않는 주민들이 산다고도 오랫동안 믿어진, 더 환상적인 곳이 어렴풋이 보인다는 것이었다. 그리하여 수에토니우스 파울리누스가 병사들을 이끌고 '하늘을 떠받치는 기둥', [25] 아틀라스 산맥으로 들어가고 있었다.

하지만 드러난 실상은 그 산맥에 대해 알려진 이야기와 많이 달랐다. 그곳에는 여름에도 눈이 깊이 쌓여 있고 구름이 언제나 드리워져 있지도 않았다. 산맥 너머에도 뜨거운 열기와 검은 연기로 뒤덮인 사막이 펼쳐져 있었다. 원주민들은 개처럼 살고 있었다. 하지만 그렇다고 원정이 완전히 헛된 노력으로 끝나지는 않았다. 파울리누스가 로마에 보낸 보고서에 따르면, 산맥을 둘러싼 숲만 해도 비단을 방불케 하는, '가느다란 솜털'[26]로 뒤덮인 이파리 달린 키 큰 나무, 야생 코끼리, 상상할 수 있는 모든 종류의 뱀 같은 경이로운 동식물들로 가득 차 있었다. 로마의 클라우디우스도 그 소식에 매우 기뻐했다. 자신의 열정을 충족시켜주는 내용이었기 때문이다. 황제가 되기 전 일개 시민이었을 때 그는 신체장애로 여행하지 못하는 마음을, 파르티아인들이 음료에 뿌려 먹었다는 향기로운 이파리, 그리스 북부에서 태어났으나 태어난 날 바로 죽었다는 켄타우로스 등, 이국적인 동식물의 도감 만드는 일로 달랬다. 그런데 지금은 황제로서 자신의 열정을 충족시킬 수 있는 한층 광대한 무대를 갖게 된 것이다. 게다가 로마 정복자들은 오래전부터 먼 지역의 동식물을 도시로 들여오는 습성이 있었다. 스모그에 질식할 것 같던 시민들이 발레리우스 아시아티쿠스가 소유했던 것과 같은 정원에서 산림 향을 깊게 들이쉬고 기묘한 꽃들이 만발한 모습에 감탄을 연발하는 기회를 가졌던 것이나, 파울리누스가 본 것과 같은 맹수들이 로마에서 정례적 오락 거리가 되었던 것도 그래서였다. 폼페이우스만 해도 도시 최초로 코뿔소를 전시했고, 율리우스 카이사르도 도시민들에게 처음으로 기린 구경을 시켜주었다. 아우구스투스 또한 이집트에 승리를 거두고 거행한 개선식에서 뒤뚱거리는 하마를 행렬 뒤에 매달고 행진했다. 클라우디우스도 공식 행사 때 코끼리가 끄는 전차를 탔다. 그렇다면 아프리카가 '맹수의 온상'[27]으로 유명했던 만큼 이 동물들 모두가 아프리카산이었던 점도 우연만은 아니었던 셈이다. 그리고 또 그렇다면 맹수들을 단순히 전시만 해서는 맹수 특유의 사나움과, 세상 끝에서 그것들을 실어 온 노고의 의미를 로마인들에게 충분히 전달해줄 수 없었을 것이다. 그보다는 훈련된 사냥꾼과 맹수들 간에 싸움을 붙여서 죽을 때까지 싸우게 하는 편이 좀 더 교육적이고 대중을 확실히 만족시키는 오락이 될 수 있었다. 그렇게 해야만 관중은 파울리누스와 같은 총독들이 사자와 악어가 득실대는 지역을 길들이며 로마를 위해 이룩한 것의 참된 의미를 깨달을 수 있었다. 그래야만 클라우디우스 황제가 세계를 평정하고 질서를 부여하면서 수행한 과업의 규모를 가늠할 수 있었다.

하지만 그렇다고 맹수 제압만이 로마의 위대성을 나타내는 유일한 잣대는 아니었다. 지구 반대편, 파도 사납게 출렁이는 북해에 둘러싸인 곳에도 파울리누스가 마주한 것보다 한층 강력한 도전이 기다리고 있었으니 말이다. 로마 함대가 접근했던 곳 너머에 무엇이 있는지 확실히 아는 사람은 없었다. 여행자들만이, 말발굽 달린 종족이 있는가 하면 벌거벗은 몸뚱이를 거의 뒤덮을 만큼 큰 귀를 가진 또 다른 요상한 야만족이 사는 섬들이 있다는 이야기를 했을 뿐이다. 그 섬들 너머 까마득한 곳에는 궁극적으로 불가사의한 극북의 땅(툴레)과 끔찍한 빙해가 펼쳐져 있다는 것이었다. 클라우디우스에게는 북해의 그런 미개함과 불가사의함이 특별히 큰 울림으로 다가왔다. 기원전 12년에는 그의 아버지(네로 클라우디우스 드루수스)가 로마 장군으로서는 최초로 그곳을 항해했고, 그 28년 뒤에는 그의 형제 게르마니쿠스가 같은 일을 되풀이했기 때문이다. 그 후로는 북해 너머를 항해한 장군이 없었다. 그러니 클라우디우스에게는 지금이야말로 아버지 및 형제와 우열을 다퉈볼 수 있는 기회였다. 그렇다고 탐험만이 그가 가진 야망의 전부는 아니었다. 몸은 불구이고 군대 경험도 없는 쉰네 살의 민간인이었지만, 그래도 그에게는 율리우스 카이사르가 못다 한 정복을 이참에 완결하려는 웅대한 목표가 있었다. 북해를 넘는 데 그치지 않고 브리튼 섬을 얻어, 로마인들을 위해 새로운 속주를 세울 때가 되었다고 본 것이다.

클라우디우스가 기원후 43년 여름을 브리튼 침공 시기로 택한 데에도 그럴 만한 이유가 있었다. 상황이 드물게 유망했던 것이다. 당시 브리튼 섬은 왕가의 격변으로 요동치고 있었다. 카투벨라우니족의 노련한 족장 쿠노벨리누스가 두 아들에게 땅을 물려주고 죽은 것도 그랬고, 남부 해안가에 위치한 또 다른 왕국에서 극심한 파벌 싸움이 일어나, 왕이 로마인들에게로 도주한 것도 그랬다. 해협 너머 북부 갈리아 지역에서도 그동안 수륙 양용 공격 준비가 착실히 진행되어, 칼리굴라의 명령으로 높이 60여 미터나 되는 거대한 등대가 세워진 불로뉴에서는 네 개 군단의 병력을 너끈히 실을 정도의 함대가 출범 명령만 기다리고 있었다. 그곳에 집결한 병사들 모두 지난 몇 년간 진행된 로마 계획의 산증인이 었다. 칼리굴라의 북부 지역 원정도 따지고 보면 그를 혹평한 사람들이 주장하듯 전적으로 무책임한 행동의 발로만은 아니었다. 그의 명령으로 두 개 군단이 새롭게 조직되어, 라인 강 유역의 방위력을 약화시키지 않고도 브리튼 침공에 필요한 대규모 병력을 규합할 수 있었으니 말이다. 라인 강 유역의 야만족도 그사이에 모두 잠잠해졌다. 갈바의 야만족 평정 작전이 대성공을 거두어, 총사령관 역할을 맡은 클라우디우스도 그 덕택에 승리의 영광을 차지했다. 반항이 특히 심했던 게르만족의 두 부족을 확실히 진압한 것인데, 아르미니우스에게 빼앗겼던 세 번째 독수리 군기도 되찾아 승리의 영광은 한층 더 빛났다. 실로 이보다 더 좋은 전조는 상상할 수도 없을 정도였다.

정말 그랬을까? 해협 해안가에서 야영하는 군단병들에게는 바루스가 당한 운명의 기억을 떠올리게 하는 것이면 무엇이든 심각한 불안을 야기할 수 있었기에 하는 말이다. 라인 강 너머에서도 그런 곤경에 빠졌었는데, 북해라고 해서 그보다 더 끔찍한 일이 벌어지지 말라는 법이 있겠냐는 불안감이 들 만했을 것이다. 군단병들 중 브리튼에 대해 아는 사람은 별로 없었으나, 그들이 아는 지식만으로도 불안을 느끼기에는 충분했다. 그들이 알기로 브리튼 원주민은 게르만족보다 더 미개했다. 남자들은 몸에 푸른색 칠을 하고 다니고, 부인을 공동으로 소유하며, 콧수염도 기른다고 했다. 오죽 해괴했으면 라틴어에는 그 수염을 표현하는 말조차 없었다. 여자들도 남자들보다 나을 게 없어, 몸을 검게 물들이고

서는 벌거벗고 돌아다닌다고 했다. 그런 언어도단적 풍습을 가진 미개인이라면 무슨 짓이라도 저지를 터였다. 실제로 이슬 축축한 숲속에서 죽음의 의식을 행한 게르만족처럼, 브리튼인들도 겨우살이가 꽃 줄 장식처럼 기생하는 나무들의 숲에서 인간 희생을 바치고 식인 풍습을 행하는 종교를 믿는다는 이야기가 전해지고 있었다. 그 제의를 주관하는, '드루이드'로 불린 사제들은 갈리아에서도 한때 횡행했는데 티베리우스에게 탄압을 받은 뒤로 잠잠해졌다. 그런데 북해 너머 지역은 로마의 엄중한 법이 미치지 않다 보니 드루이드들이 계속 활개를 치고 있다고 했다. 플리니우스가 "브리튼은 오늘날까지도 마법에 걸려 있다"[28]라고 말한 대로였다. 그런 마법이 판치는 위험한 땅으로 출정하라는 명령을 받았으니, 병사들로서는 공포에 질려 불평을 늘어놓을 만했다. 그리고 머지않아 그 불평은 공공연한 폭동으로 발전했다. 군단병들이 무기를 내려놓고 수송선 탑승을 노골적으로 거부한 것이다.

그러자 나르키수스가 나섰다. 침공이 성공했다는 확신을 갖기 전에는 브리튼에 갈 의사가 없던 황제가 보내, 먼저 그곳에 와 있던 나르키수스가 대담하게도 항명자들에게 군인의 본분에 대해 훈계를 늘어놓는 일장 연설을 한 것이다. 하지만 그래봤자 그의 연설은 조롱의 아우성에 묻혔을 뿐이다. 분위기도 시시각각 험상궂게 변했다. 군기조차 완전히 흐트러졌던지 한 병사가 느닷없이 "야호, 사투르날리아!"를 외치자 군단병들 모두가 소리 내어 웃기 시작했다. 그런데 막사 전체로 함성이 울려 퍼지자, 이게 웬일, 병사들이 돌연 축제 분위기에 사로잡혔다. 그와 더불어 폭력적 기운이 잦아들고 흐트러졌던 군기도 다시 잡혔다. 이어 군

갈리아와 브리튼

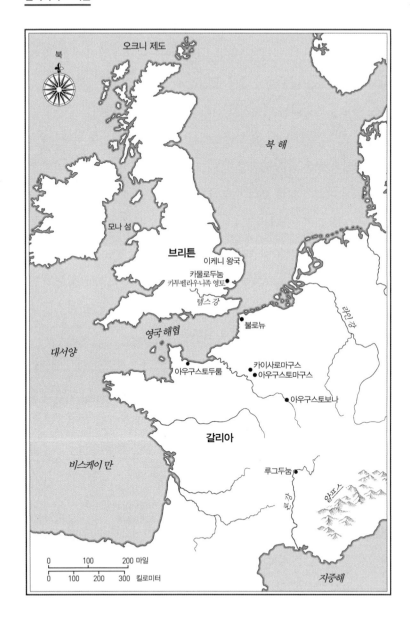

북

오크니 제도

북

북 해

모나 섬

브리튼

이케니 왕국

카물로두눔

카투벨라우니족 영토

템스 강

불로뉴

영국 해협

대서양

카이사로마구스

아우구스토두룸

아우구스토마구스

아우구스토보나

라인 강

갈리아

비스케이 만

루그두눔

알프스

론 강

| 0 | 100 | 200 마일 |

| 0 | 100 | 200 | 300 킬로미터 |

지중해

단병들이 수송선에 탑승하는 장면은 마치 축제를 방불케 했다. 이때를 기점으로 더는 군기가 빠지지 않았고, 따라서 모든 일이 침공 입안자들이 처음 바랐을 법한 대로 순조롭게 흘러갔다. 물결마저 잔잔해 해협도 무사히 건너고 적군의 저항 없이 교두보 세 곳도 안전하게 마련했다. 그러고 나서 로마군은 브리튼인들을 두 차례 격파하고 그 과정에서 카투벨라우니족의 두 족장 중 한 명도 죽였다. 하지만 저항이 완전히 잦아들지는 않았다. 계략에 능하고 끈질긴 쿠노벨리누스의 생존한 아들 카라타쿠스만 해도 계속 활개를 치고 다니고, 섬의 북서쪽 내륙에도 화폐 주조와 와인을 모르는 것은 물론 심지어 점토 항아리를 신기해 할 만큼 미개한 곳에 로마라는 이름을 들어본 적도 없는 종족이 숨어 있었으니 말이다. 그렇기는 하나 템스 강을 도하해 강의 북안에 야영지를 확보했으니, 이제는 총사령관을 모셔도 될 때가 된 듯했다. 카투벨라우니족에게 궁극의 패배를 안기고 공식적으로 그들의 항복을 받는 영예를 차지할 수 있는 사람은 오직 한 사람, 황제뿐이었기에.

클라우디우스도 비록 다리를 절룩거리기는 했지만, 정복자의 풍모가 전혀 없지는 않았다. 키도 크고 체격도 튼튼하며 로마인들이 원로 정치인들에게 기대하는 은발의 출중한 외모도 지니고 있었다. 앉거나 똑바로 서서 황제의 자세를 취하는 데도 무리가 없었다. 게다가 형제 게르마니쿠스가 전쟁영웅을 연기하는 동안 서재에만 틀어박혀 있던 그에게는 군대를 지휘해 전쟁에 참여하는 기회가 꿈의 실현을 의미했다. 그런 만큼 그 기회를 놓치려 하지 않았다. 이리하여 클라우디우스가 일단의 코끼리 떼에 둘러싸여 군단의 선두에서 진격해 들어가자, 카투벨라우니족은 겁에 질려 지리멸렬해지기 시작했다. 그 덕에 템스 강 하구의 북부 연안을 따라 둑과 둥근 집들이 산재한 그 종족의 수도 카물로두눔(지금의 콜체스터)으로 밀고 들어가는 동안, 적군의 저항도 거의 받지 않았다. 카물로두눔 또한 풀 죽은 수비대가 엉성하게 지은 요새를 지키는 상황이어서 신속히 함락했다. 그러고 나서 클라우디우스는 의기양양하게 도시에 입성, 그의 가문의 가장 숭고하고 가장 상무적인 전통에 걸맞은 인물임을 입증해 보인 것을 정당하게 뽐냈다. 그의 가공할 평판은 심지어 드루수스와 게르마니쿠스의 그것보다도 더 멀리 뻗어나갔다. 카물로두눔 공격 직후, 클라우디우스의 본영에는 다수의 브리튼 족장이 찾아왔다. 그런데 그중에는 서른 개 섬들로 구성되고 겨울이 영원한 밤처럼 지속될 정도로 먼 북쪽에 위치한 오크니 제도의 왕도 포함되어 있었던 것이다.[29] 이런 이국적 인물의 항복을 받으며 클라우디우스는 마침내 브리튼을 침공할 때 품었던 자신의 가장 소중한 야망이 달성되었음을 느꼈다. 수에토니우스의 말마따나 황제는 '북해를 넘어, 사실상 그곳을 정복'[30]한 것이다.

그래서인지 브리튼 땅을 밟은 지 고작 16일밖에 지나지 않은 시점에 황제는 다시 길을 떠나 로마로 귀환했다. 그로서는 습하고 쾌적함이라고는 찾아볼 수 없는 지역에 오래 머무를 이유가 없었다. 카라타쿠스를 추격하고 구릉의 요새를 습격해 섬의 정복을 완결하는 일은 부하들에게 맡기면 되었다. 요컨대 그의 목적은 달성된 셈이었다. 게다가 브리튼은 애당초 그의 주된 목표도 아니었고 그가 항시 염두에 두고 있던 적은 따로 있었다. 카라타쿠스는 황제의 안전을 가장 심각하게 위협하는 적이 아니었다. 그보다는 그의 동료들이 더 위험했다. 클라우디우스는 노련한 도박꾼답게 여섯 달 동안 수도를 비우기로 결정하기 전부터 이미 위험성을 신중하게 저울질했다. 비니키아누스와 음모자들이 죽은 뒤에도 반란의 여신이 꺼지지 않은 채로 남아 있었기 때문이다. 그가 출발하기 전, 황제 모반죄로 유죄 판결을 받은 기사 한 명이 카피톨리노 구릉 벼랑에서 떨어져 죽는 일이 발생했고, 그 뒤에는 나라에 심상치 않은 격변이 일어날 것임을 예고하는 전조가 나타났다. 수리부엉이가 유피테르 신전의 성소로 날아든 것이다. 당연히 클라우디우스는 원정을 떠나기 전에 필요한 모든 예방 조치를 취했다. 수도의 행정은 흠잡을 데 없는 충신 루키우스 비텔리우스에게 맡겼고, 다루기 힘든 다른 원로원 의원들에게는 황제를 브리튼까지 수행하는 최고의 영예를 부여했다. 그들 중 특히 눈에 띈 두 인물이 우연찮게도 황제권을 주장했던 발레리우스 아시아티쿠스와 마르쿠스 비니키우스였다. 그리고 이제 브리튼까지 정복했으니, 누구라도 클라우디우스의 손에서 황제권을 빼앗기는 불가능해졌다. 세계가 그가 거둔 승리의 영광으로 가득 찼으니 말이다. 코르시카 섬으로 추방되었던 세네카도 본국으로의 귀환을 염원하는 마음에서, 개선장군이 된 황제를 '인류 보편의 위안을 준 인물'[31]로 칭송했고, 그리스 도시 코린토스에서는 클라우디우스의 승리를 황제 숭배 의식으로 기렸다. 에게 해 저편 소아시아에 위치한 도시 아프로디시아스에서도, 근육질의 클라우디우스가 가슴이 훤히 드러난 미인 브리타니아를 바닥에 넘어뜨리는 모습의 부조가 제작되었다. 일평생 침을 질질 흘리고 몸을 씰룩이는 장애인이라고 가족에게 무시당했던 인물이 머나먼 속주민들의 상상 속에서는 비할 바 없이 멋진 존재, 세계를 정복한 섹스의 신으로 표현된 것이다.

그러나 물론 클라우디우스의 승리가 가장 크게 히트한 곳은 로마였다. 원로원도 그들이 해야 할 일을 재빨리 감지하고 귀환하는 영웅에게 개선식, 조상 건립, 화려한 개선문 건립 같은 최고의 영광을 부여하기로 결의했다. 황제의 가족에게도 영광의 떡고물이 주어졌다. 황후 메살리나는 과거 리비아가 누리던 호화 이륜전차(카르펜툼)를 타고 로마 도심을 행차할 권리를 얻었으며, 부부의 어린 아들에게도 '브리타니쿠스'라는 멋진 이름이 부여되었다. 아우구스투스의 혈통이 아님을 언제나 뼈아프게 의식했던 황제로서는 브리튼 정복자를 뜻하는 영예로운 이름을 아들에게 물려주었으니, 미래가 기대되는 장족의 발전을 이룬 것이다. 1년 전에도 클라우디우스는 신의 서위敍位를 리비아에게 부여하는, 티베리우스와 칼리굴라가 소홀히 했던 조치를 취함으로써, 그 자신이 신의 손자가 될 발판을 마련했다. 하지만 과거에 의존하는 것만으로는 정통성을 얻기에 부족했고, 따라서 미래로도 눈을 돌릴 필요가 있었다. 그런데 지금 가족에게 금박을 입혔으니 시작은 한 것이다. 자신의 왕조를 수립하는 데 필요한 토대를 놓은 것이다.

클라우디우스는 지난날을 면밀하게 연구한 역사가답게, 로마인들에게 위대한 인물로 평가되기 위해서는 어떤 요건을 갖춰야 하는지도 깊이 이해했다. 물론 그에게는 의무적으로 그 이름에 대고 맹세해야 했던, 아우구스투스라는 최고의 역할 모델이 있었다. 하지만 그것만으로는 미진했다. 티베리우스처럼 그도 로마의 먼 과거로부터 전해 내려온 이야기에 감동했다. 공화국이 가장 웅비했을 때의 덕목과 가치에 그는 여전히 진한 감동을 느꼈다. 고전 애호가이자 클라우디우스 가문의 후손이었던 만큼 아우구스투스 이전 시대에 기원을 둔 전통에 깊은 연대감을 느낀 것이다. 그러니 전차, 흙집, 유령이 출몰하는 숲을 가진 브리튼을 침공한 것도 클라우디우스 같은 사람에게는 자신이 속한 도시의 연원을 찾아가는 시간 여행, 시민들이 불과 몇 킬로미터 밖에 있는 도시들과 전쟁을 벌이기 전 캄푸스 마루티우스에 모여 회의를 했던 전설적 시대로 거슬러올라가는 시간 여행을 하는 행위였다. 클라우디우스가 대리석, 분수, 우아하게 장식된 정자들 사이에서 언젠가는 무기의 격렬한 번득임이 다시 한 번 증언되도록, 카물로두눔을 공격할 때의 모습을 캄푸스 마르티우스에서 연극으로 재연한 것도 그래서였다.

기원후 51년에는 클라우디우스가 역사서에나 나올 법한 영웅의 포즈를 취해볼 수 있는, 그보다 더 빛나는 기회를 얻었다. 쿠노벨리누스의 생존한 아들 카라타쿠스가 대담하게, 그러나 점점 필사적으로 저항한 끝에 라이벌 족장에게 포로로 사로잡혀 침략군에게 팔린 뒤 쇠사슬에 묶여 로마로 압송된 것이다. 그리하여 귀족티가 흐르는 카라타쿠스가 로마 거리를 행진하자 시민들은 크게 감탄했고, 시선을 로마인들에게 고정시키고 있던 클라우디우스도 역사서에서 읽은 내용을 떠올려 그 순간 자신이 해야 할 일이 무엇인지 정확히 간파했다. 오래전 아프리카 왕을 사로잡아 와서 그를 앞세우고 개선식을 한 뒤 오만한 아량의 제스처를 보이며 왕의 목숨을 살려준 스키피오 아프리카누스처럼, 그도 현란한 승인의 제스처를 보여 카라타쿠스의 목숨을 살려주도록 한 것이다. 카라타쿠스도 족쇄에서 풀려나 로마 거리를 자유롭게 활보할 수 있게 되자 자신을 격파한 사람들을 눈여겨보고, 후진적이고 거친 자기네 나라를 로마인들이 왜 정복하려 했는지 숙고하는 극중의 역할을 충실히 해냈다. 누구나 동의하겠지만, 개과천선하는 내용의 이야기책에나 나올 법한 행동을 한 것이다. 원로원도 클라우디우스를 과장되게 칭송하는 연설을 했다. "카라타쿠스를 사로잡은 황제의 행위는, 포로로 잡아온 왕을 로마인들에게 전시한 역대의 그 누구에게도 뒤지지 않을 영예로운 일이었습니다."[32]

하지만 물론 클라우디우스는 원로원의 과장된 말을 곧이곧대로 믿을 만큼 멍청하지는 않았다. 그는 자신에 대한 원로원의 적개심이 여전히 깊다는 사실을 알고 있었다. 도시의 연대기에 빠삭했던 만큼 누구보다도 그 사실을 잘 알았던 것이다. 티베리우스는 과거 유산의 집착이 도리어 군중에 대한 본능적 멸시감을 굳히는 결과를 낳았지만, 클라우디우스는 플레브스를 호의적으로 바라보았다. 다년간 연구한 덕에, 공화국이 이룩한 다수의 업적이 원로원 못지않게 평민들의 공이기도 하다는 평가를 할 줄도 알았다. 클라우디우스가 카라타쿠스를 사로잡기 1년 전에 이미 브리튼 정복을 대담한 의사 표명에 이용한 것도 그래서였다. 로물루스에 의해 처음 설정된 로마의 경계를 나타내는 성역, 포메리움은 지난 수백 년에 걸쳐 다수의 정복자들에 의해 계속 확장되었다. 전통에 따르면 도시의 부에 이바지한 사람만이 그 일을 할 수 있었기 때문이다. 사실 여부를 떠나, 클라우디우스는 원로원에서 연설할 때 이렇게 주장했고, 황제가 해박한 역사 지식의 소유자임을 아는 상황에서 그의 주장에 토를 달 사람은 아무도 없었다.[33] 황제에 따르면, 도시 창건 과정에서 벌어진 형제간 다툼 때 로물루스가 레무스를 눌러 이긴 이래 800년 동안이나 아벤티노 구릉이 포메리움의 경계 밖에 있었던 것도 그래서였다. 하지만 이제는 아니었다. 그의 명령에 따라 아벤티노 구릉 경사면에는 일정한 간격으로 표석이 세워지고 팔라티노 구릉과 다를 바 없는 로마의 일부로 공표되었다. 지난 티베리우스 시대에는 세야누스가 아벤티노 구릉 주민들의 지지를 얻으려다 실각을 재촉하기도 했지만, 그로부터 70년이 지난 지금 티베리우스의 조카 클라우디우스가 대중에 영합하는 행동을 한다고 해서 불명예를 입을 일은 없었다. 물론 클라우디우스는 역사도 잊지 않았다. 아벤티노 구릉의 경사면에 세워진 리베르 신전이, 공화국 초기에 플레브스가 계급 전쟁에서 이기고 정치권을 확립한 일을 기려 세워졌음을 잘 알았다. 그러므로 물론 황제의 특권이 새겨진 아벤티노 구릉의 표석들 또한 '호민관의 권한'을 행사할 힘이 황제에게만 있다는 사실을 상기시키는 역할도 할 것임을 잘 알았다.

황제의 견해에 따르면 이런 조치는 클라우디우스 가문의 전통에도 위배되지 않았다. 냉혹하고 오만한 티베리우스와 달리 클라우디우스는 자신이 물려받은 가문의 유산을, 플레브스의 이익을 멋대로 무시해도 좋은 자유로 해석하지 않았다. 오히려 그 반대였다. 모든 시민의 이익에 보탬이 되는 구조물에 돈을 쓰는 것이야말로 로마 귀족의 소중하고 유서 깊은 전통이라고 믿었다. 아피우스 클라우디우스 카이쿠스가 공화국에 봉직하며 획득한 그 많은 전리품으로 도로 건설한 행위를, 그것이 아닌 다른 무엇으로 설명할 수 있겠는가. 파라오처럼 백해무익한 허장성

세적 기념물에 돈을 허비하는 행위는 도시의 취지와도 맞지 않았다. 수백 년이 지난 뒤, 로마인들이 자신들의 도시에서 가장 인상적인 건축물이 외국 독재자들이 지은 건축물들과 달리 실용적 목적에 완전히 부합한다는 데 자부심을 가질 수 있었던 것도 그래서였다. 프론티누스(기원후 1세기에 브리튼 총독을 지낸 로마의 군인 — 옮긴이)의 말마따나 "무의미한 피라미드보다는 그것들이 백배는 나았다."[34] 동전 셀 때의 기분을 잊지 않았던 황제도 물론 그 관점에 동의했다. 그는 시민들의 전통적 가치를 진심으로 존중했다. 그래서 그들의 장기적 이익에 도움이 되지 않을 일에는 돈을 쓰지 않으려 했다. 재위 초기에 군대에 뇌물을 뿌린 것도 이제는 옛일이 되어, 현명한 재정 관리와 규모 있는 지출을 추구하고 있었다. 브리튼에서 얻은 약탈물, 팔라스의 총명함도 황제의 목적을 실현하는 데 도움이 되었다. 노예 출신의 어정뱅이로 많은 질시를 받았지만, 숫자를 다루는 팔라스의 머리만은 흠잡을 데가 없었다. 그 증거는 두 가지 측면에서 나타났다. 클라우디우스가 전임자와 달리 강탈을 하고도 증오를 유발하지 않은 점, 그리하여 기반 시설에 대규모 투자를 할 수 있었던 점이 그것이다.

그리고 그 조치는 공사 현장이 가장 확실한 고용의 원천이던 도시에서, 칼리굴라가 좋아한 마구잡이식 금품 살포보다 한층 더 믿을 만한 소득원으로 자리매김하는 결과를 가져왔다. 그렇기는 하지만 클라우디우스가 염두에 둔 토목 공사는 수도의 범위를 훌쩍 넘어선 곳에 초점이 맞춰져 있었다. 아우구스투스가 행한 도시 재건 사업의 결과로 로마의 미화 작업이 완결되어 더는 손볼 데가 없어서가 아니라, 그와 반대되는 이유 때문이었다. 그 무렵까지도 로마 대중은 여전히 무질서하고 스모그로 숨 막히는 슬럼가, 쾌적한 저택에 사는 부자들에게는 '배설물과 각종 쓰레기가 투척되는 비루하고 외진 곳으로 보이는'[35] 지역에서 고통스럽게 살아가고 있었다. 그래서 그곳으로 물을 끌어들여 오물을 말끔히 씻어내려는 것이 황제의 계획이었다. 게다가 그는 메소포타미아의 홍수에 관한 글을 쓸 정도로 수리학에 매료된 비공식 학자였다. 또 역사가이기도 했으므로 선례도 당연히 참고했다. 아피우스 클라우디우스 카이쿠스에서 칼리굴라에 이르기까지 선대의 다른 인물들도 그들이 속한 각각의 시대에 수도교를 건설했으니 말이다. 하지만 이들이 세운 수도교들의 그 어느 것도 클라우디우스가 세운 한 쌍의 수도교 규모에는 미치지 못했다. 깊은 계곡을 가로질러 가파른 언덕을 흘러내리며 수 킬로미터나 뻗어나간 두 수도교 덕에 로마 도심으로 흘러드는 용수 공급량은 곱절로 늘어났다. 쓰레기와 배설물 뒤덮인 뒷골목으로 어수선했던 남루한 곳들을 비롯해 도시 전역에 납관이 설치되어, 용솟음치는 물과 먼 산의 시원한 기운을 제공해주었다. 이렇다 보니 칼리굴라가 첫 토대를 놓았던 두 수도교를 세운 공도 대부분 클라우디우스의 것이 되었다. 들판을 가로질러 최종 목적지인 도시 쪽으로 접근해 오는 수도교의 장엄한 아치에서는, 절름발이의 기색이라고는 찾아볼 수도 없이, 마치 로마의 과거라는 암상으로 만들어진 듯 투박함과 고풍스러움을 지닌 석조물 특유의 개성만이 돋보였다. 플리니우스도 "(이것이) 지구상에는 경쟁 상대가 없는 걸작품이라는 데 모든 사람이 수긍할 것이다"[36]라고 썼다. 따라서 원로원 의원들은 분개했을 테지만 플레브스들은 아니었다.

그들은 클라우디우스를 호민관의 의무를 진지하게 받아들인 지도자로 인식했다.

그렇기는 하나 이 의무도 이제 더는 그 옛날 아벤티노 구릉에 리베르 신전을 세워 기렸던 의무는 아니었다. 플레브스가 정치적 권리를 얻기 위해 투쟁하던 시대는 오래전에 가고 없었다. 따라서 그 무렵에는 로마의 슬럼가에도 옛날을 그리워하는 사람이 없었다. 선거를 해봤자 바뀌는 것이 없는데 그들로서는 신경 쓸 까닭이 없었다. 칼리굴라가 선거권을 회복시킨 조치가 무관심하게 방치되던 끝에 이윽고 폐기 처분된 것도 그래서였다. 현실이 변했다는 사실을 모를 사람은 없었다. 수확기의 옥수수 밭은 말할 것도 없고 옥수수 밭 자체를 구경해본 적 없는 사람이 대부분인 거대한 도시의 빈민들에게 중요한 것은 굶주림의 공포를 떨쳐내는 것이었고, 그 문제를 해결해줄 사람은 황제뿐이었다. 그러다 보니 시민들을 먹여 살릴 책임을 지는 클라우디우스도 자신의 생존에 자연히 신경이 쓰였다. 아우구스투스조차 삼두정으로 암울했던 시대에는 굶주린 폭도에게 몸이 갈기갈기 찢겨 나갈 뻔했으니 말이다. 황제가 기아를 구제할 의무는 수도교 건설만큼이나 오랜 전통을 지니고 있었다. 도시민들에게 기본 식량을 제공해주는 제도만 해도 로마 역사에서 가장 이름난 호민관들 중 몇몇에 의해 수립되었다. 빈민들에게 시가보다 싼 값으로 밀을 공급해주기 위해 제정된 기원전 123년의 곡물법만 해도 호민관 가이우스 그라쿠스가 발의했고, 그 65년 뒤 빈민에게 곡물을 무상으로 배급하는 내용의 곡물법을 도입한 인물도 호민관 푸블리우스 클로디우스 풀케르였다. 아우구스투스도 로마인들의 기강이 해이해져 정직한 수고를 기피할 거라는 이유로 개인적으로는 곡물의 무상 배급에 반대했으나, 그 법을 철폐할 정도로 어리석지는 않았다. 플레브스와 제1시민 간의 유대가 아무리 돈독하다 해도, 플레브스에게 곡물의 무상 배급보다 더 인기 높은 것은 없다는 사실을 그는 잘 알았다. 플레브스에게는 단순히 공짜 식량을 얻게 되어서만이 아니라 시민적 지위의 표현이기도 했기 때문에 그것이 중요했다. 세네카의 말대로, "정직하든 정직하지 않든, 선인이든 악인이든 품성에 관계없이 플레브스는 시민이므로 곡물을 무상으로 배급받는다"[37]라는 사실이 중요했다. 세계의 모든 도시를 통틀어 옥수수 무상 배급을 실시한 사람이 로마 황제뿐이고, 수도 거주민을 통틀어 그것을 받을 자격을 지닌 사람이 로마 시민뿐이라는 사실이 중요했던 것이다. 물론 가난하다는 이유만으로 식량을 무상 배급하는 것은 어리석은 일일 수도 있었다. 빈곤의 고통은 그런 고통을 받아 마땅한 사람들이 받는다는 것이 사람들의 통념이었기 때문이다. 속주 유대에 식량 위기가 닥쳐 사람들이 '천하의 대흉년'[38]이 든 게 틀림없다고 여길 정도로 극심한 고통에 시달리는데도 클라우디우스가 아무런 조치를 취하지 않은 것도 그래서였다. 그에게는 속주민들까지 먹여 살릴 책임이 없다고 본 것이다. 반면에 동포 시민들에게는 보호의 의무를 느끼고, 그래서 황제로 즉위하기 무섭게 곡물 공급 문제에 매달린 것이다.

로마는 클라우디우스가 황제로 즉위하기 전 해의 여름부터 이미 칼리굴라가 행한 진기묘기의 후유증으로 곡물 공급에 차질이 빚어지고 있었다. 따라서 배가 없었다면 말을 타고 바다를 건너지 못했을 칼리굴라처럼, 로마도 해외의 곡물을 실어 와 시민들을 먹여 살리려면 배가 필요했다. 로마는 마치 아무리 먹어도 채워지지 않는 거대한 위장처럼 이탈리아 농부들의 역량을 진즉에 소진시켰다. 이집트에서 마우레타니아에 이르는 아프리카 곡창 지대가 수도의 기아 해결에 동원된 것도 그래서였다. 해마다 여름이면 대형 화물선들이, 칼리굴라가 바이아이에서 부교를 설치해 말을 타고 건넜으며 대형 선박들이 정박해도 될 정도로 부두의 수역이 깊고 로마와 가장 가까운 항구 도시이기도 했던 푸테올리로 향한 것이다. 그리고 그곳에 도착하면 다시, 매년 50만 톤의 곡물을 소형 선박들에 나누어 싣고 해안을 따라 북쪽의 테베레 강 어귀, 습지와 염전으로 둘러싸인 오스티아 항으로 가는 2단계 여정이 시작되었다.[39] 오스티아 항구 너머에는 로마와 항구를 가르는 길이 26킬로미터의 부두를 따라, 높고 긴 틈새처럼 생긴 모양이 마치 일련의 요새를 방불케 하고 유리창까지 갖춘 대형 곡물 창고들이 늘어서 있었다. 그런데 푸테올리에서 오스티아의 곡물 창고에 도달하기까지 갖가지 위험 요인이 존재하는 것이 문제였고, 그래서 클라우디우스도 이참에 당면한 기근 문제가 해소되자마자 곧바로 로마인의 위대성과 야망에 걸맞은 해법을 찾기 위해 대책 마련에 나섰다. 대담하면서도 진지하고, 세계 지도자로서 폭넓은 시야를 가진 것 못지않게 세부 내용도 꼼꼼히 챙기며, 해저를 뚫도록 지시하는 데 그치지 않고 스스로 진흙 둑에서 공사를 진두지휘할 채비를 갖추고, 브리튼 정복에 버금가는 영웅적 위업을 달성할 계획을 세운 것이다. 오스티아에 심해 항을 건설하겠다는 그의 말을 듣고 기술자들이 기겁을 하며 "그런 생각일랑 하시지도 마십시오"[40]라고 경고하는 것도 무시했다. 누가 뭐래도 그는 황제였다. 따라서 육지와 바다의 개조가 로마인들의 이익에 부합한다면 시행할 태세였다.

황제는 브리튼 침공 준비에 여념이 없을 때였는데도 그 일에 착수했다. 정기적으로 현장을 찾아가 진행 상황도 살폈다. 그러던 어느 날, 황제가 현장에서 매복 공격을 당해 피살되었다는 소문이 퍼져 나가 광범위하게 믿어지는 일이 발생했다. 혼란에 빠진 플레브스들은 원로원에 그 책임을 돌렸다. 소문은 사실이 아니고 모든 사람이 무사하다는 발표가 포룸의 로스트라에서 급히 나온 뒤에야, 소요로 번질 뻔한 사태가 간신히 진정되었다. 대다수 원로원 의원에게는 황제가 사악한 얼간이로 비쳐졌을지 몰라도 플레브스들은 황제가 자신들의 이익을 지켜주려 한다는 사실을 알았던 것이다. 따라서 황제에 대한 플레브스들의 헌신이 바로 황제의 이런 배려심에서 나왔다는 점이야말로, 클라우디우스가 겉으로는 매력적이지 않았지만 플레브스들의 마음을 얻었음을 나타내는 징표였다. 황제는 칼리굴라가 사설 경주로를 지으면서 장식물로 쓰기 위해 이집트에서 오벨리스크를 실어 올 때 사용한 선박도 테베레 강 어귀로 예인해 침몰시킨 뒤, 오스티아 항구의 등대 토대로 쓰도록 했다. 항구에 방파제도 세우고 등대까지 이어지도록 돌제突堤도 쌓으며 최신식 국제 항구에 어울리는 장비 일체도 갖추게 했다. 이렇게 해서 수도 바로 곁에 최신식 항구를 세우는 위업을 달성함으로써 로마인들에게 국가의 대사 앞에서 하나로 뭉치는 구심력, 전 세계의 물자를 운용하는 능력, 세계에 미치는 지배력 등 그들이 지닌 가공할 힘의 규모와 범위를 한껏 느끼게 해주었다. 황제는 수에토니우스 파울리누스가 아프리카에서 코끼리와 뱀을 괴롭혔던 것처럼, 심해의 괴물들에게도 그 점을 인식시키게 했다. 고래 한 마리가 길을 잃고 헤매다 절반쯤 완공된 항구로 들어오자, 근위대 병사들을 불러 배 위에서 고래와 싸우게 한 것이다. 그가 항구의 공사 현장을 떠나기 싫어한 것도 무리는 아니었다. 그가 바라던 종류의 통치자로 군림하기에 오스티아보다 더 적합한 환경을 제공해주는 곳은 없었으니 말이다. 그가 황제가 되는 것의 의미를 오스티아에서보다 더 기쁘게 느낄 수 있는 곳은 없었다.

하지만 오스티아에만 붙박여 있다 보니 부득불 그는 로마에 있는 가속과 그들의 직무에 소홀해졌다. 아니나 다를까 그가 테베레 강 어귀의 공사 현장에 머물러 있던 기원후 48년, 예기치 못한 알현 요청이 들어왔다. 그가 총애하는 애첩 중 하나인 칼푸르니아의 요청이었기에 당연히 알현을 허락했다. 그런데 황제 앞으로 온 칼푸르니아가 주저하며 말을 제대로 하지 못했다. 어찌나 더듬는지 클라우디우스가 말하는 것처럼 들릴 정도였다. 그래도 최선의 노력을 기울인 끝에 간신히 그곳에 온 이유를 밝혔다.

그녀의 말을 들으며 클라우디우스는 자신이, 그간 적들이 늘 주장해온 대로, 얼간이가 되어 있었음을 깨달았다.

남자보다 치명적인

황제의 관심을 끈다는 것은 대단한 수완이었다.

그래서 칼푸르니아도 오스티아로 클라우디우스를 알현하러 갈 때 또 다른 애첩을 데리고 갔다. 황제의 주의를 끌려는 사람들은 자주 그의 성적 취향을 이용했고, 클라우디우스가 여자하고만 잠자리를 갖는다는 것은 누구나 다 아는 사실이었다. 식탁에서도 방귀 뀔 자유가 있어야 한다고 배려심을 보인 점이나, 라틴어에 새로운 철자 세 개를 추가해야 한다고 고집 부린 것 못지않게 클라우디우스를 진정한 기인으로 보이게 하는 면모가 바로 이것, 남자는 결코 성적 상대로 보지 않는 태도였다. 사람마다 취향이 다른 것이 세상의 이치이고 금발을 좋아하는 사람이 있으면 흑발을 좋아하는 사람이 있듯, 이성하고만 자는 사람이 있으면 동성하고만 자는 사람이 있었는데도 말이다.[41] 클라우디우스와 정반대 이미지를 가진 갈바만 해도 '근육질의 성인 남자'[42]를 좋아하는 성적 취향을 지녔지만, 그렇다고 그 점이 강직한 군인의 본보기라는 그의 위상에 타격을 주지는 않았다. 백전노장이었던 그가, 상대를 휘어잡아 찔러 소유하는 것의 의미를 정확히 알고 있었기 때문이다.

그리고 물론 이는 섹스를 하는 모든 시민이 가져야 하는 기본 태도였다. 그 점에서 저 악명 높은 호스티우스 콰드라처럼 쾌락을 위해 남자가 여자 역할을 하는 것보다 로마인의 정서에 충격적인 일은 없었다. 신들에 의해 남자 성기가 칼처럼 찌르기에 적합한 구조로 만들어진 것은 여자 신체뿐이었기 때문이다. 물론 남자의 신체에도 성기가 들어갈 구멍은 있으므로 다른 남자의 성기에 경의를 표하는 일은 입이나 항문으로도 할 수 있다. 하지만 여자 역할(그것만으로도 충분히 부적절한 행위였지만)과 노예 역할을 동시에 하는 행위라는 점에서 곱절로 망신스러운 것이었다. 남녀 구분 없이 자유민들에게, 신체 강간당하는 것을 끔찍한 범죄로 만드는 특권이 있었듯, 주인의 온갖 성적 요구를 들어주는 것이 노예의 의무였기 때문이다. 아닌 게 아니라 몇몇 경우에는 그것이 사실상 노예들의 주된 책무였다. 머리카락을 길게 기르고 털을 깨끗이 밀고 피부가 매끈거리도록 기름칠을 한 미소년들은 사교계 파티의 필수 품목이고, 쌍둥이인 경우에는 더 말할 나위가 없었다. 일례로 아우구스투스 시대의 한 원로원 의원은 체면 따위는 깨끗이 잊고 여종으로 고용한 노예들에게 전라로 봉사하게 했을 정도다. 그러니 노예들이 체형 당할 위협 못지않게 강간을 당할 위협도 언제든 현실이 될 것으로 알고 있었던 것도 놀랄 일은 아니다.

그렇다고 해서 거친 주인만 있었던 것은 아니다. 루키우스 비텔리우스만 해도 여자 노예에게 홀딱 빠져 그녀에게 자유를 준 것으로도 모자라, 그녀의 침에 꿀을 섞어 목감기 약으로 사용했으니 말이다. 하지만 이는 규칙 속 예외였을 뿐이고, 대개의 경우 주인은 코를 풀든 변소로 사용하든 노예에게 성적 욕구를 마음껏 풀 권한이 있었다. 그것이 노예를 가진 자의 특권이었다. 세네카의 말을 빌리면 "노예에게는 수치심이 허용되지 않았다."[43]

하지만 물론 로마는 원로원 의원들마저 고문과 채찍질을 당하는 도시였던 만큼, 자유가 전부는 아니었다. 그리고 이는 최고의 귀족이라도 극도의 불안감을 가져야 함을 의미했다. 실제로 칼푸르니아가 오스티아로 클라우디우스를 알현하러 오기 1년 전인 기원후 47년, 가장 현란하고 카리스마 넘치는 원로원 의원 중 하나였던 발레리우스 아시아티쿠스가 갖가지 범죄 혐의를 뒤집어쓰고 휴양지 바이아이에서 체포되어 쇠사슬에 묶인 채 로마로 압송되었다. 게르마니쿠스의 부관을 지낸 전력이 있고 냉혹한 것만큼이나 기회주의적인 푸블리우스 수일리우스 루푸스가 그를 기소한 장본인이었다. 그런 인물답게 그는 희생양이 주어지면 궁지에 빠뜨리는 것을 장기로 삼았고, 과연 예상대로 클라우디우스와 루키우스 비텔리우스가 참관한 비밀 재판에서 그 일을 행했다. 아시아티쿠스에게 씌워진 여러 가지 혐의를 매끈하게 정리해 궁극의 일탈자, '여자처럼 부드럽고 헤프게 주는'[44] 인물로 그를 고발한 것이다. 그때까지는 잠자코 있던 아시아티쿠스도 그런 비방에는 못 참겠는지 이렇게 쏘아붙였다. "수일리우스, 자네 아들들에게 물어보게나. 내가 온전한 남자인 것은 그 아이들이 확인해줄 걸세." 이판사판으로 내지른 조롱이었으나, 여기에는 조롱 이상의 의미도 내포되어 있었다. 아시아티쿠스는 자신의 섹스 파트너였던 청년들의 아버지인 수일리우스를 웃음거리로 만들어, 그런 인물에게까지 권력을 부여할 만큼 썩어빠진 정치 질서를 함께 비웃은 것이다. 나중에 사형 선고를 받고 비텔리우스의 권고에 따라 죽는 방식을 선택할 권한이 주어지자, 아시아티쿠스는 클라우디우스 정권에 대한 경멸감을 더욱 노골적으로 드러냈다. 성기를 하도 빨아대 악취 나는 입으로 감언이설이나 일삼는 비텔리우스의 말을 들으니, 차라리 티베리우스나 칼리굴라의 손에 죽는 편이 백번 낫겠다고 말한 것이다. 그러고는 화장용 장작불에 자신이 애지중지하던 정원의 나무들이 행여나 손상될까, 팔의 정맥을 끊어 자살했다.

아시아티쿠스가 이렇게 자신의 남성성을 반항적으로 주장하며 자살로 생을 마친 것은, 시민의 위엄을 지킬 수 있는 길이 그것뿐이라는 최종적 판단에 따른 결과였다. 불안정하고 과대망상에 빠진 클라우디우스는 그를 살려두는 것에 두려움을 느꼈다. 하지만 그것만이 사태의 전모는 아니었다. 황제의 정신지체를 확신한 원로원 의원들 역시 아시아티쿠스가 당한 운명에서, 황제가 변태자에게 놀아나는 호구, 아니 그보다 더 심한 상태에 놓여 있다는, 가장 어두운 의혹을 확인했다. 디오 카시우스의 말마따나 "황제는 그와 동류의 사람들 중 누구보다 심하게 노예와 여자에게 잡혀 있었다."[45] 물론 아시아티쿠스를 몰락시킨 궁극의 책임자를 가리는 문제에 이르면 답은 간단했다. 아시아티쿠스의 정원을 부러워한 메살리나가 그것을 차지하기 위해 꾸민 일이었다. 그런데 그보다 더 안 좋은 일이 있었다. 메살리나가 아시아티쿠스를 제거한 것이 칼리굴라의 애인이자 로마 최고의 유명 배우인 므네스테르를 향한 그녀의 정염 때문이기도 했던 것이다. 당시 므네스테르는 메살리나뿐 아니라 그녀 못지않게 명문가 출신의 미녀인 대 포파이아 사비나(나중에 네로의 부인이 된 소 포파이아 사비나와 구별해서 이렇게 부른다―옮긴이)와도 염문을 뿌리고 있었다. 아시아티쿠스의 혐의에는 포파이아와의 간통도 포함되어 있었으므로, 메살리나에게는 그의 기소가 돌멩이 하나로 새 두 마리를 잡는 격이었다. 게다가 메살리나는 무분별하게도 아시아티쿠스의 비밀 재판에 참석했고, 그가 유죄 선고를 받는 와중에 첩자들을 풀어 연적 포파이아도 자살하게 만들었다. 간단히 말해, 그녀는 가장 비열하고 천박한 행동을 한 것이다. 한때는 세계 지배자를 꿈꾸었을 만큼 로마의 가장 명망 있는 원로원 의원 중 하나였던 인물은 이렇게 해서 한 여성이 부린 투기의 제단에 희생으로 바쳐졌다.

"여자의 포로가 되다니, 그 무슨 수치랴!"[46] 로마의 도덕가들은 오비디우스의 이 말을 금언처럼 가슴에 아로새겼다. 실제로 남자들 중 전장에서든 침실에서든 남자가 지배권을 갖는 것이 신의 뜻이라는 데 의문을 갖는 사람은 거의 없었다. 키케로가 "남자들의 특권인 원로원, 군대, 정무관직을 여자에게 빼앗기는 것이야말로 불행한 일이로다!"[47]라고 말한 대로였다. 그 정도로 엄청난 일이었다. 그런데 남자 배우 한 명을 두고 여자들이 벌인 투기가 집정관을 두 차례나 역임한 인물을 파멸시킨 도시가 되었으니, 로마의 상황이 안 좋게 돌아가고 있음이 분명했다. 혈통과 부를 겸비한 여자가 남자 대신 힘을 행사하는 것과 그 힘을 여봐란 듯 과시하는 것은 별개의 문제였다. 리비아만 해도 자신에 대해 떠도는 항간의 소문에 관계없이, 하늘로 올라가 아우구스투스의 보좌 옆에 한 자리를 차지하기 전까지는 근신을 철칙으로 삼았다. 그런 그녀에게 남편을 바보 취급한다는 것은 상상도 못 할 일이었다. 세차게 휘몰아친 소문을 믿을 수 있다면, 메살리나가 벌인 일이 바로 그것이었다. 대 포파이아 사비나가 자살하고 며칠 후 클라우디우스는 포파이아의 남편을 저녁 식사에 초대해 아내의 행방을 물었다. 그런데 죽었다는 말을 듣고도 황제는 당황스럽다는 표정만 지어 보일 뿐이었다. 그를 얕잡아보는 사람들 생각에는 그야말로 황제가 메살리나의 손안에서 노는 것처럼 보일 만한 행동을 한 것이다. 메살리나에게 홀딱 빠지다 못해 그녀의 호구가 된 황제가, 고위층 인사들을 줄줄이 그녀에게 넘겨준다는 생각이었다. 실제로 집정관, 근위대장, 티베리우스의 손녀 모두 그녀가 꾸민 모략의 결과로 제거되었다. 무사히 자리를 보전한 사람들도 그녀에게 굽실거렸다. 닳고 닳은 기회주의자 비텔리우스마저 메살리나에게 그녀가 신고 있던 신발을 벗기게 해달라고 간청하여, "오른쪽 실내화를 벗겨 토가와 튜닉 사이에 넣고 다니며 이따금씩 꺼내 거기에 입 맞추는 짓을 했다"⁴⁸니 말이다. 체통이 떨어지다 못해 거세된 남자나 할 짓을 하고 다닌 것이다.

하지만 솔직히 말하면 바로 그 점 때문에 그런 행동은 약간 에로틱하기도 했을 것이다. 오비디우스도 만일 그때까지 살아서 전직 시리아 총독이 여자 실내화에 키스 퍼붓는 꼴을 보았다면 그리 놀라지는 않았을 것이다. 오비디우스야말로 법도의 경계를 아슬아슬 넘나들기를 좋아한 인물이었으니까.

노예가 하듯 손에 거울을 든다고 하여
부끄러워할 것 없나니. (하지만 이는 물론 부끄러운 일이고, 그래서 즐거운 것이다.)⁴⁹

남녀 간 역할 바꾸기도 강간과 유사한 효과를 냈다. 금기시된 일일수록 그것을 깨는 데서 오는 흥분이 더 커졌기 때문이다. 남자들에게는, 남보다 언제나 앞서 나가야 하고 남을 언제나 복종시켜야 한다는 압박감이 모든 종류의 쾌락을 가로막는 장벽 역할을 했다. 여자들도 다를 게 없었다. 도덕가들은 물론 성교할 때 수동적인 자세로 상대 남자에게 모든 것을 맡기는 것이 정숙한 부인의 도리라고 여겼지만, 일부 여자들이 성교 중에 남자가 하듯 적극적으로 몸을 움직이며 흥취를 더하는 것을 막을 도리는 없었다. 물론 그런 행동은 존경받는 시민의 남성성을 위협하는 충격적인 짓이었다. 하지만 남자도 성기를 움직일 때마다 여자가 허벅지를 조여준다든가, 엉덩이를 돌린다든가, 여자가 자신의 성기를 빨고 핥아주는 데에서 보상을 느끼기는 마찬가지였다. 자존심 강한 시민이라면 성교 때 남자가 하듯 여자가 적극적으로 행동하는 것이 몹시 불편하게 느껴졌을 것이다. 하지만 일부 사람들에게는 비정상적 행위야말로 흥분을 일으키는 요소였고, 착취적 야망과 피를 부르는 악마적 취향을 가진 점에서 두려움 못지않게 환상을 좇기에도 적격이던 메살리나가 바로 그런 경우였다. 젊고 아름다우며 위험한 그녀야말로 포르노의 주인공이 되기에 안성맞춤이었던 것이다.

황제의 집을 매음굴로 만든다는 생각 또한 특별히 자극적인 면이 있었다. 티베리우스와 칼리굴라도 카프리 섬과 팔라티노 구릉을 매음굴로 만들어놓고 외설적인 놀이를 즐겼으니 말이다. 하지만 로마는 소문이라면 사족을 못 쓰는 도시였던 만큼, 문제는 역시 소문이었다. 아우구스투스가도 전통적 가치의 화신으로 그렇게 주도면밀하게 홍보를 했건만, 결국에는 '간통이 시들해지자 매춘으로 눈을 돌리고'[50] 그러다 끝내 포럼의 로스트라에서 몸을 파는 지경이 되었다는, 아우구스투스의 딸과 관련된 소문으로 가문의 어두운 측면이 드러나지 않았는가. 그나마 율리아는 로마인들에게 사랑받았기에 그녀와 관련된 소문도 수치스러웠을망정 일말의 애정은 담겨 있었다. 하지만 치정에 얽힌 잔혹한 복수와 얽힌 메살리나는 율리아보다 한층 끔찍한 인물로 그려졌다. 은밀히 회자된 소문에 따르면, 그녀의 클리토리스는 '발기된 남자의 성기'[51]처럼 컸다고 하고, 금발머리 가발을 뒤집어쓰고 젖꼭지를 금색으로 칠한 채 싸구려 매음굴에서 매춘부로 일했다고도 했다. 또 팔라티노 구릉에서 파티를 열어, 명망 있는 부인들이 서방질하는 모습을 그녀들의 남편들에게 구경하게 만들었다고도 했다. 로마의 가장 노련한 창녀들과 하루 종일 마라톤 섹스 대결을 벌여 그녀가 승리를 거두었다는 소문도 돌았다. 이렇다 보니 본래는 적을 탐지해 파멸시키려 한 메살리나의 행위에서 비롯된 소문은 그 계산과는 점점 반대로 메살리나의 새로운 이미지를 만들어내는 역할을 했다. 적을 제거하는 솜씨 면에서 율리아보다는 세야누스에 가까웠던 메살리나가 로마인들에게는 매우 색다른 종, 살육을 좋아하고 무책임하며 무모하도록 경솔한 부류로 비쳐진 것이다.

그 점이 그녀를 위험에 노출시켰다. 오스티아에 가서 황제를 알현한 칼푸르니아와 또 다른 애첩이, 카프리 섬의 티베리우스에게 안토니아의 편지를 전해주어 세야누스를 실각시킨 것과 같은 역할을 한 것이다. 하지만 물론 클라우디우스는 티베리우스처럼 구정물에 직접 손을 담그지는 않았다. 황후 메살리나에게 아시아티쿠스와 같은 인물을 상대로 술책을 부리게 해주었고 그 자신은 건망증 환자라는 평판대로 행동한 것이다. 티베리우스와 클라우디우스의 유사점은 거기서 그치지 않았다. 안토니아의 편지를 읽고 믿는 도끼에 발등 찍히듯 배우자마저 치명적 위협이 될 수 있음을 돌연 깨달은 티베리우스처럼, 클라우디우스도 정신이 혼미해지는 순간을 겪었다. 칼푸르니아의 보고에 따르면, 메살리나는 반역에도 연루되어 있었다. 놀랍게도 그녀는 로마 최고의 미남에 집정관 지명자였던 가이우스 실리우스(기원후 13~48)를 연인으로 삼은 것으로도 모자라 결혼까지 했고, 그것도 "일반인, 원로원, 근위대 할 것 없이 모든 사람이 지켜보는 앞에서 혼례를 치렀다!"[52]라고도 했다. 클라우디우스는 기습을 당하면 본능적으로 공황 상태에 빠지는 버릇이 있었던 만큼 이번에도 그 말을 듣자 그대로 무너져 내렸다. 황후의 행위는 황제의 남성성과 제가齊家 능력은 물론, 황제로서의 역량마저 공격하는 것이었다. 따라서 그것만으로도 충분히 안 좋았는데, 그보다 더 나쁜 일이 벌어졌다. 메살리나가 실리우스와 결혼한 뒤 황제에게만 속하는 것을 새 남편이 갖게 해줌으로써 쿠데타의 암시를 보낸 것이다. "내가 아직도 제국의 주인인 거요, 아니면 실리우스가 권력을 벌써 탈취한 거요?"[53] 클라우디우스는 계속 울부짖기만 했다.

가장 신임한 측근, 비텔리우스와 라르구스에 의해 가마에 태워져 로마로 급히 돌아오는 와중에도 황제는 계속 패닉 상태에 빠져 있었다. 그를 마중 나온 메살리나가 억지로 말을 시켜도 묵묵부답으로 앉아 있기만 했다. 일곱 살 난 브리타니쿠스와 그의 누이 옥타비아가 연도에 나와 있는 모습을 보고도 굳은 표정을 풀지 못했다. 근위대 막사에 도착해 연병장에 모인 병사들에게 연설할 때도 목에서 말이 나오지 않았다. '그가 느끼는 분노가 아무리 옳다고 한들, 불명예라는 타격을 입을'[54] 것임이 자명했기 때문이다.

하지만 말보다는 역시 행동이 중요했다. 근위대 막사에 머물기로 한 클라우디우스의 결정은 그가 느낀 공포의 강도와 그 어떤 선동의 기미라도 분쇄하고야 말겠다는 결의, 두 가지 모두를 보여주었다. 실리우스와 명문가 출신의 쿠데타 연루자들도 진즉에 검거되어 신속히 처형되었다. 므네스테르도 뛰어난 연기력으로 용서를 구했지만 결국에는 처형자 명단에 들어갔다. 클라우디우스도 처음에는 본능적으로 그를 살려주고자 했다. 하지만 원로원 의원들과 기사들이 죽어나가는 마당에 일개 배우를 봐주는 것은 어불성설이었다. 야릇한 이유를 대며 자비를 구한 사람만이 구제되었을 뿐이다. 수일리우스 루푸스의 한 아들이 자신은 성교할 때 '여자 역할'[55]을 하는 습관이 있어서 메살리나와는 간통이 불가능하다고, 발레리우스가 제기했던 비난의 오류를 입증해 보임으로써 수치스럽게 풀려난 것이다. 그 밖의 연루자들은 모두 피의 숙청을 당했다. 보통 때는 겁에 질려 탄압을 주저하는 클라우디우스였지만, 위기에 직면하면 이렇게 그 자리에서 전부 죽일 줄도 알았다.

그리하여 남은 사람은 이제 황후뿐이었다. 두려움으로 미칠 지경이 된 그녀는 불과 1년 전 아시아티쿠스에게서 빼앗은 정원에 숨어, 가장 숭고한 로마 어버이의 전통에 따라 명예로운 죽음을 준비하라고 딸을 설득하는 친정어머니 도미티아 레피다의 보살핌을 받으며 화단 사이에서 흐느껴 울기만 했다. 하지만 용기가 끝내 공포를 눌러 이기지는 못했다. 메살리나는 병사들이 정원에 도착할 때까지 자기 손으로 목을 긋지 못한 것이다. 결국 그녀를 찌르는 일은 병사가 대신했고, 시신은 친정어머니 발치에 내동댕이쳐졌다. 메살리나가 남긴 유산은, 오래도록 로마인들 사이에 색정광의 대명사가 된 이름뿐만이 아니었다. 그녀는 당황스러움이라는 유산도 함께 남겼다. 그 사건의 어떤 측면이 많은 이들에게는 옳지 못한 일로 느껴진 것이다. 로마처럼 소문에 중독된 도시에서, 무엇이 메살리나로 하여금 실리우스와의 무모한 결혼을 감행하게 만들었는가 하는 문제에 이르면 대다수 사람들은 어깨를 으쓱하며 당황스럽다는 반응만 보였을 뿐이다. 그녀가 단순한 정염 때문에 죽었는지, 클라우디우스의 믿음대로 음모 때문에 죽었는지를 알 수 없었던 것이다. 하지만 설사 음모였다 해도, 그녀가 그처럼 무능하고 불완전한 음모의 도박에 자녀들까지 끌어들인 점이 여전히 요령부득이었다. 예컨대 메살리나의 행동에는 어느 것 하나 이치에 닿는 것이 없었다.

하지만 물론 이런 일은 로마인들에게 익숙한 좌절이었다. 외부인들로서는 황실의 비밀을 캘 방법이 없었다. 지위가 허약했던 클라우디우스가 원로원 못지않게 해방노예들에게 의존한 점도 비밀을 캐기 어렵게 만든 요인이었다. 경쟁적 파벌들이 팔라티노 구릉의 지하 깊숙한 곳에서 세력 다툼을 벌이는 일은 표면에 좀처럼 파장을 일으키지 못했다. 그런 가운데 메살리나에 대한 소문만 난무했다. 남편의 해방노예들이 벌이는 권력 다툼에 가담하기를 거부하기는커녕 도리어 그들 중 한 명과 동침했으나, 더는 쓸모가 없어지자 그를 죽였다는 내용이었다. 이 소문의 진위 여부는 모르겠지만, 분명한 것은 메살리나가 몰락할 무렵에 나르키수스, 칼리스투스, 팔라스, 이 세 사람 모두 그녀의 적이 되었고, 그녀의 파멸 곳곳에 나르키수스의 지문이 찍혔다는 사실이다. 클라우디우스의 두 애첩을 오스티아로 보낸 사람도 나르키수스였고, 비텔리우스와 라르구스는 확신하지 못하는데도 클라우디우스에게 애첩들이 전한 이야기를 사실로 믿게 만든 사람도 나르키수스였다. 남편과의 면담을 시도한 메살리나에게 고함을 쳐 물리친 사람도 나르키수스였다. 게다가 놀랍게도 위기가 진행되는 내내 나르키수스는 근위대의 지휘권까지 거머쳐 채 그의 명령에 따라서만 사람들을 처형시켰다. 그리고 그러다 보니 살육이 끝나고 피의 흔적이 말끔히 닦였을 때는 메살리나와 실리우스의 결혼 이야기를 반박할 만한 위치에 있는 사람은 죄다 사라지고 없었다.

결과적으로 그 일이 진짜로 일어났는지, 아니면 메살리나는 단지 교묘하게 꾸며진 이야기의 희생양이었을 뿐인지도 알 수 없게 되었다. 그런 가운데 메살리나의 조상들은 대좌에서 제거되고 그녀의 이름도 비문에서 지워졌다. 반면 해방노예라는 신분에 묶여 오래도록 공식 직함 없이 일했던 나르키수스는 황제에 의해, 덧없지만 진정으로 각광받는 영예를 누렸다. 로마국을 지켜준 데 대한 감사의 표시로 원로원의 공식 포고에 따라 명예 정무관직을 부여받은 것이다. 예전에는 노예 출신이 한 번도 받아본 적 없는 총애의 표시였으니, 그로서는 실로 "야호, 사트루날리아!"를 외칠 만했다.

하지만 황실 내 경쟁은 그 속성상 머리 하나가 잘려도 그 자리에서 신속히 또 다른 머리가 나오는 (그리스 전설에 나오는 머리 아홉 개 달린 괴물) 히드라 같은 면이 있었다. 나르키수스가 메살리나를 제거하고 힘의 우위를 점해 팔라티노 구릉의 밀실을 차지하자, 클라우디우스의 신임을 받던 노예 삼인방 사이에 오랫동안 유지되던 힘의 균형에도 자연히 균열이 생겼다. 칼리스투스와 팔라스는 언제나 그랬듯 황궁에서 일어나는 변화에 기민하게 대처했다. 칼리스투스가 기원후 48년의 격변 직후에 죽은 일이야말로 생전에 그가 가졌던 영향력이 얼마나 컸는지 말해주는 궁극적 척도가 될 만했다. 칼리스투스처럼 권력의 핵심에 있다가 제명에 죽은 사람은 극소수에 지나지 않았으니 말이다. 팔라스도 그래서 당분간은 나르키수스의 우세함을 인정해주기로 마음먹었다. 다만 끝까지 죽어지내려고는 하지 않았다. 그는 황제를 잘 알았다. 따라서 클라우디우스를 덮친 불명예와 그것이 야기한 불안정의 크기도 나르키수스보다 훨씬 뚜렷이 식별할 수 있었다. 황후인 동시에 어머니였던 메살리나의 몰락으로 그 자녀들의 장래에는 심대한 타격이 가해졌다. 황제가 추문으로 얼룩진 자신의 가문을 로마 덕의 본보기로 더는 홍보할 수 없게 되었기 때문이다. 그 상태로는 황제의 직무를 수행하는 것도 불가능했다. 세계 지도자로서 자신의 정통성에 의문이 제기되는 상황을 늘 의식해야 했기 때문이다. 황제도 야심 찬 여느 원로원 의원과 다를 바 없이 아우구스투스의 후손이 아니라는 해묵은 문제가 돌연 다시 전면에 부상하게 되었으니 말이다. 그래도 해법은 있었다. 게다가 팔라스는 나르키수스보다 총명했으므로 황제가 그 해법을 받아들일 수밖에 없다는 것도 알았다.[56]

메살리나의 기세가 등등했던 지난 몇 년간 아그리피나는 세간의 눈을 피해 살았다. 아들 도미티우스가 게르마니쿠스와 아우구스투스의 혈통을 동시에 지니고 있는데다 그녀 자신 또한 미모로 이름을 날리고 있었기 때문이다. 메살리나의 질투를 불러일으켜 추방된 뒤에 제거된 동생 리빌라의 운명이 그녀에게 행동을 조심하게 하는 지침으로 작용했다. 그래서 그녀는 궁정의 음모와는 손을 끊은 채 상실한 재력을 복구하는 데에만 힘을 쏟았다. 갑부 원로원 의원과 결혼한 것과, 결혼한 지 얼마 안 되어 남편이 사망한 것도 재력 복구에 도움이 되었다. 메살리나 몰락이라는 재앙 뒤 자신의 정통성을 번쩍이게 하는 데 혈안이 된 클라우디우스도 물론 그 뜻을 이루기 위해 먼 곳을 쳐다볼 필요가 없었다. 아그리피나가 조카딸(형 게르마니쿠스의 딸이었으므로)이라는 사실은 확실히 문제였다. 근친상간죄는 대역죄와 더불어 노예를 고문해 얻은 증거가 법정에서 채택되는 두 범죄 중 하나로 분류되었을 만큼 로마인들의 반감이 워낙 컸기 때문이다. 하지만 클라우디우스는 그 사실을 숨기려 하거나 다른 가문에 먼저 입양시키는 편법을 쓰지도 않고 자신의 '귀염둥이'[57]와 결혼한다고 만천하에 알렸다. 아그리피나의 혈통이 그에게는 그 정도로 중요했다. 그리고 이번에도 뒤처리는 비텔리우스가 말끔히 정리해주었다. 원로원 앞에 서서 예의 자신의 장기로 해결사 노릇을 톡톡히 해낸 것이다. 비텔리우스는 완벽하게 진지한 표정으로 클라우디우스를 냉철함의 본보기로 찬양한 뒤, 황제, 로마, 세계를 위해 조카와의 결혼을 금하는 법률 개정을 하라고 촉구했다. 그런 다음 "외간 여자와는 절대 동침하는 법이 없으신 우리의 프린켑스께서 신들의 선견지명으로 그와 동일한 자질을 지닌 과부를 얻으셨습니다!"[58]라고 말하자, 원로원 의원들은 우레 같은 박수갈채를 보냈다. 포룸에서도 주도면밀하게 소집된 군중이 그 못지않게 열렬한 환호로 원로원의 박수갈채에 화답했다. 원로원과 로마인들이 일심동체가 된 것이고, 그러니 클라우디우스라고 어찌 이들의 요구를 거부할 수 있겠는가.

하지만 물론 다양하게 연출된 열광의 장에서 멀리 떨어져 있던 사람들은 교활한 법적 속임수에 충격을 받았고, 그런 '비합법적이고 혐오스러운 결혼'[59]에서 좋은 결과가 나올 리 없다는 점에도 우려를 나타냈다.

그러나 아그리피나는 이들에 속하지 않았다. 나이 많고 침 질질 흘리는 황제와의 결혼이었으니 실제로는 탐탁지 않았겠지만, 그와의 결혼은 권력의 중심에서 가파르게 추락한 것 못지않게 권력의 중심으로 기세 좋게 되치고 올라가는 것이었기 때문이다. 그렇더라도 작은아버지에게 몸을 팔기로 작정한 여자였던 만큼 로마인들의 모멸을 피해 가지는 못했다. 반면에 그들의 욕설에는 떨떠름한 존경도 얼마간 가미되어 있었다. 황제의 전처 메살리나와 달리 아그리피나는 색정광이 아니었기 때문이다. 타키투스도 아그리피나에 대해 "사생활 면에서 그녀의 평소 행실은 존경할 만했다. 권력을 탐할 때만 예외였다"[60]라고 썼다. 누군가를 감시할 필요가 있을 때만 그 대상자의 아내와 불륜을 저질렀다고 하는 아우구스투스처럼, 아그리피나도 권력의 최상층에 올라갈 투지에 불탔을 때만 간통을 저지른 것으로 추정되었다. 아그리피나를 명백한 거물급으로 보이게 하는 부분이 바로 그것, 여자답지 않게 발칙한 야망을 지닌 것이었다. 타키투스에 따르면, "그녀의 지배 방식은 까칠할 뿐 아니라 기본적으로 남자 같았다"[61]라고 한다.

이듬해에는 기 센 여주인 아그리피나의 손에 세계가 넘어간 징후가 더욱 뚜렷이 나타났다. 아그리피나가 아들에게 온 희망을 걸고 있다는 데에 의문을 품는 사람은 거의 없었다. 그러니 기원후 50년 열세 살 된 도미티우스가 황제의 양아들로 입양되어 공식적으로 클라우디우스 가문에 입적되었다 하여 크게 놀라는 사람도 없었다. 그에 따라 소년도 이제는 루키우스 도미티우스 아헤노바르부스가 아닌, 네로 클라우디우스 카이사르 드루수스 게르마니쿠스라는 한층 인상적인 새 이름을 갖게 되었다. 더불어 둥그런 얼굴에 아직 젖살이 채 빠지지 않은 티가 나는 네로의 초상도 즉시 유포되기 시작했다. 그러나 정작 세계를 광휘로 가득 채운 사람은 네로가 아닌 그의 어머니였다. 황제가 리비아도 갖지 못했던 영예를 그녀에게 줄줄이 부여해주었으니 말이다. 클라우디우스는 아그리피나에게 생존한 황제로서는 처음으로 '아우구스타'라는 호칭을 부여했다. 그는 초승달 모양의 여신 왕관을 쓴 아그리피나의 조각물도 만들게 했고 부부의 초상이 들어간 주화도 주조하게 했다. 메살리나의 추락 전에는 주화 뒷면에 클라우디우스가 거둔 다수의 승리를 축하하는 병사, 개선문, 자기 권력 확대를 나타내는 슬로건이 새겨졌지만, 이제는 아그리피나와 네로의 두상만 번쩍거렸다. 이 점만으로도 클라우디우스가 맞은 위기의 정도를 짐작할 수 있다. 그로서는 아우구스투스가 입은 쓰라린 상처를 곪게 내버려둘 수 없었고, 그래서 무슨 수를 써서라도 가문의 미래가 굳건하다는 것을 대외에 과시하려 했던 것이다.

그러나 클라우디우스를 줏대 없는 얼간이, 여자와 노예의 노리개쯤으로 여기고 싶어 하는 사람들에게는 그런 행동이 황제에 대한 모멸감을 확인해주는 역할만 했을 뿐이다. 하지만 황제도 일평생 그랬듯이 그 모든 모멸을 무시했다. 자신의 생존뿐 아니라 장기적으로는 로마인들의 안전이 걸린 문제라고 보았기 때문이다. 클라우디우스는 어릴 때부터 내전의 끔찍한 결과를 평가해왔다. 청년 시절에는 아우구스투스의 집권 과정을 다룬 역사서를 집필하려 했다가 리비아와 어머니 안토니아의 꾸지람을 듣고 그들에게 그 계획을 포기하도록 설득당하기도 했다. "누구도 과거에 일어난 일을 정확히 기술하거나 숨김없이 말할 수는 없다"[62]라고 그들은 말했다. 그 여파 때문인지 수십 년이 지난 뒤에도 그는 자신이 말실수를 하거나, 아우구스투스의 유산을 헛되이 쓰거나, 혹은 수십 년간 지속된 평화의 유산을 저버릴 경우에 벌어질지도 모를 사태에 여전히 전전긍긍했다. 가장 준엄하고 냉혹한 공화국의 역사로 단련된 그가 시민의 이상은 때로 희생을 요구할 수도 있다는 사실을 알게 된 것이다. 그러니 메살리나가 망각 속으로 사라지고 브리타니쿠스의 나이이제 고작 아홉 살인 상황에서, 친자인 그 아이에게 세계 지배권을 믿고 맡겨둘 수는 없었다. 달리 말하면 그도 이제 늙고 건강도 나날이 악화되는 형편이라, 네로에게 지도자 교육을 시키지 않기에는 위험 부담이 너무 컸던 것이다. 그해 겨울에는 황제의 운명이 위태로운 지경에 이르렀음을 상기시키는 징조도 도처에 나타났다. 불길해 보이는 새들이 카피톨리노 구릉 위에 무리 지어 있는 모습이 목격되었고, 도시를 흔드는 지진도 일어났으며, 테베레 강변의 곡물 창고 비축분도 점점 바닥을 보이기 시작했다. 병사들에게 구조되었기에 망정이지, 클라우디우스도 하마터면 궁지에 몰려 굶주린 폭도들에게 포룸에서 갈기갈기 찢길 뻔했다. 그 사건은 유익한 교훈이었다. 황제가 소중히 보듬어야 할 두 존재는 바로 대중의 사랑과 근위대의 칼임을 알려주는.

그렇다면 미래의 계승자에게도 가능한 한 빨리 그 두 요소를 부여해줄 필요가 있었다. 머지않아 이를 행할 완벽한 기회도 찾아왔다. 예정보다 1년 빠른 열다섯 번째 생일에 클라우디우스가 네로의 성년식을 열어준 것이다. 성인이 된 네로가 제일 먼저 한 일은 로마인들과 근위대 병사들에게 기부금을 푸지게 하사한 것이었다. 그다음에는 근위대의 선두에 서서 행진을 하고, 그로부터 머지않아서는, 원로원에서 처음으로 연설도 했다. 한편 네로가 번쩍이는 성인 남자의 토가를 자랑하고 다니거나, 화려한 예복 차림으로 원형극장에서 경기를 주관하느라 여념이 없는 동안, 브리타니쿠스는 줄무늬가 들어간 어린애 토가를 입고 맥없이 돌아다니고 있었다. 그러다 네로를 '도미티우스'라고 부르며 이복형의 현시적 행동에 제동을 걸려고 해보았다. 이를 본 아그리피나가 즉시 클라우디우스에게 달려가, 브리타니쿠스의 가정교사를 그녀가 추천하는 사람들로 교체하게 했다. 브리타니쿠스의 가정교사장도 네로 모반 혐의로 처형되었다. 아우구스타에게는 이런 식의 수작 부릴 때 사용하는 방법이 있었다. 바로 자신의 호의 없이는 누구도 정부의 요직을 차지할 수 없도록 하는 것이었다. 클라우디우스와 결혼한 직후 그녀가 남편을 꼬드겨, 빈약한 혈통 못지않게 그녀의 가문을 위해 봉직한 기록 또한 나무랄 데 없던 인물을 근위대장으로 임명하도록 한 것도 그래서였다. 섹스투스 아프라니우스 부루스가 뛰어난 장교이고 그 증거로 잘린 팔을 갖고 있기는 했으나, 그런 점들이 시골뜨기라는 그의 출신 성분을 가려주지는 못했고, "따라서 그로서는 자신의 승진이 누구 덕이었는지를 의식할 수밖에 없다"[63]는 사실을 그녀는 알았던 것이다.

아그리피나는 이처럼 심해의 괴물이 잔챙이들을 먹이로 삼으면서도 언제나 허기를 느끼는 것 같은 황실의 수면 아래에서, 누구에게도 뒤지지 않는 포식자임을 과시했다. 세네카가 추방지 코르시카 섬에서 원거리 덕분에 얻은 통찰력으로 '권력의 가장 확실한 안전장치는 무기가 아니라 호의를 베푸는 능력'[64]이라고 말한 대로였다. 아그리피나도 그의

'통찰'이 옳았음을 확인하듯, 클라우디우스와 결혼한 뒤 세네카의 수도 귀환을 주선해주었다. 아들의 가정교사가 필요했던 그녀가 로마 최고의 지성이야말로 그 일의 적임자라고 본 것이다. 세네카도 그 기회를 재빨리 붙잡았다. 아리스토텔레스가 알렉산드로스 대왕을 가르쳤듯, 미래의 세계 지도자를 교육하는 것은 모든 철학자의 꿈이었다. 하지만 아그리피나가 아들에게 가르쳐주기를 원한 것은 철학과 같은 비실용적 학문이 아닌 연설의 재능이었고, 세네카도 그래서 고용한 것이었다. 그리하여 그가 그 일을 해냈음은 네로가 원로원에 들어서는 순간, 여실히 드러났다. 로마를 위해 봉직한 경륜의 결과로 얼굴에 주름이 잡히고 위엄 서린 의원들 앞에서, 외교의 이득에 대해 자신의 견해를 밝히는 연설을 하면서도 열여섯 살 난 소년은 떠는 기색 하나 보이지 않은 것이다. 네로는 클라우디우스와 달리 타고난 연설가인 듯했다. 능변에다 거만한 티가 줄줄 흐르는 것이 어느 모로 보나 노령의 황제와는 대조적이었다. 칼리굴라에 대한 기억의 흉터가 남아, 원로원 의원들에게 부득불 불안의 요인일 수밖에 없었을 젊음조차 그는 거의 힘의 원천으로 바꿔놓는 듯했다.

하지만 네로만 성인기에 접어든 것은 아니었다. 총애받는 클라우디우스 계승자로서의 위치가 확정된 듯한 기원후 53년, 네로는 메살리나와 클라우디우스 사이에서 태어난 옥타비아와 결혼했다. 이 결혼에는 또 다른 의미가 담겨 있었다. 옥타비아가 브리타니쿠스보다 한 살 많은 누이였으므로, 네로와 그녀의 결혼은 로마인들에게 브리타니쿠스도 곧 어린애 티를 벗을 것이라는 사실을 깨우쳐주는 역할을 한 것이다. 브리타니쿠스 지지자들은 원로원, 근위대 막사, 술집, 도시의 시장 할 것 없이 모든 곳에 퍼져 있었다. 심지어 황실 안에도 있었다. 처음부터 아그리피나를 지지하여 나르키수스가 차지한 영예를 무색하게 할 정도로 빛나는 공적 영예를 차지한 팔라스가 아직은 완전한 우위를 점하지 못한 것이고, 그 사실을 잘 아는 나르키수스가 브리타니쿠스 곁에 찰싹 달라붙어 하루빨리 그가 자라기만을 축수하고 있었던 것이다. 클라우디우스도 아들을 만나면 다정하게 끌어안고, 성인이 되면 "나의 지난 행적을 모두 이야기해주겠노라"[65]라고 아이에게 약조했다. 브리타니쿠스가 열네 살이 된 기원후 54년에는 그 순간이 마침내 가까워진 듯했다. 네로도 고작 열다섯 살의 나이에 성인 남자의 토가를 입었는데, 그의 동생이라고 해서 그러지 말라는 법은 없었을 테니 말이다. 클라우디우스도 브리타니쿠스의 성인식을 고대하고 있다는 말을 공공연히 하고 다녔다. 1년 후면 계승자 후보가 두 명으로 늘어나게 되니 그럴 만도 했을 것이다. 하지만 그렇게 되면 네로의 미래는 불투명해지는 것이었다.

아니나 다를까 대격변을 암시하는 징조들이 나타났다. 하늘에서는 비 오듯 피가 내렸고, 근위대의 독수리들이 벼락을 맞았으며, 매의 발톱을 가진 돼지도 태어났다. 한편 법정에서는 브리타니쿠스의 외할머니 도미티아 레피다가 각종 중범죄 혐의로 심문을 받고 있었다. 그 일의 배후에 누가 있는지를 모르는 사람은 없었다. 그녀의 죄목에 황후를 해할 목적으로 푸닥거리를 한 일도 들어가 있었으니 말이다. 전해지기로는 네로도 어머니의 지시에 따라 그 사건의 증인으로 법정에 출두했다고 한다. 도미티아 레피다는 결국 사형 선고를 받았다. 54년 10월에는 아그리피나의 가장 강력한 적수들이 로마를 떠났다. 나르키수스도 부자병인 통풍으로 고생하고 있어서 효과가 좋은 탕치를 하려면 캄파니아로 가야 했으나, 물론 그는 장기 휴가를 결행할 마음이 없었다. 수도를 떠날 처지가 아니었기 때문이다. 그러나 단기 휴가라면 괜찮을 것 같았다. 짧은 기간에 뭐 그리 나쁜 일이 벌어지겠느냐고 생각하며.

그런데 벌어졌다. 그 일은 브리타니쿠스가 성년이 되기 불과 석 달 전인 10월 13일 새벽에 터졌다. 클라우디우스가 위독하다는 소문이 돈 것이다. 그에 따라 원로원이 소집되고 집정관과 사제들도 황제의 회복을 비는 기원을 올렸다. 팔라티노 구릉의 문들에도 빗장이 걸리고 여러 방면으로 나 있던 황궁의 입구도 병사들에 의해 차단되었다. 그래도 낙관할 여지는 있었다. 오전 내내 희망적인 발표가 나오고 황궁으로 향하는 배우들의 모습도 간간이 눈에 띄었기 때문이다. 전해지기로 병상의 클라우디우스가 즐길 거리를 원했다는 것이다. 그런데 정오 무렵 돌연 황궁의 문이 활짝 열리더니 네로가 신임 근위대장 부루스를 대동하고 밖으로 나왔다. 그를 본 보초병들이 환호성을 질렀다. 그러고는 탈것으로 안내하자, 네로는 호위병들과 함께 곧장 근위대 막사로 갔다. 그곳에서 클라우디우스의 서거 소식을 알리고 병사들에게 눈물 나도록 고마운 보너스를 한 아름 안겼다. 그다음에는 원로원으로 향했다. 원로원 의원들도 자신들이 해야 할 일이 무엇인지 간파했다. 전임 황제가 가진 모든 힘과 영예를 네로에게 보편적 환호로 부여해준 것이다. 열일곱 살의 신임 황제가 환호에 걸맞은 겸양을 보이며 한사코 받기를 거부한 것은 '국부' 호칭이라는 한 가지 영예뿐이었다. 통통한 체격에 부드러운 뺨, 소녀같이 발그레한 입술을 가진 그였지만, 불필요하게 조롱 살 일을 할 만큼 철이 없지는 않았던 것이다. 대신 그는 양아버지에게 신적 영예를 부여하는 방식으로 '신의 아들'이라는 궁극적 호칭을 스스로 확보했다.

그렇다면 클라우디우스는? 팔라티노 구릉을 떠나 영생의 황금 옥좌를 차지한 클라우디우스에게 대체 무슨 일이 일어났던 것일까? 그해 내내 로마는 흥분에 휩싸였다. 클라우디우스는 태어날 때부터 약골이었고 당시 나이도 예순세 살이었으니 물론 자연사했을 수도 있다. 하지만 범죄를 암시하는 가장 희미한 속삭임에도 민감하게 반응하는 도시였던 만큼 그의 죽음을 둘러싼 정황은 불가피하게 로마인들에게 의혹을 불러일으켰다. "클라우디우스를 신으로 만들어준 것을 보면 버섯은 신들의 양식인 게 분명해"[66]라고 네로가 무심결에 던진 말도, 다수의 사람들에게는 실제로 벌어졌던 일을 그가 넌지시 알려준 것처럼 느껴졌다. 아그리피나가 독 감별사에게 부탁해 버섯 요리에 독을 가미하도록 했다는 둥, 그녀 스스로가 그 일을 했다는 둥, 아그리피나가 황제의 주치의로 하여금 (황제가 토하려고 할 때) 독 묻은 깃털을 그의 목구멍에 집어넣도록 했다는 둥, 각종 피살설도 난무했다. 하지만 누구도 진상을 알지 못했고, 그런 가운데 모든 사람들은 최악의 소문을 의심했다.

한편 네로는 모친이 자신을 위해 부정한 행위를 했고 안 했고에 관계없이, 자신이 은혜를 입었다는 사실만 기억했다. 그 점을 보여주듯, 사건이 일어난 날 저녁에 황제가 된 뒤 처음으로 군호를 부여해달라는 근위대의 요청을 받자, '최고의 어머니'[67]를 부여했다. 은혜 입은 데 대한 한량없는 감사의 표시로.

chapter 7

걸출한 예술가

맘마미아

아우구스투스 가문 중 아그리피나와 같은 정도로 불행과 성공의 양극 단을 오간 사람은 없었다. 추방형을 당한 아우구스투스의 많은 자손들 중 역경을 뚫고 고진감래를 이룬 사람은 오로지 아그리피나뿐이었다. 그런 만큼 그녀에게 추락은 결코 잊을 수 없는 경험이었다. 칼리굴라에 대한 반역 음모죄로 추방되었던 섬만 해도 위대성에 대한 황량한 패러 디로 1년 넘게 그녀를 조롱했으니 말이다. 로마 엘리트들에게는 수* 공 간을 갖춘 거대 영지가 성공을 보여주는 가장 뚜렷한 척도였다. 물론 아 그리피나가 감금되었던 섬도 인공 양어지에 신선한 갑각류는 물론 바다 전경까지 갖춘 곳이어서, 나폴리 만의 별장에 견주어도 손색없는 것들이 많았다. 하지만 그런 호사스러움은 추방의 비참함을 극대화했을 뿐이다. 고립이 모든 기쁨을 앗아갔기 때문이다. 즐거움에는 환경뿐 아니라 분위기도 많이 작용했다. 바이아이의 절경도 소문에 신경 써야 하는 긴장감과 향기로운 미풍을 타고 흐르는 음악이 없었다면 무용지물이었을 것이다.

계류장이 없는 점도 즐거움을 앗아가는 부분이었다. 나폴리 만을 휘돌아 푸테올리를 향해 이동하는 육중한 화물선과 황제의 갤리선들만 해도 교역이나 방어적 요구에 부응하는 것과는 거리가 멀었다. 해안선에 늘어선 각종 선창과 동굴을 따라 유유자적 뱃놀이를 즐기며 나폴리 만의 시원하고 투명한 해역에서 여름의 무더위를 피하는 일이야말로 로마 엘리트들의 특별한 즐거움이었기 때문이다. 게다가 칼리굴라는 이 즐거움을 극단적 차원으로 새롭게 끌어올렸다. 누이들이 추방된 섬에서 썩어가고 있는 와중에 그는, 세로 홈이 파인 기둥과 욕탕이 완비되도록 특수 제작한 갤리선을 타고 캄파니아 해안을 도는 선박 여행을 한 것이다. 물위에 둥둥 떠다니는 왕궁을 갖는 것보다 더 멋진 일은 없었다. 실제로 로마 갑부들의 의식 속에서 쾌락과 물, 다시 말해 호사와 배는 떼려야 뗄 수 없는 관계여서, 캄파니아 해역의 만들로는 감당이 안 될 정도였다. 그랬던 만큼 배가 다닐 정도의 수역이면 어느 곳이든 잠재적으로 즐거움의 원천이 될 수 있었다. 칼리굴라도 바이아이까지 가기가 귀찮아지자 다른 곳으로 눈을 돌려, 로마에서 남쪽으로 30여 킬로미터 떨어진 아피아 가도 위 구릉의 능선 사이, 숲으로 둘러싸인 잔잔한 네미 호수를 대안으로 택했다. 그러고는 이곳을 쾌락의 견본장으로 만들려는 열의에 불타 대형 유람선의 축조를 지시했다.* 돈도 아끼지 않고 펑펑 써서, 황제의 유람선은 모자이크, 상감 세공된 대리석, 금박 입힌 지붕 등 극상의 호화로움을 자랑했다. 심지어 납관에도 칼리굴라의 이름이 정교하게 새겨졌다. 아그리피나에게도 자신을 감금했던 형제가 제작한 것이었으니 석방된 뒤 오랫동안은 이 배가 치욕의 기간에 자신이 거부당한 모든 것을 상기시키는 역할을 했지만, 이제는 아들 소유가 되었으니 얼굴에 미소를 지을 만했다.

아니, 어쩌면 그렇지 못했을 수도. '디아나(달)'의 거울이라고 알려졌을 만큼 완벽한 원형을 이룬데다 표면이 유리처럼 매끄러운 호수에 호화로운 배가 떠 있었으니, 그림은 일품이었다. 하지만 누구 못지않게 권력의 요구 사항에 민감했던 아그리피나는 네미 호에서 뭔가 불길한 기운을 읽었다. 처음에는 그것이 눈에 잘 띄지 않았다. 네미 호의 경사지도 나폴리 만처럼 유적을 갖춘 멋진 교외 지역으로 보였기 때문이다. 율리우스 카이사르도 그곳에 별장을 지었고, 아우구스투스의 어머니도 인근 도시에서 일부러 그곳을 찾을 정도였다니 말이다. 하지만 팔라티노 구릉의 콘크리트와 대리석들 사이에 머나먼 로물루스 시대의 기념물이 남아 있었던 것처럼, 네미 호 부근에도 호화로운 경관에 찬물을 끼얹는

---

* 칼리굴라의 명령으로 네미 호에서 축조된 배는 두 척이었다. 떠다니는 왕궁과 떠다니는 신전이 그것이다. 이 두 배는 네로 생전에도 물에 떠 있다가 그 뒤 호수 바닥으로 가라앉았고, 그렇게 2000년 가까이 물속에 가라앉아 있다가 1929년에 끌어올려졌으나, 2차 세계대전 중이던 1944년에 파괴되었다. 미군의 포화 때문이었는지 독일군의 방화 때문이었는지 그 원인은 밝혀지지 않았다.

고색창연한 그림자가 어른거리고 있었다. 트로이 함락 뒤 이탈리아 땅으로 넘어온 영웅이 아이네아스 혼자만은 아니었던 것이다. 그리스 연합군 총사령관이던 아가멤논도 트로이와의 전쟁에서 승리한 뒤 귀향하던 길에 아내 클리타임네스트라에게 살해되었고, 그다음에는 클리타임네스트라가 신들의 명령으로 아들 오레스테스에게 살해되었다. 채찍과 횃불로 무장한 복수의 세 여신, 퓨리(푸리아이. 그리스 신화의 에리니에스)가 그를 꼬드겨 모친 살해의 끔찍한 죄를 범하도록 한 것이다. 그 뒤 오레스테스는 방랑 과정에서 서쪽을 향해, 아폴로의 쌍둥이 누이인 사냥의 여신 디아나(아르테미스) 상을 가져와 네미 호숫가 위 숲에 디아나 신전을 세웠다. 이때부터 신전의 사제는 디아나 숭배의 창시자를 기리는 의미에서 탈주 노예가 맡게 되었다. 탈주한 노예가 성소로 난입해 현직 사제에게 도전을 걸어 그를 죽이고 사제가 되면, 또 다른 탈주 노예가 와서 그를 죽이고 사제가 되는 식이었다. 사정이 이렇다 보니 신전의 사제들은 너 나 할 것 없이 모두 후속 탈주 노예의 손에 죽을 때가 오리란 것을 의식하며 살 수밖에 없었다. 살인이 살인을 부르는 끝없는 순환이 천년 넘게 지속된 것이다. 오죽하면 칼리굴라도 디아나 신전에 왔을 때 현직 사제의 봉직 기간이 길다는 얘기를 듣고 그에게 도전장을 내밀 젊은 경쟁자를 후원하려는 엉뚱한 생각까지 했을까. 하지만 물론 황실도 등 뒤를 조심하지 않으면 언제라도 칼을 맞을 수 있었으니, 디아나 신전 못지않은 잠재적 전쟁터였다. 칼리굴라도 종국에는 디아나 신전의 사제처럼 피 웅덩이 속에서 뻗어버렸으니 말이다. 하지만 칼리굴라가 제거되지 않았다면 추방에서 영영 구제되지 못했을 아그리피나는 물론 그의 운명을 경험할 의사가 전혀 없었다.

따라서 그녀에게는 네미 호의 디아나 여신을 유념할 이유가 충분했다. 아그리피나는 클라우디우스와 결혼하자마자 이미 남편과 함께 디아나 신전에서 행해지는 속죄 의례를 후원함으로써 근친상간 죄를 용서받고자 했다. 그 몇 달 뒤에는 클라우디우스가 디아나 여신에게 그와 아그리피나, 그리고 네로와 브리타니쿠스의 안위를 비는 의식을 공식적으로 행했다. 하지만 그것만으로는 부족했다. 여신이 클라우디우스를 버렸으니 말이다. 황제가 봉헌한 등불이 신전에서 여전히 타고 있는 와중에 그가 죽은 것이고, 그러자 그 책임이 황후에게 있다는 소문이 퍼졌다. 하지만 소문의 진위 여부를 떠나 아그리피나도 이제는 자신의 안전을 더는 디아나 여신에게 바친 등불에만 맡겨둘 생각은 없었다. 여신은 자신의 운을 스스로 만드는 사람에게 호의를 베푼다는, 디아나 신전이 주는 교훈을 깨달은 것이다. 실제로 클라우디우스가 죽기 무섭게 아그리피나는 아시아의 첩자들에게, 네로와 마찬가지로 공교롭게도 아우구스투스의 고손자였던 시리아 총독을 독살하라는 지시를 내렸다. 그게 사실인지는 몰라도 여하튼 총독의 사망 소식이 전해지자 로마인들은 그렇게 믿었고, 실제로 그것은 충분히 이치에 닿는 가설이었다. 또 캄파니아에서 급히 귀경한 나르키수스가 체포된 일이야말로 누가 봐도 아그리피나가 행동을 개시했음을 나타내는 명백한 징표였다. 이어 클라우디우스가 총애한 해방노예가 구류 도중에 자살했으니, 팔라티노 구릉에 대한 아그리피나의 통제권은 완전히 다져진 셈이었다. 그 어느 때보다 재정을 확고하게 틀어쥔 팔라스, 근위대를 휘어잡은 부루스, 원로원과의 관계를 책임질 세네카 등, 필요한 인물도 요소요소에 배치되어 있었다. 아그리피나의 놀라운 재기再起는 원로원이 그녀를 신격화된 클라우디우스의 사제로 선출하고, 과부가 된 리비아가 보유했던 것의 두 배에 달하는 릭토르를 그녀에게 부여해줌으로서 완결되었다. "그녀는 감히 신계의 지배자가 되려고 한다!"[1] 로마 여성으로서, 로마인들에게 이 말을 듣기는 아그리피나가 처음이었다.

그러나 기실 아그리피나가 도달한 권력의 꼭대기도 불안정하기는 매한가지였다. 정상에 도달하기까지 그녀가 구사한 기술이 대다수 남자들에게 심한 불신을 야기했기 때문이다. 팔라티노 구릉에 소환된 원로원 의원들은 휘장 뒤에 숨어 자신들의 발언을 빠짐없이 엿듣는 그녀의 존재에 불쾌감을 가졌다. 세네카도 아그리피나에게 진 그 모든 빚에도 불구하고 그녀의 우쭐거림에 몹시 불안해 했다. 그러나 아그리피나의 생각은 달랐다. 자신은 게르마니쿠스의 딸이므로 내정뿐 아니라 군사에도 참여할 권리가 있고, 그러므로 국경 지대에 자신의 권위를 세우는 것도 전적으로 옳다고 보았다. 게다가 물론 군대에 표식을 남기는 문제로 말할 것 같으면 그녀에게는 나름의 독특한 해결 방안이 있었다. 지난번 쿠노벨리누스의 아들 카라타쿠스가 쇠사슬에 묶여 클라우디우스 앞으로 끌려왔을 때도 아그리피나는 독수리 깃발 아래에 위치한 남편의 옥좌에 나란히 앉는, 로마 역사에서 '전례 없는'[2] 일을 했었다. 따라서 이번에도 그녀는 아버지 게르마니쿠스가 영웅적 공훈을 펼친 곳이자 자신이 태어나 어린 시절을 보낸 곳이기도 하여 지속적으로 관심을 갖고 있던 게르마니아의 수도를 콜로니아 아그리피넨시스로 승격시키고, 우비족 영토에 세워진 아우구스투스 제단도 아그리피나 제단으로 개명했다. 지금의 쾰른이 된 곳이다. 그렇기는 하지만 네로의 치세가 시작되고 나서 첫 몇 달 동안 아그리피나의 관심이 집중된 곳은 북쪽 국경 지대가 아닌, 로마 예속 왕을 자신들의 꼭두각시 왕으로 교체하려는 파르티아의 시도가 분 주히 진행되고 있던 아르메니아였다. 그녀는 바로 이 아르메니아 위기 를, 자신이 주도권을 쥐고 대처하려는 결의를 다졌다. 그러니 물론 아르 메니아 사절단이 로마에 왔을 때도 아들과 나란히 앉아서 그들을 맞는 게 당연하다고 여겼다. 학자적 기질을 가진데다 호흡기 문제로 평생 고 생한 탓에 로마인의 상무적 전통에 대한 존경심이 유난히 깊었던 세네 카조차 그 관점에는 기겁을 했다. 결국 그는 최소한의 로마 상궤는 지켜 져야 한다는 생각에, 네로에게 자리에서 일어나 아래로 내려가 어머니 를 맞아 한쪽으로 데려가도록 했다. 그렇게 해서 추문을 비켜 갔다.

"너를 황제로 만들어준 사람은 나다."[3] 아그리피나는 아들에게 자나 깨나 이 말을 상기시켰다. 네로도 이제 겨우 열여섯 살인데다 부모에 대 한 복종의 습성을 갖도록 교육받은 로마의 아이이다 보니, 싫어도 어머 니의 말을 듣고 있는 수밖에 없었다. 이런 결과로 나라에는 전에 보지 못한 새로운 현상들이 생겨났다. 네로가 발행한 주화만 해도 마치 협치 를 찬양하듯 서로를 바라보는 모습의 모자 측면상이 새겨졌고, 비문에 도 아버지의 혈통뿐 아니라 어머니의 혈통도 포함되었다. 그래도 한계 를 정할 필요는 있었다. 어쨌거나 그는 세계의 지배자였으므로. 따라서 어머니 치마폭에 싸여서 지내는 것처럼 보일 수는 없었다. 결국 세네카 에게 유능한 상담역 기질이 있음을 간파할 정도로 총명했던 네로는, 황제가 된 뒤에도 계속 옛 스승의 제자로 남기로 했다. 이리하여 아르메니아의 위기에 강력히 대처하라는 세네카의 충고대로 동방 전선의 병력을 증강하고, 게르마니아 전선에서 복무 중이던 노련한 장군(코르불로)도 불러들여 아르메니아 사태를 해결하도록 하자, 과연 오래지 않아 파르티아가 협상을 간청해왔다. 네로는 로마 국내에서도 덕망 있는 군주의 본보기 역할을 매우 침착하게 해냈다. 금과 은으로 그의 조상을 건립하자는 원로원의 제의도 점잖게 거절했고, 클라우디우스의 평판을 더럽힌 반역죄 재판의 종식을 선언했으며, 실제로 그 약속을 지켰다. 한번은 사형 집행 명령서에 서명해달라는 요청을 받자 글 쓰는 법을 배운 것이 통탄스럽다고 과장스레 한숨을 내쉰 적도 있었다. 자신은 "관대하고 자비로우며 친절하게 행동할 기회를 앞으로는 결코 놓치지 않겠노라"라는 말도 했다.

문제는 황실의 수면 아래에 잠복한 파벌이 그 속성상 언제나 새로운 투쟁의 장을 찾는 버릇이 있었다는 것이었다. 아니나 다를까 이번에도 젊은 황제를 세상에 내다 파는 방식을 두고 아그리피나와 세네카가 점입가경의 경쟁을 벌였다. 강력하지만 상반되는 네로의 이미지 두 가지가 세상에 팔리게 된 것이다. 게르마니쿠스의 딸이자 아우구스타인 어머니 없이는 아무것도 아닌 존재였을 효자 아들의 이미지가 하나, 다른 하나는 나이에 비해 총명하고 '자손을 돌보는 일에는 언제나 자제심을 발휘하는'⁵ 민족의 아버지라는 이미지였다. 네로도 물론 자신이, 남이 골라준 옷으로 몸을 감싸고 있는 인형과 다를 바 없는 존재임을 알고 있었다. 하지만 그렇다고 해서 그 모욕을 쉽게 걷어찰 수도 없었다. 아그리피나의 협력자들이 도처에 깔려 있는데다, 그녀의 조상이 그의 정통성에 부여해준 광휘 또한 가치를 매길 수 없을 만큼 귀중했기 때문이다. 세네카는 세네카대로 누구보다 로마의 기득권층이 높이 평가하는 전통으로 단련되어, 황제의 요구에 맞게 그것을 구체화하는 탁월한 능력을 지녔기에 간단히 내칠 수 없었다. 요컨대 기반이 허약한 그로서는 아직은 그런 시도를 할 때가 아니었다.

하지만 어머니와 스승에게 진저리를 낼수록 자신의 힘을 과시하고 싶은 네로의 열망은 커져만 갔다. 기회도 널려 있었다. 새 부인을 찾는 것도 그중 하나였다. 아그리피나의 강요로 맺어진 옥타비아와의 결혼 생활을 끝내고, 고상하고 정숙한 그녀보다 자신의 입맛에 더 맞는 다른 여자를 찾아 나선 것이다. 그리하여 이윽고 그가 노예 출신의 클라우디아 아크테를 새 부인의 적임자로 내세우자 아그리피나는 예상대로 노발대발했다. "하녀를 며느리로 삼겠다고?"[6] 그녀로서는 참을 수 없는 일이었다. 하지만 네로도 포기하지 않고 스승 세네카에게 도움을 청했고, 세네카도 기다렸다는 듯이 그의 동료 한 사람으로 하여금 아크테와 네로의 중매인 역할을 하도록 했다. 그러나 세네카도 나름의 도전에 직면해 있었다. 책임감의 본보기로 열심히 홍보하고 있던 젊은 제자 네로가 스승의 엄격한 이상에 맞는 일을 하며 시간 보내기를 점점 따분해 하며 기분 풀이를 하려 했기 때문이다. 네로의 이 욕구는, 현란한 행동을 좋아하고 행진할 때면 참모들에게 군용 망토 입히는 취향으로 네로와 죽이 맞은 젊은 탕아, 마르쿠스 살비우스 오토가 강하게 부추겼다. 세네카와 달리 오토는 황제의 의무에 대해 잔소리를 하지도 않았고, 세네카와 달리 로마에서 가장 지저분하고 악에 찌든 지역에도 빠삭했다. 그에 따르면 도시의 거리들에서는 철학책에 없는, 완전히 새로운 차원의 경험과 기회가 발견되기를 기다린다는 것이었다. 그러니 '기상천외한 것을 좋아하는'[7] 네로와 같은 젊은이라면 누구라도 짜릿한 기대감을 품을 만했다. 그에 따라 '네로의 계획과 비밀을 함께 나누는'[8] 대상은 세네카도 아니고 아그리피나는 더더욱 아닌, 오토와 같은 친구들로 바뀌었다.

하지만 그럼에도 젊은 황제 정부의 핵심에는 그의 즉위 때부터 내내 존재한, 권력의 외양과 실체 사이의 기분 나쁜 긴장감이 계속 감돌고 있었다. 네로는 아그리피나가 밤낮으로 주입한 학습 효과로 어머니의 권모술수가 없었다면 자신이 세계의 지배자가 될 수 없었다는 사실을 알았다. 더불어 그만이 유일한 황제 후보자가 아니었다는 사실도 인식했다. 그러다 보니 브리타니쿠스가 존재하는 한 자신은 반드시 필요한 존재가 아니라는 생각이 뇌리를 떠나지 않았다. 그가 그 점을 뚜렷이 자각하게 한 일도 있었다. 즉위 뒤 처음 개최한 사투르날리아 축연 때 노래를 부르라는 그의 명령에 브리타니쿠스가 자리에서 일어나, 아버지의 집에서 쫓겨나고 권력에서 추방된 자신의 처지를 암시하는 듯한 시를 구슬프게 읊조린 것이다. 아그리피나도 그 무렵에는 아들을 훼방 놓기로 작정한 상태여서 브리타니쿠스의 계승권을 들먹이며 협박하기를 주저하지 않았다. 네로가 그녀의 수하인 팔라티노 구릉의 금고지기, 팔라스를 면직시키자 그녀는 악에 받쳐 이렇게 고함을 쳤다. "브리타니쿠스를 데리고 근위대로 가겠다! 병사들도 게르마니쿠스의 딸인 내 말에는 귀를 기울일 게야!"[9] 치명적 위협이었고, 네로도 그 사실을 알았다. 평생을 그래왔듯 아그리피나는 이제 심지어 친아들과의 싸움에서도 이기기 위해 빈틈없이 행동했다.

봉변을 당한 네로는 가장 손쉬운 방법으로 쓰라린 분노를 폭발시켰다. 의붓동생을 되풀이하여 성폭행한 것이다. 로마에서는 강간이 경쟁자보다 우위에 있음을 신체적으로 가장 잔인하게 주장하는 방식이었다. 그런데 네로의 경우 그것은 무기력함의 표현이기도 했다. 아무래도 어머니가 이긴 것 같았기 때문이다. 그리하여 기원후 55년 중엽, 네로가 브리타니쿠스와 옥타비아도 참석한 연회에 아그리피나를 초청했을 때에도 아우구스투스가의 주도권을 누가 쥐고 있는지는 자명해 보였다. 그런데 식사 도중에 브리타니쿠스가 갑자기 질식하기 시작했다. 눈동자도 튀어나오고 숨도 헐떡거렸다. 주위에 있던 사람들, 연회에 초대된 손님들 모두 소스라치게 놀라 자리에서 일어서는데 네로만 유독 안락의자에 태평스레 누워 그 광경을 지켜보았다. 그러고는 "간질이군"이라고 차갑게 중얼거리며 건너편의 어머니를 흘끗 쳐다보았다. 아그리피나는 공포감이 겉으로 드러나지 않도록 사력을 다해 굳은 표정으로 앉아 있었다. 옥타비아도 마찬가지였다. 흉하게 변색된 피부를 가리기 위해 흰색 칠이 된 브리타니쿠스의 시신은 그날 밤 바로 팔라티노 구릉 밖으로 옮겨졌다.[10] 포룸을 가로질러 갈 때 비가 내리기 시작해, 시신에 발라놓았던 가루가 씻겨 내려갔다. 하지만 세찬 비도 캄푸스 마르티우스 평원에서 화장용 장작 더미에 불 붙이는 것을 막지는 못했다. 이리하여 브리타니쿠스의 시신은 빗속에서 서둘러 화장되고 그 유골은 아우구스투스 영묘에 묻혔다. 브리타니쿠스의 죽음으로 로마의 모든 가문을 통틀어 가장 강력한 가문이던 클라우디우스가도 함께 죽었다. '먼지 나는 재와 창백한 그림자'[1]만을 남긴 채.

브리타니쿠스의 계승권을 박탈하기 위해 갖은 모략을 썼던 아그리피나도 그 무렵에는 가식이 아닌 진심으로 그의 죽음을 애통해 했다. 네로의 주장대로 그가 간질로 죽었든, 아니면 그보다 악독한 다른 방식으로 죽었든, 어차피 그녀에게 결과는 똑같았기 때문이다. 팔라티노 구릉에는 이제 준비된 계승자는 없는 것이고, 그에 따라 그녀가 네로를 확고하게 장악할 전망도 사실상 사라진 셈이었다. 네로도 오래지 않아 그 점을 분명히 하는 조치를 취했다. 공손하지만 단호하게, 황제의 저택에서 나가 이웃한 친정어머니의 옛 별장으로 거처를 옮기라는 전갈을 그녀에게 보낸 것이다. 호위병도 없애고 주화에 새겨진 아그리피나의 얼굴도 지우게 했다. 그러자 그녀의 집도 더는 호의를 바라고 몰려드는 사람들로 문전성시를 이루지 않게 되었다. 로마와 같은 도시에서는 그런 세태야 말로 집안에 화가 미쳤음을 보여주는 확실한 징표였다. 민감한 사람들의 코에는 피의 향내도 느껴졌다. 아그리피나는 적이 많았고, 그들 모두 그녀의 몰락을 몹시도 원했기 때문이다. 그중에서도 특히 도드라졌던 인물이, 어린 네로의 환심을 사기 위해 아그리피나와 다투었고, 클라우디우스가 죽기 전 중범죄 혐의로 처형된 도미티아 레피다의 자매인 도미티아였다. 도미티아 레피다의 사건 곳곳에 아그리피나의 지문이 찍혀 있었기 때문에 그녀는 이글거리는 복수심으로 앙갚음하려는 것이었다. 이를 위해 그녀는 자신이 보유한 해방노예들 중 하나로, 네로도 극찬해 마지않았던 배우 파리스를 첩자로 고용했다. 그리하여 야음을 틈타 팔라티노 구릉에 도착한 파리스는 황제의 처소로 안내되자, 아그리피나를 모함하는 갖가지 충격적인 죄과를 폭로했다. 아그리피나가 티베리우스의 증손자이자 네로의 사촌인 루벨리우스 플라우투스의 연인이고 그와 결혼하려 한다는 것, 그리하여 네로를 몰아내고 그를 권좌에 앉혀 세계의 지배자로 만들려는 음모를 꾸미고 있다는 내용이었다. 그 말을 듣자 네로는 과음에서 비롯된 행위를 넘어서는 과대망상 증세까지 보이며 전면적 공황 상태에 빠졌다. 그는 세네카와 부루스에게 즉시 소환 통지를 보냈다. 둘 중에 세네카가 먼저 도착했는데, 한 기록물에 따르면 아그리피나의 앞잡이인 근위대장을 해고하겠다는 말까지 격하게 쏟아냈다고 한다. 하지만 그럴 경우 근위대가 어떤 반응을 보일지는 고주망태가 된 네로도 술이 확 깰 만큼 자명했기 때문에 부루스가 팔라티노 구릉에 도착할 즈음에는 그도 자신의 입방정을 후회했다. 그러나 한 가지 생각만은 변함이 없었다. 어머니의 이간질을 영원히 종식시켜야겠다는 것이었다. 결국 그는 부루스에게 더는 노골적일 수도, 더는 충격적일 수도 없는 명령, 곧 아그리피나 살해 명령을 내렸다.

그러나 황제도 지켜야 하는 선은 있는 법. 부루스는 술김에 한 말이니 아침이면 생각이 달라질 거라고 네로에게 대놓고 말했다. 천성이 솔직했던 그가 게르마니쿠스의 딸에 대한 근위대 병사들의 충성심이 여전히 높을 거라는 확신으로 한 말이었다. 아그리피나를 제거하려 한 기도는 그 일을 떠맡은 사람들에게도 심각한 역반응을 불러왔다. 세네카와 부루스가 돌연 아그리피나 없이는 자신들도 바람 앞의 등불이 되리라는 사실을 깨달은 것이다. 그러니 그들로서는 흥하든 망하든 아우구스타와 운명을 같이할 수밖에 없었다. 결국 이전 후원자에 대한 두 사람의 조사는 엉성하게 진행되고 삼인방 체제(아그리피나, 세네카, 부루스)도 은밀히 봉합되었다. 네로도 조사 결과에 이의를 제기하지 않고 전략적으로 후퇴하는 편을 택했다. 이렇게 해서 아그리피나는 자신에게 씌워진 혐의를 말끔히 벗었을 뿐 아니라 잃었던 자리를 되찾을 기회도 얻었다. 반면에 도미티아는 파리스에 대한 보호권을 상실함으로써 공적으로 불명예를 당했고, 아그리피나를 고발한 여타 사람들도 추방되었다. 이 일로 지위가 승격된 사람들은 아그리피나 파벌뿐이었다. 팔라티노 구릉의 힘의 균형이 수시로 바뀌는 데 익숙한 사람에게는 이 일의 실체가 더할 수 없이 자명했다. 네로가 힘에 밀려 양보했고, 황제인 네로가 가진 힘의 한계가 여실히 드러났다는 것이 그것이다.

"권력에는 여러 종류가 있습니다. 동포 시민들을 통치하는 프린켑스의 권력도 있고, 자식들을 훈육하는 아버지의 권력도 있으며, 학생들을 가르치는 교사의 권력도 있고, 병사들을 지휘하는 군 지도자의 권력도 있습니다."[12] 세네카가 즉위 첫해를 격랑 속에서 보낸 네로에게 해준 말이었다. '프린켑스'라는 말이 이제는 틀린 용어가 되고 네로의 권력도 왕의 권력과 흡사해졌음을 알면서도 모르는 척 그런 말을 한 것이다. 세네카는 그 무렵까지도, 지휘권을 가진 사람에게 복종하고 가정과 군단의 엄격한 규율을 찬양하며 의무를 존중하는 로마의 초기 전통에 의거해 권력을 행사해야 한다는 믿음을 지니고 있었다. 아우구스투스가 승인하고 티베리우스와 클라우디우스가 따른 덕목을 숭상한 것이다. 하지만 그러는 동안 극장, 경기장에서 열리는 투기 대회, 연극, 행렬, 축제,

전차 경주로 복잡다단해진 수도 로마에서는 매우 색다른 종류의 권력이 내뿜는 도취성 향내가 어른거리고 있었다. 전해지기로 세네카는 네로를 처음 소개받은 다음 날 밤에 칼리굴라를 가르치는 꿈을 꾸었다고 하는데, 어쩌면 그 꿈이 네로의 앞날을 예언한 것일 수도 있었다. 대중의 사랑을 받는 것, 그들의 열정에 영합하는 것, 그들의 상상을 뛰어넘는 오락으로 그들의 환심을 사는 정책을 죽기 살기로 시행한 삼촌의 판박이가 되리라는 것 말이다.

칼리굴라를 향한 로마 엘리트들의 악의에 찬 증오감은 그가 피살된 지 15년이 지났는데도 사그라들지 않고 남아 있었다. 특히 아그리피나에게는 그가 네로의 역할 모델로 제시되는 것이 극도로 소름 끼치는 일이었다. 세네카도 마찬가지였다. 칼리굴라는 세네카를 진부함을 파는 행상인이라고 그의 문체를 모욕했을 뿐 아니라 그를 처형할 생각까지 했었다. 반면에 네로의 주변에는 칼리굴라에게 좀 더 애정 어린 추억을 간직한 사람들도 있었다. 칼리굴라가 좋아한 환락의 고수이자, 가문의 내력인 아부 근성으로 새 황제 네로의 호의를 사는 데에도 성공한 아울루스 비텔리우스도 그중 하나였다. 그는 전차 경기에 참가하고 그 증거로 절름발이까지 되었으니, 매혹을 좋아하는 네로의 취향에 딱 맞아떨어지는 인물이었다. 네로가, 팔라티노 구릉에서 보면 테베레 강의 건너편, 로마에서 제일 높은 오벨리스크가 세워진 곳에 칼리굴라가 착공만하고 완성하지 못해 방치되어 있던 사설 경주로를 공식 경기장으로 개축할 생각을 한 것도 단짝 비텔리우스와 오토의 꼬드김 때문이었다. 그삼촌에 그 조카였던 것이다. 네로에게는 장관, 배짱, 로마인들의 동의만 중요했지, 근엄한 표정의 보수주의자들 견해는 대수로울 게 없었다.

하지만 아직은 꿈이 소심함을 눌러 이기지 못했다. 세네카가 자신의 제자가 전차 기수가 되는 것은 물론, 경기장에 관심을 드러내는 것 자체에도 소스라치게 놀라며 그의 열정을 저지하려 한 끝에 두 사람이 합의를 보았기 때문이다. 그의 할아버지도 전차 모는 기술로 유명했고, 그의 아버지 또한 아피아 가도를 질주하다 어린아이를 들이받는 사고를 냈을 만큼 전차를 좋아했지만, 네로는 남몰래 연습하는 데 만족하기로 했다. 하지만 전차 경기가 중요한 일을 하다 잠시 머리 식히는 하찮은 오락이지 황제에게 어울리지 않는 취미 생활이라는 관점은 받아들이지 않았다. 그는 세네카에게 전차 경기는 고대 왕들도 즐기고 시인들도 시로 찬양하고 신들도 좋아하던 오락이라고 주장했다. 곰팡내 나는 원로원 의원이 뭐라고 하든 그가 볼 때 황제가 전차 기수가 되는 것은 로마의 위엄을 실추시키는 행위가 아니었다. 아니, 오히려 그 반대였다. 시대가 변한 것이다. 간단히 말해 네로가 가진 것과 같은 카리스마의 불길을 덮는 것은 무의미했다. 누구도 태양을 가릴 수는 없었다.

아우구스투스도 겉으로는 로마의 일개 정무관인 척 가식을 떨었지만 세계 지배자의 의미를 암암리에 알리는 행동을 했다. 자기 어머니가 뱀에 의해 수태되었다는 소문을 흘리고, 결혼 축하연 때는 아폴로로 분장하며, 팔라티노 구릉의 아폴로 신전에 세워진 도서관에 신의 모습을 한 자신의 조상을 세우는 데 찬성한 것도 그래서였다. 신의 특징은 많았다. 포룸에서 팔라티노 구릉으로 올라가면 아우구스투스가 세운 거대한 개선문을 능가하는, 저 유명한 태양신 전차를 모는 아폴로 조각물도 도로 위로 모습을 드러냈고, 구릉에서 내처 정상으로 올라가 아폴로 신전으로 들어서면 키타라(칠현금, 수금)를 손에 든 전문 악사 차림을 한, 완전히 색다른 모습의 아폴로 신이 성소에서 사람들을 기다렸다. 하지만 아우구스투스는 홍보를 하더라도 로마인들이 어떤 반응을 보일지 신경 써서 암시만 하는 데 그친 반면, 네로는 주체하기 힘든 자신의 객기를 보란 듯이 과시하려 했다. 칼리굴라가 축조한 경주로를 완성하는 것은 물론, 배우기 어렵다고 알려진 수금 연주법까지 통달해 자작곡을 직접 부르려고까지 한 것이다. 그리하여 또 밤낮으로 수금 연주 연습을 하거나 목소리 가다듬는 데 한 세월을 보냈다. 가장 아름답고 가장 소름 끼치는 아폴로 신의 특징인 광명과 음악은 젊은 황제에게도 어울린다는 듯이 말이다. 이리하여 세네카의 주장처럼 초인적 기술을 연마해 로마인들에게 실력을 보여주면, 자신이 전차 기수와 수금 연주자가 된다 해도 망신당하지 않고 로마의 황금기를 선언하는 데 도움이 될 것이라는 듯이.

하지만 그런 일은 미래의 희망 사항일 뿐, 아직은 그의 행동이 기행에 지나지 않았다. 아직 십대도 벗어나지 못한 네로가 자신에게는 세계를 감탄시킬 수 있는 역량이 있음을 알고, 그래서 그것을 보여주려고 발버둥치는 철부지 행동을 하는 것처럼 말이다. 쭈글쭈글하고 앙상한 손가락을 가진 원로원 의원들의 심술궂은 방해, 팔라티노 구릉 파벌들의 등락을 거듭하는 권력 다툼, 근위대의 불확실한 충성, 이 모든 요소가 젊은 황제의 의욕을 꺾는 걸림돌로 작용했다. 하지만 그럼에도 권력에 익숙해질수록 권력으로 얻을 수 있는 것들을 추구하려는 그의 의지는 커져만 갔다. 과연 네로는 그의 나이 열아홉 살이 된 기원후 57년, 캄푸스 마르티우스에 새 원형극장을 개관했다. '로마에서 가장 큰 낙엽송'[13]을 잘라 들보를 올리고, 건물을 세운 인물의 야망에 걸맞은 규모로 1년 안에 완공한 목재 원형극장이었다. 하지만 거대한 공간이었는데도 네로는 검투사 시합처럼 피 뿌리는 저속한 오락에는 흥미를 느끼지 못했다. 그리하여 코끼리 엄니들에 걸어 경기장에 쳐놓은 금선 그물로 극장 자체를 예술적 섬세함으로 꾸미는 것처럼, 현실과 환상의 경계가 허물어지는 것에 매료되는 네로의 취향이 반영된 오락이 또 만들어졌다. 관중석을 가득 메운 사람들을 비정상적 욕망으로 생겨난 괴물, 밀랍 날개를 매단 인간들이 하늘을 나는 저 태곳적 세계로 안내하는 공연물을 만든 것이다. 관중의 재미를 높이기 위해 목재로 된 어린 암소 안에 여자를 가둬놓고 그 위에 황소를 올라타게 하거나, 경기장 위에 높이 매달린 연기자를 아래로 떨어뜨리는 일도 불사했다. 신화라면 응당 비명이 들리고 공포와 살육의 냄새가 진동하는 스릴 넘치는 극이어야 했으므로. 그러다 한번은 연기자가 태양에 지나치게 가까이 날아갔다가 밀랍 날개가 녹는 바람에 바닥으로 떨어져, 네로에게 그의 피가 튄 적도 있었다(네로는 그리스 신화 속 인물 이카로스를 극화한 것이다 — 옮긴이).

클라우디우스의 예로도 입증되었듯, 황제에게 통찰력과 돈만 있으면 못할 것이 없었다. 네로 역시 창의력을 중시했고 그의 전임자 못지않게 공학적 위업에도 관심이 많았다. 그리하여 이번에 그가 벌인 일은 신축된 오스티아 항의 부두와 방파제에 기술자들을 투입, 항구를 증축한 것이었다.[14] 그리고는 항구 완공의 공을 전적으로 자신에게 돌렸다. 하지만 바다를 자신의 뜻에 굴복시킨 것도 그의 야망을 채우기에는 부족했다. 그리하여 그 후속타로 또 "그간 로마인들이 보았던 모든 것을 무색하게 만드는, 전무후무한 장관을 만들어냈다!"[15] 닳고 닳은 로마인들조차 그가 만들어낸 장관에는, 이를 연출한 사람들이 이룩한 경이로운 업적에 대한 자발적이고 당연한 반응으로 열렬한 기쁨을 표출했다. 오스티아에서 캄푸스 마르티우스의 원형극장으로 바닷물을 끌어들여 수십 년 전 아우구스투스가 재연한 살라미스 해전을 재공연했으니 그럴 만도 했을 것이다. 푸테올리나 바이아이에서 아이디어를 빌려왔을 법한, 심해의 괴물들이 오가는 수면 위로 전투 갤리선들이 노를 저으며 미끄러져 가는 장면에 관중은 할 말을 잃었다. 실제로 이번 모의 해전에는 나폴리 만 사람들도 보지 못했을 각종 신기술이 도입되었다. 난파된 배처럼 '부서지는 듯하다가 야생 동물들을 놓아준 뒤에는 새 배처럼 말끔하게 재조립된'[16] 기계식 요트가 특히 압권이었다. 네로도 그 모습에 감탄을 금치 못했다.

그러나 아그리피나에게는 그 장면이 진기묘기와 오락에만 흥청망청 돈을 쓰는 아들의 취향이 확인된 것이었으니 감탄스러울 리 없었다. 그녀는 재산을 잃어본 사람이라 돈의 귀중함을 알았다. 따라서 무절제한 소비를 어리석고 위험한 일로 보았다. 네로가 자신의 해방노예들 중 한 명에게 거액의 보너스를 지급했을 때도 그녀는 그 돈을 아들 앞에 쌓아올리게 해 그가 낭비한 부를 두 눈으로 직접 보게 했다. 하지만 네로도 어머니의 말을 귓등으로도 안 듣고 "내가 그렇게 구두쇠인 줄 몰랐네"[17]라면서, 즉시 보너스를 곱절로 올려 지급했다. 그는 나이가 들어

갈수록 어머니의 끝없는 잔소리를 점점 더 지겨워했다. 의무, 책임, 치국책에 대한 요구에 중압감을 느끼고 괴로워했다. 하지만 부글부글 속을 끓이면서도 그런 요구를 걷어차지는 못했다. 그런 것들과 결혼한 처지에 그럴 수는 없었다. 착실하고 금욕적인 아내 옥타비아의 존재도 그가 어머니에게 빚진 모든 것을 떠올리게 하는, 살아 있는 표본이었다. 네로가 그녀를 탐탁지 않아 하는 것과는 반대로 고부 사이가 좋은 점도 두 사람에 대한 그의 노여움을 격화시키는 역할만 했다. 아내를 좋아하는 천성을 가진 그는 사랑 없는 결혼에 몹시 분개했다. 그러다 보니 아크테에게만 애정을 쏟고 애지중지하며 그녀를 엄청난 부자로 만들어주었다. 하지만 아무리 좋아도 노예 출신인 그녀와 결혼을 할 수는 없었다. 그러던 중 기원후 58년 네로는 또다시 사랑에 빠졌다. 이번에 그가 애정을 쏟은 대상은 전혀 다른 계급의 여자였다. 메살리나가 자살로 내몰았던 포파이아 사비나가 낳은 동명의 딸로, 아름답고 지적이고 품위까지 겸비한 소 포파이아 사비나가 그 주인공이었다. 그런 자질보다 중요했던 점은 그녀가 집정관을 지낸 인물의 손녀였다는 것이다. 옥타비아의 혈통에는 한참 못 미쳤지만 그래도 하찮은 가문 출신은 아니었고, 그러니 네로도 그녀와의 결혼을 고려할 만했던 것이다.

물론 그녀와 결혼하려면 그에 앞서 해결해야 할 난제들이 있었다. 그중 첫 번째 문제는 극복하기가 가장 어려웠다. 포파이아가 네로의 단짝인 오토의 아내였기 때문이다. 황제의 연애 편력이 낱낱이 까발려지는 로마 거리에서도 포파이아가 외간 남자와 바람난 정황을 두고 사람들 사이에 의견이 분분했다. 오토가 아내의 성적 매력을 너무 자주 들먹였던 것은 아닐까? 오토가 포파이아와 결혼한 것이, 네로가 옥타비아 몰래 바람피우기 쉽도록 하기 위한 작전은 아니었을까? 이런 소문이 사실인지는 모르겠으나, 여하튼 분명한 것은 기원후 58년이 되었을 무렵에 네로가 포파이아를 독차지할 결심을 굳혔다는 것이다. 친구 오토의 처리 문제에 대해서는, 죽일지 세계의 끝으로 쫓아버릴지를 놓고 고민하다가 자비를 베풀기로 결정하고, 대서양 쪽에 붙은 히스파니아의 속주 루시타니아의 총독으로 임명해 로마를 떠나게 했다. 네로의 진정한 친구였든 아니든, 이로써 포파이아 남편의 유용성은 끝이 났다. 게다가 네로는 무슨 일이든 비밀에 부치는 유형이 아니었다. 따라서 자신의 열애도 과시하고 싶어 했다. 이리하여 포파이아와의 염문도 만천하에 공개되었다.

물론 네로는 그 염문이 야기하는 추문도 간단히 무시할 수 있었다. 그런데 알고 보니 포파이아도 남편 못지않았다. 그녀는 자신을 '거만한 창녀'[18]라고 비방하는 사람들의 시기 어린 증오심을, 황제의 사랑을 얻은 데 대해 자신이 마땅히 치러야 하는 대가로 여겼다. 매력적인 것만큼 야망도 컸던 포파이아의 이런 빛나는 카리스마야말로 네로가 여성에게 가장 높이 사는 모든 자질의 본보기였다. 금발도 아니고 흑발도 아닌 머리칼 색깔조차 포파이아를 매혹적인 여자로 돋보이게 했다. 그리하여 네로가 '호박색'[19]이라며 찬양한 그 머리칼 색은 이윽고 도시의 유행 추종자들에게 하나의 트렌드가 되었다. 한편 포파이아의 이런 매력과 상반되게 옥타비아의 위치는 갈수록 추락하는 듯했다. 아그리피나의 전망도 어둡기는 마찬가지였다. 항간에는, 네로를 장악하기 힘들어지자 아그리피나가 이판사판으로 행했다고 하는 일과 관련된 충격적인 소문까지 떠돌아다녔다. 포파이아와 네로 사이를 갈라놓기 위해 그녀가 직접 아들을 유혹하려 했다는 둥, 창녀처럼 화장하고 창녀 옷차림을 한 채 술 취한 아들에게 접근했다는 둥, 세네카마저 아그리피나의 행동이 걱정된 나머지 아크테를 네로에게 보내 그의 평판이 나빠질 수 있다는 경고를 했다는 둥의 이야기였다. 반면에 아그리피나에게 먼저 접근한 사람은 그녀가 아닌 네로였다는, 그와 상반된 주장을 펴는 사람들도 있었다. 이 소문들 중 어느 것이 진실인지는 알 길이 없었다. 하지만 진실을 알 수 없다는 점이야말로 근친상간의 소문에 몸 달아 하는 로마인들에게 흥미로움을 고조시키는 요소였다.

소문의 근원을 밝히는 것이 불가능하지는 않았다. 아그리피나가 그녀의 적들에게조차 강철 같은 자제심으로 존경받는 여자였던 반면, 네로는 사람들에게 충격 주기를 좋아하는 사람이었으니 말이다. 네로가 아그리피나를 쏙 빼닮은 정부를 곁에 두고서 '그녀를 애무하거나 그녀의 매력을 과시할 때면 언제나 그녀는 나의 어머니라고 말한다'[20]는 내용의 소문도 돌았다. 물론 해괴망측한 소문이었지만, 여론의 추이를 살피기 위해 네로가 일부러 꾸민 일로도 생각될 만했다. 네로가 범상한 인간들에게 맞춰진 한계를 의도적으로 깸으로써, 자신이 할 수 있는 일의 한계를 시험해보기 위해 계획한 일로 볼 수도 있다는 말이다. 그래놓고는 치명적 금기를 깨는 것이 어떤 느낌인지를 자문해보았을 것이다.

아그리피나는 오래전 네로가 태어났을 때 점성술사에게 별점을 쳐, 아들이 장차 세계를 지배할 것이며 어머니를 살해할 것이라는 두 가지

점괘를 얻었다. 그런데 전해지기로는 이 말을 듣고도 그녀는 "집권만 하면 그 아이가 나를 죽여도 좋다"[21]라고 대꾸했다는 것이다. 이게 사실일까? 만일 사실이라면 악화된 모자 관계로 볼 때 그때의 점괘를 떠올렸을 법하다. 하지만 기원후 59년 초에는 이들 모자 관계의 긴장이 표면적으로는 완화된 듯이 보였다. 네로가 과시적인 호의의 표시로 휴가를 함께 보내자며 어머니를 바이아이로 초대한 것이다. 그리하여 3월 중순 아그리피나가 21년 전 네로가 태어났던 장소인 로마 남쪽의 안티움(지금의 안치오)에서 배를 타고 바이아이에 도착하자, 그는 어머니를 친히 맞아 원래 호르텐시우스 호르탈루스의 호화 저택이었던 그녀의 별장까지 바래다주었다. 그런 다음에는 선창으로 안내해 화려한 의장을 갖춘 뱃놀이용 배도 선사했다. 이날 저녁 아그리피나가 가마를 타고 바이아이의 북쪽 해안을 따라 네로가 머물던 곳까지 왔을 때는 극도의 다정함을 보이며 자기 옆자리인 상석에 그녀를 앉히고 이른 저녁 시간까지 담소를 나누었다. 그럭저럭하는 사이, 바이아이 만에 밤이 살포시 내려앉았다. 아그리피나가 가마를 타고 돌아가기에는 날이 너무 어두웠고, 그러자 네로는 밖에 선물로 준 배가 있으니 그것을 타고 가라며 계류장까지 그녀를 직접 안내했다. 그러고는 그곳에서 어머니를 껴안고 키스하며 "어머니가 살아 계시매, 제가 집권하는 것입니다"[22]라고 그녀의 귀에 대고 속삭였다. 이 말을 하며 그는 오래도록 어머니의 눈을 바라보았다. 그런 다음 작별을 고하자, 요트는 계류장을 빠져나가 밤바다 속으로 사라졌다. 머리 위로는 은색 별빛이 쏟아지고 해안가에 걸린 등불들이 '세상에서 가장 아름다운'[23] 바이아이 만의 만곡부를 환히 비추는 가운데

노가 물살을 헤치는 소리, 목재 삐그덕거리는 소리, 갑판에 있는 사람들의 소곤거림만 들릴 뿐, 바다는 고요하기만 했다.

그 순간 배의 천장이 갑자기 내려앉았다. 아그리피나는 의자 양옆에 있는 돌출된 부분 덕에 간신히 깔려죽는 것을 면했다. 그런데 이후 몇 분간 물위를 한가롭게 떠다니던 배가 심하게 요동치더니 기울기 시작해, 이번에는 아그리피나도 물에 빠졌다. 그녀 곁에서 허우적대던 한 친구는 어떻게든 살고 보려고 "내가 아그리피나야!"라고 미친 듯이 소리를 지르다, 그러기 무섭게 날아든 노와 막대기 세례를 받고 죽었다. 한편 아그리피나는 최대한 소리 내지 않고 조용히 헤엄을 쳐서 이제는 죽음의 덫이 된 해역으로부터 벗어나는 데 성공했다.[24] 헤엄치는 도중에 어부들을 만나 그들의 배로 해안가까지 온 다음, 거기서부터는 오들오들 떨며 피투성이가 된 몸으로 혼자 비틀거리며 별장으로 걸어 돌아왔다. 그 사건의 배후에 누가 있는지는 보나마나 뻔했다. 하지만 자신이 구석에 몰렸음을 뼈저리게 의식한 그녀로서는 알아도 모르는 척 네로에게 사건의 전말을 전언으로 알리는 수밖에 없었다. 그런 다음에야 그녀는 몸에 난 상처를 돌보았다.

그러는 사이 밖에는 이른 아침의 어둠을 밝혀주는 등불에 싸여 사람들이 해안가로 몰려왔다. 그들은 처음에는 바이아이 만이 떠나가라 통곡과 기도를 했다. 그러다 아그리피나가 살아 있다는 소식이 들리자 별장 주위에 모여 생존을 축하할 채비를 했다. 그때 별안간 말발굽 소리가 들리더니 병사들이 도로를 질주해 왔다. 별장에 도착한 병사들은 밖에 있던 군중을 거칠게 해산하더니 집을 포위하고 안으로 밀고 들어갔다.

들어가 보니 황제의 어머니는 불빛 희미한 방에서 한 노예의 시중을 받고 있었다. 병사들을 본 아그리피나가 용감하게 맞서며 네로가 자신을 살해하려 할 리 없다고 우기자, 한 병사가 곤봉으로 그녀의 머리를 내리쳐 침묵시켰다. 아그리피나는 가물가물하지만 아직은 살아 있는 의식으로 백인대장이 칼 빼드는 모습을 쳐다보았다. 하지만 이번에는 저항하지 않고 게르마니쿠스의 딸이자 수많은 영웅을 배출한 혈통의 자손답게 죽으리라 결심했다. 아그리피나는 자궁을 가리키며 "내 배를 찔러라!"[25] 하고 호령했다. 그런 다음 우박처럼 쏟아지는 암살자들의 칼 아래 쓰러졌다.

이 죄악의 진동은 하늘에까지 울렸다. 아그리피나의 시신은 서둘러 치워져 화장되고 유골은 바다가 내려다보이는 곳 위쪽의 옛 율리우스 카이사르 별장 곁에 묻혔다. 그런데 전해지기로 유골을 묻을 때 곳에서 (장송) 나팔 소리가 계속 들려오고, 바이아이 만에서는 그것이 다른 소리로 반향되어 울렸다고 한다. 일부 사람들이 말하기로는, 네로도 살해 장소에서 나폴리로 돌아갈 때 어머니의 혼령을 보았고, 퓨리의 채찍과 횃불로 괴롭힘을 당한 오레스테스처럼 그녀가 출몰하는 꿈도 자주 꾸었다고 한다. 고대 신화를 극으로 재연하기 좋아했던 네로가 가장 충격적이고 대담한 방식으로 스스로 전설의 영웅이 되어 무대 중앙을 차지한 것이다. 연극성에 바친 그의 모든 헌신, 무대 기술에 보인 그의 모든 열정, 범상한 인간의 한계를 뛰어넘은 존재연하기를 좋아했던 그의 모든 취향이 비할 데 없는 장관을 만들어내는 데 기여한 것이고, 그리하여 그 소식으로 세상이 가득 차게 한 것이다. 신빙성 있는 소문에 따르면,

아그리피나가 탔던 배는 네로가 전에 로마에서 보았던 부서지는 배를 모방하여 만들어졌다고 한다. 네로는 그것으로도 모자라 아그리피나의 시신이 화장되기 전 옷을 벗기게 하여, 구석구석 몸을 살핀 뒤 이렇게 중얼거렸다고도 한다. "어머니가 이렇게 아름다운 줄 몰랐네."²⁶ 그는 또 그런 소문을 퍼트린 사람들을 벌주지도 않았다. 벌주기는 고사하고 오히려 소문 특유의 통속적 요소를 즐기는 것 같았다. 자신을 모친 살해 범으로 묘사한 낙서가 로마에 등장했을 때도 그는 당사자를 색출하려 는 노력을 기울이지 않았고, 트라이사 파이투스라는 엄격한 도덕가가 아그리피나를 반역자로 비난하는 원로원 결의에 동의하지 않고 원로원 에서 퇴장했는데도 그 행동을 눈감아주었다. 알고 보면 이는 네로가 로 마인들을 알고 그들의 반응을 제대로 평가한 데서 나온 행동이었다. 모 친 살해가 천인공노할 범죄라는 바로 그 이유로 자신의 카리스마가 높 아지리라 판단한 것이다. 단순히 비열하고 악독한 모친 살해범이 아 니 라 비극적 매력을 지닌 제2의 오레스테스 같은 인물로 자신을 설정하는 데 성공했다고 믿은 것이다. 실제로 그가 캄파니아에서 돌아왔을 때 로 마의 군중은 그가 마치 개선장군이라도 되는 듯 한 줄로 늘어서서 그를 맞았다.²⁷

네로도 그 광경에 기분 좋은 안도감을 느꼈다. 위험천만한 도박을 걸 어 이겼으니 그럴 수밖에. 근위대는 마지막 순간까지도 아그리피나를 지지했다. 함정이 설치된 요트에서 그녀가 탈출했다는 소식을 들은 네 로가 근위대 파견 부대에 별장으로 가서 아그리피나를 해치우라는 명 령을 내렸을 때도 부루스는 게르마니쿠스의 딸을 죽일 수는 없다고 일언지하에 거절했다. 그러다 보니 네로도 특별히 임명한 암살대가 그녀를 죽인 뒤인 새벽이 되어서야 겨우 마음을 놓을 수 있었다. 부루스도 그제야 상황이 냉혹하게 변했음을 인정하고 근위대의 고위급 장교들에게, 황제에게 가서 '어머니의 사악한 음모를 저지한'[28] 공을 축하하라는 명령을 내렸다. 결백을 끝까지 유지하지 못하기는 세네카도 마찬가지였다. 네로의 강요에 따라, 원로원에서 네로가 연설할 무죄 해명 원고를 작성해주었으니 그도 공모자가 된 것이다. 세네카와 부루스가 그나마 위안으로 삼을 만한 것은 변절한 사람이 자기 혼자만은 아니라는 점뿐이었다. 한편 네로는 로마로 돌아오기 무섭게 어머니에게 거둔 승리를 기념하여 '사상 최대의'[29] 공연을 개최하겠다고 선포했다. 로마인들 모두를 공연장에 불러 그들의 손을 아그리피나의 피에 담그게 하려는 것이었다.

그것은 거부하기 힘든 제안이었다. 과연 로마 일대의 극장들에서는 네로가 약속한 대로 엄청난 구경거리들이 전방위적으로 펼쳐졌다. 기사가 코끼리를 탄 채 줄타기를 했고, 최신 특수 효과를 사용해 불에 타 파괴되는 장면을 곁들인 연극으로 관객을 자지러지게 만들었으며, 경기장의 객석에 선물을 뿌려 운이 좋으면 보석에서 야생 동물, 집 지을 때 쓰는 블록에서 금에 이르기까지 온갖 횡재를 만날 수도 있었다. 한편 네로는 그동안 포룸에서 희생을 바치느라 분주했다. 그가 식사 중이던 식탁이 최근에 벼락을 맞아 불타고, 한 여자는 뱀을 낳고, 식蝕 현상도 일어나는 등 보통 때라면 불길함을 나타내는 전조들조차 이번에는 네로의 빛나는 매력을 떨어뜨리지 않고 오히려 고조시키는 역할을 했다. 어찌 됐든 그가 어머니를 살해한 것은 파멸적이고 뿌리 깊은 권력욕으로부터 로마를 구한 것이고, 그것도 영웅적 대가를 치르고 행한 일이었기 때문이다. 요컨대 네로가 모친 살해죄의 짐을 진 것은 동포 시민들을 위하는 행위였던 것이다. 그러므로 로마인들이 지금 오락을 즐기는 것도 그 놀라운 드라마의 한 배역을 맡아 자신들이 구제되었음을 축하하는 행위였다. 물론 축제가 진행되는 도중에 불길함의 상징인 빛나는 혜성이 구름 한 점 없이 맑은 로마 하늘에 나타나자 많은 사람들이 최악을 우려하기도 했다. 하지만 네로가 주장한 것처럼, 그런 사람들보다는 그를 구세주로 믿는 사람이 더 많았다. 1세기 전 3월의 이데스 사건 뒤 불타는 혜성이 하늘을 가로지르는 현상이 나타났을 때는 전 세계에 재앙이 닥칠 전조로 받아들여졌으나, 지금은 아니었다. 세네카도 네로의 공범자 역할을 계속 수행할 수밖에 없었던 만큼 "황제는 혜성의 나쁜 평판을 벗기는 데 성공했다"[30]라며 주군의 역할을 찬양했다. 기원후 59년 여름에 벌어진 살인을 희생적 행위로, 야망을 무욕으로, 모친 살해를 나라에 대한 충성으로 미화하는 데 성공한 네로에게 딱 들어맞는 찬사를 한 것이다. 혜성이든 아니든 그 별의 임자가 누군지는 분명했다.

그러나 네로는 극단의 단장 역할만으로는 성이 차지 않았다. 그해 여름 그는 태어나서 처음으로 수염 깎은 것을 기념해 또 다른 비밀 공연을 개최했다. 아우구스투스가 살라미스 해전을 재연했던 호수와 테베레 강 사이 강 저편에서 갖가지 놀이를 연출한 것이다. 놀이는 새벽까지 계속되었다. 선상에서는 연회가 개최되고 숲에는 엉겨 붙어 낄낄대는 남녀가 가득했다. 네로도 한밤중에 기분이 고양되자 호수에서 테베레 강으로 배를 타고 나갔다. 로마 한복판에서 바이아이의 기분을 낸 것이다. 하지만 이번 놀이의 주 종목은 역시 연극적 광태였고, 이번 연극에도 대중오락에서처럼 최상층 귀족들이 출연했다. "혈통도 나이도 공직도 이들의 연극 출연을 막지는 못했다."[31] 무용수로 출연한, 클라우디우스의 처형만 해도 나이가 팔십대였다.[32] 그러나 이번 공연의 절정을 이룬 부분은 그보다 네로의 무대 데뷔였다. 고대 신화에 나오는 잔혹한 신체 절단과 살해, 스스로 거세한 소년, 아들을 죽인 어머니의 사연을 수금을 뜯으며 노래로 부른 것인데, 스물한 살 황제에게는 이것이 현기증 나도록 황홀한 순간이었고, 관객도 그의 연주에 환호하며 박수를 쳤다. 그들은 네로를 "우리의 아폴로, 우리의 아우구스투스!"[33]로 소리쳐 불렀다. 하지만 일부 사람들에게는 그 환호가 공허하게 들렸다. 근위대 장교들과 병사들을 대동하고 그곳에 와 있던 부루스, 자기 형이 네로를 무대에 소개하는 역할을 하고 그 자신도 근위대장과 함께 팔을 흔들고 토가를 펄럭이며 네로의 응원단장 역할을 한 세네카만 해도 그랬다. 세네카는 훗날 네로를 직접 언급하지는 않았지만 친구에게 속내를 이렇게 털어놓았다. "고문 당해본 사람이 나중에 고문자가 되면 더 무자비해지는 법이지. 그런 사람은 겉모습만으로도 고통을 겪는 환자보다 더 심하게 인간의 기를 꺾어놓을 수 있다네. 이와 마찬가지로, 세뇌와 예속에는 현기증 나는 구경거리가 가장 효과적이지."[34]

그런데 지금 네로는 성공적으로 몸풀기를 한 데에 지나지 않았으니, 본 게임은 이제부터가 시작이었다.

온 세상이 다 무대

아틀라스 산맥을 횡단한 지 거의 20년이 지난 기원후 60년, 수에토니우
스 파울리누스가 세상 끝에서 수행 중이던 원정은 거의 마무리 단계에
와 있었다.[35] 브리튼 원정도 마우레타니아 못지않게 꽤나 그의 애를 먹
였다. 카라타쿠스의 생포는 저항의 끝을 알리는 신호이기는커녕 정복
임무에서 잠시 숨 고르기를 한 과정이었을 뿐이다. 브리튼 지역에서도
특히 로마의 애를 많이 먹인 곳이 카투벨라우니족의 족장이 최후에 저
항했던 지역인 웨일스였다. 산세도 험한데다 악명이 자자하게 반항적인
부족들이 로마 총독들에게 연달아 맞섰기 때문이다. 그러니 산을 넘는
데 일가견을 가진 수에토니우스야말로 이런 저항의 연결고리를 끊을 수
있는 적임자였다. 실제로 총독으로 부임하고 2년 후, 그는 웨일스에서
도 가장 황량한 지역에 로마 패권의 상징을 수립하는 데 성공하고 지금
은 모나 섬(지금의 앵글시 섬)만 남겨놓은 상태였다. 그리하여 지금은 보
병들을 너벅선에 태우고 기병들에게는 여울을 직접 헤쳐 나가라고 지시
해놓고, 해협 너머 섬 부족들의 저항을 분쇄할 채비를 다지고 있었다.

하지만 병사들이 과연 명령에 따라줄까? 모나 섬은 브리튼의 도망자
들이 우글대는 곳이어서 그들이 해안선에 운집해 괴성을 지르면 군단병
들이 삽시간에 공포에 떨 수 있었기 때문이다. 게다가 섬에는 검은 옷차
림에 머리를 산발하고 횃불을 휘두르는, 복수의 세 여인 퓨리를 방불케
하는 여자들도 있고 드루이드들도 있었다. 그래도 수에토니우스의 병사
들은 용기를 내 대안^{對岸}으로 진군하기 시작했다. 결과는 낙승이었다. 모

나 섬의 방어군이 오래지 않아 그들 자신의 횃불로 불태워졌기 때문이다. 해변에는 숯덩이가 된 시신들만 나뒹굴었다. 그다음에는 섬의 신성한 숲이 파괴되었다. 그 숲은 인간 희생을 바치는 흉악한 의식으로 끔찍한 영을 위무하는 드루이들의 주요 신전이 있는 곳이어서 침략군에게 모나 섬에 대한 두려움을 야기했기 때문이다. 이렇게 야만족의 미개성을 쳐부수고 인간 내장이 꽃 줄을 이룬 신전을 제거했으니, 수에토니우스로서는 곱절로 액막이를 한 셈이었다. 그가 공훈을 세웠다는 소식은 로마에도 전해져, 수도 시민들에게 세상의 오지에는 여전히 스릴 넘치는 영웅적 행위와 마법의 영역이 존재한다는 사실을 감동적으로 일깨우는 역할을 했다. 거리가 아무리 멀다 한들 로마인들의 힘이 미치지 않는 지역은 없는 듯했다.

네로도 군사적 경험은 전무했지만 그런 소식으로 자신을 선전하고 싶은 마음이 간절했다. 북부의 황량한 지역이라 해서 그가 내뿜는 카리스마의 불꽃이 빛나지 말라는 법은 없었을 테니까. 실제로 네로가 발트해 유역으로 호박을 찾으러 보낸 이벤트 담당관이 원하던 목적물을 가득 싣고 돌아옴으로써 그 특별한 과업은 달성되었다. 경기장 전체를 도배해도 될 만큼 충분한 양의 부를 싣고 왔으니, 성공도 이만저만한 성공이 아니었다. 그리하여 경기장과 관중석 사이에 친 그물과 무기뿐 아니라 심지어 죽은 검투사의 시신을 실어 나르는 데 쓰는 들것까지, 경기장의 모든 시설물이 포파이아의 머리칼 색으로 빛을 발하도록 만들어졌다. 세네카의 말을 빌리면 '모든 것이 세계화되어, 본래의 장소에는 아무것도 남지 않게 된'[36] 형국이었다. 호박으로 장식되고 곰이 물개

잡는 공연이 연출된 네로의 원형극장이 됐든, 인도와 같이 머나먼 지역의 물품을 파는 번잡한 시장 한복판이 됐든, 로마의 지배력이 미치는 범위를 행인들이 볼 수 있도록 거대한 벽화 지도로 묘사해놓은 캄푸스 마르티우스 평원 위 구릉이 됐든, 세계 도시들의 최고봉이라는 로마의 위상을 상기시키는 요소는 어디에나 존재했다.* 모든 길은 로마로 이어졌고, 모든 길은 로마에서 나왔다. 포룸에는 그 사실을 나타내는 공식적 상징물도 있었다. 로마가 세계의 중심임을 알리기 위해 아우구스투스가 세운, 청동을 입힌 이정표가 그것이었다. 몇몇 사람들은 제국이 산맥과 숲과 바다에 성공적으로 쳐놓은 로마 위대성의 거대한 거미줄을 머릿속에 그리며 그 거미줄의 끝이 과연 어딜지를 궁금해 하기도 했다. 세네카도 "장래에는 대양이 사물의 경계를 무너뜨려 광대한 지구가 열리고 새로운 세계가 모습을 드러내, 극북의 땅이 단지 다른 곳으로 가는 정류소 역할을 하는 데 그치는 날이 올 것이다"[37]라고 썼다.

그러나 세네카는 로마의 배들이 미지의 대륙으로 육박해 들어가는 상상을 하면서도 거기에 찬동하지는 않았다. 그는 철학자답게 부단한 활동성을 좋아하지 않았다. 그의 견해에 따르면 위대한 제국의 특징인 번영은 스스로를 괴롭힐 수밖에 없는, 위험하고 영혼 파괴적인 불안한 속성을 지니고 있었다. 하지만 아이러니하게도 결핍의 즐거움을 찬양하면서도 그는 정작 자신이 경멸한 요소에 굴복했다. 네로의 모친 살해 때도

---

* 시인 칼푸르니우스 시쿨루스가 네로의 목재 원형극장에 출연했다고 기록한 야생 곰은 흥미롭게도 북극곰일 개연성이 있다. 하지만 곰의 털이 백색이라는 언급이 없는 것으로 볼 때, 북극곰일 개연성은 희박하다.

충격을 받아 공직을 떠나기는 고사하고 오히려 권력에 집착하려는 결의를 굳혔다. 그는 젊은 황제가 자신의 충고를 받아들이려 하지 않을수록 충고해야 한다는 책임감을 더 무겁게 느꼈고, 그런 식으로 네로 곁에 계속 머무르다 보니 세계적 규모의 권력이 제공하는 잡다한 유혹에 빠지게 된 것이다. 게다가 그의 말을 빌리면 "현인은 해외에 레가투스를 보낼 필요도 없고, 적의 해안에 막사를 설치할 필요도 없으며, 수비대와 요새가 들어설 최적지를 결정할 필요도 없다"[38]라고 하니, 그야말로 금상첨화였다. 문제는, 그것까지는 좋았으나 세네카가 네로에게 가장 신뢰받는 조언자이다 보니 그런 일에 몰두하게 되었다는 점이다. 당연히 그는 브리튼 전선에서 올라오는 최신 보고서를 접하고 그곳 상황에도 눈을 떴다. 새로운 질서에 적응하려는 브리튼 족장들의 야망에서 투자의 기회를 보고 로마인처럼 건물을 짓고 로마인처럼 옷을 입으며 로마인처럼 생활하는 데 필요한 돈을 그들에게 빌려준 것이다. 하지만 이는 오산이었다. 브리튼인들은 자금 운용 방식에 대한 이해가 없었고, 비싼 이자를 지불할 형편도 안 되었다. 브리튼 정복이 로마의 인적 자원을 소모시키는 주범임을 알게 된 것도 세네카의 불안을 가중시켰다. 브리튼의 뿔까마귀와 사냥개 얻는 것만으로는, 그곳 전선에 투입된 네 개 군단에 소요되는 막대한 비용을 벌충하기에 턱없이 부족했다. 브리튼에서 손을 떼고 병력을 철수해야 한다는 말까지 돌았다.* 그러자 궁정에서 누

---

* 이 말을 한 사람은 수에토니우스다(*Nero*: 18). 그러나 정확한 날짜를 밝히지는 않았지만 반란 진압의 결의를 다진 사실로 볼 때, 네로가 부디카 왕비의 반란에 뒤이어 속주 브리튼을 버리자는 견해를 지지했을 개연성은 없어 보인다.

구보다 내부자 거래에 유리한 위치에 있던 세네카도 즉시 브리튼에 머물던 자신의 대리인에게 대부금을 회수하라고 지시했다.

하지만 타이밍이 맞지 않았다. 새 속주에는 이미 (클라우디우스 황제 때 원조한 지원금을 회수하려는) 황제의 빚 수금원들이 쫙 깔려 있었다. 네로의 재무 담당관들은 그 수입을 쥐어짜려는 결의에 차, 로마의 예속민이 아닌, 법적으로 엄연한 동맹자였던 부족장들의 돈을 인정사정없이 회수했다. 그런데 이렇게 당한 족장들 중에 카물로두눔 북쪽에 위치한, 기복 있는 평지를 근거지로 삼고 있던 이케니족의 왕 프라수타구스가 끼여 있었던 것이 문제였다. 그는 딸들의 이익을 지켜주기 위해 황제 네로와 함께 딸들도 왕국의 공동 상속인으로 지정하는 유언을 남겼는데, 그가 죽자 로마 당국이 이를 무시하고 그의 전재산을 강탈한 것이다. 이리하여 이케니 왕국은 무일푼이 되었고, 프라수타구스의 두 딸도 신분에 맞는 정중한 대접을 받기는커녕 강간까지 당했다. 불타는 듯한 붉은 머리칼을 가진 전사 왕비 부디카도 태형 기둥에 묶여 채찍질을 당했다. 이것이 로마에는 치명적 실책이 되었다.

세네카도 만일 현장에 있었다면 그 광경에 놀라지 않았을 것이다. 인간이 지닌 탐욕의 본성에 대해 그 역시 환상을 갖고 있지는 않았으니까. "우리 삶의 진정한 모습을 마음의 눈으로 본다면, 겸손과 올바름에 대한 모든 고려를 방기한 채 오직 힘만을 행동의 지침으로 삼는, 폭풍에 휩싸인 도시와 다르지 않을 것이다."[39] 하지만 세네카의 이 말도, 그가 한 행동을 보면 누워서 침 뱉기였을 따름이다. 그 일이 있기 2년 전인 기원후 58년, 발레리우스 아시아티쿠스를 실각시키는 데 일조했던 추문 폭로자 수일리우스 루푸스가 속주들을 고갈시킨 혐의로 그를 공개 고발했을 때도 세네카는 연줄을 이용해 공금 횡령이라는 날조된 혐의를 씌워 그가 추방되도록 했으니 말이다. 게다가 지금은 로마 권력이라는 거대한 거미줄의 핵심에 위치해 있으니, 병사들에 의해 짓밟힌 세상 끝의 촌락들에 걸쳐진 거미줄 한 가닥 잡아당기는 것은 그에게 일도 아니었다. 물론 세네카는 도덕 관념이 투철했고, 그것을 의도하지도 않았을 것이다. 그러나 이케니족의 땅을 약탈할 때 일익을 담당했던 것은 분명하다. 그렇지 않았다면, 신들이 부디카가 채찍질을 당한 뒤 급박하고 소름 끼치는 재앙의 경고를 보냈을 리 없고, 또 브리튼과 로마 양쪽 모두에 불길한 전조를 나타냈을 리 만무했다. 영국 해협의 밀물이 시신처럼 생긴 형상들을 해안가에 남기고 핏물로 변해가는 와중에, 텅 빈 원로원 건물에서는 비열한 웃음소리가 들리고 원형극장에서는 비명이 들렸다니 말이다. 세계는 좋게뿐 아니라 나쁘게도 퇴보를 했던 것이다.

부디카가 등에 맞은 채찍의 상처가 채 아물기도 전에 이케니족을 이끌고 반란을 일으켜 그녀 앞에 놓인 모든 것을 휩쓸고 있다는 소식은 모나 섬을 점령한 뒤 한숨 돌리고 있던 수에토니우스에게도 전해졌다. 결국 그는 한숨 돌리기도 전에 기병대를 소집, 다시 말에 올랐다. 그의 직속 아래에 있던 두 군단에는 가능한 한 빨리 뒤를 따르라고 지시해놓고 '태풍의 눈'을 향해 곧장 달려갔다. 브리튼에 온 이래 침략군을 계속 따라다닌 악몽은 부디카의 반란을 진압할 때도 병사들을 괴롭혔다. 라인 강 이북 지역에 대한 로마의 지배가 끝남에 따라 그들의 지배도 끝나리라는 두려움이 살육, 방화, 파괴가 난무하는 와중에 임무를 완수해야 하는 그들의 머릿속을 계속 맴돈 것이다. 그리고 그것은 클라우디우스가 점령하여 로마 속주의 수도로 재건해놓은 카물로두눔이 반란군에 의해 초토화되어, 도륙된 포로들의 시체와 부서진 로마 황제들의 동상 파편들이 사방에 어지럽게 흩어지는 결과로 나타났다. 명문가 여자들의 잘린 가슴도 그들의 입에 꿰매져 대못에 박힌 채 썩어갔다. 웨일스에서 복무하지 않았던 두 군단 중 하나도 매복을 당해 전멸했고, 나머지 한 군단만 수에토니우스의 소환을 받고 그에게 합세해 군단 사령관의 명령하에 막사에 머물고 있었을 뿐이다. 다수의 고위급 장교들은 바루스 부하들과 같은 운명을 겪지 않으려고 갈리아로 이미 도망가고 없었다. 사정이 이랬으므로 수에토니우스가 단 한 차례만 실수를 해도 브리튼 속주는 영영 사라질 위기에 처해 있었다.

하지만 결과적으로 속주는 지켜졌다. 반란의 대세를 직접 살펴본 수에토니우스가 작전상 후퇴했다가 진격하는 군단과 성공적으로 조우해, 적군과 격전을 벌인 것이다. 운명적 순간은 로마인 정주지 두 곳이 추가로 잿더미가 된 뒤에야 찾아왔다. 브리튼인들이 아르미니우스가 펼쳤던 전술인 게릴라전을 펼치기 좋은 지형으로 숨어들지 않고 정면 공격 전술을 택한 것이다. 승률이 높았기에 결과도 당연히 대량 학살로 나타났다. 발표된 사상자 집계에 따르면, 로마군 전사자는 400명 정도에 그친 반면, 브리튼인 전사자는 무려 8만 명에 달했다. 성별과 총체적 흉포성으로 적군에게는 아마존 전사로 각인되었던 듯한 부디카도 신화의 영역을 벗어나 스스로 목숨을 끊었다. 수에토니우스의 승전보에 따르면, 그의 전투 지원 명령을 거부한 군단 사령관 또한 자살로 생을 마쳤다. 실로 감격스러운 결과, '고대의 승리를 떠올리게 하는 위대한 영광을 로마 군이 차지한 날'[40]이었다. 본국 로마인들도 브리튼 전선에서 날아온 급보에 짜릿해 하고 파국을 막은 것에 기뻐하며 지난날의 로마인으로 계속 남을 수 있게 된 것에 안도했다.

하지만 군사적 힘만으로 로마의 위대성을 설명하기에는 부족했다. 신이 로마인들을 비범하게 만들어준 것은 전쟁뿐 아니라 평화를 위해서이기도 했기 때문이다. 네로도 수에토니우스가 브리튼인들에게 과도한 징벌성 공격을 가하는 징후를 보이자 불안감을 느껴, 자신의 해방노예들 중 한 사람을 브리튼에 보내 상황을 보고하도록 했다. 그리고 오래지 않아 부디카 정복자는 로마로 소환되었다. 로마 지도자들은 도시 창건 때부터 승자의 아량을 목적 달성의 가장 확실한 방법으로 알고 있었다. '정복해놓고 탄압하면 정복으로 얻은 것도 무용지물이 된다'[41]는 것이 그들의 생각이었다. 옛날에 로물루스가 사비니족 딸들을 유괴했을 때도 분노한 그들 아버지와 형제가 복수를 맹세하며 로마를 공격했지만, 살육이 아닌 평화 협정과 사비니족이 로마 시민이 되는 것으로 사태가 해결되었다. 이후로는 이탈리아에 거주하는 다른 종족들도 그와 같은 전철을 밟았다. 마르시족, 삼니움족, 에트루리아족 모두 정복자와 동등한 시민으로 간주된 것이다. 하지만 로마의 범주는 이제 알프스 이남 지역에만 국한되지 않았다. 그러니 이탈리아가 로마가 되었듯 세계 또한 그렇게 되는 것이 순리였다. 일부 사람들이 주장하기 시작한 것처럼, '별개의 정권들을 통합하고 행동 양식을 순화하며 미개한 언어로 갈라졌던 사람들에게 공통의 언어를 부여하는 식으로 세계의 모든 종족을 하나로 묶어, 그들로 하여금 아버지의 나라에 봉사하게 하는 것[42]이 로마의 사명이었다.

물론 들판이 시커멓게 탄 브리튼에서는 그 주장이 얼토당토않게 들렸을 것이다. 그러나 수에토니우스의 교체를 건의했던 인물로, 결딴 난 속주 행정을 안정시킬 관리로 네로가 임명한 율리우스 클라시키아누스가 이탈리아인이 아닌 갈리아인이었으니, 사정은 달라질 수 있었다. 그라면 로마의 지배가 압제 이상을 제공해줄 것임을 브리튼인들에게 확신시킬 수 있는, 살아 있는 본보기가 될 만했던 것이다. 그는 로마 시민이면서도 갈리아 족장의 누이와 결혼했다. 따라서 정복자와 피정복민 사이를 중재하기에는 안성맞춤이었다. 과연 그는 피지배민들을 억압하기보다는 다리를 세우는 편을 택했다. 저항의 대가를 톡톡히 치른 브리튼인들에게 복종에 따른 혜택을 부여해준 것이고, 이는 결과적으로 매우 효과적인 정책으로 드러났다. 상처도 치유되고 반란의 여신도 꺼지기 시작했으니 말이다. 그로부터 오래지 않아서는 부디카 반란의 기억이 아직 생생했는데도 브리튼 주둔 병력을 네 개 군단에서 세 개 군단으로 줄이자는 말까지 네로의 궁정에서 진지하게 오갔다. 평화가 도래했고, 그리하여 대양은 로마에 계속 남게 된 것이다.

하지만 물론 브리튼이 얻을 수 있는 것에도 한계는 있었다. 화해의 과정이 아무리 성공적이었다 해도 브리튼과 같이 미개한 지역의 족장들이 세계 지배에 동참할 희망을 갖는 것은 무리였다. 로마에는 심지어 클라시키아누스 및 그와 동류의 사람들에게 그와 동일한 감정을 느끼는 사람들이 많았다. 갈리아 남부 귀족들이 로마의 제도권에 들어온 지 거의

200년 가까이 되었고, 잠시나마 황제가 되려는 꿈을 가졌던 발레리우스 아시아티쿠스라는 현란한 형태로 된 인물을 탄생시키기도 했지만, 그들이 원로원에 얼씬거리는 모습에 분개하는 현상이 로마에서는 결코 완전히 사그라지지 않았다. 기원후 48년 갈리아 중북부 출신의 족장을 원로원에 받아들일지 말지를 놓고 논의했을 때에도 반대의 기세가 대단했다. 율리우스 카이사르에게 맞서 싸웠고, 바지를 입으며 고깃국물을 수염에 묻혀 질질 흘리고 다니는 종족의 자손을 원로원에 받아들이겠다고? "노예 상인이 외국인 무리를 들여오는 것만 아니면 괜찮다는 거야?"[43] 이것이 의원들의 반응이었다. 하지만 알고 보면 갈리아인을 미개하게 보는 로마 귀족들의 태도에는 표리가 있었다. 요컨대 그들은 갈리아인들의 후진성에 분개한 것이 아니라, 그와 반대되는 이유, 곧 그들의 부가 날로 증대하는 데 분개했던 것이다. 원로원 의원들 중에는 그들 조상이 했던 방식으로 야만족을 수탈해 부를 증대할 기회가 박탈됨으로써 갈리아 귀족들에 비해 상대적으로 가난해진 사람이 많았다.

하지만 앞날을 내다볼 줄 아는 사람들에게는 바로 그런 점이 그들을 로마 귀족층에 시급히 편입시켜야 할 이유였다. 비옥한 토지와 인적 자원을 가진 갈리아는 부의 측면에서 보면 이미 이탈리아의 여러 지역을 추월한 상태였다. 따라서 그곳 귀족들이 독자 노선을 걷게 해서는 안 되었다. 클라우디우스도 역사서 숙독을 통해 얻은 통찰력과 박식함으로 그 점을 분명히 하는 말을 했다. "우리가 지금 전통의 요체로 알고 있는 것도 한때는 새것이었다오."[44] 클라우디우스 가문의 시조인 그의 조상 아티우스 클라우수스도 원래는 이주민이었다. 원로원 의원들도 클라우디우스의 이 연설을 지지했다. 갈리아인들을 자기네 계급의 일원으로 받아들이기로 한 것이다. 그에 따라 원로원도 조금은 다민족적이 되었다.

한편 원로원 담장 너머, 이제는 인구 100만 명을 족히 넘어 붐비게 된 도시의 거리에서는 많은 사람들이 로마인에 대한 논의를 하는 데 뜨악한 반응을 보였다. 도시에서 외래어가 들리기 시작한 벌써 수백 년이 되었고, 에트루리아인 거리를 뜻하는 비쿠스 투스쿠스Vicus Tuscus와 북아프리카인 거리를 뜻하는 비쿠스 아프리쿠스Vicus Africus 같은 거리의 명칭들에도 고대에 외국인 거류지가 있었음을 나타내는 증거물이 있었다. 하지만 도시의 다양성을 세계가 로마의 위대성에 보여준 존경과 강력한 회복의 원천으로 해석한 사람들이 많았던 것과 달리, 긴가민가하는 사람들 또한 있었다. 온전한 로마인이 된다면야 이주민을 받아들이는 것은 문제될 것이 없었다. 하지만 그들이 끝내 미개한 태도를 버리지 못하고 품위 있는 시민을 미신적 관습에 물들게 하면 어떻게 한다? 그렇지 않아도 '수도에서는 섬뜩하고 망신스러운 전 세계의 관습이 상호 교류되고 유행이 되고 있는'[45] 판에 말이다. 하지만 또 진지하게 생각해보면, 로마가 세계가 되면 로마성이 줄어드는 것이 정상이었다.

따지고 보면 그런 불안은 새삼스러운 것이 아니었다. 공화국 초기에도 외국 신을 믿는 광신도들은, 전통 신 숭배와 전통 의식만 행하도록 엄격히 정하는 법률이 원로원에서 제정되는 것을 얼마든지 볼 수 있었고, 그 이래로 로마에서는 이질적 풍습을 몰아내려는 시도가 여러 차례 진행되었으니 말이다. 심지어 기원전 186년에는 한 그리스 예언자가 의식의 상궤를 벗어나 언어도단적 주신제를 조장했다는 이유로, 원로원이 리베르 신 숭배를 억제하는 운동까지 벌였다. 이집트와 메소포타미아 출신의 점성술사들도 극우 성향의 도시민들에게는 깊은 의혹의 대상이었다. 하지만 그보다도 더 걱정스러웠던 것은 사자를 옆에 끼고 보석으로 몸을 치장한 여신(대모신)을 숭배하는 시리아인들이었다. 시리아인들이 신봉하는 신답게 사악하기 그지없던 그 여신은 점잖은 로마인들에게 오래전부터 혐오의 대상이었다. 그 여신의 숭배자들에게는 기본이 되는 가치도 없고 정해진 법도도 없었다. 따라서 품위 있는 로마인들을 밟아 뭉개지 않으리라는 보장도, 그들 식의 광란적 행태를 보이지 않으리라는 보장도 없었다. 게다가 그 여신은 노예들에게 환영으로 나타나 반란을 조장한다고도 알려져 있었다. 광신도들을 착란에 빠지게 해서 그들의 고환을 희생으로 바치게 한다고도 했다. 스스로 거세하여 남자의 특권과 의무를 저버리고 자진해서 여성이 되는 길을 택한, '갈리Galli'라 불린 이 사제들은 얼굴에 화장을 하고 여자 옷을 입었으며, 탈모를 하고 금발로 염색한 머리를 땋고 다녔다. 그러니 로마인들에게는 이들이 형언할 수 없도록 역겹게 느껴졌을 것이다. 로마 정부가 그런 행동을 철저히 막는 조치를 취한 데 이어, 기원전 101년부터는 엄중한 법규 아래서만 그런 행동을 하도록 허용하여, 시민들이 갈리에 편입되는 사태를 결단코 막으려 한 것도 그리 놀랄 일이 아니었다. 하지만 이 조치도 여신 숭배의 인기를 떨어뜨리지는 못했다. 곤혹스럽게도 로마인들은 여자로 살아가는 것을 상당히 좋아하는 듯했다. 이리하여 클라우디우스가 결국 피할 수 없는 일에 굴복해 시민들이 갈리가 되는 길을 막는 모든 법적

제한을 풀었을 무렵에는, 플루트를 불고 탬버린을 흔들어대며 드러내놓고 자학을 과시하고 시리아 여신을 기리는 행진을 벌이는 것이 로마에서 흔한 광경이 되었다. 하지만 물론 전통적 가치를 고수하는 사람들에게는 이 모든 현상이 여전히 혐오스럽게만 보였다. 세네카도 "만일 신이 이런 종류의 숭배를 원한다면, 숭배될 자격이 없는 것은 바로 이 여신이다"[46]라고 단호하게 말했다. 반면에 유행의 첨단의 걷는 사람들에게는 이 여신을 숭배한다고 말하는 것이, 쉽고도 재미나게 남을 놀래키는 방식이 되었다. 그 일례가 바로, 네로가 존중한 유일한 신이 이 여신이라는 소문이었다.

그런데 놀라 자빠질 정도로 기묘한 신의 문제에 이르면, 시리아인들의 종교도 그들과 이웃한 유대인들이 믿는 종교에 비하면 아무것도 아니었다. 유대인들은 200년 전부터 로마에 이주해, 주로 테베레 강 건너편 시리아 여신의 주요 신전이 있는 저렴한 주택 지구에서 살았다. 그런데도 그들 고유의 정체성을 결코 잃지 않았다. 유대인들보다 완고하고 어이없는 관습을 지닌 민족은 세상 어디에도 없었다. 돼지고기의 식용을 금하고, 매주 일곱째 날에는 쉬고, 그들 신 이외의 다른 어떤 신도 숭배하기를 거부했으니 말이다. 그러나 이렇게 괴상하기는 했지만 그들의 의식과 신앙에도 나름의 매력이 없지 않았다. 이집트인들의 종교와 메소포타미아인들의 별자리판과 같이, 이국적 취향을 지닌 사람들을 끌어들이는 매력이 있었던 것이다. 로마 당국이 유대인의 도시 정착이 시작된 순간부터 그들을 추방하려는 노력을 주기적으로 기울인 것도 그래서였다. 하지만 이 정책도 효과를 거두지는 못했다. 기원전 139년에는 '로마의 가치를 훼손하려 했다는 이유로[47] 도시 거주 유대인들을 강제로 추방하는 조치를 취했고, 기원후 19년에도 티베리우스가 같은 조치를 취했으며, 클라우디우스도 '크레스투스Chrestus'라는 사악한 이름을 가진 자의 선동으로 문제가 발생하자 유대인을 추방시켰지만, 그럴 때마다 그들은 어김없이 다시 도시로 스며들었다.* 클라우디우스에 의해 추방된 유대인들도 10년 뒤 로마로 되돌아왔다. 사정이 이렇다 보니 권력의 최상층에도 그들이 가진 매혹의 힘과, 이질적 관습을 경멸하는 사람들에게 그들이 불러일으킨 경각심이 동시에 도달했다. 세네카의 경우는 "유대인이야말로 가장 사악한 민족이다"[48]라고 쓸 정도로 그들에 대한 불신이 컸다. 포파이아가 유대인의 가르침에 흥미를 가졌다는 소문이 돈 것도 유대인에 대한 그의 불신이 굳어지는 데 한몫했을 것이다. 이국적 이교의 매력이 황제의 침실에까지 파고든 듯했으니 말이다. 한편 대다수 로마인들은 집안 노예의 숙소, 거리에 세워진 수상쩍은 신들의 성소, 세계 전역의 이주민들이 득실거리는 공동 주택을 생각하면 그들 도시에서 과연 어떤 역겨운 의식이 벌어질는지 전전긍긍하며 불안해 했다.

이주민의 대량 유입과 그것이 야기한 독특한 이교에 대한 불안감은, 기원후 61년 수도의 치안 유지를 책임지던 로마 경찰청장이 칼에 찔려 사망한 사건으로 급기야 곪아 터질 지경이 되었다. 범인은 경찰청장의

---

* 수에토니우스의 *Claudius*: 25.4에 나오는 내용인데, 예수를 구세주로 여긴 로마 유대인 공동체의 주장을 언급한 것일 수 있고, 실제로 그랬을 확률이 높다. 물론 '크레스투스'는 특히 노예들에게서 흔한 이름이었다. 하지만 기록상으로는 로마에 크레스투스라는 이름을 가진 유대인은 없었다. 다수의 학자들은 수에토니우스가 경찰 기록에서 이 정보를 얻었을 것이고 '크레스투스(Chrestus)'도 '그리스도(Christ)'를 가리키는 'Christus'를 잘못 음역해 적었을 개연성을 시사했다. 하지만 궁극적인 진실은 알 수 없다.

집안 노예들 중 한 명으로 밝혀졌고, 그렇다면 반세기 전에 제정된 법률에 따라 그 집안의 다른 노예들도 전원 처형을 시켜야 했는데, 이 처벌의 야만성이 광범위하게 반감을 불러온 것이다. 원로원의 토의에서도 처음에는 관대한 조치를 취해야 한다는 의견이 대세를 이루었으나, 결국엔 그의 집안 노예 수백 명을 처형하는 것으로 입장이 선회했다. 로마에 도입된 여러 이질적 관습의 소름 끼치는 장면을 떠올리게 하는 결정이었다. "오늘날 우리의 집안 노예는 각종 기묘한 신을 믿거나 어떤 신도 믿지 않는, 전 세계의 다양한 민족으로 구성되어 있다. 이런 어중이떠중이들은 두려움을 주는 조치로만 제어될 수 있다."[49] 이것이 의원들의 생각이었다. 이리하여 반세기 전에 제정된 법률이 유지되고 노예들의 처형이 확정되자, 해방노예와 노예의 후손이 대부분인 사람들은 거리로 나와 격렬한 시위를 벌였다. 네로는 네로대로, 돌과 횃불로 무장한 채 처형 집행을 가로막으려 하고 법을 유린하는 군중의 행동을 좌시하지 않았다. 시위자들을 질책하는 칙령을 발표하고 노예들이 끌려와 처형될 도로에 병사들을 배치한 것이다. 하지만 그가 인가하려는 보복성 징벌에도 한계는 필요했다. 해방노예들마저 국외로 추방시키자는 경찰 철장의 제안에 그가, "자비로 완화시키지 못한 것을 야만성으로 악화시켜서는 안 된다"[50]라며 거부한 것도 그래서였다.

네로는 여론의 분위기를 파악하는 데 남다른 재능이 있었다. 개인적인 경험도 없으면서 민중은 더럽다는 선입견을 가진 대다수 원로원 의원들과 달리, 그는 도시의 가장 비천한 지역에 정통했다. 오토와 함께 빈민굴을 자주 드나든 덕분이었다. 그는 노예로 변장하여 술도 마셔봤고, 좀도둑질도 해봤으며, 홍등가 중에서도 가장 야한 지역들까지 헤집고 다녀봤다. 당연한 일이지만 그러다 보니 한 원로원 의원이 뒤에서 습격을 받고 주먹을 날리고 보니, 습격자가 황제임이 밝혀져 공개 사죄를 하고 자살했을 때처럼, 소신 있는 행동을 하다가 망신을 당하는 일도 벌어졌다. 그러나 네로에게는 로마의 치부로 들어가 보는 것이 스승의 설교에서 얻는 것 못지않게 확실한 독학이 되었다. 세네카가 가르쳐준 덕이 공기 희박하고 장엄한 도시의 고지와 같았다면, 악덕은 칠흑처럼 어두운 바닥과 같았다. 세네카에 따르면 "이 악덕은 침침한 곳, 공중 욕장, 사우나, 관헌을 겁내는 장소들에서 핏기 없이 창백한 모습, 혹은 시체에 회칠을 한 듯한 모습을 하고 술과 향기에 취해 스멀스멀 나타나는 경향이 있었다."[51] 그러나 네로에게는 이런 비난도 도시의 타락을 멀리하라는 경고로 작용하지 않고 타락이 선사하는 쾌락을 시험해보라는 권유로 작용했다. 로마인들을 자기 뜻대로 길들이는 문제에 관한 한 그는 세네카도 혀를 내두를 만큼 노련미를 발휘했다. 당근과 채찍을 시의적절하게 구사할 줄 알았던 것이다.

네로에게 그 두 가지 확실한 기준을 제시한 인물이 근위대의 비길레스 대장 오포니우스 티겔리누스였다. 무모함을 즐겨 근위대 대장보다는 근위대에 의해 범인으로 색출되는 편이 쉬웠을 법한 이 인물은, 곤궁했지만 외모가 출중해 '제비족'으로 인생의 첫발을 내디뎠다. 그리고 그 과정에서 리빌라와 네로의 어머니 아그리피나와도 동침했다는 소문이 돌아, 간통죄로 유죄 선고를 받고 그리스로 추방되었다. 이후에도 그는 장사에 종사하는 지경으로까지 삶이 추락했다가, 클라우디우스의 사면을 받고 이탈리아로 돌아와 경주마 조련사로 새 출발을 했다. 티겔리누스가 네로의 눈에 들어 부자가 되고 그에 더해 기사가 될 수 있었던 것도 이 직업 덕택이었다. 거리의 질서 유지를 하기에 족할 만큼 흉포하고 그 못지않게 유흥에도 탐닉했으니, 네로의 목적에 완전히 부합하는 인물이었다. 이런 그가 비길레스 대장으로 승진한 것은 단지 시작에 불과했다. 기원후 62년 부루스가 오랜 인후암 투병 끝에 숨짐으로써, 야심 찬 기사에게 개방된 직책들 중의 꽃이 공석이 되었으니 말이다. 하지만 티겔리누스는 믿을 만하고 정직했던 부루스와는 완전히 다른 차원의 인간이었다. 네로도 이를 알고 근위대장 역할을 둘로 분리했으나, 주군의 궂은일을 도맡아 처리하는 자리에 배정된 사람은 티겔리누스였고, 때마침 로마에는 특별히 긴급을 요하는 문제가 발생했다.

아그리피나가 살해된 지 3년이 지나자 네로도 마침내 전 정권과 현 정권을 묶고 있던 마지막 줄을 끊을 채비를 했다. 옥타비아와의 연을 끊으려 한 것이다. 남편이 포파이아와 뿌린 화려한 염문으로 굴욕을 당하기는 했지만 그래도 부루스가 살아 있는 동안은 신변이 안전했던 옥타비아는 미모와 품위에다 연민의 정을 가진, 로마인들이 사랑하는 유형의 여자였다. 언젠가 네로가 이런 그녀와의 이혼 가능성에 대해 운을 띄우자, 부루스는 "물론 하실 수 있습니다. 허나 혼인 지참금은 돌려주셔야겠죠"[52]라고 조롱하는 말을 했을 정도다. 하지만 이제는 부루스도 죽었고, 그의 후임자는 게르마니쿠스 가문에 충성하는 사람이 아니었다. 그리하여 네로가 옥타비아 문제의 해결을 지시했고 신임 근위대장은 주저하지 않았다. 이번에도 그녀에게 씌운 혐의는, 거추장스러운 황녀나 황후를 제거할 필요가 생길 때면 으레 동원되었던 간통죄였다. 자신이 난교를 일삼는 것으로 악명 높았던 것만큼이나 그의 제물이 된 여인이 정숙하기로 유명했다는 사실도 티겔리누스를 망설이게 하지는 못했다. 옥타비아의 하녀 한 명이 황후에게 불리한 증언을 하도록 고문을 당하자 "황후의 은밀한 부위가 당신의 입보다 깨끗하다오!"[53]라고 내뱉었을 때도, 그는 대수롭지 않게 그 모욕을 받아넘겼다. 옥타비아의 하녀들 대다수는 침몰하는 배에서 뛰어내릴 각오를 다졌다. 로마인들도 옥타비아가 끝내 노예와 불륜을 저지른 혐의로 유죄 선고를 받자, 부루스가 일찍이 경고했던 대로 클라우디우스의 딸이 망신당하는 꼴을 결코 그냥 넘기려 하지 않았다. 폭동을 일으켜 포파이아의 조상들을 무너뜨리고 옥타비아의 조상들에는 화환을 씌운 것이다. 이 상황에는 네로도 움찔해서 불운한 아내와의 재결합을 잠시나마 시도했다. 하지만 그러기 무섭게 또 그녀에게 불리한 사건을 날조해내자 용기가 되살아났다. 옥타비아는 결국 두 번째로 기소되어 판다테리아 섬으로 추방되었고, 머지않아 그곳에서 살해되었다. 잘려진 그녀의 머리는 네로에게 보내졌고 결국 그의 새 부인 포파이아 사비나의 기념품이 되었다.

1세기 전 삼두에게 고용된 자객들 손에 귀족들의 머리가 우수수 떨어져 나갔을 때는 그 일이 세계 전쟁의 예고편이 되었다. 하지만 지금은 아니었다. 포파이아가 옥타비아의 머리를 장난감처럼 가지고 논다는 소식이 로마 거리의 군중을 제아무리 분개하게 만들어도 그 일이 네로가 10년 가까이 세계에 부여한 질서를 위협할 정도는 아니었다. 속주들도 평화롭고 국경 지대도 안전했으니까. 옥타비아의 머리가 잘린 지 1년이 지난 기원후 63년에는 로마와 파르티아 간의 항구적 평화 협상이 진행되어 적국인 파르티아 왕의 아들 티리다테스가 아르메니아 왕이 되는 것으로 결론 났다. 물론 머지않은 어느 시점에 그가 로마로 와서 황제에게 왕관을 직접 받는다는 단서가 붙긴 했지만, 네로의 환상을 충족시키기에 좋은 장관이 펼쳐질 것임을 예고하는 합의였다. 로마인들은 수백 년 전부터 자신들의 지지가 왕들을 빛나게 하는 것을 생득권으로 여겼다. 하지만 생각에 그쳤을 뿐이었는데, 이제 로마 도심에서 그 일이 실제로 벌어질 개연성이 생긴 것이다.

물론 네로는 아르메니아 근처에 가본 적도 없었다. 하지만 원로원이 그를 임페라토르로 환호하거나, 카피톨리노 구릉 정상에 승리의 표상을 갖춘 조상과 더불어 그의 승리를 기리는 개선문을 세울 때, 전투에 나가본 적도 없는 것은 물론 군단 구경조차 해본 적 없다는 사실은 중요하지 않았다. 군대 생활의 엄격함에서 동떨어진 사람들에게는 머나먼 전선에서 들려오는 취사선택된 전투 소문보다 그런 이미지가 한층 뚜렷한 인상을 줄 수 있었고, 그 사실은 네로도 알았다. 시민들에게 중요한 것은 살육이 난무하는 야만적 국경 지대에서 그가 부상을 당한 부위에 파리가 들끓는지의 여부가 아니라, 평화의 왕에게 그들이 바란 염원이 실현되었다는 확신, '세계를 요동치게 만든 로마 내전이 더는 일어나지 않고 필리피 전투와 같은 슬픈 전투가 더는 일어나지 않을 것'[54]이라는 확신이었다.

아우구스투스 치세에는 그가 짊어진 이러한 책무가 그의 이력을 빛나게 해주어, 결과적으로 황제 통치제가 수립되게 하는 일등공신 노릇을 했다. 하지만 이제는 시대가 달라졌고, 그러니 재능 있고 야심 찬 프린 켑스에게 열린 기회도 달라졌다. 다른 사람은 몰라도 최소한 집권 10년 차에 접어든 네로는 그렇게 믿었다. 고루하고 경직된 일 처리 방식과, 의무와 금기로 가득 차 따분하기 그지없는 과거 유산은 유지될 수 없다고 본 것이다. 그는 행동의 자유가 제한되는 것을 못 견뎌 했다. 따라서 그런 모든 것은 쓸어버려야 했다. 그러니 기원후 62년 그에게 배달된 것도 물론 옥타비아의 머리만은 아니었다. 옥타비아를 죽이러 보낸 자객들에게 아우구스투스 가문과 혈연 관계에 있던 두 원로원 의원의 제거도 함께 주문한 것이다. 아그리피나의 연인이라는 소문이 돈다는 이유로 네로에 의해 추방당해 에게 해 쪽 아시아에서 조용히 살고 있던 티베리우스의 증손자 루벨리우스 플라우투스와, 아우구스투스 누이의 자손이 그들이었다. 이들의 피살 소식이 전해지자 원로원 의원들은 전율했다. 이것이 특히 중요했던 것은, 네로의 집권 이후 처음으로 그들의 일원이 대역죄로 기소된 사건이었기 때문이다. 한 정무관이 황제를 풍자하는 시를 쓰고 만찬회에서 그 시를 낭독까지 했다는 정보를 티겔리누스의 첩자가 입수해 벌어진 일이었다. 그리하여 비록 불굴의 도덕가 트라이사 파이투스의 개입으로 사형이 추방형으로 감형되기는 했지만, 원로원 의원들 모두 이 일을 자신들에게 보내는 경고로 인식했다.

세네카에게는 특히 이것이 충격과 굴욕으로 다가왔다. 네로 정권이라는 배의 타륜舵輪에 묶여, 배가 재난의 길로 접어드는 것을 알면서도 진로를 바꾸지도 못하고, 그렇다고 배를 버리지도 못하는 무력감을 느꼈기 때문이다. 그 상황에서 그가 할 수 있는 일은 기껏해야 옛 제자에게 반쯤 은퇴 허락을 받아낸 것이었다. 하지만 은퇴지에서도 그의 울적한 기분은 나아지지 않았다. 날로 악화되는 자신의 건강이든, 마지막으로 보았을 때는 잘생긴 노예 소년이었던 자기 집의 문지기가 어느새 이빨 빠진 노인이 된 것에서든, 젊었을 때 자기 손으로 직접 심은 플라타너스들이 어느새 울퉁불퉁 비틀린 나무들이 된 것에서든, 온 사방에서 쇠락의 기미만 보였기 때문이다. 그의 눈에는 세상조차도 파멸에 직면한 것처럼 보였다. 그의 상상력은 우주적 종말이 닥치리라는 징후에 시달렸다. 종말은 바다에서 올 것 같았다. "서쪽과 동쪽에서 파도가 밀려와, 단 하루 만에 인류를 매장시킬 것이다. 운의 도움으로 보존되고 찬양되던 고색창연한 모든 것, 숭고하고 아름다운 모든 것, 위대한 왕위, 위대한 민족, 이 모든 것이 파도 속으로 사라질 것이다."[55]

반면에 파괴는 창조적일 수 있었다. 네로도 그렇게 믿게 되었다. 나날이 칙칙함과 지루함을 더해가는 세상을 깨끗이 청소하는 것은 나쁠 게 없다는 것이 그의 생각이었다. 생지옥보다는 새로운 시작이 낫다고 믿은 것이다. 지루하고 소박한 옥타비아를 좋아해 폭동을 일으킨 군중도 만일 자기들 뜻대로 되었다면 황후 포파이아가 제공하는 구경거리를 결코 즐기지 못했을 것이다. 결혼한 지 몇 달 만에 그녀에게 넋이 나간 네로에 의해 아우구스타로 선포된 포파이아는 리비아나 아그리피나도 감히 엄두를 내지 못했을 극상의 사치를 부렸다. 자신의 마차를 끄는 노새에게 금 편자를 박았고, 피부 미용을 위해 당나귀 젖으로 목욕했으며, 포파이아의 이름을 모든 미용 제품의 상표로 만들었으니 말이다. 거울에 못생긴 각도로 모습이 잡히자 "늙기 전에 죽고 싶어"[56]라고 읊조렸다는 그녀의 소원이야말로 네로가 그녀의 어떤 측면을 가장 높이 샀는지를 확실히 보여주는 것, 외모로 판단하지 않는 이들은 천박한 사람들뿐이라는, 그가 지닌 가장 뚜렷한 확신을 입증해주는 말이었다. 네로가 진정으로 중요하게 여긴 통치의 영역은 장관, 환상, 드라마였다. 물론 일상적인 일에도 주의를 기울였지만, 네로가 자신의 시간과 재능을 투자할 가치가 더 높다고 느낀 분야는 현실의 재창조였고, 그래서 그것에만 참된 열의를 보였다.

기원후 64년 여름에는 급기야 그가 수도 로마를 자신의 야망에 걸맞은 무대로 바꾸는 작업에 착수했다. 로마의 공공장소를 일련의 거대한 연회장으로 변모시킨 것이다. 타키투스의 말을 빌리면, "전 도시가 네로의 황궁이 되었다."⁵⁷ 그중에서도 가장 볼 만했던 것이 캄푸스 마르티우스 평원의 호수변에서 티겔리누스가 주최한 파티였다. 네로는 4년 전 테베레 강 건너편에서 개최한 경기에서 그랬듯이, 이번에도 보드라운 자줏빛 양탄자와 안락의자로 호화롭게 외장이 갖춰진 뗏목배에서 게걸스럽게 포식을 했다. 상아와 금으로 장식된 배들이 이국적인 해양 동물이 가득 찬 호수로 그의 뗏목을 예인했다. 나이별, 분야별로 나눠진 노잡이들도 로마 최고의 남창들로 구성되었다. 그사이 호수변으로는 휘황찬란한 오락 장면을 보기 위해 로마 군중이 떼 지어 몰려들었다. 이런 소란이 벌어진 것도 놀랄 일은 아니었다. 식음료가 무제한으로 제공되는데다 선창에 로마 역사상 가장 멋지게 차려입은 창녀들이 구비된 매음굴까지 설치되었으니 말이다. 노예와 자유민, 직업 창녀와 숫처녀, 슬럼가의 폐물과 저명한 원로원 의원의 부인들로 구성된 이 창녀들은 상대 불문, 동침이 요구 되었을 때 거절하면 안 되었다. 군중에게는 그야 말로 길거리풍과 황궁풍이 결합된, 매혹적인 퓨전 쾌락을 맛볼 수 있는 꿈같은 일이 벌어진 것이다.

네로는 이 두 가지 모두에 정통했다. 따라서 로마인들 속에 깊이 내재 된 진실에 대해서도 잘 알았다. 충격과 불의에 매료되는 로마인들의 태도에는 위협만이 아니라 기회도 잠재해 있음을 알아챈 것이다. 스캔들 은 덮으려고 마음먹으면 천부적 흥행사의 권위로 얼마든지 부식시킬 수 있었다. 스캔들을 과시하고 즐기고 유행에 뒤진 고루한 작자들에게 망 신을 주면, 황제의 권위는 자연히 올라가게 되어 있었다. 이 점을 보여 주려는 듯, 티겔리누스의 난잡한 파티가 끝난 지 며칠 후 네로는 그보다 한층 수위가 높은 해괴망측한 실험을 감행했다. 갈리들이 하듯 여자처 럼 화장을 하고 여장을 한 뒤 웨딩 토치까지 밝혀놓고 해방노예 한 사람 과 결혼식을 올린 것이다. 그는 보수주의자들을 격분시키기에 안성맞춤 인 예식을 덮어서 감추기는 고사하고 오히려 '신부가 여자일 때는 어둠 이 가려준 부분까지'[58] 공공연하게 드러나게 했다. 그러나 물론 이 모든 행위는 속임수였다. 하지만 심각성이 없다는 점에 핵심이 있었다. 네로 가 시리아 여신을 존중한다는 것도 거짓이었다. 시간이 지나자 그는 여 신의 조상에 방뇨하는 짓도 서슴지 않았다. 유행에 민감한 사람들 또한 로마의 하늘에서 혜성이 섬뜩한 빛을 발하고 통치자의 기괴한 행동에 경악한 사람들이 최악을 우려하는데도, 네로가 만들어낸 환상의 세계를 즐기기만 할 뿐이었다. 모든 것이 가능해진 듯한 세계를.

모든 것이 가능하다는 것은 사실로도 입증되었다. 혜성이 시야에서 사라진 지 이틀 후였던 7월 18일 밤, 휘영청 보름달이 뜬 로마에 화재가 발생했으니 말이다.[59] 키르쿠스 막시무스의 남단, 가연성 물질이 가득 찬 상점들에서 시작된 불은 삽시간에 골짜기를 타고 걷잡을 수 없이 번졌다. 머지않아 불은 판잣집들이 다닥다닥 붙은 주택 지구 전체로 무섭게 퍼져 나가며 로마 구릉들의 경사면으로 타올라 갔다. 비길레스(소방대)도 불길을 막기에는 역부족이었다. 이리하여 온 도시가 공포에 휩싸이자 다수의 사람들은 이웃들을 도우려 나서 불길의 내습을 피하지 못한 사람들의 탈출을 도운 반면, 또 다른 사람들은 떼로 몰려다니며 버려진 집들을 약탈하고 불길이 닿지 않은 구역에 방화를 했다. 이 만행을 저지른 자들의 신원은 누구도 정확히 알지 못했다. 불길이 사나웠던 만큼 고통도 컸던 도시 일대로 소문만 맹렬하게 퍼져 나갔을 뿐이다. 시커먼 연기를 뒤집어쓰고 집도 절도 사라진 난민들은 죽기 살기로 피신했다. 화재가 발생했을 때 안티움에 머물고 있던 네로도 참사를 수습하기 위해 황급히 귀경해 캄푸스 마르티우스의 공공건물과 그의 개인 영지를 난민들에게 개방했다. 그러는 사이 대리석과 화단들 사이에서는 판자촌이 드러나고 그 뒤로는 거대한 불길의 쓰나미에 뒤덮인 도시의 실루엣이 나타났다. 로마 화재는 발화 엿새 뒤, 필사적으로 해체 작업을 벌여 방화대를 설치한 뒤에야 겨우 진화되었다. 하지만 그러고도 악몽은 끝나지 않았다. 2차 화재가 발발해 사흘간이나 더 불길이 맹위를 떨친 것이다. 그런 후에야 화재는 완전히 진화되었다.

이 불로 세계 수도 로마의 4분의 1에서 3분의 1에 해당하는 지역이 연기 피어오르는 잡석으로 변했다.[60] 네로는 최악의 상황을 점검하고 재해를 면한 귀중품의 약탈도 막기 위해, 정부 작업반의 조사가 끝나기 전까지는 시민들의 현장 출입을 금지시켰다. 그리하여 그의 감정사들이 조사해 올린 보고서에는 더는 비관적일 수 없는 내용이 담겨 있었다. 로마의 유명한 랜드마크들의 다수가 폐허로 변한 것만 해도 그랬다. 로물루스와 세르비우스 툴리우스가 세운 신전들부터 네로가 지은 목재 원형극장에 이르기까지, 로마 역사의 매 시기를 특징짓는 건축물들이 잿더미가 되었으니 말이다. 대체 불가능한 전리품과 보물도, 값을 매길 수 없을 만큼 귀중한, 로마의 과거와 관련된 기념물도 사라지고 없었다. 주택 지구가 거지반 사라졌으니 집 없는 사람들은 그보다 사정이 더 절박했다. 도시민 수십만 명이 가재도구도 몸을 뉠 곳도 없이 길거리에 나앉게 된 것이다. 절망적인 상황에 민심도 흉흉해졌다. 사람들은 이처럼 광범위한 재난을 초래한 화재가 단순한 사고였을 리 만무하다고 입을 모았다. 머리에 두건을 쓴 수상한 무리가 횃불을 휘두르면서 연기와 불길 사이를 지나다니던 모습을 그들은 잊지 않았다. 그들은 누구였을까? 도시에서 재해를 면한 지역, 그리고 캄푸스 마르티우스와 네로의 개인 정원을 뒤덮은 거대한 천막촌과 허물어져 가는 집들에서는 재난을 당한 로마 시민들이 이 문제를 두고 열띤 토론을 벌였다. 다른 것은 몰라도 그들이 확신하는 한 가지는, 방화범들이 색출되면 혹독한 죄과를 치러야 한다는 것이었다.

그 일이라면 네로도 강점을 발휘할 수 있는 분야였다. 그는 요트에 함정을 설치해 어머니를 익사시키려 한 인물이었다. 징벌의 극적인 연출을 고안해내는 데 그보다 더 적합한 인물이 어디 있었겠는가. 아니나 다를까 범인으로 밝혀져 체포된 사람들은 끔찍한 고문을 당한 것 못지않게 엽기적인 죽음에도 노출되었다. 그들 중 일부는 관중의 재미를 위해 사냥개에게 갈가리 찢겨 죽었고, 또 다른 일부는 꼴불견으로 보이도록 계획된 방식에 따라 십자가형에 처해졌다. 그렇게 하지 않으면 상상 속에 나타나 로마인들을 괴롭힐 우려가 있다는 이유에서, 처벌뿐 아니라 조롱 거리로도 만들어야 된다는 절박한 필요성 때문이었다. 알고 보니 이들은 티베리우스 치세에 유대 속주에서 처형된 범죄자들로, 반사회적인데다 사악한 그들 종교의 창시자 이름을 따라 '그리스도교도Christians'로 불린 자들이었다. 따라서 점잖은 로마인들이 이주민에 대해 가장 우려했던 모든 것이 체현된 존재였다. 이들의 가르침은, 오래되기라도 한 유대인들의 가르침보다도 더 악질적이었다. '인간 사회의 규범을 증오하고',[6] 신들을 모욕하며, 그들 종파에 속하지 않는 다른 종교는 모조리 경멸하는 것을 목표로 삼았으니 말이다. 하지만 연기로 뒤덮인 폐허를 바라보는 사람들 눈에는 그들이야말로 내부 적의 화신으로 보였다. 그런데 지금 황제의 끈질긴 노력으로 그들이 방화범으로 밝혀졌으니 만사가 튼튼해진 것이다. 네로는 흥행사답게 특별히 눈부신 방식으로 그 사실을 동포 시민들에게 확인해주었다. 방화범으로 밝혀진 그리스도교도 모두를 짐승처럼 사냥당하게 하거나 십자가에 못 박지 않고 그중의 일부를 죄과에 부합하도록 몸에 역청을 바르고 불을 붙여 인간 횃불로 만든 것이다.* 그것으로도 모자라 이들을 자신의 개인 정원에 세워 화단과

---

* 기독교 4대 교부의 한 사람인 히에로니무스에 따르면, 네로에게 순교당한 기독교도는 총 979명이었다.

동굴의 조명등 노릇을 하게 해놓고 로마인들을 불러 구경시키기까지 했다. 그 자신도 전차 기수 옷차림을 하고서는 군중 사이로 들어가 사람들과 친숙하게 어울리며, 책임감 강하고 인기 있는 프린켑스의 본보기인 양 행동했다. 그것이 주는 메시지는 분명했다. 화재는 진압되었고, 더불어 위협적인 미신도 함께 진압되었다는 것, 본연의 책무를 다한 황제 덕에 밝은 미래를 기약할 수 있게 되었다는 것, 어둠이 있었던 곳에 이제는 광명만 존재한다는 것이었다.

그러한 징후는 잡석의 열기가 식기 무섭게 화마가 할퀴고 간 시커먼 도시 일대에 이미 나타나기 시작했다. 네로가 박진감 넘치는 로마 재건 계획을 세운 것이다. 금방이라도 쓰러질 듯 위태로운 목재 고층 건물들에 가로막혀 하루 종일 그늘이 졌던, 비좁고 꼬불꼬불한 골목길을 가진 슬럼가로 악명 높았던 도시 외관을 전면적으로 개량하려는 것이 그의 생각이었다. 지난 몇백 년 동안은 어느 황제도 이 일을 할 입장이 아니었는데, 이참에 그가 수도 로마의 지도를 추함, 저렴함, 불결함이 없는 곳으로 다시 그리려는 것이었다. 널찍한 대로, 고층이 아닌 인간 척도에 맞게 조성된 주택 지구, 돌로 짓고 열주로 장식한 거리의 전면이 그가 상상으로 그린 새로운 로마의 모습이었다. 곤경에서 벗어난 것에 감사해 하는 인부들이 잡석을 치워 오스티아 항 너머 습지로 내다버리고 있을 때에도 그는 건축가들과 머리를 맞대고 설계도를 검토하느라 바빴다. 그에게는 낭비할 시간이 없었다. 그리하여 장려금까지 제시해가며 일을 신속히 끝내도록 독려한 결과, 철저히 파괴되었던 도시가 이윽고 제모습을 찾기 시작했다. 그 일이 있기 17년 전에도 클라우디우스가 불사조라 여겨지던 것을 셉타(투표소)에 전시한 적이 있다. 하지만 540년을 살다가 거대한 모닥불에 태워진 뒤 불꽃 속에서 되살아난다는 기적의 새, 불사조 전시는 당시에는 성공하지 못했다. '누구도 그것이 가짜임을 의심하지 않았기'62 때문이다. 그러나 지금 네로가 하려는 일은 가짜와 거리가 멀었다. 화재로 전소된 로마를 거대한 황금 깃털의 아지랑이 속에서 피어나는 도시, 폐허에서 솟아나는 아름답고 눈부신 불사조로 연출할 계획이었으니 말이다.

　그렇다면 팔라티노 구릉과, 그 동쪽에 있는 카일리오 구릉 및 오피오 구릉 사이에 자리한 계곡보다 그것을 연출하기에 더 적합한 곳은 없었다. 그곳이 특히 화재 피해가 심한 지역이었기 때문이다. 네로의 궁전 개발 터와 절반쯤 완성된 클라우디우스 신전을 비롯해, 그 길목에 있던 모든 것이 잿더미가 되었으니 말이다. 대화재는 팔라티노 구릉마저 삼켜버렸다. 화염은 아폴로 신전에까지 밀려들었다. 왕정 시대에 지어진 건물들도 사라지고, 공화정이 붕괴한 지 100년이 지난 뒤에도 여전히 포룸에서 시작되는 도로에 줄지어 서 있어 고대 로마 가문들이 지닌 힘의 기념비 역할을 했던 귀족들의 유서 깊은 저택들도 사라졌다. 그러나 재앙은 기회가 될 수 있었다. 세계에서 가장 값비싼 부동산을 무제한으로 개발할 여지가 생겼으니 말이다. 그리고 당연히 네로는 성격상 그런 기회를 놓칠 사람이 아니었다. 하지만 그가 세운 계획은 동포 시민들을 위한 것이라기보다 그 자신을 위한 것이었다. 그처럼 상상력이 넘쳐나는 예술가가 어찌 팔라티노 구릉으로 거소를 한정할 수 있었겠는가. 팔라티노 구릉의 황궁은 너무 비좁고 답답했다. 따라서 그와 같이 뛰어난

네로 시대의 로마 시

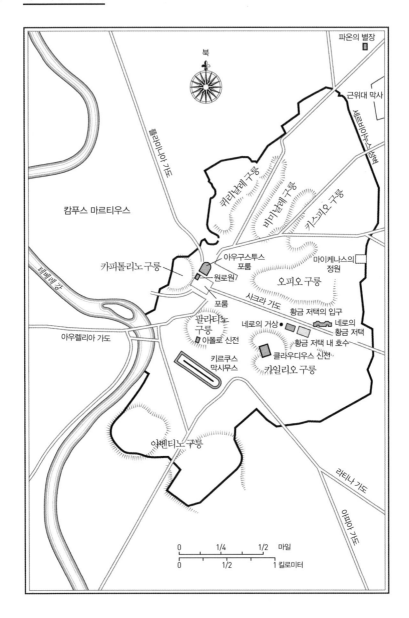

파온의 별장

북

근위대 막사

세르비아누스 성벽

쿠리날레 구릉

비미날레 구릉

에스퀼리오 구릉

캄푸스 마르티우스

플라미니아 가도

카피톨리노 구릉

마이케나스의 정원

아우구스투스 포룸

오피오 구릉

원로원

사크라 가도

테베레 강

포룸

황금 저택의 입구

팔라티노 구릉

네로의 거상

네로의 황금 저택

아우렐리아 가도

아폴로 신전

황금 저택 내 호수

키르쿠스 막시무스

클라우디우스 신전

카일리오 구릉

아벤티노 구릉

라티나 가도

아피아 가도

```
0        1/4      1/2   마일
├────┼────┼────┤
0        1/2         1 킬로미터
```

인물이 살기에 적합한 황궁이 되려면 카일리오 구릉과 오피오 구릉으로 그 범위를 확대할 필요가 있었다. 음악과 시의 천재 아폴로나, 그가 수년간 실력을 따라잡으려고 노력한 전차 몰기의 귀재 태양신과 마찬가지로, 그도 재능에 부합하는 저택을 가질 자격이 있었다. 로마인들에게 입이 떡 벌어질 정도의 놀라움을 자아내고, 그 광휘에 그들의 눈이 부실 만한 황금 저택을 가질 자격이 있었다.

실제로 네로는 그런 궁전을 주문했다. 이 방면에서 명성이 자자한 두 건축가, 주택의 목적에 맞게 거친 지형을 평평하게 만들어 이용하는 데 탁월한 능력을 발휘하는 기술자, 토가 정장을 하고서 칠을 할 정도로 관록 있는 도장공들을 고용한 것이다. 그리고 과연 이들도 이름값을 하여, 황제가 던진 도전에 대처하는 데 그치지 않고 그의 기대를 충족시킬 능력도 있음을 보여주었다. 황금 저택을, 세계 지배자의 의미를 로마인들에게 일깨워줄 수 있는 형태로 설계한 것이다. 저택 단지는 압도적 외관에 탁월한 예술품들을 배치하는 것은 물론 정교한 생활 공간으로도 꾸며질 예정이었다. 그뿐만이 아니었다. 저택이 세계 최대의 도시 중앙에 들어서는 점을 감안해, 누구도 예상치 못한 요소도 추가하고자 했다. 저택 주변에 도시를 대표하는 건물들을 끼고 있는 대형 호수, 경작된 밭과 포도원, 숲과 목초지를 갖춘 아름다운 공원도 조성하려는 계획이었다. 야생 동물과 가축도 풀어놓을 계획이었다. 단순한 궁전이 아니라 황제가 지배하는 육지와 바다의 모든 것을 무한정으로 갖춘 궁전을 만들려고 한 것이다.

로마가 지배하는 세계를 로마 중심부에 옮겨놓으려는 것이 이들의 계획이었다.

어둠에 금박을 입히다

불폭풍이 로마를 집어삼키기 3개월 전이었던 기원후 64년 5월, 네로는 나폴리로 여행을 갔다. 딱히 이유가 있어야 가는 곳은 아니었지만, 그래도 이번 나폴리 여행에는 특별한 목적이 있었다. 태어나서 처음으로 수염 깎은 것을 기념해 연회를 개최한 지 5년이 지난 지금, 그가 자신의 수금 실력을 대외에 공개하기로 결심한 것이다. 수금 연주자로 데뷔하기에 이탈리아의 가장 유명한 그리스 도시보다 더 적합한 곳은 없었다. 나폴리야말로 세련되고 코스모폴리탄적인, 네로가 원하는 종류의 관객을 기대할 수 있는 곳이었기 때문이다. 네로는 로마의 전통주의자들이 자신의 수금 연주를 못마땅해 하리란 것을 알았다. 실제로 이번 공연의 모든 측면이 그랬다. 혁신적일 뿐 아니라 아방가르드적인 장관, '황제가 무대에 서는'[63] 것이었으니 말이다.

따라서 어느 것 하나 운에 맡겨지는 것은 없었다. 네로는 철두철미하게 공연 준비를 했다. 정기적으로 관장을 하고, 똑바로 누운 채 납으로 된 추를 가슴에 올려놓으며, 한 번에 며칠씩 기름에 적신 골파만 먹는 등, 몇 달에 걸쳐 성량 강화를 위해 가수가 하는 모든 일을 했다. 치어리더 5000명으로 구성된 박수 부대도 동원하고, 빈 좌석이 보이지 않도록 근위대원들에게 청중에 합류하라고 지시도 해놓았다. 하지만 그의 걱정은 기우였음이 드러났다. 입장권이 매진된 것이다. 극장에 몰려든 사람들은 현지 주민들뿐만이 아니었다. 알렉산드리아인들을 비롯해 외지인들도 많았다. 네로는 알렉산드리아인 관중이 리드미컬하게 박수 치는 모습에 반해, 자신의 박수 부대에게 그 방법을 전수받도록 했다. 어느 모로 보나 풍채 좋은 슈퍼스타답게 공연이 끝나면 그리스어로 농담을 했고, 남이 보는 데서 식사를 했으며, 관중과 스스럼없이 어울리기도 했다. 한마디로 공연의 모든 것이 대성공이었다.

물론 흠도 있었다. 공연이 한창 진행되고 있던 어느 밤, 지진이 일어나 그가 연주하고 있던 극장 건물이 크게 부서지는 사건이 발생했다. 그런데도 사망자가 없다는 점을 들어 네로는 신들도 자신의 공연을 허락해주었다고 기뻐하며 그것을 주제로 한 즉흥시까지 썼다. 하지만 다른 사람들은 그의 말에 긴가민가했다. 전통적 가치를 무시하는 네로의 행동에 기가 질린 사람들은 그 지진에서 로마를 위대하게 해준 모든 것의 기초가 심하게 흔들리는 것을 보았다. 같은 해 여름에 일어난 로마 대화재 역시 신과 인간의 형세에 치명적 혼란이 초래될 만큼 엄청난 재난이 불어닥칠 징조로 해석되었다. 화재가 일어난 즉시 네로가 최대한 현란하게 기원을 올려 신을 위무하려 한 일도, 사악하고 선동적인 그리스도교도들을 처형한 일도, 사람들이 황제 험담하는 것을 막지는 못했다. 네로가 아무리 열성적으로 화재 뒷수습을 하려고 애쓰고 찬란한 도시 재건 계획을 세워도, 화마에 모든 것을 잃은 사람들의 당면한 고통은 줄어들지 않았기 때문이다. 화재가 일어난 지 몇 달이 지나고 파괴의 잔해가 치워졌는데도 사람들의 분노는 점점 더 깊어갈 뿐이었다. 네로의 명령에 따라 널찍한 대로와 저층형 주거 지역으로 바뀐, 예전의 비좁았던 주거 지역을 그리워하며 새 도시에는 햇볕 피할 데도 없다는 푸념을 늘어놓는 시민도 많았다. 또 다른 사람들은 불과 얼마 전까지만 해도 자신들의 집이었던 자리에 측량사들이 호수와 들판을 설계하는 모습을 보고 더욱 분통을 터뜨렸다. 그들은 '거들먹거리는 고위층이 가난한 사람들의 주거를 강탈하는'[64] 것에 분노했다.

게다가 피해를 입은 이들이 도시의 빈곤층만은 아니었다. 황금 저택의 부지로 소유지를 빼앗긴 원로원 의원들도 피해를 보기는 마찬가지였다. 토지를 빼앗기지 않은 사람들 또한 도시 한복판에 공원 조성하는 행위를, 그들이 지닌 위신의 시체를 네로가 직접 밟는 것으로 인식했다. 로마에서는 100년 넘도록, 이국적 꽃들이 향기를 발하는 정원의 그늘이 신분을 나타내는 궁극적 상징이었다. 마이케나스에서 메살리나에 이르는 로마의 상류층이 정원을 그토록 갈망한 것도 그래서였다. 그런데 그 모든 것이 이제는 끝난 것이다. 구릉으로 둘러싸인 황금 저택의 거대한 공원 용지가, 예전에는 갑부들만 누리던 특권인 정자와 잔디를 이제 로마인들에게 보여주게 될 터였으니 말이다. 빈곤층에게는 그나마 궁전의 공원이, 매연과 벽돌뿐인 단조로운 환경에서 잠시 벗어나 상쾌한 바람을 쐴 수 있는 공간이 될 만했다. 그러나 원로원 의원들에게는 황제에 비하면 자신들은 아무것도 아닌 존재임을 확인해주는 것밖에 되지 않았다. '도시에는 이제 하나의 저택만 서 있게 되었으니'[65] 말이다.

로마 중심부의 익숙한 풍경이 시골처럼 변모하는 일은 원로원 의원들이 네로의 면면 중에서도 가장 혼란스러워한 요소, 예컨대 그에게는 그들이 언제나 당연시한 모든 것의 경계를 허물어뜨릴 능력이 있음을 보여준 증거였다. 대다수 귀족에게는 그것이 인간의 영역을 벗어나는 능력을 암시하는, 그들의 사기를 떨어뜨리는 힘으로 느껴졌다. 물론 네로는 초자연적 존재에서 유래한 것들과는 거리가 멀었다. 목덜미가 굵고 땅딸막한 것이 아직 젖살이 빠지지 않은 모습을 그대로 유지하고 있는 것만 해도 그랬다. 하지만 황제의 이미지는 피와 살로만 만들어지지는 않았다. 요트를 죽음의 함정으로 바꿔놓고 캄푸스 마르티우스를 매음굴로 변모시킨 인물이었으니, 사람들의 기대감으로 장난치는 법도 그는 물론 알고 있었기 때문이다. 아니나 다를까 그 무렵 세계 최고의 조각가 제노도루스의 작업실에서는 높이 4미터에 이르는 청동 두상이 만들어지고 있었다.[66] 완성되면 거대한 조상에 얹어져 황금 저택의 입구에 보초로 세워질 예정인 그 두상은 황금 전차를 모는 태양신의 형상으로 빚어졌다. 하지만 두상에서는 또 다른 전차 기수를 연상시키는 것 이상의 분위기도 분명 느껴졌다. 애당초 '프린켑스를 본떠 만들도록 계획된 것이었으니'[67] 그럴 수밖에. 실제로 완성된 거상은 태양 광선의 왕관을 쓴 세계의 보호자 모습을 하고 있었다. 도시 모든 곳에서 보이는 거상을 신에게 근접한 네로의 형상으로 빚은 것이다.

그러나 거상의 얼굴은 특정 각도에서 보면 인간을 넘어서는 모종의 섬뜩함으로 빛나는 것 같았지만, 또 다른 각도에서 보면 짐승의 야만성이 서려 있는 것 같기도 했다. 네로가 갖가지 해괴망측한 섹스 놀이에 탐닉했던 것은 잘 알려진 사실이다. 하지만 그런 행동의 어느 것도 가리가리 찢겨 죽는 범죄자를 모방한 것에 구역질 나는 오럴섹스를 결합시키는 엽기적 행위를 한 것보다 심란하지는 않았다. 일부 기록에 따르면,

네로는 남자와 여자, 혹은 소년과 소녀를 기둥에 묶어놓고 야생 동물 가죽을 스스로 뒤집어쓴 채 우리에서 뛰쳐나와 그들의 은밀한 부위를 물어뜯었다고 한다.[68] 어차피 그렇게 고안된 플로어쇼였던 만큼 모든 면에서 추잡스러웠던 그 행위는 로마가 늑대의 젖을 먹고 자란 왕이 세운 나라라는, 삼척동자도 아는 로마의 기원을 가지고 벌인 사악한 장난질이었다. 마치 도시의 대부분이 폐허로 변한 지금, 네로 자신이 새로운 로마 재건 계획을 세우고 있음을 보여주겠다는 듯이 말이다. 재건으로도 모자라 그는 로마를 자신의 이름을 따 '네로폴리스'[69]로 개명하고 싶어 했다고까지 한다. 사실 여부를 떠나 그런 소문이 폭넓게 퍼졌다. 특정 각도에서 보면 신의 모습으로 보이고 또 다른 각도에서 보면 늑대인간의 모습으로도 보이는 인물이었으니, 그에 관련된 모든 얘기가 사실로 믿어질 만도 했을 것이다. 실제로 대화재가 일어난 지 몇 달 후에는, 그 일이 너무도 충격적이어서 그대로 두었다가는 네로가 도시 역사에서 초유의 범죄자로 몰릴지 모른다는 말들이 엘리트 사회에서 처음으로 나오기 시작했다. 아우구스투스의 계승자이자 민중의 제1시민인 네로가 로마를 불태운 장본인이라는 주장이 제기된 것이다.

그런 끔찍한 주장은 그가 재앙을 사용한 방식 때문에 제기되었다. 2차 화재의 진원지가 티겔리누스의 영지였다는 점도 함께 언급되었다. 현란하고 잔혹한 인물이었으니, 네로는 신화적 규모의 범죄를 저지를 때에도 나름의 정칙을 가지고 행했을 거라는 말이었다. 모친 살해를 스스로 실토한 인물에게 방화 지점 따위가 무슨 대수였겠냐는 것이 사람들 생각이었다. 어머니 살해 때 보인 그의 죄의식이 자기본위적이었던 것 못지않게 연극적이기도 했듯이, 그가 로마가 불타는 모습에 영감을 받아 수금을 연주하며 트로이 함락을 노래했다는 주장도 나왔다. 네로가 이 공연을 펼친 장소에 대해서는 논란이 많았다. 그의 궁전이라고 말한 사람들도 있고, 궁전 지붕이라고 말한 사람들도 있으며, 마이케나스 정원에 있는 탑이라고 주장한 사람들도 있었다. 그러나 네로의 유죄를 확신하는 사람들에게 그런 내용은 중요하지 않았다. 그보다는 소문이 스스로의 힘으로 퍼져 나가는 습성이 있다는 점이 중요했다. 보름달이 밝게 뜬 밤에 방화를 저지른다는 것은 상상하기 힘든 일이고, 네로도 화재 진압을 위해 전력투구했으며, 피해 복구에 엄청난 비용이 소요되었다는 사실도 그가 방화범이라는 소문을 잠재우는 데 도움이 되지 못했다.* 도움이 되기는 고사하고 오히려 화재의 불길처럼 소문만 맹렬하고 빠르게 퍼져 나가, 새해가 밝았을 무렵에는 네로 정권의 토대에서조차 소문의 불길이 날름거렸다.

"어머니와 아내 살해자, 전차 기수, 배우, 방화범."[70] 이것이 네로에게 씌워진 기나긴 범죄 목록이었다. 로마 사회의 상류층치고 만일 네로에게 사는 것이 허락된다면 그가 더 많은 죄를 지을 거라는 데 의혹을 갖는 사람은 거의 없었다. 황제 살해는 물론 두려운 일이었다. 하지만 기원후 65년 초에는 상당히 많은 사람이 네로 살해 음모를 꾸며야 할 필

---

* 지금껏 기록이 전해지는 고대 역사가들은 모두 네로의 유죄를 당연시했다. 타키투스만 예외적으로 "그 재앙이 사고의 결과였는지, 프린켑스의 범죄 행위였는지는 확실치 않다. 두 관점 모두를 지지하는 역사가들도 있다"라고, 뚜렷이 다른 반응을 보였을 뿐이다. 네로의 결백으로 기우는 역사가가 다수를 차지하기는 하지만, 상황은 지금도 달라지지 않았다. 그러니 내가 전하는 관점도 도리 없이 '입증되지 않은' 관점일 수밖에 없다.

요성을 느꼈다. 역모에 가담한 이들은 비단 여러 원로원 의원들과 기사들뿐만은 아니었다. 그 못지않게 중요했던 점이 근위대 장교들도 역모에 가담한 것이었다. 역모에 가담한 근위대 장교들 중 최상급자는 부루스가 사망한 뒤 티겔리누스와 공동으로 근위대장에 임명된, 타락한 티겔리누스와 대조적으로 청렴하기로 유명한 파이니우스 루푸스였다. 그런 인물의 존재는 다른 가담자들에게 힘이 되었고 주저하는 사람들에게는 버팀목이 되었다. 또한 100년 전 율리우스 카이사르의 암살 음모이래 그 어느 때보다 역모 자체에 폭넓은 기반을 제공해주었다. 그렇다고 역모자들이 공화정으로의 회귀 의도를 갖고 있었던 것은 아니다. 누구보다 원로원의 양심을 대표한 인물이자, 브루투스와 카시우스의 생일을 반드시 기릴 정도로 그 시대에 향수를 갖고 있던 트라시아 파이투스가 역모 가담 권유를 받지 않은 점으로도 그 사실을 알 수 있다. 역모자들이 원했던 것은 공화정이 아니라 네로를 새 황제로 교체하는 것이었다. 그리하여 이들이 거사의 얼굴마담으로 점찍은 인물이 반세기 전불명예를 당하고 자결한 그나이우스 칼푸르니우스 피소의 손자, 따라서 명문가의 자손인 가이우스 칼푸르니우스 피소였다. 가이우스 피소는 뛰어난 공직 경력에 사교적이고 편안한 매력을 지닌, 따라서 사람들이 끔찍한 거부감 없이 황제로 받아들일 만한 인물이었다. 아우구스투스 가문과는 피 한 방울 섞이지 않았지만 그 정도 문제는 충분히 극복될 만했다. 클라우디우스에게는 옥타비아 외에 안토니아라는 또 다른 딸이 있으니, 피소를 이혼시킨 뒤 삼십대인 그녀와 재혼시키면 된다는 것이 음모자들의 중론이었다. 그렇게 되면 빈약할망정 아우구스투스가와의 연계가 생기므로 로마인들도 만족하게 될 테고, 나머지 부족분은 대중의 인기를 얻는 데 재주가 많은 피소가 메울 수 있으리라 보았다. 세네카도 아직은 남아 있는 네로에 대한 충심과 변해버린 제자에 대한 혐오감 사이에서 갈팡질팡하면서도, 새로운 황제의 등장 개연성을 받아들일 태세였다. 음모자들 중에는 세네카가 궁극적으로 황제가 되기를 바라는 사람도 일부 있었다. 결국 병든 몸으로 반쯤 은퇴 상태에 있던 세네카도, 피소를 직접 만나는 건 거부했으나 피소의 첩자에게 의견 타진이 왔을 때 피소를 배신하는 행위는 하지 않았다. 배신하기는커녕 오히려 "피소의 안녕에 나의 안전이 달려 있다는 점을 알려라"[71] 하고 어정쩡하게 타협하는 말을 했다.

그 노인은 여전히 우주적 재앙이 일어날 것이라는 환상으로 괴로워하고 있었다. 그는 하늘이 검게 변하고 온 세상이 암흑천지가 되는 악몽에 시달렸다. 그러나 완전한 재앙을 관조하다 보니 일종의 해방감도 느꼈다. 최악이 되면 항복도 더는 선택 사항이 되지 못하기 때문이었다. "역경을 맞닥뜨린 적 없는 사람보다 불행한 사람은 없다. 스스로를 입증해 보일 기회를 갖지 못했을 테니 말이다."[72] 이것이 말해주듯, 지난날 로마에는 원로원의 지도급 인사들이 피가 튀고 목마른 파리 떼가 들끓는 전장에서 그들 도시의 위대성에 봉사하거나, 봉사를 시도하다 죽어가며 그 말의 참뜻을 증명해 보이려 한 때가 있었다. 하지만 그 시대는 이제 가고 없었다. 그러므로 로마 최고의 지도자들이 용기를 펼쳐 보일 수 있는 장도 크게 줄어들었다. 물론 "어떻게 명시하든 비르투스의 기준과 가치가 변하지는 않았다."[73] 그래도 역모자들이 계획한 대로, 로마인들의 눈이 쏠린 키르쿠스 막시무스에서 네로를 공격하는 용기를 갖기는 쉽지 않았다. 그런데도 피소가 자신의 호화 별장이 있는 바이아이로 네로를 초대해 그곳에서 은밀히 거사를 행하라는 가담자들의 제안을 경멸조로 거부한 것은, 그 일을 공개적으로 행하지 않으면 의미가 없다는 판단 때문이었다. 그는 네로의 피가 수도에서 뿌려지지 않는 한 그의 죄과가 씻기지 않으리라고 보았다. 첫 공격의 영예를 차지하겠다고 나선 플라비우스 스카이비누스가 자기 소유의 단검을 믿지 못해 신전의 단검을 빼내 가져온 것도, 살해를 더럽히지 않고 희생이 되게 하려는 생각에서였다.

그러나 세네카도 알았듯 희망 속에서 사는 것은 실패할 가망 속에서 사는 것이기도 했다. 그리고 "그렇게 살아가는 사람들은 가까운 장래가 영원히 사라지고, 그 자리를 대신해 절망과 죽음의 공포가 슬며시 들어오며, 저주가 다른 모든 것을 파괴하는 것을 보게 될 터였다."[74] 아닌 게 아니라 이는 사실로 입증되었다. 자신의 영지에서 조마조마 역모의 진척을 기다리던 세네카에게 마침내 전해진 소식에는 최악의 내용이 담겨 있었다. 단검의 날을 세우라는 주인의 요구를 수상하게 여긴 스카이비누스의 해방노예가 저지른 밀고로 역모가 발각된 것이다. 피소도 네로가 로마인들에게 인기가 높은 사실을 절망적으로 반추하고는 쿠데타를 일으키라는 지지자들의 요구를 묵살하고 자살했다. 이어 도시 전역에서는 체포의 광풍이 휘몰아쳐 쇠고랑을 찬 혐의자들이 줄줄이 재판에 부쳐졌다. 밀고자들도 집결했고, 범인들의 실토가 이어졌으며, 죄인들이 사형에 처해졌다. "음모의 발단과 진행, 그리고 진압된 과정도 문서로 기록되었다."[75] 감춰진 것은 아무것도 없었다. 세네카도 캄파니아에서 로마로 돌아오던 중 도시에서 6킬로미터 떨어진 외곽에서 근위대 장교의 제지를 받고 피소에게 보낸 메시지를 설명하라는 요구를 받았을 때, 하지 않았다고 부인할 수도 결백을 주장할 수도 없다는 사실을 깨달았다. 그는 평생을 죽음의 강박에 사로잡혀 지냈다. 그랬던 만큼 죽음을 기꺼이 받아들여야 할 때 그것을 직시할 수 있는 힘을 인간의 척도로 여겼다. 그런데 그 생각을 시험할 순간이 지금 닥친 것이었고, 그러자 세네카도 그 시험을 이겨낼 마음의 준비를 했다.

실제로 그의 별장에는 네로의 자살 명령서를 소지한 근위대 병사들이 도착했다. 하지만 결과적으로 그의 자살은 길고도 고통스럽게 진행되었다. 칼로 손목을 그은 데 이어 발목을 긋고 그다음에는 무릎 안쪽을 그어도 출혈이 치사량에 미치지 못해, 이런 사태를 대비해 준비해둔 독당근에서 뽑은 독약을 들이켰는데도 목숨이 끊어지지 않았다. 세네카는 결국 집안 노예들에 의해 욕탕으로 옮겨져 뜨거운 증기를 마시고서야 생명이 꺼져가는 것을 느꼈다. 살아 있을 때처럼 죽을 때도 철학자처럼 생을 마친 것이다. 하지만 그도 마지막 순간에는, 심지어 수행 비서에게 교훈이 될 말을 받아적게 하는 와중에도, 상처로 얼룩진 실패한 자기 생의 끈을 쉽사리 놓지 못했다. 손목을 긋기 전에는 오랫동안 덮어 감춰줄 수밖에 없었던 옛 제자의 죄를 비난하는 말도 했다. "(자네들은) 어머니와 형제를 살해한 네로에게 남은 것은 조언자 겸 선생을 파멸시키는 것뿐이었다는 사실도 몰랐다는 거야?"[76] 세네카도 그러리라고 예상했겠지만, 죽어가면서 그가 친구들에게 남긴 이 말은 무덤 저편의 비난이 되어 널리 퍼져 나갔다. 세네카의 자살 소식에 기뻐했다고 알려진 네로마저 이 말에는 괴로워했다. 어머니에 이어 이제는 스승까지, 두 사람 모두 자신들 입으로 그를 괴물이라고 비난하며 죽어갔으니 말이다.

네로는 클라우디우스의 양자로 입양된 이후 줄곧, 로마인들의 환호 속에서 살고 싶은 열망과 편집증이라는 두 본능과 싸웠다. 그렇게 두 본능의 균형을 잡으려다 보니 가장 가까운 측근들을 되풀이하여 희생시키게 된 것이다. 그런데다 지금은 또 피소의 역모가 발각되어 로마 엘리트들이 자신을 싫어한다는 사실도 만천하에 공개되었다. 돌을 들어 올리자 그 아래에 몸을 비틀며 사방으로 도망치는 몰골 못지않게 비열해 보이기까지 한 증오의 파충류들이 우글대고 있었던 것이다. 네로 스스로 원로원의 위신을 떨어뜨리고 원로원의 이상을 모욕하는 행동을 했으니, 원로원이 그에 대한 증오감으로 똘똘 뭉쳐 있다는 점이 드러난 것은 새삼스럽지 않았다. 그보다 그에게 더 충격이었던 것은 근위대 막사에서도 역모가 진행되었다는 사실이었다. 공동 근위대장 파이니우스 루푸스는 심지어 동료 가담자들을 고문하고 처형하는 중에, 보는 사람이 없으면 그들에게 눈을 찡긋해 보이는 이중 플레이까지 했다. 그러다 성난 스카이비누스의 폭로로 그 이중 게임은 끝이 났다. 음모에 가담한 사실을 숨기기는커녕 오히려 그것을 자랑으로 여기는 장교들도 있었다. 네로가 그들 중 한 백인대장에게 충성의 맹세를 어긴 이유를 묻자, 그는 "다른 방식으로는 폐하를 속죄시킬 길이 없었습니다"[77]라고 말했다. 대다수 다른 음모자들은 자신들의 신념에 그처럼 투철하지는 못했다. 아니, 네로는 그렇게 믿어야 했다. 그리하여 음모가 진압되고 음모자로 판명된 여러 장교들의 처형이 끝나자, 네로는 금품 살포로 문제를 해결했다. 근위대에 거액의 보너스를 지급하고 새로운 특권을 부여한 것이다. 그들 사전에 너무 많은 것이란 없었다. 그리고 도덕 관념이 투철한 사람이라면 지긋지긋해 하고, 티겔리누스 못지않게 사악하다는 평판을 지닌 님피디우스 사비누스를 신임 공동 근위대장으로 임명했다. 큰 키에 험상궂은 얼굴을 한 그는 클라우디우스 밑에서 세도를 부린 해방노예, 칼리스투스의 손자였다. 그의 어머니는 팔라티노 구릉의 노예 구역에서 매춘부로 일했고 그의 아버지는 칼리굴라였다는 소문이 따라다니는 인물이었다.

원로원은 당연히 위축되었다. 네로의 행동은 누가 봐도 오래도록 자명했던 사실, 곧 원로원의 권리에 대해 그가 느끼던 지루함이 다르게 표현된 것이었기 때문이다. 님피디우스를 근위대장으로 승진시킨 것, 팔라티노 구릉과 포럼에 티겔리누스의 조상을 세운 것, 반역죄 재판이 진행되는 동안 유죄 판결이 나도록 도운 심복들에게 푸진 영예를 안겨준 것 등, 모든 조치가 그 점을 야단스레 공표한 행위였다. 그렇다고 이번 역모 사건이 귀족들에 대해 네로가 품은 의심만 굳게 한 것은 아니었다. 역모 사건은 그에게 사랑받아야 한다는 점도 함께 깨우쳐주었다. 아니나 다를까 네로는 처형된 음모자들의 피가 마르기 무섭게 궁극의 무대, 로마에서 자신의 소중한 야망을 실행할 계획을 세웠다.

당시(기원후 65년) 로마의 분위기는 음울했다. 도시에 역병이 돌아 거리에는 곡소리가 울려 퍼지고 화장용 장작이 거리를 가득 메웠다. 그런 탓인지 관중은 극장에 들어서자 기분이 고조되는 것을 느꼈다. 네로도 관중의 기대에 당연히 부응했다. 무대에 올라, 원로원 의원들은 끔찍해 하지만 팬들은 좋아하는 시를 낭송한 것이다. 하지만 시만 달랑 낭송하고는 극장을 떠나버렸다. 그러자 관중은 발을 구르고 박수를 치며 무대로 돌아와 '황제가 지닌 그 모든 다양한 재능을 보여줄 것'[78]을 간청했다. 그러자 또 이런 공연의 무대 운영에 도통한 아울루스 비텔리우스가 주군 뒤를 황급히 따라가, 자신을 군중의 대표라고 말하며 황제가 음악 경연 대회에 참가하는 것이야말로 모든 사람의 바람이라고 소리쳤다. 네로는 그제야 못 이기는 척 치렁치렁한 장옷으로 갈아입고 신발도 키타라 연주자용 통굽 힐로 갈아 신고 이번에는 손에 수금을 들고 무대에 다시 나타났다. 그러고는 손가락으로 현을 고르며 목청을 가다듬고 노래하기 시작했다. 머지않아 그의 얼굴에는 땀이 비 오듯 쏟아졌지만 그것도 그의 연주를 멈추게 하지는 못했다. 네로는 공연을 끝낸 뒤에야 비로소 무릎을 꿇고 관중의 열광적 박수에 빠져들었다. 심사단의 판정도 당연히 예상한 대로 나왔다. 하지만 네로는 승리의 종려를 받고도 안도하는 표정을 짓지 못했다. 진정한 상인 관중의 환호, 박자에 맞춰 리드미컬하게 치는 관중의 박수가 로마의 하늘에 울려 퍼지고서야 마침내 그는 그 소리에 취해 자신이 사랑받는 존재임을 느꼈다.

그것이 다행이었던 것은, 오래지 않아 네로는 그 추억을 더욱더 소중히 여기게 될 것이었기 때문이다. 네로가 로마인들의 애정을 애타게 갈망한 것은 사실이지만, 그의 인생에서 진정한 사랑이었던 사람에 대한 마음 역시 군건했다. 게다가 멋지고 매력적이며 믿을 수 없을 만큼 섹시한 포파이아 사비나가 당시에는 임신 중이어서 그 사랑이 이제는 곱절로 중요해졌다. 포파이아는 2년 전에도 딸을 낳았다. 따라서 그 아이는 비록 어려서 죽었지만 그녀가 자신에게 후계자를 안겨줄 능력이 있다는 데에는 의심의 여지가 없었다. 그 점에서 네로가 자신이 죽인 사람들의 기나긴 목록에, 세상에서 사라지면 견딜 수 없어 할 사람을 추가한 것은 이중의 재앙이었다. 그는 결코 포파이아를 죽일 의도가 없었다. 전차 경주를 마치고 늦게 귀가한 죄밖에 없는 그에게 잔소리를 퍼부은 그녀가 잘못이었다. 그는 피곤했고, 그래서 심한 욕설을 퍼부었다. 그렇더라도 발길질은 하지 말았어야 했다.

죄책감으로 가득한 네로의 비통함은 이루 말로 다할 수 없었다. 얼마나 슬펐으면 그녀의 장례식 때 1년치 공급량을 소진한 것도 모자라 추가로 향을 태우기까지 했을까. 그는 사랑하는 아내의 시신이 재로 변하는 모습도 볼 엄두가 나지 않아, 파라오처럼 시신에 방부 처리를 해서 아우구스투스 영묘에 묻었다. 그것으로도 모자라 포파이아를 여신으로 선언하고 로마 귀부인들에게서 뜯어낸 돈으로 신전도 지었다. 임신한 배에 시커먼 멍이 든 채 비참하고 몰골 사납게 죽은 아내가 아니라, 미와 욕망의 여신 '베누스 사비나'[79]로 하늘에서 영원히 군림할 수 있게 해준 것이다.

이것이 네로의 본모습이었다. 그러니 그를 두려워하고 혐오하는 사람들이 포파이아의 불행한 운명에서 로마가 당할 모종의 운명을 감지한 것도 무리는 아니었다. 로마도 포파이아처럼 네로에게 학대당하고 두드려 맞으며 발길질을 당하리라 생각한 것이다. 실제로 피소의 역모를 진압한 뒤 너무도 빨리 찾아온 포파이아의 죽음은 네로의 불안감을 잠재우는 데 전혀 도움이 되지 못했다. 아그리피나가 살해된 뒤 세네카가 "아무리 많은 사람을 죽여도 후계자까지 죽여서는 안 됩니다"[80]라는 충고의 말을 했을 때만 해도 건성으로 흘려듣고 인사치레를 하는 데 그쳤다. 그런데 태어나지도 못한 자식을 잃은 것이고, 그러니 자신을 계승할 핏줄 하나 갖지 못한 상태에서 잠재적 경쟁자를 더욱 두려워하게 될 것임이 자명했다. 그와 아그리피나가 미리 가지치기를 한 결과로 아우구스투스의 남자 후손 중에 그때까지 살아남은 사람은, 네로를 제외하면 그가 즉위한 뒤 곧바로 추방되어 이탈리아의 조그만 시골 마을에서 살고 있던 루키우스 유니우스 실라누스 토르콰투스(기원후 50~66)뿐이었다. 그는 나이는 어려도 순진하지는 않았다. 체포하러 온 병사들에게 저항한 것이다. 그러나 힘이 좋아도 칼이 없어서 저항에는 한계가 있었다. 결국 그는 암살대 지휘관인 백인대장의 칼을 맞고 쓰러졌다. 명망 있는 네로의 다른 적들도 머지않아 그의 뒤를 따랐다. 트라시아 파이투스와 같은 숙적들은 저항의 기미가 있어서가 아니라 네로가 더는 참기 싫다는 이유로, 또 다른 사람들은 노련한 군단 지휘관이라 불안감을 자아낸다는 이유로 제거되었다. 부자로 이름을 떨친 사람들의 목도 달아났다. 로마의 엘리트들이 피소의 역모에 이은 사법적 살해 1년 뒤 귀족층 전체가 흥건한 핏속에 빠져 죽은 것처럼 느낀 것도 무리는 아니었다.

그러나 포파이아를 위해 태운 향과 그녀의 시신에 채워 넣은 향료가 말해주듯, 네로에게는 잔혹하게 구는 것 못지않게 아름답게 꾸밀 능력도 있었다. 반역죄로 처형된 원로원 의원들에게서 압수한 돈도 그의 금고 안에서 고이 잠들어 있지만은 않았다. 과거 어느 때보다 속주들에 무겁게 부과하기 시작한 세금이나, 네로가 착복할 움직임을 보인 아프리카의 비옥한 토지에서 나오는 수입, 그리고 그의 심복들이 로마권 일대의 신전에서 약탈해 온 재보 역시 마찬가지였다. 로마와 같은 대도시를 재건하는 데는 천문학적 비용이 필요했지만 네로는 그런 일에 돈을 아끼려 하지 않았다. 절약은 생각할 수도 없었으므로, 수단과 방법을 가리지 말고 돈을 긁어모아야 했다.

그리고 그런 상황이라면 어떤 조언이라도 들을 가치가 있었다. 천 년전 카르타고 창건자가 그의 밭에 숨겨놓아 발견되기만을 기다리는 거대한 금덩어리에 대한 꿈을 꾸었다는, 카르타고 출신 기사의 말을 듣고도 네로는 물론 보물 탐험대를 그곳에 급파했다. 작업이 장기화되면서 점점 광란적으로 변해간 발굴에서 결국 아무것도 얻지 못했고, 그러자 면목이 없어진 카르타고인이 자살하는 민망한 일이 벌어졌는데도 네로는 그 일을 멈추지 않았다. 자신의 가장 고귀한 책무인 시민들 기쁘게 해주는 일에 변함없이 매달린 것이다. 그러던 차에 기원후 66년 여름, 드디어 로마인들을 자지러지게 할 완벽한 기회가 찾아왔다. 오래도록 고대하던 티리다테스가 왕관을 받기 위해 아르메니아에서 로마로 온 것이다. 왕관 수여식은, 눈이 부시도록 흰 토가를 입은 시민들로 북적이고 떠오르는 해에 군기와 갑옷이 '번갯불처럼 번쩍이는'[81] 근위대원들이 줄지어 선 포럼에서 한 차례, 그리고 무대와 벽뿐 아니라 소품까지도 화려한 금박이 입혀진 폼페이우스 극장에서 또 한 차례, 그렇게 두 번에 걸쳐 진행되었다. 그리고 이 극장 안, 네로가 황금 별들에 둘러싸인 천상의 전차 기수로 묘사된 휘황찬란한 자줏빛 차일 아래에서 티리다테스는 네로에게 경의를 표했다. 야만족 복장을 한 왕이 황제 앞에 부복하는, 누가 봐도 세계의 먼 지역이 세계의 중심인 로마에 복종하는 행동을 한 것이다. 모든 사람이 말했듯 실로 이 날은 '최고의 날'[82]이었다.

그런 판에 화재 때 집 잃은 사람들로 가득한 판자촌이 도시 외곽을 여전히 수놓고 있고, 아르메니아 왕이 방문 중이라는 이유로 밀폐되어 땀범벅이 되는 방들에서 정회 없이 반역죄 재판이 진행되는 것이 무슨 대수였겠는가. 나중에 티리다테스가 본국으로 돌아간 뒤, 폼페이우스 극장에 칠해진 금박이 벗겨지고 포룸에 뿌려놓은 장미꽃잎들도 깨끗이 치워진 뒤에도 네로의 매력이 뿜어내는 광휘는 줄어들 줄을 몰랐다. 포룸 너머로는 작업이 절반쯤 진행되어, 완성되면 태양신 왕관의 빛으로 별들을 어루만지게 될 네로 거상의 토대가 어렴풋하게 보이고, 그 너머에는 수도 한복판에 천하의 가경들을 모방하여 만든 호수, 숲, 들판이 펼쳐져 있었으니 그럴 수밖에. 오피오 구릉 쪽에서 뻗어나간, 금박과 보석으로 치장된 황금 저택의 전면도, 화재로 시커메지고 불안해진 도시 한 가운데에서 마치 태양이 자기 왕궁을 직접 짓듯 여름 내내 불붙은 모습을 하고 있었다.

그 정도면 네로도 충분히 적들을 비웃을 만했다. 까다롭고 주제넘은 질서의 규범에서 벗어나, 자신과 같은 최고 예술가에게 걸맞은 현실을 창조하느라 애쓰며 자유를 갈망해온 지 10년이 넘은 지금, 마침내 그 힘을 갖게 되었으니 말이다. 원로원도 상처 입고 사기가 떨어져 저항할 힘이 없어 보였고, 민중도 네로가 연출하는 압도적 환상과 장관에 도취되어 로마인이 되는 것의 의미를 재구성하려는 그의 계획에 기꺼이 동참하고자 했다. 네로가 원하는 한 그의 뜻을 꺾을 수 있는 것은 아무것도 없어 보였다.

다시 현실로

기원후 66년 초가을, 황제와 그의 측근들을 태운 대형 선단이 코린토스 항구에 들어왔다.[83] 그리스 본토와 남쪽의 펠로폰네소스 반도를 가르는 코린토스 지협에 위치한 이곳은 매춘부와 청동뿐 아니라 이스트미아 제전이라는 축제가 열리는 곳으로도 유명해서 네로의 취향에 맞는 도시였다. 2년에 한 번 축제가 열릴 때면 도시 외곽은 운동 경기와 음악 경연 대회를 관전하는 군중으로 북새통을 이루었다. "아시아인, 그리스인 할 것 없이 모든 사람이 경기를 보러 왔다."[84] 그런데 지금 이곳에서 이탈리아의 한 방문객이 자신의 존재감을 알리려 하고 있었다. 나폴리와 로마의 경연에서 승리를 거둔 지 얼마 안 된 네로가 그리스의 경연장마저 광란의 도가니로 만들려는 것이었다.

가장 권위 있는 제전의 주최자들도 황제의 뜻에 따라 올림피아 제전을 전후한 해에 열리던 행사들을 한꺼번에 몰아서 개최하는 것으로 일정을 재조정했다. 그에 따라 올림피아 제전은 역사상 처음으로 연기되고 다른 축제들은 일정이 앞당겨졌다. 네로는 이 축제의 모든 경연에 참가하려고 했다. 그다음에는 동쪽으로 가서 캅카스 산맥 너머에 있는 야만족을 복속할 계획을 세웠다. 클라우디우스의 브리튼 원정 이후 로마 황제가 속주들을 방문하기는 이번이 처음, 아우구스투스가 지중해 동쪽

그리스

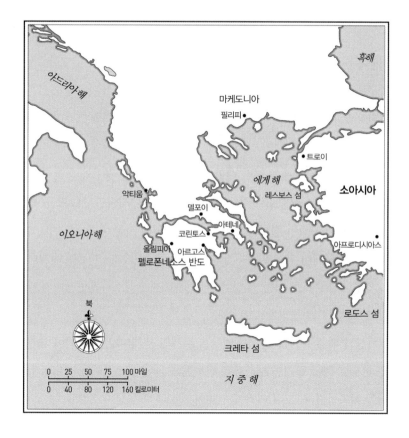

흑해

아드리아해

마케도니아

필리피 ●

에게 해

악티움

델포이

이오니아해

아테네

코린토스 ●

올림피아 ●

아르고스

펠로폰네소스 반도

북

트로이

레스보스 섬

소아시아

아프로디시아스 ●

로도스 섬

크레타 섬

지 중 해

| 0 | 25 | 50 | 75 | 100 마일 |

| 0 | 40 | 80 | 120 | 160 킬로미터 |

지역으로 원정을 떠나 파르티아에서 독수리 군기를 회수한 이래 세계의 지배자가 이토록 오랫동안 로마를 비우기도 처음이었다. 당연히 네로가 동쪽에 가까이 다가갈수록 선전도 극대화되었다. 한 점성술사는 네로가 지협에 운하를 파서 펠로폰네소스 반도를 섬으로 만들 것이라는 예언을 했고, 또 다른 점성술사는 네로가 예루살렘에서 황금 옥좌에 앉을 것이라는 점괘도 내놓았다. 그러니 그리스 전역이 흥분에 휩싸일 만했다.

반면에 로마의 많은 사람들은 네로가 동방에서 행하는 모험을 경멸의 눈초리로 바라보았다. 세력권에서 벗어난 사람일수록 특히 그런 감정이 강했다. 물론 이는 전적으로 상대적 감정이었다. 네로를 수행한 측근들이 배에서 내려 코린토스 땅에 발을 내딛는 모습을 본다는 것은 로마의 엘리트들이 찬밥이 되었음을 의미했기 때문이다. 티베리우스가 카프리 섬으로 은거한 이래 황제에 대한 접근 가능성을 엘리트들이 이렇게 굴욕적으로 차단당하기는 처음이었다. 그리스행 배를 타기 위해 아피아 가도를 내려올 때 네로가 자신을 노린 또 다른 살해 음모를 눈치채 음모가 발각됨으로써 원로원에 대해 그가 품었던 의심, 칼리굴라도 알았더라면 그에게 득이 되었을 법한 의심을 굳힌 것도 그 조치와 관련이 있었다. 전직 구두장이 출신으로 네로의 특별한 측근이던 절름발이 바티니우스가 그의 면전에서 종종 되풀이했다는, "황제시여, 원로원 의원이라는 사실 때문에 저는 폐하가 혐오스럽습니다"[85] 하는 농담을 들을 때마다 네로의 입가에 절로 미소가 번졌던 것도, 그렇게 보면 놀랄 일이 아니다. 그렇다고 모든 원로원 의원의 황제 접견이 금지된 것은 아니었다. 네로가 캅카스 지역으로의 원정을 앞두고 있을 때만 해도, 색다르지만 노련한 장군이 그를 수행했으니 말이다. 그러나 네로에게는 특별했지만 전직 집정관 베스파시아누스에게는 흔한 일이었다. 브리튼을 정복한 퇴역 장군인 그는 네로가 공연할 때 조는 실수를 범하고도 징계를 받지 않았을 만큼 혁혁한 전과를 거둔 인물이었다. 그렇기는 하나 그도 혈통 면에서는 바티니우스와 오십보백보의 차이밖에 안 날 만큼 낮은 비천한 가문 출신이었다. 화려한 지휘관 경력과 정무관 경력도 그의 조부가 빚 수금원으로 일했다는 사실을 숨겨주지는 못했다. 그러니 전직 구두장이와, 집정관 자리에까지 오른 촌뜨기를 비교해봤자 도토리 키 재기에 지나지 않았다. 야비하고 악랄한 기생충 바티니우스나, 훈장을 받은 전쟁 영웅 베스파시아누스나 별반 차이가 없었다는 얘기다. 그런데 이 두 사람이 황제의 측근이 되었으니 세상이 뒤집혔음이 분명했다.

하지만 그것도 아직 최악은 아니었다. 네로를 수행한 측근은 병사와 따리꾼들뿐만이 아니었다. 그의 수행단에는 음악인, 목소리 코치, 개인 트레이너 무리도 포함되어 있었다. 물론 올림피아 제전이나 이스트미아 제전의 경연에 나서는 네로가 대규모 비밀 스태프의 지원 없이 제 역할을 다하리라고 기대하기는 무리였다. 그리스 또한 연극과 스포츠 경연 대회의 본고장이었던 만큼 그곳 사람들도 극장과 경기장에서 벌어지는 일이 폭넓은 세태의 반영일 수 있다는 인식에는 익숙했다. 그렇기는 하나 허구와 현실의 경계가 이렇게까지 와장창 무너지는 일은 현지인들에게도 금시초문이었다. 네로는 대부분의 속주 방문객들과 달리 단순한 여행자가 아니었다. 따라서 명승지 탐방에는 관심이 없었다. 요컨대 그는 고대 예술과 문화의 고장을 탐방하러 온 것이 아니라, 여전히 살아

숨 쉬는 신화를 경험하기 위해 온 것이었다. 로마의 축제들에는 없는 방식으로 지난날의 전설적 영웅들과 교류할 수 있는 올림피아, 이스트미아, 그리고 과거 한때 아가멤논이 지배했다고 알려진 아르고스, 가장 유명한 아폴론 신전이 있는 델포이에서 개최되는 제전들을 경험하려는 것이었다.

그 점은 모든 경기 참가자에게 매혹을 부여해주는 요소이기도 했다. 네로가 황제의 지위를 가졌는데도 일등상을 따놓은 당상으로 여기지 않은 것도 그래서였다. 격렬한 경쟁이 수반되지 않은 승리는 의미가 없었다. 따라서 그도 여타 경기 참가자들과 똑같이 무대 공포증에 사로잡히고, 상대 선수 뒤에서 그에 대한 불평을 늘어놓으며, 심판들을 두려워할 것이었다. 세계 지배자든 아니든, 자신이 부정 선수가 되고 모든 사람이 그 사실을 알게 되는 상황을 그는 용납할 수 없었다. 물론 심판들은 어쩔 수 없이 매 경기마다 그에게 일등상을 수여하겠지만, 그렇더라도 수많은 관중이 자신의 묘기에 느끼는 놀라움이 감소되게 해서는 안 되었다. 게다가 하나같이 신이나 왕의 혈통을 지닌 영웅들에 의해 창설된 그리스 최고의 축제들을 이끌기 위해 황제인 그가 도착함으로써, 그곳 분위기는 마치 시와 전설로 가득한 옛 시절이 부활한 것도 같았다. 그러니 극장이 있고 경기장이 있는 동방 일대의 모든 곳에서도 네로가 달성한 위업의 매혹이 빛을 발하게 될 터였다. 로마의 원로원 의원들이야 물론 콧방귀를 뀌겠지만, 네로의 눈은 수도가 아닌 그가 지배하는 모든 영토에 머물러 있었다.

네로는 그리스에서는 숨통이 트이는 것 같았다. 그의 감각과 축제에

온 관중의 죽이 잘 맞아떨어졌기 때문이다. 그와 달리 로마에서는 황제인 그조차 연기하기가 망설여졌다. 그러니 일반 배우들은 두말할 나위가 없었다. 이국적인 의상으로 몸을 감싼 채 남 앞에서 몸을 드러내고 다른 민족의 언어로 된 대사를 읊는 여배우만 해도 고지식한 시민들에게는 영락없이 창녀로 낙인찍혔다. 배우들이 검투사 및 간통녀와 더불어 로마법의 보호를 받지 못하는 계층의 사람들(infames, 단수형 infamis)에 포함된 것도 그래서였다. 연극에 대한 반감은 로마의 뿌리 깊은 전통이었다. 도덕가들은 늘 연극을 '이름 높은 로마인의 남성성'[86]을 위협하는 요소라며 비난했다. 배우들도 남녀유별의 경계를 지킬 줄 모르는 유약한 사람들로 간주하고 그 경계를 엄중히 감시해야 한다고도 믿었다. 사내아이처럼 머리를 짧게 자른 유부녀를 시환으로 데리고 있던 한 배우는, 아우구스투스의 개인 지시에 따라 채찍형을 당하고 로마에서 추방되기도 했다. 또한 신분이 다른 사람 역을 맡는 배우도 모든 면에서 체제를 뒤흔들 위험이 있었다. 그런 사람들은 가장 기본적인 원칙마저 훼손시킬 우려가 있다는 것이 도덕가들의 생각이었다. 세네카도 극중에서 노예가 아가멤논 역을 맡아 오만하게 거드름 피우는 장면을 보고 순간적으로 "아르고스의 왕이 누군가? 그런데 노예가 그 역을 맡다니!"[87]라고 말하며, 계급의 허망함을 생각하고 감회에 젖은 적이 있었다.

그러나 황제는 물론 그런 걱정을 할 필요가 없었다. 레퍼토리극의 주인공인 영웅들처럼 네로도 신의 후손인데다 황권을 휘두르는 사람이었고, 극중 역할도 특별한 중요성을 지닌 인물이었으니 말이다. 그러니 그에게는 연기도 물 흐르듯 자연스러웠다. 치세 초기에 원로원에서 처음 연설할 때만 해도 네로는 세네카가 작성해준 원고를 그대로 읽어, '기억력이 좋은 사람이면 그가 남의 웅변력에 의존한 최초의 황제임을 알 수 있었던'[88] 탓에 의원들의 웃음거리가 되었다. 하지만 그럴 때조차 네로는 황제의 치국 행위는 연극에서의 연기와 다를 바 없다는, 프린켑스가 되는 것의 본질을 정확히 꿰뚫었다. 연기가 모든 것임을 파악했던 것이다. 당연히 그는 그리스에서도 전 세계에 그 사실을 확실히 각인하고자 했다. 무대 위에서, 극중 역할인 영웅으로 변신하기도 하고 자신과 같은 모습으로 변신하기도 했다. 아마도 그 의미를 혼동할 사람은 없었을 것이다. 고난과 시련으로 점철된 네로의 인생사는 신화에 나오는 어느 이야기 못지않게 극의 주제가 되기에 손색이 없었으니 말이다. 네로가 오레스테스로 분한 연극만 해도, 그의 모친 살해와 비견되는 클리타임네스트라의 살해 내용이 포함되었고, 네로가 아이 낳는 역을 맡은 극도 태중의 후계자 상실을 야기한 비극을 떠올리게 했으니 말이다. 그가 포파이아를 닮은 가면을 쓴 행위는 다수의 고대 영웅들이 신들에게 허락받은 살인적 광기의 발작을 떠올리게도 하고 동정심을 불러일으키게도 했다. 그것은 공연자의 기교가 극대화된 연극, 하나같이 네로가 자랑으로 삼는 환상, 뻔뻔함, 자만심의 연기가 망라된 화려한 연극이었다. 오직 네로만이 이를 시도할 수 있고 오직 네로만이 그처럼 놀라운 결과를 만들어낼 수 있었다.

포파이아를 무대에 부활시킨 것도 시작일 뿐이었다. 네로는 무대 밖 현실까지도 자신의 뜻에 굴복시키고자 했다. 사별에 따른 그의 상실감은 진정될 기미를 보이지 않았다. 포파이아가 죽은 뒤 네로는 잠시 클라우디우스의 유일한 생존 자녀인 안토니아와의 결혼을 고려했다. 하지만 그녀는 물론 자매(옥타비아)를 죽인 사람과의 결혼에 주저하는 기색을 보였고, 그러자 네로는 그녀에게 반역죄를 씌워 처형했다. 그러고 나서 그가 세 번째 부인으로 택한 대상은 명백히 포파이아를 빼닮은 여자였다. 피소의 역모 사건에 얽혀 처형된 집정관과 결혼한 지 얼마 안 되었던 스타틸리아 메살리나는 세련되고 아름답고 영리한 여자였다. 게다가 네로가 좋아하는 성량 강화 훈련에도 매료되었다. 하지만 그것도 그녀가 지닌 단 하나의 결점을 메워주지는 못했다. 그녀는 포파이아가 아니었던 것이다.[89] 네로가 한때 어머니를 빼닮은 매춘부와 잠자리를 함께하는 것에 기뻐했듯, 자기가 발길질을 해서 죽게 만든 아내의 판박이를 찾아내라고 지시한 것도 그래서였다. 그리하여 부하들이 포파이아의 판박이를 찾아 대령했으나, 네로는 그녀에게도 곧 싫증을 냈다. 그래서 부하들은 또 다른 포파이아 닮은꼴을 수소문했고 마침내 매끄러운 피부에 호박색 머리털을 가진, 압도적 매력의 소유자를 발견하여 황제에게 바쳤다. 네로가 보기에도 그녀는 영락없이 죽은 아내가 환생한 모습이었다. 얼굴을 다시 뜯어보고, 볼도 쓰다듬어 보고, 팔에 안아보아도 그녀는 분명 무덤에서 살아 나온 포파이아였다. 그런데 반전이 있었다. 포파이아를 기묘하게 닮은 그 사람은 여자도 아니고 소녀도 아니었다. 슬픔에 젖은 남편이 깜박 속아 넘어갈 만큼 포파이아의 복사판이었지만 모든 면에서 완벽하지는 않았던 것이다. 네로 인생의 사랑, 포파이아 사비나의 닮은꼴은 소년이었다.

그런 아름다움보다 더 덧없는 것도 없었다. 봄꽃처럼 허망하여 더욱 감미로운 기쁨을 주는 아름다움이었기에. 미동美童들이 시장에서 고가품 대접을 받은 것도 그래서였다. 캄파니아 지방의 루크리누스 호수에서 양식되는 굴처럼 재빨리 소진된다는 이유로, 그들은 구매자들에게 높은 평가를 받았다. 그러다 보니 노예 상인들은 개미 알을 이용해 겨드랑이 털의 성장을 늦추려 하고, 양의 고환에서 뽑은 피를 이용해 매끄러운 뺨을 유지하려고 하는 등, 소년들의 상품성을 오래 보존하기 위해 갖은 수단을 동원했다. 노예 소유주들 또한 애지중지하는 미동이 사춘기에 접어드는 것을 받아들이지 못해, 여자 옷을 입히고 '자라나는 털을 계속 제거하거나 털을 뿌리째 뽑아버렸다.'⁹⁰ 그러나 궁극적으로 소년의 미동기를 유지할 방법은 한 가지뿐이었고, 네로도 물론 그 방법을 썼다.

네로는 거세된 소년을 '씨앗'을 뜻하는 '스포루스Sporus'라고 불렀다. 로마인답게 전통적 가치를 모욕할 때조차 약간의 유머 감각을 발휘한 것이다. 이런 식으로 주인의 명령에 따라 거세된 소년들은, 스스로 거세를 한 갈리처럼 사악하지는 않아도 명백히 반문화적 향내를 풍기고 다녔다. 나긋나긋한데다 생식력도 없고 동방의 전제 군주들이 보유한 하렘을 연상시키기도 하여, 로마의 남성성과는 전적으로 배치되는 존재들이었기 때문이다. 그러나 유행에 민감한 사람들에게는 바로 그 점이 중요했다. 마이케나스만 해도 아우구스투스가 악티움 해전을 벌이느라 로마를 비운 사이 이탈리아 행정을 맡아볼 때 환관 두 명을 대동하고 대중 앞에 버젓이 나타나 보수주의자들의 분노를 샀으며, 세야누스는 또한 수십 년이 지난 뒤까지 사람들이 경악할 만큼 고가의 '남성 노리개'를 보유해 도덕가들의 혐오감을 굳혔다.⁹¹ 네로도 물론 평소 습관대로 그보다 더 심한 행동을 하여 점잖은 사람들을 분개시켰다. 그가 스포루스를 거세한 것은 단순히 미동 상태를 유지하기 위해서가 아니었다. 요컨대 네로는 환관과 자는 데 관심이 있었던 게 아니라 죽은 아내와 자는 데 관심이 있었다. 그가 원한 것은 포파이아가 살아 돌아오는 것이었다.

네로가 포파이아의 판박이에게 스포루스라는 이름을 붙여준 것도 그래서였다. 그것으로도 모자라 의상 담당관으로서 나무랄 데 없는 자격을 갖춘 고위층 여성 칼비아 크리스피닐라를 스포루스에게 교사로 붙여주어 황후가 되는 데 필요한 교육을 받게 했다. 칼비아는 멋쟁이 귀족 여성이었을 뿐 아니라 '네로에게 성적 쾌감을 가르치는 교사'[92]로도 이름을 날렸다. 스포루스는 이런 칼비아에게 인도되어, 포파이아의 의복으로 치장하고 그녀가 즐겨 했던 헤어스타일로 머리를 가꾸고 각종 독특한 화장품으로 얼굴 화장을 했다. "모든 면에서 여자같이 행동하라는 요구도 받았다."[93] 여자는 물론 황제의 아내를 의미했다. 스포루스는 네로가 그리스를 여행할 때도 황후의 가마를 타고 하녀들의 번잡한 시중을 받으며 동행했다. 그가 포파이아로 변신하는 데 남은 과정은 한 가지, 결혼식뿐이었다. 전통을 침해한 네로와 스포루스의 결혼식은 네로의 그리스 여행 도중에 거행되었다. 그리하여 티겔리누스가 사프란색 면사포를 쓴 신부를 신랑에게 인도하자, 그리스 전역에서는 광란의 축하연이 열리고 행복한 부부에게 아기를 점지해주기를 바라는 기원도 올려졌다. 그 환상의 완결을 가로막는 것은 단 한 가지, 포파이아의 판박이가 여성의 신체를 결한 것뿐이었다.

하지만 그것도 노력 부족 때문은 아니었다. 네로는 할 수만 있었다면 불구가 된 스포루스의 남은 생식기마저 잘라내고 샅의 생살을 갈라, 그 안에 자궁 심는 일까지 기꺼이 했을 것이다. 물론 그것은 명백히 불가능한 일이었다. 하지만 그것도 네로가 수술이든, 혹은 그보다 더 어두운 방식이든 가리지 않고 그 일을 해내는 사람에게 엄청난 보상을 제시하는 것을 막지는 못했다. 누구도 시도해본 적 없는 수로를 뚫는 일 역시 네로의 환상을 자극했다. 푸테올리에서 테베레 강까지 무려 240킬로미터에 달하는 운하의 건설을 명령했던 그가 그리스에 와서도 신탁이 내린 도전에 응해, 코린토스에 도착하자마자 지협에서 운하 파는 일을 시작한 것이다. 이 토목 공사에는 교역의 흐름을 원활하게 하려는 목적뿐 아니라, 그보다 한층 중요한 목적이 개재되어 있었다. 그리고 그 점은 시공식 행사 때 확연히 드러났다. 호화로운 막사에서 나와 바다요정을 찬양하는 시 낭송으로 행사의 막을 연 네로가 금빛 삼지창으로 대지를 세 번 내리치고는, 펠로폰네소스 반도와 그리스 본토를 가르는 일이야말로 전설적 영웅들이 거둔 어느 위업에도 뒤지지 않는 업적이 될 것이라고 선언한 것이다. 환상과 대규모 토목 공사, 금빛 삼지창과 피땀 흘려 일하는 죄수들, 바다요정을 찬양하는 노래와 바위 덩어리를 뚫는 수고로움, 이 모두가 다른 사람들은 도저히 흉내 낼 수 없는 일, 네로만이 할 수 있는 일이었다.

하지만 만일 현실이 그의 상상력에 복종하지 않고 저항한다면 어떻게 될까? 스포루스의 샅에는 여전히 질이 없었고, 푸테올리와 테베레 강을 연결해야 할 운하도 나폴리 만에서 정체된 듯했으며, 코린토스 지협을 뚫는 과업 역시 네로의 뒤에서 하늘 일을 침해했다는 음울한 경고를 사람들이 하게 만들었으니 말이다. 그리스의 경기장과 극장들 너머 머나먼 국경 지대와 외딴 속주들에서 벌어지는 땅의 일도, 평온한 상태로 남아 있지만은 않았다. 동방에서 들려오는 소식이 특히 불길했다. 오래전부터 부글대던 유대 속주의 긴장이 마침내 반란으로 폭발했다는 소식이었다. 네로는 코린토스에 도착한 직후, 예루살렘의 반란을 진압하려던 시도가 실패로 돌아갔다는 보고를 받았다. 그런데도 그리스 여행을 중단하고 직접 유대로 향하지 않고, 자기 곁에 있던 그 일의 최적임자 베스파시아누스를 대신 보냈다. 로마에서도 원로원이 폐지되고 속주들에 대한 권한이 기사들과 네로의 해방노예들에게 넘어갈 거라는 소문이 돌았으나, 배짱 있는 사람들은 꿈쩍도 하지 않았다. 갈리아와 히스파니아 속주 총독들 사이에 교신량이 부쩍 늘어난 현상도 음모의 단서를 캐고 다니는 첩자들에게 포착되었다. 그런 총독들 중에서도 특히 눈에 띈 인물이 원로원 의원을 역임한 갈리아의 귀족 가문 출신으로, 네로에 의해 루그두눔 총독으로 임명된 가이우스 율리우스 빈덱스였다. 디오 카시우스에 따르면, "그는 신체 건강하고 날카로운 지력을 지녔으며, 전투에 능하고 위험한 일에도 움츠러들지 않는 담력을 보유한 인물이었다. 자유에 대한 깊은 사랑과 웅대한 야망도 품고 있었다."[94] 따라서 극심한 고통에 신음하던 공화정 말기였다면 내전이라는 거대한 게임에서 패권을 다투는 경쟁자로도 우뚝 섰을 만한 재목이었다. 하지만 그 시대는 오래전에 가고 없었고 이제는 아우구스투스의 자손이 아니면 누구도 세계의 지배자가 될 희망을 가질 수 없었다. 아니, 그 정도가 딱 네로가 믿는 바였다. 하지만 네로조차 히스파니아 내 한 지역의 총독을 8년간이나 수행하고 있던 갈바가 빈덱스와 교신을 하고 있다는 보고를 받자, 조금은 가슴 떨리는 불안감을 느꼈다. 게다가 그는 이제 반역의 낌새만 있어도 금세 알아챌 만큼 그 방면에는 길이 들어 있었다. 결국 네로는 스파이 총책에게 갈바를 제거하라는 명령을 내렸다. 그러고는 다시 그보다 중요한 일, 곧 그리스 여행에 계속 관심을 돌렸다.

네로는 물론 반역의 위기도 아랑곳하지 않고 그리스 여행을 속행하는 인물답게 최고의 스포츠 무대에서 담대하고 소름 끼치는 위업을 달성했다. 올림피아에서 벌어지는 각종 경기 중 가장 위험하고 스릴 넘치는 전차 경주에 참가해 승리를 거둔 것이다. 그리스 제전의 초기로까지 그 역사를 거슬러올라가는 전차 경주는 기술과 용기의 궁극적 전시장이라 할 만했다. 그러므로 네로가 경주에 참가하는 것도 목숨을 내거는 위험한 모험이었다. 게다가 이번에는 말 네 필이 끄는 보통 전차가 아닌, 말 열 필이 끄는 전차를 몰았기에 위험도는 더욱 높았다. 신들의 일을 했던 것이다. 그런 만큼 로마 세계를 돌보는 일에도 마음을 빼앗기는 사람으로서는 감당하지 못할 만큼 극단적 연습을 요하는 일이기도 했다. 그러니 네로가 먼지 자욱한 경기장의 급커브에서 충돌 사고를 당해 바닥에 내동댕이쳐진 것도 놀랄 일은 아니었다. 또한 그가 볕에 달궈진 경주로 바닥에 벌렁 넘어진 채 쏜살같이 그 곁을 질주하는 다른 전차들에 치이지 않으려고 몸을 잔뜩 웅크린 모습을 본 사람이라면, 설령 그가 경기를 포기했더라도 비난하지는 않았을 것이다. 하지만 그는 황제였고, 따라서 남보다 강하게 만들어진 존재였다. 네로는 결국 의식도 흐릿하고 타박상까지 입은 몸으로 전차에 다시 기어 올라 경기를 재개했다. 하지만 물론 완주하지는 못했다. 그래도 관중은 그에게 기립 박수를 보내고 심판들은 그에게 일등상을 수여했다.

경기의 마지막은 그와 그리스 사이의 깜짝 놀랄 만한 연애로 마무리되었다. 로마 역사상 처음으로 황제가 로마인들뿐만 아니라 시민권이 없는 속주민들에게까지 원로원 엘리트들을 제치고 직접 어필하는 행동을 한 것이다. 기원후 67년 11월 28일, 코린토스에서 거행된 장려한 의식에서 세금을 철폐한다는 계획을 공식적으로 알린 것이다. "그리스인들이여, 나는 지금 여러분이 꿈도 꾸지 못했을 선물을 주려 한다." 멋진 제스처였다. "이는 단순히 동정심에서 나온 행동이 아니다. 여러분에 대한 나의 호의, 육해 양면으로 변함없이 나를 보살펴주는 이곳 신들에 대한 나의 감사의 표시다."[95]

그러나 로마 세계의 다른 곳들에서는 가렴주구가 계속되고 있었다. 유대가 불타고 있는 와중에도 여타 속주들에서는 네로의 로마 재건 사업과 동방 원정의 재원 마련을 위해 세금이 착취되고 있었다. 그에 따라 갈리아, 히스파니아, 아프리카에서는 '무자비하고 강압적인 방식을 넘어 범죄에 가까운 방식으로 세금을 쥐어짜는'[96] 네로 관리들을 향한 속주민들의 분노가 갈수록 높아졌다. 네로가 거둔 위업의 소문이 폭넓게 퍼져 나간 그리스나 동방의 속주들과 달리, 히스파니아에서는 네로를 조롱하는 말들이 광범위하게 유포되고 풍자문도 공공연히 퍼져 나갔다. 하지만 총독 갈바는 자신을 살해하라는 네로의 전언을 중간에서 가로챈 마당이었으므로 그런 행위를 금지하려는 시도조차 하지 않았다. 하지만 그도 네로 정부에 공공연하게 대항하는 것에는 여전히 주저했다. 다른 총독들도 네로의 의심을 살 수 있다는 두려움과 서로에 대한 불신 탓에 전면에 나서지는 못하고 사태의 진척을 지켜보기만 했다.

그 일의 위험성을 의심하는 사람은 별로 없었다. 세계도 100년 가까이 평화를 유지하고 있었다. 따라서 누구도 시민과 시민이 싸웠던 때를 기억하지 못했다. 하지만 로마인이 그들 자신을 파멸시키고 세계까지 거의 파멸시킬 뻔했던 유혈 낭자한 내전에 대한 기억은 여전히 생생히 남아 있었다. 네로의 평생 조언자로 묶인 세네카가 젊은 주군이 특별히 고마워할 만한 표현을 고심하여 찾아낸 끝에, 로마인들은 황제라는 전차에 단단히 매여 있을 때만 재앙을 면할 수 있으리라는 것, 그의 표현을 빌리면 '황제가 고삐를 놓치는 순간 로마인의 모든 위대성과 힘은 산산조각이 날 것'[97]이라는 말을 해준 것도 그래서였다. 따라서 자만해서는 안 되었다. 그랬다가는 불구가 된 말, 부서진 전차 바퀴, 먼지 속에 뼈가 부러진 채 널브러진 시체 들을 보게 될 터였다. 실제로 아우구스투스가 패권을 잡기 전에는 사람들이 그 광경에서 그보다 더한 파멸의 모습을 언뜻 보기도 했다. 그러니 그런 사람들에게, 통제 불능 상태가 되었는데도 그것을 멈출 힘이 없음을 아는 것보다 더 두려운 것은 없었다. 마치 그것은 '경기장의 울짱에서 튀어나온 전차가 경주로를 돌 때마다 가속도가 붙고, 그리하여 말들에게 휘둘린 나머지 아무리 고삐를 세게 당겨도 통제가 안 되는 상태를 알게 되는 것'[98]과 같았다. 그러니 군단 지휘관들이 공공연하게 반란 일으키기를 주저한 것도 이해가 가는 일이고, 또 올림피아에서 열린 전차 경주에서 네로가 충돌 사고를 당했다는 소식에 로마인들의 비난 여론이 꽤 높았던 것도 이해가 가는 일이었다.

네로의 부재중에 수도의 행정을 책임지고 있던 해방노예도 결국 비밀리에 그리스를 찾아, 고조되는 본국의 위기 상황을 주군에게 귀띔하고 조속히 귀국해야 한다고 알렸다. 그리하여 네로가 캅카스 지역으로 진군하여 장군 흉내를 낼 기회는 사라졌다. 하지만 그가 멋진 쇼를 벌이는 것까지 막지는 못했다. 네로는 전례 없이 장려하게 로마에 입성했다. 고조할아버지에게 부여된 개선식을 의식적으로 모방해, 아우구스투스가 이용했던 전차를 타고 로마에 들어온 것이다. 게다가 그는 로마인들이 보지 못한 생경한 방식으로 승리 축하 의식을 거행했다. 올림피아 경기들에서 얻은, 승리를 상징하는 올리브 화관을 머리에 쓰고 음악 경연 대회에서 그가 물리친 세계 최고의 유명 키타라 연주자를 자기 곁에 세운 것이다. 자신의 직함이 표시된 기들도 펄럭이게 했고, 그리스에서 획득한 승리의 관들도 로마인들의 교화와 기쁨을 위해 그의 앞에 진열했다. 향을 뿌린 행렬 도로에는 우짖는 새들을 풀어놓았고, 환호하는 군중에게 리본과 사탕도 던져주었다. 군중이 네로를 향해 소리쳤다. "네로 만세, 우리의 아폴로! 아우구스투스! 아우구스투스! 오, 신의 목소리! 이 목소리를 듣는 자들에게 복이 있나니!"⁹⁹

네로는 경호 요원들이 신변 안전에 대한 경고를 하는데도 아랑곳하지 않고 로마인들의 사랑을 누릴 수 있다는 자신감에 차 있었다. 늘 그랬듯이 그는 스스로를 적들마저 혼미하게 만들 만큼 뛰어난 이미지의 달인이라 믿었고, 따라서 지금이라고 그 생각을 바꿀 의사는 없었다. 하지만 궁극의 시험이 빠르게 다가오고 있었다. 반란의 기치를 들어 올릴 최적의 기회를 엿보며 때를 기다리던 갈리아의 빈덱스만 해도 네로 못지않은 프로파간다의 달인이었으니 말이다. 기원후 68년 3월에 갈리아에서는 두 개의 단검과, 자유를 얻은 노예가 쓰는 종류의 모자가 새겨진 주화가 빈덱스의 명령으로 주조되었다. 그 도안은 의미심장했다. 그로부터 120년 전, 3월의 이데스 사건이 발생한 뒤에도 브루투스와 카시우스가 그와 흡사한 도안의 주화를 주조했으니 말이다. 게다가 이번에도 이 일은 3월의 이데스에 일어났다.[100] 네로는 봄이 되어 나폴리에 가 있다가 빈덱스에게 직접 반란 소식을 들었다. 그것도 그의 어머니가 죽은 날인 3월 19일에 그의 편지를 받은 것이다. 이 또한 단순한 우연의 일치가 아니었다. 빈덱스는 남의 화를 돋우는 재주가 있었다. 네로를 '아헤노바르부스'라고 부른 것으로도 모자라, 음악인으로서 그의 역량까지 비웃으며 상처에 소금을 뿌리기까지 했다. 네로도 폐부를 찔리자 화를 터뜨렸다. "나와 동등한 지위를 가진 사람이 있으면 말해보라며, 사람들에게 되풀이하여 종주먹을 들이댔다."[101]

하지만 네로는 그러면서도 전반적으로는 반란의 위협을 짐짓 부정하는 듯한 태도를 취했다. 빈덱스의 모욕적인 편지만 해도 받은 지 일주일이 더 지나서야 공식 반응을 내놓았다. 그동안은 전적으로 평온하고 무관심한 척하며 평소의 관심사를 추구했다. 네로는 자신이 빈덱스가 상징하는 어떤 점에 직면하고 있는지를 알았다. 과도한 의무감, 군사적 중요성의 표명, 로마인들이 쓰레기를 먹고 살던 시대에 만들어진 도덕률처럼 하나같이 모두 자신이 경멸하는 것들이었다. 네로가 원로원 엘리트들을 제치고 고래에 원로원이 가졌던 권리 따위에는 일말의 관심도 없는 로마인들에게 직접 다가가려 했을 때, 빈덱스가 상징하는 모든 것을 고의로 조롱한 것도 그래서였다. 그런데 네로는 지금도 그 행위를 계속 했다. 원로원에 나가 직접 이야기하지 않고 목이 아프니 노래를 부르려면 목소리를 아껴야 한다고 설명하는 편지를 대신 보낸 것이다. 또 의논할 일이 있다며 명망 있는 원로원 의원들을 불러놓고도 대부분의 면담 시간을 새로 나온 수력 오르간의 이용에 대한 자신의 계획을 밝히는 데 쓰고, 그것으로도 모자라 '빈덱스가 반대하지 않는 한'[102]이라는 단서를 붙여, 때가 되면 그들 앞에서 오르간을 직접 연주해 보이겠다는 약속까지 했다. 그가 빈덱스를 조롱한 것은 부주의해서가 아니었다. 그렇기는커녕 오히려 빈덱스가 바라는 조건으로는 그의 프로파간다에 응하지 않겠다는 심사의 표현이었다. 어느 날 밤에는 또 네로가 술에 취해 연회장을 나오다가 비무장 상태로 빈덱스의 군단 앞에 나아가 흐느껴 울며 설득을 해보겠다고도 말했다. 디오 카시우스의 글에는 그때의 정황이 이렇게 적혀 있다. "네로는 그 방법만으로 반도에게 마음을 돌리라고 설득한 뒤, 이튿날은 환호하는 사람들 틈에서 기뻐하며 승리의 찬가를 부르려 했다. 아마도 그는 작문되기 무섭게 시를 읊었을 것이다."[103]

하지만 겉으로는 이렇게 흰소리를 늘어놓았지만 그도 뒤에서는 정부를 향한 위협을 매우 심각하게 받아들이고 있었다. 저택의 정면을 장식할 지주들의 운송에 필요한 짐마차를 떼로 제작하게 하고, 첩들도 아마존족처럼 무장시키고 뒷머리와 옆머리를 짧게 깎는 군인 헤어스타일로 꾸며놓았지만, 연극적 행위에만 골몰할 만큼 어리석지는 않았다. 네로는 캅카스 원정을 위해 준비해둔 원정군을 이탈리아로 소환하고 해병 징집으로도 모자라 노예까지 포함시켜 군단을 급조한 뒤, 이탈리아 북부의 갈리아 국경 지대를 방어하도록 했다. 지휘관에는 피소의 역모를 진압할 때 현저한 역할을 하여 그를 만족시킨, 전 브리튼 총독 페트로니우스 투르필리아누스를 임명했다. 그와 동시에 청렴하기로 유명한 인물로, 최근에 북부 지역 사령관에 임명된 베르기니우스 루푸스에게 서신을 보내, 라인 강 주둔 군단병들을 소집해 빈덱스가 있는 남쪽으로 진군하라는 명령도 내렸다. 그러니 물론 원로원 의원들과 악기에 대해 태연하게 노닥거릴 때도 그는 시시각각 적을 향해 협공해 가는 장면을 머릿속에 느긋하게 그려볼 수 있었다. 반도가 진압될 것은 확실해 보였다. 그러나 네로는 거기에 더해, 빈덱스의 머리를 가져오는 사람에게 후한 상을 내리겠다는 제안도 했다.

그런데 이게 웬일, 기원후 68년 4월 중순 무렵에는 더 안 좋은 소식이 들려왔다. 갈바가 마침내 의중을 드러내며, 자신은 황제의 총독이 아니라 원로원과 로마인들의 총독이라고 선언한 것이다. 게르만 귀족 가문 출신인 빈덱스는 갈바보다도 한층 강력한 적임을 알고 있던 네로는 그 소식에 졸도했다. 의식이 돌아온 그에게 지난날에도 군주들은 그와 유사한 악과 마주한 사례가 많았다고 위로하는 옛 유모에게도 네로는, 자신이 마주한 고난은 전례가 없는 것이라며 면박을 주었다. 하지만 문제는 지금부터가 시작이었다. 다수의 다른 사람들도 갈바의 반란에 자극을 받아, 그에게 합세할 날만 기다리고 있었던 것이다. 그중에는 히스파니아의 한 지역 총독으로 있던 포파이아의 전남편 오토와 같이 낯익은 인물도 있었다. 오토는 로마로 돌아올 수 있는 천우신조의 기회를 놓칠세라 갈바에 대한 충성을 주저 없이 맹세했다. 스포루스에게 황후 교육을 시키던 의상 담당관 칼비아 크리스피닐라도 아프리카에서 그곳 총독과 운명을 함께하기로 하고 반란에 가담하라고 그를 부추겼다. 그해 5월에는 승리의 복장으로 나타나 네로에게는 더욱 쓰라렸던 최악의 결정타, 군심 이반까지 일어났다. 라인 강 주둔 부대가 빈덱스 군을 만나 그들을 전멸시키고 빈덱스가 네로에게 충성 맹세를 다시 하니 자살을 한 것까지는 좋았으나, 승리를 거둔 병사들이 지휘관 베르기니우스 루푸스를 황제로 추대해버린 것이다. 베르기니우스는 물론 도덕적 청렴성으로 이름을 날린 인물답게 황제로 추대받기를 거부했다. 하지만 그조차 임박한 세계 지배권을 둘러싼 투쟁에서는 중립을 선언했다. 이탈리아 북부 지역의 방위를 맡고 있던 페트로니우스 투르필리아누스도 네로에 대한 충심이 흔들리고 있다는 소식이 들려왔다. 아우구스투스와 그의 후계자들이 100년 넘게 다져놓은 카이사르 가문에 대한 복종의 관례가 돌연 붕괴에 직면한 듯했다. 로물루스가 레무스를 쓰러뜨린 초기 로마 시대의 늑대와 같은 야만성은 결국 순화되지 못한 모양이었다. 베르기니우스와 빈덱스 군단의 병사들이 그들을 제지하려는 지휘관들의 노력을 무시하고서 살해의 무아경에 빠져 서로를 향해 무섭게 돌진했으니 말이다. 플루타르코스는 "베르기니우스 군과 빈덱스 군 사이의 전투는 마치 기수들이 말의 통제권을 상실한 전차 경주처럼 끔찍하게 전개되었다"[104]라고 썼다. 아우구스투스가 패권을 잡기 전 고통스러웠던 시대처럼, 사태는 걷잡을 수 없이 치달았다.

네로도 물론 노련한 전차 기수였던 만큼 그 사실을 알았다. 식사 중에 페트로니우스의 변절 소식을 들은 그는 분을 참지 못해 식탁을 뒤집어

엎고 값비싼 술잔들을 바닥에 내던졌다. 그러고는 독약 비축분을 확인한 뒤 호화로운 황금 저택을 뒤로한 채 도시 밖에 있는 자신의 영지 중 한 곳으로 향했다. 그곳에서 그는 자기 앞에 놓인 여러 가지 선택 사항과 씨름해본 뒤 자포자기 상태에 빠졌다. 그가 그토록 환심을 사고자 노력한 근위대마저 동요를 일으키는 듯했다. 힘을 결집해 자신을 도와달라는 그의 요구에 근위대의 한 장교는 이렇게 말했다. "그것이 그토록 목숨을 던져야 할 만큼 대단한 일입니까?"[105] 네로의 면전에 대고 쏘아붙인 이 말은 얼음장처럼 차가웠다. 불충의 암은 이제 정부의 핵심에까지 도달하기 시작한 듯했다. 자신에게 변함없는 충성을 바칠 측근이 있기나 한 건지 의심스러웠다. 티겔리누스, 공동 근위대장 님피디우스 사비누스 모두 코빼기도 보이지 않았다. 네로는 두 사람 다 대의를 저버렸다고 판단했다. 두 사람 모두 네로가 도움을 필요로 할 때, 쉽사리 매수되고 변절 잘한다는 저간의 평판에 충실한 모습을 보인 것이다.

　네로는 깊어가는 절망감 속에서 이모저모 다른 궁리를 해보았다. 날이 밝으면 검은 옷을 입고 포룸으로 나가 자신의 장기인 연민을 이용해 로마인들에게 직접 호소하면 어떨까? 알렉산드리아로 도망을 칠까? 머리를 싸매고 궁리하던 네로는 하룻밤 더 생각해보기로 했다. 그런데 한밤중에 잠에서 깨어나 보니 별장이 거의 비어 있는 게 아닌가. 호위대와 친구들도 간데없고 관리인들도 사라지고 없었다. 엎친 데 덮친 격으로, 그들은 독약 비축분까지 훔쳐서 달아났다. 네로는 잠시 테베레 강에 몸을 던질까도 생각했다. 하지만 연극에서처럼 밤 속으로 돌진해 본 뒤 희망을 접기에는 아직 이르다는 판단을 내리고 안으로 다시 들어왔다. 그의 곁에는 아직 충성스런 소수의 동지들이 남아 있었다. 여성의 아름다운 미모와 호박색 머리털을 지녀, 네로에게 행복했던 시절을 떠올리게 하는 스포루스와 수행원 세 사람이 그들이었다. 그들 중 한 명인 해방노예 파온이 로마 북쪽에 있는 자신의 별장을 사용하자고 했고, 네로는 더 나은 도피처를 생각할 수 없었기에 그의 제안을 받아들였다. 그러고는 맨발에 색 바랜 외투로 몸과 머리를 감싸고 말에 오른 뒤에는 손수건으로도 얼굴을 가렸다. 그런 다음 네로와 네 동지는 하늘에서 번개가 치고 땅이 진동하는 가운데 느린 구보로 거리로 나와 로마로부터의 탈출 길에 나섰다.

그들의 여정은 머리카락이 쭈뼛 설 만큼 두려운 상황에서 진행되었다. 근위대 막사를 지날 때는 네로의 파멸과 갈바의 성공을 부르짖는 열광적인 구호가 들려왔다. 그들이 움직이는 속도를 보고는 도망치는 황제를 추적하는 사람들인 줄 알고 성원해준 통행인도 만났다. 하지만 심장이 멎을 만큼 가장 위험했던 순간은 역시 네로가 탄 말이 도로에 유기된 시체의 악취에 놀라 펄쩍 뛰는 바람에 네로가 얼굴에 대고 있던 손수건을 놓쳐 퇴역 근위대원이 그를 알아본 일이었다. 하지만 그는 네로에게 경례만 올리고 다른 일은 하지 않았다. 이렇게 천신만고 끝에 파온의 별장에 도착했지만 그곳에도 견뎌야 할 새로운 수모가 있었다. 파온의 주장으로 집 뒤쪽으로 들어가다가 갈대와 가시나무에 걸려 넘어졌고, 그다음에는 네 동료가 판 땅굴을 통해 벽 밑으로 끼어 들어가야 했으니 말이다.

네로는 몸과 마음이 만신창이가 된 채 노예 숙소에 들어갔고, 휴식을 취할 만한 가구 하나 없이 울퉁불퉁한 매트리스만 덜렁 놓인 첫 번째 방에 몸을 던졌다. 그러고는 자신을 덮친 파멸을 애달파 하며 동지들에게 화장용 장작을 준비하게 하고 무덤도 파라고 지시했다. 그러나 동지들의 재촉에도 그는 선뜻 행동에 나서지 못하고 머뭇거렸다. 몰락의 크기에 눌려 정신이 멍해진 것이다. 네로는 최후의 행동을 취하지 못하고 구슬피 울며 자신의 죽음이 세상에 가져올 상실을 애석해 했다.

그러고 있는데 파온의 심부름꾼 하나가 편지 한 통을 가지고 왔다.* 네로는 그의 손에서 편지를 낚아채 읽었다. 편지를 읽는 그의 낯빛이 점점 창백해졌다. 원로원은 그를 공적으로 선언했다. 그에게는 일말의 자비심도 보이지 않았다. 원로원 의원들은 자신들을 무색하게 만든 황제들이 존재하지 않던 시대를 기념이라도 하듯, 몸을 발가벗기고 어깨에 멍에를 얹어 거리로 끌고 나간 뒤 막대로 때려 죽이는, 잔혹한 것만큼이나 고색창연한 사형 선고를 그에게 내렸다. 네로도 그런 운명을 당하느니 스스로 일을 끝내야 한다는 것을 알았다. 그는 단검 한 쌍을 집어 들고 칼끝을 살피는 듯하더니 다시 내려놓았다. 그러고는 울부짖었다. "운명의 시간은 아직 오지 않았다."[106]

아니, 왔다. 아내의 마땅한 도리로 머리칼과 의복을 쥐어뜯고 통곡하며 자신을 애도하라고 스포루스에게 지시를 내리는 네로의 귀에는 이미 별장을 향해 다가오는 말발굽 소리가 들렸다. 그는 단검으로 다시 손을 뻗어 이번에는 해방노예의 도움으로 용기를 내서 목 깊숙이 칼을 찔

---

* 이 편지가 흥미로운 것은 파온이 행선지를 누설했을 개연성 때문이다. 편지를 받은 직후에 암살대가 도착한 것으로 보아 행선지를 귀띔 받은 사람들 중에는 갈바의 첩자들도 포함되었던 것 같다.

러 넣었다. 백인대장이 방으로 뛰어 들어와 입고 있던 외투로 흐르는 피를 멈추게 하려 했으나, 때는 이미 늦었다. 죽어가는 남자는 "갸륵한 충성이로고"[107]라고 나직이 중얼거리는데, 그의 눈은 이미 흉측하게 튀어나오기 시작했다. 네로 클라우디우스 카이사르 아우구스투스 게르마니쿠스가 죽은 것이다.

가문의 마지막 생존자인 네로의 죽음으로 율리우스-클라우디우스 황조도 끝이 났다. 그러나 예언술에 밝은 사람에게는 황조의 소멸이 그리 놀랍게 느껴지지 않았다. 지난날 리비아가 소유했던 별장의 월계수 숲에는 이 가문의 황제들이 심은 나무 네 그루가 시든 채 서 있었기 때문이다. 이 나무들은 황제가 사망하기 직전에 하나씩 죽었고, 네로가 자살하기 직전에도 그가 심은 나무가 이울기 시작하더니 얼마 안 있어 월계수 숲의 모든 나무가 뿌리째 고사한 것이다. 리비아의 무릎에 떨어진 암탉이 낳은 닭들도 소멸했다. 그것이 의미하는 바는 명백했다. 네로와 더불어 율리우스-클라우디우스 황조도 끝나리라는 예언이었고, 이는 현실로 나타났다. 물론 그 뒤로도 황제가 등장하고 카이사르 호칭도 부여될 터였다. 하지만 그들 중 누구도 아우구스투스 후손으로서는 로마를 지배하지 못할 터였다. 게다가 네로에 대한 애정이 절반쯤 남은 사람들을 만족시키기에는 지나치게 늙고 지나치게 엄격했던 갈바는 황제의 지위를 오래 누리지 못했다. 기원후 69년 1월, 마르쿠스 쿠르티우스가 포룸에서 심연 속으로 사라졌다는 지점 곁에서 살해된 것이다. 갈바에 이어 황제가 된 오토 역시 3개월 뒤 같은 길을 걸었고, 그의 후임 아울루스 비텔리우스도 8개월 뒤 병사들에게 살해되었다. 1년의 기간에 세 명의 황제가 비명횡사한 것이다. 결국 세계 지배자로서의 입지를 다지는 일은 유대 전쟁에서 돌아온 베스파시아누스에게 맡겨졌다. 입지를 다지는 것 이상으로 그는 플라비우스 황조를 수립하는 데에도 성공했다. 10년 뒤 베스파시아누스가 자연사한 뒤에는 그의 맏아들이 황제가 되었고 그다음에는 둘째아들이 황통을 이었다. 베스파시아누스는 심지어 아우구스투스와 클라우디우스처럼 신격화도 되었다.

그렇다 해도 아우구스투스가의 구성원이 아우구스투스 계승자들에게 부여해준 신비한 매력과 권위의 손길이 닿은 황제들이 로마를 지배하는 시대는 영원히 돌아오지 않게 되었다. 자기 안의 신화성을 인지하고 무대에 선 네로가 결국은 옳았던 것이다. 그의 가문 전체가 신화성을 보유했으니 말이다. 그들의 혈관에는 초자연성의 손길이 닿은 피가 흘렀다. 내전의 상처를 치유하고 왕정을 싫어하는 사람들 사이에 난공불락의 독재권을 심은 군주가 신으로 간주되는 것은 당연했다. 그러니 아우구스투스도 카이사르 호칭을 갖는 사람이 있는 한에는 신성한 이름으로 남을 터였다. 그리하여 신계와 속계 사이에 위치한 인간이 보편적 평화의 군주로 땅을 통치한 뒤 하늘로 올라간 것을 인류에게 확인하는 역할을 하게 될 것이었다. 자신의 적을 상대로 전무후무한 승리를 거둔 아우구스투스가 종국에는 죽음도 이겨낸 것을 확인하는 역할 말이다. 후계자들도 다를 바 없어, 칼리굴라조차 자신이 살해된 집과 시신이 불태워진 정원에 출몰했다. 그러니 네로의 자살로 아우구스투스가의 혈통이 끊어졌는데도 이를 믿지 못하는 사람이 많았을 만도 했다. 실제로 로마권 일대의 사람들은 수십 년 뒤까지도 네로가 돌아올 것이라고 확신했다. "모든 사람이 그가 생존해 있기를 바랐다."[108]

네로의 손에 가장 끔찍한 고통을 당했고, 따라서 그에 대한 기억을 저주할 이유가 충분했던 사람들조차 카이사르 가문의 카리스마는 인정할 수밖에 없었다. (사도) 요한이라는 그리스도교도가 네로가 자살한 지 30년 뒤 천사의 계시로 마지막 날에 대한 환상을 기록한 글이야말로 그것을 보여주는 증거가 될 만했다. 그는 바다에서 머리 일곱 달린 짐승이 나와서 보니 "머리 하나가 상하여 죽게 된 것 같더라"[109]라고 썼는데, 이 글을 읽은 수많은 사람들이 그 상처가 혹시 네로가 자살할 때 검으로 찌른 목의 상처가 아닐까 하고 생각하며 두려움에 사로잡혔다.* 요한이 천사에게 받은 계시에 따르면, 그 상처는 또 치료될 운명이었다. 그리고 '전에는 있었으나 지금은 없는'[110] 짐승이 무저갱에서 올라올 것이라고 했다. 또 그 짐승에는 여자가 타고 있는데 "자주색과 붉은색 옷을 입고 금과 보석과 진주로 꾸몄으며, 손에는 가증한 것들과 그녀 음행의 더러운 것들로 가득 찬 금잔을 가졌더라"[111]라는 것이다. 아우구스투스 가문이 지배한 로마가 이처럼 매혹적으로 여겨진 때는 좀처럼 없었다.

"내 안의 위대한 예술가도 죽는구나."[112] 네로가 독하게 마음먹고 자살할 때 평소의 그답게 겸손을 모르고 내뱉은 말이었다. 실제로 그는 예술가였다. 그의 전임자들도 마찬가지였다. 아우구스투스, 티베리우스,

---

* 짐승의 목에 난 상처를 네로의 자살 암시로 해석한 최초의 그리스도교도는 기원후 303년에 순교한 페타우의 주교 빅토리누스였다. 제네바 성서에는 이렇게 적혀 있다. "이는 기독교 교회에 대한 최초의 박해 움직임을 보이고 이후 자살함으로써 카이사르들의 가문을 끝나게 만든 네로를 가리키는 이야기일 것으로 추측된다"(Kovacs and Rowland, p. 155에서 인용).

칼리굴라, 클라우디우스 모두 세계 지배의 과정에서 그들 각자의 방식으로 카이사르 가문을, 인간을 넘어서는 섬뜩한 그 무엇으로 영원히 기억되게 할 전설을 만들어냈으니 말이다. 피와 금으로 채색된 그 가문의 기록은 경이와 공포가 뒤섞인 그 무엇으로 로마인들에게 영원히 붙어다녔다. 신은 아닐지라도 불멸의 존재는 되었으므로.

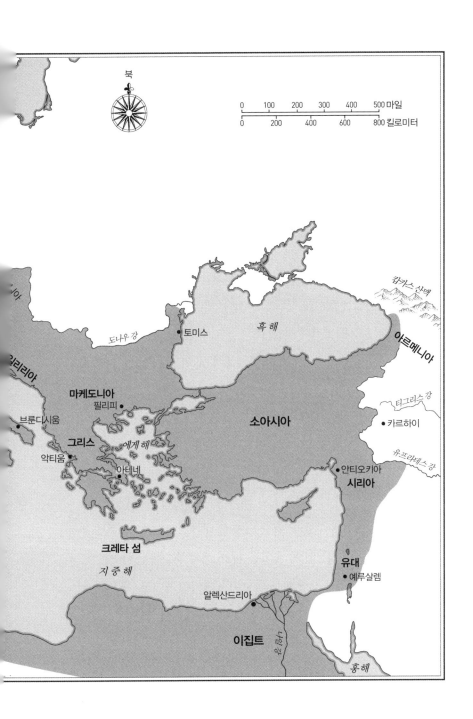

북

| 0 | 100 | 200 | 300 | 400 | 500 마일 |

| 0 | 200 | 400 | 600 | 800 킬로미터 |

칼카스 산맥

도나우 강

토미스

흑해

아르메니아

일리리아

마케도니아

필리피

티그리스 강

소아시아

카르하이

브룬디시움

그리스

에게 해

악티움

아테네

안티오키아

유프라테스 강

시리아

크레타 섬

유대

지중해

예루살렘

알렉산드리아

이집트

나일 강

홍해

책을 낼 때면 매번 그랬듯, 이번에도 많은 분들의 은덕을 입었다. 먼저 여러 방면의 편집을 맡아준 리처드 베스윅, 게리 하워드, 프리츠 판 데르 메이, 크리스토프 셸저의 지원, 조력, 충고에 감사드린다. 이언 헌트도 배려와 인내심을 가지고 지도, 연표, 주석 등 원고의 복잡한 매듭을 명쾌하게 풀어주었다. 수전 드 수아송도 작가라면 한번쯤 손발을 함께 맞춰보고 싶어 할 만한 역량과 상냥함을 갖춘 홍보 담당자였다. 최고의 대리인 패트릭 월시와 저작권사 콘빌 & 월시에도 감사드린다. 기 드 라 베두아에르, 폴 카틀리지. 캐서린 에드워즈, 루웰런 모건, 앤드루 윌리스-허드릴은 풍부한 학식의 빛으로 내 원고를 환하게 비춰주었고, 다수의 실책도 끄집어내 주었다. 댄 스노 또한 내가 '2014 스코틀랜드 분리독립 주민투표'에 정신이 팔려 있을 때 이 책의 초고를 읽어주는, 헤아리기 어려우리만치 중요한 일을 해주었다. 제이미 뮤어도《루비콘》을 쓸 때부터 그랬듯, 내가 단원 하나를 완성하여 인쇄해서 줄 때마다 읽어준 것은 물론이고, 토이토부르크 숲에 갈 때도 나를 동행해주는 성의를 보였다. 월터 도나휴는 나의 전작들 때처럼 이 책의 원고도 읽어주는 아량을 보여주었다. 고대 로마의 모습을 아름답게 재현해주고 기량을 총동원해 이 책의 표지 그림도 그려준 개리스 블레이니에게도 감사드린다. 소피 헤이는 친절, 아량, 열정으로 사진을 찍어주었고, 네미 호수와 스페룬카에 갈 때 나의 길동무가 되어주었으며, 내 트위터의 아바타가 진행돼 가는 과정도 꼼꼼히 체크해주었다. 로라 제프리도 진심으로 즐겁게 칼리굴라의 유람선 측량을 해주었다. 스티븐 케이 또한 소피와 로라, 나를 위해 로마와 네미 호수, 스페룬카를 오가는 길들에서 파생되는 문제들을 잘 해결해주었다. 폼페이에서 나를 열렬하게 환대해준 마티아 부온돈노에게도 감사드린다. 크리켓 경기에서 6득점을 올려 우다이푸르의 왕자를 이기고 로드 크리켓 그라운드에도 나갈 수 있는 기회를 제공해주어, 나로 하여금 아우구스투스의 지위가 어떤 느낌인지 짐작하게 해준 찰리 캠벨에게도 고마움을 전한다. 내 두 고양이, 이디스와 토스티그는 컴퓨터 키보드에 이따금씩만 앉아주는 기특함을 보였다. 지난 몇 년간 남편인 나뿐 아니라 카이사르들과도 함께 살아준 사랑하는 아내 새디. 로마 황제 네르바만을 고집불통으로 좋아하는 내 작은딸 엘리자에게도 고마움을 전한다. 끝으로 큰딸 캐시에게는 전심을 다해 이 책을 헌정하는 것으로 고마움을 대신한다.

지금도 제국의 전형으로 여러 분야에서 벤치마킹되고 있는 로마 제정은 소란스럽게 등장했다. 힘의 팽창은 기어이 제국으로 이어지고 만다는 명제가 로마의 경우에도 어김없이 적중한 것이다. 기원전 753년에 창건되어 200년이 넘는 왕정 기간을 거친 뒤 수립된 로마 공화정은 상호 견제와 균형을 유지해 권력의 집중화와 비대화를 막으려 한 정치 체제로, 고대부터 현대에 이르기까지 많은 사람들의 찬탄을 받았다. 기원전 8세기 중엽 조그만 촌락에서 출발한 도시국가 로마가 이탈리아 반도를 통일한 데 이어, 세 차례에 걸친 포에니 전쟁으로 카르타고를 격파, 서지중해의 패권을 장악하고, 마케도니아에 승리하고 동방의 헬레니즘 세계마저 정복해 전 지중해 세계를 석권한 것도 알고 보면 공화정이 제 모습을 갖추기 시작한 뒤로 기나긴 신분 투쟁을 거쳐 얻어진 평민층의 권리 획득으로, 공동체적 일체감이 생기고 그것을 바탕으로 조직된 강력한 시민군 덕이었다. 그러나 대제국으로의 팽창은 필연적으로 중대한 사회 변화를 일으켰고, 이 변화는 로마 공화정에도 큰 영향을 미쳤다. 특히 심각했던 것이 새로운 속주들에서 곡물이 쏟아져 들어오자 자영농이 몰락하고 이로 인해 정복의 밑거름이 되었던 시민군 유지가 어려워진 것이었다. 그리하여 군사력이 약화되고 군대의 직업화가 진행되자 군인들이 각종 보상과 특전이 주어지는 유능한 군 지휘관들 휘하로 들어감으로써 사실상 장군들의 사병이 되었다. 군인들이 국가보다 개별 장군에 대한 충성을 우위에 두는 현상이 벌어진 것이고, 중산층 몰락에 따른 빈부의 양극화 현상으로 사회 불안 또한 심화되었다. 자영농을 부활시켜 이런 사회 불안을 해소하고 로마의 옛 군사력을 강화하려 한 그라쿠스 형제의 개혁 시도도 실패로 돌아가, 로마는 결정적 위기를 맞았다. 로마 공화정이 벌족파와 민중파 간의 대립에 장군들의 권력 투쟁이 결합되어 이후 100여 년간 내란이 수반된 혼란을 겪다가, 율리우스 카이사르의 루비콘 도하로 마침내 종말을 맞게 된 데는 이런 배경이 깔려 있었다.

카이사르 암살 뒤에 전개된 피 튀기는 내전에서 승리하고 숙청의 회오리바람을 일으키며 등장한 아우구스투스가 독재정을 열게 된 것도 우연만은 아니었다. 이 책의 저자도 말했듯, 오랜 전란에 지칠 대로 지친 로마인들이 평화를 제시하는 아우구스투스의 독재를 기꺼이 받아들인 것이고, 그로써 세습 군주국의 길이 열렸으니 말이다. 그러나 통치의 귀재 아우구스투스도 근 500년간이나 지속된 공화국 체제를 단번에 뒤엎기는 불가능했다. 그가 제정을 원수정으로 교묘하게 위장한 것도 그래서였고, 아우구스투스가 죽자 후임 황제들이 무제한적으로 주어진 권력에 갈팡질팡, 적절히 대처하지 못하고 살인, 광기, 외설, 극악무도함 등 군주정에서 나타날 수 있는 갖은 치부를 드러내며 절대 권력은 반드시 부패한다는 가설을 입증해 보인 것도 그래서였다. 율리우스-클라우디우스 황조의 다섯 황제들 중 제명에 죽은 사람이 아우구스투스와 (아마도) 티베리우스뿐이었다는 점이야말로 로마 최초의 황조가 얼마나 극심한 혼돈의 과정을 겪었는지를 보여주는 생생한 사례였다. 그러나 또 어찌 보면 이 난맥상은 이론상으로만 세습 군주정이었지 율리우스-클라우디우스 황조의 누구도 친자 간 계승이 아니었고, 따라서 마키아벨리적 권모술수가 판칠 수밖에 없는 환경이 조성되어 벌어진 일일 수도 있다.

《다이너스티》는 브루투스 일파가 명줄 끊긴 공화정의 부활을 꿈꾸며 종신독재관 율리우스 카이사르를 암살한 뒤에 벌어진 로마 내전의 격랑을 뚫고 최후의 승자가 된 옥타비아누스가 창시한 율리우스-클라우디우스 황조의 영욕에 찬 흥망을 그린 작품이다. 따라서 이 책에는 그것의 배경과 맥락이 되는 로마 탄생 설화에서부터 공화정의 몰락, 종교적 미신, 각종 선정적 이야기에 이르기까지, 정상과 비정상을 넘나드는 이 황조 구성원들의 기괴한 통치 행위는 물론 당대 로마의 사회상이 오롯이 담겨 있다. 아우구스투스를 시작으로 티베리우스, 칼리굴라, 클라우디우스, 네로, 이 다섯 황제가 로마인들을 매혹시키기도 하고, 혐오감도 주며, 충격에 빠뜨리기도 하면서 로마 자체를 서서히 변모시키는 과정과, 그 황제들의 덕, 악덕, 장점, 결점을 낱낱이 파헤쳐 신을 자처한 그들도 여느 사람과 다를 바 없는 평범한 인간이었음이 가감 없이 서술되어 있는 것이다. 미개 문명을 개화시켰다고 자부한 로마 제국의 궁정이 정작 내부적으로는 괴물 남녀가 득실거리고 속속들이 썩어빠진 야만적

실상이 적나라하게 까발려지는 것이다. 이 책의 저자 톰 홀랜드는 날카로운 해부학자의 시선으로 신화, 허구, 진실, 소문, 실제, 영광, 유혈, 심오한 지혜, 눈먼 허영 등 로마인을 로마인이게 해준 모든 특징을 능숙하게 꿰뚫어, 그 다섯 황제들 너머 로마의 시대정신을 함께 읽을 수 있게 해준다. 후대인들에게는 너무도 친숙한 황제들이어서 자칫 밋밋해질 수 있는 이야기는 소설의 형식을 빌려 캐릭터와 내러티브에 역동성과 생동감을 불어넣는 방식으로 완벽하게 보완했다. 물론 그렇다고 《다이너스티》가 허구적 소설인 것은 아니다. 소설의 형태만 취했을 뿐, 이 작품은 타키투스와 수에토니우스를 축으로 다수의 역사가 및 아우구스투스 시대의 위대한 두 시인, 호라티우스와 오비디우스 같은 권위 있는 전거를 이용해, 일반 독자는 물론이고 전문가도 충분히 만족시킬 수 있는 진지한 역사서다. 군데군데 거미줄처럼 쳐놓은 다수의 인용문도 책의 내용을 기름지게 해주고 당대의 로마 실상을 엿볼 수 있게 하는 데 큰 도움을 준다.

《다이너스티》는 다수의 고대 및 중세 역사서를 집필한 영국 최고의 대중역사 저술가 겸 역사학자 톰 홀랜드가 《공화국의 몰락》이라는 제목으로 국내에도 진즉에 소개되었던 《루비콘》의 후속작으로 집필한 작품이다. 따라서 공화정 말기의 권력 쟁탈전을 다룬 《루비콘》에 이어 로마의 제정 초기, 한계를 가진 인간들에게 그 권력이 맡겨졌을 때 벌어진 일들을 주로 다루고 있다. 아직 제대로 뿌리내리지 못한 일인 독재, 어머니를 포함한 드센 여자들의 입김, 훈련되지 않은 통치의 미숙함 등 그들이 가진 한계의 종류는 다양했다. 이 책은 바로 로마 초기 황제들의 그런 공적 얼굴과 사적 얼굴, 제정 초기에 정치가 작동한 방식, 당대 로마인들의 인식이 반영된 역사책이다. 위에서도 언급했듯, 소설의 형식을 띠고 있어 가독성 또한 뛰어나다. 《다이너스티》는 무엇보다 오늘날의 우리 역시, 진실한 모습보다는 자극적이고 현혹적이며 끔찍한 스펙터클에 열광했던 고대 로마인들과 크게 다를 바 없다는 점에서 이 시대를 비추는 거울일 수 있다.

2016년 겨울
이순호

기원전

753 로마 건국.

509 왕정 붕괴되고 공화정 수립됨.

504 아티우스 클라우수스, 사비니족 구릉 마을에서 로마로 이주.

390 갈리아족, 로마를 유린.

312 아피아 가도 착공.

205 스키피오 아프리카누스, 약관 35세에 집정관이 됨.

187 스키피오 아프리카누스, 공금 횡령 혐의로 원로원에 고발당함.

186 원로원, 리베르 신 숭배 금지 운동 전개.

91 이탈리아 여러 민족이 로마에 맞서 반란을 일으킴(동맹시 전쟁).

67 폼페이우스, 지중해 전역의 해적 토벌 사령관이 됨.

65 아우구스투스, 가이우스 옥타비우스 트리누스를 본명으로 태어남.

59 율리우스 카이사르, 두 집정관 중 한 명으로 선출됨. 1차 삼두정 성립.

53 크라수스, 카르하이 전투에서 로마의 독수리 군기를 파르티아에 빼앗김.

49 율리우스 카이사르, 루비콘 강 도하. 로마 내전 발발.

45 율리우스 카이사르, 마지막 적(폼페이우스의 마지막 잔당)을 격파.

44 율리우스 카이사르, 암살됨.

43 리비아 드루실라, 티베리우스 클라우디우스 네로와 결혼. 2차 삼두정 성립.

로마에 살생부 등장.

42 필리피 전투. 가이우스 옥타비우스, 카이사르 '디비 필리우스Divi Filius(신의 아들)'가 됨. 리비아, 티베리우스 출산.

41 이탈리아 전역에서 광범위한 토지 몰수가 실시됨.

40 페루시아 유린. 리비아와 그녀의 남편, 이탈리아에서 도주.

39 리비아, 로마로 귀환.

38 리비아, 카이사르 디비 필리우스와 결혼. 리비아의 둘째 아들 드루수스 출산. 디비 필리우스, '임페라토르 카이사르'로 자칭하기 시작.

33 아그리파, 조영관이 되어 대규모 상하수도 공사 실시.

31 악티움 해전. 마이케나스, 호라티우스에게 사비니 구릉 지대의 영지 제공.

30 안토니우스와 클레오파트라 사망. 이집트, 로마에 병합됨.

29 임페라토르 카이사르, 세 차례에 걸친 승리(일리리아, 악티움, 이집트)의 개선식 거행. 마케도니아 총독 크라수스, 바스타르나이족 격파.

28 팔라티노 구릉의 아폴로 신전 완공.

27 임페라토르 카이사르, 아우구스투스가 됨. '아우구스투스 규정Augustan settlement'도 작성됨.

23 아우구스투스, 병세가 위중해져 죽음의 문턱까지 갔다가 회생. 집정관직을 내려놓았으나, 원로원으로부터 다른 막강한 권한들 부여받음. 아우구스투스의 조카 마르켈루스 사망.

22 아우구스투스, 동방 속주들로 원정 떠남.

21 아그리파, 아우구스투스의 딸 율리아와 결혼.

20 아우구스투스, 크라수스가 파르티아에 빼앗긴 독수리 군기 되찾음.

19 아우구스투스, 동방에서 로마로 귀환.

18 아우구스투스, 혼인 및 간통과 관련된 법률 제정. 율리아의 둘째 아들 루키우스 탄생.

17 로마에서 '루디 사이클라레스(백년제)' 개최됨. 아우구스투스, 율리아의 두 아들 가이우스와 루키우스를 양자로 입양. 갈리아 총독 마르쿠스 롤리우스, 게

르만족 습격대에 독수리 군기를 빼앗김.

15 (티베리우스의 조카 겸 양자) 게르마니쿠스 탄생.

12 아우구스투스, 대신관으로 선출됨. 아그리파 사망. 드루수스, 루그두눔에 제
   단을 지어 로마와 아우구스투스에게 헌정.

11 티베리우스, 율리아와 결혼. 클라우디우스 탄생.

9 티베리우스의 동생 드루수스 사망. 티베리우스, 동생의 시신을 로마로 호송.

8 호라티우스 사망.

6 티베리우스, 로도스 섬으로 은거.

2 아우구스투스, '국부' 호칭을 받음. 복수의 신 마르스 신전 봉헌. 율리아, 성 추
  문에 휘말려 추방형에 처해짐.

1 아우구스투스의 양자(율리아의 아들) 가이우스, 동방으로 원정을 떠남.

기원후

2 티베리우스, 로마로 귀환. 루키우스 사망.

4 가이우스 사망. 아우구스투스, 티베리우스를 양자로 입양. 아우구스투스의
  요구로 티베리우스도 게르마니쿠스를 양자로 입양.

6 판노니아에서 반란 발생.

8 율리아의 딸 겸 아우구스투스의 외손녀 율리아, 섬으로 추방. 오비디우스 추
  방.

9 오비디우스, 흑해 연안의 도시 토미스에 도착. 토이토부르크 전투.

10 티베리우스, 게르마니아 주둔 군단의 지휘권을 잡음.

12 티베리우스, 로마로 귀환하여 개선식 거행. 칼리굴라 탄생.

14 아우구스투스 사망하고 티베리우스가 프린켑스가 됨.

15 세야누스, 단독 근위대장이 됨.

16 티베리우스, 게르마니아에서 작전 중이던 게르마니쿠스를 로마로 소환.

17 게르마니쿠스, 동방으로 출발. 오비디우스 사망.

19 게르마니쿠스 사망. 그의 아내 아그리피나가 동방에서 남편의 유골함을 안고 이탈리아로 돌아옴. 아르미니우스 사망.

20 피소, 재판에 처해진 뒤 스스로 목숨을 끊음.

23 티베리우스의 아들 드루수스 사망.

25 세야누스, 드루수스의 미망인 리빌라와 결혼하려다 실패. 크레무티우스 코르 두스, 세야누스에 의해 재판에 회부됨.

26 티베리우스, 로마를 등지고 캄파니아에 체류.

27 티베리우스, 카프리 섬에 정착. 피데나이 원형경기장 붕괴됨.

28 티티우스 사비누스, 재판 받고 처형됨.

29 리비아 사망. 게르마니쿠스의 아내 아그리피나, 판다테리아 섬으로 추방됨.

31 칼리굴라, 카프리 섬의 티베리우스에게 불려감. 세야누스 실각.

33 게르마니쿠스의 아내 아그리피나 사망.

37 티베리우스 사망하고 칼리굴라가 로마 황제로 등극. 칼리굴라, 중병에 걸렸 다가 극적으로 회복됨. 네로 탄생.

38 칼리굴라, 누이 드루실라가 사망하자 그녀를 신격화함.

39 칼리굴라, 원로원을 비난하고 밀로니아 카이소니아와 결혼한 후 게르마니아 로 출정. 드루실라의 남편 레피두스 처형. 칼리굴라, 두 누이 소 아그리피나 (네로의 어머니)와 율리아 리빌라를 외딴섬으로 추방.

40 칼리굴라, 이탈리아로 귀환하기 전 갈리아 북부의 브리튼 해협으로 진출. 바 이아이에서 배다리를 통해 바다를 건넘. 로마로 돌아와 역모를 진압.

41 칼리굴라 암살되고, 클라우디우스가 로마 황제로 등극. 추방되었던 아그리 피나와 율리아 리빌라, 로마로 돌아옴. 율리아 리빌라는 돌아온 즉시 다시 추 방됨. 세네카도 코르시카 섬으로 추방됨. 리비아, 클라우디우스에 의해 신격 화됨.

42 클라우디우스, 쿠데타 음모를 진압. 수에토니우스 파울리누스, 아틀라스 산 맥 횡단. 클라우디우스, 오스티아에 심해 항 건설 시작.

43 클라우디우스, 브리튼 침공.

47 발레리우스 아시아티쿠스, 재판 받은 뒤 자살.

48 클라우디우스의 세 번째 황후 메살리나 몰락.

49 클라우디우스, 소 아그리피나와 결혼. 세네카, 추방지에서 돌아옴.

50 클라우디우스, 네로를 양자로 입양.

51 쿠노벨리누스의 아들 카라타쿠스 생포됨.

53 네로, 클라우디우스의 딸 옥타비아와 결혼.

54 클라우디우스 죽고, 네로가 로마 황제로 즉위.

55 클라우디우스의 아들 브리타니쿠스 사망.

58 네로, 포파이아 사비나와 사랑에 빠짐.

59 네로, 어머니 아그리피나를 살해. 최초로 수염 깎은 것을 축하하는 공연 개최.

60 브리튼에서 부디카의 반란 발발.

61 로마 경찰청장, 집안 노예에게 살해됨.

62 부루스 사망하고 티겔리누스가 근위대장으로 승진. 네로, 옥타비아와 이혼하고 그녀를 판데테리아 섬으로 추방한 뒤 살해. 네로, 포파이아 사비나와 결혼.

64 네로, 나폴리에서 처음으로 대중 공연 개최. 티겔리누스, 캄푸스 마르티우스 평원의 호숫가에서 파티 개최. 로마 대화재 발생.

65 피소, 네로에 대한 역모 꾸밈. 세네카 자살. 포파이아 사비나 사망.

66 아르메니아의 왕이 된 티리다테스, 왕관을 받기 위해 로마 방문.

67 네로, 그리스에서 올림피아 제전의 경연과 경기에 참가하고 스포루스와 결혼. 이후 로마로 귀환.

68 율리우스 빈덱스, 네로에 대항한 반란 일으킴. 네로 사망하고, 갈바가 로마의 황제가 됨.

69 갈바 사망하고, 이어 오토, 비텔리우스, 베스파시아누스가 연달아 황제로 즉위.

주요 등장인물

아우구스투스 이전

로물루스: 로마의 창건자 겸 초대 왕.

레무스: 로물루스의 쌍둥이 형제. 불가사의한 정황에서 살해됨.

타르퀴니우스 수페르부스: 로마의 마지막 왕. 기원전 509년에 추방됨.

루키우스 유니우스 브루투스: 타르퀴니우스의 사촌으로 반란의 주동자였고, 공화정을 수립했다.

(아울루스) 코르넬리우스 코스수스: 로물루스 이후 두 번째로 '영광의 전리품'을 획득한 장군.

마르쿠스 쿠르티우스: 원인불명의 구덩이 속으로 뛰어들어 로마 공통의 선을 위해 자신을 희생한 젊은이.

스키피오 아프리카누스: 카르타고를 정복한 로마 장군.

(마르쿠스 클라우디우스) 마르켈루스: 로물루스와 코르넬리우스 코스수스에 이어 세 번째로 '영광의 전리품'을 얻은 장군.

티베리우스 그라쿠스: 플레브스들의 투사, 호민관. 기원전 133년에 살해되었다.

가이우스 그라쿠스: 티베리우스 그라쿠스의 동생. 형과 마찬가지로 플레브스들의 투사였고, 호민관을 역임했음. 기원전 121년에 살해되었다.

마르쿠스 리비우스 드루수스: 리비아의 양할아버지. 기원전 91년에 이탈리아인들에게 시민권을 얻어주기 위한 투쟁을 벌이다 살해되었는데, 이 일이 동맹시 반란의 기폭제가 되었다.

그나이우스 폼페이우스 마그누스(대 폼페이우스): 공화정 말기의 몇십 년간 로마에서 가장 막강한 영향력을 지녔던 인물.

섹스투스 폼페이우스(폼페이우스 마그누스 피우스): 대 폼페이우스의 아들. 시칠리아 섬에 해적 정부를 차려놓고 율리우스 카이사르 암살 뒤에 성립된 제2차 삼두정에 맞섰다.

마르쿠스 리키니우스 크라수스: 희대의 부호이자 막후 실력자. 기원전 53년 파르티아와의 전투에서 패하고 전사했다.

호르텐시우스 호르탈루스: 명석한 인물이자 호화판 생활을 한 것으로 유명한 웅변가.

호르텐시아: 호르탈루스의 딸.

카시우스 롱기누스: 율리우스 카이사르 암살의 주모자.

마르쿠스 유니우스 브루투스: 율리우스 카이사르의 암살자. 타르퀴니우스 수페르부스를 로마에서 추방하고 공화정을 수립한, 루키우스 유니우스 브루투스의 후손이다.

유니아: 브루투스의 누이. 장수했다.

마르쿠스 안토니우스: 율리우스 카이사르의 부관을 지냈고 삼두 중 한 사람이었다. 도락을 좋아했다.

루키우스 안토니우스: 안토니우스의 동생.

율루스(Iullus) 안토니우스: 안토니우스와 그의 셋째 부인 풀비아 사이에서 태어난 아들.

클레오파트라: 이집트 여왕. 율리우스 카이사르에 이어 안토니우스의 정부였다.

마르쿠스 아이밀리우스 레피두스: 삼두의 일원. 대신관이었다.

율리우스가 사람들

아이네아스: 사랑의 여신 베누스의 아들이자 트로이의 왕자. 불타는 도시 트로이를 탈출해 이탈리아로 왔다.

율루스: 율리우스가의 조상이 된 아이네아스의 아들.

율리우스 카이사르: 갈리아 정복자. 루비콘 강을 건너 로마 내전을 촉발했고 독재정을 수립했으나, 기원전 44년에 암살되었다.

(가이우스) 옥타비우스 투리누스: 아우구스투스의 본명. 외종조부 뻘인 카이사르에게 양자로 입적되어 가이우스 율리우스 카이사르 옥타비아누스로 이름이 바뀌었다. 삼두정에 참여했으며, 종국에는 임페라토르 카이사르 디비 필리우스 아우구스투스가 되었다. 명목상으로는 평생 프린켑스(제1시민)로 통치했다. 재위 기간, 기원전 27~기원후 14년.

스크리보니아: 아우구스투스의 첫째 부인.

율리아: 아우구스투스와 스크리보니아 사이에서 태어난 딸. 율루스 안토니우스와 연인 사이였으며, 기원전 2년에 추방당했다.

옥타비아: 아우구스투스의 누이로 안토니우스의 넷째 부인이 되었다가 이혼. 그런데도 안토니우스와 셋째 부인 사이에 태어난 율루스 안토니우스를 맡아서 길렀다.

마르켈루스: 옥타비아와 그녀의 첫 남편 사이에서 태어난 아들. '영광의 전리품'을 얻은 장군 마르켈루스의 후손으로, 기원전 23년에 사망했다.

대 안토니아: 옥타비아와 안토니우스 사이에서 태어난 장녀.

소 안토니아: 옥타비아와 안토니우스 사이에서 태어난 차녀. 게르마니쿠스, 리빌라, 클라우디우스의 어머니.

가이우스: 아우구스투스의 딸 율리아와 아그리파 사이에 태어난 장남. 아우구스투스가 양자로 입양했으나, 기원후 4년 소아시아에서 사망했다.

율리아: 율리아와 아그리파 사이에서 태어난 장녀로, 로마에서 가장 작은 난쟁이를 보유했다. 기원후 8년에 추방당했다.

루키우스: 율리아와 아그리파 사이에서 태어난 차남. 형 가이우스와 마찬가지로 아우구스투스의 양자로 입양되었으나, 기원후 2년에 갈리아 남부에서 사망했다.

대 아그리피나: 아그리파와 율리아의 차녀(따라서 아우구스투스의 손녀). 게르마니쿠스와 결혼하여 슬하에 네로 율리우스(네로 1, 폭군 네로와는 다른 인물), 드루수스(3), 칼리굴라, 소 아그리피나, 율리아 드루실라, 율리아 리빌라를 두었다. 동방에서 죽은 남편 게르마니쿠스의 유골함을 들고 로마에 돌아왔다. 티베리우스와 불화를 빚었다.

아그리파 포스투무스: 아그리파와 율리아의 셋째 아들. 유복자로 태어나 아우구스투스의 양자로 입양되었다가, 기원후 9년에 외딴섬으로 추방되었다.

클라우디우스가 사람들

아티우스 클라우수스: 기원전 504년 로마로 이주해 클라우디우스 가문의 시조가 된 인물.

아피우스 클라우디우스 카이쿠스(장님): 아피아 가도 건설자.

푸블리우스 클라우디우스 풀케르(함대 사령관): 아피우스 클라우디우스의 아들. 클라우디우스 가문의 다른 계열에 비해서는 이 계열(풀케르계) 자손들의 성취도가 높았다.

(가이우스) 클라우디우스 네로: 2차 포에니 전쟁에 참가한 장군. 훗날의 폭군 네로와는 다른 인물. 풀케르계에 비해서는 성취도가 낮았던, 네로계의 조상이다.

아피우스 클라우디우스 풀케르: 클라우디우스 가문의 수장. 공화국 말기에 오만하기로 소문이 난 인물로, 신탁에도 강박적 집착을 보였다.

푸블리우스 클로디우스 (풀케르): 위에 언급된 아피우스 클라우디우스 풀케르의 동생. 호민관이었던 그는 로마 중심부로까지 준군사 조직을 끌어들여 정적을 협박했다.

클로디아 메텔리: 위의 두 풀케르 형제의 세 자매 중 맏이로, 세련미와 우아한 매력을 지녔던 것으로 유명하다.

드루수스 클라우디아누스: 리비아의 아버지. 본래는 율리우스 카이사르 일파였으나 변절하여 암살파 편에 붙었다.

리비아 드루실라: 아우구스투스의 황후 겸 티베리우스의 모후. 종국에는 여신이 되었다.

티베리우스 클라우디우스 네로: 리비아의 첫 남편. 율리우스 카이사르가 암살된 뒤, 공화정을 회복하려 한 루키우스의 반란 음모에 가담했으나 실패했다.

티베리우스: 리비아와 티베리우스 클라우디우스 네로 사이에서 태어난 큰아들. 아우구스투스의 사위였다가 양자로 입양된 그는 로마의 가장 유능한 장군이었다. 아우구스투스에 이어 로마 황제로 등극했으며, 재위 기간은 기원후 14~37년.

드루수스(1): 리비아와 티베리우스 클라우디우스 네로 사이에서 태어난 작은아들. (마르쿠스 안토니우스와 옥타비아 사이의 소생인) 소 안토니아와 결혼했다. 원정군을 이끌고 게르마니아의 엘베 강 유역까지 진출했으며, 게르마니쿠스와 리빌라, 클라우디우스를 자녀로 두었다.

빕사니아: 티베리우스가 끔찍이 사랑한 첫 부인이었으나, 아우구스투스의 강요로 이혼했다.

드루수스(2): 티베리우스와 빕사니아 사이에서 태어난 아들. 리빌라와 결혼하여 게멜루스를 낳았다.

게르마니쿠스: 드루수스(1)과 소 안토니아 사이에서 태어난 큰아들로, 저돌적인 성격이었다. 대 아그리피나와 결혼했다.

리빌라: 드루수스(1)과 소 안토니아 사이에서 태어난 딸. 사생활이 문란했다.

게멜루스: 드루수스(2)와 리빌라 사이에서 태어난 아들. 티베리우스에게는 손자다.

클라우디우스: 드루수스(1)과 소 안토니아 사이에서 태어난 작은아들. 말을 더듬고 침을 흘리는 지체장애자였으나, 기원후 41년 황제가 되어 54년까지 로마를 통치했다.

안토니아: 클라우디우스와 그의 둘째 부인 아일리아 파티나 사이에서 태어난 딸.

메살리나: 클라우디우스의 셋째 부인. 아우구스투스의 조카손녀인데, 염문이 많았다.

옥타비아: 클라우디우스와 그의 셋째 부인 메살리나 사이에서 태어난 딸. 네로의 첫 부인이었으나, 결혼은 성공적이지 못했다.

브리타니쿠스: 클라우디우스와 메살리나 사이에서 태어난 아들. 그의 죽음으로 클라우디우스 가문의 대가 끊겼다.

율리우스 – 클라우디우스 가문 사람들

네로(1): 게르마니쿠스와 대 아그리피나 사이에서 태어난 큰아들. 어머니와 함께 반역죄 혐의로 추방되었다가 비참한 최후를 맞았다.

드루수스(3): 게르마니쿠스와 대 아그리피나 사이에서 태어난 둘째 아들. 형제 네로처럼 비참한 최후를 맞았다.

칼리굴라: 게르마니쿠스와 대 아그리피나 사이에서 태어난 막내아들. 본명은 가이우스
이고, '칼리굴라'는 어려서 붙여진 별칭. 기원후 37년 황제가 되어 41년까지 로마를
통치했다.

롤리아 파울리나: 거부인데다 미모도 뛰어난 그녀는 기원후 38년에 칼리굴라와 결혼했
으나, 6개월 만에 이혼했다.

밀로니아 카이소니아: 칼리굴라의 넷째 부인이자 마지막 부인. 성장을 즐겼다.

율리아 드루실라: 칼리굴라와 밀로니아 카이소니아 사이에서 태어난 딸. 심술궂은 아이
였다고 한다.

소 아그리피나: 게르마니쿠스와 대 아그리피나 사이에서 태어난 장녀. 칼리굴라의 누
이, 클라우디우스의 조카 겸 부인, 황제 네로의 친모였다.

네로: 소 아그리피나와 그나이우스 도미티우스 아헤노바르부스 사이에서 태어난 아
들. 기원후 50년 클라우디우스에게 양자로 입양되었고, 기원후 54년에 황제가 되어
68년까지 로마를 통치했다.

(율리아) 드루실라: 게르마니쿠스와 대 아그리피나 사이에서 태어난 둘째 딸. 칼리굴라
가 애지중지한 동생이며, 결국에는 그에 의해 여신이 되었다.

율리아 리빌라: 게르마니쿠스와 대 아그리피나 사이에서 태어난 막내딸. 칼리굴라에 의
해서도 추방되고 클라우디우스에 의해서도 추방되는 운명을 겪었다.

아헤노바르부스 가문 사람들

루키우스 도미티우스 아헤노바르부스: 최초로 엘베 강을 건넌 로마의 장군. 대 안토니아와
결혼했다.

그나이우스 도미티우스 아헤노바르부스: 소 아그리피나와 결혼하여 아들 네로를 얻었다.

도미티아: 소 아그리피나가 추방되었을 때 네로를 맡아 기른 그의 고모.

도미티아 레피다: 도미티아의 자매이자 메살리나의 어머니.

아우구스투스 시대에 로마를 풍미한 사람들

마르쿠스 빕사니우스 아그리파: 아우구스투스의 절친한 친구이자 부관. 아우구스투스의
  딸 율리아와 결혼했다.

가이우스 마이케나스: 에트루리아 귀족의 후손. 시인들의 후원자였다.

호라티우스: 시인. 마이케나스 덕에 사비니 구릉 지대의 농장을 얻었다.

베디우스 폴리오: 지나친 부의 과시로 아우구스투스의 비위를 거스른 재정 담당자.

에그나티우스 루푸스: 로마에 사설 소방대를 설치해 인기를 얻자 집정관이 되려고 술수
  를 부린 인물.

호스티우스 콰드라: 온갖 성적 일탈을 일삼은 억만장자. 침실을 거울로 꾸며놓기를 좋아
  했다.

오비디우스: 한계를 끝까지 밀어붙인 탓에 시인.

티투스 라비에누스: 자신이 집필한 로마 내전기가 아우구스투스의 명령으로 불살라지
  자 자결한 역사가.

카시우스 세베루스: 고지식하여 입바른 소리를 잘한 법률가.

총독과 장군

마르쿠스 리키니우스 크라수스: 카르하이 전투에서 사망한 크라수스의 손자. 야만족을
  격파했으나, 그가 바라던 대로 유피테르 신전에 '영광의 전리품'을 바치는 영예는 얻
  지 못했다.

루키우스 코르넬리우스 발부스: 아우구스투스 가문 사람이 아닌데도 개선식을 거행한 마
  지막 장군.

마르쿠스 롤리우스: 게르만족 습격대에게 독수리 군기를 빼앗긴 게르만 총독. 가이우스
  가 동방으로 갈 때 그의 보호자 자격으로 수행했다. 칼리굴라와 결혼한 롤리아 파울
  리나의 할아버지이기도 했다.

푸블리우스 퀸크틸리우스 바루스: 세 개 로마 군단이 전멸한 토이토부르크 전투를 지휘한 게르마니아 총독.

카이키나 세베루스: 게르마니쿠스가 게르마니아에서 작전을 수행할 때 그의 부관을 지낸 인물.

그나이우스 칼푸르니우스 피소: 시리아 총독. 티베리우스에게는 절친한 친구이고 게르마니쿠스에게는 적이었던 인물로, 재판에 처해진 뒤 스스로 목숨을 끊었다.

센티우스: 게르마니쿠스파 원로원 의원들에 의해 시리아 총독으로 임명된, 따라서 피소의 적이었던 인물.

갈바: 칼리굴라 밑에서는 라인 강 유역의 상 게르마니아 주둔군 지휘관이 되고, 네로 밑에서는 히스파니아 지역의 총독이 된 인물.

수에토니우스 파울리누스: 마우레타니아 총독일 때는 아틀라스 산맥을 횡단했고, 브리튼 총독일 때는 부디카의 반란을 진압한 장군.

근위대 사람들

(루키우스) 세이우스 스트라보: 에트루리아 출신으로 아우구스투스에 의해 근위대장으로 임명되고, 티베리우스에 의해 이집트 총독으로 임명되었다.

아일리우스 세야누스: 세이우스 스트라보의 아들. 티베리우스의 심복이었으며, 아버지와 함께 공동 근위대장에 임명되었다가 단독 근위대장으로 승진했다.

아피카타: 기원후 23년에 이혼당한 세야누스의 아내.

(나이비우스) 수토리우스 마크로: 세야누스에 이어 근위대장이 된 인물.

카시우스 카이레아: 여자 같은 목소리를 지녀 칼리굴라의 놀림감이 되었던 근위대장.

코르넬리우스 사비누스: 카시우스 카이레아와 함께 칼리굴라의 암살을 공모한 근위대 장교.

섹스투스 아프라니우스 부루스: 소 아그리피나 덕분에 근위대장 자리에 오른 인물. 솔직한 말투로 유명했다.

오포니우스 티겔리누스: 제비족, 경주마 조련사, 파티광. 부루스가 죽은 뒤, 네로에 의해 공동 근위대장으로 임명되었다.

파이니우스 루푸스: 티겔리누스의 동료 근위대장. 청렴하기로 유명했다.

님피디우스 사비누스: 파이니우스 루푸스의 후임 근위대장. 칼리굴라의 아들이라는 소문이 돌았다.

희생자들

크레무티우스 코르두스: 브루투스와 카시우스를 '마지막 로마인들'이라고 기록한 대가를 톡톡히 치른 역사가.

아시니우스 갈루스: 티베리우스의 전처 빕사니아의 남편이었으며, 비열한 인물이었다.

티티우스 사비누스: 함정에 걸려 희생된 기사. 게르마니쿠스와도 막역한 친구 사이였다.

마르쿠스 유니우스 실라누스: 칼리굴라의 장인으로 집정관을 지낸 인물.

아타니우스 세쿤두스: 말실수로 자업자득의 희생을 치른 인물.

유니우스 프리스쿠스: 알려진 것보다 거부가 아니어서 칼리굴라의 비웃음을 산 인물.

파스토르: 아들이 처형되고도 그 일을 행한 당사자인 칼리굴라의 연회에 초대되어 수모를 당한 인물.

아스프레나스: 아우구스투스에게 희생으로 바친 플라밍고의 피가 얼굴에 튀었던 원로원 의원.

실라누스: 해방노예 나르키수스가 꾼 흉몽 때문에 죽은 인물.

대 포파이아 사비나: 메살리나의 연적.

푸블리우스 수일리우스 루푸스: 기소 잘하기로 소문난 인물. 그 자신도 인과응보의 벌을 받았다.

루벨리우스 플라우투스: 소 아그리피나와의 관계를 의심받던 티베리우스의 증손자.

루키우스 유니우스 실라누스 토르콰투스: 네로를 제외하면 그의 재위기에 유일하게 생존한, 아우구스투스의 마지막 남자 자손.

트라이사 파이투스: 강직한 도덕성을 지녔던 원로원 의원.

음모자들

마르쿠스 아이밀리우스 레피두스: 칼리굴라의 절친한 친구였으나, 그의 두 누이와 정을 통했다.

그나이우스 코르넬리우스 렌툴루스 가이툴리쿠스: 세야누스의 심복으로, 티베리우스와 칼리굴라 두 황제 밑에서 라인 강 주둔군 지휘관을 지냈다. 군단병들을 해이하게 관리한 죄로 칼리굴라에게 처형당했다.

베틸리에누스 카피토: 칼리굴라에 대한 역모를 꾸몄다가 처형되는 아들을 보고, 자신도 공모자였다고 실토한 인물.

마르쿠스 비니키우스: 칼리굴라의 막내누이 율리아 리빌라의 남편. 칼리굴라가 죽은 뒤 황제권을 주장했다.

안니우스 비니키아누스: 레피두스의 친구. 칼리굴라가 사망한 뒤 황제권을 주장했고, 클라우디우스 집권기에도 쿠데타 음모를 꾸몄다.

카이키나 파이투스: 아내보다도 겁이 많아 망신스럽게 자결한 인물.

가이우스 실리우스: 로마 최고의 미남. 황후 메살리나와 결혼하는 무분별한 행동을 했다.

가이우스 칼푸르니우스 피소: 명문가 자손으로, 화려한 이력의 소유자. 아우구스투스가문과는 피 한 방울 섞이지 않았는데도 황제가 되려는 야심을 품고 네로에 대한 역모를 꾸몄다.

플라비우스 스카이비누스: 네로를 공격할 용도로 신전의 단검을 빼낸 원로원 의원.

살아남은 자

멤미우스 레굴루스: 티베리우스의 심복으로, 집정관이 된 인물. 칼리굴라가 즉위한 뒤에

는 그의 강요로 아내 롤리아 파울리나와 이혼했다.

트라실루스: 티베리우스의 점성술사. 황제와 각별한 사이였고 그 덕에 절벽에서 떨어져 죽는 운명을 피했다.

루키우스 비텔리우스: 시리아 총독을 지낸 뒤 로마에 돌아와 뛰어난 처세술로 칼리굴라의 총애도 받고 클라우디우스의 총애도 받는 데 성공한 정치인.

카이키나 라르구스: 칼리굴라가 살해된 뒤 클라우디우스가 황제가 되는 데 도움을 준 인물. 팔라티노 구릉에 자리잡은 저택에 로터스나무로 유명한 정원을 보유했다.

해방노예와 노예

클레멘스: 아그리파를 사칭한 노예. 아그리파 포스투무스를 빼닮았다고 알려졌으나, 사실 여부는 알 수 없다.

팔라스: 소 안토니아의 노예였다가, 나중에 클라우디우스 밑에서 권세를 누린 해방노예가 되었다.

가이우스 율리우스 칼리스투스: 칼리굴라에 이어 클라우디우스 밑에서도 세도를 부린 해방노예. 그래도 제명에 죽었던 그는, 티겔리누스와 함께 공동 근위대장을 지낸 님피디우스 사비누스의 할아버지였다.

티베리우스 클라우디우스 나르키수스: 클라우디우스 밑에서 세도를 부린 해방노예 삼인방 중 세 번째 인물. 메살리나의 몰락을 주도했다.

칼푸르니아: 클라우디우스의 총애를 받은 애첩들 중 한 명.

클라우디아 아크테: 네로의 첫 연인. 네로가 죽은 뒤 그의 장례를 치러주었다.

스포루스: 여자아이 같은 용모를 지닌 미동. 네로에 의해 거세된 뒤 그와 결혼했다.

파온: 네로의 해방노예. 로마 북쪽에 별장을 갖고 있었다.

배우와 예술가

므네스테르: 칼리굴라가 좋아한 배우.

파리스: 네로가 극찬한 배우.

제노도루스: 네로의 거상을 제작한 그리스 조각가.

갈리아 출신 인물들

가이우스 율리우스 베르콘다리두브누스: 루그두눔에 세워진 아우구스투스 제단의 제막식을 집전한 갈리아인 사제. 로마 시민권을 보유하고 있었다.

데키무스 발레리우스 아시아티쿠스: 로마에서 가장 유명한 정원을 보유한 부호였고, 칼리굴라 암살 뒤에는 황제 후보자로 나섰다.

율리우스 클라시키아누스: 부디카의 반란 진압 뒤 네로에 의해 브리튼을 안정시킬 정무관으로 임명된 갈리아인.

율리우스 빈덱스: 네로에게 맞서 반란을 일으킨 루그두눔 총독. 반항적 본능을 지닌 갈리아 왕들의 후손이었다.

야만족

델도: 바스타르나이족의 왕.

프라테스 4세: 파르티아의 왕. 아우구스투스와의 긴장 완화에 열성을 보였다.

아르미니우스: 로마 시민권을 보유하고 기사 계급까지 올라간 케루스키족의 족장.

쿠노벨리누스: 카투벨라우니족의 족장.

카라타쿠스: 쿠노벨리누스의 아들. 브리튼을 침공한 로마군에게 저항했으나, 나중에는 포로가 되어 로마로 압송되었다.

프라수타구스: 이케니족의 족장.

부디카: 프라수타구스의 아내로, 남편이 죽자 로마의 지배에 항거해 반란을 일으킨 이케니족의 전사 왕비.

티리다테스: 파르티아인으로 아르메니아의 왕이 된 인물. 로마에 와서 네로에게 왕관을 수여받았다.

네로의 친구와 적

루키우스 안나이우스 세네카(소 세네카): 철학자. 수사학자, 작가. 클라우디우스에 의해 추방되었으나, 황제와 결혼한 소 아그리피나의 도움으로 로마로 귀환해 네로의 스승이 되었다.

아울루스 비텔리우스: 루키우스 비텔리우스의 아들. 전차 기수였던 그는 칼리굴라의 호의도 얻고 네로의 호의도 얻는 데 성공했다.

마르쿠스 살비우스 오토: 네로와 유흥 생활의 죽이 맞았던 인물. 아내 사비나를 네로에게 뺏긴 뒤에는 히스파니아의 루시타니아 총독으로 임명되어 로마에서 쫓겨났다.

포파이아 사비나: 호박색 머리칼을 가진 미인으로, 오토의 아내였다가 네로 인생의 사랑이 된 여자. 메살리나의 술책으로 자살한 포파이아 사비나의 딸이다.

바티니우스: 네로와 친밀했던 궁정의 어릿광대.

베스파시아누스: 출신 성분은 보잘것없었으나 장군으로서는 탁월했던 인물. 브리튼을 정복했던 그는 네로를 수행하여 그리스를 여행하던 중 반란 평정의 책임을 지고 유대로 갔다.

스타틸리아 메살리나: 지성미를 갖춘 네로의 셋째 부인.

칼비아 크리스피닐라: 스포루스에게 여성이 되는 데 필요한 기교를 가르친 여자.

페트로니우스 투르필리아누스: 브리튼 총독을 지냈으며, 네로에 의해 이탈리아 북부 지역 사령관으로 임명되었다.

베르기니우스 루푸스: 네로에 의해 라인 강 주둔군 지휘관에 임명되었다.

별도의 언급이 없는 한, 'Tacitus(타키투스)'는 *The Annals*(연대기)를 가리키고, Valerius Maximus(발레리우스 막시무스)는 *Memorable Doings and Sayings*(기억할 만한 공적과 격언에 관한 책)를 가리킨다. Livy(리비우스), Justin(유스티누스), Florus(플로루스), Appian(아피아노스), Dionysius of Halicarnassus(할리카르나소스의 디오니시오스), Cassius Dio(카시우스 디오), Velleius Paterculus(벨레이우스 파테르쿨루스), Herodotus(헤로도토스)는 각각 그들이 집필한 역사서를 가리킨다. Lucretius(루크레티우스)는 *On the Nature of Things*(사물의 본성에 관하여)를, Petronius(페트로니우스)는 *The Satyricon*(사티리콘)을, Lucan(루카누스)는 *The Civil War*(내란기)를, Strabo(스트라보)는 *Geography*(지리학)를, Aulus Gellius(아울루스 겔리우스)는 *Attic Nights*(아테네 야화)를, Macrobius(마크로비우스)는 *The Saturnalia*(사투르날리아)를, Pliny(플리니우스)는 Pliny the Elder(대 플리니우스)로 *Natural History*(박물지)를, Artemidorus(아르테미도로스)는 *The Interpretation of Dreams*(예지몽)를, Vitruvius(비트루비우스)는 *On Architecture*(건축십서)를, Frontinus(프론티누스)는 *On Aqueducts*(도시 로마의 상수도론)를 가리킨다.

서문

1 Suetonius, *Caligula*: 46

2 Ibid: 22

3 Ibid: 50.2

4 Seneca. *To Helvia*: 10.4

5 Eusebius. *The Proof of the Gospel*: 3.139

6 Philo. *On the Embassy to Gaius*: 145~7

7 Ovid. *Letters from Pontus*: 4.9.126

8 Mark 12.17

9 Cassius Dio: 52.34.2

10 Ibid: 53.19.3

11 Tacitus: 3.19

12 Ibid: 1.1

13 Tacitus: 3.65

14 Valerius Maximus: 3.6. preface

15 Seneca. *Letters*: 57.2

16 Seneca. *On Clemency*: 1.11.2

17 Ovid. *Sorrows*: 4.4.15

chapter 1 늑대의 자식들

1 에게 해상에 위치한 키오스 섬의 그리스인이 기원전 3세기 말 혹은 2세기 초에 작성한 비문이야말로 로물루스와 레무스 이야기의 증거가 될 만하다. 거기에는 이렇게 적혀 있다. "그 이야기에 따르면 로물루스와 레무스 형제는 '전쟁의 신'을 아버지로 두었다는데, 로마인의 용맹함으로 볼 때 사실로 간주된 것도 무리는 아니다." Wiseman (1995), p. 161에서 인용.

2 Livy: 31.34

3 Justin: 38.6.7~8

4 Ennius: fragment 156

5 Florus: 1.1.8

6 Sallust. *The Conspiracy of Catiline*: 7.1~2

7 Livy: 7.6.2

8 Lucretius: 3.834

9 Livy: 37.45

10 사실 여부는 모르겠으나 여하튼 사료에는 그렇게 나와 있다. Valerius Maximus: 2.2.1

11 Livy: 38.53

12 Livy: 38.50

13 Valerius Maximus: 6.2.8

14 Cicero. *On Piso*: 16

15 Cicero. *On his House*: 66

16 Manilius: *Asttronomica*: 1.793

17 Petronius: 119

18 Suetonius. *The Deified Julius*: 20

19 Livy. *Periochae*: 103

20 Propertius: 3.4, line 2

21 Appian: 2.31

22 Lucan: 1.109~11

23 Petronius: 121

24 Virgil. *Aeneid*: 2.557. 여기 나오는 《아이네이스》의 '머리 없는 시신'은 트로이의 왕 프리아모스를 가리킨다. 그런데도 폼페이우스의 죽음과 관련하여 인용한 것은 베르길리우스가 이를 폼페이우스가 당한 운명을 염두에 두고 썼을 것이라고 본, 4세기의 로마 주석자 세르비우스의 해석에 따른 것이다. 베르길리우스는 아마도 내전에 참가하고 그에 대한 역사서를 쓴 자신의 후원자 폴리오(Asinius Pollio: 기원전 76~기원후 4)에게 폼페이우스의 이야기를 들었을 것이다(Morgan, pp. 52~5 참조).

25 Dionysius of Halicarnassus: 7.70.1

26 Justin: 28.2.8

27 Suetonius. *The Deified Julius*: 77

28 Cicero. *Philippics*: 6.19

29 Plutarch. *Titus Quinctius Flaminius*: 12.6

30 Livy: 1.3. 이는 카이사르 암살 뒤에 나온 말이었을 것으로 추정된다. Luce를 참조할 것.

31 Cicero. *In Defence of Marcellus*: 27

32 Pliny: 8.155

33 Cicero. *Philippics*: 3.12

34 Ovid. *Fasti*: 2.441. 오비디우스는 이 신탁이 로물루스 시대에 내려진 것이라고 말했으나, 신탁이 내려진 실제 연도는 기원전 276년이다. 이에 대한 내용은 Wiseman (2008), p. 76을 참조할 것.

35 Plutarch. *Julius Caesar*: 61.4

36 Cassius Dio: 44.11.3

37 Cicero. *Republic*: 2.30.52

38 평생 정치에 대해 불신이 깊었던 실업가 가이우스 마티우스(Gaius Matius)가 한 말인데, 키케로는 강한 반감을 보이며 이 문장을 인용했다. *Letters to Atticus*: 14.1

39 Josephus. *Antiquities of the Jews*: 14.309

40 *Memoirs* of Augustus, fragment 6. Ramsey and Licht, p. 159에서 인용.

chapter 2 백 투 더 퓨처

1 리비아는 기원전 59년 혹은 기원전 58년 1월 30일에 로마에서 태어난 것이 거의 확실하다. 이에 대한 내용은 Barrett (2002), pp. 309~10을 참조할 것.

2 Vilgil. *Eclogues*: 4.61

3 Plutarch. *Roman Questions*: 102

4 Seneca. *On Mercy*: 1.14.3

5 Barrett (2002: p. 348, n. 18)에는, 마르쿠스 리비우스 드루수스가 리비아의 아버지 드루수스 클라우디아누스를 양자로 입양한 것을 나타내는 확실한 증거는 없지만, 그렇게 볼 만한 정황적 증거는 수두룩하다고 기록되어 있다.

6 Dionysius of Halicarnassus: 3.67.5

7 Cicero. *Against Verres*: 5.180

8 Cicero. *On the Responses of the Haruspices*: 13.27

9 Cicero. *For Marcus Caelius*: 21

10 Tacitus: 1.4.3. 클라우디우스 가문의 평판이 나빠진 것은 기원전 1세기의 어느 때였을 것이라는 데 학자들의 의견이 일치한다. Wiseman (1979)에는 기원전 50년대 말과 기원전 40년대였을 것이라고, 그 일이 일어난 시기까지 설득력 있게 제시되어 있다.

11 Valerius Maximus: 1.4.3

12 Lucan: 2.358

13 Cicero. *On his House*: 109

14 사프란의 수술은 '여성의 월경 주기와 생식 주기를 촉진하는 데' 사용되었기 때문에 중요하다. 이에 대한 내용은 Sebesta. p. 540, n. 33을 참조할 것.

15 Plutarch. *Romulus*: 15.5

16 Appian: 4.11

17 Velleius Paterculus: 2.71.2

18 Velerius Maximus: 6.8.6

19 Suetonius. *The Deified Augustus*: 2

20 그러나 Cassius Dio(47.49.3)에는 항해 도중 머리를 잃은 것으로 나와 있고, 플루타르코스의 영웅전(*Brutus*: 53.4)에는 안토니우스가 브루투스의 시신을 화장해 본국에 있던 브루투스의 어머니에게 유골을 전해준 것으로 기록되어 있다.

21 Appian: 4.8

22 'In Praise of Turia': 이 인용문은 슬픔에 잠긴 이 여인의 남편이 새긴 묘비에 나오는 내용이다. 오래도록 헌신적인 영웅성의 귀감이 된 이 투리아라는 여성은, Valerius Maximus(6.7.2)에 따르면, 내전의 살생부에 오른 남편을 구하려고 온갖 위험을 감수했다고 한다. 그러나 고전학자들은 으레 그렇듯, 이 내용의 진위 여부에 대해서도 지금 과거에 비해서는 긴가민가한다. 그렇다고 완전한 조작으로 보지는 않는다.

23 Appian: 4.4

24 Suetonius (*Augustus*: 15)에는 제물로 바쳐진 원로원 의원과 기사가 정확히 200명이었다고 나온다. 이는 물론 적대적 출처에서 나온 정보일 것이다. 하지만 설사 숫자가 크게 부풀려졌다 해도 믿을 만한 일화에 근거한 것은 확실하다.

25 Suetonius. *Augustus*: 62.2. 이 부분은 아우구스투스가 한 말을 수에토니우스가 그대로 옮겨 적은 것이다(fragment 14).

26 Ibid

27 Brunt (1971), pp. 509~12

28 Vilgil. *Eclogues*: 1.11~12

29 Propertius: 4.1.130

30 Virgil. *Eclogues*: 9.5

31 Horace. *Satires*: 2.1.37

32 Ibid: 1.6.72~3

33 Virgil. *Georgics*: 1.505

34 Strabo: 6.1.2

35 Propertius: 2.1.29

36 Velleius: 2.88.2

37 Horace. *Epodes*: 7.17~20

38 Horace. *Odes*: 2.13.28

39 Horace. *Satires*: 2.2.126~7

40 Appian: 5.132

41 Ibid: 5.130

42 Plutarch, *Antony*: 24

43 Virgil. *Aeneid*: 4.189~90

44 Seneca. *Letters*: 94.46. 이 인용문은 Sallust, *The Jugurthine War*: 10.6에서 발췌했다.

45 Seneca. *On Benefits*: 3.32.4

46 Strabo: 5.3.8

47 Horace. *Epodes*: 9.5

48 Horace. *Satires*: 1.5.29

49 Ibid: 1.6.61~2

50 Ibid: 2.6.58

51 Ibid: 2.6.1~3

52 *Res Gestae*: 25.2

53 Virgil. *Aeneid*: 8.678~9

54 Horace. *Odes*: 1.37.1

55 Ovid. *Fasti*: 1.30

56 Cicero. *On Duties*: 2.26

57 Livy: 1.10

58 Cornelius Nepos. *Life of Atticus*: 20.3

59 아니, 좀 더 정확히 말하면 젊은 카이사르와 그의 부하들이 유서 깊은 관습이라고 주장한 바에 따르면 그렇다. 어쩌면 이 의식 전체가 날조된 것일 수도 있다. Wiedemann, p. 482를 참조할 것.

60 '옥타비아'는 새총에 새겨져 있었다. 새총에는 또 젊은 카이사르가 '여자 역을 하는 남자 동성애자'라며, 그가 느슨한 항문을 가졌다고 비난하는 말도 새겨져 있었다. Hallett, p. 151을 참조할 것.

61 섹스투스 폼페이우스에게 당한 패배와 임페라토르 호칭의 채택을 연계시킨 내용은 1958년에 발간된 Syme의 고전적 작품에서 처음으로 등장했다.

62 Horace. *Satires*: 2.6.55~6

63 Virgil. *Georgics*: 4.90

64 개선식의 기원과 관련된, 꿰뚫을 수 없는 불가해성은 Beard (2007), pp. 305~18 을 참조할 것.

65 Dionysius of Halicarnassus: 2.34.2

66 Virgil. *Aeneid*: 8.717

67 Propertius: 2.8.14

68 Virgil. *Aeneid*: 1.291

69 Cassius Dio: 51.24

70 Livy: 4.20

71 근래에 발견된, 기원전 28년에 주조된 주화에 새겨진 내용이다. Rich and Williams 참조.

72 *Achievements of the Deified Augustus*: 6.1

73 Ibid: 34.1

74 Aulus Gellius: 5.6.13

75 기원전 19년에 주조된 주화에 새겨진 글이다. Dear, p. 322 (1625).

76 Cassius Dio: 53.6

77 Ibid: 53.20

78 Horace. *Odes*: 3.8.18

79 Ibid: 1.35.29~30

80 Ibid: 3.14.14~16

81 Ovid. *Sorrows*: 4.4.13~16

82 일부 학자들은 이 신전이 실제로 지어졌는지에 대해 의문을 제기하기도 하지만, 주화도 있고 카피톨리노 구릉에 '유피테르 신전을 모방한' 신전을 지었다는 Dio의 기록(54.8)도 있으므로 반박의 여지는 없어 보인다.

83 Ovid. *Fasti*: 1.609~10

84 Macrobius: 2.4.20

85 Ibid: 2.4.12

86 Suetonius의 *Life of Horace*에서 인용.

87 Suetonius. *The Deified Augustus*: 70.2

88 Servius. *On the Aeneid*: 4.58

89 Velleius Paterculus

90 Plutarch. *Antony*: 75

91 Virgil. *Aeneid*: 8.720

92 카피톨리노 구릉의 유피테르 신전에 유노(주노)와 미네르바 여신이 함께 모셔진 것처럼, 리베르 신전에도 케레스와 리베라(리베르의 여성신) 여신이 함께 모셔졌다. Wiseman (2004: p. 68)에는, 그런 점은 우연이 아니며 리베르 신전이 지어진 것 또한 카피톨리노 구릉의 거대한 신전에 의식적으로 맞서기 위함이었다는 주장이 설득력 있게 개진되어 있다.

93 Suetonius. *The Deified Augustus*: 79.2

94 Ovid. *Sorrows*: 1.70

95 Suetonius. *The Deified Augustus*: 94.4

96 Ibid: 72.1

97 Cicero. *In Defence of Murena*: 76

98 Horace. *Satires*: 1.8.16

99 Cicero. *On the Agrarian Law*: 2.17

100 Ibid. *To Atticus*: 1.19.4

101 처음에는 두 명이던 호민관 수는 점점 늘어나, 기원전 449년 무렵에는 열 명이 되었다.

102 Cassius Dio: 54.10

103 Macrobius: 2.4.18

104 Horace. *Odes*: 3.6.1~2

105 Ibid: 7~8

106 Ovid. *Fasti*: 1.223~4

107 'In Praise of Turia'

108 Horace. '*Carmen Saeculare*': 47~8

109 Ibid: 57~60

110 Ovid. *Fasti*: 6.647

111 Suetonius의 life of Horace에서 인용.

112 Suetonius. *The Deified Augustus*: 58.2

113 Ovid. *Fasti*: 3.709

114 Ibid: 5.553

115 수에토니우스는 그 조상들 모두가 개선식에 나가는 장군의 복장을 하고 있었다고 기록했으나, 남겨진 조상들의 파편을 보면 그중 일부는 토가를 입은 것으로도 보인다.

116 Suetonius. *The Deified Augustus*: 31.5

117 Horace. *Odes*: 4.14.6

chapter 3 잔인성의 고갈

1 *Funeral Lament for Drusus*: 351. *In Poetae Latini Minores* 1, ed. E. Baehrens (1879)

2 Plutarch. *Life of Cato the Censor*: 16

3 Ovid. *Loves*: 3.15.6

4 Dionysius of Halicarnassus: 6.13.4

5 Ovid. *The Art of Loving*: 3.121~2

6 Ovid. *Sorrows*: 4.10.35

7 Ibid: 4.10.37~8

8 Ovid. *The Art of Loving*: 3.122

9 Ibid: 1.17

10 Cato the Censor, in Plutarch's life of him: 17

11 Ovid. *Loves*: 1.15.3

12 Ibid: 1.7.38

13 Cicero. *Tusculan Disputations*: 2.53

14 Petronius: 92. 이 문구는 풍자적이지만 사실적인 분위기도 풍긴다.

15 Pliny the Younger. *Letters*: 3.1.2

16 *Priapea*: 25.6~7

17 Valerius Maximus: 6.1 preface

18 Cato the Elder: fragment 222. 훗날에는 불륜 현장에서 잡힌 여자의 친정아버지만 딸을 죽이는 것이 적법으로 간주되었고, 여자의 남편은 상대 남자의 사회적 신분이 낮거나 비천할 때만 아내를 죽이는 것이 허용되었다.

19 Ovid. *Loves*: 3.4.37

20 Ibid: 3.4.17

21 Ibid: 3.4.11

22 Ovid. *On Women's Facials*: 25~6

23 Seneca. *Natural Questions*: 1.16.6

24 Ibid: 1.116.9

25 Ibid: 1.16.7

26 Horace. *Odes*: 3.6.19~20

27 Ibid: 3.24.33~4

28 Pseudo-Arco, scholiast on Horace: 1.2.63. McGinn, p. 165

29 Tacitus. *Annals*: 3.28

30 Horace. *Odes*: 4.5.21~2

31 Ovid. *Loves*: 3.4.5~6

32 Cassius Dio: 48.52

33 Oivd. *Sorrows*: 3.1.39~40

34 Velleius Paterculus: 2.79.1

35 Pliny: 15.137

36 Cassius Dio: 54.6

37 Suetonius. *Tiberius*: 51.2

38 Macrobius: 2.5.9

39 Ibid: 2.5.8

40 Ibid: 2.5.4

41 Philo. *Embassy to Gaius*: 167

42 Seneca. *To Polybius, on Consolation*: 15.5

43 Ovid. *The Art of Loving*: 1.184

44 Ibid. 1.177~8

45 Ibid, 1.175

46 Ovid. *Loves*: 1.5.26

47 Pliny: 7.149

48 Seneca. *On Mercy*: 1.10.3

49 Ibid: 1.11.2

50 Ovid. *The Art of Loving*: 2.573

51 Ibid: 2.552~3

52 Ibid: 2.2.599~600

53 Artemidorus: 2.9

54 Velleius Paterculus: 2.91.4

55 Ovid. *Fasti*: 5.145~6

56 Plutarch. *Moralia*: 207e

57 1960년 펠로폰네소스 반도의 메세니아에서 발견된 비문에 나오는 내용. Zankel, p. 259에서 인용.

58 피사(Pisa) 시의회의 포고문에 나오는 내용. Lott (2012), p. 72에 이 부분이 그대로 수록되어 있다.

59 Ovid. *The Art of Loving*: 1.203

60 Cassius Dio. 55.13.1

61 기원후 1년에 아우구스투스가 가이우스에게 쓴 편지에 나오는 내용. Aulus Gellius: 15.7에서 인용.

62 Tacitus: 6.25

63 Ulpian. *Digest*: 1.15.3

64 Cassius Dio: 55.27.1

65 율리아 남편의 운명을 둘러싼 내용은 혼란스럽기 그지없다. 한 비문에 그와 이름이 같은 어떤 인물이 사제 명단에 오르고 기원후 14년에 죽었다고 나오는 것만 해도 그렇다. 반면에 로마 시인 유베날리스를 다룬 주석서에는 그가 분명 처형되었다고 나온다. 그게 사실이면 비문의 사제는 십중팔구 그의 아들이었을 것이다.

66 일부 학자들(Claassen, p. 12~13가 좋은 예다)은 오비디우스가 기원후 9년에 추방형에 처해졌다고 주장하지만, 내외적 증거 모두 그것이 기원후 8년에 일어난 일이었음을 명백히 시사한다. 또 법적으로 보면 그는 '추방자(exsul; exile)'가 아닌, 시민권을 박탈당하지 않고 로마에서 '퇴거당한(relegated)' 자(relegatus)였을 뿐이다. 물론 오비디우스는 종종 외롭고 비참한 자신의 처지를 '추방당한 신세(exsilium)'라고 한탄했지만 말이다.

67 Ovid. *Sorrows*: 2.207

68 Ibid: 6.27

69 Ovid. *Black Sea Letters*: 2.2.19

70 오비디우스의 추방과 관련된 갖가지 이론은 Thibault를 살펴보라. 이 책에서는 Green (1989)의 내용을 따랐다. Claassen(p. 234)에도 "오비디우스 추방에 대한 설명으로 이치에 닿는 것은 정치적 이유밖에 없다'라는 내용이 나온다.

71 Ovid. *Sorrows*: 1.11.3~4

72 Ibid: 2.195~6

73 Ovid. *Sorrows*: 5.10.37

74 Ovid. *Letters from Pontus*: 1.2.81~2

75 Ovid. *Sorrows*: 5.7.46

76 Ovid. *Fasti*: 2.291

77 Ovid. *Sorrows*: 2.199~200

78 Ibid: 5.10.19~20

79 Valerius Maximus: 6.1.11

80 Velleius Paterculus: 2.115.5

81 Ovid. *Sorrows*: 2.171~2

82 Cicero. *On Duties*: 2.27

83 《아우구스투스 업적록(Res Gestae)》의 서두에 나오는 말이다.

84 Virgil. *Aeneid*: 1.279

85 Albinovanus Pedo: 3. Benario, p. 166에서 인용. 여기에 나오는 '그림자 영역'
은 구체적으로 독일의 바덴 해를 가리키고, 시인이 묘사한 것은 기원후 16년의 해군
원정을 가리킨다.

86 Tacitus: 2.24

87 Tacitus. *Germania*: 4

88 일부 해석에 나온 것처럼, 제단 건립 시기가 기원전 10년이었을 개연성도 있다.

89 Strabo: 4.4.2

90 Ovid. *Amores*: 1.14.45~6

91 Tacitus. *Germania*: 19

92 Cassius Dio: 56.18

93 Velleius Paterculus: 2.118.2

94 Florus: 30.3

95 Suetonius. *The Deified Augustus*: 23

96 Ibid. *Tiberius*: 21.3. 아우구스투스가 직접 한 말이다.

97 Ibid. 기원전 2세기의 시인 퀸투스 엔니우스가 한 말을 아우구스투스가 인용했거
나, 변형한 것이다.

98 Ovid. *Black Sea Letters*: 2.1.37~8

99 Ibid: 2.1.61~2

100 Seneca. *On Benefits*: 3.38.2

101 *Consolation to Livia*: 356

102 Tacitus: 5.1

103 Ibid

104 Cicero. *On the Republic*: 1.67

105 Oivd. *Black Sea Letters*: 3.1.118

106 Velleius Paterculus: 2.130.5

107 Ovid. *Black Sea Letters*: 3.1.125

108 Suetonius: *The Deified Augustus*: 64.2

109 사실인지는 모르겠으나, 여하튼 레기움(Rhegium)에서 발견된 비문에는 그렇게 쓰여 있다. 리비아의 해방노예 여성의 딸이 율리아의 해방노예 여성이었다는 기록이다. Barrett, p.51 참조.

110 Tacitus: 4.71

111 여기에 인용된 문구는 Flory, p. 318에 나온다. 그리고 신전은 포르투나 물리에브리스(Fortuna Muliebris) 신전을 말한다. 티키눔(Ticinum)의 개선문에도 이와 동일한 '카이사르 아우구스투스 부인(Drusi f. uxori Caesaris Augusti)'이라는 문구가 새겨져 있다.

112 Livy: 8.18.6

113 Virgil. *Georgics*: 128~30

114 Suetonius. *The Deified Augustus*: 51.3

115 Seneca the Elder. *Controversies*: 10, Preface 5

116 Tacitus: 1.72

117 Velleius Paterculus: 126.3

118 Suetonius. *The Deified Claudius*: 3

119 Ibid: 41.2

120 Cassius Dio: 55.32

121 Tacitus: 1.5

122 Velleius Paterculus: 11,123,1

123 Ibid: 11,123,2

124 Suetonius. *The Deified Augustus*: 99,1

125 Tacitus: 1,6. Pettinger (p. 178, n. 28)에는 이 일화의 내용이, 타키투스가 다른 역사가들의 견해가 반영되지 않은 자료, 예컨대 게르마니쿠스의 딸(이자 네로 황제의 어머니)인 아그리피나의 일기를 읽고 그대로 옮긴 것이라는 관점이 설득력 있게 제 시되어 있다. 말하자면 '타키투스가 소 아그리피나의 사적 일기를 이용해 특종을 낚 았다…'는 것이다.

126 Ibid

127 Suetonius. *Tiberius*: 22

128 Ibid: 23

129 Tacitus: 6

chapter 4 최후의 로마인

1 이곳은 본래 폼페이우스의 정원이었다.

2 Ovid. *Black Sea Letters*: 4,13,27

3 Suetonius. *The Deified Augustus*: 99,1

4 Tacitus: 1,11

5 Suetonius. *Tiberius*: 21,1

6 Velleius: 2,126,3

7 Tacitus: 1,13

8 Cassius Dio: 56,26

9 Velleius: 2,124,2

10 Cassius Dio: 57,1

11 Suetonius. *Tiberius*: 25,1

12 이 내용은 Syme(1986), p. 300에서 찾아볼 수 있다.

13 Suetonius. *Tiberius*: 24.1

14 Tacitus: 1.17

15 Luke 7.8

16 Tacitus: 1.23

17 Ibid: 1.51

18 Velleius: 2.125.1~2

19 "Senatus Consultum de Cn. Pisone Patre": line 161

20 Tacitus: 3.33. 이 말은 게르마니쿠스가 라인 강 유역에서 작전을 수행할 때 그의 부관을 지낸 세베루스 카이키나가 전선에서 돌아온 뒤에 했던 말을 인용한 것이다. 이 말로 아그리피나가 그의 감정에 어떤 영향을 미쳤는지 짐작할 수 있다.

21 Valerius Maximus: 3.2.2

22 Tacitus: 2.26

23 Velleius: 2.129. 2

24 Tacitus: 1.33

25 Suetonius: *Tiberius*: 50.3

26 Tacitus: 1.53

27 Velleius: 2.126.3

28 Tacitus: 2.39

29 Ibid: 2.40

30 Ibid

31 Tacitus: 2.26

32 Valerius Maximus: 5.5

33 이에 대한 내용은 Syme (1980), p. 336에서 찾아볼 수 있다. 책에 나온 표현대로 이 정도면 두 사람의 동료 관계를 '추측하기 어렵지 않았을 것이다.'

34 Seneca. *On Anger*: 1.18

35 Cicero: *The Republic*: 5.1.2

36 Tacitus: 4.38

37 Cassius Dio: 57.15

38 Tacitus: 2.43

39 Ibid: 2.53

40 Artemon. *Anthologia Graeca*: 12.55

41 요세푸스의 *Antiquities of the Jews*: 18.171~6에 나오는 일화 내용을 의역한 문구다.

42 Polybius: 31.4

43 Tacitus: 1.55

44 Ibid: 1.56

45 Philo. *Special Laws*: 3.174

46 Ehrenberg and Jones, p. 138 (320b)

47 *Res Gestae*: 27

48 Tacitus: 2.71

49 "Senatus Consultum de Cn. Pisone Patre": lines 55~6

50 Ibid: line 46

51 Tacitus: 2.83

52 Ibid: 3.4

53 Ibid: 3.15

54 이 부분에 대해서는 Versnel, pp. 383~7을 참조하라.

55 Ovid. *Fasti*: 2.551

56 Ovid. *Black Sea Letters*; 4.8.49~51

57 Seneca. *On Benefits*: 5.25.2

58 Seneca the Elder. *Controversies*; 10.3.5

59 Statius. *Silvae*: 3.3.200~1

60 "Senatus Consultum de Cn. Pisone Patre": lines 115~16

61 티베리우스가 주조한 다수의 주화에도 이 문구가 새겨져 있다.

62 Tacitus: 3.34

63 Ibid: 4.8

64 Ibid: 3.65

65 Ibid: 11.21

66 Cicero. *On Duties*: 2.50

67 Tacitus: 4.34

68 Seneca. *To Marcia, on Consolation*: 22.5

69 Tacitus: 6.7

70 Pliny: 26.2

71 티베리우스가 '멘타그라'라는 말을 지어냈을 개연성과 관련해서는 다음 자료를 참조하라. Champlin: http://www.princeton.edu/~pswpc/pdfs/champlin/090601.pdf, pp. 5~6.

72 Tacitus: 4.52

73 Ibid: 4.54

74 아그리피나와 갈루스가 연분이 났다는 소문에 관한 내용은 Shotter (1971), pp. 454~5에서 찾아볼 수 있다.

75 Tacitus: 4.40

76 Ibid: 4.41

77 Strabo: 5.4.8

78 티베리우스가 율리시스와 동질감을 느꼈을 개연성에 대해서는 Steward, pp. 87~8을 참조하라. Champlin의 티베리아나(*Tiberiana*) 관련 논문인 "Tales of Brave Ulysses"에는 율리시스와 자신을 동일시하는 티베리우스의 이런 태도가 좀 더 폭넓게 해석되어 있다. 티베리우스보다 1세기 뒤에 활동한 인물인 유베날리스도 티베리우스를 명백히 율리시스와 비교했다(Juvenal 10.84).

79 Ovid. *Metamorphoses*: 3.158~9

80 Cassius Dio: 58.4

81 이 내용은 Llewelyn Morgan이 지적해주었다.

82 Pliny: 8.145

83 Suetonius. *Caligula*: 22.2

84 Tacitus: 3.55

85 Cassius Dio: 58.5

86 Tacitus: 4.2

87 Valerius Maximus: 9.11.ext.4

88 아피카타의 자살에 대한 내용은 세야누스와 관련된 누군가—십중팔구 그의 아내였을 것이다—가 세야누스가 처형되고 8일 뒤에 자살했다고 기록된 비문에서 얻었다. 반면에 Jane Bellemore도 주장했듯, 비문에 언급된 사람이 아피카타가 아닌 리빌라일 가능성도 있고, 이것이 사실이면 비문은 이 두 사람이 어느 시점에 비밀리에 결혼했음을 보여주는 증거가 될 수 있다. 이 사안은 여전히 미해결 상태다.

89 Tacitus: 6.6

90 Plutarch: fr. 182, in *Plutarch's Moralia*, ed. F. H. Sandbach (1969)

91 Suetonius. *Tiberius*: 60

92 Ovid. *Loves*: 3.4.25

93 Tacitus: 6.1

94 Tacitus: 6.20

95 Suetonius. *Caligula*: 11

96 Philo. *Embassy to Gaius*: 142

97 등대의 위치와 높이에 관한 내용은 Champlin (*Journal of Roman Studies*, 2011), p. 96을 참조할 것.

98 Tacitus: 6.46

99 Seneca. *Letters*: 43.3

chapter 5 저들에게 나를 증오하게 하라

1 Suetonius. *Tiberius*: 75.1

2 Suetonius. *Caligula*: 15.1

3 Ibid: 14.1

4 Philo. *On the Embassy to Gaius*: 41

5 Tacitus: 3.24

6 Josephus. *Antiquities of the Jews*: 18.256

7 Cassius Dio: 59.7.4

8 아우구스투스가 좌석 관련 법률을 제정하려고 할 때 처음 목표로 한 곳은 극장, 그 다음이 원형극장이었다. 그러나 키르쿠스 막시무스의 법적 지위가 어땠는지는 불분명하다. Cassius Dio(55.22)에는 원로원 의원들과 기사들이 아우구스투스 곁에 자리를 배정받았다고 쓰여 있는 반면, 수에토니우스의 글에는 클라우디우스 시대까지는 그들이 다른 로마인들과 똑같은 자리를 배정받았다고 쓰여 있다(*Deified Claudius*: 21.3).

9 Philo. *On the Embassy to Gaius*: 45

10 Suetonius. *Caligula*: 29

11 Petronius: 117

12 Seneca. *On Providence*: 4.4

13 Tacitus. 4.62

14 Seneca. *Letters*: 7.5

15 Cassius Dio: 59.22.7

16 Suetonius. *Caligula*: 24.1

17 Seneca. *To Polybius on Consolation*: 17.5

18 Homer. The *Iliad*: 2.204. 수에토니우스가 쓴 칼리굴라 일대기에는, 칼리굴라가 실제로 그 문구를 인용했다고 나와 있다(22.1).

19 Cassius Dio: 59.18.5

20 Ibid: 59.16.5~6

21 Ibid: 59. 16.11

22 Ibid: 59.16.6

23 Winterling (2011), p. 108에는, Cassius Dio(59.20.1~3)를 보면 심하게 잘못 전 해진 이 사건이 잘 설명되어 있다.

24 이 부분은 Barrett (1989), pp. 125~6 참조. 칼리굴라가 신병을 모집해 두 개 군단 을 조직한 증거는 한 백인대장의 묘비에서 찾을 수 있다(Smallwood, 278).

25 《아르발 사제단의 의사록(Acta Fratrum Arvalium)》에 나오는 문구로, Smallwood, p. 14에서 찾아볼 수 있다.

26 수에토니우스의 전기(The Deified Claudius: 9.1)에는 가이툴리쿠스와 레피두스의 연 계가 지나가는 말로 한 번 언급되어 있을 뿐이지만, 카시우스 디오는 두 사람의 처형 과 칼리굴라 두 누이의 추방을 잇따라 기록함으로써 두 사람의 연계를 강하게 시사 했다.

27 Tacitus: 12.64. 티키투스는 어린 네로를 돌본 도미티아와, 그녀의 언니 도미티아 레피다를 혼동하는 실수를 범했다.

28 Suetonius. *Caligula*: 29

29 이 공격은 필시 라인 강 삼각주의 한 섬에 사는 카나네파테족에 대한 공격이었을 것이다. 결과는 신통찮았던 것으로 보인다. Tacitus, *Histories*: 4.15.3 참조.

30 Persius: 6.46

31 Suetonius. *Caligula*: 49.1

32 Cassius Dio: 59.23.3

33 아니, 이 부분은 수에토니우스의 말(*Caligula*: 19.1)이다. 그와 달리 카시우스 디오는 푸테올리에서 바이아이 부근의 바울리(Bauli, 바콜리)까지 배다리가 이어졌다고 썼 고, 요세푸스는 바이아이가 있는 곳의 조그만 항구 도시 미세눔(Misenum)까지 뻗어 나갔다고 썼다. 하지만 미세눔은 푸테올리와 거리가 너무 떨어져 있어서 요세푸스 의 주장은 신빙성이 떨어진다.

34 Suetonius. *Caligula*: 19.3

35 Cassius Dio: 59. 17. 11

36 Suetonius. *Caligula*: 22.1

37 Josephus. *Antiquities of the Jews*: 19.121

38 Philo. *On the Embassy to Gaius*: 263

39 Suetonius · *Caligula*: 30.1. 고대 시인 아키우스(Accius)의 작품에 나오는 문구를 수에토니우스가 인용한 것이다.

40 이 사실이 명확히 언급된 곳은 없다. 하지만 카시우스 디오가 기술한 역모 관련 내용, 그리고 칼리굴라에게 역모를 누설하고 그 26년 뒤인 네로 치세에 자살을 강요받았던 한 원로원 의원에 대한 타키투스의 글을 상호 대조하면 그런 추론이 충분히 가능하다. Barrett (1996, pp. 156~7)과 Winterling (2011, pp. 136~7) 참조.

41 Seneca. *On Anger*: 3.19.2

42 Suetonius. *Caligula*: 30.1

43 Cassius Dio: 59.26.9

44 Ibid: 59. 27.6

45 Josephus. *Antiquities of the Jews*: 19.86

46 Seneca. *On Anger*: 2.33.4

47 Cassius Dio: 59.29.9

48 Ibid

49 Suetonius. *Caligula*: 41.1. 이 이야기는 많은 의혹을 샀다. 따라서 그것을 교묘하게 해명하려는 시도보다는, 칼리굴라의 행동에는 그런 점과 더불어 귀족층의 위신을 공격하고 아우구스투스 시대의 가치를 풍자하고 카프리 섬에서 공연된 각종 성적 환상을 칼리굴라가 특유의 방식으로 과장하려 한 측면도 있었다고 보는 가설이 훨씬 설득력이 있다.

50 Seneca. *On Firmness*: 18.1

51 Ibid: 18.2

52 Cassius Dio: 59.29.2

53 Ibid: 59.25.7

54 Philo. *On the Embassy to Gaius*: 338

55 이 부분은 주로 칼리굴라 암살과 관련하여 훌륭한 전거를 제시한 요세푸스의 글을 이용했다. 수에토니우스도 칼리굴라 암살에 대한 기록을 두 가지 남겼는데, 내용은 이와 크게 다르지 않다. 그중 하나에는 첫 번째 칼날이 칼리굴라의 턱에 맞았다고 기록되어 있다.

56 사실인지는 모르겠으나, 여하튼 세네카는 그렇게 기록했다 (Seneca. *On firmness*: 18.3).

57 Cassius Dio: 59.29.7

58 Josephus. *Antiquities of the Jews*: 19.199

59 칼리굴라가 죽고 몇 시간 후에 카이소니아가 살해되었다고 말한 역사가는 요세푸스다. 그와 달리 수에토니우스는 두 모녀가 있는 데서 칼리굴라가 공격을 받아 세 사람이 함께 죽었다고 기록했다.

chapter 6 야호, 사투르날리아!

1 Josephus. *Antiquities of the Jews*: 19.115

2 Ibid: 19.159

3 Ibid: 19.168

4 Cassius Dio: 60.1.3

5 Suetonius. *The Deified Claudius*: 10.3

6 Ibid: 3.2

7 이는 기원후 41~42년에 주조된 클라우디우스의 주화에 찍힌 문구다. 'EX.S.C.'의 형태로 발간된 것으로 보아 '원로원의 결의(Senatus Consulto)'에 따라 주조되었음을 알 수 있다.

8 이 부분은 Suetonius, *The Deified Claudius*: 10.4를 참조하라. 클라우디우스가 군대에 쓴 비용의 재원 마련에 관한 내용은 Campbell (1984), pp. 166~8과 Osgood

(2011), pp. 35~7을 참조할 것.

9 Tacitus. *Histories*: 4.74

10 Suetonius. *The Deified Augustus*: 101.4

11 Josephus. *Antiquities of the Jews*: 19.64

12 Ibid: 19.65

13 Statius. *Silvae*: 3.3.64~6

14 Dionysius of Halicarnassus: 4.23.2

15 Ovid. *Loves*: 1.8.64

16 Tacitus: 13.27

17 Horace. *Satires*: 1.6.45

18 Horace. *Epodes*; 4.6

19 Seneca. *Letters*: 47.10

20 Dionysius of Halicarnassus: 4.23.2

21 Catullus: 14.15

22 Horace. *Epodes*: 4.5

23 Pliny the Younger. *Letters*: 3.16.6

24 Bradley (1994), pp. 166~7 참조.

25 Herodotus: 4.184

26 Pliny: 5.1.14

27 Vitruvius: 8.2.24

28 Pliny: 30.13

29 오크니 제도의 왕이 클라우디우스에게 항복한 일화는 후기의 역사서에만 나와 있다. 그래도 신빙성 있는 자료를 이용한 것 같다. 오크니 제도가 서른 개의 섬으로 구성되었다는 내용만 해도, 클라우디우스가 브리튼에서 돌아와 자신의 성과를 선전하는 와중에 왕성하게 집필 활동을 했던 지리학자 폼포니우스 멜라(Pomponius Mela)에게서 나온 것이니 말이다. Stevens (1951(1)) 참조. 역사가 Eutropius(유트로피우스)가 클라우디우스의 브리튼 원정을 나중에 행한 원정과 혼동했다는 것, 그리

고 기원후 83년 브리튼 섬을 일주하는 선단을 보낸 타키투스의 장인 아그리콜라의 원정과 혼동했다는 또 다른 설도 있다.

30 Suetonius. *The Deified Claudius*: 17.3

31 Seneca. *To Polybius on Consolation*: 14.1

32 Tacitus: 12.38

33 Boatwright는, 클라우디우스가 고전학자로서 자신의 평판에 기대어 그 주장이 폭넓게 수용되리라 확신하고 그런 전통을 만들어냈을 것이라는 주장을 설득력 있게 개진했다.

34 Frontinus: 16

35 Artemidorus: 2.9

36 Pliny: 36.123

37 Seneca. *On Benefits*: 4.28.2

38 Acts 11.28

39 곡물을 연간 50만 톤 수입했을 것이라는 추정과 관련한 내용은 Aldrete (p. 134)에서 찾아볼 수 있다.

40 Cassius Dio: 60.11.3

41 이 유추에 관해서는 Williams (2010), p. 190 참조.

42 Suetonius. *Galba*: 22

43 Seneca. *Trojan Women*: 91

44 Tacitus. 9.2, "Mollitian corporis". 이 말은 원래 '부드러운 몸'을 뜻하지만, 남자에게 'Mollitia'를 적용하면 부드럽다는 뜻만이 아니라 여자처럼 부드럽다는 의미도 된다. 성교시에 여자 역할을 하는 부류의 남자를 뜻하는 말도 된다는 얘기다.

45 Cassius Dio: 60.2.4

46 Ovid. *Loves*: 2.17.1

47 Cicero. *Republic*: 1.67

48 Suetonius. *Vitellius*: 2.5

49 Ovid. *The Art of Loving*: 3.215~16

50 Seneca. *On Benefits*: 6.32.1

51 Juvenal: 6.129

52 Tacitus: 11.30

53 Ibid: 11.31

54 Ibid: 11.35

55 Ibid: 11.36. Williams (2010), p. 217을 보면, 성교할 때 '여자 역할'을 하는 사람으로 타키투스가 지목한 인물인 아시아티쿠스를 기소한 수일리우스 루푸스의 아들은 수일리우스 카이소니우스(Suillius Caesonius)였을 개연성이 높다고 나와 있다. Williams에 따르면 "이는 로마 원전들에 만연한 풍자와 비난의 한가운데서 실제로 일어난 일을 거의 사실에 가깝게 규명한 드문 순간이었다."

56 Tacitus (12.1~2)에는, 나르키수스, 칼리스투스, 팔라스가 주군 클라우디우스에게 제각기 다른 여성을 천거하려 했다고 쓰여 있다. 트로이 왕자 파리스를 심판관으로 삼아 헤라, 아테나, 아프로디테 중 가장 아름다운 여신을 뽑는 내용의 그리스 신화를 연상시키는 소설 같은 일로 꾸며놓은 것이다. 팔라스는 아그리피나의 강력한 심복이었고, 나르키수스는 그녀의 명백한 적이었으니, 클라우디우스 궁정의 재미난 비유담은 될 만하다.

57 Suetonius. *Claudius*: 39.2

58 Tacitus: 12.6

59 *Octabia*: 142. 이 비극은 세네카의 작품으로 간주되고 있으나, 가짜일 개연성이 크다. 원작자가 누구인지는 알려져 있지 않다.

60 Tacitus: 12.7

61 Ibid

62 Suetonius. *Claudius*: 41.2

63 Tacitus: 12.42

64 Seneca. *To Polybius on Consolation*: 12.3

65 Suetonius. *Claudius*: 43

66 Cassius Dio: 61.35.4

67 Suetonius. *Nero*: 9

chapter 7 걸출한 예술가

1 *Octavia*: 156

2 Tacitus: 12.37

3 Cassius Dio: 61.7.3

4 Suetonius: *Nero*: 10.1

5 Seneca. *On Mercy*: 1.14.2

6 Tacitus: 13.13

7 Ibid: 15.42

8 Suetonius. *Otho*: 3.1

9 Tacitus: 13.14

10 이는 타키투스의 주장이고, 수에토니우스는 죽고 난 다음 날 화장했다고 썼다.

11 *Octavia*: 169~70

12 Seneca. *On Mercy*: 1.16.2

13 Pliny: 16.200

14 이 점은 네로의 후임 황제들도 동의했을 개연성이 있다. 로마인들에게 언제나 최고의 황제로 손꼽힌, 기원후 2세기 초의 트라야누스만 해도 "네로의 치세 첫 5년간은 어느 황제도 그에게 필적하지 못했다"라고 말한 것으로 알려져 있다. 트라야누스는 또한 오스티아 항구를 증설했으며, 네로가 그곳에서 행한 전과에 경의를 표했다는 믿을 만한 견해도 제시되어 있다 (Thornton, 1989).

15 Calpurnius Siculus: 7.45~6

16 Cassius Dio: 61.12.2

17 Ibid: 61. 5.4

18 *Octavia*: 125

19 Pliny: 37.50

20 Cassius Dio: 61.11.4

21 Ibid: 61.2.2

22 Ibid: 61.13.2

23 Horace. *Epistles*: 1.1.83

24 이는 타키투스의 주장이고, 카시우스 디오는 아그리피나가 누구의 도움도 받지 않고 자력으로 해안가까지 헤엄쳐 갔다고 썼다. 배가 그 즉시 가라앉았다는 기록도 있다.

25 Tacitus: 14.8

26 Cassius Dio: 61.14.2

27 아그리피나의 살해를 그리스 비극에 비유한 내용은 Baldwin의 책, 그리고 네로를 주제로 한 Champlin의 역작에 잘 묘사되어 있다. Champlin (2003), PP. 84~111.

28 Tacitus: 14.10

29 네로는 이를 '사상 최대의 공연'을 뜻하는 '루디 막시미(Ludi Maximi)'라고 했다.

30 Seneca. *Natural Questions*: 12.3

31 Tacitus: 14.15

32 카시우스 디오의 책(61.19.2)에는 클라우디우스의 이 무용수 처형이 아일리아 카텔라(Aelia Catella)라고 쓰여 있다. 아일리아 카텔라는 섹스투스 아일리우스 카투스의 딸, 따라서 아일리아 파티나의 자매였고(Syme 1986, n. 79), 아일리아 파티나는 클라우디우스의 둘째 부인이었다. 클라우디우스는 아일리아 파티나와 기원후 28년에 결혼하여 31년에 이혼했다.

33 Cassius Dio: 19.20.5

34 Seneca. *Letters*: 14.6

35 타키투스는 부디카의 반란과 관련하여 우리의 가장 훌륭한 정보원이지만, 반란이 일어난 연도만은 기원후 61년으로 말하는 실수를 범했다.

36 Seneca. *Medea*: 371~2

37 Seneca. *Medea*: 376~9. 이는 황금 양털을 찾아 아르고 호 탐험대를 이끈 그리스 영웅 이아손을 주제로 한 세네카의 비극 《메데이아》에 나오는 문구다. 그러나 세네카는 이 글을 쓸 때 브리튼으로 로마의 힘이 팽창하고 있는 측면도 분명 염두에 두었을 것이다.

38 Seneca. *On Benefits*: 7.3.2

39 Seneca: *On Benefits*: 7.27.1

40 Tacitus: 14.37

41 Tacitus. *Agricola*: 19

42 Pliny: 3.39

43 Tacitus: 11.23

44 Ibid: 11.24

45 Ibid: 15.44

46 Quoted by Augustine in *The City of God*, 6.10

47 Valerius Maximus: 1.3.3

48 Quoted by Augustine in *The City of God*, 6.11

49 Tacitus: 14.44

50 Ibid: 14.45

51 Seneca. *On the Happy Life*: 7.3

52 Cassius Dio: 62.13.2

53 Ibid: 62.13.4

54 Calpurnius Siculus: 1.49~51

55 Seneca. *Natural Questions*: 3.29.9

56 Cassius Dio: 62.28.1

57 Tacitus: 15.37

58 Ibid

59 중국의 기록물에 따르면, 혜성이 5월 3일부터 7월 16일까지 75일 동안 관측되었다. 이에 대한 내용은 Rogers, p. 1953을 참조하라.

60 Cassius Dio (52.18.2)에는 로마 시의 3분의 2가 파괴되었다고 기록되어 있지만, Tacitus (15.40.2)에는 도시를 나눈 총 14구역 중 불길이 닿지 않은 곳은 네 군데뿐이었다고 쓰여 있다. 그러나 고고학 증거를 보면 두 사료 모두 과장된 것으로 보인다. 이에 대해서는 Newbold, p. 858 참조.

61 Tacitus: 15.44

62 Pliny: 10.2.5

63 Pliny the Younger. *Panegyric in Praise of Trajan*: 46.4

64 Martial. *On Spectacles*: 2.8

65 Ibid: 2.4

66 두상 높이를 4미터로 본 Albertson은 그 동상의 다른 부분의 치수를 참고해 동상의 총 길이를 31.5미터로 추정했다.

67 Pliny: 34.45

68 이 해괴망측한 행동에 대한 내용은 수에토니우스의 글에도 나오고 카시우스 디오의 글에도 나온다. Champlin (2003), pp. 169~71도 참조하라.

69 Suetonius. *Nero*: 55

70 Tacitus: 15.67

71 Ibid: 15.60

72 Seneca. *On Providence*: 3.3

73 Seneca. *Letters*: 71.21

74 Ibid: 101.10

75 Tacitus: 15.73

76 Ibid: 15.62

77 Ibid: 15.68

78 Ibid: 16.4

79 Cassius Dio: 63.26.3

80 Ibid: 62.18.3. 세네카는 네로가 아그리피나를 살해한 뒤에 이 충고를 했다.

81 Ibid: 63.4.2

82 Ibid: 63.6.1

83 네로의 그리스 체류를 날짜별로 세분화환 기록물은 전하는 것이 없다. 따라서 네로가 코린토스에 도착한 때도 8월부터 11월까지 넓게 잡혀 있다.

84 Livy: 33.32

85 Cassius Dio: 63.15.1

86 Valerius Maximus: 2.4.2

87 Seneca. *Letters*: 80.7

88 Tacitus: 13.3

89 풍자 시인 유베날리스를 전문으로 하는 어느 고대 주석가는, 유베날리스가 웅변술에 관심으로 가졌다고 말한 여자는 바로 귀족적이고 박식한 스타틸리아 메살리나였다고 기록했다. 이 내용은 *Scholiast on Juvenal*: 6.434에 나와 있다.

90 Seneca: 47.7. 소년들을 털 없는 상태로 유지하는 방법에 관한 내용은 Pliny: 30.41에서 찾아볼 수 있다.

91 'Paezon'을 '남성 노리개(Boy Toy)'로 번역한 부분은 Champlin (2012), p. 380에, 사람들이 경악한 것은 Pliny (7.129)에 나와 있다.

92 Tacitus. *Histories*: 1.73

93 Dio Chrysostom. *On Beauty*: 11

94 Cassius Dio: 63.22.1

95 1887년 그리스 서부 지역 카르디차(Karditza)에서 발견된 비문에 나오는 내용이다. Smallwood, p. 64 참조.

96 Plutarch. *Galba*: 4.1

97 Seneca. *On Mercy*: 1.4.2

98 Virgil. *Georgics*: 512~14

99 Cassius Dio: 63.20.5

100 이것이 우연 이상이었음을 말해주는 증거는, 정황적이기는 하나 강력하다.

101 Suetonius: *Nero*: 41

102 Ibid

103 Ibid: 43

104 Plutarch. *Galba*: 6.3

105 Suetonius. *Nero*: 47.2. 베르길리우스의 작품에 나오는 글을 인용한 것이다.

106 Suetonius: *Nero*: 49.2

107 Ibid: 49.4

108 Dio Chrysostom. *On Beauty*: 10

109 Revelation 13.3

110 Ibid: 17.8

111 Ibid: 17.4

112 Suetonius (*Nero*: 49.1)에도 기록되어 있고 Cassius Dio (6.29.2)에도 기록되어 있다. 디오는 이를 '자주 인용되는 말'이라고 분명히 이야기했다.

Albertson, Fred C., 'Zenodorus's 'Colossus of Nero', *Memoirs of the American Academy in Rome* 46, 2001

Aldrete, Gregory S., *Floods of the Tiber in Ancient Rome* (Baltimore, 2007)

Alston, R., *Aspects of Roman History AD 14–117* (London, 1998)

Andrade, Nathanael J., *Syrian Identity in the Greco-Roman World* (Cambridge, 2013)

Andreau, Jean and Raymond Descat, *The Slave in Greece and Rome*, tr. Marion Leopold (Madison, 2006)

Badel, Christophe, *La Noblesse de l'Empire Romain: Les Masques et la Vertu* (Seyssel, 2005)

Baker, G.P., *Tiberius Caesar* (New York, 1928)

Baldwin, B., 'Nero and his Mother's Corpse', *Mnemosyne* 32, 1979

Ball, Warwick, *Rome in the East: The Transformation of an Empire* (London, 2000)

Balsdon, J.P.V.D., *The Emperor Gaius (Caligula)* (Oxford, 1934)

Barrett, Anthony A., *Caligula: The Corruption of Power* (New Haven, 1989)

_____ *Agrippina: Sister of Caligula, Wife of Claudius, Mother of Nero* (London, 1996)

_____ *Livia: First Lady of Imperial Rome* (New Haven, 2002)

Barry, William D., 'Exposure, Mutilation, and Riot: Violence at the 'Scalae Gemoniae' in Early Imperial Rome', *Greece & Rome* 55, 2008

Barton, Carlin A., *Roman Honor: The Fire in the Bones* (Berkeley and Los

Angeles, 2001)

Bartsch, Shadi, *Actors in the Audience: Theatricality and Doublespeak from Nero to Hadrian* (Cambridge, Mass., 1994)

Batty, Roger, *Rome and the Nomads: The Pontic-Danubian Realm in Antiquity* (Oxford, 2007)

Bauman, Richard A., *Women and Politics in Ancient Rome* (London, 1992)

Beard, Mary, 'The Sexual Status of Vestal Virgins', *Journal of Roman Studies* 70, 1980

_____ *The Roman Triumph* (Cambridge, Mass., 2007)

Bellemore, Jane, 'The Wife of Sejanus', *Zeitschrift für Papyrologie und Epigraphik* 109, 1995

Benario, Herbert W., 'The Text of Albinovanus Pedo', *Latomus* 32, 1973

Bergmann, M., 'Der Koloss Neros, die Domus Aurea und der Mentalität-swandel im Rom der frühen Kaiserzeit', *Trierer Winckelmannsprogramme* 13, 1993

Bicknell, P., 'The Emperor Gaius' military activities in AD 40', *Historia* 17, 1968

Bingham, S., 'Life on an island: a brief study of places of exile in the first century AD', *Studies in Latin Literature and Roman History* 11, 2003

Birley, Anthony, 'Sejanus: His Fall' in Corolla *Cosmo Rodewald. Monograph Series Akanthina* 2, ed. Nicholas Sekunda (Gdansk, 2007)

Boatwright, M.T., 'The Pomerial Extension of Augustus', *Historia* 35, 1986

Bradley, Keith, *Suetonius' Life of Nero: An Historical Commentary* (Brussels, 1978)

_____ 'The Chronology of Nero's Visit to Greece A.D. 66/67', *Latomus* 37, 1978

_____ 'Nero's Retinue in Greece, A.D. 66/67', *Illinois Classical Studies* 4, 1979

_____ *Slavery and Society at Rome* (Cambridge, 1994)

Bradley, Keith and Paul Cartledge (eds), *The Cambridge World History of Slavery: The Ancient Mediterranean World* (Cambridge, 2011)

Brunt, P.A., *Italian Manpower, 225 B.C.–A.D. 14* (Oxford, 1971)

_____ *Social Conflicts in the Roman Republic* (London, 1971)

Brunt, P.A., 'The Role of the Senate in the Augustan Regime', *Classical Quarterly* 34, 1984

_____ *The Fall of the Roman Republic, and Related Essays* (Oxford, 1988)

Buckley, Emma and Martin T. Dinter, *A Companion to the Neronian Age* (Chichester, 2013)

Campbell, Brian and Lawrence A. Tritle (eds), *The Oxford Handbook of Warfare in the Classical World* (Oxford, 2013)

Campbell, J.B., *The Emperor and the Roman Army* (Oxford, 1984)

Cancik, Hubert and Helmuth Schneider (eds), *Brill's New Pauly* (Brill, 2009)

Carandini, Andrea, *La Casa di Augusto dai 'Lupercalia' al Natale* (Rome, 2008)

_____ *Rome: Day One*, tr. Stephen Sartarelli (Princeton, 2011)

Carey, Sorcha, 'A Tradition of Adventures in the Imperial Grotto', *Greece & Rome* 49, 2002

Carlson, Deborah N., 'Caligula's Floating Palaces', *Archaeology* 55, 2002

Cartledge, Paul, 'The Second Thoughts of Augustus on the *res publica* in 28/7 B.C.', *Hermathena* 119, 1975

Chamberland, Guy, 'A Gladiatorial Show Produced In Sordidam Mercedem (Tacitus Ann. 4.62)', *Phoenix* 61, 2007

Champlin, E., 'Nero Reconsidered', *New England Review* 19, 1998

_____ *Nero* (Cambridge, Mass., 2003)

_____ 'Nero, Apollo, and the Poets', *Phoenix* 57, 2003

_____ 'God and Man in the Golden House', in Cima and la Rocca

_____ 'Sex on Capri', *TAPA* 141, 2011

_____ 'Tiberius and the Heavenly Twins', *Journal of Roman Studies*, 101, 2011

_____ 'Seianus Augustus', *Chiron* 42, 2012

_____ *Tiberiana 1–4*, Princeton/Stanford Working Papers in Classics http://www. princeton.edu/~pswpc/papers/authorAL/champlin/champlin.html

Chilver, G.E.F., *A Historical Commentary on Tacitus' Histories I and II* (Oxford, 1979)

Cima, Maddalena and Eugenio la Rocca, *Horti Romani* (Rome, 1995)

Claassen, Jo-Marie, *Ovid Revisited: The Poet in Exile* (London, 2008)

Claridge, Amanda, *Rome: An Oxford Archaeological Guide* (Oxford, 2010)

Coarelli, Filippo, *Rome and Environs: An Archaeological Guide*, tr. James J. Clauss and Daniel P. Harmon (Berkeley and Los Angeles, 2007)

Coates-Stephens, Robert, *Porta Maggiore: Monument and Landscape: Archaeology and Topography of the Southern Esquiline from the Late Republican Period to the Present* (Rome, 2004)

Cohen, Sarah T., 'Augustus, Julia and the Development of Exile *Ad Insulam*', *Classical Quarterly* 58, 2008

Coleman, K.M., 'Fatal Charades: Roman Executions Staged as Mythological Enactments', *Journal of Roman Studies* 80, 1990

Colin, Jean, 'Juvénal et le mariage mystique de Gracchus', *Atti della Accademia delle Scienze di Torino* 90, 1955–6

Commager, Steele, 'Horace, *Carmina* 1.37', *Phoenix* 12, 1958

Cooley, Linda, 'The Moralizing Message of the *Senatus Consultum de Cn. Pisone Patre*', *Greece & Rome* 45, 1998

Corbier, Mireille, 'Child Exposure and Abandonment', in Dixon (2001)

Cornell, T.J., *The Beginnings of Rome: Italy and Rome from the Bronze Age to the Punic Wars (c. 1000–264 BC)* (London, 1995)

Crook, John, *Consilium Principis: Imperial Councils and Counsellors from Augustus to Diocletian* (Cambridge, 1955)

Dalby, Andrew, *Empire of Pleasures: Luxury and Indulgence in the Roman World* (London, 2000)

D'Amato, Raffaele, *Arms and Armour of the Imperial Roman Soldier: From Marius to Commodus, 112 BC–AD 192* (Barnsley, 2009)

D'Arms, John, *Romans on the Bay of Naples: A Social and Cultural Study of the Villas and Their Owners from 150 B.C. to A.D. 400* (Cambridge, Mass., 1970)

Dasen, Véronique and Thomas Späth, *Children, Memory, and Family Identity in Roman Culture* (Oxford, 2010)

Davis, P.J., *Ovid and Augustus: A Political Reading of Ovid's Erotic Poems* (London, 2006)

Dear, David R., *Roman Coins and Their Values: The Republic and the Twelve Caesars*

280 BC–AD 96 (London, 2000)

De La Bédoyère, Guy, *Defying Rome: The Rebels of Roman Britain* (Stroud, 2003)

Demougin, S., *L'Ordre Équestre sous les Julio-Claudiens* (Paris, 1988)

Dixon, Suzanne, *The Roman Mother* (London, 1988)

_____ *The Roman Family* (Baltimore, 1992)

Dixon, Suzanne (ed.), *Childhood, Class and Kin in the Roman World* (London, 2001)

Drogula, Fred K., 'Controlling Travel: Deportation, Islands and the Regulation of Senatorial Mobility in the Augustan Principate', *Classical Quarterly* 61, 2011

Dueck, Daniela, *Strabo of Amasia: A Greek Man of Letters in Augustan Rome* (Abingdon, 2000)

Dupont, Florence, *Daily Life in Ancient Rome*, tr. Christopher Woodall (Oxford, 1992)

Du Quesnay, Ian M. Le M., '*Amicus Certus in Re Incerta Cernitur*: Epode 1', in Woodman and Feeney

Eck, Walter, *The Age of Augustus*, tr. Deborah Lucas Schneider and Robert Daniel (Oxford, 2007)

Edmondson, Jonathan (ed.), *Augustus* (Edinburgh, 2009)

Edwards, Catherine, 'The Truth about Caligula?', *Classical Review* 41, 1991

_____ *The Politics of Immorality in Ancient Rome* (Cambridge, 1993)

_____ *Death in Ancient Rome* (New Haven, 2007)

Ehrenberg, V. and A.H.M. Jones, *Documents Illustrating the Reigns of Augustus and Tiberius* (Oxford, 1955)

Elsner, Jás and Jamie Masters, *Reflections of Nero: Culture, History & Representation* (London, 1994)

Erdkamp, Paul (ed.), *A Companion to the Roman Army* (Oxford, 2011)

Evenpoel, Willy, 'Maecenas: A Survey of Recent Literature', *Ancient Society* 21, 1990

Eyben, Emiel, *Restless Youth in Ancient Rome*, tr. Patrick Daly (London, 1993)

Fagan, Garrett G., 'Messalina's Folly', *Classical Quarterly* 52, 2002

Fagan, *The Lure of the Arena: Social Psychology and the Crowd at the Roman Games* (Cambridge, 2011)

Fantham, Elaine, *Julia Augusti: The Emperor's Daughter* (Abingdon, 2006)

Favro, Diane, *The Urban Image of Augustan Rome* (Cambridge, 1996)

Fears, J. Rufus, 'The Theology of Victory at Rome: Approaches and Problems', *Aufsteig und Niedergant der römischen Welt* 2, 1981

Ferrill, A., *Caligula: Emperor of Rome* (London, 1991)

Flory, Marleen Boudreau, 'Sic Exempla Parantur: Livia's Shrine to Concordia and the Porticus Liviae', *Historia* 33, 1984

Flower, Harriet I., 'Rethinking "Damnatio Memoriae": The Case of Cn. Calpurnius Piso Pater in AD 20', *Classical Antiquity* 17, 1998

_____ 'Piso in Chicago: A Commentary on the APA/AIA Joint Seminar on the "Senatus Consultum de Cn. Pisone Patre"', *American Journal of Philology* 120, 1999

_____ 'The Tradition of the *Spolia Opima*: M. Claudius Marcellus and Augustus', *Classical Antiquity* 19, 2000

_____ *The Art of Forgetting: Disgrace & Oblivion in Roman Political Culture* (Chapel Hill, 2006)

Flower, Harriet I. (ed.), *The Cambridge Companion to the Roman Republic* (Cambridge, 2004)

Forsythe, Gary, *A Critical History of Early Rome: From Prehistory to the First Punic War* (Berkeley and Los Angeles, 2005)

Fraenkel, Eduard, *Horace* (Oxford, 1957)

Freudenburg, Kirk, '*Recusatio* as Political Theatre: Horace's Letter to Augustus', *Journal of Roman Studies* 104, 2014

Galinsky, Karl, *Augustan Culture* (Princeton, 1996)

_____ *The Cambridge Companion to the Age of Augustus* (Cambridge, 2005)

Gambash, Gil, 'To Rule a Ferocious Province: Roman Policy and the Aftermath of the Boudiccan Revolt', *Britannia* 43, 2012

Gibson, A.G.G., *The Julio-Claudian Succession: Reality and Perception of the 'Augustan Model'* (Leiden, 2013)

Ginsburg, Judith, *Representing Agrippina: Constructions of Female Power in the Early Roman Empire* (Oxford, 2006)

Goldsworthy, Adrian, *Antony and Cleopatra* (London, 2010)

Goodman, Martin, *The Roman World: 44 BC–AD 180* (London, 1997)

_____ *Rome & Jerusalem: The Clash of Ancient Civilizations* (London, 2007)

Goudineau, C. and A. Ferdière (eds), *Les Villes Augustéennes de Gaule* (Autun, 1985)

Gowing, Alain M., *Empire and Memory: The Representation of the Roman Republic in Imperial Culture* (Cambridge, 2005)

Grandazzi, Alexandre, *The Foundation of Rome: Myth and History*, tr. Jane Marie Todd (Ithaca, 1997)

Gray-Fow, Michael J.G., 'Why the Christians? Nero and the Great Fire', *Latomus* 57, 1998

Green, C.M.C., 'Claudius, Kingship, and Incest', *Latomus* 57, 1998

_____ 'The Slayer and the King: 'Rex Nemorensis' and the Sanctuary of Diana', *Arion* 7, 2000

Green, Peter, '*Carmen et Error*: The Enigma of Ovid's Exile', in *Classical Bearings: Interpreting Ancient History and Culture* (Berkeley and Los Angeles, 1989)

Grether, Gertrude, 'Livia and the Roman Imperial Cult', *American Journal of Philology* 67, 1946

Griffin, Jasper, 'Augustus and the Poets: "*Caesar qui cogere posset*"', in Miller and Segal Griffin, Miriam T., *Nero: The End of a Dynasty* (New Haven, 1984)

_____ *Seneca: A Philosopher in Politics* (Oxford, 1992)

Grossi, Olindo, 'The Forum of Julius Caesar and the Temple of Venus Genetrix', *Memoirs of the American Academy in Rome* 13, 1936

Gruen, Erich S., *The Last Generation of the Roman Republic* (Berkeley and Los Angeles, 1974)

_____ *Culture and National Identity in Republican Rome* (Ithaca, 1992)

Grüll, Tibor and Lászlo Benke, 'A Hebrew/Aramaic Graffito and Poppaea's Alleged Jewish Sympathy', *Journal of Jewish Studies* 62, 2011

Gurval, Robert Alan, *Actium and Augustus: The Politics and Emotions of Civil War* (Ann Arbor, 1998)

Habinek, Thomas and Alessandro Schiesaro (eds), *The Roman Cultural Revolution* (Cambridge, 1997)

Hallett, Judith P., 'Fulvia, Mother of Iullus Antonius: New Approaches to the Sources on Julia's Adultery at Rome', *Helios* 33, 2006

Hallett, Judith P. and Marilyn B. Skinner, *Roman Sexualities* (Princeton, 1997)

Harrison, S.J., 'Augustus, the Poets, and the Spolia Opima', *Classical Quarterly* 39, 1989

Hekster, O. and J. Rich, 'Octavian and the Thunderbolt: The Temple of Apollo Palatinus and Roman Traditions of Temple Building', *Classical Quarterly* 56, 2006

Henderson, John, 'A Doo-Dah-Doo-Dah-Dey at the Races: Ovid *Amores* 3.2 and the Personal Politics of the *Circus Maximus*', *Classical Antiquity* 21, 2002

Herbert-Brown, Geraldine (ed.), *Ovid's Fasti: Historical Readings at its Bimillennium* (Oxford, 2002)

Hersch, Karen K., *The Roman Wedding: Ritual and Meaning in Antiquity* (Cambridge, 2010)

Hind, J.G.F., 'The Middle Years of Nero's Reign', *Historia* 20, 1971

_____ 'The Death of Agrippina and the Finale of the "Oedipus" of Seneca', *Journal of the Australasian Universities Language and Literature Association* 38, 1972

_____ 'Caligula and the Spoils of Ocean: A Rush for Riches in the Far North-West?' *Britannia* 34, 2000

Hopkins, Keith, *Sociological Studies in Roman History, Volume 1: Conquerors and Slaves* (Cambridge, 1978)

_____ *Sociological Studies in Roman History, Volume 2: Death and Renewal* (Cambridge, 1983)

Houston, George W., 'Tiberius on Capri', *Greece & Rome* 32, 1985

Humphrey, J., *Roman Circuses: Arenas for Chariot Racing* (London, 1986)

Hurlet, Frédéric, *Les Collègues du Prince sous Auguste et Tibère: de la Légalité Républicaine à la Légitimité Dynastique* (Rome, 1997)

James, Simon, *Rome and the Sword* (London, 2011)

Jenkyns, Richard, *Virgil's Experience: Nature and History: Times, Names, and Places* (Oxford, 1998)

Jeppesen, K.K., '*Grand Camée de France*: Sejanus Reconsidered and Confirmed', *Mitteilungen des Deutschen Archäologischen Institut, Römische Abteilung* 100, 1993

Joshel, Sandra P., 'Female Desire and the Discourse of Empire: Tacitus's Messalina', *Signs: Journal of Women in Culture and Society* 21, 1995

Judge, E. A., '"Res Publica Restituta": A Modern Illusion?', in *Polis and Imperium: Studies in Honour of Edward Togo Salmon*, ed. J.A.S. Evans (Toronto, 1974)

Keppie, Lawrence, '"Guess Who's Coming to Dinner": The Murder of Nero's Mother Agrippina in its Topographical Setting', *Greece & Rome* 58, 2011

Kiernan, V.G., *Horace: Poetics and Politics* (Basingstoke, 1999)

King, Charles W., 'The Roman Manes: the Dead as Gods', in *Rethinking Ghosts in World Religions*, ed. Mu-chou Poo (Leiden, 2009)

Kleiner, Fred S., 'The Arch in Honor of C. Octavius and the Fathers of Augustus', *Historia* 37, 1988

Knapp, Robert, *Invisible Romans* (London, 2011)

Knox, Peter E: 'The Poet and the Second Prince: Ovid in the Age of Tiberius', *Memoirs of the American Academy in Rome* 49, 2004

Koortbojian, M., *The Divinization of Caesar and Augustus: Precedents, Consequences, Implications* (Cambridge, 2013)

Kovacs, Judith and Christopher Rowland, *Revelation* (Oxford, 2004)

Kuttner, *Dynasty and Empire in the Age of Augustus: the Case of the Boscoreale Cups* (Berkeley and Los Angeles, 1995)

Lacey, W.K., 'Octavian in the Senate, January 27 B.C.', *Journal of Roman Studies* 64, 1974

Lange, Carsten Hjort, *Res Publica Constituta: Actium, Apollo and the Accomplishment of the Triumviral Assignment* (Leiden, 2009)

Leach, Eleanor Winsor, 'Claudia Quinta (*Pro Caelio* 34) and an altar to Magna Mater', *Dictynna* 4, 2007

Lega, C., 'Il Colosso di Nerone', *Bullettino della Commissione Archeologica Comunale in Roma*, 1989-90

Leitão, David D., 'Senecan Catoptrics and the Passion of Hostius Quadra (Sen. Nat. 1)', *Materiali e Discussioni per l'Analisi dei Testi Classici* 41, 1998

Lendering, Jona and Arjen Bosman, *Edge of Empire: Rome's Frontier on the Lower Rhine* (Rotterdam, 2012)

Levick, Barbara, 'Tiberius' Retirement to Rhodes in 6 BC', *Latomus* 31, 1972

_____ *Claudius* (Oxford, 1990)

_____ *Tiberius the Politician* (London, 1999)

_____ *Augustus: Image and Substance* (Harlow, 2010)

Littlewoood, R.J., 'Ovid among the Family Dead: the Roman Founder Legend and Augustan Iconography in Ovid's *Feralia* and *Lemuria*', *Latomus* 60, 2001

Lobur, John Alexander, *Consensus, Concordia and the Formation of Roman Imperial Ideology* (London, 2008)

Lott, J. Bert, *The Neighbourhoods of Augustan Rome* (Cambridge, 2004)

_____ *Death and Dynasty in Early Imperial Rome* (Cambridge, 2012)

Luce, T.J., 'The Dating of Livy's First Decade', *TAPA* 96, 1965

Lyne, R.O.A.M., *Horace: Behind the Public Poetry* (New Haven, 1995)

MacMullen, Ramsay, *Enemies of the Roman Order: Treason, Unrest, and Alienation in the Empire* (Cambridge, Mass., 1967)

Malitz, Jürgen, *Nero*, tr. Allison Brown (Oxford, 1999)

Malloch, S.J.V., 'Gaius on the Channel Coast', *Classical Quarterly* 51, 2001

Mattingly, David, *An Imperial Possession: Britain in the Roman Empire* (London, 2006)

_____ *Imperialism, Power and Identity: Experiencing the Roman Empire* (Princeton, 2011)

Mayor, Adrienne, *The First Fossil Hunters: Paleontology in Greek and Roman Times* (Princeton, 2000)

McGinn, T.A., *Prostitution, Sexuality, and the Law in Ancient Rome* (Oxford, 1998)

McPherson, Catherine, 'Fact and Fiction: Crassus, Augustus and the *Spolia Opima*', *Hirundo* 8, 2009–10

Meiggs, Russell, *Roman Ostia* (Oxford, 1960)

Michels, Agnes Kirsopp, 'The Topography and Interpretation of the Lupercalia', *TAPA* 84, 1953

Miller, Fergus and Erich Segal, *Caesar Augustus: Seven Aspects* (Oxford, 1984)

Miller, J.F., *Apollo, Augustus, and the Poets* (Cambridge, 2009)

Momigliano, Arnaldo, *Claudius: The Emperor and his Achievements* (Oxford, 1961)

Morgan, Llewellyn, 'Tacitus, *Annals* 4.70: An Unappreciated Pun', *Classical Quarterly* 48, 1998

_____ 'The Autopsy of C. Asinius Pollio', *Journal of Roman Studies* 90, 2000

Murdoch, Adrian, *Rome's Greatest Defeat: Massacre in the Teutoburg Forest* (Stroud, 2006)

Murison, C.L., *Galba, Otho and Vitellius: Careers and Controversies* (Hildesheim, 1993)

Nappa, Christopher, *Vergil's Georgics, Octavian, and Rome* (Ann Arbor, 2005)

Newbold, R.F., 'Some Social and Economic Consequences of the A.D. 64 Fire at Rome', *Latomus* 33, 1974

Nicolet, Claude, *The World of the Citizen in Republican Rome*, tr. P.S. Falla (London, 1980)

Oliensis, Ellen, *Horace and the Rhetoric of Authority* (Cambridge, 1998)

Olson, Kelly, *Dress and the Roman Woman: Self-presentation and Society* (Abingdon, 2008)

Oost, Stewart Irvin, 'The Career of M.Antonius Pallas', *American Journal of Philology* 79, 1958

Osgood, Josiah, *Caesar's Legacy: Civil War and the Emergence of the Roman Empire* (Cambridge, 2006)

_____ *Claudius Caesar: Image and Power in the Early Roman Empire* (Cambridge, 2011)

Parker, Philip, *The Empire Stops Here: A Journey Along the Frontiers of the Roman World* (London, 2009)

Perrin, Y., 'Êtres Mythiques, Êtres Fantastiques et Grotesques de la Domus Aurea de Néron', *Dialogues d'Histoire Ancienne* 8, 1982

Pettinger, Andrew, *The Republic in Danger: Drusus Libo and the Succession of Tiberius* (Oxford, 2012)

Pollini, John, *From Republic to Empire: Rhetoric, Religion, and Power in the Visual Culture of Ancient Rome* (Norman, 2012)

Potter, David S. (ed.), *A Companion to the Roman Empire* (Oxford, 2010)

Potter, D.S. and D.J. Mattingly, *Life, Death, and Entertainment in the Roman Empire* (Ann Arbor, 1999)

Powell, Lindsay, *Eager for Glory: The Untold Story of Drusus the Elder, Conqueror of Germania* (Barnsley, 2011)

Raaflaub, Kurt A. and Mark Toher (eds), *Between Republic and Empire: Inter-pretations of Augustus and his Principate* (Berkeley and Los Angeles, 1990)

Ramsey, John T. and A. Lewis Licht, *The Comet of 44 B.C. and Caesar's Funeral Games* (Chicago, 1997)

Renucci, Pierre, *Caligula l'Impudent* (Paris, 2007)

Rich, J.W., 'Augustus and the *Spolia Opima*', *Chiron* 26, 1996

_____ 'Augustus's Parthian Honours, the Temple of Mars Ultor and the Arch in the Forum Romanum', *Papers of the British School at Rome* 66, 1998

Rich, J.W. and J.H.C. Williams, '*Leges et iura p. R. restituit*: A New Aureus of Octavian and the Settlement of 28–27 BC', *Numismatic Chronicle* 159, 1999

Rogers, Robert Samuel, 'The Neronian Comets', *Transactions and Proceedings of the American Philological Association* 84, 1953

_____ 'Heirs and rivals to Nero', *TAPA* 86, 1955

Roller, Duane W., *Through the Pillars of Herakles: Greco-Roman Exploration of the Atlantic* (London, 2006)

Roller, Matthew B., *Constructing Autocracy: Aristocrats and Emperors in Julio-Claudian Rome* (Princeton, 2001)

Romm, James, *Dying Every Day: Seneca at the Court of Nero* (New York, 2014)

Rose, C., *Dynastic Commemoration and Imperial Portraiture in the Julio-Claudian Period* (Cambridge, 1997)

Rosenstein, Nathan, *Imperatores Victi: Military Defeat and Aristocratic Competition in the Middle and Late Republic* (Berkeley and Los Angeles, 1990)

Rosenstein, Nathan and Robert Morstein-Marx, *A Companion to the Roman Republic* (Oxford, 2010)

Rousselle, Aline, 'The Family under the Roman Empire: Signs and Gestures', in *A History of the Family*, vol. 1 (Cambridge, 1996)

Rudich, Vasily, *Political Dissidence Under Nero: The Price of Dissimulation* (London, 1993)

Rutledge, Steven H., *Imperial Inquisitions: Prosecutors and Informants from Tiberius to Domitian* (London, 2001)

Saddington, D.B., '"Honouring" Tiberius on Inscriptions and in Valerius Maximus—a Note', *Acta Classica* 43, 2000

Sailor, Dylan, *Writing and Empire in Tacitus* (Cambridge, 2008)

Saller, R., 'Anecdotes as Historical Evidence for the Principate', *Greece & Rome* 27, 1980

Scullard, Howard Hayes, *Scipio Africanus in the Second Punic War* (Cambridge, 1930)

Seager, Robin, *Tiberius* (Oxford, 2005)

Sealey, Paul R., *The Boudiccan Revolt Against Rome* (Oxford, 2004)

Sebasta, J.L., 'Women's Costume and Feminine Civic Morality in Augustan Rome', *Gender and History* 9.3, 1997

Shatzman, Israël, *Senatorial Wealth and Roman Politics* (Latomus, 1975)

Shaw, Brent D., 'Raising and Killing Children: Two Roman Myths', *Mnemosyne* 54, 2001

Shotter, D.C.A., 'Tacitus, Tiberius and Germanicus', *Historia* 17, 1968

_____ 'Tiberius and Asinius Gallus', *Historia* 20, 1971

_____ 'The Fall of Sejanus: Two Problems', *Classical Philology* 69, 1974

_____ 'Cnaeus Calpurnius Piso, Legate of Syria', *Historia* 23, 1974

_____ 'Agrippina the Elder—A Woman in a Man's World', Historia 49, 2000

Sijpesteijn, P., 'Another ovaia of D. Valerius Asiaticus in Egypt', *Zeitschrift für Papyrologie und Epigraphik* 79, 1989

Sinclair, Patrick, 'Tacitus' Presentation of Livia Julia, Wife of Tiberius' Son Drusus', *American Journal of Philology* 111, 1990

Small, Jocelyn Penny, *Cacus and Marsyas in Etrusco-Roman Legend* (Princeton, 1982)

Smallwood, E. Mary, *Documents Illustrating the Principates of Gaius, Claudius and Nero* (Cambridge, 1967)

Speidel, M.A., 'Roman Army Pay Scales', *Journal of Roman Studies* 82, 1992

Stevens, C.E., 'Claudius and the Orcades', *Classical Review* 1, 1951

_____ 'The Will of Q. Veranius', *Classical Review* 1, 1951

Stewart, A.F., 'To Entertain an Emperor: Sperlonga, Laokoön and Tiberius at the Dinner-Table', *Journal of Roman Studies* 67, 1977

Swain, Simon (ed.), *Seeing the Face, Seeing the Soul: Polemon's Physiognomy from Classical Antiquity to Medieval Islam* (Oxford, 2007)

Swan, Peter Michael, *The Augustan Succession: An Historical Commentary on Cassius Dio's Roman History*, Books 55–56 (9 B.C.–A.D. 14) (Oxford, 2004)

Syme, Ronald, *The Roman Revolution* (Oxford, 1939)

_____ 'Seianus on the Aventine', *Hermes* 84, 1956

_____ 'Imperator Caesar: A Study in Nomenclature', *Historia* 7, 1958

_____ 'Livy and Augustus', *Harvard Studies in Classical Philology* 64, 1959

_____ 'Domitius Corbulo', *Journal of Roman Studies* 60, 1970

_____ 'The Crisis of 2 B.C.', *Bayerische Akademie der Wissenschaften*, 1974

_____ 'History or Biography: The Case of Tiberius Caesar', *Historia* 23, 1974

_____ *History in Ovid* (Oxford, 1978)

_____ 'The Sons of Piso the Pontifex', *American Journal of Philology* 101, 1980

_____ *The Augustan Aristocracy* (Oxford, 1986)

Tatum, W. Jeffrey, *The Patrician Tribune: Publius Clodius Pulcher* (Chapel Hill, 1999)

Taylor, L.R., 'Horace's Equestrian Career', *American Journal of Philology* 46, 1925

_____ 'New Light on the History of the Secular Games', *American Journal of Philology* 55, 1934

Thibault, John C. *The Mystery of Ovid's Exile* (Berkeley and Los Angeles, 1964)

Thomas, Yan, '*À Rome, pères citoyens et cité des pères* (IIe siècle av. J.C.-IIe siècle ap. J.C.)' in Aline Rousselle, Giulia Sissa and Yan Thomas, *Famille dans la*

Grèce et à Rome (Paris, 1986)

Thompson, E.A., 'Early Germanic Warfare', *Past and Present* 14, 1958

Thornton, M.K., 'The Enigma of Nero's Quinquennium', *Historia* 22, 1973

_____ 'Nero's Quinquennium: The Ostian Connection', *Historia* 38, 1989

Todd, Malcolm, *The Early Germans* (Oxford, 2004)

Torelli, Mario, *Studies in the Romanization of Italy*, tr. Helena Fracchia and Maurizio Gualtieri (Edmonton, 1995)

_____ *Tota Italia: Essays in the Cultural Formation of Roman Italy* (Oxford, 1999)

Townend, G.B., 'Calpurnius Siculus and the *Munus Neronis*', *Journal of Roman Studies* 70, 1980

Townsley, Jeremy, 'Paul, the Goddess Religions, and Queer Sects: Romans 1:23–28', *Journal of Biblical Literature* 130, 2011

Treggiari, S., *Roman Freedmen During the Late Republic* (Oxford, 1969)

Van Voorst, Robert E., *Jesus Outside the New Testament: An Introduction to the Ancient Evidence* (Grand Rapids, 2000)

Versnel, H.S., 'Two Types of Roman *Devotio*', *Mnemosyne* 29, 1976

Vout, Caroline, *Power and Eroticism in Imperial Rome* (Cambridge, 2007)

Walbank, Frank W., 'The Scipionic Legend', in *Selected Papers: Studies in Greek and Roman History and Historiography* (Cambridge, 1985)

Wallace-Hadrill, Andrew, '*Civilis Princeps*: Between Citizen and King', *Journal of Roman Studies* 72, 1982

_____ *Rome's Cultural Revolution* (Cambridge, 2008)

Warden, P.G., 'The Domus Aurea reconsidered', *Journal of the Society of Architectural Historians* 40, 1981

Wardle, David, 'Caligula's Bridge of Boats—ad 39 or 40?' (*Historia* 56, 2007)

Warmington, B. H., *Nero: Reality and Legend* (London, 1969)

Weaver, P.R.C., *Familia Caesaris: A Social Study of the Emperor's Freedmen and Slaves* (Cambridge, 1972)

Weinstock, Stefan, '*Victor* and *Invictus*', *Harvard Theological Review* 50, 1957

Welch, K.F., *The Roman Amphitheatre: From its Origins to the Colosseum* (Cambridge, 2007)

Welch, Tara S., *The Elegaic Cityscape: Propertius and the Meaning of Roman Monuments* (Columbus, 2005)

Wells, C.M., *The German Policy of Augustus: An Examination of the Archaeological Evidence* (Oxford, 1972)

Wells, Peter, *The Barbarians Speak: How the Conquered Peoples Shaped Roman Europe* (Princeton, 1999)

_____ *The Battle That Stopped Rome: Emperor Augustus, Arminius, and the Slaughter of the Legions in the Teutoburg Forest* (New York, 2003)

Whitmarch, Tim, 'Greek and Roman in Dialogue: the Pseudo-Lucianic *Nero*', *JHS* 119, 1999

Wiedemann, Thomas, 'The Fetiales: A Reconsideration', *Classical Quarterly* 36, 1986

Wilkinson, Sam, *Republicanism During the Early Roman Empire* (London, 2012)

Williams, Craig A., *Roman Homosexuality* (Oxford, 2010)

Williams, G., 'Did Maecenas "Fall from Favor"? Augustan Literary Patronage', in Raaflaub and Toher

Wilson, Emily, *Seneca: A Life* (London, 2015)

Winterling, Aloys, *Politics and Society in Imperial Rome*, tr. Kathrin Lüddecke (Oxford, 2009)

_____ *Caligula: A Biography*, tr. Deborah Lucas Schneider, Glenn W. Most and Paul Psionos (Berkeley and Los Angeles, 2011)

Wiseman, T.P., *Clio's Cosmetics: Three Studies in Greco-Roman Literature* (Leicester, 1979)

_____ *Remus: A Roman Myth* (Cambridge, 1995)

_____ *The Myths of Rome* (Exeter, 2004)

_____ *Unwritten Rome* (Exeter, 2008)

Wistrand, E., *Horace's Ninth Epode and Its Historical Background* (Göteborg, 1958)

Wood, Susan, '*Memoriae Agrippinae*: Agrippina the Elder in Julio-Claudian Art and Propaganda', *American Journal of Archaeology* 92, 1988

_____ 'Diva Drusilla Panthea and the Sisters of Caligula', *American Journal of Archaeology* 99, 1995

Wood, Susan, *Imperial Women: A Study in Public Images, 40 BC–AD 68* (Leiden, 1999)

_____ 'Tacitus' Obituary of Tiberius', *Classical Quarterly* 39, 1989

Woodman, A.J., 'Amateur Dramatics at the Court of Nero: Annals 15.48–74', in *Tacitus and the Tacitean Tradition*, ed. T. J. Luce and A. J. Woodman (Princeton, 1993)

Woodman, A.J. (ed.), *The Cambridge Companion to Tacitus* (Cambridge, 2009)

Woodman, Tony and Dennis Feeney, *Traditions and Contexts in the Poetry of Horace* (Cambridge, 2002)

Woods, David, 'Caligula's Seashells', *Greece & Rome* 47, 2000

_____ 'Caligula, Incitatus, and the Consulship', *Classical Quarterly* 64, 2014

Woolf, Greg, *Becoming Roman: The Origins of Provincial Civilization in Gaul* (Cambridge, 1998)

Yavetz, Z., *Plebs and Princeps* (Oxford, 1969)

_____ 'Seianus and the Plebs. A Note', *Chiron* 28, 1998

Zankel, James E. G., 'New Light on Gaius Caesar's Eastern Campaign', *Greek, Roman and Byzantine Studies* 11, 1970

Zanker, Paul, *The Power of Images in the Age of Augustus*, tr. Alan Shapiro (Ann Arbor, 1990)